金融市场技术分析

——期（现）货市场、股票市场、外汇市场、
利率（债券）市场之道

[美] 约翰·墨菲 著

丁圣元 译

图书在版编目（CIP）数据

金融市场技术分析：期（现）货市场、股票市场、外汇市场、利率（债券）市场之道/
[美]约翰·墨菲著；丁圣元译. — 北京：地震出版社，2010.6（2023.11重印）
ISBN 978-7-5028-3689-4

Ⅰ.①金… Ⅱ.①墨…②丁 Ⅲ.①金融市场-分析 Ⅳ.①F830.9

中国版本图书馆 CIP 数据核字（2010）第 052957 号

著作权合同登记 图字：01-2008-4020

Technical Analysis of the Financial Markets
A Comprehensive Guide to Trading Methods and Applications
John J. Murphy
Original English language edition published by the New York Institute of Finance
Copyright© 1999 by John J. Murphy
All rights reserved. No parts of this book may be reproduced in any form or by any means, without permission in writing from the publisher.

经原著作权人独占性许可。版权所有，翻印必究。

地震版 XM5665 /F (4309)

金融市场技术分析
——期（现）货市场、股票市场、外汇市场、利率（债券）市场之道
[美]约翰·墨菲 著
丁圣元 译
责任编辑：李 玲
责任校对：庞娅萍

出版发行：地震出版社
北京市海淀区民族大学南路9号　　　　邮编：100081
发行部：68423031　68467991　　　　　传真：68467991
总编办：68462709　68423029
证券图书事业部：68426052
http://www.seismologicalpress.com
E-mail: zqbj68426052@163.com

经销：全国各地新华书店
印刷：河北盛世彩捷印刷有限公司

版（印）次：2010年6月第一版　2023年11月第18次印刷
开本：787×1092　1/16
字数：568千字
印张：30.5
书号：ISBN 978-7-5028-3689-4
定价：80.00元

版权所有　翻印必究
（图书出现印装问题，本社负责调换）

拨开投资和交易的迷雾

——译者前言

《期货市场技术分析》1993年翻译、1994年出版。当时国内期货市场和股票市场都刚刚起步，译者有幸从事外汇交易，近水楼台先得月。十几年来，承蒙读者厚爱，该书不断重印以满足读者需要，也从一个侧面印证了国内金融市场的发展、技术分析实践者队伍的不断壮大。

《金融市场技术分析》有哪些变化

作者约翰·墨菲于1999年对《期货市场技术分析》进行了修订扩充，并将其更名为《金融市场技术分析》。作者大致出于三方面考虑。

第一，市场技术分析本来便具备广泛的适用性，适用于所有金融市场，不论股票、商品、债券、外汇、各类指数，也不论现货、期货。虽然技术分析属于实用经验的范畴，但是一致性原则是技术分析的基本要求，技术分析方法在不同的市场、不同的时间框架下、不同的历史时期都应当具备基本一致的适用性。

第二，作者在本次修订中特别强调股票市场的具体分析技巧和案例。在原有精彩讲解的基础上，添加了更多股票市场的实例。股票市场由于股票品种众多，有一些独有的概念，如板块和行业的轮动、行情广度等。此外，日本蜡烛图是股票市场最为流行的图表形式，作者为此特别开辟了好几个新章节来介绍上述概念和相关技巧。

第三，为了帮助读者对所有金融市场建立一个整体的概念，理解不同金融市场之间的领先、滞后关系，介绍了作者潜心研究的成果——交叉市场分析。在全球金融市场一体化日益深入、市场行情牵一发而动全身的现实背景下，交叉市场分析显然具有重要价值，也极大地拓展了市场技术分析的应用空间，提升了技术分析的实用价值。

从《期货市场技术分析》的问世到修订再版《金融市场技术分析》，经历了近十五载光阴。原书附录中"江恩：几何角度和百分比例"被删除，点数图的两章合成一章，波浪理论的篇幅大幅删减，移动平均线的内容有不少更新。认真比较两本书的异同，可以帮助我们更深刻、更准确地体会市场技术分析本身的演变发展。特别重要的是，有助于我们领悟其中哪些部分历久弥新，不随时间消逝而改变，因而更为基础和根本；哪些内容与时俱进，需要进一步调整改善我们的思路和方法，因而更为灵活和实用。

鸡和蛋的永恒命题

市场技术分析认为行情演变服从因果循环规律。典型的因果循环是鸡和蛋的循环，越来越多的鸡，生下越来越多的蛋，越来越多的蛋，孵出越来越多的鸡；或者反过来，越来越少的鸡，生下越来越少的蛋，越来越少的蛋孵出越来越少的鸡。这是所谓良性循环和恶性循环，它们都属于正反馈，要么越来越强，要么越来越弱，趋势由此形成。

倘若在鸡和蛋之外再加上黄鼠狼，鸡和蛋越多，则黄鼠狼的生存条件越优越，黄鼠狼数量便会增多；但是黄鼠狼数目增多后，吃掉的鸡和蛋也会变多，从而导致黄鼠狼的生存条件趋于恶化。因此，黄鼠狼的介入将导致黄鼠狼、鸡、蛋的数目进入负反馈循环，三者总体进入稳定状态。这属于负反馈，越来越稳定的平衡状况。

对于市场参与者来说，首先，盈亏都是市场涨跌造成的，带来涨跌的是明显趋势状态；其次，从市场运行来看，稳定阶段不过是趋势演变的准备阶段，因此，市场技术分析者把重点放在正反馈循环所导致的趋势上。

在金融市场上对行情产生作用的因素，反过来又受行情演变的影响。举例来说，股市行情走好，造成财富效应，消费者扩大消费，进一步提高上市公司销售额，增强了上市公司的收益预期，最终导致股市行情进一步走强，这属于正反馈的良性循环；上市公司看到销售额不断上升，于是加大投资，扩大生产，对资金的需求增加，导致利率上升，反过来对股市行情不利，便形成了发挥稳定作用的负反馈循环。

由此可见，技术分析和基本分析都很讲"道理"，都具备内在逻辑，甚至内在的逻辑具有根本的一致性。然而，技术分析清楚地认识到，任何时候对市场发挥作用的因素数量极多、变化极多，换句话说，循环的种类极多，一段时间往往由极少的几种乃至一种循环占主导地位，占主导地位的循环掩藏在纷繁复杂的表象之下，分辨起来难度较大；更进一步地，占主导地位的循环不时变迁，当事人对主导循环不可从一而终。因此，技术分析的落脚点放在市场的具体表现之上，行情趋势成为其根本的考虑。

做生意的原则是将本求利、收益和成本综合考虑。即便不谈弄清楚主导循环是不是可能，如果弄清楚循环的成本远远高于交易成功所得的收益，那么远水解不得近火，舍弃迷迷茫茫、急切难明的主导循环本身，而求循环的结果，从结果到结果地分析研究市场、适应市场，反而成了非常合理和理性的上佳选择。

要言之，因果循环决定了趋势的发生、发展和转变的客观规律性，市场技术分析以对趋势的判断、跟踪和顺应为核心。

技术分析是经验法则

市场技术分析不是一门科学，而是一门手艺，是一代代市场参与者根据自己的交易实践总结提炼、又在市场交易中靠它生存的一套动作要领——经验法则。描写传奇性的投资交易大师杰西·利弗莫尔的名著《股票大作手回忆录》，准确生动地揭示了市场技术分析的发展历史，读者很容易发现，大师成长的过程便是他对技术分析领悟的过程，正足以说明技术分析的实质乃是经验法则。

技术分析的目的并不是预测市场，而是要求交易者必须根据当前市场条件进行应对的动作要领和行动纪律。作为纪律，很多时候和预测无关，也不需要找到明确的理由，但就是不能不采取行动。遵守纪律才能保证行为具备一致性，才能确保交易者站到大概率一边。

布利丹毛驴的困境

一头饥饿至极的毛驴站在两捆完全相同的草料中间。这头毛驴很理性，凡事一定要先弄明白道理，才采取行动。于是，它一会儿考虑数量、一会儿考虑质量、一会儿分析颜色、一会儿分析新鲜度，但是两捆草实在看不出区别，找不到理由先吃哪一捆，结果，这头理性的毛驴活活饿死了（布利丹毛驴的故事）。

健全的思维，任何时候都必须考虑正反两方面。特别是面对如政治、社会、市场这样的复杂对象时，甚至必须同时考虑更多方面、更多种可能性。和布利丹毛驴的处境相似，随着我们的理论知识越来越多、掌握的资料越来越丰富，经过深思熟虑后，看多和看空两边往往势均力敌，难得出现一边倒的明确结论。在大多数情况下，一边倒的结论往往是草率的、靠不住的。多空两方面的看法势均力敌，往往不是因为我们优柔寡断，而是正说明我们的理论和思考是健全的。

普通投资者遇到证券研究员，最迫切的心愿以及最经常提出的要求是，你就简单告诉我该买还是该卖、买什么卖什么、还是什么都不做就行了。有人认为他们太浅薄了。实质上，普通投资者的想法既正常又合理，作为一名投资者，行动是第一位的，一切的一切，的确就是该买还是该卖、买什么卖什么、还是什么都不做，直截了当、无可回避。只不过就像驾驶汽车，绝不能听凭别人告诉你做什么来操作，得靠自己。

直截了当揭示市场的基本事实——趋势

所有人工搜集整理的资料，思维和理性都在很大程度上属于人造世界。如果说现实和事实是蛋糕，那么思维和理性便是奶油，离开了蛋糕，奶油往哪里涂呢？布利丹驴子的悲剧在于，它越来越全面、越来越深入地进入了理性的人造世界，这本非坏事，坏就坏在，它进得去，却出不来，最终迷失在人造世界的迷宫中，原本饥饿至极而嘴边有草的清晰现实竟然愈行愈远、变得越来越模糊。

人们常常把理性和客观连在一起，理性本来是以客观为基础的，也应当以客观为追求目标。然而，毛驴有毛驴的难处，什么样的理性、特别是什么样的工具，往往让你得到什么样的"客观"。虽然现实和事实只有一个，"客观"则似乎很多。换句话说，布利丹毛驴未必有意忘记现实、背离现实，而是只看到自己的理念和工具选择的那一个或若干个"客观"，被困在自己制造的"客观"之中，最终让自以为是的"客观"取代了真正的现实。

音响发烧友中间流传一句格言，信号路径越短越保真。市场信息需要经过加工、传递才能到达投资者手中，尽量避免加工、减少传递环节，确保原有信息保真，不被中间环节有意无意地污染，这一点可能是获取市场准确信息的最大难点。成交价、成交量等行情信息是最直接的市场信息，不需被加工，传递过程仅依赖信息通道，比其他任何信息都可靠得多。事实上，价格发现是市场最重要的基本功能之一，没有任何东西能够替代。市场技术分析选择以市场的直接信息为研究分析对象，没有走弯路。

对于每位交易者来说，要及时准确地认识市场信息都不是一件容易的事情，交易者必须建立一个简单易行、前后一致的观察尺度，并且在纷繁复杂的市场演变过程中，必须始终一贯地抓住牛鼻子——市场趋势。趋势带来变化，变化带来损益，损益是交易者的命根子。在面对市场这类极度复杂的研究对象时，包括基本面在内的其他信息统统属于枝节问题，虽然投资者应当予以考虑，但不是重点。基本面信息本身受制于市场行情，随着行情而变化，不可能前后一致；基本面信息在不同趋势条件下可能发挥不同的作用，因此投资者和交易者很难对基本面信息建立符合上述要求的观察尺度。

特别值得警惕的是，在市场上除行情以外的其他方面通常不太清楚，然而它们有可能反过来混淆、冲淡我们仅有的一点清楚信息——行情。技术分析从行情出发、紧密围绕行情，为用户提供一套分析行情的工具，力图帮助用户看清事实、紧跟事实，让事实统领行为。

市场不欠任何人的，投资者之所以能够获得报酬，唯一的原因在于他能够认清事实、紧跟事实、按照事实行动。顺应市场是根本的态度和取向，投资获利乃是投资者顺应市场的结果，而不是投资者主观观念、个人看法的结果。顺应，就是老老实实地当市场的仆人，仆人获得酬劳；从主观观念出发则是要当市场的主人，当主人只能付出酬劳——赔钱。

技术分析、基本分析

在投机和投资界，关于基本分析和技术分析的争论由来已久。那么到底应该选择什么工具呢？建议采用两项实用标准：

第一，当事人禀赋不同、兴趣不同，最重要的是找自己最合适的——各人有各人的造化；

第二，什么工具人为添加的成分越少、距离市场越近，换言之，什么工具越简单、简易、简明，什么工具便越合适用来观察市场、揭示事实。

查尔斯·道于1884年首创股价平均指数，他提出股价指数的初衷是利用它作为一般商业活动的晴雨表。既然是晴雨表，显然，股价平均指数可以第一时间反映宏观经济的动态，各种宏观经济指标则是事后统计的结果，皆属于滞后指标。倘若晴雨表之说成立，则存在一个根本的顺序，即股价指数领先于宏观经济，绝对不可能从经济指标来预测晴雨表，充其量可以事后验证和补充。基本分析（也称价值投资）有很多人工的理性和理论来支持，但是既然把道氏晴雨表之说也搜罗在其基本理论之中，则必须面对上述矛盾。

另一方面，技术分析看图说话，寥寥数语，似乎谈不上什么学问和理性。然而，技术分析好就好在，价格图表人工添加的内容最少、距离行情的现实和事实最近。话不要多，关键要在点子上。

趋势分析的基本框架

技术分析如何帮助我们揭示市场的基本事实呢？最重要内容分为五个方面：

第一，判别趋势

基本的分析方法来自趋势定义。

趋势的定义非常直观。市场演变的过程弯弯曲曲，当价格轨迹的高点比之前的高点高，且低点也比之前的低点高的时候，就是上升趋势；当价格轨迹的低点比之前的低点低，且高点也比之前的高点低的时候，就是下降趋势；当价格轨迹的高点不比之前的高点高，且低点不比之前的低点低时，就是横向趋势。趋势定义常常又称为峰谷分析。

蜡烛图或线图一根图线的高点、低点构成比较的基准：在一根图线完成后，第二图线如果向上突破第一根图线的最高点，则上升趋势形成；如果向下突破第一根图线的最低点，则下降趋势形成；如果第二根图线既不突破第一根的高点也不突破第一根的低点，则第二根图线不带来趋势信息，可以忽略。

图线的中点有时可以构成辅助性的参考依据：假定第一根和第二根图线已经确定了上升趋势，如果第三根图线维持在第二根图线的中点之上，则上升趋势维持强势，很可能马上向上突破第二根图线的高点；如果第三根图线维持在第二根线的中点和低点之间，则上升趋势进程正常，但暂时进入调整状态，有可能试探前一根线的低点；如果第三根线向下突破第二根线的低点，则趋势方向转而向下。反之亦然。

日（蜡烛）线图的分析结论代表短期趋势，周（蜡烛）线图的分析结论代表中期趋势，月（蜡烛）线图的分析结论代表长期趋势，日、周、月三者同时运行，形成组合关系。如果日线突破前一根线的高点或低点、短期趋势转变时，则应继续观察周线（前一根或当前周线的中点可以适当参考）；如果周线突破前一根的高点或低点、中期趋势转变，则继续观察月线（前一根或当前月线的中点可以适当参考）。

趋势组合的判断规则如下：

如果长期、中期、短期趋势方向一致，则市场处于突破状态，趋势状态良好，按照趋势方向交易；

如果长期、中期、短期趋势方向不一致，则市场处于平衡状态，趋势状态不良，进行区间交易或等待，一般应以长期趋势方向为判断趋势方向的最终根据。

第二，判别价格水平

价格通过相互比较产生趋势性意义，每一个历史成交价格都是比较的根据。虽然如此，就像水位尺上的刻度一样，有的刻度是大刻度，比较意义较重要；有的刻度是小刻度，比较意义较轻；还有很多地方处在刻度线之间，常常被忽略。因此，我们所说的价格水平通常都是较重要的历史价格。水位尺上的刻度线是人为划分的，而市场的演变历史则是市场自然形成的，价格水平主要就是市场演变历史中的一系列特定的价格。

价格水平构成阻挡作用或支撑作用，在趋势演变过程中起到类似于格子或栅栏的作用。拿山上的石头打比方，石头受重力作用，重力是趋势的内在本质，是无时不在、主动作用、起决定作用的因素。倘若没有山坡支撑固定，石头就成了自由落体，必然垂直下跌，直到跌到地面。有了山坡之后，山坡、山坡上的沟沟坎坎就起到了栅栏的作用，使得石头在向山下滚动的过程中受到支撑和阻挡作用，一路曲折向下，时快时慢，有时垂直跌落，有时甚至向上反弹起来，形成复杂的路径。所谓格子和栅栏是趋势演变过程中最可能发生各种曲折的所在，而在格子或栅栏之间，市场通常快速变化，一掠而过。价格水平，格子或栅栏，是被动的，趋势必须发展到某个价格水平，价格水平才有机会起作用。趋势表现为运行的连续性，显示出持久运动的动能或惯性；价格水平对趋势的持续运动构成障碍，阻碍或打破趋势的连续性。当趋势到达某个价格水平时，首先通过市场本身的反应来确认该价格水平是否发挥作用，再进一步判断市场在该价格水平处的曲折变化。

市场在价格水平附近的表现有三种情况：

第一种情况，没有任何犹豫和停留，在这种情况下，一方面该价格水平是否起作用值得怀疑；另一方面，如果这个价格水平确实存在，那么市场便处于突破状态。当然，当市场急速、大幅变化时，判断价格水平突破与否应有更大的灵活余地；

第二种情况，市场明显折返，折返的幅度较大，显示该价格水平地位稳固、作用较大，在这种情况下，市场再度临近该水平时是否属于突破就不容易判断；

第三种情况，市场折返的幅度不大，或者从价格水平折返后很快重新回来，在这种情况下，显示价格水平确实存在，但相对地位不稳、作用较小，对突破的判断就比较有把握。日线图是基本图线，开市价、收市价对判断市场是否突破价格水平具有基本价值。

关于价格水平的规则如下：

价格水平通过历史高低点、价格跳空、习惯数、百分比回撤水平、趋势线、移动平均线位置等来产生，为了确认某个价格水平是否有效，首先必须通过市场在价格水平附近的实际变化来验证；

价格水平被动地发挥作用，导致趋势折返，起到支撑和阻挡作用，相当于行情图上的格子或栅栏；价格水平之间（虽然可能存在更小规模的价格水平）属于相对真空区域，市场变化较快。

根据长期趋势方向，围绕已经得到验证的价格水平，我们可以从激进到保守地分别选择合适的交易策略。

第三，判别市场处于突破状态还是平衡状态，分别采取相应的对策

在趋势和价格水平的共同作用下，形成了蜿蜒曲折的市场演变路径，从中可以进一步区分为两种典型状态：突破状态和平衡状态。

所谓突破，指的是市场突破某个价格水平，突破状态就是市场突破价格水平形成单方向的连续变化。由于趋势表现为连续或连贯性，突破价格水平往往也是连续的，即突破一个、接着再突破下一个，势如破竹，趋势发挥畅快淋漓，市场方向性明确。突破状态通常是月、周、日（蜡烛）线图一致的阶段，即长、中、短期趋势方向一致的阶段。

所谓平衡，即市场未突破某个价格水平而折返，在月（蜡烛）线图方向不变的前提下，周或日（蜡烛）线图的趋势方向转折到和月（蜡烛）线图趋势方向相反，形成了长期趋势的调整阶段。通常，长期趋势中的中期和短期调整阶段即市场平衡状态。在平衡状态下，市场往往在两个价格水平之间波动，两个价格水平中间可能还有一个中轴线，价格波动围绕中轴线形成了类似于钟形曲线的分布（典型的情况如市场剖面图上的常规日）。

规则如下：

突破状态下，宜进取，采用追击策略；

平衡状态下，宜保守，根据长期趋势方向，采用逢低买进或逢高卖出的伏击策略。

第四，力求方法的一致性，即在不同市场、不同市场框架、不同时期，技术分析方法都是一致的

上述基本方法在不同市场、不同时间框架下、同一个市场的不同历史时期具有一致性，应按照同样的原则来应用。不同的市场指不论股票、外汇、期货；不同的时间框架指既适用于常见的月、周、日图的分析，也适用于季图、年图、小时图、五分钟图乃至分时图；同一个市场的不同历史时期指，不论多少年之前，还是多少年之后，这些方法都是按照基本一致的原则来应用的，并且具有基本一致的适用性。

正因为技术分析方法具有一致性，当月线图趋势明确而周线图趋势方向与之相异，市场处于短期或中期调整状态时，可以采用适用于短期和中期的价格水平、趋势线、价格形态等方法来分析市场演变的细节，第一时间捕获周线图趋势方向转回月线图趋势方向的时机。日线图同理，不过，如果周线图和月线图的趋势方向一致，仅有日线图趋势方向与之相异，则长期趋势更强劲、调整更短暂，只要日线图乃至分时图上通过短暂的价格水平、趋势线等发出转势信号，便可以按照月线图和周线图的趋势方向交易。

投机者和投资者的出入市根据，并不在于具体某个技术信号和方法必然成功、百试百灵，而是这个技术信号和方法具备较大的成功概率，如果长期实行，则总体结果必然对投资者和投机者有利。正因为交易信号立足于较大的成功概率，所以有必要采取止损措施，防备失败。从这种意义上说，技术分析更适用于参与者分布足够广泛、市场变化统计性较强的市场，如指数市场。这是方法一致性的另一方面含义。

第五，投资者行为应具备一致性

技术分析的第五个方面是投资者行为的一致性。技术分析的目的不是预测。交易成败关键不在预测。从时间顺序上说，市场乃是此时此刻正在发生的现实，最先，没有任何人、任何组织能够超前于市场，正因为此，技术分析追求的是及时观察并识别趋势变化，及早顺应趋势。市场永远不可被战胜，顺应的本意就是跟。正因为跟，其实无须多虑，多虑反而画蛇添足。一言以蔽之，看见趋势、服从趋势、执行趋势。技术分析不是预测，是行为纪律。行于不得不行，止于不得不止。

技术分析要求我们——观察，并立即行动。然而，自从有了"理性"和随之而来的多种多样"客观"之后，人们所见与所为渐行渐远，两者之间产生了较大差距。明明眼前已经出现了趋势——唯一的市场现实和事实，市场参与者可能也的确看见了趋势，但是他个人的脑子竟然就像庞大的官僚机构，从所见到所为，有一个漫长的"讨论、会议、审批、复核"流程，经过这群复杂的"理性官僚机构"扭过来、扭过去之后，当初的所见便越来越模糊、越来越走样，最后其所为自然不知所云。

这并非反对理性，而是要求把理性和深思熟虑作为准备工作和日常家庭作业，在场外多多进行，并且必须达到透彻的地步，绝不可半生不熟。换言之，要吃透，进得去、出得来，融会贯通才能运用自如。俗话说，台上一分钟，台下十年功。到了交易场上，就如杂技演员登台表演，容不得思考、容不得停顿，必须第一时间行动、保持动作连贯。

市场上交易的不是股票、商品、不是钱，是人，是人与人交易。行情图线演绎的，不是数字和几何，而是每时每刻巨大的金钱得失，巨额金钱得失必然随之带来惊心动魄的人生悲喜剧。行情图线摆动，就像斗牛场上不停挥舞的红布；市场参与者情绪起伏，便是市场锅炉膛里不断添加的干柴。市场的现实和事实只有唯一的一个，但是在情绪作用下，当事人眼中的"客观"必然增多；所见和所为之间的距离越长，则情绪在不知不觉间混入理性、伪装成理性的危险越大。

据说飞行员必须过一大关，飞行时到底相信仪表，还是相信感官。不过这个关，就当不了飞行员。市场参与者为了使得自己的行为具有一致性，并且确保自己行为的一致性服从方法的一致性，因此有必要改造自己的秉性、改造自己的行为模式，第一，所见是唯一的，第二，所见和所为是一致的，如此才能"所见即所得"，一致性地适应市场。

摆正阳和阴的基本关系

在上述五个方面中，趋势和价格水平是最基本的两个方面，而突破状态和平衡状态的区分则是对趋势演变曲折外观的分类。为了更好地理解市场变化，趋势和价格水平的相互关系值得进一步探讨，需要从我国传统的阴阳哲学来理解。

趋势是阳的一方，属于主动的、积极的、持续作用的、具有决定意义的，是市场演变的强大推动力量，驱动市场持久地上涨或下跌——从行情内部机制看，市场参与者买卖意愿和行情之间形成了愈涨愈看涨、愈跌逾看跌的良性循环或恶性循环；从行情直观表现看，价格上涨或下跌呈现出连续性、持久性。

价格水平是阴的一方，属于被动的、相对静态的、间隔地分布的，等待趋势发展到价格水平附近、并经过市场确认后才能发挥支撑或阻挡作用。价格水平阻止趋势的直线式发展，引发趋势休整甚至明显折返，导致市场演变路径的停顿和转折；价格水平之间则表现为相对真空状态，趋势进展较少波折。

价格水平和趋势作为阴阳关系，两者具有一定的平衡性，既互感互动、相互作用，又相互对立、相互制约。如打太极拳，连绵不绝，共同塑造曲折多变的市场演变路径。

不过，在两者的平衡之中必须强调趋势的一方，即阳的一方。阳的一方是主动的、决定性的。在趋势演变过程中，即使前方存在重要价格水平，也不应仅凭价格水平便预期市场转折，而是更应凭趋势预期市场持续拓展。虽然价格水平具备潜在的支撑或阻挡作用，但除非趋势逆转，否则价格水平至多导致市场进入短线或中线调整状态，有时可能径直突破，不发生折返现象。印象中曾经看过一本书，为了帮助读者理解阳的重要性，曾经借男女交合为例，说如果阳具不能勃起，则交合根本不可能发生，很有启发价值。另一方面，投资者和市场的关系也是阴和阳的关系，市场总在运动，投资者则有时入场、有时静观，择品种、择时机，因此，市场是阳、投资者是阴，投资者必须采取顺应和被动的基本态度，紧随市场的脚步跳舞，否则时时被市场踩脚。总之，顺应趋势是根本。

试举例说明。2008年底，市场从1600多点开始上涨。2500点是一个重要价格水平，很多人猜测这里要见顶了；3000点也是，也有很多人猜测；3500点，猜测。对上升趋势来说，终究会有一个顶的，然而在这么多猜测之中，真正的顶只有一个，其余统统是错误的，其实我们根本不可能预知顶究竟在3000点、4000点还是5000点。问题是，如果你不顾眼前上涨的现实（趋势，阳），反而不断猜测顶部（价格水平，阴），便选择了阴，和阴在一起，而放弃了阳，站到阳的对立面，实际上背离了趋势。

行所不得不行，止所不得不止

市场的现实和事实只有一个，这是"一"；从现实出发，搜集资料、思考研究的过程必须是多样化的、平衡的，这是"多"；落实到行为上，任何时候只能是一个结论、一个行动，同时几种结论，或者一会儿这一会儿那便无法行动，这又回到"一"。简言之，这是"一、多、一"的过程。

老子说："道生一，一生二，二生三，三生万物。"

道是整个世界的根本源泉、根本依据、根本法则。

一是"我"。我是主体。我从道而来，是道的产物，是道的具体；我以道为根本依据和根本法则。

有了我，于是世界成为我的对立面，我的观察和研究对象，更重要的是我行动的载体，因此，与我相对的世界便成为"我的世界"，我的世界是二。

虽然我和世界已经两分，但这是单向地从我出发来看世界、利用世界。我逐步发现我和世界的互动有时顺、有时逆，终于明白我的看法和做法归根结底是我的，世界的看法和做法归根结底是世界的，在我（一）和我的世界（二）之外必然存在世界对我的反作用，这就是三。

根据世界对我的反作用，我发现"此"与我的作用和反作用不同于"彼"与我的作用和反作用，从而把此与彼一一细分，于是，我和我的世界分化为具体的万物。

由此可见，道是剧本，万物不过是角色，万物都在为剧本服务；另一方面，万物皆是道，皆为道的具体化身。我和万物本质上并无不同，只有角色的变换；我和万物的互动只是同一个剧本的剧情演绎。

把老子的话倒过来，"万物归三，三归二，二归一，一归道"。既然万物本质是一致的，都是同一个剧本的不同角色，那就根据这台戏来观察、体悟道，即从大千世界的外在表现出发，对其本质的一致性融会贯通，作为体察道的基准和依据。换言之，以大千世界为基准，校正"我"的方向，保证"我"的行为合乎道的要求，这岂不正是中庸之道的本质吗？因此，"我"既要在大千世界的舞台上当演员，演好"我"；又要超越"我"，当好观众，找到基准和尺度，形成良性循环。

为学日益，学习和思考是做加法，一分耕耘一分收获，一定要在博闻强记的基础上，学习、思考、实践、理解。掌握资料越丰富越好，思考越深入越好，实践经验越深厚越好，多多益善。因此，为学日益是从一到多的过程（从主体的"我"到万物）。

为道日损，领悟和掌握是做减法，力求得心应手，在行动中身体、情感和理性高度一致，重在融会贯通、透彻领悟。领悟越透彻，则原来繁杂多样、似乎互不相干甚至相互矛盾的知识和经验便越能普遍联系起来，逐渐简化为本质的同一性、一致性，于是我们眼中所见的"客观"便越来越少，最终回归唯一的现实和事实。因此，为道日损是从多到一的过程（从万物回到主体的"我"）。

从布利丹毛驴饥饿的唯一事实来看，两捆草本质完全一致，可叹的是，它能从一到多，却不能再从多归一。为学日益——进去，是为了透彻地领悟；为道日损——出来，是为了更好地顺应和行动。进去是为了出来，只有先进去，才能最终出来。如此，布利丹毛驴才能从一到多、再从多回到一，最终找到出路。

趋势是行情最大的现实和事实，趋势只有一个。投资者和投机者的首要任务就是尽可能可靠、准确地揭示行情的现实和事实。因为眼中的"客观"只有唯一，相应地，合理的行动也就是唯一的，行所不得不行，止所不得不止，即没有主动作为，只有完全的顺应，实际上就是无为。损之又损，以至于无为。完全顺应市场后，市场的力量转化为我们的力量，实质上让我们拥有了充分的主动权，结果当初完全的顺应反而转变为完全的主动，这就是"无为而无不为"。

交易者和投资者的三重境界

宋代禅宗大师青原惟信提出参禅的三重境界：参禅之初，看山是山，看水是水；禅有悟时，看山不是山，看水不是水；禅中彻悟，看山还是山，看水还是水。参禅三重境界正是"一、多、一"的过程。

回顾交易历程，刚入市时，初生牛犊不畏虎、直观直觉地行事，市场涨时看见涨，径直买进；市场跌时看见跌，径直卖出。在这个阶段，直观直觉、行动果敢，结果往往盈亏参半。这是第一重境界的"一"。

渐渐地，我们不满足于有盈有亏的拉锯状态，希望看得更清楚、做得更准确，提高交易胜率，这样就进入第二阶段，广泛学习，力求三思而后行。虽然理论知识更丰富、更能深思熟虑，但是对知识和市场吃不透，反而丧失了最初的直观直觉，看到了更多种"客观"，进退失据、左右为难，结果不是盈亏参半、反倒亏多赢少了，当事人越来越束手束脚，以至于不愿、不敢交易。这是第二重境界的"多"。

在上述这两个阶段，当事人学习和思考的重点仍然停留在市场和投资工具、技巧方面。但是，不愿、不敢出手的心理状态迫使当事人自省，终究有助于跳出小我的局限，把自己作为交易中的重要因素纳入全盘考虑。反省自己、认识自己，是减少眼中"客观"种数的必由之路。没有自我反省，将永无希望进入本阶段。随着"客观"种数的减少，行动再次成为第一位的追求，经过螺旋式上升之后，再次直观直觉地行事。终于，我们眼中的"客观"有可能减少到唯一的一个，行动就成为必然性。这是第三重境界的"一"。

为学日益，重点在学；为道日损，重点在做。益的过程如上山，损的过程如下山。从平地攀登到山顶，还得从山顶下降到平地。本书就像一张准确、翔实的导游图，引导上山、下山的路径。没有一张好的导游图，不知要在误打误撞之中走多少弯路；不过，导游图再好，上山下山的路终究必须亲身游历。

2010年4月16日，我国首张股指期货合约正式上市交易，从此期货市场和股票市场逐渐融合，我们的投资交易方式也将进入一片全新的天地。《金融市场技术分析》中文版的修订出版适逢其时，将一如既往地为广大的新老读者朋友助一臂之力。

丁圣元
2010-4-18

目 录

关于作者 1
关于其他撰稿人 2
前　言 3
致　谢 5

第一章　技术分析的理论基础 1
　　引　言 1
　　理论基础 2
　　技术分析与基础分析之辨 4
　　技术分析与出、入市时机选择 5
　　技术分析的灵活性和适应性 6
　　技术分析适用于各种交易媒介 6
　　技术分析适用于各种时间尺度 7
　　经济预测 7
　　技术分析师、图表分析师 8
　　技术分析在股市和期货市场应用上的简要比较 9
　　商品价格—平均指数、总体性技术指标用得较少 11

技术分析的一些反面意见 …… 12
　　　随机行走理论 …… 14
　　　技术分析普遍适用 …… 16

第二章　道氏理论 …… 17
　　　引　言 …… 17
　　　基本原则 …… 18
　　　收市价格的使用和辅助直线的引入 …… 23
　　　对道氏理论的某些批评 …… 24
　　　股价指数作为经济指标 …… 24
　　　道氏理论应用于期货交易 …… 25
　　　总　结 …… 25

第三章　图表简介 …… 27
　　　引　言 …… 27
　　　现有图表的类型 …… 28
　　　蜡烛图 …… 29
　　　算术刻度和对数刻度 …… 31
　　　日线图作法 …… 32
　　　交易量 …… 33
　　　期货合约的持仓量 …… 33
　　　周线图与月线图 …… 35
　　　结　语 …… 36

第四章　趋势的基本概念 …… 38
　　　趋势的定义 …… 38
　　　趋势具有三种方向 …… 40
　　　趋势具有三种类型（规模） …… 41
　　　支撑和阻挡 …… 43
　　　趋势线 …… 51
　　　扇形原理 …… 59
　　　数字"3"的重要性 …… 60
　　　趋势线的相对陡峭程度（斜率） …… 61
　　　管道线 …… 65
　　　百分比回撤 …… 69
　　　速度阻挡线 …… 71
　　　江恩和菲波纳奇扇形线 …… 73

	内部趋势线	74
	反转日	74
	价格跳空	76
	总　　结	80

第五章　主要反转形态 ································· 81

	引　言	81
	价格形态	82
	形态具有两个类别：反转型和持续型	82
	头肩形反转形态	84
	交易量的重要性	88
	发现价格目标	88
	倒头肩形	89
	复杂头肩形形态	92
	三重顶和三重底	94
	双重顶和双重底	96
	理想形态的变体	99
	圆顶和圆底	102
	结　语	103

第六章　持续形态 ································· 105

	引　言	105
	三角形	106
	对称三角形	106
	上升三角形	110
	下降三角形	112
	扩大形态（喇叭形）	114
	旗形和三角旗形	115
	楔　形	118
	矩　形	120
	对等运动	123
	持续型头肩形形态	125
	相互验证和相互背离	127
	结　语	127

第七章　交易量和持仓量 ································· 128

	引　言	128

交易量和持仓兴趣是次要指标…………………………………………… 129
　　交易量的解释……………………………………………………………… 132
　　对持仓量的解释…………………………………………………………… 139
　　交易量和持仓量规则举要………………………………………………… 143
　　胀爆和抛售高潮…………………………………………………………… 144
　　交易商分类报告…………………………………………………………… 145
　　随时注意商业用户………………………………………………………… 145
　　交易商净头寸……………………………………………………………… 145
　　期权的持仓量……………………………………………………………… 147
　　认售期权/认购期权比……………………………………………………… 147
　　把期权市场的倾向和其他技术指标结合起来…………………………… 147
　　结　　论…………………………………………………………………… 148

第八章　长期图表……………………………………………………………… 149
　　引　　言…………………………………………………………………… 149
　　大范围透视的意义………………………………………………………… 150
　　为期货市场绘制连续图表………………………………………………… 150
　　无期限合约™……………………………………………………………… 151
　　长期趋势是对随机行走理论的质疑……………………………………… 152
　　图表上的形态……………………………………………………………… 152
　　从长期图表到短期图表…………………………………………………… 153
　　是否应对长期图表进行通货膨胀的修正………………………………… 153
　　长期图表不直接服务于交易……………………………………………… 155
　　长期图表实例……………………………………………………………… 155

第九章　移动平均线…………………………………………………………… 161
　　引　　言…………………………………………………………………… 161
　　移动平均线：具有滞后特点的平滑工具………………………………… 163
　　移动平均线包络带………………………………………………………… 170
　　博林来带（译为"布林线"）……………………………………………… 172
　　移动平均线取中…………………………………………………………… 175
　　移动平均线与周期现象关系密切………………………………………… 175
　　菲波纳奇数字在移动平均线法中的应用………………………………… 176
　　移动平均线适用于长期图表分析………………………………………… 176
　　周规则……………………………………………………………………… 178
　　优化，还是不优化………………………………………………………… 183
　　总　　结…………………………………………………………………… 183

自适应的移动平均线 ·· 184
　　　移动平均线之外的选择 ······································ 184

第十章　摆动指数和相反意见理论 ······························ 185
　　　引　言 ·· 185
　　　摆动指数与趋势分析的配合用法 ······················· 186
　　　动力指数 ·· 187
　　　变化速度指数（ROC） ····································· 192
　　　利用两条移动平均线来构造摆动指数 ··············· 193
　　　商品管道指数 ··· 195
　　　相对力度指数（RSI） ····································· 197
　　　利用70和30标志线产生信号 ··························· 201
　　　随机指数（%K和%D） ····································· 202
　　　拉里·威廉斯指数（%R） ································ 205
　　　趋势的重要地位 ··· 206
　　　摆动指数何时最为有效 ·································· 207
　　　移动平均线相互验证/相互背离交易法（MACDTM） ···· 208
　　　MACD刷形图 ··· 210
　　　日线图分析和周线图分析相结合 ····················· 210
　　　期货市场的相反意见理论 ······························· 211
　　　投资者情绪指标 ··· 215
　　　投资者情报指数 ··· 216

第十一章　日内点数图 ·· 217
　　　引　言 ·· 217
　　　点数图与线图 ··· 218
　　　日内点数图的画法 ··· 221
　　　横向数列法 ·· 224
　　　价格形态 ·· 226
　　　三点转向点数图技术 ······································ 226
　　　三点转向图的画法 ··· 228
　　　趋势线的画法 ··· 231
　　　测算技术 ·· 232
　　　交易策略 ·· 236
　　　点数图技术的长处 ··· 238
　　　技术指标点数图 ··· 241
　　　计算机化的点数图技术 ·································· 242

点数图上的移动平均线 ················· 243
　　　结　　语 ······························ 245

第十二章　日本蜡烛图 ······················ 246
　　　引　　言 ······························ 246
　　　绘制蜡烛图 ···························· 246
　　　基本的蜡烛图线 ························ 248
　　　蜡烛图形态分析 ························ 250
　　　蜡烛图形态过滤 ························ 254
　　　结　　语 ······························ 256

第十三章　艾略特波浪理论 ·················· 266
　　　历史背景 ······························ 266
　　　艾略特波浪理论的基本原理 ·············· 267
　　　艾略特波浪理论和道氏理论的联系 ········ 270
　　　调整浪 ································ 270
　　　交替规则 ······························ 275
　　　价格管道 ······························ 277
　　　4浪作为支撑区 ························ 279
　　　菲波纳奇数列是波浪理论的基础 ·········· 279
　　　菲波纳奇比例和价格回撤 ················ 280
　　　菲波纳奇时间目标 ······················ 281
　　　综合波浪理论的三个方面 ················ 281
　　　艾略特波浪理论在股市与商品市场上应用的比较 ···· 284
　　　归纳总结 ······························ 285
　　　参考资料 ······························ 286

第十四章　时间周期 ························ 287
　　　引　　言 ······························ 287
　　　周　　期 ······························ 288
　　　如何利用周期概念来理解图表技术 ········ 298
　　　主流周期 ······························ 300
　　　综合各种周期 ·························· 303
　　　趋势的重要性 ·························· 303
　　　波峰左移和右移 ························ 304
　　　如何分离各种周期——趋势解析 ·········· 306
　　　季节性周期 ···························· 308

股票市场周期……313
　　一月晴雨表……313
　　大选年周期……314
　　把周期与其他技术结合起来……314
　　最大熵谱分析……315
　　关于周期分析的读物和软件……315

第十五章　计算机和交易系统……316
　　引　言……316
　　一点计算机常识……318
　　分析工具和指标分组……318
　　从何处入手使用分析工具和指标……319
　　韦尔斯·王尔德的抛物线和方向性运动系统……319
　　关于计算机自动交易系统的正反两方面意见……325
　　是否需要专家帮助……327
　　系统测试与构造自己的系统……327
　　总　结……328

第十六章　资金管理和交易策略……329
　　引　言……329
　　成功的商品期货交易具有三个要素……329
　　资金管理……330
　　报偿—风险比……333
　　复合头寸交易：跟势头寸与交易头寸……333
　　在成功或失败阶段之后做什么……334
　　交易策略……335
　　把各项技术因素与资金管理结合起来……338
　　交易指令的类型……338
　　从日间图表到日内图表……340
　　日内轴心价格点的利用……342
　　资金管理要领和交易策略举要……342
　　应用于股票市场……343
　　资产配置……344
　　专户理财和共同基金……344
　　市场剖面图……345

第十七章　股票市场和期货市场的联系：交叉市场分析……346

- 交叉市场分析……347
- 程序化交易：终极的关联……347
- 债券市场和股票市场之间的联系……349
- 债券市场和商品市场之间的关联……350
- 商品价格和美元之间的关联……351
- 股票市场板块和行业分群……352
- 美元币值和大盘股……353
- 交叉市场分析和共同基金……354
- 相对力度分析……354
- 相对力度分析和股票板块……354
- 相对力度分析和个股……357
- 从上到下法……357
- 通货紧缩格局……358
- 市场之间的相关性……359
- 神经网络交叉市场分析软件……360
- 结　论……360

第十八章　股票市场指标……362

- 评估市场广度……362
- 数据样本……363
- 市场平均价格指数的比较……364
- 涨跌股数线（腾落线）……364
- AD 背离现象……365
- 麦克莱伦摆动指数……366
- 创新高的股票数目与创新低的股票数目……368
- 上涨股票的成交量和下跌股票的成交量……370
- 阿姆斯指数……371
- TRIN（交易者指数）和 TICK 指数……372
- 平滑阿姆斯指数……372
- 开放式阿姆斯指数……373
- 粗细柱状图……374
- 粗细蜡烛图……375
- 比较市场平均指数……375
- 结　论……378

第十九章 全书大会串
——一张清单 379
技术分析清单 380
如何协调进行技术分析和基础分析 381
注册市场技术分析师（CMT） 382
市场技术分析师协会（MTA） 382
技术分析行业的全球性进展 383
殊途同归的技术分析 383
联邦储备委员会终于表示赞成 384
结　论 385

附录A　高级技术指标 386
需求指数（DI） 386
赫里克回报指数（HPI） 388
STRARC带和凯尔特纳管道 391
需求指数的计算公式 393

附录B　市场剖面图 395
引　言 395
市场剖面图的绘制方法 397
市场结构 399
市场剖面图的技术原理 400
价格区间形成和剖面图形态 403
跟踪长线市场活动 403
结　论 408

附录C　交易系统的基本要求 409
五步建系统 410
第一步：先有一个想法（一个好点子） 410
第二步：把想法转化一套客观规则 412
第三步：在行情图上人工观察和检验 412
第四步：正式使用计算机来检验 412
第五步：评估结果 415
资金管理 416
结　论 416

附录 D　连续期货合约 ··· 418
　　近月合约 ··· 418
　　次月合约 ··· 419
　　江恩合约 ··· 420
　　连续合约 ··· 420
　　连续前移合约 ·· 420

术语表 ·· 423
参考书目 ··· 432
精选的资读来源 ··· 436
　　金融书店 ··· 436
　　技术分析杂志 ·· 436
　　技术分析软件 ·· 437
　　市场数据 ··· 437
　　图表服务 ··· 437
　　技术分析组织 ·· 437

索引 ··· 438

关于作者

约翰·J·墨菲已经应用技术分析 30 年有余了。他曾在美林证券公司担任期货市场技术分析研究主管以及委托管理账户高级交易顾问等职。墨菲先生曾经为 CNBC 电视台（著名财经直播电视台）担任技术分析师达 7 年之久。他共撰写了三本著作，其中包括《期货市场技术分析》，也就是本书的前身。第二本专著是《交叉市场分析》，为市场技术分析开辟了一个新的分支。第三本专著是《凭图投资者》，将技术工具应用于共同基金。

1996 年，墨菲先生与软件开发专家格雷格·莫里斯合作成立了墨菲-莫里斯公司，为投资者制作互动性的投资教育产品和提供在线市场分析服务。他们的网址是：

www.murphymorris.com

他同时还主持了一家自己开设的投资顾问公司，JJM 技术分析顾问公司，位于新泽西州的奥拉戴尔市。

关于其他撰稿人

托马斯·E·阿斯普瑞（附录A）在普林斯顿经济研究所有限公司担任资本市场分析师。该公司位于新泽西州的普林斯顿市。阿斯普瑞先生从1970年代起开始参与市场交易。他在1980年早期代探索的许多分析工具现在已经为其他职业交易者采用。

丹尼斯·C·海因斯（附录B）是R.W.普雷斯普利查有限公司的董事总经理，也是其创始人之一。该公司位于纽约市内，是固定收益证券的经纪行和交易商。他同时担任该公司的首席市场策略分析师。海因斯先生是期货和期权交易者，也是一位商品交易顾问（CTA）。他毕业于休斯敦大学，取得金融方向的MBA学位。

格雷格·莫里斯（第十二章和附录D）为投资者和交易者开发交易系统和技术分析指标已经有20年的经验，这些系统和指标在主要的技术分析软件程序中都有包括。他撰写了两本关于蜡烛图技术的著作（参见第十二章）。1996年8月，莫里斯先生和约翰·墨菲携手创建了墨菲-莫里斯公司，公司位于达拉斯，致力于投资者教育事业。

弗雷德·G·舒兹曼，注册市场技术分析师（CMT，附录C）是布赖尔伍德资产管理公司的董事长和首席执行官。该公司位于纽约，是一家商品交易顾问公司。他还在埃姆科尔欧洲货币管理公司负责技术分析研究和交易系统开发。这是一家风险管理顾问公司。舒兹曼先生是市场技术分析师协会的会员，现任协会理事会理事。

前　言

本书前身《期货市场技术分析》在1986年出版的时候，我从没有想到这本书会在本行业造成这么大的影响。该领域中许多人都将这本书誉为技术分析的"圣经"。市场技术分析师协会在其注册市场技术分析师考试程序中采用本书作为主要教科书。联邦储备委员会在其探讨技术分析工具实用价值的多份研究报告中引用本书。不仅如此，本书还被翻译成八种外国文字。我也没有料到本书会在书店货架上行销这么长久的时间。该书首次出版的十年之后，仍然如同最初几年一样保持着畅销势头。

无论如何，过去十年来情况越来越清楚，技术分析领域已经增添了很多新素材。我自己也做出了一点贡献。我的第二本书，《交叉市场分析》（威利版，1991），帮助开创了技术分析的这门新分支。目前，该分支已经得到了广泛的应用。无论传统的技术分析工具，如日本蜡烛图技术，还是新发明的技术分析工具，如市场剖面图，都已经成为技术分析风景线的一部分。显然，如果哪本书打算全面介绍技术分析的总体图像，非得收纳这些新进展不可。拙著当然也应当追随时代的脚步。

十年前，我的注意力主要集中在期货市场。不过近年来，我的工作更多的是和股票市场打交道。这样我自己也经历了一个完整的循环，因为三十年前当我刚刚入行的时候是从一名股票分析师开始的。这也算是我为CNBC电视台担任了七年技术分析师的副作用之一吧。干这活得时时关注公众热衷的事务，正是这一点也催生了我的第三本书，《凭图投资者》（威利版，1996）。那本书着重研究如何运用技术工具分析股票市场的行业和板块轮动，主要借助共同基金，自从1990年代以来后者在投资者之中极度盛行。

十年前我写到的许多技术指标主要应用在期货市场，目前这些指标都已经融入股票市场的分析研究工作之中。现在是该介绍在股市分析过程中如何运用这些指标的时候了。最后，正如其他任何领域或学科一样，作者也在进步。十年前在我眼中非常重要的内容，今天可能不那么重要了。随着我的工作已经发展到将技术分析原则广泛应用于所有金融市场，如果修订早先的著作，就应当反应作者这些年的进步，看来这是唯一正确的选择。

在修订过程中，我尽量保留原书的基本结构。因此，原来的许多章节都保留了下来。然而，这些章节都经过修订，充实了新资料，刷新了图表实例。既然技术分析原则具有普遍适用性，把所有金融市场都囊括到我们的研究范围之内，开拓的工作并不困难。原著主要着眼于期货市场，所以在修订过程中增补了很多股票市场的资料。

本书增加了三个全新的章节。原书中有两章讲解点数图技术（第十一章和十二章），现在合并成一章。新书第十二章交代蜡烛图技术。本书最后新增了另外两章。第十七章介绍我自己在交叉市场分析方面的研究成果。第十八章探讨股票市场的技术指标。我们还把原书的几篇附录统统替换为新的内容。附录B讲解了市场剖面图。其他附录则演示了一些更先进的技术指标，讨论了如何构建技术交易系统等。增加了一份关键词汇编。

说实话，起笔修订本书的时候我的手有点颤抖。重写一本公认"经典"的著作是不是一个好主意，我心里没底。我但愿自己能够成功，为读者奉献一本更好的著作。在修订的过程中，我始终本着经验更丰富、态度更成熟的作者和分析者的身份力求更上层楼。不仅如此，贯穿本书全书，我始终力图表达出自己对技术分析这门学问长期不渝的尊重和对许多身体力行技术分析的杰出人士的由衷敬意。正是因为他们在工作中取得的成功，以及他们对本领域的贡献，对我永远是最大的慰藉和最好的激励。我唯有希望自己充分发挥了技术分析事业的价值和他们的价值。

约翰·墨菲

致 谢

为了本书第二版,最应当感谢的是埃伦·施耐德·科尔曼女士,西蒙-舒斯特出版社的执行编辑。她说服我现在是修订《期货市场技术分析》的时候了,并建议我扩充内容范围。我很高兴她一再坚持,最终促成此事。特别感谢欧米茄研究公司的同事们,他们为我提供了所需的图表分析软件,不仅如此,加斯顿·桑切兹不厌其烦地花费了很多时间通过电话指导我操作。感谢本书的其他撰稿人——托马斯·阿斯普瑞、丹尼斯·海因斯以及弗雷德·舒兹曼——他们分别为本书贡献了相关方面的专业知识。此外,还有一些分析师朋友为本书提供了图例,他们是迈克尔·伯克、斯坦·厄利希、杰里·托普克、肯·托尔和尼克·范·奈斯。第二章关于道氏理论的修订是我和埃利斯·皮切奥提合作完成的,他是一位独立的技术分析作者和市场咨询顾问,在路易斯安那州新奥尔良市执业。格雷格·莫里斯值得专门致谢。他撰写了关于蜡烛图技术的一章和附录D,还为本书中的图例承担了大部分工作。英克维尔出版服务公司的弗雷德·戴尔曾经为本书第一版负责印刷事宜,这一次再度出山,我们再次与他成功地合作。

第一章 技术分析的理论基础

引 言

这一章我们先来做四件事情。第一,给技术分析下个定义;其二,讨论一下技术分析赖以成立的哲学前提或者说基本原理;接下来把技术分析同基础分析分出个子丑寅卯来,最后谈谈几种常见的反对技术分析的意见。

我坚信,只有先弄清楚了技术分析的所作所为,特别是它的理论基础之后,才谈得上全面理解和掌握它。

首先,我们下定义。技术分析是以预测市场价格变化的未来趋势为目的,以图表为主要手段对市场行为进行的研究。"市场行为"有三方面的含义——价格、交易量和持仓量,它们是分析者通常能够获得的信息来源。另一个概念"价格变化"虽然也常用,但好像太狭窄了,因为大多数分析者也把交易量和持仓量用作分析资料的一部分。在以后的讨论中,"价格变化"和"市场行为"就按这两种意义区别使用。

理论基础

技术分析有三个基本假定或者说前提条件：

1. 市场行为包容消化一切。
2. 价格以趋势方式演变。
3. 历史会重演。

市场行为包容消化一切

"市场行为包容消化一切"构成了技术分析的基础。除非您已经完全理解和接收这个前提条件，否则以下的讨论毫无意义。技术分析者认为，能够影响某市场价格的任何因素——基础的、政治的、心理的或任何其他方面的——实际上都反映在其价格之中。由此推论，研究价格变化就是我们必须做的事情。这个断语乍听也许过于武断，但是花功夫推敲推敲，就确实没话可说。

这个前提的实质含义其实就是价格变化必定反映供求关系，如果需求大于供给，价格必然上涨；如果供给过于需求，价格必然下跌。这个供求规律是所有经济的、基础的预测方法的出发点。把它掉过来，那么，只要价格上涨，不论是因为什么具体的原因，需求一定超过供给，从经济基础上说必定看好；如果价格下跌，从经济基础上说必定看淡。您瞧，这段话基础分析的味道多么浓，不过大可不必为它出现在我们这篇纯粹关于技术分析的文章中而惊讶。归根结底，技术分析者不过是通过价格间接地研究经济基础。大多数技术派人士也会同意，正是根本的供求关系，即某种商品的经济基础决定了该商品的市场看涨或者看跌。图表本身并不能导致市场的升跌，只是简明地显示了市场上流行的乐观或悲观的心态。

图表派通常不理会价格涨落的原因，而且在价格趋势形成的早期或者市场正处在关键转折点的时候，往往没人确切了解市场为什么如此这般古怪地动作。恰恰是在这种至关紧要的时刻，技术分析者常常独辟蹊径，一语中的。所以随着您市场经验日益丰富，遇上这种情况越多，"市场行为包容消化一切"这一点就越发显出不可抗拒的魅力。

顺理成章，既然影响市场价格的所有因素最终必定要通过市场价格反映出来，那么研究价格就足够了。实际上，图表分析师只不过是通过研究价格图表及大量的辅助技术指标，让市场自己揭示它最可能的走势,而并不是分析师凭他的精明"征服"了市场。今后讨论的所有技术工具只不过是市场分析的辅助手段。技术派当然知道市场涨落肯定有缘故,但他们认为这些原因对于分析预测无关痛痒。

价格以趋势方式演变

"趋势"概念是技术分析的核心。还是那句话,除非您也接受这第二个前提,否则就不必再读下去。研究价格图表的全部意义,就是要在一个趋势发生发展的早期,及时准确地把它揭示出来,从而达到顺着趋势交易的目的。事实上,本书绝大部分理论在本质上就是顺应趋势,即以判定和追随既成趋势为目的(图 1.1)。

从"价格以趋势方式演变"可以自然而然地推断,对于一个既成的趋势来说,下一步常常是沿着现存趋势方向继续演变,而掉头反向的可能性要小得多。这当然也是牛顿惯性定律的应用。还可以换个说法:当前趋势将一直持续到掉头反向为止。虽然这几句差不多是车轱辘话,但反复强调的无非只有一个意思:坚定不移地顺应一个既成趋势,直至有反向的征兆为止。这就是趋势顺应理论的源头。

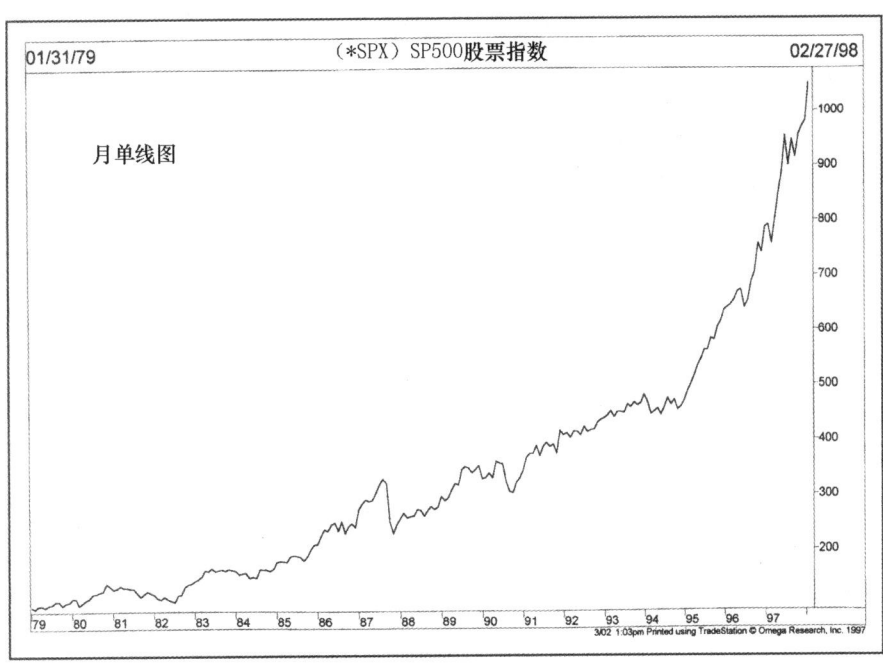

图 1.1 上升趋势的示例。技术分析是基于以下前提之上的:市场以趋势方式演变,并且其趋势倾向于持续发展。

历史会重演

技术分析和市场行为学与人类心理学有着千丝万缕的联系。比如价格形态，它们通过一些特定的价格图表形状表现出来，而这些图形表示了人们对某市场看好或看淡的心理。其实这些图形在过去的100多年里早已广为人知、并被分门别类了。既然它们在过去很管用，就不妨认为它们在未来同样有效，因为它们是以人类心理为根据的，而人类心理从来就是"江山易改本性难移"。"历史会重演"说得具体点就是，打开未来之门的钥匙隐藏在历史里，或者说将来是过去的翻版。

技术分析与基础分析之辨

技术分析主要研究市场行为，基础分析则集中考察导致价格涨、落或持平的供求关系。基础分析者为了确定某商品的内在价值，需要考虑影响价格的所有相关因素。所谓内在价值就是根据供求规律确定的某商品的实际价值，它是基础分析派的基本概念。如果某商品内在价值小于市场价格，称为价格偏高，就应该卖出这种商品；如果市价小于内在价值，叫作价格偏低，就应买入。

两派都试图解决同样的问题，即预测价格变化的方向，只不过着眼点不同。基础派追究市场运动的前因，而技术派则是研究其后果。技术派理所当然地认为"后果"就是所需的全部资料，而理由、原因等无关紧要。基础派则非得刨根究底不可。

大多期货商要么说自己是技术派，要么说自己是基础派。实际上不少人两手兼备。绝大部分基础分析师对图表分析的基本立场有实用的了解，同时，绝大部分技术分析师对经济基础也至少有个走马观花的印象（不过也有的技术分析者不遗余力地拒绝知道任何经济信息，人称"技术癖"）。成问题的是，在很多场合，图表的预测和基础的分析南辕北辙。当一场重要的市场运动初露端倪的时候，市场常常表现得颇为奇特，从基础方面找不出理由。恰恰是在这种趋势萌生的关键时刻，两条道路分歧最大。等趋势发展过一段之后，两者对市场的理解又协调起来，可这个时候往往来得太迟，交易者已经无法下手了。

两种方法貌合神离，而市场价格的变化总要超前于哪怕是最新获得的经济情报。换言之，市场价格是经济基础的超前指标，也可以说是大众常识的超前指标。经济基础的新发展在被统计报告等资料揭示之前，早已在市场上实际发生作用，已经被市场消化吸收了。因此，当前的价格实际上是当前尚来不及为人所知的经济基础因素作用的结果。历史上一些最为剧烈的牛市或熊市在开始的时候,几乎找不到表明经济基础已改变了的资料,等到好消息或坏消息纷纷出笼的时候,新趋势早已滚滚向前了。

而技术派往往非常自信,当大众常识同市场变化牛头不对马嘴的时候,也能够"众人皆醉而我独醒",应付自如。他们乐于领先一步,当少数派,因为他们明白,个中原因迟早会大白于天下,不过那肯定是事后诸葛亮,他们既不愿意也没必要坐等,丧失良机。

有了上面的分析,您就不难理解何以技术派总觉得他们的一套比基础派的强。要是一个交易商非得从二者之中挑一个不可,那么,合乎逻辑的抉择必然是技术分析。因为从定义上说,技术分析已经容纳了基础性因素。如果经济基础已经反映在价格之中,那么再研究有关的基础性资料就多余了。图表分析抄了基础分析的近道,反过来却不然。基础分析里不包括价格的变化。如果说单纯利用技术分析从事商品期货交易还可以的话,要是某人毫不理会市场的技术特点,试图单单利用基础分析来做交易,那就大为可疑了。

技术分析与出、入市时机选择

为把上面最后一句话讲得更清楚,我们把决策过程分为前后两个阶段:先分析市场,而后选择出入市时机。期货市场的杠杆作用注定了时机是交易成败的关键。请注意,即使您在把握大趋势上没有出问题,仍然很可能赔钱。因为期货交易所要求的保证金实在太少(通常少于交易额的10%),价格朝不利的方向哪怕变化得并不大,交易商也可能被扫地出门,损失大部分乃至全部保证金。在股票市场上,情况不一样,如果股价跌了,则不妨先拿着股票等等看,但愿总有涨回来的一天。不少股票交易商就这么着,从投机转变成投资。

期货交易商可占不到这个便宜。"买了走着瞧"这一套行不通。在市场预测阶段,技术分析或基础分析都可采用,但到了选择具体出入市时机的时候,就只能仰仗技术分析了。这就是说,只要做交易,就得按部就班地完成这两个步骤;哪怕您在第一个阶段用的只是基础分析,在第二阶段也还是非用技术分析不可。

技术分析的灵活性和适应性

技术分析有一个了不起的长处,它适用于任何交易媒介和任何时间尺度。不管是做股票交易,还是做商品交易,没有用不上的地方。

做商品期货,图表派可以随心所欲的同时跟踪许多种类,而基础派往往顾此失彼。经济基础方面的资料太繁杂了,大多数基础分析师只好从一而终,专门研究某种或某类商品,比如谷物或者金属类。我们绝不可忽视这个差别。

就说这一桩吧,市场有时平平淡淡,有时候高潮迭起;既有趋势明朗的情况,也有杂乱无章的阶段。技术派就不妨集中精力和资源,专门对付趋势良好的市场,暂且不理会其他趋势不明者。这样,在市场上各种商品轮流坐庄,交替活跃,技术派跟着把注意力和资金转移到最行时的对象上去。不同的时候总有不同的商品最火爆,趋势漂漂亮亮,而且往往此起彼伏。技术分析师大得其宜,随机应变地轮换新宠。而基础派多是"专家",常常享受不到这份灵活性。即使他们要东施效颦,也非得付出许多额外的时间去把握新对象不可,缺了图表派那份潇洒。

技术派的另一个优势是"既见树木又见森林。"他们能同时跟踪所有市场,对商品市场在总体上有很好的把握,避免了从一而终所致的管窥蠡测、坐井观天的毛病。而且许多期货之间存在着内在的联系,对类似的经济因素也会作出相互关联的反映,因此它们之间在价格变化上可以互为线索、相互参照。

技术分析适用于各种交易媒介

图表分析原则既适用于期货,也适用于股市。它实际上起源于股市分析,后来才移植到期货市场,如今股票指数期货已经上市,两个市场之间的界限正飞快地消失。正如图 1.2 所示,各国股票市场也引入了图表及其分析原理。

10 年来,金融期货,包括利率和汇率期货大行其道,图表分析理论在这些市场上如鱼得水。

技术分析原则在套头交易(差价交易)和期权交易中也有用武之地。另外,商业保值也需要考虑价格未来走向,因而技术分析同样能发挥所长。

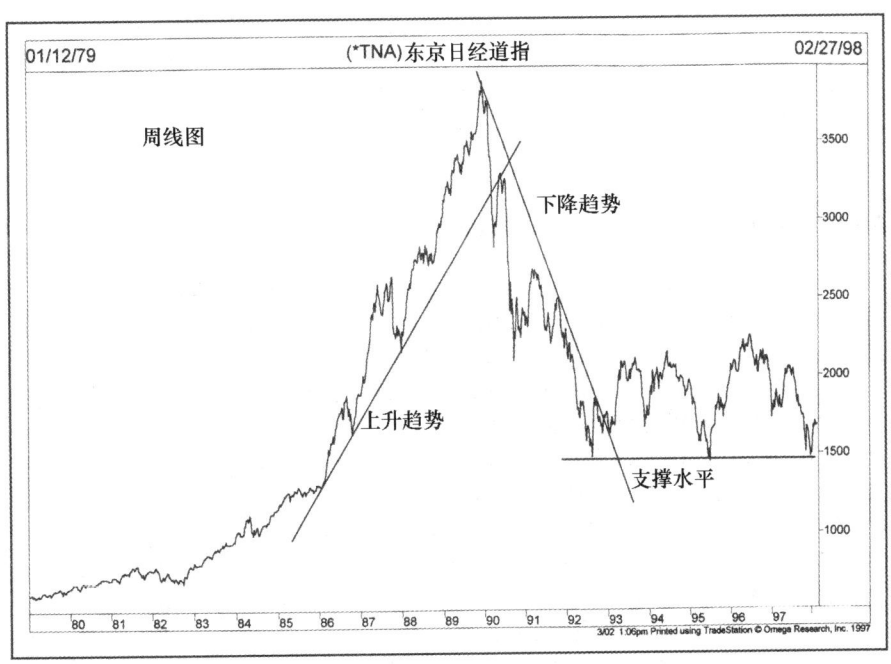

图1.2 日本股市图表鲜明生动,世界上绝大多数股市皆如此。

技术分析适用于各种时间尺度

图表分析的另一个优点是它能应用在不同的时间尺度之下。无论是研究一天以内的价格变化做当日交易,还是顺应趋势做中等期限的跟势交易,都可以采用相同的原理。目前较长期技术预测还往往被忽视。有人说图表分析只适合短时间域,这是无稽之谈。也有人和稀泥,说基础分析适合做长期预测,而技术分析用于短线的时机选择更好。实践证明,使用周线图或月线图解决长期预测问题也毫不逊色。

只要您完全领会了本书所讨论的技术原理,就能在各种交易工具中、在各种时间尺度上左右逢源。

经济预测

技术分析可以在宏观经济预测中发挥一定作用。举例来说,商品价格走向为我们判断通货膨胀形势带来了某些启示。它们还能为我们判断宏观经济前景提供线索。上升的商品价格一般意味着宏观经济趋强,同时通货膨胀压力也在增加。下降的商品价格通常警示着宏观经济放缓,同时通货膨胀压力也在减轻。利率变化方向受到商品价格趋势的影响。如此一来,商品市场的图表,如黄金和石油,连同长期政府债券,能够就宏观经济趋强趋弱、通货膨胀前景等,为我们提供大量信息。美元和外币的期货行情也能够就全球经济走势的相对强弱分别提供及早的指引。上述期货市场所呈现的趋势通常远远早于常规经济指标的变化,这些经济指标按月或按季发布,报告的通常是已经发生的事情,马后炮。这一事实更是令人印象深刻。期货的英文名称就是"未来",诚然,期货市场通常都能帮助我们洞察未来。长期以来,标准普尔500股票市场指数一直作为正统的经济先行指标。我国商业景气周期研究界的一位顶级专家曾撰写专著《20世纪90年代的先行指标》(穆尔),其中以压倒性的根据论证了商品、债券以及股票市场趋势作为经济指标的重要意义。这三种市场均可以采用技术分析手段来研究。在第十七章"股票市场和期货市场的联系:交叉市场分析"中,我们还要对这个话题展开进一步的讨论。

技术分析师、图表分析师

对从事技术分析者有好几种称呼,比如技术分析师、技术师、图表分析师、市场分析家等等。这些说法以前其实是一个意思,如今技术分析的专业分工越来越细,就有必要讲究讲究,仔细地区分。十年前,所有的技术分析都是围绕图表开展的,技术分析、图表分析是一码事。现在不行。

随着技术分析领域的不断拓展,采用传统图表分析方法的人仍自成一派,新形成一派,即所谓技术分析派,则往往借助统计科学和计算机工具。当然这种区分有许多重叠之处,而且大多数人在一定程度上两边都沾得上,但正如技术派同基础派的分别一样,他们毕竟有所不同。

传统的图表分析师无论是否利用计算机辅助工作,图表依然占首要地位,其余统统是参考。而研究图表必定具有一定的主观色彩,在绝大多数场合,分析成功与否取决于分析者自身的素质。所以研读图表确实需要技艺,图表分析师又常被称为"图表艺术家"倒也并非"浪得虚名"。

反过来,技术分析应用了统计科学,以计算机为工具,力求客观地定量测试和改进其自动交易系统。他们把这种系统或者交易模式编成软件,由计算机计算出"买""卖"信号。其中有的简单,有的极为复杂,不过总的一条,就是要尽量减少甚至完全排除人的主观影响,把交易变成科学实践。图表在这些统计学家那里可有可无。但是只要他们的工作不超出研究市场变化这个大范围,就仍算是技术分析师。

另外,使用计算机的分析者也可以划分成两类。一类人倾心研制自动交易系统,又称"黑箱技术";另一种人则致力于利用计算机开发新的技术信号,对这些技术指标的解释及其实际应用他们自己了然于心。

所有的图表分析师都是技术分析者,可是并非所有的技术分析师都是图表分析师。这也是区分两者的一个办法。本书不打算刻意区别使用这两种说法,不过应该清楚,图表分析只是广阔的技术分析领域中的一部分。

技术分析在股市和期货市场应用上的简要比较

常常有人问技术分析在股市和期货市场上的用法是不是一样,答案为既是也不是。基本原理是共同的,但是也存在某些重要区别。技术分析的基本原理最初来自股票市场预测,后来才转用到期货市场。绝大多数基本工具都一样,比如线图、点数图、价格形态、交易量、趋势线、移动平均线和摆动指数等等,两边都用。只要在一个市场上学会运用这些基本知识,就能轻车熟路地适应另外一个市场。当然股票市场和期货市场毕竟有本质区别,要说技术分析在它们那里的差别,也就是由两个市场本身的先天特征造成的一般意义上的不同,工具本身是没有什么分别的。

标价方式

商品的标价方法比股票复杂得多。每种商品都按特定的单位标价并制定价格增减的最基本幅度。举例来说,谷物市场上的报价方式是每蒲式耳若干美分,牲畜市场是每磅若干美分,金银是每盎司若干美元,利率是基本点数等等。交易商必须明了每个市场的具体情况:在哪家交易所上市,合约如何标价,最大和最少的价格变化单位是多少,每张合约每基本单位价格变化相当于多少钱的出入等等。

具有一定的有效期限

商品期货合约都有失效日期,股票则不然。比如美国长期国库券1999年3月份合约在1999年3月到期。期货一般在到期前有大约一年半的交易时间,所以在任何时候同一商品在市场上至少同时流通着6种到期月份不同的合约。交易商事先必须清楚哪一种值得买卖,哪种则应避开(以后解释这一点)。有效期特点给长期价格预测增加了难度。每当旧合约期满新合约上市,总不得不相应地从头开始画图,而且过期合约的旧图表用处不大,新图表连同各项新的技术参数都得重砌炉灶。市场上推陈出新不要紧,但要想维持一个长期图表就实在棘手。即使有计算机帮忙,也必须从零开始,花费可观的人力物力来刷新资料。

较低的保证金水平

恐怕要数这个区别最要紧了。所有的期货都以保证金方式交易,大多数期货所要求的保证金少于交易量的10%。较低的保证金水平导致了很高的杠杆效应。价格不管朝哪个方向只变化一点点,就会影响总的交易成绩。正因如此,在期货市场上可能在很短的时间内赚或者赔一大笔钱。既然交易者只拿出10%的押金,却做了100%的交易,那么10%的价格变化就能或者让他本金翻倍,或者让他血本无归。时间也不一定长,吃早饭开头寸,也许不到午饭时分,整个过程就结束了。期货市场的杠杆效应放大了市场动作,使之看起来比实际上更反复无常。要是有人扬言自己在期货市场上被"洗劫一空",您请记着他起先是拿10%搏100%的。

从技术分析的角度看,杠杆效应使选择出入市时机这一步骤在期货市场比在股票市场大为重要。正确地选择入市和出市的时机一方面是交易成败的关键,另一方面也是市场分析面对的一大课题。正是这样,以技术分析为中心的交易策略才成为期货交易成败攸关、不可或缺的关键。

时间域大为缩小

在杠杆效应作用下,期货商必须密切关注市场的一举一动,因此所关心的时间域必然也细致入微。与此不同,股市分析者喜欢更长时间的图表,研究更长时间的问题。他们也许要预测的是3个月或半年后的市场。期货商想知道的则是下周、明天乃至下半天的形势如何,所以所提炼出的一些具有即时效用的工具,股市分析师或许闻所未闻。移动平均线便是一例。在股市分析中用得最广泛的是30周或者200天的平均线,而在期货市场,绝大多数在40天以下,其中流行的移动平均线组合是4天、9天和18天。

时机更为紧要

在期货交易中,时机决定一切。正确判别市场方向仅仅是问题答案的一小部分。入市时间相差一天,有时甚至仅几分钟,结果可能就是成与败,截然不同。弄错了市场趋势而赔了钱固然糟糕,然而大方向没错却依然损兵折将才是期货交易最令人沮丧、畏缩的地方。基础性因素很少一天一变,所以毋庸置疑,时机抉择问题实质上纯粹是技术性的。

商品价格—平均指数、总体性技术指标用得较少

股票平均价格指数的变化是极为引人注目的,比如道·琼斯工业股票指数或者标准普尔氏500种股票指数。实际上这是所有股市分析的起点。不仅如此,股市投资者还极度偏重于衡量大市坚挺或疲软程度的技术指标,如纽约股票交易所涨跌股数指标、新高新低指标等。期货市场一般并非如此。尽管也有一些代表商品市场总体价格方向的指数,比如商品研究局期货价格指数(CRB)也广受注意,但它们没有股票指数那样显要。商品市场研究者更加注重个别市场行情,对衡量总体商品趋势的技术指标并不深究。大约仅有20种左右的商品市场比较活跃,一眼可以照顾,因此大市指标可有可无。

具体的技术工具

大多数起源于股市分析的技术工具也能适用在商品市场,不过用法不完全一样。

举个例子,期货的图表形态往往不像在股市里那样走得那么完整。期货交易商偏重于短线指标,靠它们更精确地提示交易信号。本书后面还将进一步讨论上述分别以及其他许多用法上的差别。

最后我们谈谈股市同期货之间另一个重要区别。在进行股市技术分析时,非常看重情绪指数和资金动向。情绪指数用来跟踪显示散户、

共同基金、场内交易商等各个群体的表现。根据"真理往往在少数人一边"的原则,情绪指数是判断市场在总体上看好或看淡的极为重要的依据。资金动向用来考察不同群体的现金头寸情况,比如共同基金或大机构交易商的账户。它的基本理论是现金头寸越大,就越有购买股票的潜力。就技术分析本身而言,两者都属于辅助性质,但股市分析者对它们的重视程度比对传统的市场分析要大些。

在我个人看来,期货市场中的技术分析是更为纯粹的价格研究。虽然相反意见理论在一定范围内不无长处,但基本趋势分析和传统技术指标的应用更为关键。

技术分析的一些反面意见

在讨论技术分析时,常常出现一些大同小异的疑问。所谓"预言自我应验"就听得不少。还有"到底能否用过去的价格资料来预测下一步价格方向?"等等。反对者总是强调"图表记录了市场价格的来龙,却说不出它的去脉"。很显然,如果您不会读图,当然从图表上看不出门道来。这一点姑且不论。随机行走理论认为价格毫无趋势可言,言下之意是什么样的预测技术也不比简简单单地"买了拿在手里等着"这一招高明。这就值得理论理论。

"一语成谶"论

"一语成谶"论也可以说成"预言自我应验"。是不是真管用?这个问题问得太多了,说明很多人心存疑惑。这种说法肯定不是无中生有,不过大可不必如此耿耿于怀。下面我们引用一段话,也是讨论期货交易的,从几个方面批评了图表形态,这也许是表述上述问题的最好方法。

(a)近年来绝大部分图表形态流传广泛。许多交易商把它们牢记于心,常常根据图形不约而同地行动。于是乎每当图形发出"看涨"或"看跌"的信号时,买者或卖者一拥而上,结果产生了"预言自我应验"的现象……

(b)图表形态的辨认几乎纯粹出自主观判断。迄今没有任何图形可以用数学方法科学地定量研究。要说它们是读图者心中的臆想,一点也不夸张……(理查德·J·塔韦尔斯,查尔斯·V·哈洛,赫伯特·L·斯通,《商品期货游戏》,p.176,麦格劳-希尔出版社,1971年)。

上面两段批评自相矛盾,后语抹杀了前言。既然图表形态"出自主观判断",是"读图者心中的臆想",那么许多人在同时看出同样的信号这事就实在不可思议了,而这恰恰是"自我应验"论的基础。看来批评家们只好割爱,不可以一边说图表形态是板上钉钉,既客观又容易判定,每个人都能同时看出同样的图形,采取同样的行动,使图表形态自动应验;一边又批评图表分析过分地主观、人见人殊。

事实上图表形态很客观,而研读图表是门艺术(或者说是"技巧"更恰当)。图表形态几乎从来没有清楚得能让有经验的分析师们意见一致的时候。疑虑重重、困惑不解或者仁者见仁智者见智才是家常便饭。正如本书将要说明的那样,技术分析有许多种选择,各种选择相互之间经常合不上榫。有条条大路,但不全通罗马。

即便大多数分析者预测一致,所见略同,他们也不一定在同时以同样的方式入市。有些也许预计到图表信号将会出现便"先下手为强"。还有人也许等到图形或指标突破后在市场回撤时才下手。有些交易商大胆积极,有些人谨慎保守。有些人在入市时同时发出止损指令,有些则留下预定水平指令或限价交易指令做交易。因此所有人在同一时刻以同一方式入市的可能性甚微。

即使"预言自我应验"果有其事,那么它天生也会"自我修正"。换句话说,在交易商们不谋而合的行为扭曲市场之前,大家都仰仗图表,而一旦"自我应验"发生之后,他们要么把图表扔到一边,要么更改交易策略。比如他们可能力图在众人之前或者等到市场进一步证实时才作反应。就这样,即使短时间内预言自动应验现象惹出问题,这种机制本身也将自动地修正自己。

请记住,唯有供求规律才能决定牛市或熊市的发生、发展。技术分析师势单力薄,绝不能平白无故地靠他们自己的买进或者卖出引发市场的重要变化。要是他们能做到这一点,早就该发大财了。

一些规模庞大的交易商越来越多地借助计算机化的自动交易系统,它们带来的问题其实比图表分析师招惹的麻烦重大得多。设计这些系统都是为了辨识和顺应大趋势,本质上属于"因势利导"。十多年来在期货行业中,置于职业化管理之下的资金急剧膨胀,公共和私人基金动辄上亿美元地买卖。它们又大多采用此类技术性系统,结果是庞大的资金高度集中,在为数不多的几个趋势性市场"追势逐利"。因为期货市场总的容量尚有限,这些系统短期内对价格产生破坏性影响的危险性与日俱增。然而哪怕万一出现了这种偏差,也注定为时短暂,不会引起重要的运动。

我们再次强调,甚至由于高度集中的巨额资金采用技术性系统引致的问题也会自我修正。如果所有的系统同时做同样的操作,交易商就会调整系统,使之更迟钝或更灵敏。

我们一般把预言自我应验论看成是对图表分析的反对意见，其实说它是赞誉或许更为恰当。要是有哪种预测技术如此广受欢迎，以至于能够影响市场，那它非得出类拔萃不行。您不妨琢磨琢磨，为什么提起基础分析时，很少有人会顾虑它也出现自我应验的问题呢？

过去能否预测未来

用过去的价格资料能否有效地预测未来，这是另一个引起争议的问题。很奇怪为什么反对技术分析的人总是拿出这个法宝来，大家都明白，每一种预测方法，从气象预报到基础分析，都是建筑在对历史资料的研究之上的。除此之外，还有什么资料可供选择呢？

统计学理论划分成描述统计学和推导统计学两部分。描述统计学指用图表达资料数据，比如用一张标准的线图来展示价格历史。推导统计学则指从资料推导出概括的、预测的或推延性的结论。所以价格图表属于前者的范畴，而针对价格图表进行的技术分析则属于推导统计学的范畴。

正如一本统计学教科书所说："商业或经济预测的第一个步骤就是搜集历史观测资料"（约翰·E·弗罗因德和弗兰克·J·威廉斯，《现代商用统计学》，p.383，普伦蒂斯-霍尔出版社，1969年）。图表分析只是时间序列分析的一种形式，正如所有的时间序列分析一样，也是以历史为依据的。无论谁，唯一能获得的资料或者数据，只是过去的记录。只有把过去的经历投影到未来，我们才能估计未来。

综合起来，技术分析以过去的价格数据预测未来，有充分的统计学根据。要有人执意怀疑技术分析在这个方面的立足点，那么他只好把所有以过去研究未来的学问一股脑儿推翻，当然其中免不了所有的经济分析、基础分析。

随机行走理论

随机行走理论原本在高知识阶层发端并流行。它认为价格变化在顺序上互相独立，因而价格历史并不是未来价格方向的可靠线索。简而言之，价格变化是随机而不可预测的。该理论根据有效市场假定，认为价格在内在价值上下随机波动。同时还推论，最好的市场策略就是简简单单地"买了等着"，反对"战胜市场"的企图。

所有的市场确实都具备一定的随机性，或者说"噪声"，但以为所有价格变化都是随机而来却并非实情。断这个官司恐怕凭经验和实践更靠得住,而复杂高深的统计学方法要么似乎能证明研究者预先设想的一切,要么什么也否定不了。满目随机其实只是无力辨识系统性价格变化形态的代名词,您不妨把这话记在心里。许多学者没有能力揭示价格形态,可这并不能证明价格形态不存在。

当市场趋势明朗时,趋势对一般的市场分析人员或实际交易人员到底有无价值呢?学院派争论不休。要是您对这一点也有疑惑,随便翻翻哪本图表书(随机地挑出来),就可以很直观地看到趋势确实客观存在。如果价格变化前后无关,也就等于昨天或者上星期的事儿在今天或明天全无痕迹,那么试问随机行走派诸君,如何解释触目可见的趋势呢?不少顺应趋势系统在现实交易中战果辉煌,利润丰厚,又该做何解释呢?在期货市场选择时机是个关键,"买了等着"如何行得通呢?应该在熊市中拿着这些头寸坐等吗?要是前后价格相互无关,价格变化既没有趋势也无从预测,交易商如何能知道牛市和熊市的分别呢?事实上"买了等着"就等于是个上升趋势,那么熊市如何能存在呢(图1.3)?

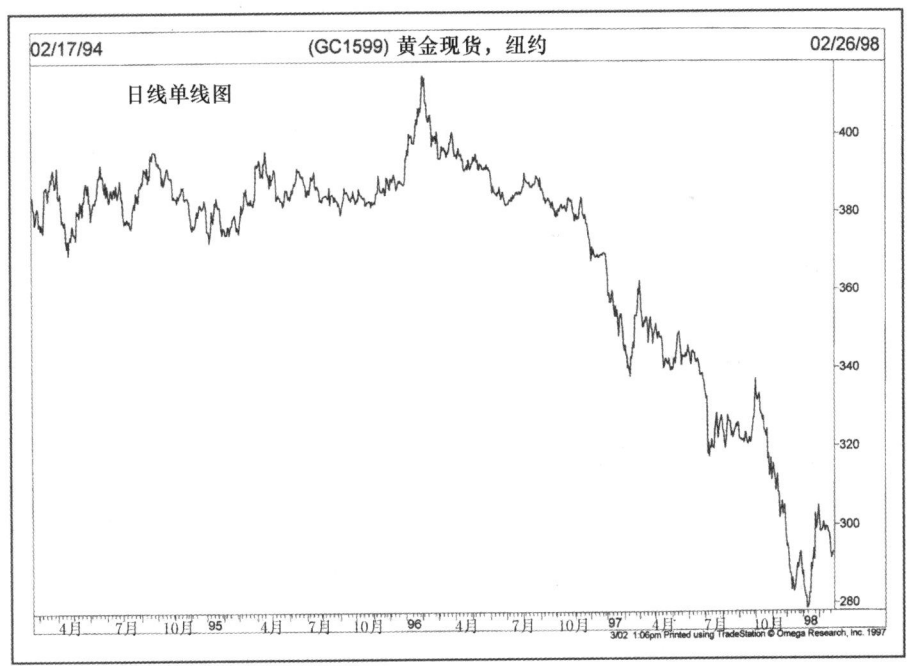

图1.3 请看这张黄金现货的图表,如果"随机行走论"者在这张图面前愣想向持有黄金的人兜售"市场上根本无趋势可言"的话,恐怕免不了要碰一鼻子灰。

技术分析的理论基础

统计学证据能否最终肯定或彻底推翻随机行走理论，天晓得，不过随机理论在技术分析界毫无市场。如果市场果真随机，那么没有什么预测技术靠得住。有效市场假定恰恰同技术分析的前提之一"市场包容消化一切"异曲同工，而不是否定了技术分析的可靠性。学院派也发觉市场很快地消化一切信息，想靠消息灵通来发财没门儿。在这里他们总算摸着技术分析理论基础的一点边，即重要的市场信息在其广为人知之前，早已为市场价格所包容消化。学院派弄巧成拙，反而清清楚楚地证明了密切关注价格变化的重要性，试图利用基础性情报渔利至少对短时期而言是缘木求鱼。

最后我们必须承认，要是不理解潜藏在变化过程表面下的具体规则，任何过程都会显得杂乱无章。比方说一张心电图，在外行看来，活像一长串杂乱无章的噪声，可在一个训练有素的医生眼中，其中每个小波折都充满了意义，肯定不是随机而来。对没有花功夫研究期货市场行为规律的人来说，市场动作也可能是随机的。随着读图技能的提高，随机的错觉逐渐消失。相信读者在逐步深入学习本书各章节的过程中，会亲身体验这种现象。

话说回来，即便是学院派，也还有救。许多地位显赫的美国大学已经开始探索行为金融学，行为金融认为，证券价格走势和人类心理密不可分。当然，这一点正是市场技术分析的主要理论基础。

技术分析普遍适用

本书更早的一个版本出版于12年之前，其中介绍的许多技术分析择时工具当时主要应用于期货市场。然而，这十余年来，人们广泛地采用这些工具来分析股票市场趋势。本书介绍的技术分析原则普遍适用于所有市场——连共同基金也不例外。过去十年，人们在股票交易中，主要借助指数期权、共同基金等工具进行行业或板块的投资。鉴于板块投资方法盛行，本书后面将阐明如何应用技术分析的择时工具来判断哪个行业或板块当红、哪个行业或板块趋冷。

第二章 道氏理论

引　言

　　1882年,查尔斯·道和他的合伙人爱德华·琼斯联手创立了道琼斯公司。绝大多数技术分析师和市场投资的门徒都认为,当今所谓技术分析,在很大程度上发轫于20世纪初道氏提出的各种理论。道氏为华尔街日报撰写了一系列社论,其中包括了他的有关思想。现在绝大多技术分析师依然承认并尊奉道氏的基本思想,无论他们是否明确了解这些思想的来源。当今之世,虽然我们已经拥有了尖端的计算机技术,各种新型的、据说更好使的技术指标也层出不穷,但是,道氏理论依然是技术分析这门学问的奠基石。

　　查尔斯·H·道于1884年7月3日首创股票市场平均价格指数,当时,该指数只包含11种股票,其中有9种是铁路公司,两种是制造业公司。道氏觉得,这11种股票提供了一个很好的指标,借之可以观察本国经济的健康状态。直到1897年,原始的股票指数才衍生为二,一个是工业股票价格指数,由12种股票组成;另一个是铁路股票价格指数,包含

20 种成分。道氏认为,把股票指数分成这两个类别,可以更好地揭示经济状态。到 1928 年,工业股指的股票覆盖面扩大到 30 种,直到现在,工业股指仍然由 30 种成分股组成。在随后的漫长岁月里,华尔街日报多次更新工业股指的成分股名单。1929 年添加了公用事业股票价格指数。虽说新的指数日益增加,但道氏 1884 年的首创却是它们共同的鼻祖。

1984 年,道氏首创的股票价格指数恰逢 100 周年,市场技术分析师协会(MTA)也向道·琼斯公司颁赠了高汉默银碗奖,以表纪念之忱。MTA 在致辞中这样写道:"特以本奖授予查尔斯·道,表彰他对投资研究领域做出的名彪青史的贡献。在其逝世 80 多年后的今天,他所创立的指数仍然是市场技术分析者不可或缺的有力工具。同时,他的创造也为各种现有的指数奠定了基础。这些指数是股票市场活动的晴雨表,受到了广泛的重视。"

道氏从未为其理论著书立说,这是我们的一大损失。19 世纪末,他在华尔街日报上发表了一系列社论,表达了他对股票市场行为的研究心得。直到 1903 年,也就是他逝世一年后,这些文章才被收编在 S·A·纳尔逊所著的《股市投机常识》一书中,得以集中出版(1978 年弗雷泽出版公司重印此书)。正是这本著作首次使用了"道氏理论"。在理查德·罗素为该书撰写的序言中,把道氏对股票市场理论的贡献同弗洛伊德对精神病学的影响相媲美。

后来,道氏在华尔街日报的助手和传人威廉·彼得·汉密尔顿整理归纳了道氏的理论,发表在 1922 年出版的《股票市场晴雨表》(纽约哈普兄弟公司出版)中。罗伯特·雷又把道氏理论进一步加以提炼和发展,在 1932 年出版了《道氏理论》一书(巴伦氏出版公司,纽约)。

道氏的研究是针对他发明的股市平均价格,即工业股指和铁路股指所进行的,但是其绝大部分理论在各类市场平均指数上也同样游刃有余。本章将介绍道氏理论的基本原则,同时着手表明这些基本原理同本书后面各章内容的联系。这里要讲到六条基本原则,其中大部分内容对期货技术分析师来说都不会耳生。当然,更深入的探讨要留待后面各章节分别进行。

基 本 原 则

1.平均价格包容消化一切因素

发生在股票交易场所内的所有交易行为及其动向,代表着华尔街对过去所知的一切,不论是眼前刚刚发生的,还是很久以前发生的,华尔街正是凭借这一切来"贴现"未来的。某些统计学家精心编制商品价格指数、追踪银行清算数据、汇率波动、国内贸易和国际贸易总金额等等,然而,平均指数自圆其说,没有必要用上述种种狗尾续貂。华尔街已经把上述一切因素考虑在内了(汉密尔顿,第40~41页)。

挺耳熟吧？这正是第一章所介绍的技术分析理论的基本前提之一,只是这里用平均价格代替了个别对象的价格。这个原则表明,所有可能影响供求关系的可知因素都必由市场来表现,本理论既适用于市场平均指数,也适用于个别市场,就连"天灾",比方说地震或者其他自然灾难也不例外。当然这些灾祸事先谁都难以料到,但是一旦发生,就会很快被市场通过价格变化消化吸收掉。

2. 市场具有三种趋势

在讨论趋势的特点之前,必须澄清什么是道氏所认识的趋势。道氏的趋势定义是,只要相继的上冲价格波峰和波谷都对应地高过前一个波峰、波谷,那么市场就处在上升趋势之中。换言之,上升趋势必须体现在依次上升的波峰和依次上升的波谷上。相反,下降趋势则以依次下降的峰和谷为特征。道氏对趋势的定义经受了时间的考验,迄今仍是趋势的基本定义,仍是所有趋势分析的起点。

道氏相信,物理学上的作用力和反作用力定律在市场上同样完全适用。他写道,"交易记录表明,在很多情况下,当某只股票见顶后,它首先适度下降,然后再度拉升到先前的最高价附近。在这次拉升之后,如果股价再度下落,那么它就有能力持续下跌一定幅度"(纳尔逊,第43页)。

道氏把趋势分成三类——主要趋势、次要趋势和短暂趋势。道氏用大海来比喻这三种趋势,把它们分别对应于潮汐、浪涛和波纹。

主要趋势(或称大趋势)如同海潮,次要趋势(或称中趋势)是潮汐中的浪涛,而短暂趋势则是浪涛上泛着的波纹。从堤岸标尺上,我们可以读出每次浪涛卷及的最高位置,然后通过依次地比较这些最高位置的相对高低就能测定海潮到底是涨还是落。如果读数依次递增,那么潮水依然在向陆地推进。只有当浪涛峰值逐步递减的时候,观测者才能确知潮水已经开始退却。不过,海洋潮汐仅仅持续若干小时,而道氏设想的市场潮汐(主要趋势)通常持续一年以上,有时甚至好几年。

次要趋势(或中趋势)代表主要趋势中的调整行情,通常持续三个星期到三个月。这类中等规模的调整通常可回撤到介于先前趋势整个进程的1/3~2/3之间的位置。常见的回撤约为一半,即50%。

根据道氏,短暂趋势(或小趋势)通常持续不到三个星期,系中趋势中较短线的波动。我们在第四章讨论趋势概念时,将采用与这里几乎一致的基本概念术语。

3. 大趋势可分为三个阶段

道氏最关心的是主要趋势(或称大趋势)。他认为,大趋势通常包括三个阶段,积累阶段、大众参与阶段以及派发阶段。第一阶段称为积累阶段,以熊市末尾牛市开端为例,此时所有经济方面的所谓坏消息已经最终地为市场所包容消化,于是那些最机敏的投资商开始精明地逐步买进;第二阶段称为大众参与阶段,商业新闻趋暖还阳,绝大多数技术性地顺应趋势的投资人开始跟进买入,从而价格快步上扬;第三阶段称为派发阶段,即最后一个阶段,报纸上好消息连篇累牍,经济新闻捷报频传,大众投资者积极跟风,活跃地买卖,投机性交易量日益增长。正是在这个最后阶段,从市面上看起来谁也不想卖出,但是那些当初在熊市的底部别人谁也不愿买进的时候乘机"积累"、步步吃进的精明人,开始"派发",逐步抛出平仓。

熟悉艾略特波浪理论的读者肯定不会对上述关于大趋势的三部曲式、各具特色的划分感到陌生。在20世纪30年代出版的雷氏的《道氏理论》的基础上,艾略特构造了他自己的波浪理论。艾略特也认识到牛市有三个主要上涨阶段。在本书的"艾略特波浪理论"一章(第十三章)中,我们将表明,道氏的牛市三部曲同波浪理论的分浪特色惊人地相似。

4.各种平均价格必须相互验证

具体而言,道氏是指工业股指同铁路股指应相互验证,意思是除非两个平均价格都同样发出看涨或看跌的信号,否则就不可能发生大规模的牛市或熊市。换句话说,为了标志牛市的发生,两种平均价格都必须涨过各自的前一轮浪涛(中趋势)的峰值。如果只有一个平均价格突破了前一个高峰,那还不是牛市。两个市场倒也不必同时发出上涨信号,不过在时间上越近越好。如果两个平均价格的表现相互背离,那么我们就认为原先的趋势依然有效。艾略特波浪理论在这一点上与道氏理论不同,只要求单个平均价格给出信号就足够了。关于相互验证和相互背离原则,我们在第六章研究持续形态的时候还要详细解说(参见图2.1和图2.2)。

5.交易量必须验证趋势

道氏认为交易量分析是第二位的,但作为验证价格图表信号的旁证具有重要价值。简而言之,当价格在顺着大趋势发展的时候,交易量也应该相应递增。如果大趋势向上,那么在价格上涨的同时,交易量应该日益增加,而当价格下跌时,交易量应该日益减少。在一个下降趋势中,情况正好相反,当价格下跌时,交易量扩张,而当价格上涨时交易量则萎缩。当然,我们必须强调,交易量是第二位的参照指标,道氏理论实际使用的买卖信号完全是以收市价格为依据的。在第七章"交易量和持仓量"中,我们将更深入地讨论交易量问题。不过届时您会发现其基本原则与此处如出一辙。即使是某些更复杂的交易量信号,其目的也主要是确认交易量增减的方向,然后同价格变化加以参照。

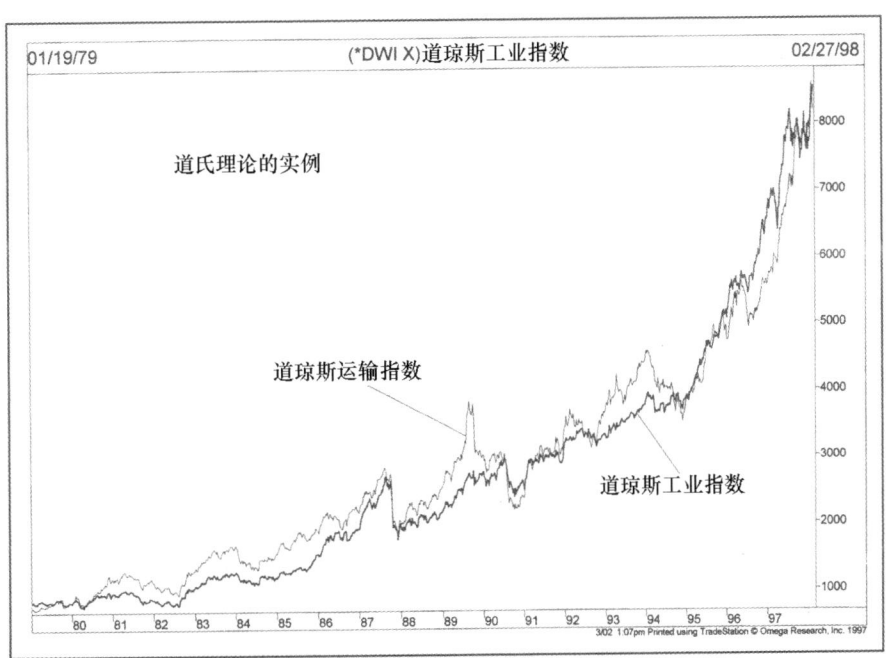

图2.1 从长期的角度来观察道氏理论的应用。为了确认一场主要的牛市行情已经形成,道琼斯工业指数和道琼斯运输指数必须齐头并进。

图2.2 本图出现了两组道氏理论的相互验证信号。1997年初(点1),道琼斯运输指数验证了工业指数更早出现的向上突破。接下来的5月(点2),道琼斯工业指数验证了运输指数更早出现的新高。

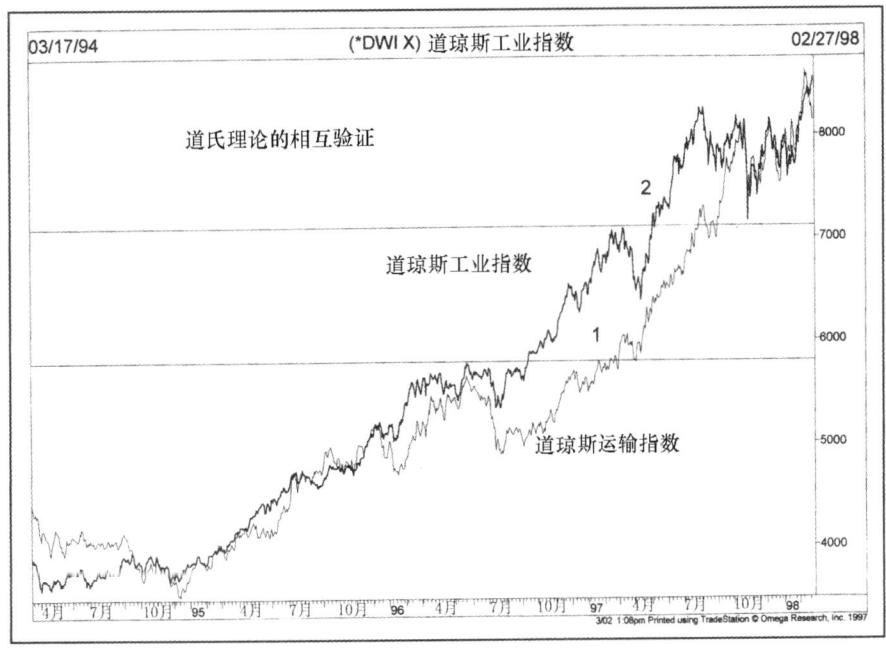

道氏理论

6.唯有发生了确凿无疑的反转信号之后,我们才能判断一个既定的趋势已经终结

在第一章我们也曾涉及这条基本原则,它是目前广泛使用的顺应趋势方法的主要基础。这句话其实把物理学定律和市场运动联系起来了,也就是说,一个既成趋势具有惯性,通常要继续发展,除非有外力改变它的方向。话说回头,要判别反转信号说起来容易,行起来困难。研究诸如支撑和阻挡价格水平、价格形态、趋势线和移动平均线等等倒也是几个实用的办法,我们或许从中能获得关于现行趋势发生变故的信号。某些指标甚至能够更及时地发出现行趋势动力衰竭的警讯。不过,通常总是选择"趋势还将继续"这一边,把握更大些。掌握这个小小秘诀,就能令您成多败少,大有胜算。

对信奉道氏理论者或者"因势导利"者来说,最困难之处就在于要有能力把大趋势中常见的次要调整,同掉头反转的新趋势的第一轮冲锋区分清楚。关于什么样的情形才是真正的反转信号,这一点在顺应趋势派中还有争议,图2.3(a)和2.3(b)均为衰竭形态,显示了互有争议的两幅格局。在图2.3(a)中,我们注意到C点的上涨未能达到相邻的前一个高峰A点的高度,此后价格又回过头跌破了前一个低谷B点的水平。在这种情况下,就存在着两个依次下降的峰和两个依次下降的谷,表明当前一个低点B被跌破时,S点是一个清晰的卖出信号。这种反转形态常常被称为"一蹶不振"。

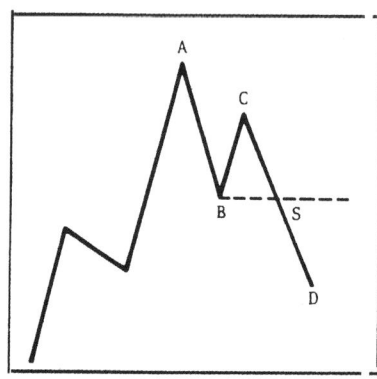 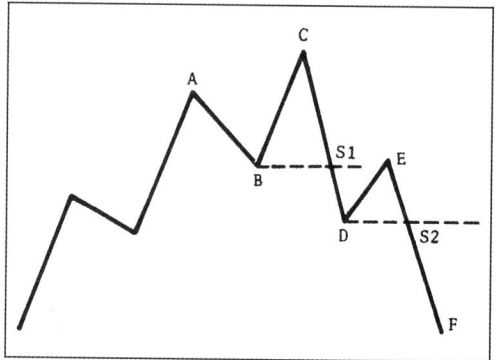

图2.3(a) "一蹶不振"。先是高点C无力克服高点A,然后,市场向下跌破了低点B,从而构成了S点的卖出信号。

图2.3(b) "物极而反"。请注意,这里点C超过了点A,但之后却跌破了B点。有道氏主义者认为S1点是"卖出"信号,而另一些人则等市场走出了另一个较低的高点E后,在S2点方采取看跌的态度。

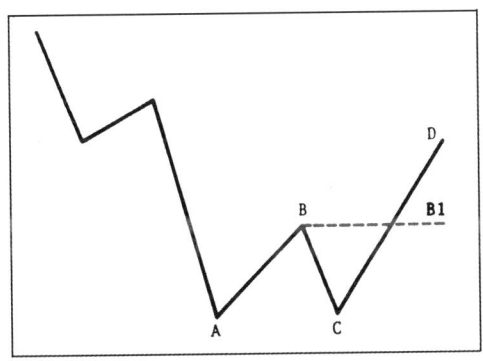 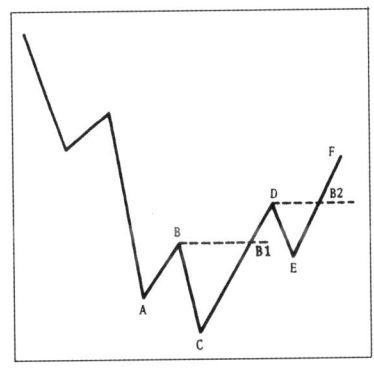

图 2.4(a) 底部的"一蹶不振"。当 B 点被向上突破后(B1 点),构成"买入"信号。

图 2.4(b) 底部的"物极而反"形态。点 B1 或点 B2 处为"买入"信号。

在图 2.3(b)中,我们注意到这一轮上冲所达的高点已经打破了前一个峰值 A 点,然后价格才滑破前一个低点 B。尽管在 S1 点,B 点价位的支撑显然已经崩溃,有些道氏主义者并不认为这是一个良好的卖出信号,理由是这里只有依次降低的低点,却没有依次降低的高点。他们宁可看到价格再次回到 E 点而无力达到 C 点的高度,然后再加上随之而来的下跌又低于 D 点之后,才认为这时的 S2 点是真正的卖出信号。因为此处既有依次下降的峰又有依次下降的谷。图 2.3(b)所示的反转形态称为"物极而反"。图 2.3(a)所示的"一蹶不振"的形态要比"物极而反"的形态疲软得多。图 2.4(a)和 2.4(b)显示了市场在底部时对应于上面两种形态的镜像情形(图 2.4a 和 2.4b)。

收市价格的使用和辅助直线的引入

道氏在股市平均价格图表中纯粹依赖收市价格,其信号是以收市价格对前一个高峰或低谷的穿越为标志的。除了收市价格之外,其余日内价格变化即使穿越了上述高、低点也是无效的。他在平均价格图上所使用的辅助直线,就是在某一段时间内界定价格上下变化范围的水平直线。其描述的横向延伸的波动常常出现在调整状态中,也可以在顶部或底部的反转过程中见到,在现代术语中,这种形态称为矩形。

对道氏理论的某些批评

实事求是地说,多年来道氏理论在辨别主要牛市和熊市上是成功的。不过即使如此,它也难逃求全之苛。最常见的批评可能是嫌信号来得太迟。通常道氏理论的买入信号发生在上升趋势的第二阶段,即当市场向上穿越了从底部弹起的第一个峰值的时候。一般来说,在信号发生之前,我们大约错过了新趋势全部价格变化的20%~25%。顺便说一句,绝大部分顺应趋势的技术系统也是在此时确认和投入新趋势的。

奉行"因势导利"者对这种批评恐怕很熟悉。请切记,道氏理论从来不是企图抢在趋势前头预期趋势,而是力求在大趋势发生后及时揭示大牛市或大熊市的降临,以便捕捉大趋势中发生大部分重要运动的中腹部分。根据现有的记录,道氏理论在这方面的表现应当说是相当优良的。本章引言中提到的巴伦氏周刊上的那篇文章曾引用了一些统计材料,表明从1920~1975年,道氏理论成功地揭示了工业股指和运输股指的所有大幅运动中的68%、标准普尔氏500种股指大动作的67%。

正如绝大多数顺应趋势系统的设计精神一样,道氏理论的目的是捕获市场重要运动中幅度最大的中间阶段。就这种意义上说,上述批评是不能成立的。另一方面,这种责难本身也表明批评者对顺应趋势理论缺乏了解。实质上没有哪个顺应趋势系统试图抓住底或顶。想抄底或压顶的人很少如愿以偿。

股价指数作为经济指标

显然,道氏甚至从不曾打算用他的理论去预测股市方向。他觉得,其真正价值在于利用股市方向来作为一般商业活动的晴雨表。道氏的洞察力令人惊叹不已,他不但为我们今天处处运用的预测方法奠定了基础,而且竟然在那时就已经认识到,股价指数是很好的经济先行指标。

道氏理论应用于期货交易

道氏的研究对象是股价平均指数。虽说道氏理论的绝大部分内容在期货市场均有一定的应用,但也存在着某些重要区别。举例来说,道氏认为大多数投资人只做大趋势,而中等的调整被用作入市时机的选择,短暂趋势则置之不理。很显然,在期货交易中情况并非如此,绝大多数期货商追逐的是中等趋势而不是大趋势。小幅度价格波动对选择时机意义极为重大。这就是说,在一个预计持续数月的中等上升趋势中,顺应趋势者会利用短暂的价格下跌买进。而在一个中等下降趋势中,短暂的价格上弹是卖出的好机会。这样,短暂趋势在期货交易中就显得极为重要。许多短线交易商在非常短的时间内开仓和平仓,他们更致力于把握日内的价格变化。

买卖道琼斯指数的新途径

自从道琼斯工业平均指数面世百余年来,人们只能把它用作大市指标。1997年10月6日,道氏指数的期货和期权上市,历史从此改变。芝加哥商品交易所推出了道琼斯工业平均指数有史以来首张期货合约,与此同时,芝加哥期权交易所推出了道琼斯工业指数的首张期权合约(代码:DJX),还推出了道琼斯运输平均指数的期权合约(代码:DJTA),道琼斯公用指数的期权合约(代码:DJUA)。1998年1月,美国股票交易所开始推出"钻石信托",一种复制30种道琼斯工业指数成分股的信托投资单位。此外,还有两家以道琼斯工业指数为标的的共同基金已经面世。在道氏指数诞生百年后,人们终于可以直接买卖道氏平均指数,进一步将道氏理论落实在投资实践中。道先生地下有知,必定大感欣慰。

总 结

本章相当简要地概括了道氏理论中较重要的各个方面。随着对本书的深入学习,您将充分认识到,理解和接受道氏理论可以为学习技术分析打下坚实的基础。同时您也会越来越清楚,今后各章中所讲解的内容代表着道氏理论的各种发展。诸如趋势概念的标准定义、趋势三类型和趋势三阶段的划分、相互验证原则和相互背离原则、交易量的诠释、以及百分比回撤的用法等等(恕不一一列举),都是从道氏理论中衍生出来的。

除了本章有关介绍以外,《股市趋势的技术分析》一书对道氏理论的基本原则也有很精彩的概括。该书作者是罗伯特·D·爱德华兹和约翰·马吉。

第三章 图表简介

引 言

本章主要是为不熟悉图表的朋友准备的。我们先讲解现有图表的各种不同类型,然后再集中研究其中使用得最广泛的日线图。我们也将介绍怎样理解价格数据,进而交代如何作图。此外还要讲述交易量和持仓量两个概念。接下来再说说线图的其余种类,比如属于长期性质的周线图和月线图,还有以小于一天为时间单位的日线图。有了上述预备知识后,在随后的几章将讨论分析线图的几种工具。熟悉图表的读者或许觉得本章过于基础,不妨直接跳到下一章。

现有图表的类型

众所周知,日线图在期货交易中使用最广。不过技术分析师也使用其余类型的图表,这里要说三种,点数图、单线图,还有最近才流行的蜡烛图。图3.1是一张标准的日线图。以"线图"为名是指这类图表以竖直的线段表示每一天的价格变化。从日线图的每一根竖直线段上,通常可以看出当天的开市价格、最高价格、最低价格和收市价格。每根竖直线段上向右伸出的小横线标志着当日收市价位。一部分技术分析师也开始采纳开盘价,把它标在线段的左侧,如图3.1所示。

图3.2以单线图的形式重画了上面的日线图。在单线图上,我们只要逐日做出各个收市价格所在的点,然后简单地连线即可。因为收市价格是每个交易日最重要的价格,所以不少图表师觉得这种单线图能更有效地展示价格变化。

图3.1 英特尔日线图。其中每根竖直线段都表示一天的价格变化。最常用的价格资料是当日的最高价、最低价、收市价。线段上向右侧伸出的小横线标志着收市价的水平。有些图表师在线段的左侧,用另一个小横线标出当日开市价。

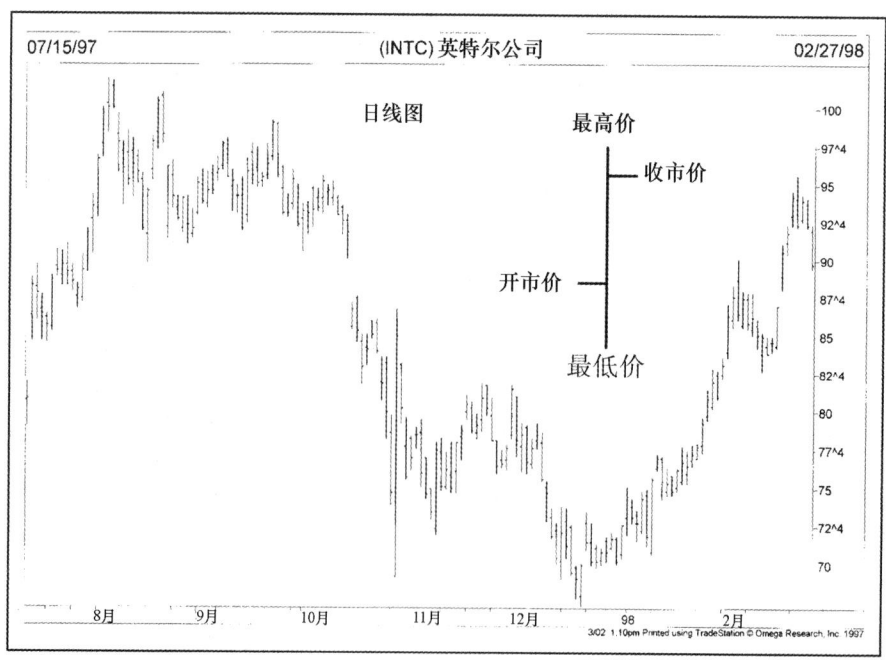

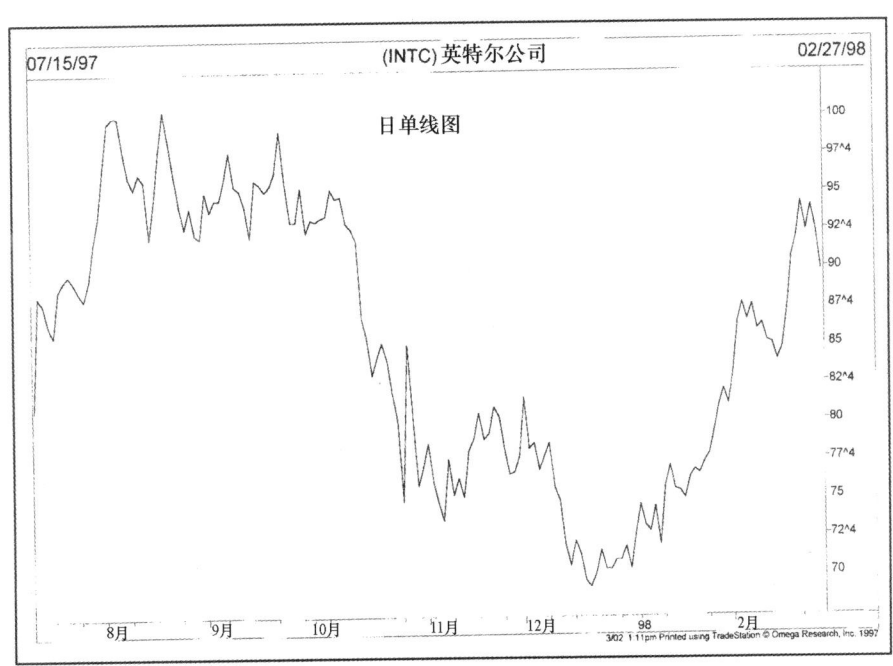

图 3.2 本图是图 3.1 的单线形式，英特尔单线图。其中只把每天的收市价格连起来，形成了一条单实线。

点数图是第三个类别，如图 3.3 所示。请注意，这张点数图显示的也是上面两图的价格内容，但是其形式更为简洁紧凑。图中"X"和"O"符号逐列交替出现。"X"组成的列表示价格上升，"O"组成的列代表价格下降。点数图能够比线图更清楚、准确地显示买、卖信号，同时也具有很大的灵活性。第十一章专门深入讨论这种图表。

蜡 烛 图

蜡烛图相当于日本版本的线图。近年来，此类图表在西方图表分析师圈里越来越盛行。日本蜡烛图和传统的线图采用了同样的四种价格——开市价、收市价、最高价、最低价。不过，两种图表的视觉表达形式区别甚大。在蜡烛图上，竖直的细线（称为影线）表示当日价格波动从高到低的区间范围。蜡烛图线上较粗壮的一段（称为实体）标志着从开市价到收市价的距离。如果收市价高于开市价，那么实体就是白色的（代表上涨）。如果收市价低于开市价，那么实体就是黑色的（代表下降）（图 3.4）。

蜡烛图线的关键在于开市价和收市价相对高低的比较关系。或许

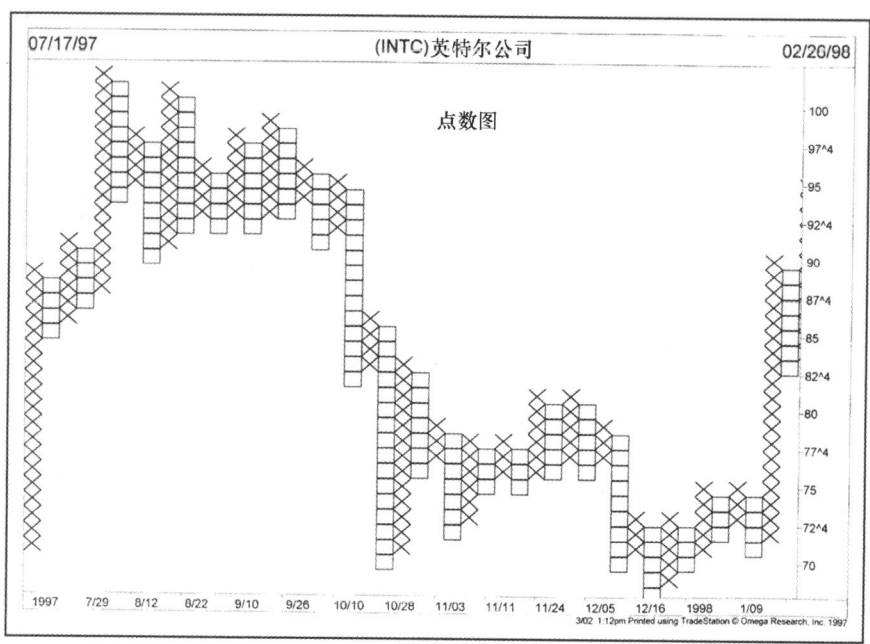

图3.3 英特尔的点数图,本图与图3.1、图3.2的价格资料是相同的。请注意,其中"X"列和"O"列交替出现。"X"列表示价格上升,"O"列代表价格下降。在这类图上,买卖信号较为精确。

图3.4 英特尔的日蜡烛图。蜡烛图线的颜色取决于开市价和收市价的相对高低。白色蜡烛线表示行情上升,黑色蜡烛线表示行情下降。

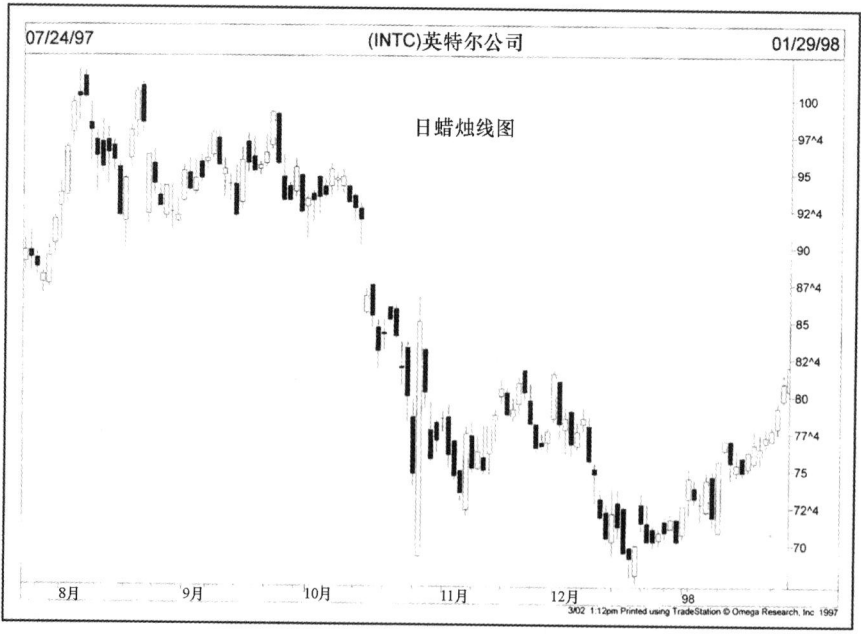

因为蜡烛图越来越流行,西方图表分析师在分析日线图时,现在也越来越多地关注开市价的位置。你在日线图上所做的任何分析,在蜡烛图上可以全盘照搬。换句话说,下文介绍的在日线图上施行的任何技术工具和技术指标,都可以移植到蜡烛图上。本章稍后还要介绍以周、月为时间单位绘制周线图、月线图的方法。周蜡烛图、月蜡烛图都可以如法炮制。第十二章"日本蜡烛图",还要进一步探究蜡烛图技术。

算术刻度和对数刻度

行情图表既可以采用算术价格刻度,也可以采用对数价格刻度。不过,在进行某些形式的分析,特别是在研究非常长期的趋势时,使用对数刻度图表可能更为便利(图3.5和3.6)。图3.5分别是算术刻度和对数刻度的两个示例。在算术刻度上,每单位的价格变化都用相等的竖直距离表示。例如,从5单位到10单位的价格变化与从50单位到55单位的价格变化在图上所标出的竖直距离是相等的,虽然在前一种情况下价格翻了一番,后者只是上涨10%。而在对数刻度上,相等的距离表示相等的百分比例的价格变化,比如说从10单位到20单位(上涨100%)的价格变化,与从20单位到40单位或者从40单位到80单位的价格变化在图表上的竖直距离都是相等的。请注意,在算术刻度尺上,刻度是均匀分布的。而在对数刻度上,随着价格读数的增大,由于每单位价格增量占其价格基数的百分比值递减,于是,从刻

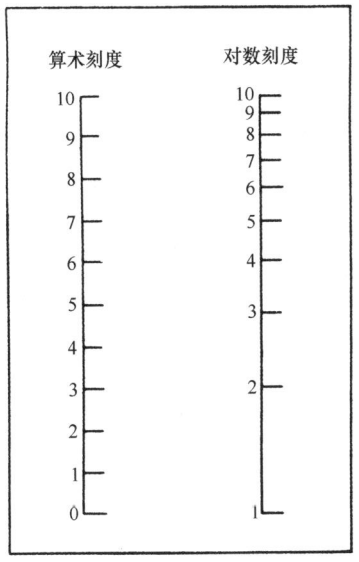

图3.5 算术刻度与对数刻度的对照图。请注意,在左侧的刻度上,刻度线是均匀分布的;而右侧的对数刻度,则表示百分比的变化。

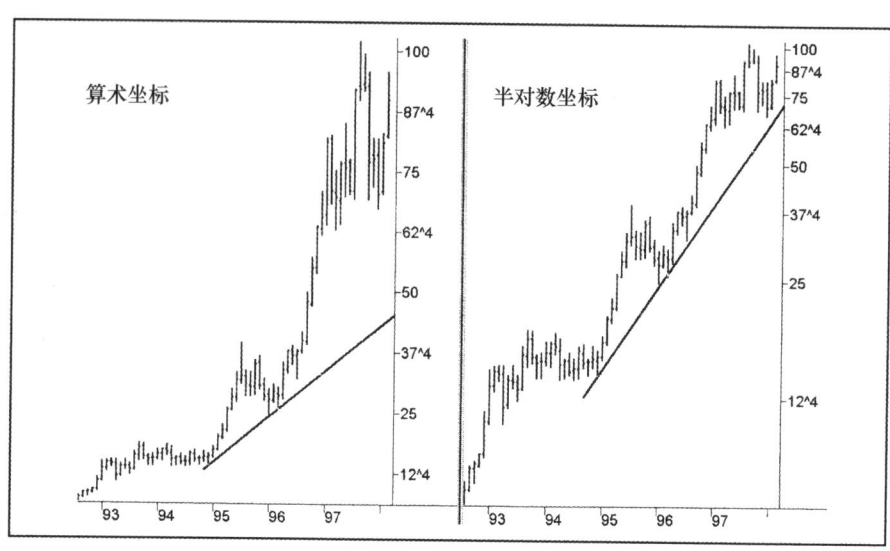

图 3.6 上面两图分别采用不同的价格刻度来绘制英特尔股票的长期行情。左侧图表采取传统的算术刻度,右侧图表采取对数刻度。请注意,为期三年的长期上升趋势线在对数刻度图上作用更佳。

度 1 到 2 的距离与从刻度 5 到 10 的距离相等,因为它们同样表示价格翻了一番。许多股市行情图表服务商提供对数形式的图表,而期货行情图表服务商则提供算术形式的图表。行情图表软件包含两种图表形式的选项,如图 3.6 所示。

日线图的作法

日线图的作法非常简易。在线图上既有价格因素,也有时间因素。竖直轴(Y 轴)代表合约的价格,水平轴(X 轴)记录对应的时间项,日期标在图表的底部。我们只要在水平轴上相应的日期位置,按照价格轴刻度点出当日最高价和最低价,然后用线段连接起来,就可得到一根竖直线段(称为区间),然后,在这根竖直线段上,从当日收市价格的位置向右引出一小截线头,日线图就画成了(图 3.7)。

收市价之所以标在线段右侧,是因为要留出左侧表示开市价格。画好一天的价格后,次日的价格画在其右边邻近的对应日期上。大多数图表服务系统按每周五个工作日来标定时间轴,略去周六和周日。在每周的五个工作日里,不论哪一天市场休息,当天的位置上就留出空白。图表底部每一个日期的竖直线段,表示当日的交易量(图 3.7)。

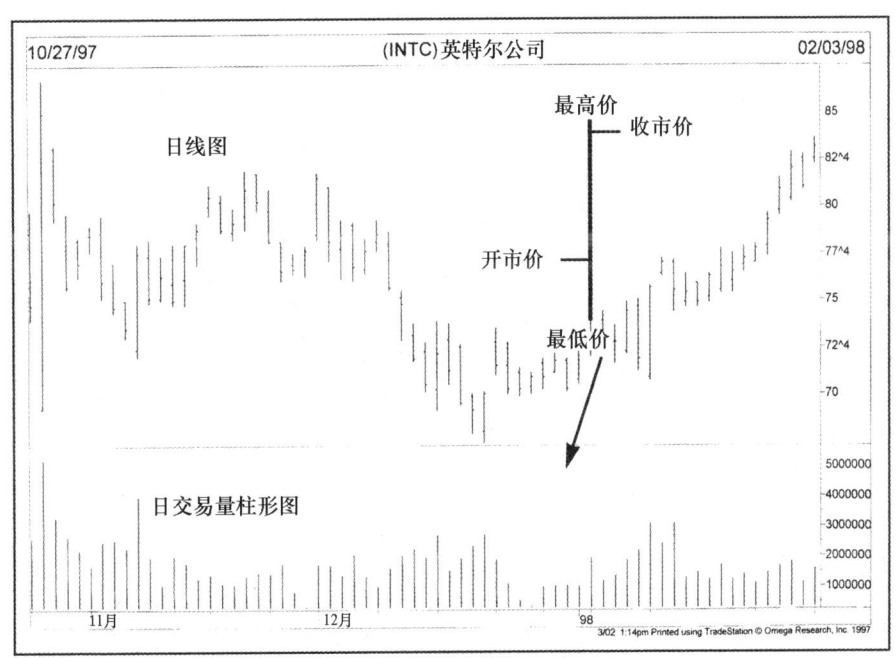

图3.7 英特尔日线图放大版。每一根竖直图线代表当日的价格范围。每天的开市价用一小截线头标在竖直线段的左侧。收市价标在竖直线段的右侧。图表底部的刷形线段代表每日的成交量。

交易量

线图上还包含另一项重要信息——交易量。交易量为当日在某商品市场发生的交易总额,也就是该商品市场到期月份不同的各种合约,在这一天内参与买卖的总的张数;或者在股票市场上这一天中易手的普通股票的股数。在日线图的底部,对应于每一个交易日,有一根竖直线段,居于当日价格线段之下,代表当日的交易量。要是这根线段向上伸展得较高,就意味着当日交易量较重,相应地,短线就表示交易量较轻。为了便于描绘交易量的数据,图表下部也沿着竖直方向标出了交易量的刻度单位(图3.7)。

期货合约的持仓量

持仓量是到当日收市为止所有交易商累计的未平仓合约的总数目。持仓量是买盘或卖盘单边的总数,而不是双方之和。请记住,我们

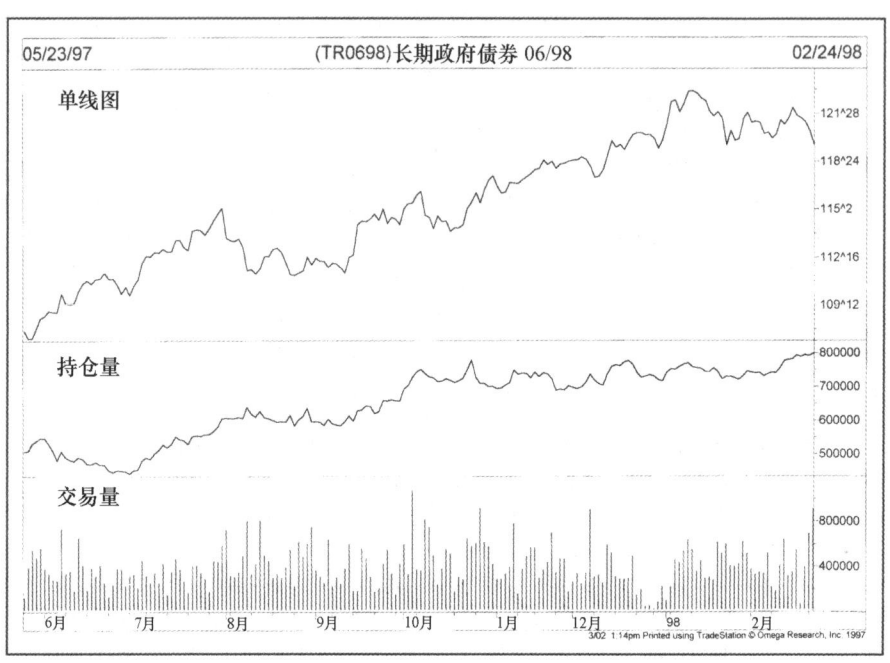

图3.8 长期政府债券期货合约日单线图。图表底部的竖直线段表示该商品当日的总成交量。图表中部的单实线代表长期政府债券期货市场的总持仓量。

讨论的是合约交易,有买则必定有卖,每一个买盘(多头头寸)都必定有一个卖盘(空头头寸)与之相对共存。这样,我们只要知道一边的情况就行了。我们沿着图表下部用一条实线表示持仓量,它的位置通常在交易量稍上方,但低于价格图线(图3.8)。

交易量和持仓量
在全部合约下的总额和在单个合约下的小计

在大多数商业图表系统中,只采用某商品全体合约下的交易量和持仓量的总额。大部分技术分析师也是这样选择的。但同一商品具有到期月份不同的数种交易合约,我们也能分别获得它们个别的交易量和持仓量的资料。不过在预测市场的时候,一般实际使用的是同一商品的各个个别值的总和。下面谈谈这样做的原因。

在合约刚刚上市的时候,它的交易量和持仓量一般相当小。随着其逐渐成熟,这两个数字也相应壮大。最后在临近到期的前几个月,交易量和持仓量又逐步萎缩。显然,这是因为交易商在合约到期之前,必须把敞口头寸对冲掉。因此,具体合约在刚上市的时候交易量和持仓量的增长,以及在临近到期的时候两者的减少,均与市场方向无关,而仅仅是商品期货合约的有效期限特点所导致的从属现象。为了保证交易量和持仓量两者的连续性,也为了使之具备预测性意义,我们普遍采用上述总和。(股票行情图表仅绘制成交量的图形,不包括持仓量。)

期货当日的交易量和
持仓量次日公布

交易所是在第二日公布前一日期货的交易量和持仓量的,所以图表师手中的资料比实际落后一天。这两类数字通常在次日的交易时间内发布,因此次日的金融报纸来不及登载。于是,每天早晨的报纸,只能刊登前一天交易量和持仓量的估计数字。这种估计数虽然不尽如人意,但尚能为期货分析者就前一日交易的活跃程度,提供一点参考。从读者角度来看,每天早晨可以读到昨天的期货市场价格,和昨天的交易量、持仓量的估计数字,以及前天的交易量和持仓量的交易所正式报告。举例来说,在星期三早晨的报纸上,有星期二的价格和估计的交易量、持仓量,还有星期一的交易量和持仓量的交易所正式报告。股票行情分析师没有这样的问题。股票的成交量总额可以即刻获得。

个别期货合约交易量和持仓量的意义

在研究市场方向时,个别合约的交易量和持仓量意义不太大,但它的信息还是很有价值的。在我们从同一商品的各种合约中选择具体的交易媒介时,它们能表明何者流动性最佳。一般来说,在各种到期月份的期货合约中,交易活动只宜限于持仓量最高的合约,而那些持仓量低的合约则应避开。名副其实,"持仓兴趣"(持仓量)越高,则表明围绕着该种到期月份合约的交易意向越浓厚。

周线图与月线图

到这里,我们已经对日线图进行了集中的讨论。不过要清楚,我们其实可以以任何时间单位为基础来构造线图。所谓日内线图,可以采取比一个交易日更短的时间单位来绘图,如小时线图。我们甚至还可以以5分钟为时间单位,选择每5分钟内的最高价、最低价和最后价格来作图,称为5分钟线图。另一方面,日线图上一般可以展

图 3.9 美元指数周线图。每根竖直线段代表相应一周的价格范围。周线图压缩了价格资料,能够显示更长时间范围的价格趋势,通常可达到 5 年左右。

示 6 个月到 9 个月的价格变化,然而如果要做更长期的趋势分析,就必须使用周线图和月线图了。第八章将解说使用这种长线图表的益处。周线图和月线图的绘制方法与日线图一致(图 3.9 和图 3.10)。

在周线图上,每根竖直线段代表对应一星期的全部价格活动。在月线图上,每根竖直线段表示对应一个月内的全部价格变化。显然,为了展示更长期的趋势,周线图和月线图把价格资料大加浓缩了。通过连续周线图,我们可以一直追溯到 5 年以前的市场情况,而连续月线图可以覆盖 20 年以上。这是个简易的技巧,但能够帮助技术分析师纵览较长时期的市场情况——如果单纯使用日线图,则常常缺乏这类长期视野,因而它们弥足珍贵。

结　　语

现在我们已经学会了绘制日线图,也了解了三种基本的信息来源——价格、交易量和持仓量,那么下一步就该介绍如何解释这些资料了。请记住,图表仅仅是数据资料的记载和展示,其自身并无特别

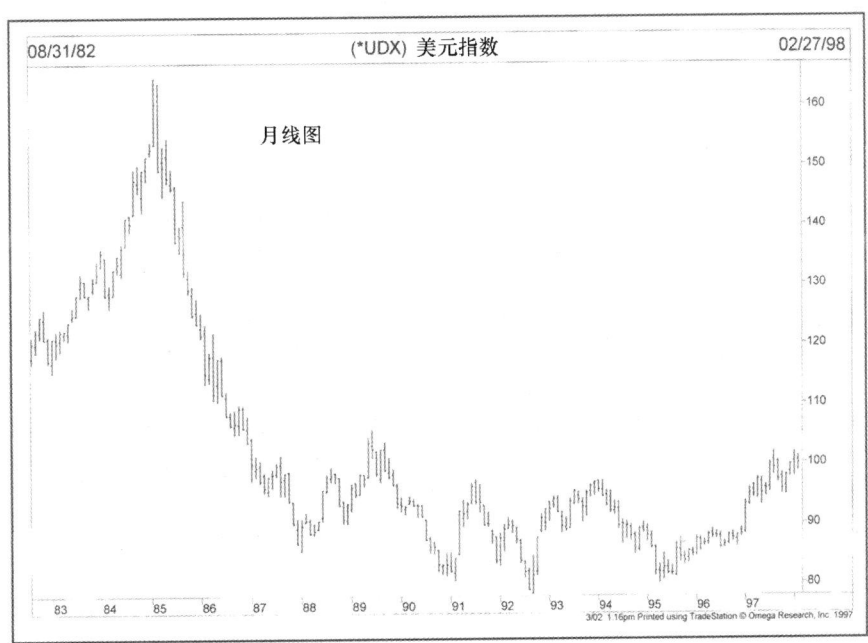

图3.10 美元指数月线图。每一根竖直线段都代表相应月份的价格范围。月线图更进一步压缩了价格资料,因此,月线图可供长达20年的行情图表分析。

的价值。它们就像画笔和画布,工具本身并不能决定一幅画的艺术水准,只不过在一个天才画家的手中,就能物尽其用,创造出美好的形象。用手术刀做比喻或许更恰当。造诣不凡的外科医生能够使用手术刀来挽救生命,可它如果落在我们常人手里,不唯用处不大,甚至可能带来危险。在您掌握了图表分析的规则之后,在您施展这门预测艺术(或者说技巧)的时候,图表就极具价值。那么我们就开始吧,下一章,就来讲述趋势的一些基本概念。我认为这是图表分析的建筑基石。

第四章 趋势的基本概念

趋势的定义

在技术分析这种市场研究方法中,趋势的概念绝对是核心内容。图表分析师所使用的全部工具,诸如支撑和阻挡水平、价格形态、移动平均线、趋势线等等,其唯一的目的就是辅助我们估量市场趋势,从而顺应着趋势的方向做交易。在市场上,"永远顺着趋势交易""决不可逆趋势而动"或者"趋势即良友"等等,实在已经是老生常谈了。因此我们要花些功夫,给趋势加以定义和分类。

从一般意义上说,趋势就是市场何去何从的方向。不过,为了便于实际应用,我们需要更具体的定义。在通常情况下,市场不会朝任何方向直来直去,市场运动的特征就是曲折蜿蜒,它的轨迹酷似一系列前赴后继的波浪,具有相当明显的峰和谷。所谓市场趋势,正是由这些波峰和波谷依次上升或下降的方向所构成的。无论这些峰和谷是依次递升,还是依次递降,或者横向延伸,其方向就构成了市场的趋势。所以,我们把上升趋势定义为一系列依次上升的峰和谷;把下降趋势定义为一系列依次下降的峰和谷;把横向延伸趋势定义为一系列依次横向伸展的峰和谷(图 4.1a 到 d)。

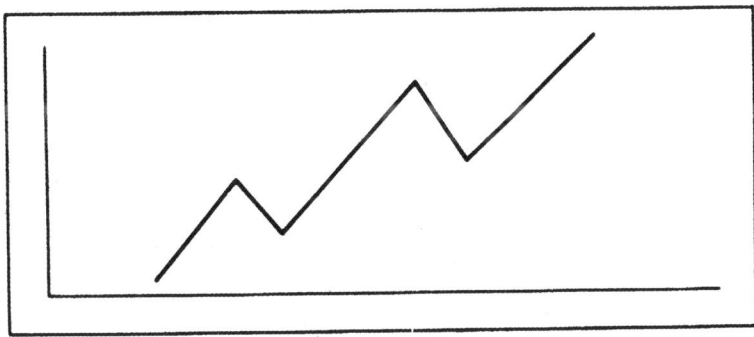

图 4.1(a) 上升趋势的例子,其中峰和谷均依次递升。

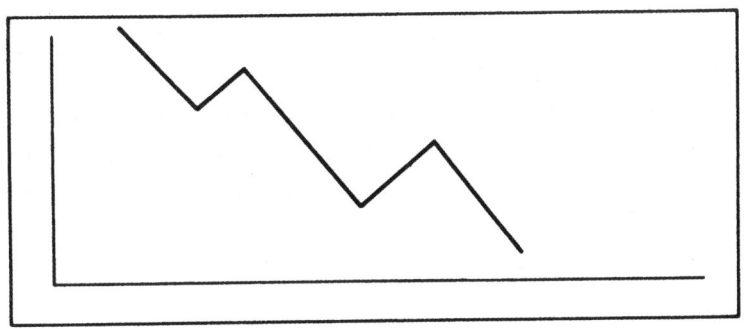

图 4.1(b) 下降趋势的例子,其中峰和谷均依次递降。

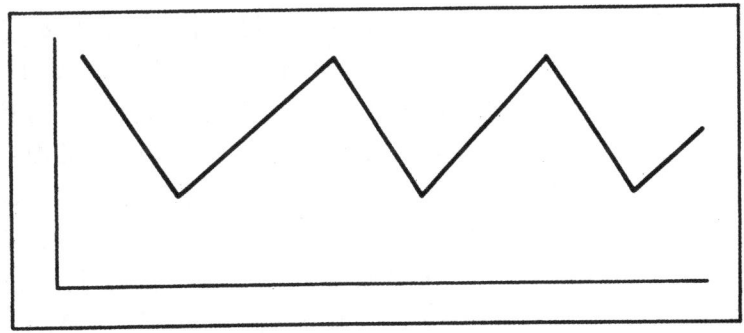

图 4.1(c) 横向延伸趋势的例子,其中峰和谷均水平伸展。这类市场常常被称为"无趋势"市场。

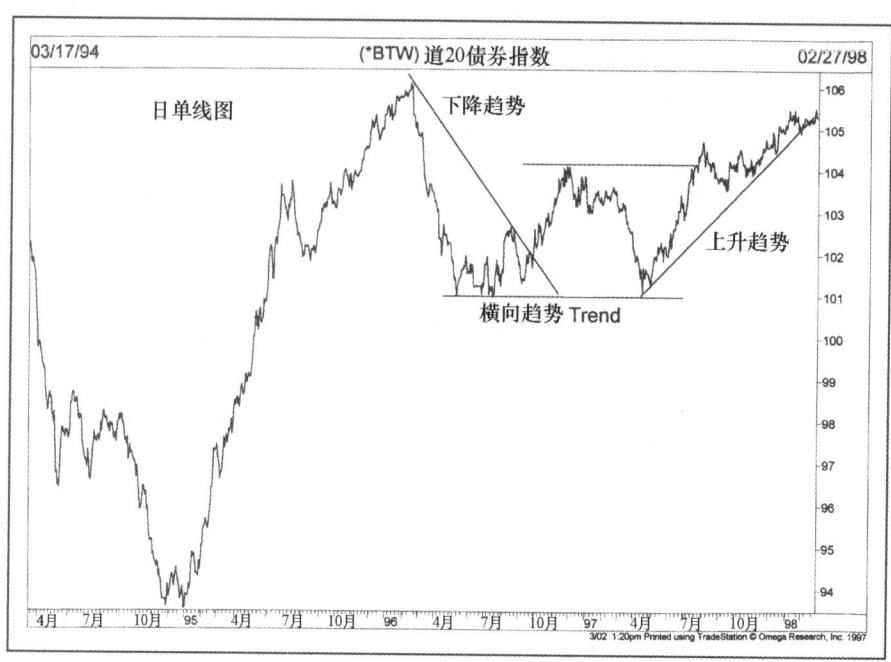

图 4.1(d) 本图右半侧的行情从下降趋势转变为上升趋势。左半图的第一阶段是下降趋势。从 1996 年 4 月到 1997 年 4 月,市场为横向趋势。1997 年夏季,趋势转为上升。

趋势具有三种方向

我们所说的上升、下降、横向延伸三种趋势都是有充分依据的。许多人习惯上认为市场只有两种趋势方向,要么上升,要么下降。但是事实上,市场具有三个运动方向——上升,下降,以及横向延伸。仅就保守的估计来看,至少有 1/3 的时间,价格处在水平延伸的形态中,属于所谓交易区间,所以,弄清楚这个区别颇为重要。这种水平伸展的状况表明,市场在一段时间内处于均衡状态,也就是说,在上述价格区间中,供求双方的力量达到了相对的平衡(我们曾经交代,道氏理论用水平直线来描述此类价格形态)。不过,虽然我们把这种持平的市场定义成横向延伸趋势,但是更通用的说法还是"没有趋势"。

大多数技术工具和系统在本质上都是顺应趋势的,其主要设计意图在于追随上升或下降的市场。当市场进入这种持平的或者说"没有趋势"的阶段时,它们通常表现拙劣,甚至根本不起作用。恰恰是在这种市场横向延伸的时期,技术型交易商最易受挫折,而采用交易系统的人也蒙受着最大的损失。顾名思义,对顺应趋势系统来说,首先必须有趋势可循,然后才能施展功用。所以,失败的根源不在系统本身,而是在于交易商,是交易商操作错误,把设计要求在趋势市场条件下工作的系统,运用到没有趋势的市场环境之中了。

期货交易商有三种选择——先买后卖(做多头)、先卖后买(做空头),或者拱手静观。当市场上升的时候,先买后卖当然是上策。而在市场下跌的时候,第二种选择则是首选。顺理成章,逢到市场横向延伸的时候,第三个办法——拱手静观——通常是最明智的。

趋势具有三种类型(规模)

趋势不但具有三个方向,而且通常还可以划分为三种类型,这在前一章我们已有介绍。这三种类型就是主要趋势、次要趋势和短暂趋势。实际上在市场上,从覆盖几分钟或数小时的非常短暂的趋势开始,到延续50年乃至100年的极长期趋势为止,随时都有无数个大大小小的趋势同时并存、共同作用。然而,大多数技术分析人员对趋势的分类仅限于上述三种,那么在不同的分析者之间,对各类趋势的定义当然不免就有一定混乱了。

例如在道氏理论中,主要趋势实际上是针对长于一年者而言。因为期货交易商所操作的时间域比股票投资者要短些,所以在期货市场上,我们倾向于认为长于六个月便是主要趋势。道氏把次要趋势(或中趋势)定义为延续三个星期到数月者,这在期货市场上也大抵合适。至于短暂趋势,通常被定义成短于两到三个星期者。

每个趋势都是其上一级更长期趋势的一个组成部分。比如说,中趋势便是主要趋势中的一段调整。在长期的上升趋势中,市场暂缓涨势,先调整数月,然后再恢复上升,就是一个很好的例子。而这个中趋势本身往往也由一些较短期的波浪构成,呈现出一系列短暂的上升和下降。我们反复强调,每个趋势都是其更长期一级趋势的组成部分,同时它自身也是由更短期的趋势所构成(图4.2a和b)。

在图4.2(a)中,如点1、2、3、4所示,相邻的峰和谷依次上升,从而主要趋势为上升趋势。点2~3之间是一段调整行情,它是前述主要趋势中的一个次要趋势,是上升的主要趋势的一部分。但请注意,点2~3之间的变化同时也由A、B、C三个较小波折构成。在点3,分析者或许会判断主要趋势依然为升势,但次要趋势和短暂趋势却是跌势。在点4,三个层级的趋势均呈升势。趋势具有各种时间规模,理解它们在时间尺度上的分别是极为重要的。如果有人问您某市场趋势怎样,那么除非您了解此人是针对何种时期而言,否则要回答他,即使不是不可能,也是非常困难的。或许您不得不照上面划分三种趋势类型的办法,来个对号入座。

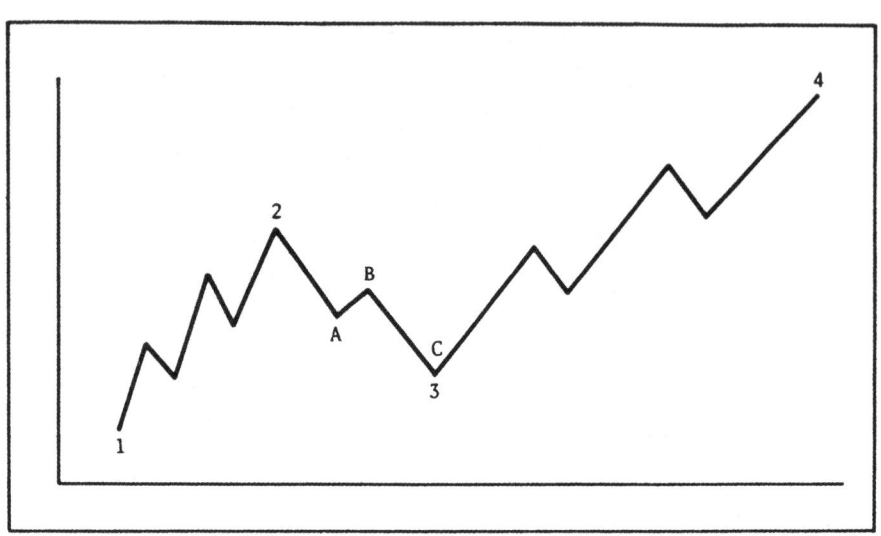

图 4.2(a)　本图例示了趋势的三种规模：主要趋势、次要趋势和短暂趋势。点 1、2、3、4 表示了主要上升趋势。从 2 到 3 代表主要上升趋势中的次要性调整。同时，每一个次要的浪也可划分成短暂趋势。例如，次要浪 2~3 可以分成短暂浪 A—B—C。

图 4.2(b)　1997 年，主要趋势（持续了一年以上）为上升趋势。3 月发生了一轮短期的调整行情。从 8~11 月，一轮中期调整行情持续了三个月。该中期调整行情可以进一步分解为三轮短期趋势。

· 42 ·　　趋势的基本概念

不同交易商所理解的趋势往往也不同,所以有相当多误解。对长线交易商来说,为时几天乃至几个星期的价格变化也许无关紧要。而在当日交易者眼中,持续两三天的上升便构成一个主要的上升趋势了。所以,当我们讨论市场时,特别要紧的是弄清楚趋势的时间规模,确认双方所指的是否是同一个概念。

一般说来,在期货市场上,大多数顺应趋势方法的焦点实际上是中趋势,即可能延续数月者。短暂趋势主要用来选择出入市的时机。在中等的上升趋势中,短暂的回落可以用来建立多头头寸。而在中等的下降趋势中,短暂的上弹可以用来开立空头头寸。

支撑和阻挡

在前面关于趋势的讨论中,我们说价格运动是由一系列波峰和波谷构成的,它们依次升降的方向决定了市场的趋势。现在我们就来给这些峰和谷适当地命名,同时也引入支撑和阻挡两个概念。

我们把谷,或者说"向上反弹低点",称为支撑,用某个价格水平或者图表上某个区域来表示。这个术语名实归一。在其下方,买方兴趣强大,足以撑拒卖方形成的压力。结果价格在这里停止下跌,回头向上反弹。通常,当前一个向上反弹的低点形成后,就可以确定一个支撑水平了。在图4.3(a)中,点2和4分别代表上升趋势中的两个支撑水平(图4.3a)。

阻挡,也以某个价格水平或图表区域来表示。与支撑相反,在其上方,卖方压力挡住了买方的推进,于是价格由升转跌。阻挡水平通常以前一个峰值为标志。在图4.3(a)中,点1和3分别是两个阻挡水平。图4.3(a)所示为上升趋势。在上升趋势中,支撑和阻挡水平呈现出逐步上升的态势。图4.3(b)展示的是下降趋势,其中峰和谷都依次降低。在这个下降趋势中,点1和3为市场下方的支撑水平,点2和4为市场上方的阻挡水平。

在上升趋势中,阻挡水平意味着上升势头将在此处稍息,但此后它迟早会被向上穿越。而在下降趋势中,支撑水平也不足以长久地撑拒市场的下滑,不过至少能使之暂时受挫。

为了完整地理解趋势理论,我们必须切实领会支撑和阻挡这两个概念。如果上升趋势要持续下去,每个相继的低点(支撑水平)就必须高过前一个低点。每个相继的上冲高点(阻挡水平)也非得高过前一个高点不可。在上升趋势中,如果新的一轮调整一直下降到前一个低点的水平,这或许就是该上升趋势即将终结,或者至少即将蜕化成横向

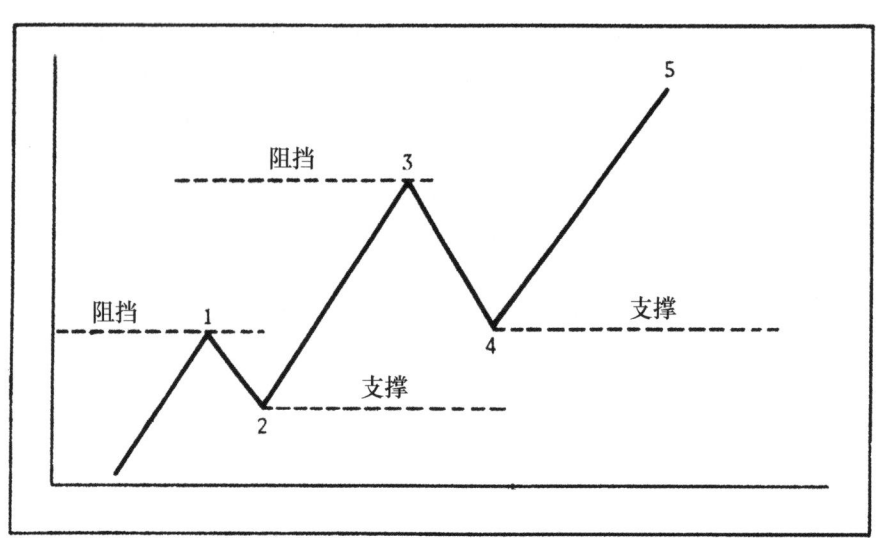

图 4.3（a） 本例表示上升趋势中依次上升的支撑和阻挡水平。点 2 和 4 为支撑水平，通常由过去的向上反弹低点形成。点 1 和 3 为阻挡水平，通常以过去的峰为标志。

图 4.3（b） 本图表示下降趋势中的支撑和阻挡水平。

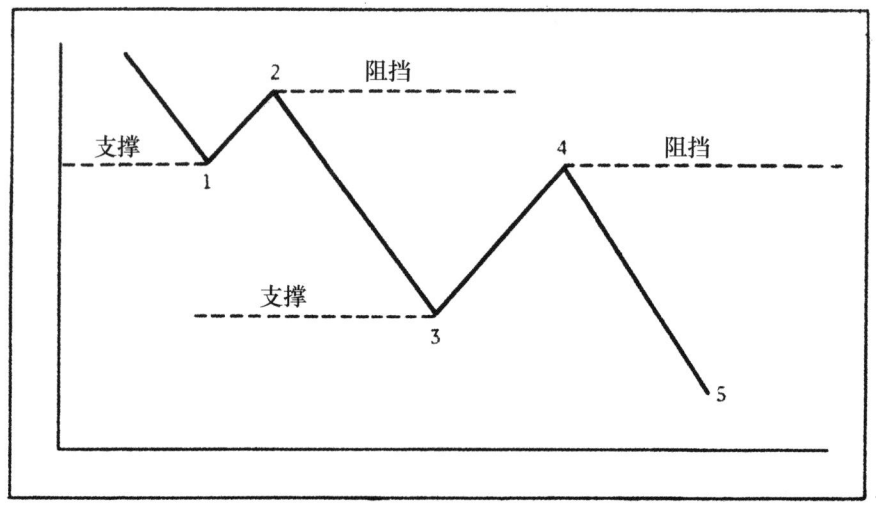

延伸趋势的先期警讯。如果这个支撑水平被击穿，可能就意味着趋势即将由上升反转为下降。

在上升趋势中，每当市场向上试探前一个峰值阻挡的时候，这个上升趋势总是处于极为关键的时刻。一旦在上升趋势中市场不能越过前一个高点，或者在下降趋势中市场无力跌破前一个低谷支撑，便发出了现行趋势即将有变的第一个警告信号。在市场试探这些支撑和阻挡水

·44·　　趋势的基本概念

平的过程中,在图表上会形成各种图案,这就是所谓价格形态。在第五章和第六章,我们就要表明,市场如何通过各种价格形态,来暗示自己到底是处在趋势反转过程中,还是仅仅处在既存趋势的休整之中。无论如何,构造这些形态的基本砖石还是支撑和阻挡水平。

图4.4(a)到(c)是趋势反转的典型范例。请注意,在图4.4(a)中,价格在点5,先是无力冲越前一高点(点3),然后就掉头向下,跌破了点4所示的前一个低点。这种趋势反转其实可以简单地通过观察支撑和阻挡水平来判别。这类反转形态就是所谓双重顶。

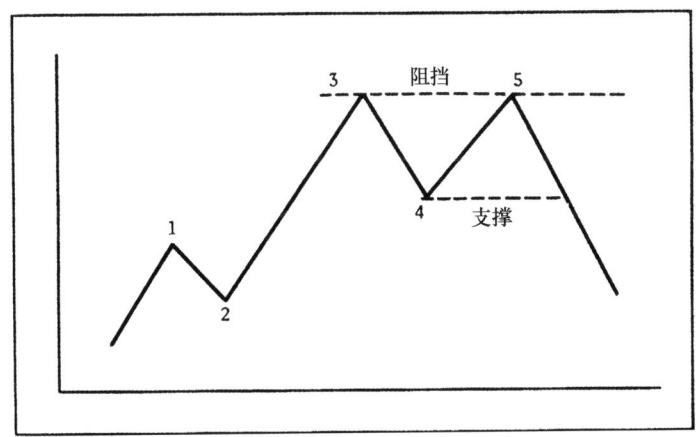

图4.4(a) 趋势反转的例子。在点5,价格无力向上超越过去的峰点3,然后又向下跌破了先前的低点4,这就构成了向下的趋势反转。此类形态称为"双重顶"。

图4.4(b) 底部反转形态的示例。通常,形成底部形态的第一个征兆是价格在点5能够维持在先前的低点3之上,而当价格向上穿越了先前的峰点4,这个底部形态就得到了验证。

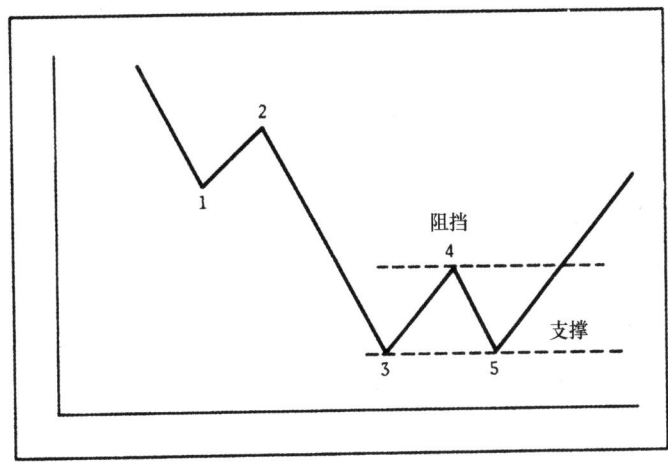

趋势的基本概念

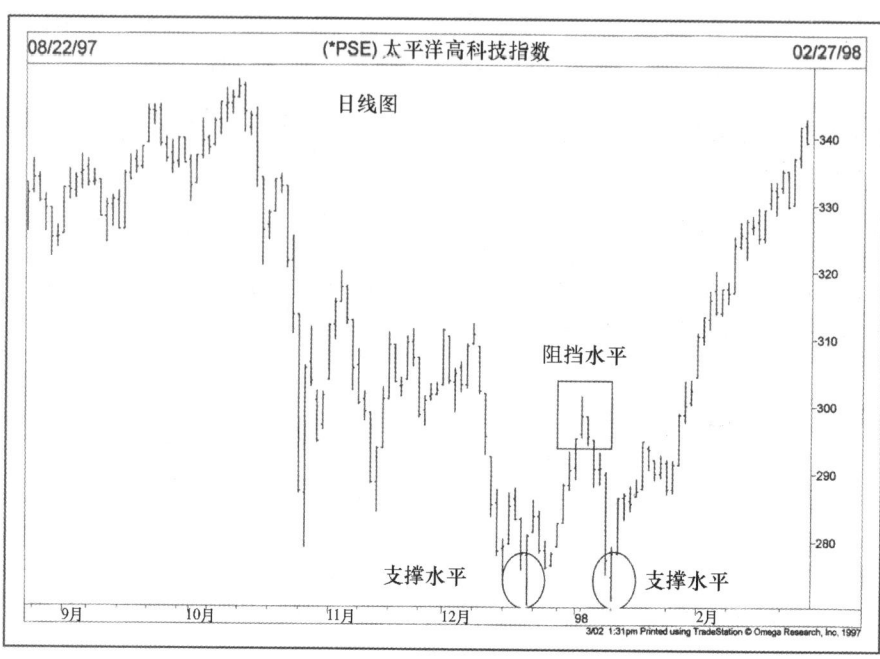

图 4.4(c) 底部反转形态的一个典型实例。1998 年 1 月,市场重新向下试探上年 12 月的低点支撑水平,并从支撑水平向上弹开,形成了第二个支撑水平。后来市场向上穿越了两个低点之间的高点形成的阻挡水平,标志着新的上升趋势已经到来。

支撑水平和
阻挡水平可以互换角色

到此为止,我们把"支撑"定义为前一个低点,"阻挡"定义为前一个高点。实际上,情况并不始终如此。下面我们就来谈谈支撑和阻挡的另一个更有意思也更鲜为人知的方面——它们的角色互换。只要支撑或阻挡水平被足够大的价格变化切实地击破了,它们就互换角色,演变成自身原先的反面。换言之,阻挡水平就变成了支撑水平,而支撑水平变成了阻挡水平。为了理解其中的奥妙,下面我们先讲一讲形成支撑和阻挡水平的一点心理根由。

支撑和阻挡的心理学

简明起见,我们把市场参与者分为三种——多头者,空头者和观望者。多头者为已经买进了合约的交易商,空头者指已经卖出了合约的交易商;观望者则或者是已经平仓出市者,或者是尚在买与卖之间犹豫不决者。

我们假定市场在某个支撑区域波动了一段时间之后开始向上移动。多头者(在接近支撑区域买进的人)很高兴,但心犹不足的是当初没有买得更多些。如果市场再掉回支撑区域附近,再增加些多头头寸,那该多妙啊！空头者现在终于认识到(或者非常怀疑)自己站错了队(市场从该支撑区上升的距离对这种判断当然极有影响力,我们留待稍后讨论)。空头者但愿(而且祷告老天)价格再跌回他们卖出的区域,这样,他们就能在入市的水平(即"盈亏平衡点")脱身。

观望者有两种——有的从未持有过头寸,有的因为这样那样的原因已经在支撑区把手上的多头头寸卖出平仓了。后一种人过早地平掉了多头头寸,当然追悔莫及,于是他们指望再有机会在接近他们卖出的地方把那些多头头寸补回来。

最后说到那些犹豫不决的人了。他们现在终于认识到价格将进一步上涨,下决心在下一个买入的好时机进入市场,站到多头一边。所有的四种人现在都决意在下一轮下跌中买进,那么市场下方的这个支撑区域就关系到大家的"既得利益"。如果价格下降到该支撑附近,上述四个群体新的买进自然会把价格推上去。

在该支撑区域发生的交易越频繁,就意味着越多的市场参与者在此处拥有"既得利益",因而该支撑区就越发重要。支撑或阻挡区的重要程度可以由以下三个方面决定:市场在该处所经历的时间、交易量、以及交易活动的发生时间距当前的远近。

价格在某个支撑或阻挡区逗留的时间越长,该区域就越重要。比方说,如果价格在上升之前,在一个"乱麻区域"徘徊了三个月,那么这个支撑区就比市场仅逗留了三天的一个支撑水平重要。

交易量是衡量支撑和阻挡区重要程度的另一依据。如果支撑区域在形成过程中伴随着高额的交易量,就意味着此处有大量合约易手,相应的水平就比交易平淡之处的水平重要。点数图能够展示每日内的交易活动细节,把它用来辨识那些交易发生得最多,因而可能最有效的支撑和阻挡的时候,特别有用。

第三个办法是根据交易发生的时间距当前的远近程度,来判断相应的支撑或阻挡区的重要性。因为交易商是针对市场变化、针对现有头寸或未及开立的头寸采取行动的,所以,交易活动发生的时间越近,有关水平发生影响的潜力越大。

现在我们反过来,设想市场不是上升,而是下降。正如上面的例子所展示,在上升趋势中因为价格有所上升,市场参与者对每次下降的综合反应是更多地买进(因而产生了新的支撑)。然而,如果价格开始下跌,且跌破了前一个支撑区域,情况便恰然相反。所有在支撑区买进的人现在都认识到他们弄错了。对期货交易商来说,更糟糕的是他们的经纪人开始发疯地催促他们追加保证金。因为期货交易具有高杠杆率,交易商难以对亏损的头寸坐视得太久。他们要么得补足保证金,要么得忍痛割爱,平掉多头头寸。

原本造就支撑区域的,是在其下方占压倒多数的买进指令,而现在所有买进指令全部转化成位于其上方的卖出指令。这一来,支撑就转变为阻挡。原先的支撑区越重要——就是说,那里的交易越活跃、距目前越接近——那么,现在的阻挡潜力便越强大。上述三种人——多头者,空头者和观望者——当初造就支撑的所有动因,现在恰好反过来,为以后的价格上冲或者弹升压上了一个盖子。

图表分析师所使用的价格形态、以及诸如支撑和阻挡等概念确实能够说明问题,我们不妨对其原因推敲推敲,作一点反思。事实上,绝不是图表或我们在图表上画出的辅助线条具备什么魔力。这些工具之所以发生作用,是因为它们如实描画了市场参与者的所作所为,使我们得以清晰地把握市场参与者对各类市场事件的反应。图表分析其实是对人类心理学,即交易商对不断发展的市场情况所作反应的研究。遗憾的是,由于金融市场的世界变化很快,人们往往过分依赖图表分析的术语及其简称,而把从根本上造就图表形态的真正力量丢在了脑后。我们何以能够从价格图表上辨识支撑和阻挡水平,何以能够用它们来辅助预测市场运动,从心理学上都可以找到切实的依据。

支撑转化为阻挡,反之亦然:
穿越程度

支撑水平被市场穿越到一定程度之后,就转化为阻挡水平。反之亦然。图4.5(a)到(c)与图4.3(a)和(b)类似,但稍有改动之处。请注意,在图4.5(a)中随着价格的上升,向上反弹低点4出现在高点1的价位上或者其上方。点1所示的前一个高点曾经是一个阻挡水平,但是一旦这个阻挡峰值被3浪所示的动作决定性地向上穿越之后,就转化为支撑水平。所有先前在1浪所达高点附近卖出的人(这是导致这一阻挡水平的原因)现在都摇身一变,成了买方。图4.5(b)展示了价格下跌时对应的情况,点1(曾经是支撑水平)目前演化为点4所示的阻挡水平,给市场封了顶。

前面曾提到过,价格从支撑或阻挡水平弹开的距离越大,则该支撑或阻挡的重要程度也就越强。当支撑和阻挡被穿越从而角色变换时,这种距离特点尤为突出。试看例证。有个说法,仅当价格穿越支撑和阻挡水平达到足够程度的情况下,两者才互换角色。但是怎样才算足够呢?在判断这个问题时有相当多的主观色彩。有些图表分析师以穿越幅度达3%作为判别标准,尤其是碰到重要的支撑和阻挡水平的时候。短线的支撑和阻挡区域可能只需要非常小的穿越幅度比例,比如

1%便可以肯定。实际上,每个分析师都有自己独立的有效穿越标准。不过请切记,仅当市场从支撑或阻挡水平穿越得足够远,致使市场参与者确信自己判断错误的情况下,两者才能互换角色。市场穿越得越远,人们便越信服自己的新认识。

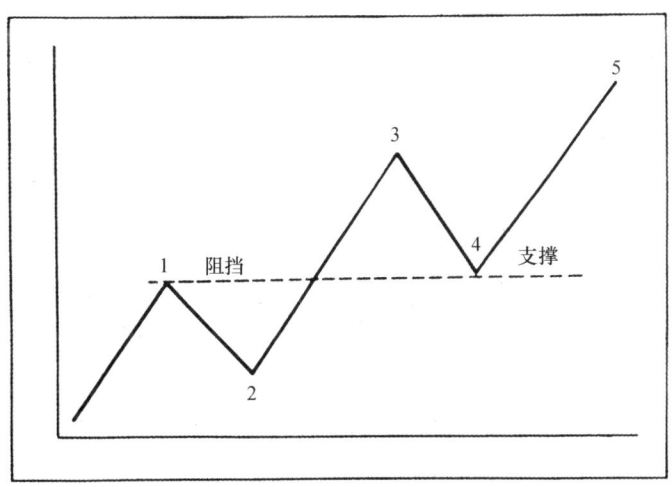

图 4.5(a) 在上升趋势中,当阻挡水平被市场以足够大的幅度向上穿越后,就演变为支撑水平。注意,一旦点 1 处的阻挡被击破,它就在点 4 处构成了支撑。先前的峰值在以后的市场调整中将起到支撑作用。

图 4.5(b) 在下降趋势中,如果支撑水平被跌破,则演化为阻挡水平。请注意,点 1 过去是支撑,现在变成了点 4 处的阻挡。

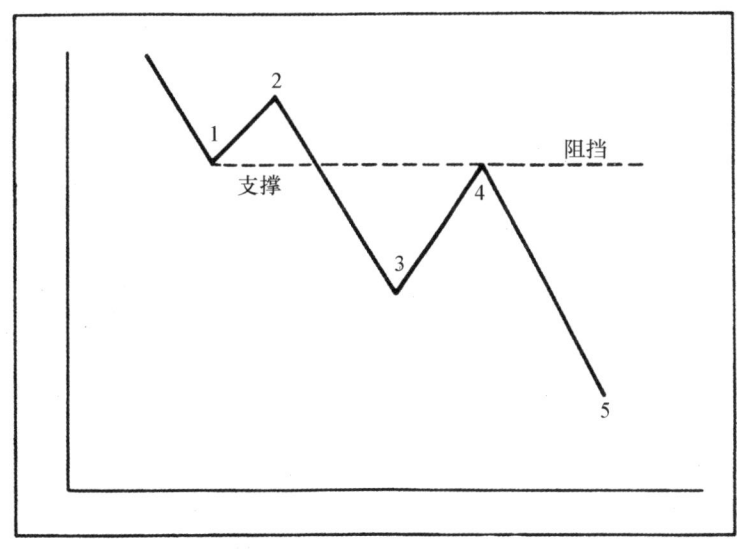

趋势的基本概念

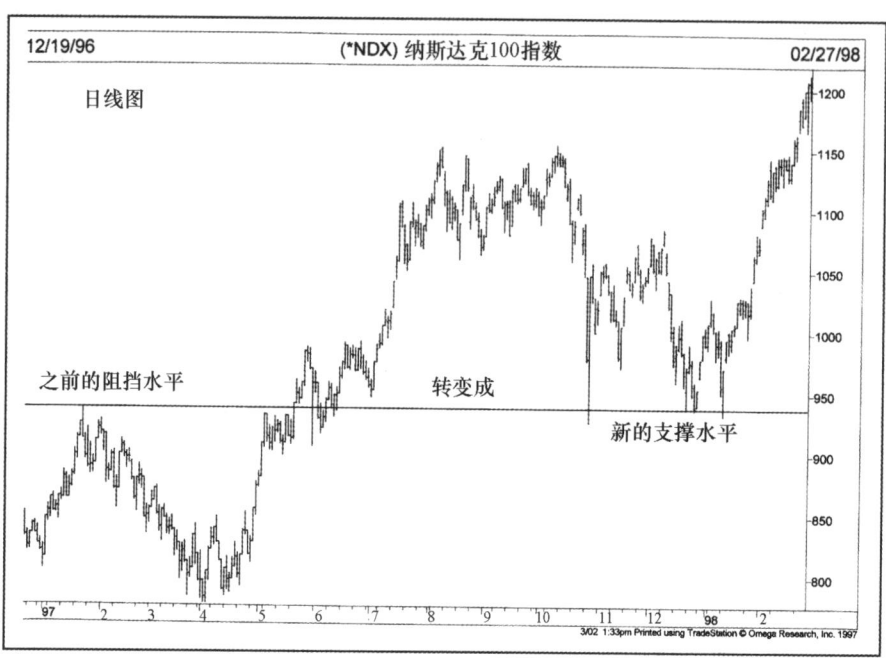

图 4.5(c) 支撑和阻挡角色转换的实例。1997 年初的高点曾经构成阻挡水平,一旦它被向上突破,就转化为支撑水平。一年之后,发生了一轮中等规模的价格下跌,先前的高点从阻挡转变为新的支撑,于是这轮下跌在这里正好受到支撑。

在判别支撑和阻挡时,习惯数值很重要

市场倾向于在习惯数上停止上升或下跌。交易商总喜欢以一些重要的习惯数,比如 10,20,25,50,75,100(以及 100 的整数倍)作为价格目标,并相应地采取措施。因而这些习惯数常常成为"心理上的"支撑或阻挡水平。根据这个常识,交易者可以在市场接近某个重要习惯数时平仓了结,实现利润。

黄金市场可以作为这种现象的绝好例证。1982 年熊市的最低点恰好是 300 美元。接着在 1983 年一季度,市场大举回升到稍高于 500 美元的位置,然后又跌退至 400 美元。1987 年,黄金市场上扬,但再度止步于 500 美元。从 1990 到 1997 年,黄金每一次试图突破 400 美元关口都是失败的。道琼斯工业股价平均指数往往在 1000 点的整数倍停顿。

这一惯例还有个应用,就是说不要将交易指令的水平正好设置在这些明显的习惯数上。比方说,如果交易商试图在上升趋势中趁市场短暂下跌的时机买进,那么把限价指令的水平设置在稍高于某个重要

习惯数上就很充分。因为其他人都企图在习惯数上买进，市场或许就跌不到那里。如果交易商试图在下降趋势中利用市场向上反弹的机会卖出，就应该把卖出指令的水平安排在稍低于习惯数的位置上。如果我们要对已有的敞口头寸设置保护性止损指令，那么其做法同开立新头寸的时候正好相反。一般说来，我们应该避免把保护性止损指令的水平设置在明显的习惯数上。举例来说，站在卖出一方的交易商，不应该把止损指令放置在 4.00 美元，而应放在 4.01 美元。或者反过来，多头头寸的保护指令应当安排在 3.49 美元而不是 3.50 美元。

换言之，买盘（多头）的保护指令应低于习惯数，而卖盘（空头）的保护指令应高于习惯数。市场遵循习惯数，特别是前面列举的这些较重要习惯数的倾向，是其特征之一，这一特征对期货交易颇有助益，因此技术型交易商应该把它熟记于心。

趋 势 线

现在朋友们已经理解了支撑和阻挡，那么我们的技术库中就可以添上另一付基本工具——趋势线了（图 4.6a 到 c）。趋势线是图表分析师所使用的最简便同时也是最有价值的基本技术工具之一。如图 4.6(a) 中的直线所示，上升趋势线是沿着相继的向上反弹低点联结而成的一条直线，位于相应的价格图线的下侧。下降趋势线是沿着相继的上冲高点联结而成的，位于价格上侧，如图 4.6(b) 所示。

趋势线作法

正如图表分析的其他方面一样，正确地作出趋势线也是一门技艺。通常，为了发现恰当的趋势线，我们有必要尝试好几条直线。有时候，一条趋势线起初貌似正确，最终却不得不擦去重来。当然，也有一些颇具价值的要领，有助于我们探索出合适的趋势线。

首先，必须确有根据说明趋势存在。换句话说，为了画出一条上升趋势线，我们至少需要两个有效的向上反弹低点，并且后者要高于前者。不用说，两点决定了一条直线。例如在图 4.6(a) 中，仅当价格从点 3 开始向上推进后，图表分析者才能够合理地判定新一轮向上反弹的低点已经形成，然后才可以通过点 1 和 3 画出一条尝试性的上升趋势线。

某些图表分析师要求市场从点 3 起向上穿越点 2 所示的峰，从而使上升趋势得到证实之后，才作出这条趋势线。而另外一些人只要求

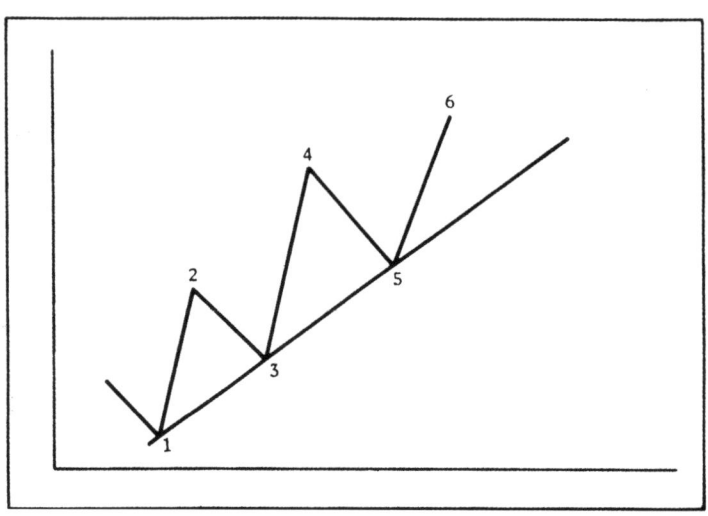

图4.6(a) 上升趋势线的图例。上升趋势线是由依次上升的向上反弹低点连接而成的。首先在两个相继的依次上升的低点(点1和点3)之下作出尝试性趋势线,然后还需要第三个点(点5)来确认该趋势线的有效性。

图4.6(b) 下降趋势线是通过连接依次下降的上冲高点作出的。先由两点(点1和点3)作出尝试性下降趋势线,然后通过第三点(点5)验证其有效性。

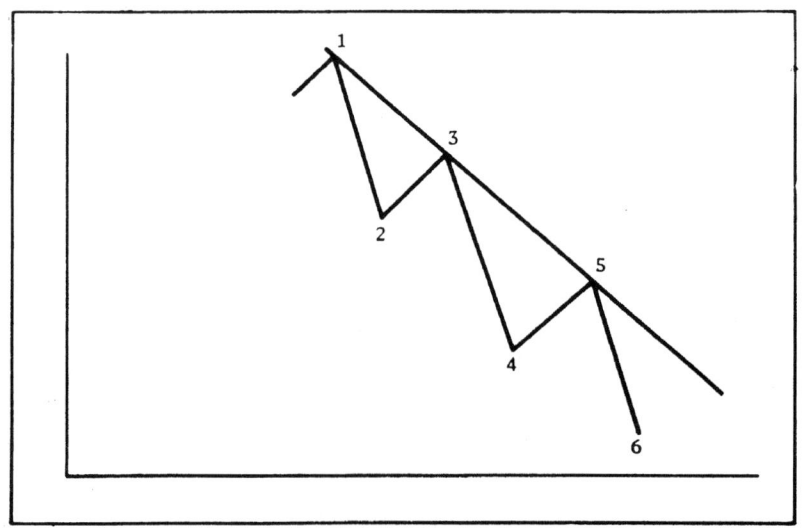

市场从点3起把点2~3之间的价格变化回撤50%,或者上升到接近点2。应该记住的要点是,无论标准是否一致,图表分析者都必须首先合理地确认一个反弹低点已经形成,然后才谈得上判定它的有效

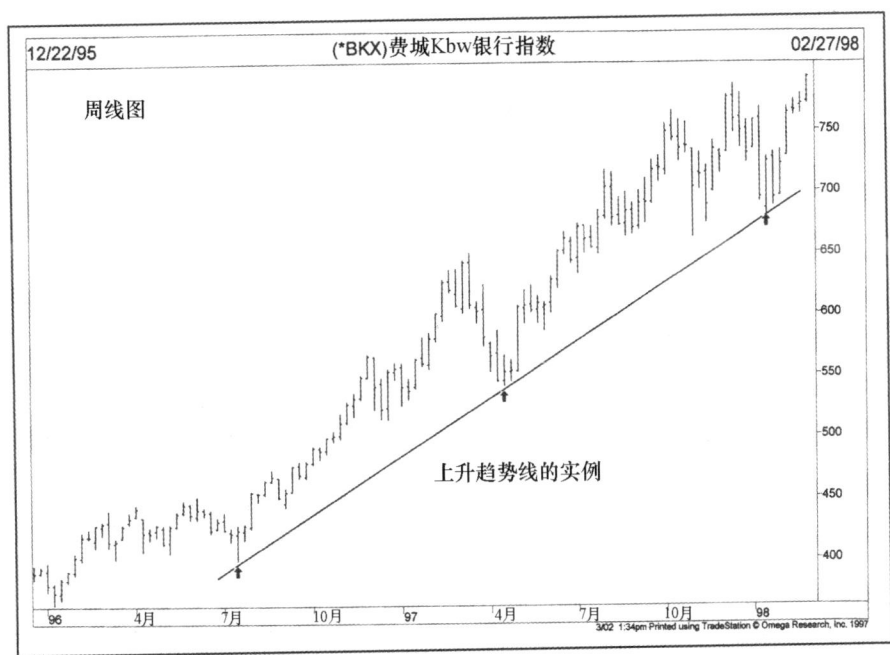

图 4.6(c) 长期上升趋势线的例子。上升趋势线朝着右上方,通过前两个向上反弹的低点(其下方标有箭头)画出来。1998年初,第三个向上反弹的低点正好落在上升趋势线上,市场从趋势线上弹开,于是上升趋势线完好无缺。

性。一旦确认出了两个依次上升的有效低点,把它们连接起来便得到一条趋势线。它位于价格的下侧,向右上方伸展。

试验趋势线与有效趋势线

以上所得到的还只是"试验性"的趋势线。为了验证其有效性,必须看到价格第三次触及该线,并从它上面再次反弹出去。如图4.6(a)所示,价格在点5对上升趋势线试探成功,于是该趋势线的有效性得到了验证。图4.6(b)展示的是下降趋势的情况,不过道理是一致的,在点5处也出现了对趋势线的成功试探。归纳起来,我们首先必须有两点方可作出趋势线,然后用第三个点来验证其有效性。

怎样使用趋势线

只要第三点应验了,并且趋势仍照既定的方向继续发展,那么上述趋势线就在好几方面大有用武之地。趋势概念的基本观点是,既成趋势的下一步常常是顺势发展。由此推论,一旦某个趋势如其趋势线所标志,具备了一定的坡度或演进速率之后,通常将继续保持同样的坡度。因此趋势线不仅可以确定在市场调整阶段价格的极限位置,更重要的是,可以显示出在何种情况下原趋势正在发生变故。

举例来讲,在上升趋势中,调整性的下跌是不可避免的,但它经常只是触及或非常接近相应的上升趋势线。因为交易商的目的就是在上升趋势中乘跌买进,所以趋势线在市场下方所提供的支撑边界,正好可以用作买进区域。而下降趋势线则可以用作阻挡区,达成卖出目的(图4.7a和b)。

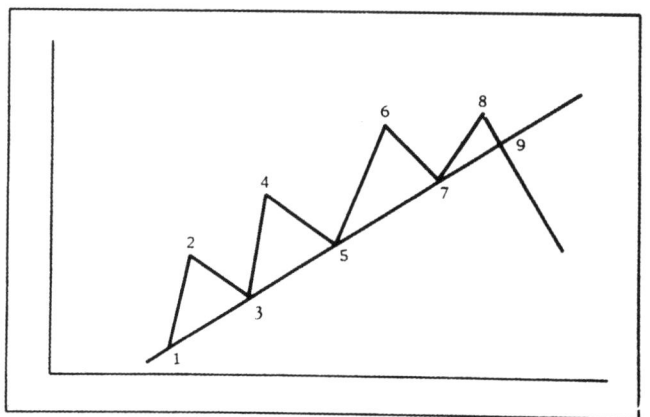

图4.7(a) 一旦上升趋势线确立以后,就可以利用随后市场跌近该趋势线的机会买进。图中点5和点7就是开立新多头或增开多头头寸的好机会。当市场在点9处跌破趋势线后,就意味着趋势要向下反转,要求我们平仓了结所有的多头头寸。

图4.7(b) 图中点5和点7可以用作卖出区。当市场在点9处突破该趋势线后,就构成了向上的趋势反转信号。

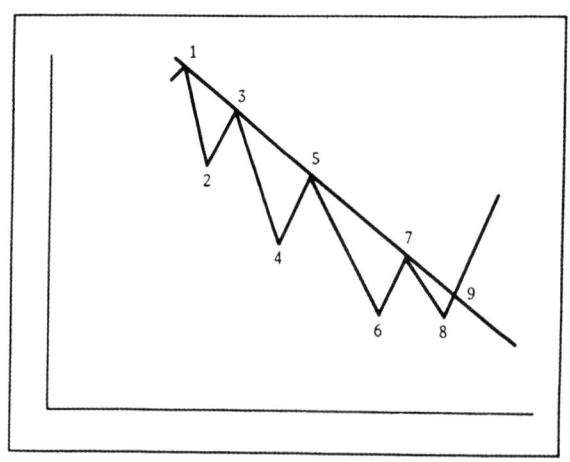

只要趋势线未被突破，我们就可以用它来确定买入或卖出区域。然而如图 4.7(a)和 4.7(b)在点 9 所示，万一趋势线被突破了，也就发出了趋势生变的信号，要求我们平仓了结当初顺着原有趋势方向建立的所有头寸。趋势线的突破常常是趋势生变的最佳预警信号。

如何确定趋势线的重要程度

下面我们把对趋势线的讨论深入一步。首先，到底由什么因素来决定一条趋势线的重要程度？答案包含两个方面——它未被触及的时间越长，所经过试探的次数越多，则越重要。比如说，有条趋势线成功地经受了 8 次试探，从而连续 8 次显示了自身的有效性，那么它显然比另一条只经受了 3 次试探的趋势线重要。另一方面，一条持续有效达 9 个月之久的趋势线，当然比另一条只有 9 个星期乃至 9 天有效历史的趋势线更重要。趋势线的重要性越强，由其引发的信心就越大，那么它的突破也就越具重要影响。

趋势线应描述全部价格变化

在线图上做趋势线时，应当把它描画在全部价格范围之下或之上。有些图表分析师更喜欢通过收市价格来作趋势线，这种做法并不标准。虽然收市价格在全天的所有价格中确实可能是最重要的，但它依然只能代表全日价格活动的一个片段。而当日全部价格范围包含了当日的所有价格变化，理应更有意义（图 4.8）。

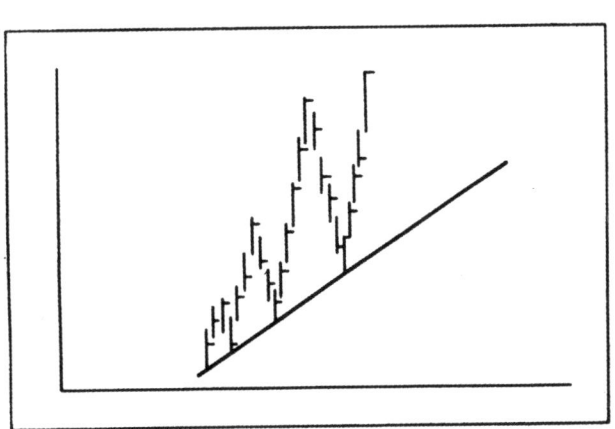

图 4.8　画趋势线的正确方法是，把每天的全部价格区间都包括进来。

趋势的基本概念

如何对待对趋势线的细小穿越

有时候某一日内的价格变化可能一度穿越趋势线,但当天的收市价格依然符合原趋势的要求。在这种情况下,该趋势线是否可以视为被突破?对此,分析者就会有所困惑(图4.9)。如果结果表明这个小小的穿越只是暂时性的,那么为了把新的价格资料包括进来,我们是否有必要重新画一条趋势线呢?图4.9展示了这种情形。当天价格曾一度滑过原趋势线,而后收市价格又回到该趋势线之上。我们有必要重作趋势线吗?

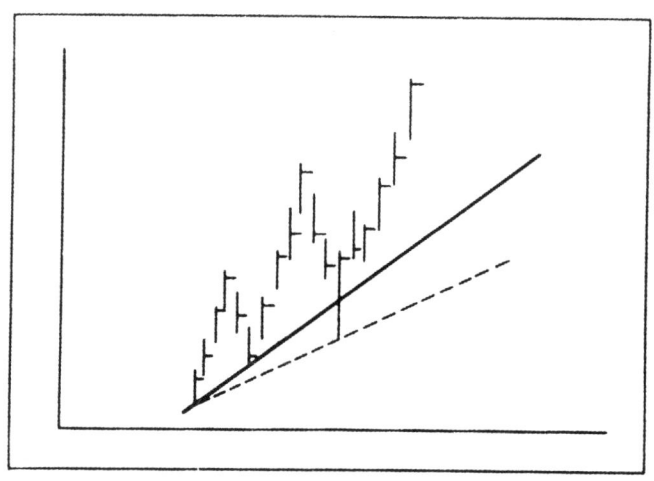

图4.9 有时候,日内价格变化可能一度穿越趋势线。那么,在这种情况下,过去的趋势线是否还有效,或者是否应该重新作趋势线呢?折中的办法是,既保留旧的趋势线(实线),也作出新的趋势线(虚线),这样更便于甄别真正的趋势线。

棘手的是在这种情况下没有可靠而又一成不变的规则可循。有时候,尤其是在随后的市场行为证明原趋势线依然有效的情况下,我们最好忽略这种"毛刺"。

什么是对趋势线的有效突破

一般地说,收市价格越过趋势线要比仅仅只有日内价格穿越趋势线更有分量。再进一步,有时甚至只有一个收市价的穿越也还不足以说明问题。为了辨识有效的趋势线穿越,排除坏信号(所谓"拉锯现象"),技术分析者设计了不少时间和价格"过滤器"。所谓"3%穿越原则"便是价格过滤器的一例。这种价格过滤器主要用于鉴别长期趋势线的突破,它要求收市价格穿越趋势线的幅度至少达到3%,才能判定为有效突破(3%原则不适用于一些金融期货,例如利率期货市场)。

举例来说,如果在黄金价格图表上,有一条重要上升趋势线当前正处在400美元的水平,那么为了证明该线已被突破,当日收市价格必须在其97%以下的水平(此时收市价格将在趋势线以下12美元开外,即388美元)。显然,对短线交易商来说,要求他们坐视价格走过12美元是不恰当的,1%原则或许更合适。百分比原则仅仅是价格过滤器的一种类型。举例来说,股票市场图表分析师可能认定一个整点的价格穿越才是有效的,而忽略小数性的穿越。不论选用何种价格过滤器,都有个权衡的问题。如果过滤器设置得太小,那么减少"拉锯"影响的效果则不佳。如果选得太大,那么在有效信号出现之前,就错过了一大截初始动作时机。所以此处也不例外,交易商必须结合考虑所追随市场的趋势发育程度,灵活选择最适合的过滤器,具体市场具体分析。

价格过滤器的趋势线有效穿越标准,要求收市价格的变化达到预定的价格幅度或百分比。此外我们还有另一种选择——时间过滤器。其中最常见的为"两天原则"。换句话说,为了对趋势线构成有效突破,市场必须连续两天收市在该直线的另一侧。于是,要突破上升趋势线,价格就必须连续两天收市在该直线的下方。只持续一天的话,突破是不成立的。1%~3%原则和两天原则不仅适用于考察重要趋势线的突破,也同样可以应用于鉴别市场对重要支撑和阻挡水平的突破。此外,还有一种过滤器针对星期五的收市价而言,要求周五的收市价明显突破某个显要位置,从而构成周线图的突破信号。

趋势线如何互换角色

前面讲过,一旦支撑和阻挡水平被击破,其角色就互相对换。这个规律也用于趋势线(图4.10a~c)。换言之,上升趋势线(支撑线)一旦被决定性地向下突破后,就演化成阻挡线;下降趋势线(阻挡线)一旦被决定性地向上突破后,就演变为支撑线。正因为这一点,我们在趋势线被突破后依然把它们尽可能地向右延长。这种做法颇有玄机。旧的趋势线演化成自身的反面,在未来再度形成支撑线或阻挡线的现象实在屡见不鲜,令人惊叹叫绝。

趋势线的测算意义

趋势线有助于测算价格目标。在后面关于价格形态的两章中,我们还要详细讨论价格目标的问题。实际上,那里要讲的由价格形态计算价格目标的内容,同此处趋势线的有关应用很有渊源。简要地说,一旦趋势线被突破了,那么价格离开趋势线的目标距离,通常同趋势反转以前价格在趋势线另一边曾经达到的竖直距离相等。

举例来说,如果在原先的趋势中,价格在上升趋势线的上方曾达到 50 美元(竖直地测量),那么在该趋势线被突破后,我们就可以预计价格将跌到低于趋势线 50 美元之处。在下一章,我们将看到这种测算技术。与众所周知的头肩形反转形态的测算技术相似,在那里,从"头"到"颈线"的距离,就是预测颈线被突破后的价格目标的依据。

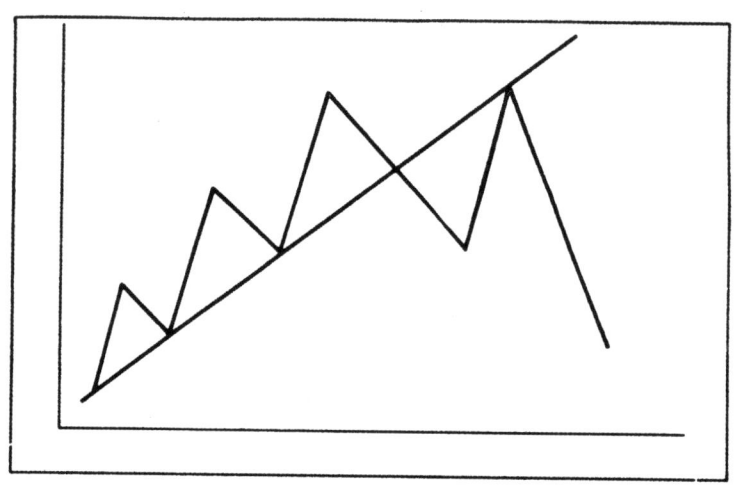

图 4.10(a) 本图表示上升的支撑线演化成了阻挡线。通常,支撑线被跌破后,在之后的上冲中将起到阻挡作用。

图 4.10(b) 下降趋势线一旦被向上突破后,极经常地演化成支撑线。

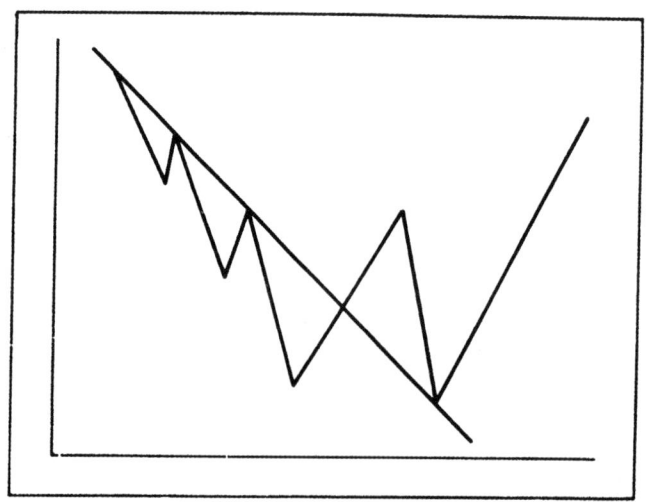

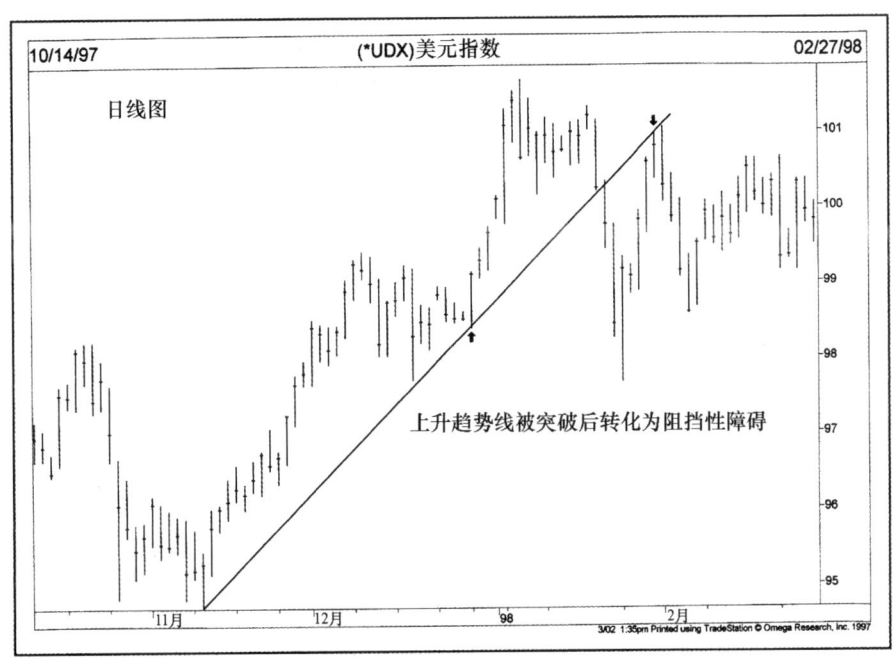

图4.10(c) 趋势线也具有角色互换的性质。在本图中，一旦上升趋势线被向下突破后，在后来市场向上试探时就转化为阻挡性障碍。

扇 形 原 理

下面讲扇形原理。这是趋势线另一种颇有意思的用法(图4.11a 到c)。有时候，当上升趋势线被突破后，价格先是有所下跌，然后再度上弹，回到原上升趋势线的下边(该线此时已成为阻挡线了)。请注意，在图4.11(a)中，价格跌破1线后，再度弹升到1线下边，但是未能向上穿越1线。此时我们可以作出新的一条趋势线(2线)。随后2线也被向下突破了，然后价格又一次弹回，向上试探2线未果，于是我们得到第三条趋势线(3线)。第三条趋势线若再次被突破，通常就意味着价格将下跌了。在图4.11(b)中，第三条下降趋势线(3线)的突破构成了新一轮上升趋势出台的信号。由上述两例来看，原先的支撑线被突破后均变成了阻挡线，原先的阻挡线被突破后均变成了支撑线，请朋友们注意其转化过程。图中依次变得平缓的三条直线形如扇子，扇形原理由此得名。请切记，第三条趋势线被突破是趋势反转的有效信号。

趋势的基本概念

数字"3"的重要性

在扇形原理中有三条直线互相作用。有趣的是,"3"这个数字在各种技术分析的理论和应用中都出现得很频繁,而且各有各的门道。说起来,不仅扇形原理用到三条线,而且重要牛市和熊市通常分成三个阶段(见道氏理论和艾略特波浪理论);有三种价格跳空(稍后便要讲到);某些较为典型的反转形态,诸如三重顶、头肩形等,均有三个显著的峰;趋势有三种不同类型(主要趋势、次要趋势和短暂趋势),以及三种不同方向(上升,下降和横向延伸);在众所周知的持续性形态中,有三类三角形——对称三角形、上升三角形和下降三角形;我们的信息主要来自三个渠道——价格、交易量以及持仓量。不管到底是什么缘故,反正3这个数字贯穿了技术分析的整个领域,担负着很重要的角色。

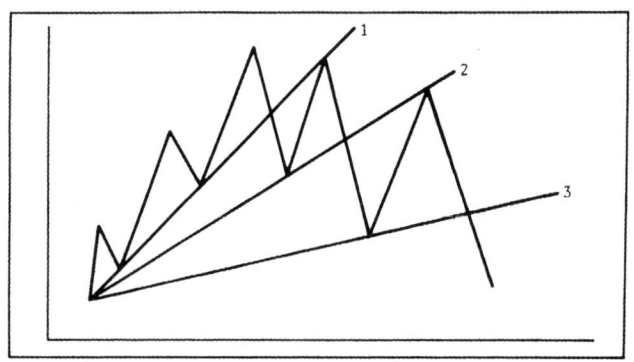

图 4.11(a) 扇形原理示例。第三条趋势线被突破,构成趋势反转信号。请注意,趋势线1和线2被突破后,经常变成阻挡线。

图 4.11(b) 底部过程中的扇形原理。第三条趋势线被突破,构成向上的趋势反转信号。先前被突破的趋势线(线1和线2)常常成为支撑线。

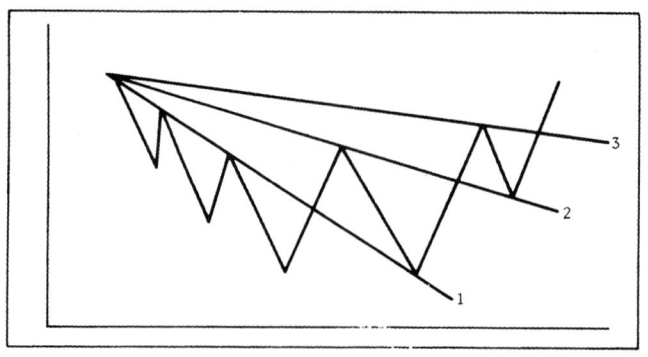

趋势的基本概念

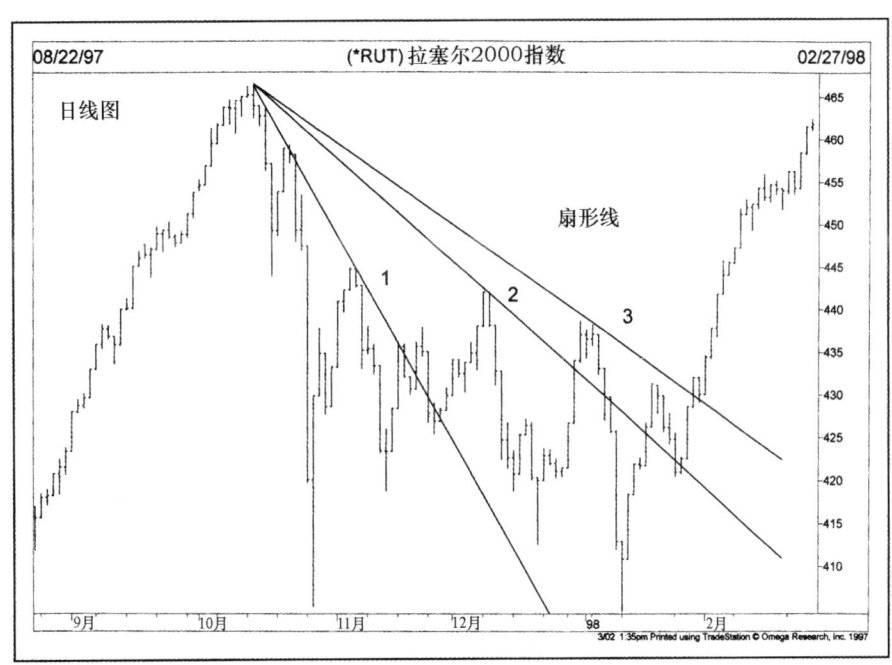

图4.11(c) 本图中,扇形线是沿着相继出现的三个峰绘制而成的。当市场向上突破第三根扇形线时,通常标志着上升趋势开始了。

趋势线的相对陡峭程度(斜率)

趋势线的相对陡峭程度也很重要。一般来说,倾斜角度约为45°的趋势线最有意义。某些图表分析家甚至简单地从图上某个显著高点或低点引出一条45°倾角的直线,作为主要趋势线。W·D·江恩对所谓45°线技术就特别垂青。这样的直线反映出的价格随着时间上升或下降的速率,恰好从价格、时间两个方面处于完美的平衡之中。

如果趋势线过于陡峭(如图4.12中线1所示),那么通常表明价格上升得太快,因而难以持久。如果这样的趋势线被跌破了,可能只是意味着上升趋势的坡度将调整回45°线上下(如线2所示),而不是趋势的逆转。如果趋势线过于平缓(如线3所示),则说明这个上升趋势过于衰弱,因而不太可靠。

怎样调整趋势线

在有些场合,有必要对趋势线加以调整,以适应趋势放缓或加速的要求[图4.13和图4.14(a)和(b)]。正如前面的图例所示,在陡峭趋

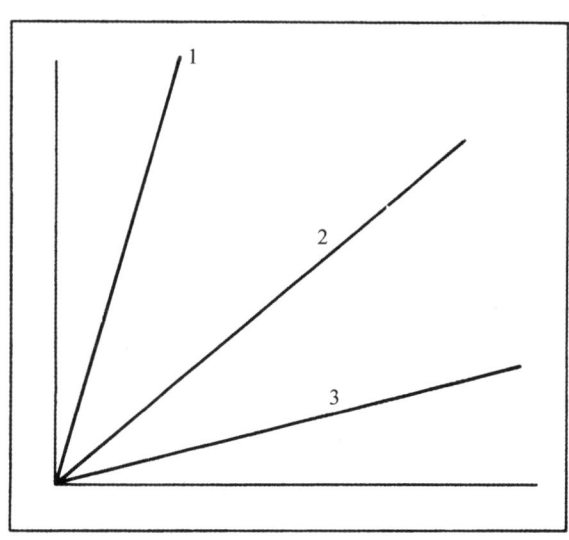

图4.12 大多数有效的趋势线与水平方向大约成45°角(线2)。如果趋势线过于陡峭(线1),则通常意味着这种上升速度难以持久。而如果趋势线过于平缓(线3),则说明相应的上升趋势过于衰弱,可能是靠不住的。不少技术分析者将从先前的顶点或底点引出的45°直线作为主要的趋势线。

图4.13 趋势线(线1)过于陡峭的例子。事实证明,原来的上升趋势线过于陡峭。经常地,当陡峭的趋势线被突破后,仅仅意味着市场将调整到一个较慢的、更持久的上升趋势线(线2)上。

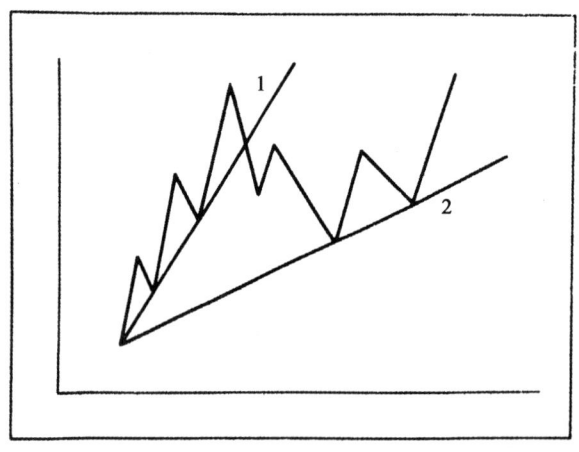

趋势的基本概念

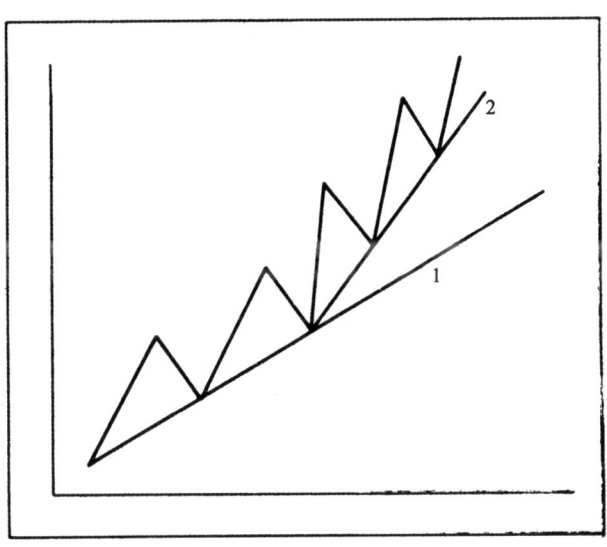

图4.14(a) 上升趋势线(线1)过于平缓的例子。当上升趋势加速后,线1显然过于平缓,在这种情况下,我们应当作出另一条更陡峭的趋势线来(线2),以更紧凑地跟踪该上升趋势。

图4.14(b) 本例说明,当上升趋势加速后,我们有必要作出更陡峭的上升趋势线。但是,即使在这样的场合,如果我们把过去的趋势线相应地延长,也仍然不失为明智之举。将来,或许它们迟早会派上用场。

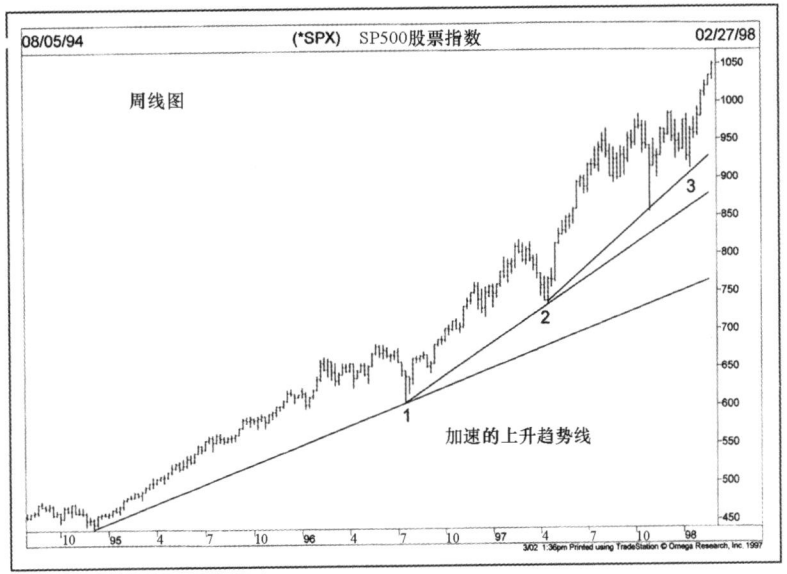

趋势的基本概念

势线被突破后,我们可能有必要作出新的较平缓的趋势线。如果原先的趋势线过于平缓,或许也有必要画出新的更陡峭的趋势线来。如图4.13所示,在陡峭趋势线(线1)被突破后,必须作出较平坦的新直线(线2)。在图4.14(a)中,原先的趋势线(线1)过于平缓,所以有必要作出更陡峭的新直线(线2),因为此时上升趋势已经加速了,必须用较陡峭的直线方可描述新的市场情形。要是趋势线距离当前价格变化过远的话,则它对追踪当前趋势的变化帮助不大。

在趋势加速的情况下,有时我们需要按角度依次增加的顺序作出好几条趋势线。某些图表分析师提倡利用弯曲的趋势线刻画这种情形。依据我个人的经验,在这种情况下,最好采用另一种工具——移动平均线,它与弯曲的趋势线异曲同工。同时掌握数种技术工具的好处,就在于可以得心应手地根据不同场合选择最合适的工具。本书所介绍的所有技术都不例外,在某些特定环境下表现良好的,在有些条件下可能就很差。如果技术分析师能掌握充分的后备手段,就能扬长避短,在各种特定环境下,分别选择最适合的工具。在加速的趋势中,如果用移动平均线来代替一系列越来越陡峭的趋势线,就更为有效、可靠。这是个很好的例证。

事实上在任何时刻,市场上总有好几种不同时间规模的趋势并存,因而我们有必要相应地采用不同的趋势线来分别描述各个等级的趋势。比如,主要上升趋势线系由主要上升趋势的低点连接而成的。同时也可以用较短的也较灵敏的直线描述中等的价格摆动。另外,还可以用更短的直线来描述短暂的运动(图4.15)。

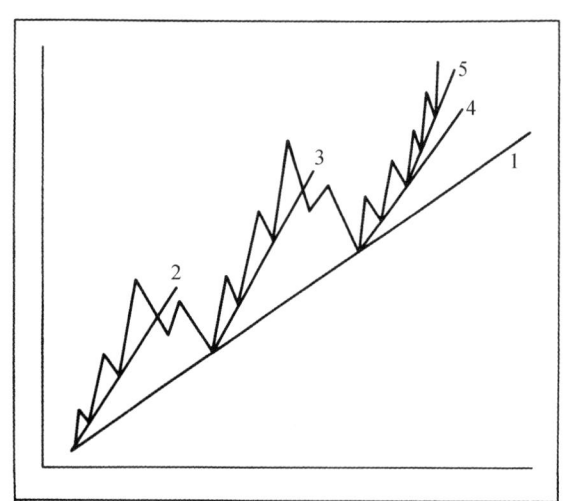

图4.15 我们采用各种不同的趋势线来描述不同等级的趋势。在本例中,线1是主要上升趋势线,定义了主要上升趋势。线2、3和4定义了中等的上升趋势。线5定义了处于最后一轮中等上升趋势之中的短暂的上升趋势。在一张图上,技术分析者往往同时采用许多种趋势线。

管 道 线

管道线,有时又被称为返回线,是趋势线技术的另一方面应用,也颇有价值。在有些情况下,价格趋势整个地局限于两条平行线之间——其中一条为基本的趋势线,另一条便是管道线。当这种情形出现后,如果分析者判断及时,就有利可图。

管道线的做法相对简单些。如图4.16(a)所示,在上升趋势中,我们首先沿着低点画出基本的趋势线,然后从第一个显著波峰(点2)出发,用虚线引出其平行线。两条直线均向右上方伸展,共同构成一条管道。如果下一轮上涨抵达管道线后折返下来(如点4处所示),那么该管道就成立了一半。如果这次折返一直跌回原先的趋势线上(如点5处所示),那么该管道就基本上得到了肯定。在下降趋势中,情况与上升趋势类似,但方向相反(图4.16b)。

读者应该马上看出如此局面的有利可图之处。基本的上升趋势线是开立新的多头头寸的依据,而管道线则可用作短线的平仓获利的参考。更积极的交易商甚至有可能利用管道线来建立与趋势方向相反的空头头寸(虽然这种逆着流行趋势方向做交易的策略可能招致危险,且常常要付出高昂的代价)。正如趋势线的情况一样,管道线未被触及的时间越长,试探成功的次数越多,那么它就越重要,越可靠。

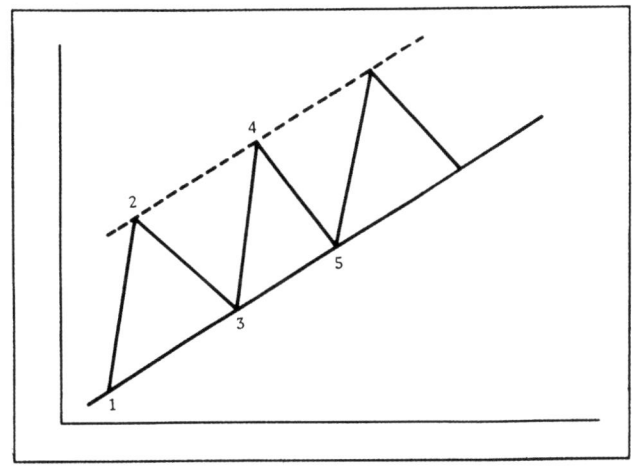

图4.16(a) 趋势管道的例子。一旦作出了基本的上升趋势线(通过点1、3者),我们就可以通过点2处的第一个峰引出其平行线(用虚线表示),这就是管道线。

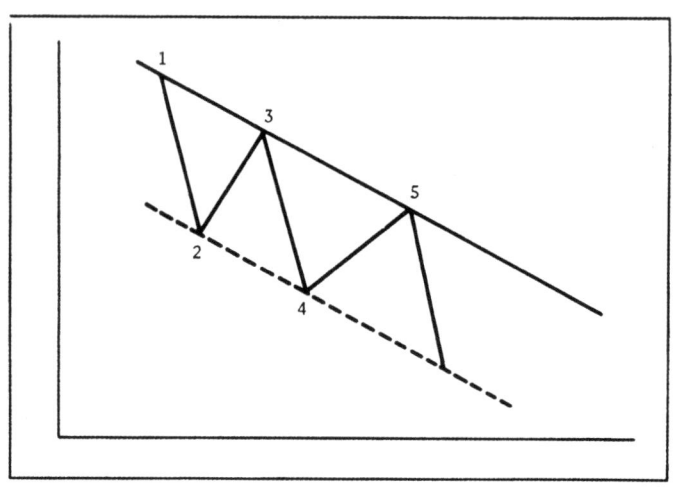

图 4.16(b) 在下降趋势中的趋势管道。其管道线从点 2 处的第一个低点出发,平行于基本的下降趋势线(通过峰 1 和 3 者)。价格经常维持在这样的趋势管道中。

图 4.16(c) 请注意,在长达 25 年之久的时间范围内,价格始终维持在上方和下方两条平行的管道线之内波动。1987、1989 和 1993 年的三个顶部都正好发生在上方管道线处。1994 年的底部是从下方的趋势线上弹起的。

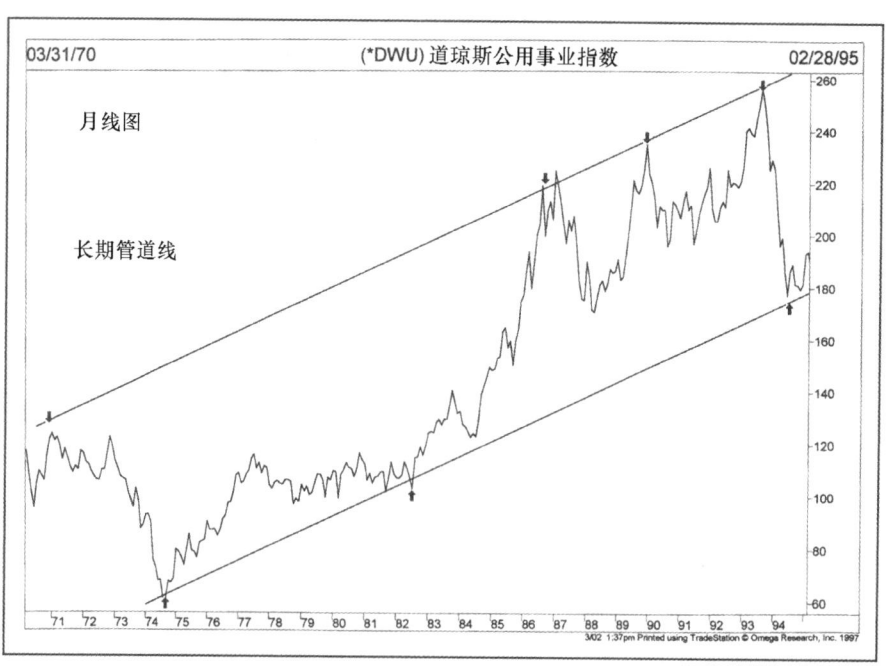

重要趋势线被突破后,表明现行趋势发生了重大变故。但是上升管道线的突破恰好具有相反的意义,它表示流行趋势开始加速。有些交易商把上升趋势的管道线的突破视为增加多头头寸的依据。

此外,我们通常还可以利用管道技术来辨别趋势减弱的信号,这就是价格无力抵达管道线的情况。在图 4.17 中,价格无力达到管道的顶部(点 5 处),这也许就是趋势即将有变的警讯,显示另一条线(基本的上升趋势线)被突破的可能性有所增加。一般地,如果在既有管道中,价格无力达到某一边,则通常意味着趋势即将发生变化(加速或转折),也就是说管道的另外一边被突破的可能性增大了。

我们也可以利用管道线来对基本趋势线进行调整(图 4.18 和图 4.19)。如果价格显著地越过了上升趋势的管道线,则通常表明趋势增强。因此,某些图表分析家根据新的管道线,从最后一个向上反弹低点出发,平行地作出一条更陡峭的直线,作为新的基本上升趋势线(如图 4.18 所示)。新的更为陡峭的支撑线经常比原先的较为平缓的趋势线更奏效。类似地,在上升趋势中,当价格无力抵达管道的上边线时,我们可以根据连接最后两个波峰所得到的阻挡线,从最后的向上反弹低点出发,作出一条平行线,作为新的支撑线(如图 4.19 所示)。

管道线还具有测算意义。一旦在价格管道的两条边线上发生了突破,价格通常将顺着突破方向达到与管道宽度相等的距离。因此我们可以根据管道的宽度,从管道边线上的突破点起,简单地顺着突破方向投影出去,得出价格目标。

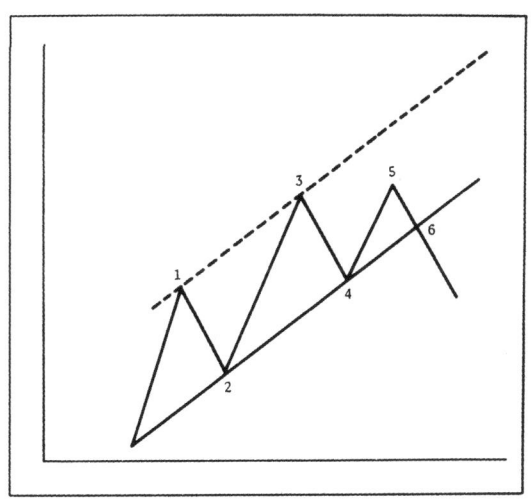

图 4.17　如果市场无力抵达上侧的管道线,则经常构成警示信号,说明下侧的直线将被跌破。请注意,在点 5 处,价格无力达到上侧管道线,随后,在点 6,跌破了基本的上升趋势线。

趋势的基本概念

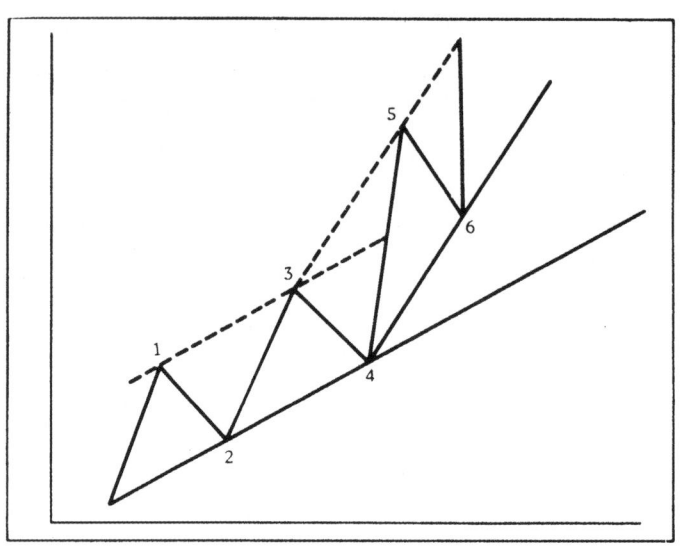

图 4.18 当上方的管道线被突破后(如浪 5 所示),许多图表师将按照平行于新的上方管道线的方向,重作基本的上升趋势线。换言之,线 4—6 是平行于线 3—5 作出的。因为上升趋势正在加速,所以顺理成章,基本的上升趋势线也应做相应的调整。

图 4.19 当价格无力抵达上侧管道线后,我们可以从两个相继降低的峰点作出下降趋势线(线 3—5),然后,通过点 4,平行于线 3—5,就可以作出尝试性的管道线。下侧这条管道线有时指明了可能出现初始的支撑的位置。

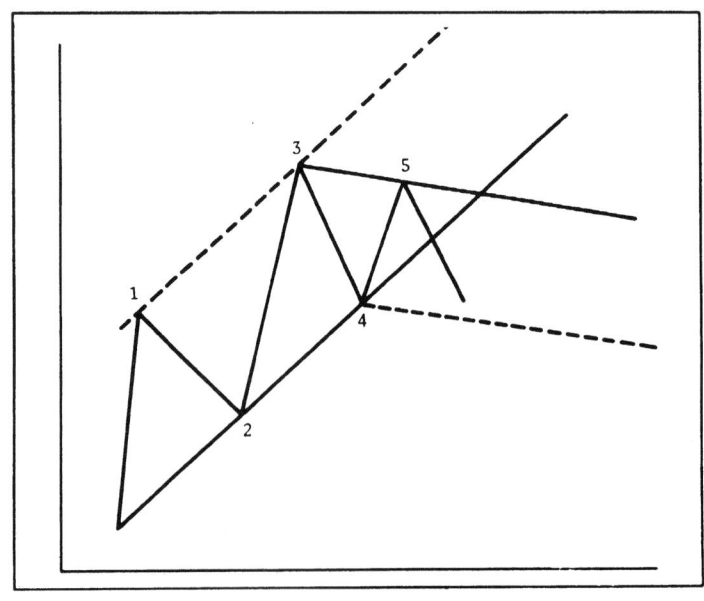

趋势的基本概念

然而朋友们应切记,在组成管道的两条线中,基本的趋势线远比管道线重要,也更为可靠。在趋势线技术中,管道线是第二位的。不过管道线确实也很有用,值得揽入我们的工具囊中。

百分比回撤

朋友们从前面关于上升趋势和下降趋势的所有图例中,肯定已经注意到,在每场重大的市场运动之后,价格总要回撤其中的一部分,然后再按照既有趋势方向继续发展。这类与趋势方向相反的价格变化,往往恰好占先前动作的一定的百分比。50%回撤便是一个众所周知的例子。举例来说,假定市场处于上升趋势,已经从100的水平上涨到200的水平,那么,接下来的调整常常是回撤到这场运动的一半处,即大约150的水平,然后市场才恢复原来的上升势头。这是一种十分常见的市场倾向,在金融市场上频繁地重现。同时,这种百分比回撤的概念也适用于任何规模的趋势——主要趋势、次要趋势和短暂趋势。

此外,所谓最大和最小百分比回撤——1/3回撤和2/3回撤——也是广为人知的。换言之,价格趋势可以分成三等分。通常最小的回撤大约是33%,最大的回撤约为66%。这就是说,在一个强劲趋势的调整过程中,市场通常至少回撤到前一个运动的1/3的位置。有几方面的原因使这一常识极有意义。如果交易商试图在市场下方计划一个值得买入的价格,那么他可以在图表上算出33%~50%回撤的区域,以此为参考,来选择大致的买进机会(图4.20a和b)。

最大回撤百分数为66%,这里对应着一个特别关键的区域。如果先前的趋势能够持续下去的话,那么调整必须在2/3处打住。于是,在这种关键区域,无论是在上升趋势中买进,还是在下降趋势中卖出,相对来说风险都比较小。如果在调整中价格越过了2/3点,那么趋势反转的可能性就会大于单纯的调整了。下一步,价格通常将返回原先趋势的起点,也就是要100%地回撤了。

有心的朋友或许已经发现,上述三种回撤百分比——50%、33%和66%——都是从道氏理论原原本本地移植来的。当我们学到艾略特理论和菲波纳奇比数的时候,就会发现,它们也都步道氏理论的后尘,引入了38%和62%两种回撤百分比。我宁愿把两组数字结合起来,把最小回撤区域设为33%到38%,把最大回撤区设为从62%~66%。有些技术分析者进一步地折中,得出了40%和60%两种回撤区域。熟悉W·D·江恩理论的人都知道,他把趋势结构划分成八等分——1/8,2/8,…,8/8。不过,即便如此,江恩对3/8(38%),4/8(50%)和5/8

趋势的基本概念

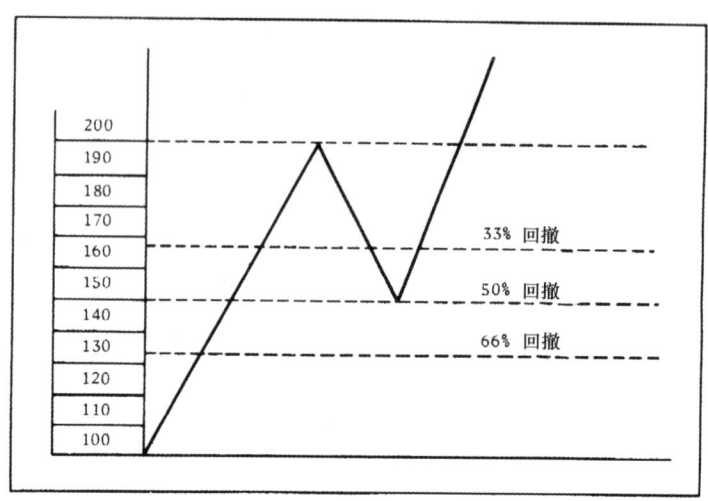

图 4.20(a)　价格在恢复原来的方向之前,常常要回撤先前的趋势进程的一半。这是 50% 回撤的情况。最小回撤为 1/3,最大回撤为 2/3。

图 4.20(b)　本图中三根水平直线分别标了 38%、50% 和 62% 的百分数,代表从 1997 年 4 月的低点起到当年 8 月的高点止的百分比回撤水平。之后第一轮下跌达到了 38% 的回撤水平,第二轮下跌达到了 62% 的回撤水平,第三轮下跌达到了 50% 的回撤水平附近。大多数调整行情都会在 38% 回撤水平和 50% 回撤水平之间得到支撑。38% 和 62% 两个百分比回撤水平出自菲波纳奇数列,在图表分析师中盛行。

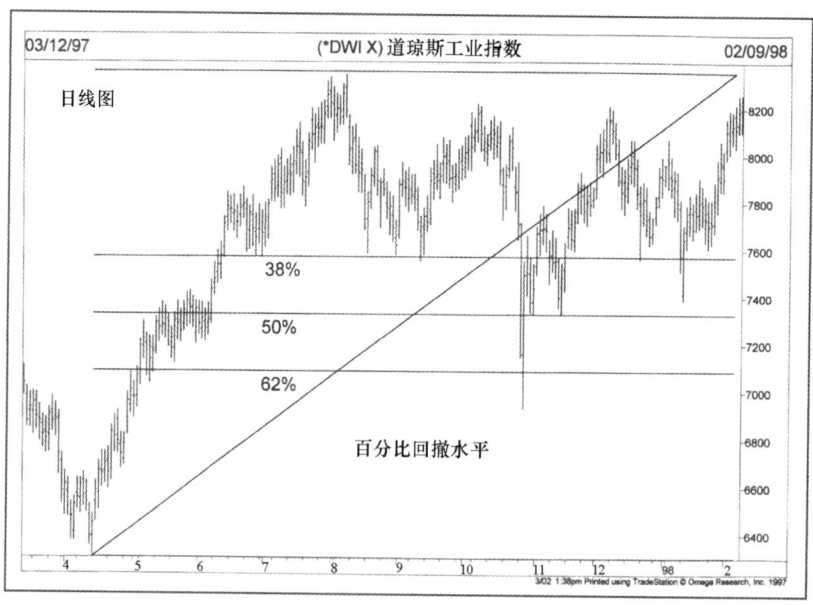

(62%)的回撤比例也另眼相看,并且也觉得趋势三等分法——1/3(33%)和2/3(66%)——很重要。

速度阻挡线

谈到三分法,我们不妨再看看另一种将趋势线和百分比回撤融为一体的新技巧——速度线。它是埃德森·古尔德开创的,实质上也属于趋势三分法的具体应用。它与百分比回撤概念的最大的差别在于,速度阻挡线(或称速度线)测绘的是趋势上升或下降的速率(或者说是趋势的速度)。

在做牛市速度线的时候,首先要找到当前上升趋势的最高点(图4.21a)。在图表上,从这个最高点开始,向下做一条垂直线,直达趋势起点所在的水平位置。然后把所得的竖直线段三等分。通过趋势起点以及上述两个三等分点,我们可以作出两条趋势线,它们分别代表2/3速度线和1/3速度线。在下降趋势中,只要把上述程序相应地调整一下即可。也是先做出从下降趋势的最低点到趋势起点的水平位置的垂直线段,然后从趋势起点起,通过该线段的三等分点分别作出两条直线(图4.21a、b)。

每当上升趋势出现新的最高点,或下降趋势出现新的最低点之后,我们都必须重新作出上述一系列直线(因为趋势已经有了新的高点或低点)。因为速度线是自趋势起点出发通过那两个三分点作出的,所以,这样的趋势线或许会从某些价格线段中穿过。这种趋势线没有画在低点或高点上,而是从价格变化中间穿过,是趋势线的一种特例。

如果上升趋势正处于调整之中,那么它向下折返的余地通常是到上方的速度线(2/3速度线)为止;如果它又被超越了,那么,价格还将跌到下方的速度线(1/3速度线);如果下方的速度线也被跌破了,那么价格就可能一路而下,直至原趋势的起点的水平。在下降趋势中,下方的速度线如果被突破,那么价格很可能上冲到上方速度线处。要是后者也失守,那就意味着价格将会涨到原趋势的起点的水平。

正如所有的趋势线一样,速度线一旦被突破,角色也会反转。这样,在上升趋势的调整过程中,如果上面的线(2/3线)被突破,价格则跌到1/3线,再从后者上面反弹。这时候,上面的线已演变成阻挡障碍了。仅当上面这条线被重新穿回,那么价格才可能向原高点挑战。同样的道理在下降趋势中也成立。

趋势的基本概念

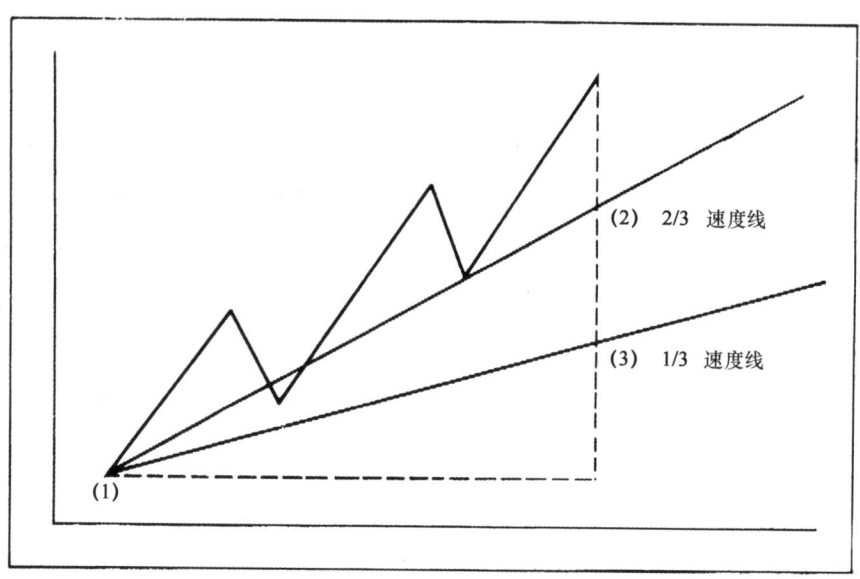

图 4.21(a) 上升趋势中的速度阻挡线的例子。从顶峰到趋势起点的垂直距离被分成三等分。从点 1 出发,通过点 2 和 3 作出了两条趋势线。上方的直线为 2/3 速度线,下方的直线为 1/3 速度线。在市场的调整过程中,这两条线应起到支撑作用。当它们被突破后,就变成了阻挡线。有时,这些速度线从价格变化的区间中穿过。

图 4.21(b) 下降趋势中的速度线。

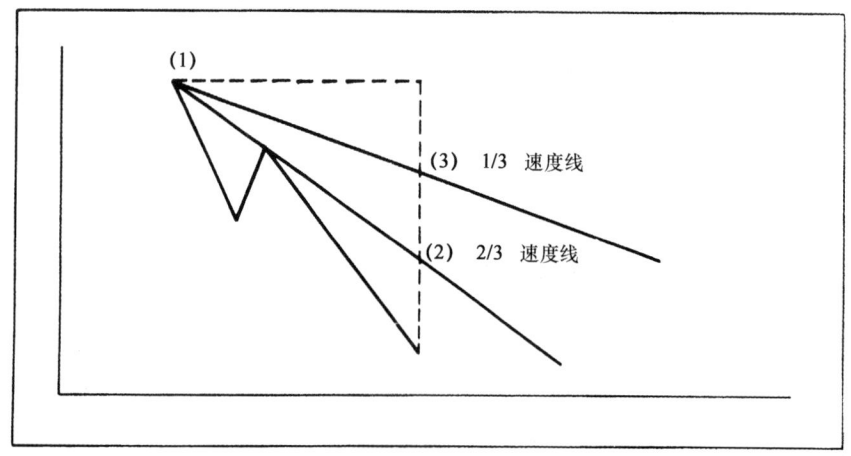

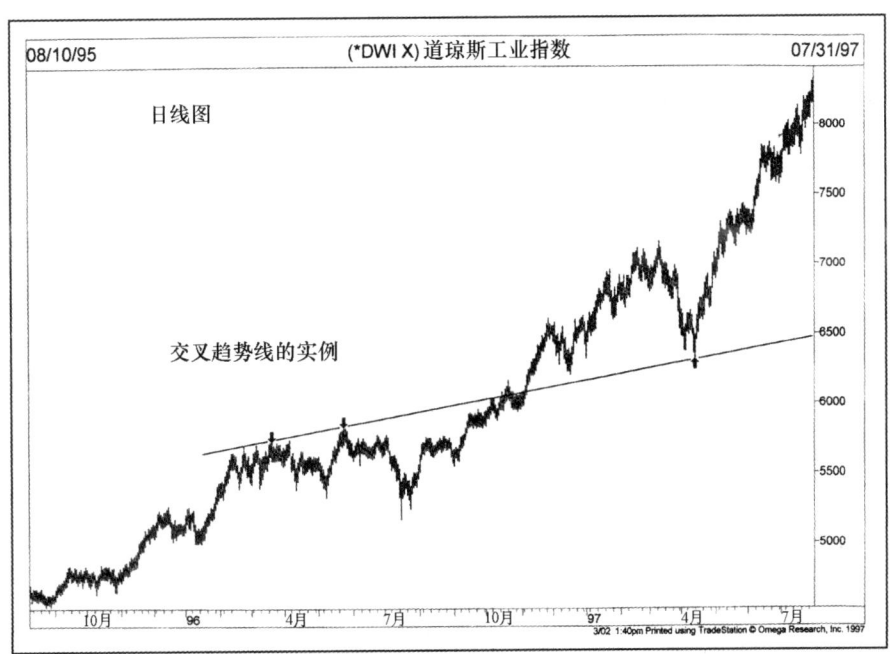

图 4.21(c) 内部趋势线从价格图线的内部穿过,尽可能多地连接高点和低点。本图的内部趋势线从 1996 年初的高点开始绘制,在一年后的 1997 年春,为市场提供了支撑。

江恩和菲波纳奇扇形线

图表分析软件还提供绘制江恩和菲波纳奇扇形线的工具。菲波纳奇扇形线的画法和速度线的画法如出一辙。不过,菲波纳奇扇形线在垂直线段上的分割比例是 38% 和 62%。(在第十三章"艾略特波浪理论"中,我们再详细解释 38%、62% 的比例从何而来。)江恩扇形线(得名于传奇性的商品交易商,W·D·江恩)是从显著的顶部或底部出发,按照特定的几何角度向图表右侧画出的一组趋势线。其中最重要的江恩扇形线是从顶部或底部出发的 45 度线。在上升趋势中,还可以按照 63.75 度和 75 度的角度画出更陡峭的江恩扇形线。也可以按照 26.25 度和 15 度的角度画出更平坦的江恩扇形线。江恩扇形线最多可能由九条不同角度的趋势线组成。

江恩和菲波纳奇扇形线的用法与速度线的用法一致。按照一般的理解,它们将在市场向下调整时发挥支撑作用。当一根扇形线被跌破后,价格将跌向下一根扇形线。江恩扇形线的用法或多或少存有争议。虽然江恩扇形线中某一根的确可能发挥作用,但是你很难事先料定到底是哪一根。

内部趋势线

"内部趋势线"是常规趋势线的变体,它们不是单纯沿着高点或低点画出的,因此它们不是处在价格图线的上方或下方,而是从价格变化中穿越,其目的在于尽可能多地连接图线上的高点和低点。某些图表分析师对这类趋势线有独到的眼光,认为它们很有实用价值。问题是,内部趋势线的做法往往非常主观。与此形成对照的是,传统趋势线总是沿着单边的高点或低点,画法更确切一些。

反 转 日

在趋势的概念中,还有一方重要的基石——反转日。这是一种特别的图形,有许多名目——如"顶部反转日""底部反转日""抢购或抛售高潮",以及"关键反转日"等。这类形态就其本身而言,并不具有重要意义,但是一旦把它与其余技术资料综合起来考虑,就显得极不寻常。下面我们先给它下个定义。

反转日发生在市场顶部或者底部。顶部反转日有个通行的定义:在上升趋势中,某日价格达到了新的高位,但当天收市价格却低于前一日收市价。换句话说,在一个上升运动中,某日市场曾一度创下新的高点纪录(通常在开市时或在开市后不久),但当天价格便逐渐跌落,结果其收市价格反而比前一日的收市价还要低。底部反转日指在下降趋势中,某天市场曾跌出新的最低点,但当日收市价格却高于前一日收市价。反转日的价格变化的范围越大,交易量越重,那么作为近期趋势可能反转的信号,它的分量就越重。图4.22(a)(b)例示了两种反转日在线图上的形状。请注意,其中反转日对应着较重的交易量。同时也请注意,在这两例中,当日的高点和低点均超过了前一天,形成了所谓的"扩张日"。反转日倒也不一定非是扩张日不可,但是如果它同时也是扩张日,那么其分量就更重了(图4.22c)。

有时我们也把底部反转日称为"抛售高潮"。这种情况确实是发生在熊市底部的一种剧烈的"大翻身"。在这里,所有已经备受挫折的多头终于忍受不住,不得不斩仓卖出,从而使交易量大增。随后,市场上反倒缺乏卖出压力,形成了所谓卖压真空,于是价格快速上窜,以填补这个空当。抛售高潮是较为剧烈的反转日,不过它并不一定标志着熊市终于已经见底,而是通常意味着一个重要低点业已完成。

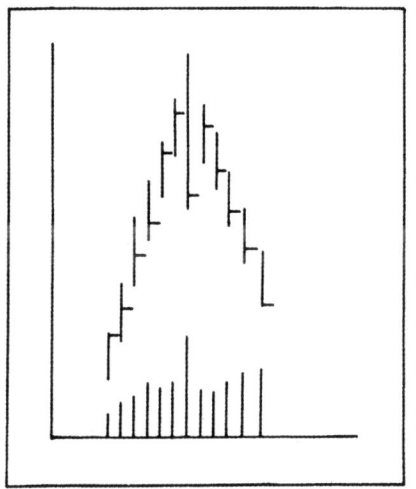 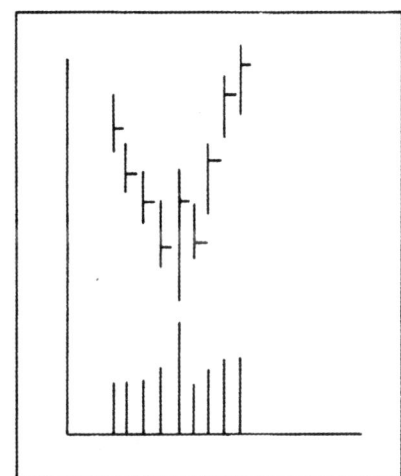

图4.22(a) 顶部反转日的一例。反转日的交易量越重、价格范围越大,则越重要。

图4.22(b) 底部反转日的一例。如果当日的交易量特别重大,则该底部反转日常被称为"抛售高潮"。

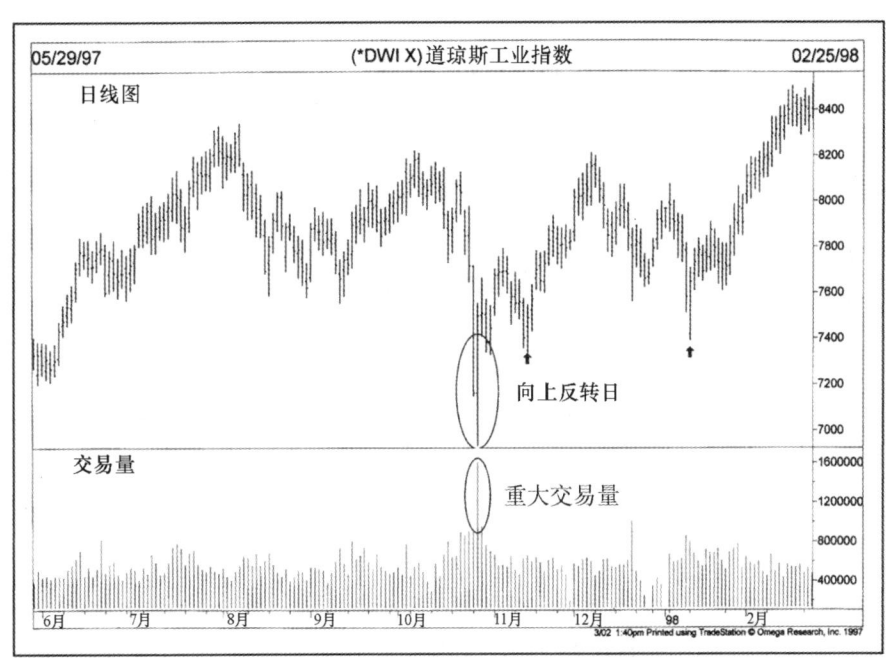

图4.22(c) 请注意,本图1997年10月28日的行情属于经典的向上反转日,或者说"抛售高潮"的实例。和前一个交易日比较,当日开市价急剧下降,收市价则反过来急剧上升。当日成交量图线不同寻常地突出,增加了反转日的重要性。除此之外,本图中还有另外两例不太剧烈的向上反转日(请注意箭头所指处),它们也标志着价格底部的形成。

趋势的基本概念

周反转和月反转

这种反转形态出现在周线图和月线图上时,意义尤其深远。在周线图上,每根竖直线段代表相应一个星期的全部价格范围,并以它右侧的线头表示周五的收市价。这样,向上的周反转的情况就是,市场在该星期内向下试探,并且跌出了新的低点,但是周五的收市价却又回到上周五的收市价之上。

很显然,周反转比日反转重要得多,因此图表分析师对之倍加警惕,力求捕捉重要转折点。依此类推,月线图上的月反转就更要紧了。下面我们即将介绍最后一种反转形式——岛形反转形态,但为了说明得充分些,我们需要先对价格跳空作一个详细的介绍。

价 格 跳 空

价格跳空是指在线图上没有发生交易的区域。比如说,在上升趋势中,某日最低价高于前一日的最高价,从而在线图上留下一段当日价格不能覆盖的缺口(或曰空白)。

在下降趋势中,对应情况是当日的最高价格低于前一日的最低价。向上跳空表明市场坚挺,而向下跳空则通常是市场疲软的标志。跳空现象在长期性质的周线图和月线图上也可能出现,而且一旦发生了,就非同小可。不过它在日线图上更常见。

关于跳空的解释流传着一些陈词滥调。其中有句常常听到的俗套:"跳空总会被填回",这是不正确的。我们且先花点篇幅,澄清一下概念。我们将看到,有些跳空确具意义,但有些则很平常;有些会被填回,有些则不会。同时我们也会发现,价格跳空因其所属的类型及出现的场合不同,具有不同的预测性意义。

跳空具有三种类型

跳空一般可分为三种类型——突破跳空,中继跳空(或测量跳空),以及衰竭跳空。

突破跳空:突破跳空通常发生在重要的价格运动完成之后,或者新的重要运动发生之初。在市场完成了主要的底部反转形态,比如头肩形底之后,对颈线的突破经常就是以突破跳空的形式进行的。在市场

的顶部或底部所发生的重要突破,正是滋生此类跳空的温床。另外,因为重要趋势线被突破时意味着趋势反转,所以也可能引发突破跳空。

突破跳空通常是在高额交易量中形成的。突破跳空更经常的是不被填回。价格或许会回到跳空的上边缘(在向上突破的情况下),或者甚至部分地填回到跳空中,但通常其中总有一部分保留如初,不能被填满。一般来说,在这种跳空出现后,交易量越大,那么它被填回的可能性就越小。事实上,如果该跳空被完全填回,价格重新回到了跳空的下方的话,那么这其实倒可能是个信号,说明原先的突破并不成立。向上跳空在之后的市场调整中通常起着支撑作用,而向下跳空在之后的市场反弹中将成为阻挡区域(图4.23a、b)。

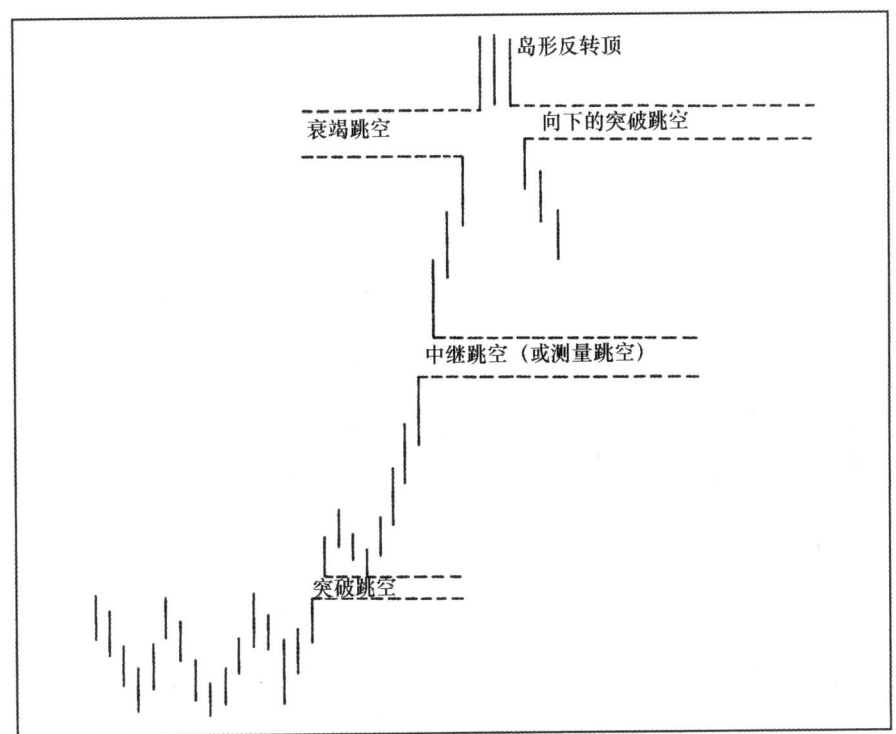

图4.23(a) 三类价格跳空。突破跳空标志着底部形态的完成。中继跳空发生在趋势的中途(因此,它也被称为测量跳空)。先有向上的衰竭跳空,然后在一周以后再有向下的突破跳空,两者一起形成了岛形反转顶。请注意,在上涨过程中,突破跳空和中继跳空并未被填回,而这正是通常的情况。

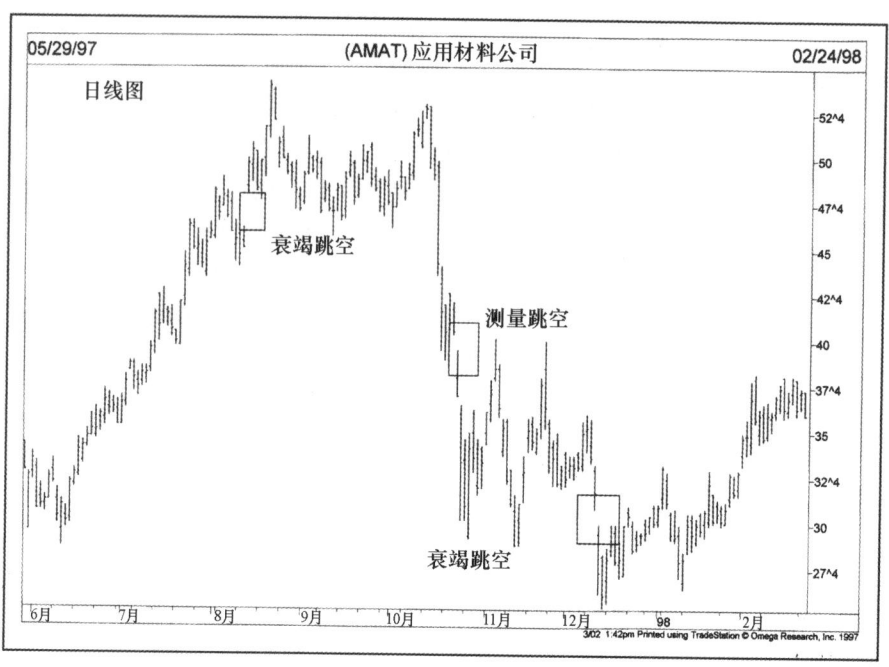

图4.23(b) 第一个框标出了一个"衰竭跳空",它的出现接近当前上涨行情的尾声。当价格下降到这个跳空之下时,构成了顶部反转信号。第二个框标出了一个"测量跳空",它大致出现在下降趋势的中途。第三个框标出了底部的另一个"衰竭跳空"。当市场再次运动到该跳空之上后,意味着行情将进一步走高。

中继跳空(或测量跳空):当新的市场运动发生、发展过一段之后,大约在整个运动的中间阶段,价格将再度跳跃前进,形成一个跳空或一系列跳空,称为中继跳空。此类跳空反映出市场正以中等的交易量顺利地发展。在上升趋势中,它的出现表明市场坚挺;而在下降趋势中,则显示市场疲软。正如突破跳空的情况一样,在上升趋势中,中继跳空在此后的市场调整中将构成支撑区,它们通常也不会被填回,而一旦价格重新回到中继跳空之下,那就是对上升趋势的不利信号。

此类跳空又称测量跳空。因为它通常出现在整个趋势的中点,所以我们可以从本趋势的信号发出之处或突破处测算该趋势已经完成的幅度,再顺着趋势方向翻出一番,从而估计出该趋势今后的发展余地。

衰竭跳空:最后这一类跳空出现在接近市场运动的尾声处。在价格已经抵达所有目标,并且上面介绍的两种跳空(突破跳空和中继跳空)均已清晰可辨之后,分析者便开始预期衰竭跳空的降临。在上升趋势的最后阶段,价格在奄奄一息中回光返照,跳上一截。然而,最后的挣扎好景不长,在随后的几天乃至一个星期里价格马上开始下滑。当收市价格低于这种最后的跳空后,表明衰竭跳空已经形成。上述情况非常典型,说明在上升趋势中,如果跳空被填回,则通常具有疲弱的意味。

岛形反转

这样我们又回到了价格跳空之前的话题——岛形反转形态。有时候,在向上衰竭跳空出现后,价格在其上方小范围地盘桓数日乃至一个星期,然后再度跳空而下。在这种情况下,那几天的价格变化在图表上就像一个孤岛,四周为空白"海水"所包围。向上的衰竭跳空同向下的突破跳空结合在一起,就完成了一个反转形态,它通常意味着市场将发生一定幅度的折返。当然,这场反转的规模也要取决于它本身在趋势的总体结构中所处的地位(图 4.23c)。

图 4.23(c) 这是一张日线图,图中的两个跳空共同形成了一个"岛形顶部"反转形态。第一个框标出了上扬行情末期的向上跳空。第二个框标出了三周之后出现的第二个向下的跳空。这样组合出现的价格跳空通常标志着市场重要顶部的形成。

趋势的基本概念

总　　结

　　本章介绍了一些基本的技术工具——支撑和阻挡,趋势线和管道,百分比回撤,速度阻挡线,反转日,以及跳空。在我看来,它们是图表分析的重要基础。本书以下各章介绍的所有技术手段,统统是对上述基本概念和工具的各种形式的运用。掌握了这些基本知识后,下面我们就可以着手研究价格形态了。

第五章 主要反转形态

引 言

到这里,我们已经涉猎了道氏理论,这是目前实际应用的绝大多数趋势顺应机制的理论起点;也探讨了趋势的基本概念,诸如支撑、阻挡和趋势线等;对交易量和持仓量也做了介绍。那么下一步,就该学习图表形态了。很快我们就会发现,这些形态就是建立在上述概念的基础之上的。

上一章,我们把趋势定义为一系列依次上升或下降的峰和谷。只要它们相对变化的方向向上,则趋势向上;如果其相对变化的方向向下,那么趋势就向下。我们还强调指出,在相当部分时间内,市场处于横向伸展的态势之中。而正是这种横向延伸的市场运动,构成了接下来两章的主要课题。

千万不要以为绝大部分趋势的变化突如其来,事实上,趋势在发生重要变异之前,通常需要一段酝酿的时间。问题就在于,这种酝酿时期并不总意味着趋势将要逆转,有时候,这只是既存趋势的休整,随后原有的趋势仍将继续。

价格形态

研究这种酝酿时期及其预测性意义就是价格形态所要解决的问题。那么,什么是价格形态呢?价格形态是股票或期货价格图上的特定图案或花样,它们具有预测性价值,我们可以把它们分门别类。

形态具有两个类别:反转型和持续型

价格形态有两种最主要的分类——反转型形态和持续型形态。反转形态名副其实,意味着趋势正在发生重要反转;相反地,持续形态显示市场很可能仅仅是暂时作一段时间的休整,把近期的超买或超卖状况调整一番,过后,现存趋势仍将继续发展。关键是,必须在形态形成的过程中尽早判别出其所属类型。

本章将讨论五种最常用的主要反转形态:头肩形、三重顶(底)、双重顶(底)、V字形顶(底),以及圆形(盆形)顶(底)等形态。我们将考察价格本身的变化过程,及其变化在图表上的显示,还有判别它们的方法。然后,我们还要研究另外两方面重要因素——伴生的交易量的形态,以及价格形态的测算意义。

交易量在所有价格形态中,都起到重要的验证作用。在形势不明时(许多情况下都是这样的),研究一下与价格数据伴生的交易量形态,是判断当前价格形态是否可靠的决定性办法。

绝大多数价格形态各有其具体的测算技术,可以确定出最小价格目标。虽然这些目标仅仅是对下一步市场运动的大致估算,但仍有助于交易商确定其报偿—风险比。

下一章,我们将讨论形态的另一个大类——持续型形态,内容包括三角形、旗形和三角旗形、楔形,以及矩形。这类形态通常反映出现行趋势正处于休整状态,而不是趋势的反转,因此,通常被归纳为中等的或次要的形态,算不上主要形态。

反转形态所共有的基本要领

在单独地剖析各个主要反转形态之前,我们先交代所有反转形态所共有的几个基本要领。

1.在市场上事先确有趋势存在,是所有反转形态存在的前提。

2.现行趋势即将反转的第一个信号,经常是重要的趋势线被突破。

3.形态的规模越大,则随之而来的市场动作越大。

4.顶部形态所经历的时间通常短于底部形态,但其波动性较强。

5.底部形态的价格范围通常较小,但其酝酿时间较长。

6.交易量在验证向上突破信号的可靠性方面,更具参考价值。

事先存在趋势的必要性 市场上确有趋势存在是所有反转形态存在的先决条件。市场必须先有明确的目标,然后才谈得上反转。在图表上,偶尔会出现一些与反转形态相像的图形,但是如果事前并无趋势存在,那么它便无物可反,因而意义有限。在我们辨识形态的过程中,正确把握趋势的总体结构,有的放矢地对最可能出现一定形态的阶段提高警惕,是成功的关键。

正因为反转形态事先必须有趋势可反,所以它才具备了测算意义。前面曾强调,绝大多数测算技术仅仅给出最小价格目标,那么,最大目标就是事前趋势的起点。如果市场发生过一轮主要的牛市,并且主要反转形态已经完成,就预示着价格向下运动的最大余地便是100%地回撤整个牛市,从它的终点回到它的起点。

重要趋势线的突破 即将降临的反转过程,经常以突破重要的趋势线为其前兆。不过朋友们请记住,主要趋势线被突破,并不一定意味着趋势的反转。这个信号本身的意义是,原趋势正有所改变。主要向上趋势线被突破后,或许表示横向延伸的价格形态开始出场,以后,随着事态的进一步发展,我们才能够把该形态确认为反转型或连续型。在有些情况下,主要趋势线被突破同价格形态的完成恰好同步实现。

形态的规模越大,则随之而来的市场动作越大 这里所谓规模大小,是就价格形态的高度和宽度而言的。高度标志着形态的波动性的强弱,而宽度则代表着该形态从发展到完成所花费的时间的多寡。形态的规模越大——即价格在形态内摆动的范围(高度)越大、经历的时间(宽度)越长——那么该形态就越重要,随之而来的价格运动的余地就越大。

实际上,这两章所介绍的所有的测算技术,均是以形态高度为基础的。这种方法主要适用于线图,这就是所谓垂直测算原则。而测量价格形态横向宽度的方法,通常应用在点数图分析中。在后面要讲的这种图表分析法中,采用了"横向数算"的技术,它认为顶或底部形态的宽度,同随之而来的价格运动的目标之间,存在着一一对应的关系。

顶和底的差别 顶部形态与底部形态相比,它的持续时间短但波动性更强。在顶部形态中,价格波动不但幅度更大,而且更剧烈,它的形成时间也较短。底部形态通常具有较小的价格波动幅度,但耗费的时间较长。正因如此,辨别和捕捉市场底部比捕捉其顶部,通常来得容易些,损失也相应少些。不过对喜欢"压顶"的朋友来说,尚有一点可资安慰,即价格通常倾向于跌快而升慢,因而顶部形态尽管难于对付,却也自有其引人之处。通常,交易商在捕捉住熊市的卖出机会的时候比抓住牛市的买入机会的时候,盈利快得多。事实上,一切都是风险与回报之间的平衡。较高的风险从较高的回报中获得补偿,反之亦然。顶部形态虽然更难捕捉,却也更具盈利的潜力。

交易量在验证向上突破信号时更具重要性 交易量一般应该顺着市场趋势的方向相应地增长,这是验证所有价格形态完成与否的重要线索。任何形态在完成时,均应伴随着交易量的显著增加。但是,在趋势的顶部反转过程的早期,交易量并不如此重要。一旦熊市潜入,市场惯于"因自重而下降"。图表分析者当然希望看到,在价格下跌的同时,交易活动也更为活跃,不过,在顶部反转过程中,这不是关键。然而,在底部反转过程中,交易量的相应扩张,却是绝对必需的。如果当价格向上突破的时候,交易量形态并未呈现出显著增长的态势,那么,整个价格形态的可靠性,就值得怀疑了。在第七章中,我们将更深入地研究交易量。

头肩形反转形态

我们现在来细细地探讨一下头肩形反转形态。这种反转形态可能是最著名、最可靠的。我们将花费较多的篇幅来研究这类形态,因为一方面它本身颇为重要,另一方面,我们也需要通过它来讲解各种新概念。其他绝大多数反转形态仅仅是头肩形的变体,因此,等以后讲到它们的时候,我们就可以省却许多笔墨了。

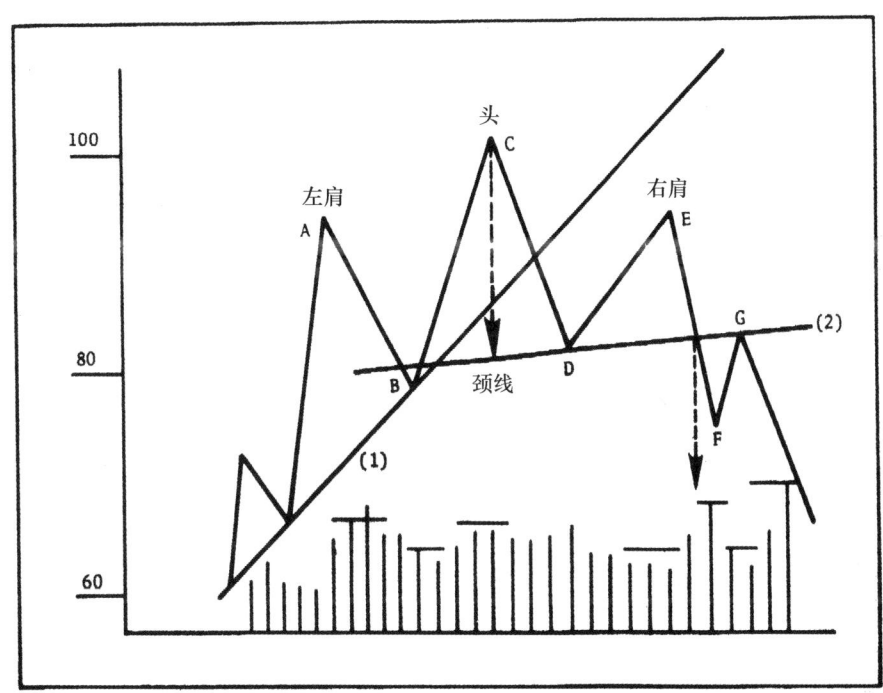

图 5.1(a) 头肩形顶的例子。左肩和右肩(A 和 E)的高度差不多相同,头(C)比两肩高。请注意在每个峰处逐渐减轻的交易量。当收市价居于颈线(线 2)之下时,形态完成。其最近目标的求法是,自颈线上的突破点起,向下投射从头部到颈线的竖直距离。突破颈线后,常常出现回向颈线的反扑现象,但它不应再返回颈线的另一边。

就如其余所有的反转形态一样,头肩形主要反转形态其实也是前一章中的趋势概念的进一步提炼。举例来说,在上升趋势中,一系列依次上升的波峰和波谷首先把上涨势头逐渐放缓,然后上升趋势开始停顿。此时,供求双方的力量对比处于相对平衡之中。一旦这个"派发阶段"完成,那么,上述调整的横向交易区间底边处的支撑就被打破了,从而,市场确立了新的下降趋势,反转形态大功告成。新的下降趋势具备依次降低的波峰和波谷。

我们来看看在头肩形顶中上述情况的具体表现(图 5.1a 和 b)。在点 A,上升趋势一如既往,毫无反转的迹象。交易量在价格上升到新高度的同时,也相应地扩张,表现正常。在 B 点的调整性下降中,交易量见轻,也符合要求。然而到了点 C,警觉的图表分析者或许注意到,当这一轮上涨向上突破点 A 时,其交易量同前一轮上涨时的交易量相比,已经有所减少。虽然这个变化本身并不具有重大意义,但是这时候,分析者应该在脑海里亮起一盏黄色警告灯了。

后来,价格跌回到点 D,出现了一些更令人困惑的问题。这一轮下

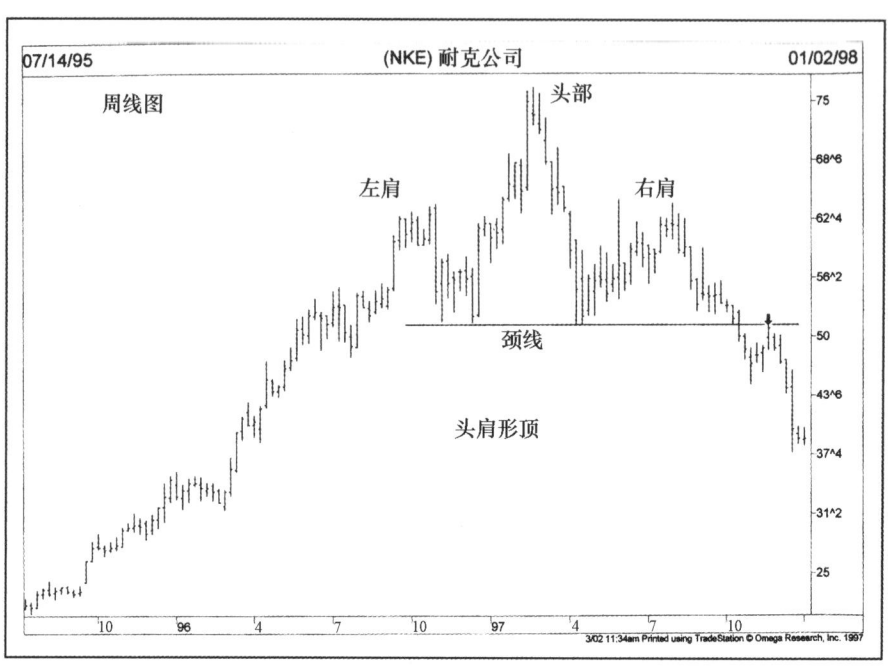

图5.1(b) 头肩形顶。其中有三个峰,头部高于两肩。当市场向下突破颈线后,恰如预期形成了返回颈线的反扑(见箭头所指)。

跌的低点低于从前的高点 A。请记住,在上升趋势中,以前的高点一旦被向上穿越后就在随后的市场调整中起到支撑作用。而这次下跌明显低于 A 点,几乎达到前一个向上反弹的低点 B 的水平,这就是个警讯,说明该上升趋势可能出了问题。

然后,市场再次上冲到点 E,这一次,交易量更轻,甚至不能达到冲击高点 C 时的水平(点 E 这轮最后的冲击,经常回撤到从点 C 到点 D 之间下降幅度的 1/2~2/3 之间)。我们知道,如果上升趋势要持续发展,则每一轮新高点都必须超过前一轮上冲的高点。点 E 处的上升无力达到前一轮高点 C,满足了新的下降趋势所要求的一半条件——即依次下降的波峰。

到了这个时候,在点 D,主要上升趋势线(线1)通常已经被跌破,从而构成了另一个危险信号。但是,尽管发生了上述许多警告讯号,此时我们唯一可以肯定的一点是:趋势已经从上升转化成横向延伸了。这也许是了结多头头寸的充分根据,但还不足以构成卖出做空头的理由。

突破颈线,完成形态

至此,通过最后两个向上反弹的低点(点 B 和点 D),我们可以作出一条较为平缓的趋势线,称为颈线(如线 2 所示)。在顶部,颈线一般轻微上斜(尽管有时也可能水平,或者在更少数情况下略倾斜向下)。头肩顶成立的决定性因素是,收市价格明确地突破到颈线之下。在这种情况下,市场终于突破了由底点 B 和 D 构成的趋势线,并跌破 D 点的支撑,从而完全满足了新趋势产生的前提条件——依次下降的峰和谷。于是,从依次下降的峰点和谷点 C、D、E、F 上,我们可以确定新的一轮下降趋势。顺便说明一下,在顶部形态完成后的初始阶段,当市场向下突破时交易量是否急剧扩张并不是至关重要的。

反　　扑

接下来,通常市场会出现反扑现象,即价格重新弹回颈线或者前一个向上反弹的低点 D(如点 G 所示)。此时,这两者均已在市场上方构成了阻挡。反扑现象并不一定总能发生,有时或者只能形成一段极小的反弹。交易量也许有助于我们推测这种反弹的幅度大小。如果在突破颈线的初始阶段交易量极重,那么反扑的余地便大为减小,因为上述突然增加的交易活动反映出市场上较重的向下压力。反过来,如果初始突破时的交易量较轻,那么反扑的可能性便大为增加。无论如何,这种反弹应当以较少的交易量进行,并且随后,当新的下降趋势恢复下跌的时候,应该伴随着显著加重的交易活动。

小　　结

我们来归纳一下形成头肩顶的各个要素。

1.事先的上升趋势。

2.左肩(点 A)伴随着较重的交易量,且之后市场向下调整到点 B。

3.以较轻的交易量上冲到新高点(点 C)。

4.随后的下跌低于前一个峰(点 A 处),且接近前一个向上反弹低点(点 D)。

5.第三轮上冲(点 E)具有显著减轻的交易量,且无力达到头顶的高度(点 C 处)。

6.收市价低于颈线。

7.反扑回颈线(点 G),然后下跌至新低点。

这里有三个显著的波峰,它们的界定颇为明确。中间的峰(头)稍高于双肩(点 A 和 E)。然而,只有当市场以收市价格的形式,决定性地突破颈线之后,该形态才得以最后完成。同样地,我们也可以采用1%~3%穿越原则(或在前一章所介绍的其余价格过滤器),或者双日原则(即市场连续两天收市于颈线之下),作为进一步的验证手段。另外,除非确实发生了向下突破,不然始终存在以下这种可能性:整个图形并不是真正的头肩顶,在未来某一时刻,上升趋势也许仍将恢复。

交易量的重要性

与价格变化相对应的交易量形态,在头肩顶形态的发展过程中担负着重要的角色。在其他的价格形态中,交易量的作用也都如此。一般来说,第二高峰(头)的伴随交易量比左肩为轻。这一点倒不是必要条件,而是市场在这种情况下通常具有的一种强烈的倾向性,也是说明市场上买进压力减轻的早期警讯。最重要的交易量信号,发生在第三高峰(右肩),此处的交易量应比前两个高峰处显著地减轻。在突破趋势线的时候,交易量应扩张;在价格反扑时,交易量应减少。然后,一旦反扑完结,交易量便再度扩张。

我们曾经交代,在市场顶部的形成过程中,交易量的关键性比底部过程要逊色些。但是在某些场合,如果新生的下降趋势能够持续的话,交易量依然应当开始增加。而在市场的底部过程中,交易量则担负着更为关键的角色,很快我们将讨论这个问题。现在我们先讨论一下头肩形的测算意义。

发现价格目标

形态高度是测算价格目标的基础。具体做法是,先测出从头(点 C)到颈线的垂直距离,然后从颈线上被突破的点出发,向下投射相同的距离。举个例子。假定头顶位于100,相应的颈线位置在80,那么其垂直距离便是两者的差为20。如果颈线如图5.1(a)所示,那么我们就应该从颈线上的突破点开始,向下量出20点。突破点位于82,那么,向下突破的目标就被投射到62的水平(82-20=62)。

还有一种较简便的方法:先简单地量出下降运动中第一浪(从点 C 到 D)的长度,然后往下翻出一番。这两种情况的道理都是一样的,形态高度越大(即波动性越大),那么其"前程"便越远大。第四章中所介绍的关于趋势线被穿越的测算技巧,同此处的头肩形测算方法类似。

现在朋友们不妨比较比较。大略地说，价格在突破趋势线后所走出的距离，同它在趋势线之上曾经经历的距离相当。贯穿我们关于价格形态的讨论，你都将看到，线图上的绝大多数价格目标是建立在各种形态的高度（或者说波动性）之上的。从突破点开始顺势投射与形态高度一致的距离，这是个老话题，我们将会一再提起。

重要的是，上述价格目标仅仅是最近的目标，而实际上，价格运动经常明显越过上述目标。不过，如果我们对最近目标心中有数，那么对判断市场运动是否还有足够余地来开立头寸无疑是大有帮助的。即便市场越过了这个价格目标，那么剩下的也只是蛋糕上的那层奶油。当然，最大目标是原先趋势的整个范围。比如说，原先的牛市从30涨到了100，那么从顶反转形态得出的最大下跌目标便为30，从哪里来，还回撤到哪里去。从反转形态上，我们仅能预期市场对原先趋势的反转或回撤。

价格目标的调整

在我们预计价格目标的时候，还应当考虑到其余许多因素。价格形态本身的测算技巧（如上面介绍的关于头肩形顶的相应情况），只是第一个步骤。其余技术性因素也应予以考虑。举例来说，由原先牛市中的向上反弹低点所形成的重要支撑水平在何处？熊市经常会在这些水平上被遏止住。百分比回撤的位置怎样？最大回撤目标是原先牛市的100%回撤。但50%和66%回撤的水平又在哪里？它们同样常常成为市场下方的重要支撑。价格跳空的情况怎样？它们同样常常演变成支撑区域。另外，市场下方有无长期趋势线存在？

在从价格形态确定价格目标时，技术分析者必须考虑其余技术资料。比如说，如果向下的价格测算目标是30，而32是一个重要支撑水平，那么，明智的做法是，把向下测算目标放在32，而不是30。一般地，当测算目标同清晰的支撑或阻挡水平只有微小差别的时候，我们通常把价格目标调整到这些支撑或阻挡水平上，以求可靠。这种综合考虑其余技术信息来调整价格形态测算目标的做法，常常是很有必要的。我们都知道，有许多不同的工具可供分析者选择，那么，最巧妙的技术分析者正是那些懂得如何恰如其分地综合使用各种工具的人。

倒 头 肩 形

头肩形底有时也被称为倒头肩形，它恰好与头肩形顶互为镜像。正如图5.2(a)所示，它具有三个清楚的底谷，其中头（中间的谷）稍低于两肩。收市价格决定性地向上突破颈线,也是该形态得以完成的必要条件,而且它的测算技术也与头肩形顶的一样。稍有差别的一点是,在底部,当颈线被向上突破后,市场更惯于反扑(图 5.2b)。

头肩顶和头肩底最重要的区别在与之配合的交易量序列上。在判别头肩底形态及其突破的时候,交易量起到更为关键的验证作用。前面我们讲过,市场具有"因自重而下跌"的倾向性,因此在底部,当市场力图发动一轮牛市的时候,必得具有较多的交易量才行,也就是说,必须具有显著增强的买进推力。这一点对所有底部形态都成立。

我们用更带技术性的方式来理解这个区别。市场常常会仅仅因为惯性而下降,但市场却不因为惯性而上升。需求不足或者交易商缺乏买进兴趣等原因,经常足以把市场压低。但只有在需求超过供给,并且买方比卖方更积极时,价格才能上涨。

在本形态前半部分,交易量形态同头肩顶很相似。就是说,头部的交易量比左肩的稍有减少。然而,在头部的上冲阶段,不但应该显示出交易活动有所增加,而且其交易量水平经常要超过左肩的上冲对应的交易量水平。右肩下跌部分的交易量应该非常轻弱。关键时刻是市场突破颈线而上冲的时候。这个突破信号如果成立,那么所伴随的交易量非得急剧膨胀不可。

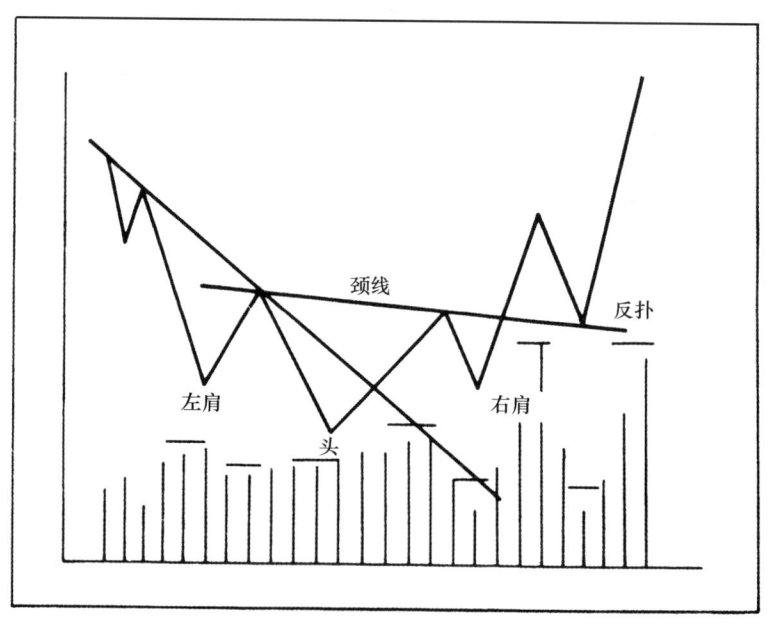

图 5.2(a)　倒头肩形的例子。这种形态的底部形式是顶部形式的镜像。其中最重要的区别是在形态后半部分的交易量形态上。在底部过程中,自头部弹起的上冲,应当具有较重的交易量,而当颈线被突破时,交易活动应更是具有迸发性的扩张。回向颈线的反扑在底部过程中也更多见。

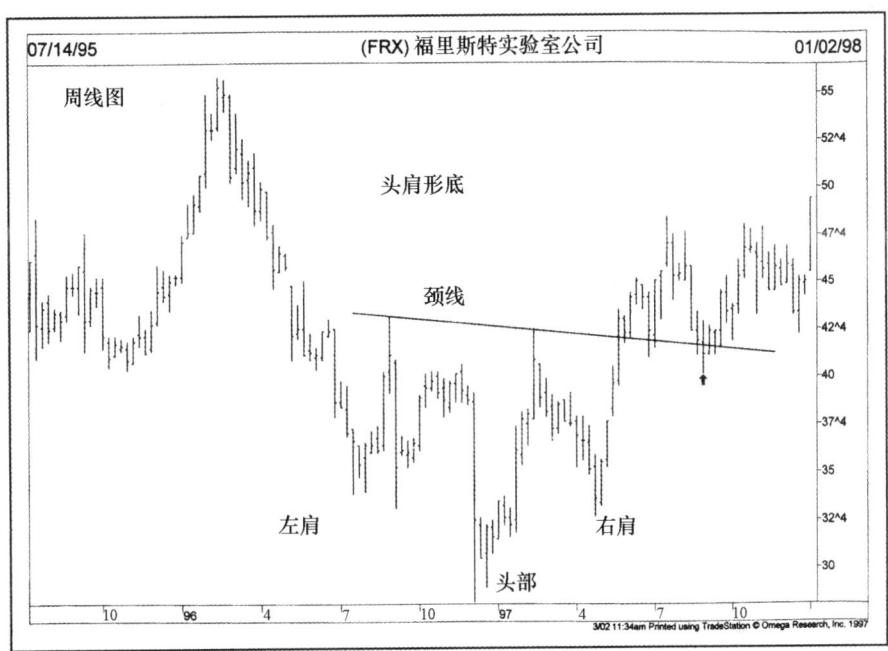

图 5.2(b) 倒头肩形底的实例。本例的颈线稍稍向下倾斜,在常规情况下皆如此。当市场向上突破颈线后,再度向下反扑(见箭头所指),并稍稍侵入颈线之下,但不久市场便恢复了上升趋势。

这一点是头肩底同头肩顶最大的分别。在底部,强劲的交易量绝对是完成形态的关键组成部分。反扑在底部比在顶部更经常发生,不过,其交易量应该轻弱。随后,新的上升趋势应该在较重的交易量下恢复。头肩形底的测算方法与头肩顶相同。

颈线的倾斜程度

顶部的颈线通常稍稍倾斜向上,不过也有时是水平的。这两种情况并没有太大差异。然而,偶尔顶部的颈线会向下倾斜。这种坡度是市场疲弱的一种表现,通常,随之而来的右肩也很软弱。不过,这并不全是好消息,而是利弊参半。如果分析者要等颈线突破再开立头寸的话,就不得不等待较长时间,因为该信号在向下倾斜的颈线上出现得很晚,而且届时大部分的下降运动已经发生了。对底部形态而言,绝大多数颈线稍倾向下。而向上倾斜的颈线意味着市场的坚挺,不过此处同样也有信号过迟的缺陷。

主要反转形态

复杂头肩形形态

在我们的图表上,有时会出现一些头肩形的变体,称为复杂头肩形。这种形态可能呈现出双头或两个左肩和两个右肩的情况。它们不如其原型常见,但具有同样的测算意义。对付这种情况有个窍门,那就是利用头肩形形态所具有的强烈的对称倾向。单个的左肩通常对应着单个的右肩,双重左肩则使出现双重右肩的可能性增加了不少。

对　　策

在所有交易中,交易策略问题均是举足轻重的。并非所有的技术型交易商都愿意等到颈线突破后,才开立新头寸。如图5.3所示,较为大胆积极的交易者在相信自己已经正确地判明头肩底之后,在右肩形成过程中就开始尝试着买进,或者在右肩下跌完结的第一个信号出现时就买进了。

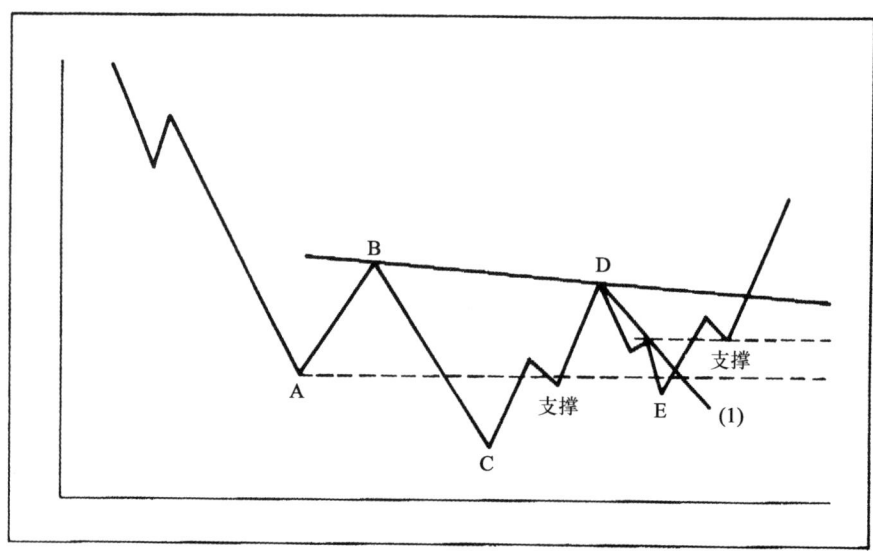

图5.3　头肩形底中的交易策略。右肩(E)尚处在形成过程中的时候,很多技术型交易商就开始建立多头头寸了。在从点C到D的上冲的1/2~2/3的回撤位置上,或者当价格跌向近期的支撑水平或支撑性跳空的时候,或者在价格跌到与左肩点A的水平差不多的时候,或者当短暂的下降趋势线(线1)被向上突破时,统统是早期的入市机会。当颈线果然被突破后,或者事后发生回向颈线的反扑时,可以追加更多的头寸。

有些人先测出从头部的底点上冲的距离(点 C 到 D),然后在其 50% 或 66% 回撤位置买进。还有些人会看看市场下方有无跳空存在,以利用之作为买进点。也有些人或许沿着点 D 和 E 画出一条短期的下降趋势线,该趋势线一被突破便买进。有些人考虑到这种形态具有相当的对称性,从而当右肩的发展接近了左肩的低点的水平时买进。这里要说明的是,在右肩形成过程中,会发生许多预期性的买进行为。如果上述尝试性头寸果真有利可图,那么,在颈线被实际穿越时或者在颈线突破后市场反扑时,交易商就会追加更多的买进头寸。

流产的头肩形形态

一旦价格越过颈线,头肩形形态就完成了,市场也就不应再返回颈线的另一边。在顶部,一旦颈线被向下突破了,那么只要随后有任何一个收市价格返回到颈线上方,都是严重的警讯,表明此次突破可能是无效信号。显而易见,这就是流产头肩形的由来。此类形态起初貌似典型的头肩形反转,但在其演化过程中的一定时刻(无论是在颈线突破前还是其稍后),价格将恢复原先的趋势。

由此,我们可以得出两条教训。其一,没有哪个图表形态百发百中。它们在大多数时间是成功的,但并不是永远如此。其二,技术型交易商必须永远警惕自己分析中的错误信号。在金融市场,制胜的关键之一,就是要尽快摆脱亏损的交易头寸(这将在第十六章关于资金管理及其策略的讨论中介绍),确保交易损失限于小额。这里,我们或许可以为图表分析这门工具添加一条最实用的长处:它能够警告交易商认清现实、纠正错误。在金融市场上,迅速地发现并承认自己的交易决策错误,及时采取断然的保护性措施,这样的能力和意志力是难能可贵的,我们绝不可以等闲视之。

头肩形作为调整形态

在接着讲述下一种价格形态之前,关于头肩形尚有最后一点需要补充。本章开头曾把它列举为最广为人知且最可靠的主要反转形态。但是朋友们必须明白,本图形偶尔也会充当调整性形态而不是反转形态。不过,后面这种情况与其说是惯例,不如说是例外。在第六章讨论持续型形态时我们将有详细讲解。

三重顶和三重底

我们在讨论头肩形形态时所引入的大部分要领,也适用于其他种类的反转形态(图 5.4a~c)。三重顶(或底),比头肩形少见得多,其实是前者的小小变体。其主要区别是,三重顶或底的三个峰或谷位于大致相同的水平上(图 5.4a)。在判断某个反转形态到底应属于头肩形还是三重顶的问题上,图表分析者经常有争议。因为两种形态其实是一回事,所以这种论争是迂腐的。

在三重顶中,交易量往往随着相继的峰而递减,而在向下突破时则应增加。三重顶只有在沿着两个中间低点的支撑水平被向下突破后,才得以完成。在三重底中,情况正相反,形态完成的必要条件是,收市价格向上越过两个中间峰值的水平(我们还有另一种对策,那就是把价格突破最邻近的峰或谷选作反转信号)。底部形态完成时,向上突破的交易量是否强劲有力,也是同样关键的。

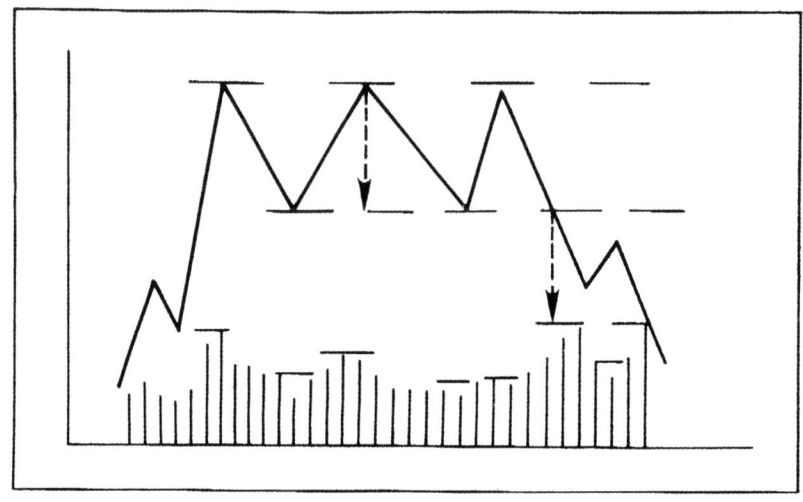

图 5.4(a) 三重顶。它与头肩形类似,只是其中三个峰都处在同一水平。每个上冲峰的交易量均应减轻。当其中两个谷被市场以较重的交易量向下跌破后,本形态完结。其测算技术是,自突破点起,向下投射出与形态的高度相等的距离。在突破发生后,回向下方直线的反扑现象也不少见。

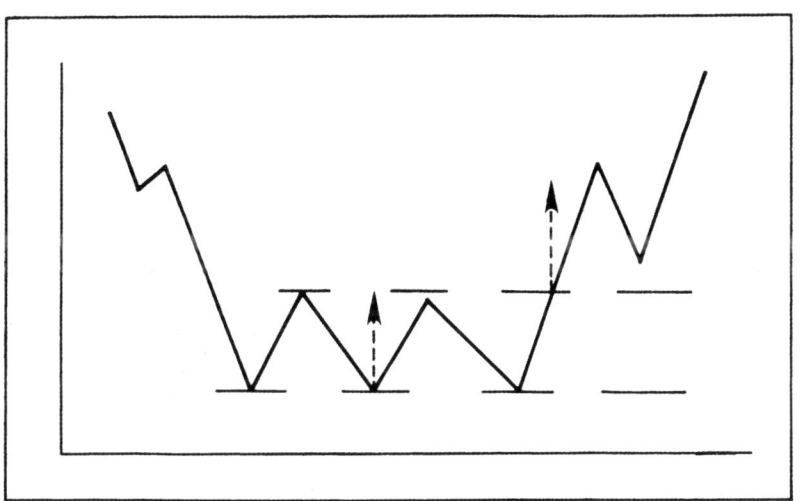

图 5.4(b) 三重底。它与头肩形底类似,只是其中每个低点均处于同一个水平上。它是三重顶的镜像,不过对于向上突破来说,交易量因素更重要。

图 5.4(c) 三重底反转形态的实例。在本图中 12 之下,市场曾三度得到有力支撑,并分别随后引发了显著的上扬行情。本图为周线图,上述底部形态持续了整两年,因而被赋予了重大意义。

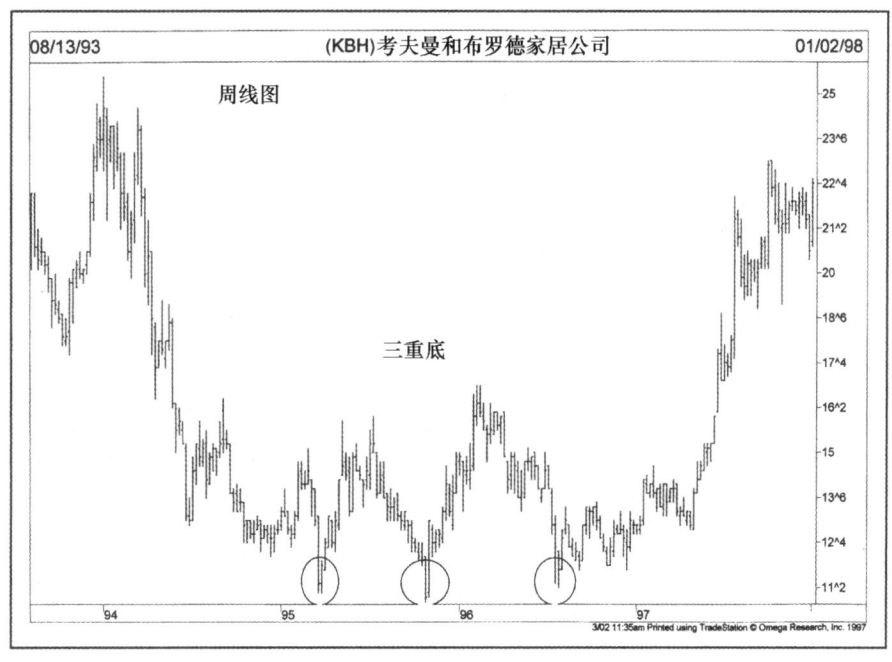

主要反转形态

它们的测算意义与头肩形相似，以形态的高度为基础。通常，价格在突破颈线后，由突破点起算，至少将要走出等于形态高度的距离。一旦突破，随后回向突破水平的反扑现象也很常见。考虑到三重顶(或底)只是头肩形形态的稍许变化，我们这里就不再赘述了。

双重顶和双重底

双重顶(或底)反转形态比三重顶(或底)常见得多，这种形态仅次于头肩形，出现得也很频繁，且易于辨识(图5.5a~e)。图5.5(a)和5.5(b)各展示了双重顶和双重底的两个例子。出于显而易见的原因，这类顶经常被称为"M顶"，这类底被称为"W底"。从一般特点上讲，双重顶与头肩形顶、三重顶类似，只是此处只有两个峰，而不是三个。交易量形态与测算法则也均类似。

在上升趋势中(如图5.5a所示)，市场在点A确立了新的高点，通常其交易量亦有所增加。然后，在减少的交易量背景之下，市场跌至B点。到此为止，一切均符合上升趋势的正常要求，趋势进展良好。然

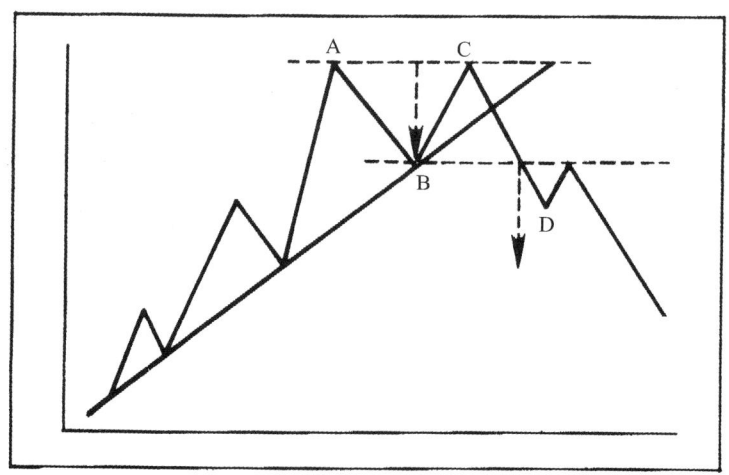

图5.5(a)　双重顶的例子。本形态有两个峰(A和C)，处在大致相同的水平。当其中的中谷(点B)被收市价跌破后，本形态完结。通常，在第二个峰(点C)交易量较轻，而在向下突破时(点D)，交易量有所增加。回向下方直线的反扑现象也不罕见。最小测算目标是，从突破点起，向下投射出与形态高度相等的距离。

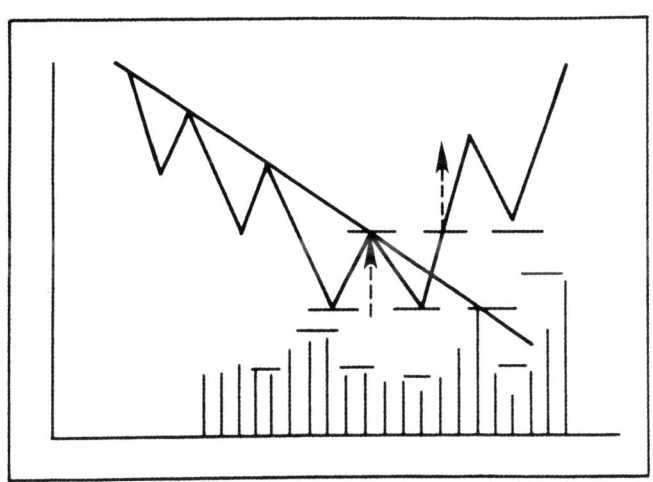

图 5.5(b) 双重底的例子。它是双重顶的镜像。对这里的向上突破来说,交易量因素更有分量。在底部形态中,回向突破点的反扑现象较多见。

图 5.5(c) 双重底的实例。在超过三个月的时间跨度内,该股票曾两度从 68 的价格水平向上猛烈反弹。请注意,第二个底部同时构成了一个向上的反转日。当市场向上突破位于 80 的阻挡水平后,该反转形态完成。

主要反转形态

· 97 ·

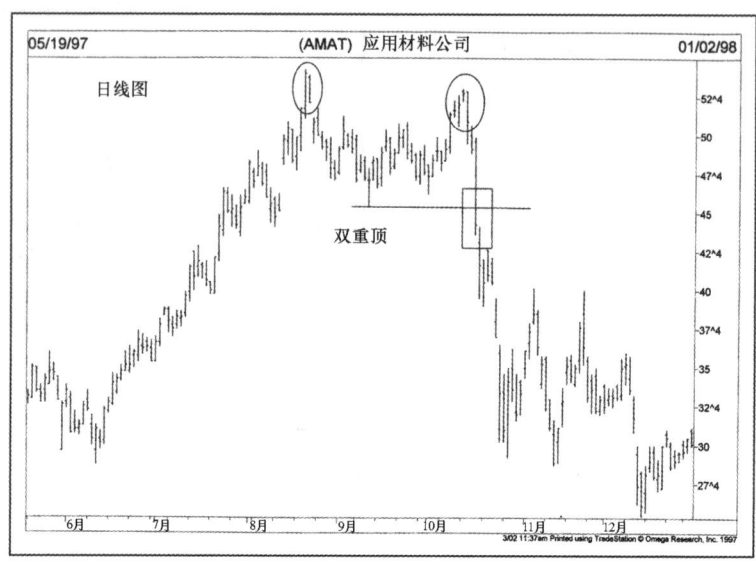

图 5.5(d) 双重顶的实例。正如本例所示,有时候双重顶的第二个峰达不到和第一个峰相当的高度。本例的双重顶形态持续了两个月,预示着一轮主要的下降行情。实际反转信号是市场向下突破 46 附近的支撑水平(图中方框所在位置)。

图 5.5(e) 在主要股价指数行情图表上,经常出现各类价格形态。本图为纳斯达克综合指数日线图,其中在 1470 的水平,形成了一个双重底,之后市场转而向上。当市场向上突破图示的下降趋势线后(图中方框所在位置),验证了向上的反转。

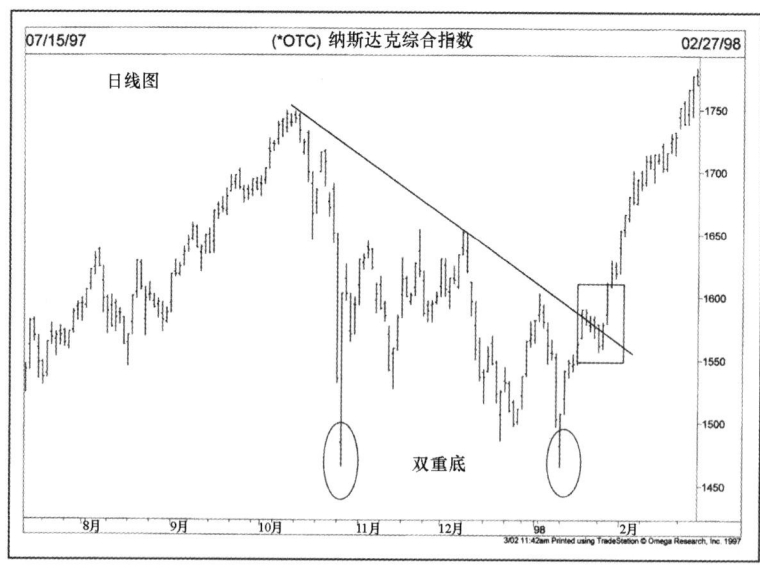

而，下一轮上冲抵达了 C 点后，收市价格却无力穿越前一个高点 A 点。接着，价格就开始跌回。此时，一个潜在的双重顶便跃然纸上。我们之所以讲"潜在"，是因为这才是所有的反转形态成立的必要条件，而只有在收市价格突破前一个低点 B 的支撑之后，这个反转才能成立。除非发生突破，否则价格可能仅仅是处于横向延伸的调整阶段中，为原先趋势的恢复做准备。

理想的双重顶具有两个显著的峰，且其价格水平大致相同。交易量倾向于在第一个峰时较重，而在第二峰时较轻。在较重交易量下，当价格决定性地收市于中间谷点 B 点之下时，顶部形态就完成了，标志着趋势向下方的反转。以后，在下降趋势恢复之前，市场往往先要反扑回突破点的水平。

双重顶的测算技术

双重顶的测算方法是，自向下突破点（中间谷点 B 即被突破的价位）开始，往下投射与形态高度相等的距离。另一种方法是，先测出双重顶中第一条下降轨迹（点 A 到 B）的幅度，然后从位于 B 点的中间谷点开始，向下投射相同的长度。双重底的测算方法一样，只是方向相反。

理想形态的变体

各种市场分析的领域都一样，现实情况通常都是理想模型的某种变体。比如说，有时双重顶的两个峰并不处于严格相同的水平上。有时第二峰相当疲弱，达不到第一峰的高度，这并不太成问题。而当第二峰实际上约略超过第一峰时，就出了些岔子。起初它貌似有效的向上突破，显示上升趋势已经恢复。然而好景不长，不久，它竟演化成顶部过程的一个部分。为了解决这个两难问题，前面曾经提到过的那些过滤法则或许会派上用场。

过滤器

在判别突破成立与否的时候，大多数图表分析者都要求收市价格越过前一个阻挡峰值，而不仅仅是日内的穿越。其次，我们还可以采用某种价格过滤器。其中的一例便是百分比穿越原则（例如 1% 或 3% 过滤器）。第三，也可以选用双日穿越原则，这是时间过滤器的一例。换言之,为了证明向上穿越的有效性,价格必须接连两天收市于第一峰之上。还有一类周线图上的时间过滤器,即要求以周五收市价的形式向上超越之前的峰。向上突破时交易量的多少也可能为判断突破信号是否可靠提供线索。

上述过滤器肯定不会是绝对可靠的,不过,它们的确有助于减少经常发生的错误信号(所谓"拉锯"现象)。这些过滤器有时有效用,有时也没用。分析者必须清楚,他面对的是百分比概率和可能性,错误信号的出现是免不了的,这是交易现实的客观规律。

在牛市中,双重顶的最后一程或最后一波在建立新高点之后,掉头转而向下的现象并不稀奇。在这种情况下,最后的一轮向上突破就形成了"牛市陷阱"(图 5.6a 和 b)。后面将为你介绍一些指标,或许有助于识别此类假突破。

"双重顶"术语被滥用了

"双重顶"术语在金融市场上被大大地滥用了,大多数潜在的双重顶(或底)最终演化得面目全非。归根结底,价格本具有从前一峰值挡下,或者从前一低点弹起的强烈倾向,这种价格变化正是市场在阻挡或支撑水平上的自然反应,其本身并不足以构成反转形态。请记着,在顶部,价格必须真正跌破前一个向上反弹的低点,才能表明双重顶成立。

注意,在图 5.7(a)中,在点 C,价格被前一个高点 A 挡下。这一变化在上升趋势中完全正常。然而,许多期货交易商在价格第一次试探前一个高点失败之后,马上就判断这个图形为双重顶。图 5.7(b)显示了在下降趋势中的对应的情况。对图表分析师来说,要判定价格从前一个高点的下撤,到底是双重顶反转形态的开端,还是仅仅是既存趋势的暂时挫折(或者反过来,要判定从前一个低点的上弹是不是双重底反转形态的发轫),是极为困难的。在通常情况下,从技术角度看,趋势继续发展的可能性更大,所以明智的做法是,一定要等到形态完成之后,才采取相应的动作。

两峰或两谷之间的
持续时间很重要

最后,形态的规模始终是很重要的一个方面。双峰之间持续的时间越长、形态的高度越大,则即将来临的反转的潜力越大。这一点对所有的图表形态而言,都是成立的。一般地,在最有效力的双重顶或底形态中,市场至少应该在双峰或双谷之间持续一个月,有时甚至可能达到

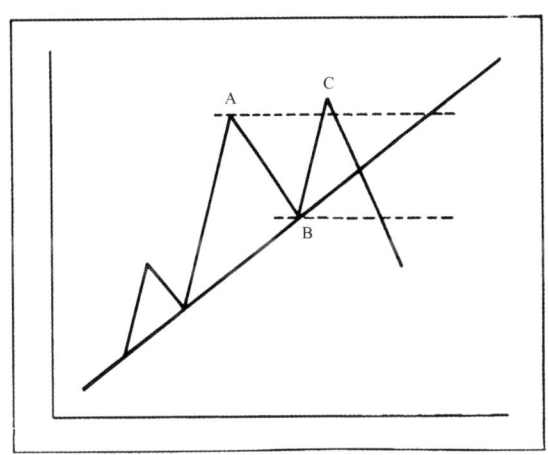

图5.6(a) 图中为伪突破信号的例子。这种情况常常称为"牛市陷阱"。有时,在接近主要上升趋势的尾声时,价格先是向上超越先前的峰,而后却溃不成军。图表师借助时间和价格过滤器来避开此类拉锯现象。这里的顶部形态很可能属于双重顶的类型。

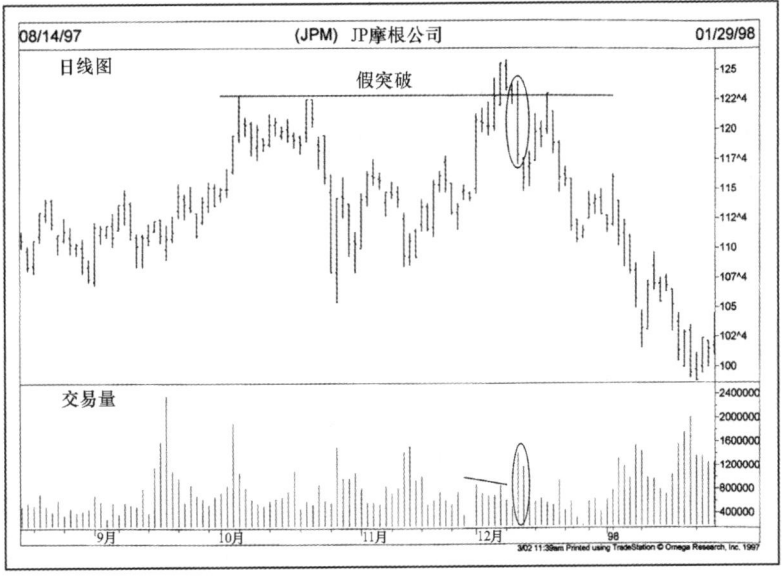

图5.6(b) 伪向上突破信号的实例。请注意,当市场向上突破时交易量较轻,随后市场下跌时交易量很重——这是负面的图表组合。观察交易量配合行情的变化,有助于鉴别一些伪突破信号,不过并非所有场合都有用。

主要反转形态

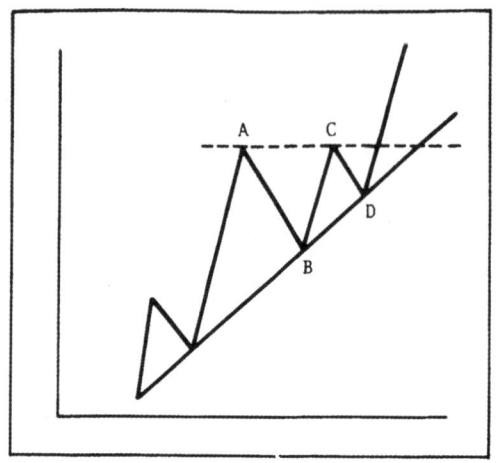 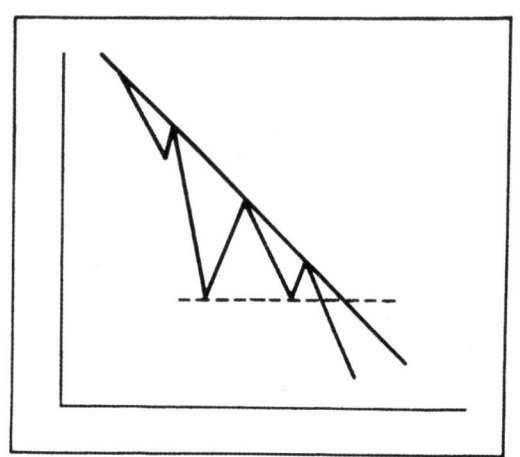

图5.7(a) 在上升趋势中,在价格恢复上升之前,先从过去的峰值正常挡下的例子。这属于正常的市场行为,切不可与双重顶混为一谈。仅当点B的支撑被跌破后,双重顶才能成立。

图5.7(b) 市场从先前的低点正常反弹的例子。这也属于正常的市场行为,切不可与双重底混淆。在正常情况下,价格在达到先前的低点时,至少总要上弹一次。这种正常现象可能诱使一些朋友犯了过早预期双重底的错误。

两三个月之久(在更大范围的月线图和周线图上,这类形态可能跨越数年)。这里所列举的大部分例子,是市场的顶部形态。现在朋友们应该清楚了,底部形态只是顶部形态的镜像,而两者之间的几点一般性的差别,在本章的开头部分我们已有交代。

圆顶和圆底

下面要讲的反转形态比前面几种都少见得多,它被称为碟形顶或碟形底,圆顶或圆底。碟形底部形态代表着趋势很平缓地、逐渐地从下降转为横向,再从横向转为上升。

我们很难确切地说圆形形态何时完成,也很难测算形态完成后市场向相反方向的运动目标。圆形底部形态常常出现在周线图或月线图上,持续的时间长达数年。持续的时间越长,则形态的意义越重要(图5.8)。

V形反转形态可谓神出鬼没,是最难对付的反转形态,因为V形顶或底(或称长钉形)突如其来,其中很少或者干脆没有过渡性的趋势转化过程。

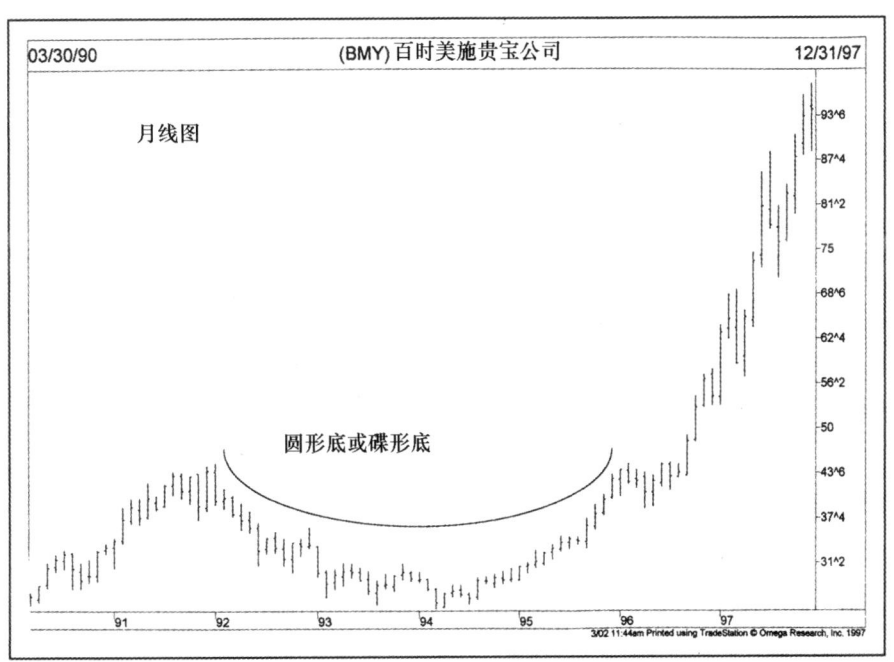

图5.8 本图展示了一个碟形(也称圆形)底部的实例。碟形形态的发育过程非常平缓、逐渐变化,但是它们通常标志着主要的市场转折。本图的底部形态持续了四年之久。

趋势以V形反转的现象,极经常地出现在市场单向持续过久、过度延伸,一路很少调整或只有微小调整的情况下,突然,一则不利的消息从天而降,形势顿变,市场当即掉转方向。在日线图或周线图上,当V形反转发生时,有时成交量极大,这是V形反转形态给我们的唯一警告信号。既然如此,我们对V形反转形态可说的就不多了,但愿你不要遇上太多的V形反转。在随后几章中,我们将介绍一些技术指标,有助于判断市场是不是已经处在危险的过度延伸状态(图5.9)。

结　　语

本章我们讨论了五种最常用的主要反转形态——头肩形、双重顶和底、三重顶和底、圆形以及V形。其中最普遍的是头肩形,双重顶和底。这些形态通常意味着趋势正在发生重要的转折,因而被划分到主要反转形态这一类中。还有另一类形态,它们在本质上较为短期,且通常表示趋势的休整而不是反转,所以恰如其分地,我们把它们归结为持续形态。第六章我们将对后面这类形态展开研究。

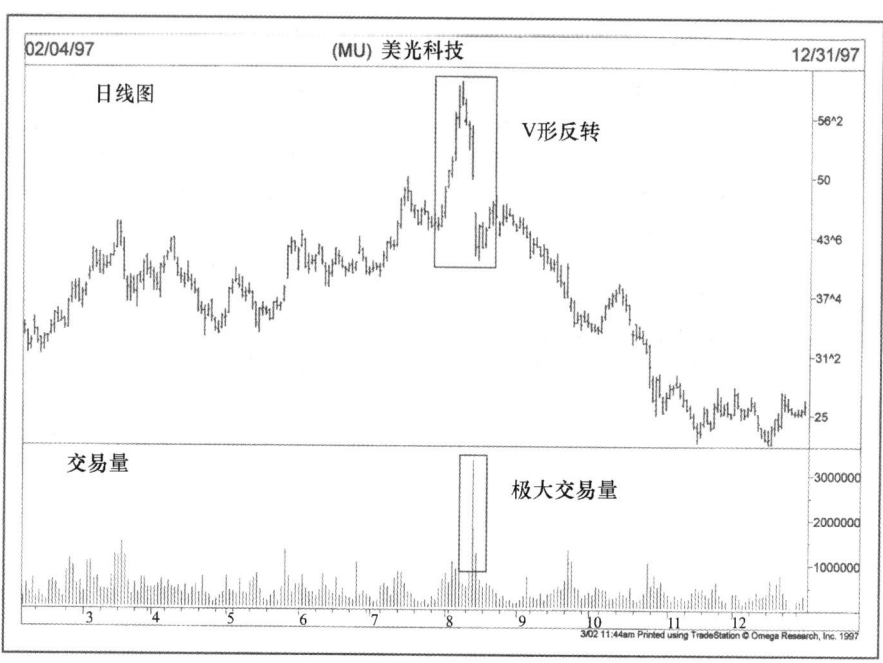

图5.9 V形顶(或称长钉形顶)的例子。此类反转往往突如其来,事先只有很少,甚至根本没有任何预警信号。当市场突然下跌并伴随着极大交易量,通常这就是唯一的破绽了。很不幸,此类突然反转很难事先判别。

第六章 持续形态

引 言

　　本章探讨的图表形态属于持续型形态。这类形态通常表示,图表上的横向价格伸展仅仅是当前趋势的暂时休止,下一步的市场运动将与事前趋势的原方向一致。前一章的那些形态通常表明趋势的反转正在形成,因此与这里介绍的对象截然不同。

　　反转形态与持续形态的另一个差别是它们的持续时间不同。反转形态的发展过程通常花费更长的时间,并且它也构成了主要的趋势变化。相反,持续形态通常为时较短暂,在更多的情况下,明显属于短暂形态或中等形态的类别。

　　请注意,我们连续使用了"通常"这个限定语。在所有的图表形态中,我们都不得不面对着一定的普遍倾向性,而没有严格的规则可循。总有例外,甚至有时我们对价格形态所作的分类也是模棱两可的。三角形通常属于持续形态,但有时也会作为反转形态出现;虽然三角形通常被看成中等形态，它们偶尔也可能出现在长线图表上，具有主要趋势的意义。三角形的一种变体——反转三角形——通常标志着市场的主要顶部。甚至连头肩形这种最著名的主要反转形态，偶尔也会以调整形态的面目出现。

即使图表形态因为存在一定程度的含混以及偶尔的例外而打了折扣，一般也仍然可以把它们归结为上述两种类型。并且，只要图表分析者解释得当，就可以由其确定它们之后的大部分时间内可能出现的市场行为。

三 角 形

我们首先研究三角形。三角形可分为三类——对称三角形、上升三角形和下降三角形（有些图表分析者还把所谓扩展三角形或者喇叭形归结为三角形的第四种类型，我们以后将单独处理这种形态）。每种三角形均具备稍有差别的形状，具有不同的预测意义。

图6.1(a)~(c)是各种三角形的例子。对称三角形（图6.1a）具有两条逐渐聚拢的趋势线，上面的直线下倾，下面的直线上升。左侧的垂直虚线，表示了形态的高度，称为底边，两条直线在右侧相交，交点称为顶点。对称三角形也被称为"绕线筒"，显然这是针对其外形而称的。

上升三角形的下边线上倾，上边线水平（图6.1b）。下降三角形（图6.1c）与之相反，上边线下降，下边线水平。以下我们就来分别进行研究。

对称三角形

对称三角形（绕线筒）通常属于持续型形态。它表示既有趋势暂时处于休整状态，随后将恢复发展。在图6.1(a)所示的例子中，原先趋势向上，因而最终可能性较大的是，以价格向上突破来了结这场三角形调整。如果原先趋势向下，那么对称三角形具有看跌的意义。

在三角形中，我们要求其中至少有四个转折点。请记住，至少需要两个点才能作出一条趋势线，因此，为了得到两条聚拢的趋势线，市场在每根线上必须至少发生两次转折。在图6.1(a)中，三角形实际上从点1开始，这也就是上升趋势的调整的开端。接着，价格撤回点2，然后上冲到点3，点3低于点1。仅当价格从点3再度回落之后，我们方能作出上边趋势线。

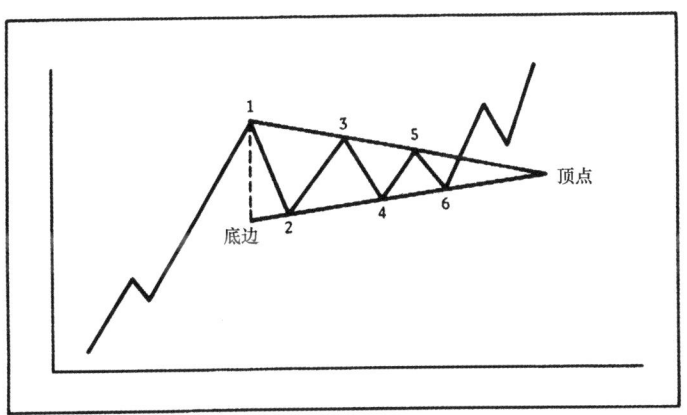

图6.1(a) 看涨对称三角形的例子。注意,其中两根趋势线是相互聚拢的。无论收市价格超出哪一根趋势线,形态均告完成。左侧的竖直线段是它的底边,右侧的两线交点为顶点。

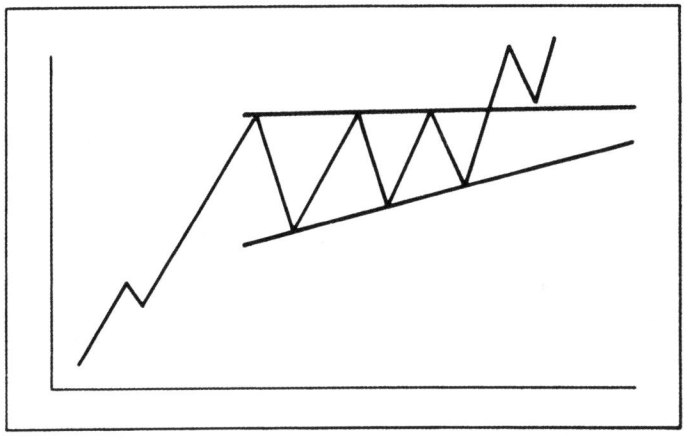

图6.1(b) 上升三角形的例子。注意,其中上侧直线水平,而下侧直线上斜。一般来说,它属于看涨形态。

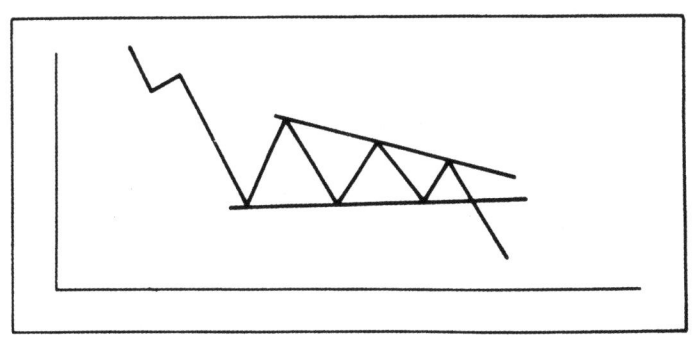

图6.1(c) 下降三角形的例子。注意,其中下边线水平,上边线下斜。它一般属于看跌形态。

持续形态

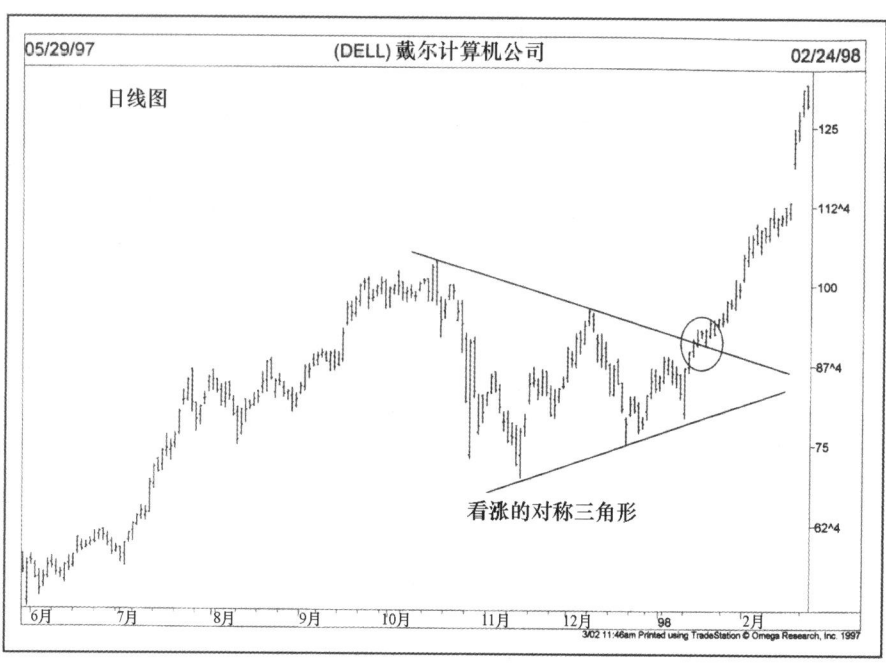

图 6.1(d) 1997 年第四季度，戴尔公司的股价形成了一个看涨的对称三角形。从其左端到右端，该三角形的宽度为 18 周。价格突破发生在第 13 周(图中圆圈处)，正好在 2/3 时间点上。

注意，点 4 高过点 2。仅当价格从点 4 向上反弹之后，我们才能作出上倾的下边线。正是在这一刻，分析者开始揣测，手头这个形态可能属于对称三角形。现在，我们得到了四个转折点(1,2,3,4)，以及两条聚拢的趋势线。

虽然三角形的最低要求是四个转折点，但是实际上，大部分三角形通常具有 6 个转折点，如图 6.1(a)所示。这就是说在三角形内，其实包含了三个峰和三个谷，总共形成 5 个波浪(在我们讲到艾略特波浪理论时，还要进一步讨论三角形的五浪倾向)。

三角形完结的时间极限

三角形形态的完结，具有时间极限，这就是两边线的交点——顶点。一般地，价格应该在三角形横向宽度的 2/3~3/4 之间的某个位置上，顺着原趋势方向突围而出。该宽度就是从左侧竖直的底边到右侧顶点的距离。因为两条聚拢的边线必定相交，所以，只要画出了两条边线，我们就可以测得上述距离。向上突破的信号是市场对上边趋势线的穿越。如果价格始终局限于三角形内，并超出了上述 3/4 的范围，那么，这个三角形就开始丧失其潜力，这通常意味着价格将持久地漂泊下去,直到顶点以外。

于是,三角形构成了价格与时间的一种有趣的结合。一方面,聚拢的趋势线界定了形态的价格边界,我们可以根据价格对上边趋势线的穿越(在上升趋势情况下),判断何时该形态完成、原趋势恢复。另一方面,两条趋势线通过其形态宽度,也提供了时间目标。举例来说,如果其宽度为20个星期,那么突破就应发生在第13周到第15周之间的某个时刻(图6.1d)。

实际的趋势性信号,是以收市价格穿越某条趋势线为标志的。有时候,价格突破后也会向这条趋势线反扑一下。在上升趋势中,上边的趋势线被突破后演化为支撑线。而在下降趋势中,下边线被突破后变成阻挡线。在突破后,顶点也构成重要的支撑或阻挡水平。类似于前两章的有关内容,我们也可以应用各种穿越原则来鉴别此处的突破。最低穿越原则是市场以收市价越过两条趋势线之一,而不能仅仅是一个日内穿越。

交易量的重要性

在三角形内,价格的摆动幅度越来越小,交易量也应相应地日趋萎缩。这种交易量的收缩倾向,在所有的调整性形态中都普遍存在。但当趋势线被穿越从而形态完成时,交易量应该明显地增加。在随后的反扑中,交易量轻弱。然后,当趋势恢复时,交易活动更为活跃。

关于交易量,我们还需要说明两点。同反转形态的情况一样,交易量在向上突破时比向下突破时更具重要意义。在所有调整形态中,当上升趋势恢复时,交易量的相应增加都是至关紧要的。

关于交易量要说明的第二点是,虽然交易活动在形态形成过程中逐渐减弱,但如果我们仔细地考察交易量的变化,通常仍可获得较重的交易量到底是发生在上升运动中还是下降运动中的线索。举例来说,上升趋势应当有个微弱的倾向,当价格上弹时交易量较重,而在价格下跌时交易量较轻。

测算技术

对三角形,我们也有测算技术。在对称三角形的情况下,一般可以采用几种方法。最简单的是,先测出三角形最宽的部分(底边)的竖直线段的高度,然后从突破点或顶点起,顺势测出相等的距离。图6.2展示了从突破点向相应方向投射等距离的情形,我偏向于这种方法。

第二种方法是,从底边的端点(点A处)出发,作出平行于下边趋势线的平行线。这条管道线就是上升趋势上方的价格目标。因为市场还有一种倾向,新的上升过程同以前的上升过程(三角形形成前),具有大体上差不多的坡度或倾角,所以,价格触及上方管道线的地方既是价格目标,也是大致的时间目标。有时候,行情向上触及管道线的时间,和三角形两边在顶点处汇合的时间一致。

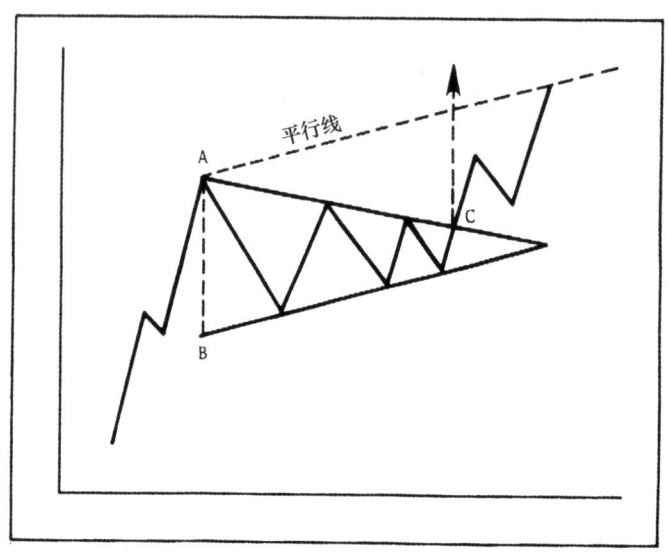

图6.2 对称三角形的价格目标有两种测算法。其一,先量出底边(AB)的高度,然后从突破点C起或从顶点起,投射出与这个高度相等的垂直距离。其二,从底边的上端点(A)引出一条平行于三角形下边线的平行线。

上升三角形

上升三角形和下降三角形都是对称三角形的变体,但是它们分别具有不同的预测意义。图6.3(a)和(b)是上升三角形的例子。请注意,其中上边趋势线持平,而下边线则上升。本形态显示,买方比卖方更为积极主动。它属于看涨形态,通常以向上的突破作为完结的标志。

上升三角形和下降三角形均与对称三角形有着很重要的区别。上升三角形或下降三角形无论出现在趋势结构中的哪个部分,都具有明确的预测意义。上升三角形看涨,下降三角形看跌。另一方面,对称三角形在本质上属于中性形态。不过,这并不是说对称三角形不具备预测价值,相反,因为对称三角形是持续形态,所以,分析者只要找出原有趋势的方向,然后假设该既有趋势即将恢复就够了。

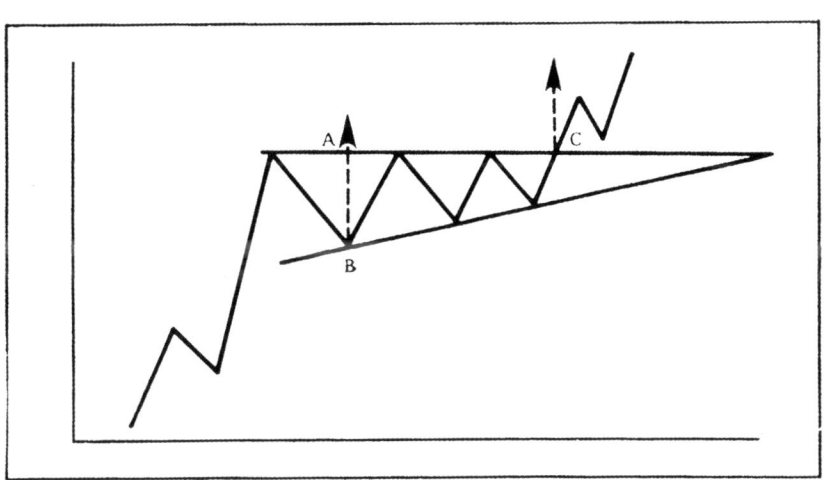

图6.3(a) 上升三角形。当收市价格决定性地超出上边线后,本形态就完结了。突破发生时,交易量应有急剧的增加。突破后,这条上边线(阻挡线)将在之后的下跌中起到支撑作用。其最小价格目标的算法是,先测出三角形的高度(AB),然后从突破点C起,向上投射出相等的竖直距离。

图6.3(b) 在接近1997年的底处,道琼斯运输指数形成了一个看涨的上升三角形。请注意三角形上边线是水平的,大约位于3400,下边线则是上升的。通常,不论这类形态出现在图表的哪个位置上,都是看涨的。

持续形态

现在我们回到上升三角形上。如前所述，上升三角形经常是看涨的。其看涨的突破，以收市价格决定性地超出上边水平趋势线为标志。正如所有各种有效向上突破那样，此时交易量应当显著地增加。随后市场对被突破趋势线（水平的上边线）的反扑也不罕见，但它应在较轻的交易量下发生。

测算技术

上升三角形的测算技术相对简单。先量出该形态最宽处的高度，然后从突破点起，简单地向上投射出相等距离就行了。这也是利用价格形态的波动性来确定其价格目标的一例。

充当底部形态的上升三角形

上升三角形最经常地出现在上升趋势中，属于持续性形态。不过，它有时也会以底部形态的面目出现。在下降趋势处于强弩之末的阶段时，出现上升三角形也是不足为怪的。但即使是在这种情况下，该形态的含义也仍然是看涨的。上边线的突破标志着底部形态的完成，构成了看涨的信号。上升三角形和下降三角形有时均被称为直角三角形。

下降三角形

下降三角形仅仅是上升三角形的镜像，一般认为，它属于看跌形态。注意，在图 6.4（a）和（b）中，上边线下降，下边线水平。这种形态说明，卖方比买方更为积极主动。它通常是以向下突破而告完结的。向下的突破信号以收市价格决定性地低于下边趋势线为标志，并且在通常情况下，交易量应有所增加。有时市场随后也会发生反扑现象，不过在下边趋势线下应遭到阻挡。

其测算技术与上升三角形完全相同——分析者先在左侧底边测得形态的高度，然后从突破点起，向下投射出相同的距离。

充当顶部形态的下降三角形

尽管下降三角形属于持续形态，通常发生在下降趋势中，但偶尔也能在市场顶部发现其踪迹。当这种形态确然发生在顶部过程时，要辨别它并不困难。在这种情况下，如果收市价低于水平的下边线，可能就标志着向下的主要趋势反转。

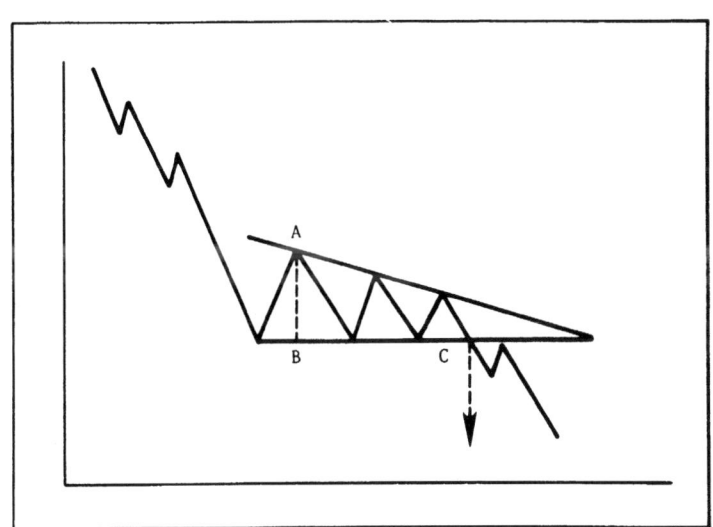

图 6.4(a) 下降三角形。当收市价格决定性地跌过下侧水平线后,本看跌形态完成。其测算技术是,自点 C 起向下投射三角形高度(AB)。

图 6.4(b) 1997 年秋,杜邦公司形成了一个看跌的下降三角形。其上边线下降,下边线水平。10 月初,市场跌破下边线,标志着形态的完成。

持续形态

交易量形态

在上升三角形和下降三角形中,它们的交易量形态很相似。随着形态的逐步发展,交易量也相应地萎缩,然后在突破时又大为增加。同对称三角形的情况一样,在其形成过程中,图表分析者可以细究交易量形态配合价格摆动所呈现出的蛛丝马迹。这就是说,在上升形态中交易量倾向于在价格上弹时稍重,而在价格下落时稍轻。在下降形态中,交易量应该在价格向下时较重而在向上反弹时较轻。

三角形的时间因素

关于三角形,我们最后要考虑的是它们的时间尺度。一般认为,三角形属于中等形态,即它的形成过程通常花费一个月以上的时间,但一般少于三个月。持续时间短于一个月的三角形可能属于另外的形态类别,例如三角旗形,后面我们很快就讲到了。早些时候我们曾说过,三角形有时也会出现在长期的价格图表上,但是就其自然本性来说,它还是日线图的专利。

扩大形态(喇叭形)

下面这种形态是三角形的不同寻常的变体,相对较少见。它其实是反向的三角形。以前所探讨的三角形的两条边线都是相互聚拢的。喇叭形与此正相反,可谓名副其实。如图 6.5 所示,在扩大形态中,两条边线逐渐分离,呈现出扩大三角形的轮廓。因此,这种形态也被称为喇叭筒顶部形态。

本形态的交易量形态也与众不同。在其余三角形中,随着价格的摆动幅度逐步缩小,交易量也倾向于相应地收缩。但是在扩大形态中,情况恰恰相反。交易量随着价格摆幅的日益放大,而相应地扩张。这种情况显示市场已失去控制,变得极为情绪化。因为本形态代表了公众参与交易活动非常积极的情形(这是不同寻常的),所以最常发生在市场的主要顶部过程中。因此,喇叭形通常是看跌形态。

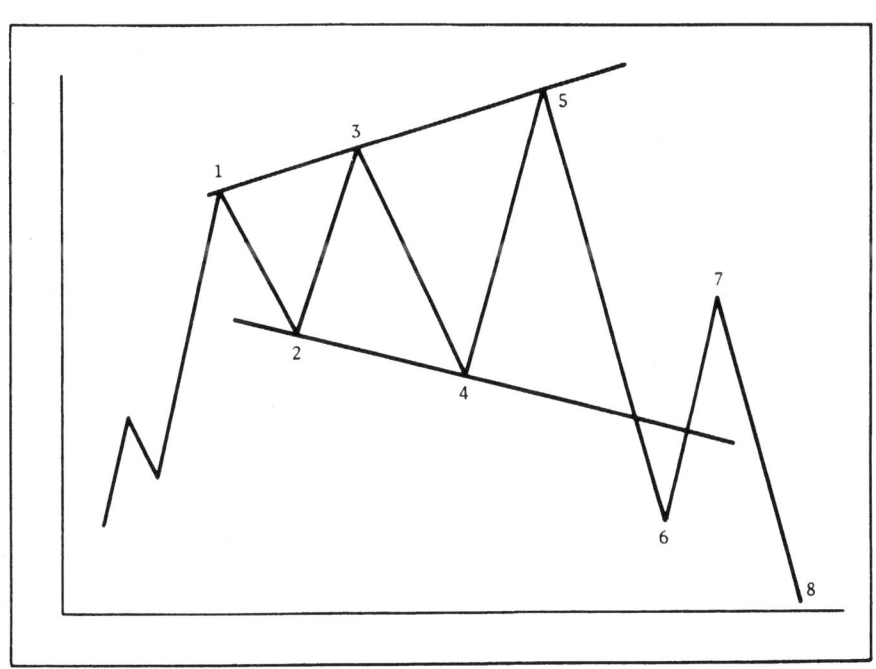

图 6.5 扩大形顶。这类扩大形形态通常发生在主要顶部过程中。其中显示出三个依次上升的峰,以及两个依次降低的谷。当第二个谷被向下穿越后,形态完结。在这种形态中,通常难于交易,不过,相对来说它们还是较少见的。

旗形和三角旗形

旗形和三角旗形相当普遍。因为它们在外形上非常相似,往往出现在趋势结构中的相同位置上,并具备相同的交易量和测算原则,所以,我们通常把它们放在一起研究。

旗形和三角旗形表示市场充满活力,但暂时处于休止状态。事实上,剧烈的、几乎是直线式的市场运动,是旗形和三角旗形出现的先决条件。这两种形态说明,市场的陡峭上升或下跌过于"超前"了,因而需要稍做休整,"喘息一会儿",然后再顺着原方向飞奔而去。

旗形和三角旗形是两种最可靠的持续形态,仅在极少数情况下引发市场的反转。图 6.6(a)和(b)显示了两者的示例。首先,请注意在形态出现前的陡峭的价格上升及其重大的伴随交易量。还请注意在该调整形成过程中交易量的急剧萎缩,以及在向上突破时交易活动的突然迸发。

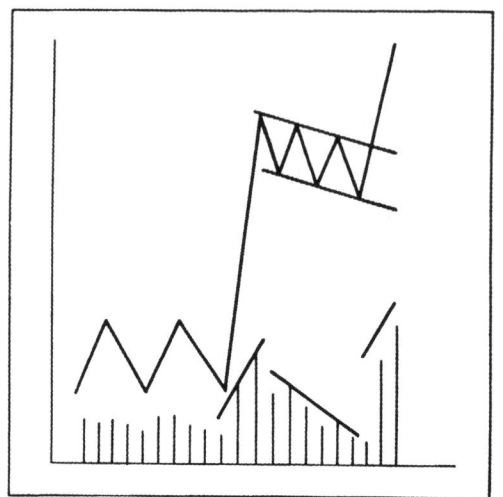 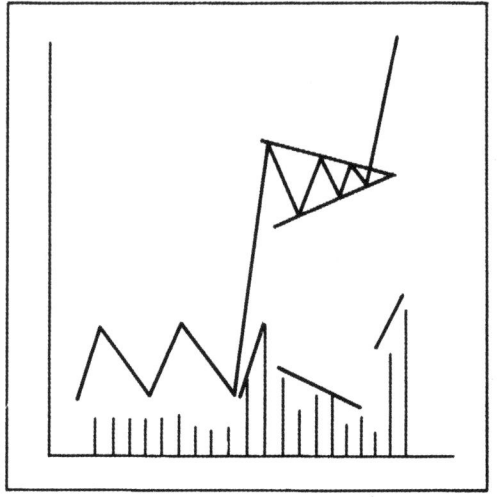

图 6.6(a) 看涨旗形的例子。旗形通常发生在市场急剧运动之后,代表着趋势的短暂休止。它应当倾斜向趋势的相反方向。在其形成过程中,交易量应当日益萎缩,然后,当突破发生时,再度扩张。旗形通常出现在市场运动的中途。

图 6.6(b) 看涨的三角旗形。它就像一个小的对称三角形,但通常其持续时间不超过三周。在其形成过程中,交易量应渐轻。在三角旗形完结后,市场应当重复之前的运动。

旗形和三角旗形的结构

这两种形态的结构稍有不同。旗形与平行四边形或矩形相像,是由两条向流行趋势相反方向倾斜的、相互平行的趋势线围成的。在下降趋势中,旗形或许具有稍稍向上的倾角。

三角旗形以两条相互聚拢的趋势线为特征,从总体上说,更呈现出水平向发展的特点,极像小的对称三角形。在两种形态中,还有一个重要的先决条件。随着两个形态的逐渐形成,交易量应该显著地枯竭。

相对而言,两个形态都是短期的,应当在1到3个星期内完成。三角旗形和旗形在下降趋势中延续时间往往较短,经常不超过一到两周。在上升趋势中,两种形态的完成均以对上边趋势线的突破为标志。而在下降趋势中,下边趋势线的突破意味着下降趋势的恢复。对上述趋势线的突破应当发生在较重大的交易量背景下。通常,向上突破时的交易量因素比向下突破时,起着更为关键的验证作用(参见图6.7a、b)。

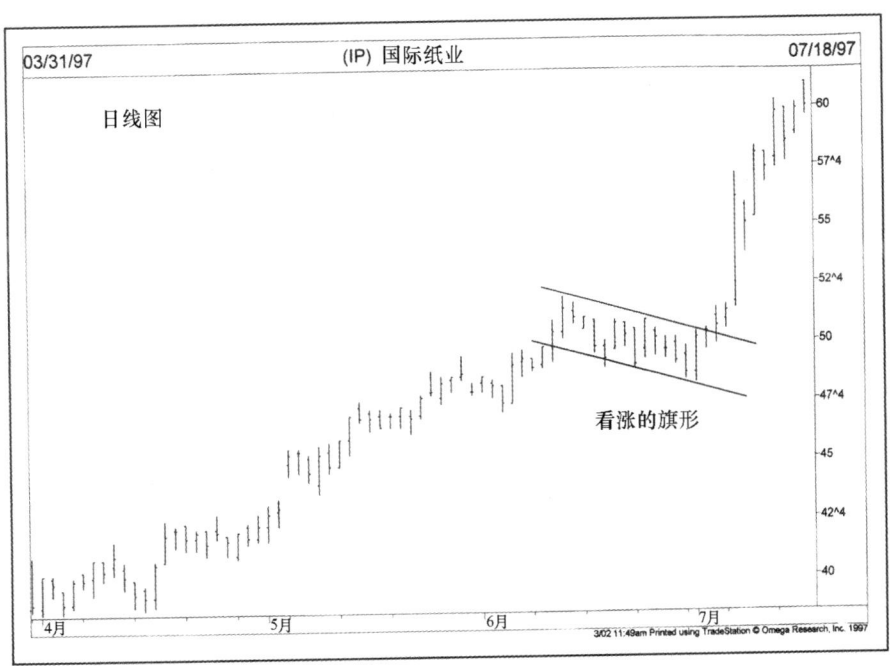

图 6.7(a) 国际纸业日线图上看涨旗形的例子。该旗形外形如向下倾斜的平行四边形。请注意,该旗形正好发生在当前上升趋势的中点。

图 6.7(b) 在卡特彼勒公司日线图上"飘扬"着几个三角旗形。三角旗形属于短线的持续形态,外形如小型的对称三角形形态。本图左侧的三角旗形标志着上升趋势的延续;右侧的三角旗形标志着下降趋势的延续。

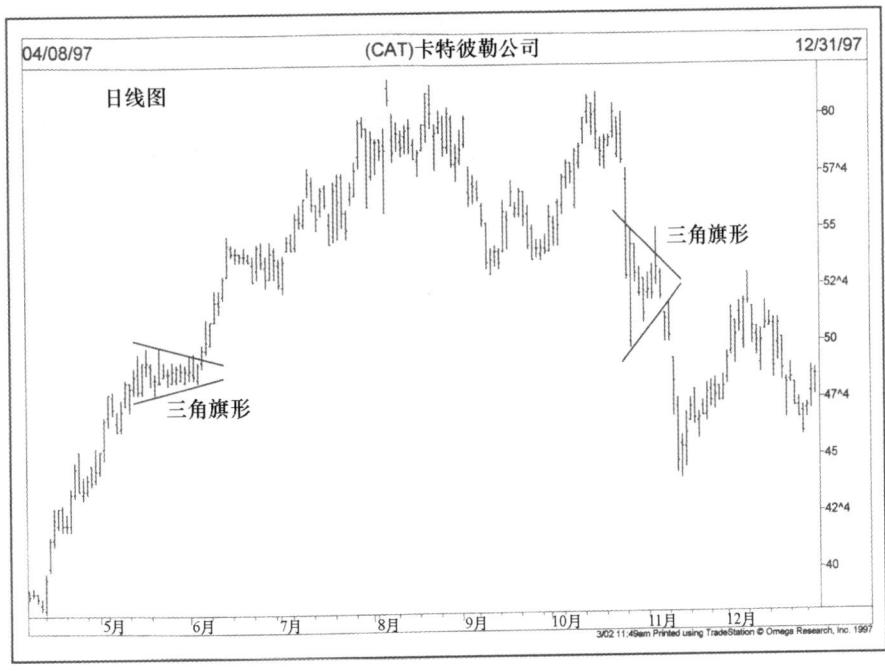

持续形态

· 117 ·

测算技术

两个形态的测算意义是一致的。旗形和三角旗形被比喻成旗帜在旗杆中点作"降半旗状"。旗杆就是先前的剧烈上升或下跌的轨迹。而"半旗"的含义是,这类小型持续形态倾向于出现在整个运动的中点。一般地说,在形态完成之后,即趋势恢复后,市场将重复原先的那一半"旗杆"(或者说形态形成之前的运动)。

更确切地说,我们应当从原始的突破点起计算先前运动的距离。换言之,起算点应为当前趋势萌生时信号发生的那一点。具体地说,这一点要么是价格穿越重要支撑或阻挡水平的点,要么是市场突破重要趋势线的点。然后,从旗形或三角旗形的突破点——在上升趋势中,为上边线被突破的点,而在下降趋势中,为下边线被突破的点——起,顺着当前趋势的方向,量出相等的竖直距离,就得到了价格目标。

小　　结

我们来总结一下两种形态的要点。

1. 在两者之前,市场上几乎都是直线式的价格运动(称作旗杆),且其交易量重大。
2. 然后,价格在非常轻弱的交易量下休整一到三个星期。
3. 趋势恢复,同时交易活动迸发式地增强。
4. 两种形态均出现在当前市场运动的中点附近。
5. 三角旗形同小型的水平向对称三角形相像。
6. 旗形像小的平行四边形,其倾斜方向与流行趋势相反。
7. 在下降趋势中,两种形态持续时间都较短。
8. 在金融市场,两者都非常普遍。

楔　　形

就外形和持续时间两方面看,楔形与对称三角形相似。像对称三角形那样,该形态也以两条相互聚拢的趋势线为特征,其交点称为顶点。从时间角度看,楔形通常持续一个月以上,但不超过三个月,从而属于中等形态的范畴。

楔形的与众不同之处在其明显的倾角上。楔形具有鲜明的倾角，方向很明确，要么向上，要么向下。一般地说，楔形如同旗形一样，其倾斜方向与流行趋势相反。于是，下降楔形属于看涨形态，而上升楔形为看跌形态。注意，在图 6.8(a) 中是一个看涨楔形，它在两条聚拢的趋势线包围下倾斜向下。而在图 6.8(b) 所示下降趋势中，两条聚拢的趋势线无疑是倾斜向上的。

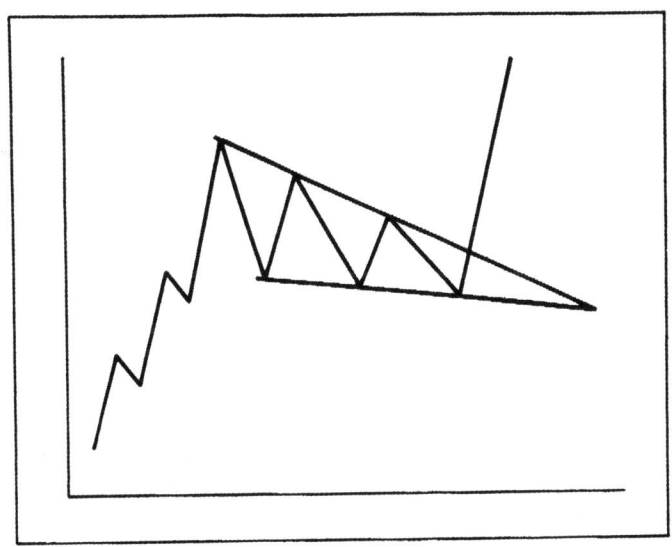

图 6.8(a)　看涨下倾楔形的例子。楔形形态具有两条相互聚拢的趋势线，但它们均倾斜向当前趋势的相反方向。下倾楔形通常是看涨的。

图 6.8(b)　看跌楔形的例子。看跌楔形的倾斜方向也应与主流趋势相反，冲下。

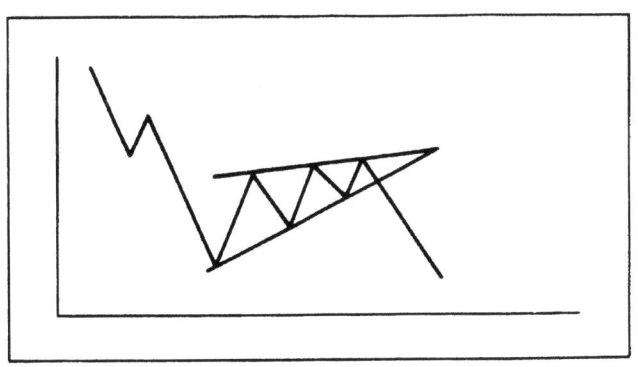

持续形态

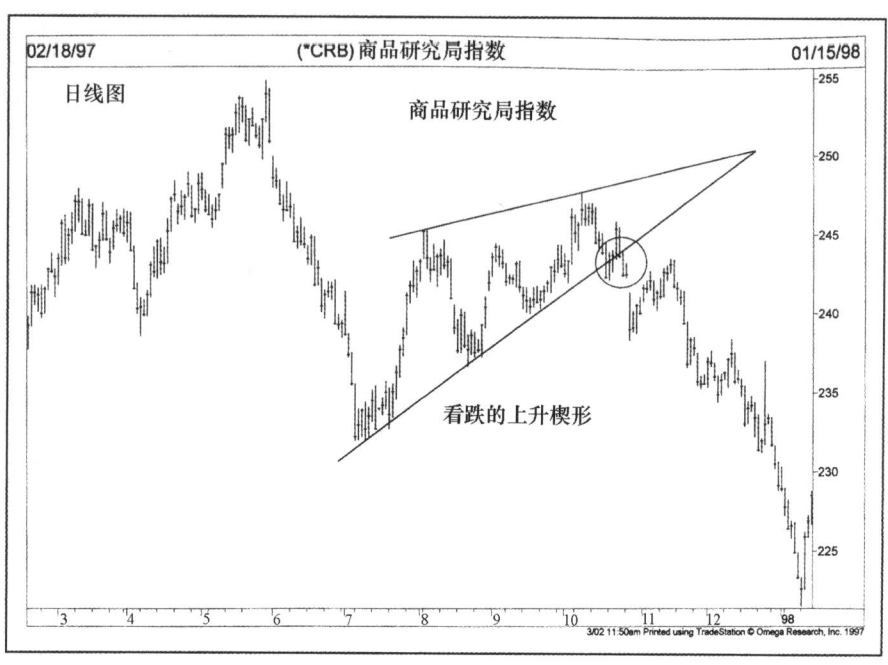

图 6.8(c) CRB 指数日线图上看跌的上升楔形。该形态的上下两条边线均明显地向上倾斜。楔形的倾斜角度和当前流行趋势方向相反。因此,上升的楔形是看跌的,下降的楔形是看涨的。

充当顶部或底部反转形态的楔形

楔形最常出现在既存趋势中间,通常属于持续形态。楔形也可能出现在顶部或底部过程中,标志着趋势的反转。但这种情况比前者少见得多。在上升趋势接近尾声时,图表分析者或许会观察到一个清晰的上升楔形。因为在上升趋势中,持续性楔形应当逆着流行趋势而倾斜向下,所以,这个不寻常的上升楔形就成了一条重要线索:这是看跌的而不是看涨的。在底部,下降楔形或者是熊市可能终结的警讯。

无论楔形出现在市场运动的中间还是尾部,市场分析者总能从以下这条一般经验中得到些启发:上升楔形看跌,下降楔形看涨(图 6.8c)。

矩 形

矩形有许多绰号,不过在价格图表上通常是易于辨识的。它也是趋势中的休整阶段,在形态中,价格在两条平行的水平直线之间横向伸展(图 6.9a~c)。

持续形态

有时,我们把矩形称为交易区间或密集区。在道氏理论中,相应的说法为"直线"。不管怎样称谓,它通常只是既存趋势中的调整阶段,最终市场将顺着之前的趋势方向完结它。从预测意义这方面来看,它算是与对称三角形类似,但它的两条趋势线边线都是水平直线,而不是聚拢相交的直线。

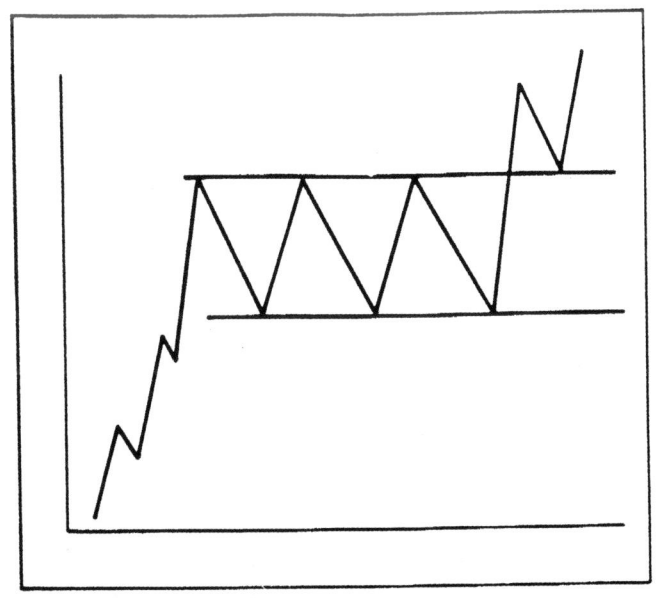

图6.9(a) 上升趋势中的看涨矩形的例子。本形态也被称为"交易区间",其中价格在两条水平趋势线之间波动。也称之为"密集区"。

图6.9(b) 看跌矩形的例子。尽管矩形通常属于持续性形态,但是我们必须始终提防它演变成反转形态的蛛丝马迹,比如演化成三重底。

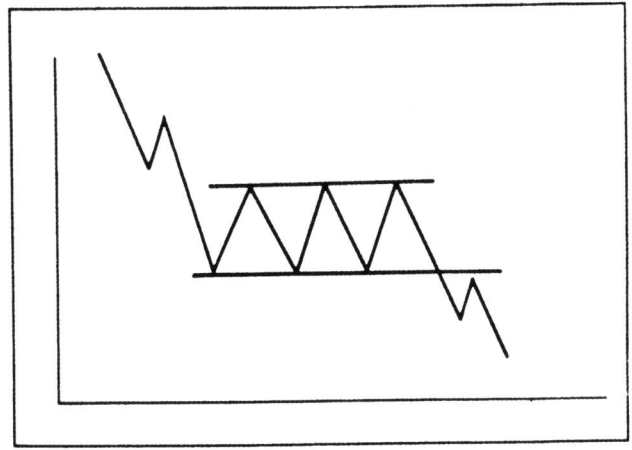

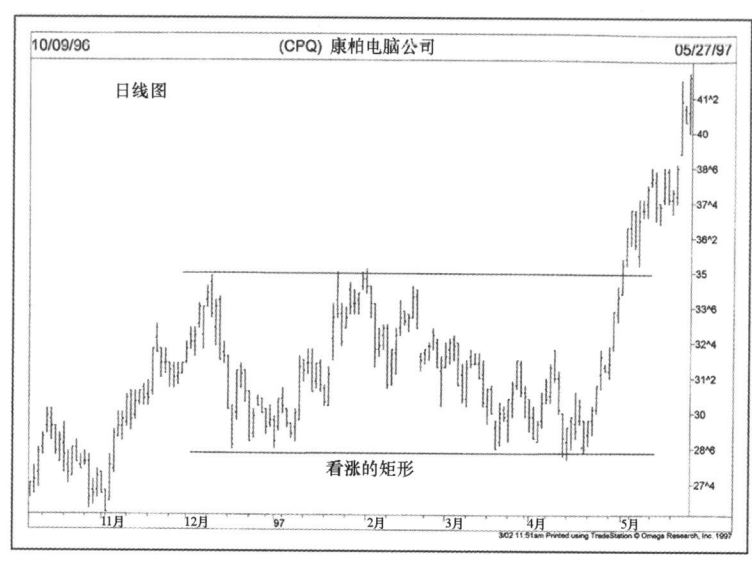

图 6.9(c) 看涨的矩形形态实例。康柏电脑的上升趋势被图示的矩形中断了四个月,在这期间,市场横向延伸。5 月初,当市场向上突破矩形上边线后,形态完成,上升趋势恢复。矩形形态通常属于持续形态。

当价格决定性地收市于上边界或下边界以外时,矩形形态完成,并且指向现行趋势的方向。不过市场分析者必须始终保持警惕,留意矩形调整会不会演化成反转形态。例如,在图 6.9(a)所示的上升趋势中,请注意,其中三个峰或许可能演化成三重顶反转形态。

交易量形态的重要性

在这种形态中,交易量形态是值得观察的重要线索。因为价格向两个方向的摆动幅度均相当广阔,所以分析者应当密切注意在哪个方向上交易量更重。如果在价格上冲时交易量较重,而下撤时交易量较轻,那么该形态可能是上升趋势中的持续形态。如果较重的交易量发生在向下运动这一边,那么这可以看成趋势可能正在反转的警讯。

可以在局限于一定区间内的价格波动中交易

有些图表师针对局限于这类形态的价格波动,在价格下跌到接近底边的时候买进,在价格上冲到接近上边的时候卖出。这种方法使短线交易商得以充分利用界定良好的价格边界,从一个无趋势可寻的市场中获利。因为我们把头寸建立在形态的极限位置上,在其上方和下方,市场的趋势状态有明确的区分,所以风险相对较小。只要交易区间完好如初,这种反趋势的交易方法就行之有效。当突破发生时,交易商不仅应当立即了结亏损的头寸,而且应该顺着新趋势的方向建立新的头寸以扭转原来的头寸方向。摆动指数在横向交易区间中特别有用,但是一旦发生突破,其效用便会下降。我们将在第十章讨论这方面问题。

也有些交易商认为,既然矩形是持续形态,那么在上升趋势中,就应当在价格范围的下边界建立多头头寸,或者在下降趋势中,在接近上边界时建立空头头寸。另外也有人完全避开此类无趋势的市场,直等到清晰的突破信号出现后,才投入资金。

其他相似性和差异性

就持续时间来说,矩形通常属于1~3个月的类别,与三角形和楔形类似。但其交易量形态与其他持续形态有所不同。由于矩形的价格摆动范围广阔,避免了在其余形态中通常可见的交易活动萎缩的现象。

关于矩形,最常用的测算技术是基于价格区间的高度之上的。我们先从顶到底地量出交易区间的高度,然后从突破点起,顺势投射相等的竖直距离。本方法类似于前面提到的各种竖直测算技术,也是以市场波动性为基础的。在我们介绍点数图分析中的"数算法"时,还将就水平方向的价格测算方法做进一步的探讨。

前面讲过的价格突破时的交易量变化特点,以及反扑动作出现的可能性等内容,此处也同样适用。在矩形中,因为上边界和下边界均是水平的,有良好的界定,所以,支撑和阻挡水平更为清晰易辨。这就意味着,在向上突破发生后,原先价格区间的上边线将在所有抛售中提供坚实的支撑。而在向下突破发生后,交易区间的底边(原先的支撑区)现在应该在所有上冲中构成坚实的阻挡。

对等运动

所谓对等运动,有时又称为自测摆动。它所描述的是,主要的市场上升或下降的过程,如图6.10(a)所示,可以分成距离相等、相互平行的两个部分。只有当市场运动相当有序并且节奏分明的情况下,本方法才有用武之地。对等运动实际上是我们前面涉猎的某些技术的变体。从一些调整形态中,诸如旗形和三角旗形中,朋友们已经看到,它们通常出现在整个市场运动的中途。我们也曾经交代,市场具有首先回撤之前趋势的1/3到1/2,然后才恢复原有趋势的倾向。

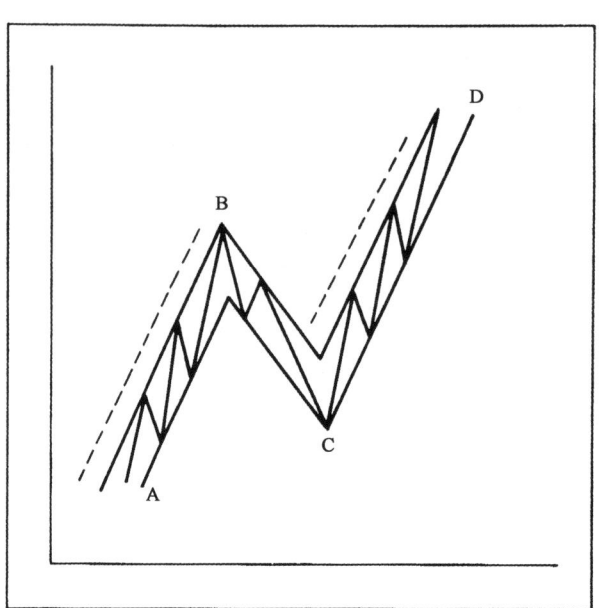

图 6.10(a) 上升趋势中的对等运动(又称为自测摆动)的例子。根据这个理论,在上涨过程中的第二阶段(CD),市场应当从规模和倾斜程度两个方面重复第一阶段(AB)。其中调整性浪(BC)常常回撤到 AB 的 1/3 到 1/2 的位置,然后恢复上升趋势。

图 6.10(b) 本图左侧的对等运动从底部 C 点开始,重复了图表左侧之前的上升过程(AB),换言之,CD 和 AB 对等。图中,之前的上升趋势(AB)上升了 20 点。点 C 处于 62 的水平,增加 20 点的幅度,为 82 点(D),构成了下一轮上升趋势的价格目标。

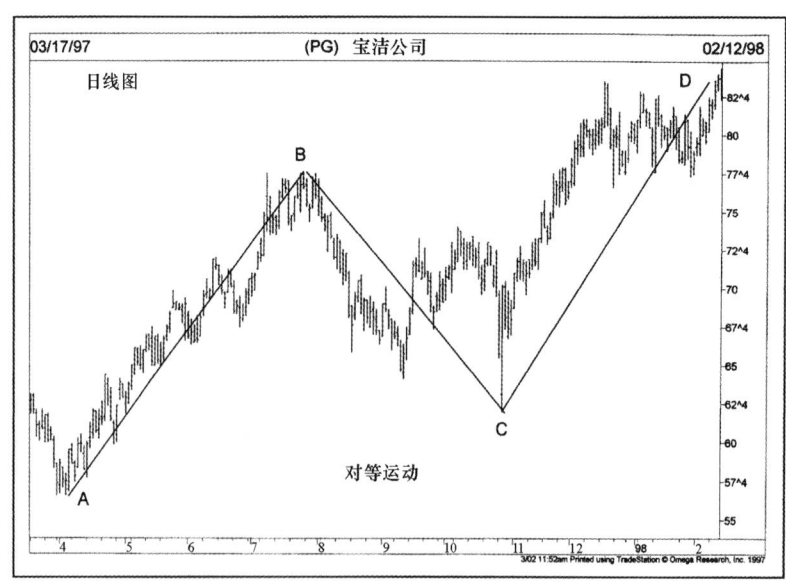

持续形态

当图表分析者看出市场步调明确的时候(如图 6.10a 所示的情形),对等运动的概念就很有用了。价格从点 A 上冲到点 B,然后从点 B 逆着趋势摆动到点 C(这个调整回撤到了 AB 浪的 1/3 到 1/2 的位置)。根据对等运动理论,我们认为,当前市场正处在该上升趋势的下一阶段(CD)中,而它应当差不多是第一阶段(AB)的翻版。于是,我们根据 AB 浪的高度,从调整阶段的底点 C 起,向上测量出相等的距离。

持续型头肩形形态

在前一章,我们曾较详细地探讨了头肩形形态,告诉朋友们,它是最广为人知也最为可靠的反转形态。

在持续头肩形形态中,价格图形的外观与横向伸展的矩形形态极相似,但是例外的一点是,在上升趋势中,中间低谷低于两肩(图 6.11a)。而在下降趋势中(图 6.11b),这种调整过程的中间峰超过了两侧的峰。在两种情况下,同正常情况相比,头肩形都恰好是倒置的。也正因为它们是倒置的,我们才不可能把它们同头肩形反转形态相混淆。

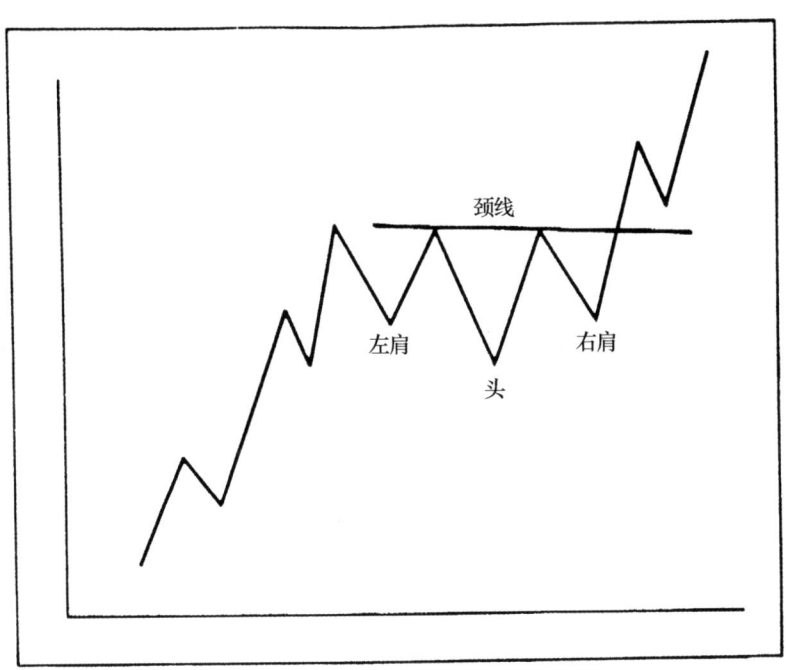

图 6.11(a) 看涨的持续型头肩形形态的例子。

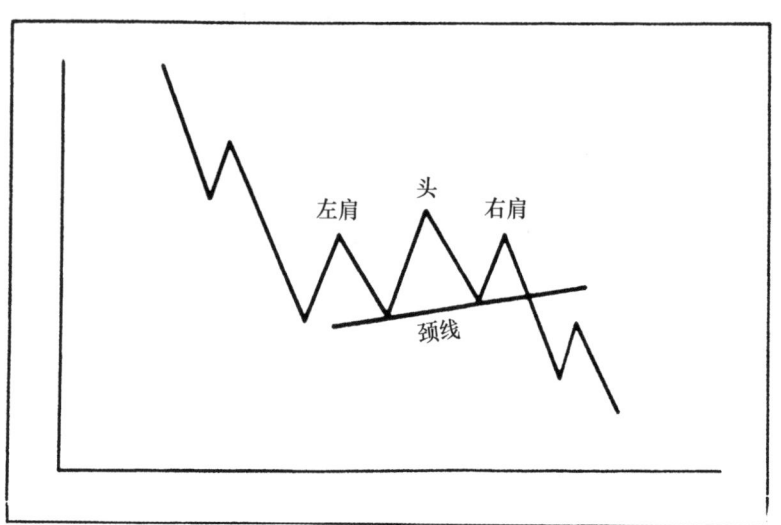

图 6.11(b) 看跌的持续型头肩形形态的例子。

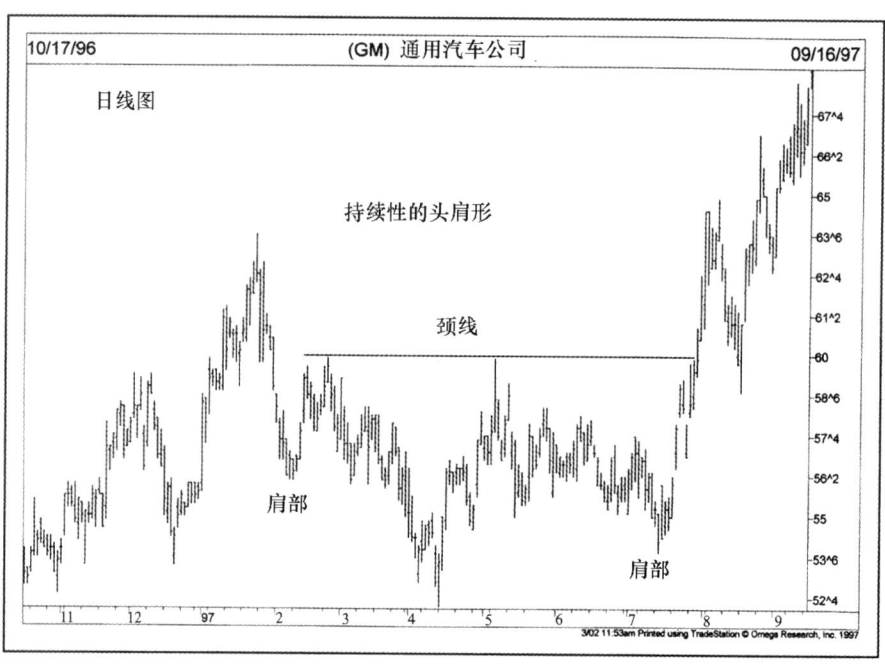

图 6.11(c) 1997 年上半年,通用汽车形成了一个持续的头肩形形态。该形态的轮廓很清晰,但是出现的地方不同于一般的头肩形。当市场以收市价的形式向上突破位于 60 点的颈线后,该形态完成,上升趋势恢复。

相互验证和相互背离

相互验证原则是一个常见的题目，贯穿了市场分析的始终。它与它的对立面——相互背离原则，总是连在一起使用的。因此，我们这里把两者放在一起介绍。另外，鉴于这个问题具有极为重要的意义，今后本书将一再地反复讨论。现在，我们只是就价格形态来讨论其相互验证原则，而实际上，它在技术分析的各个方面都有应用。所谓相互验证，是指我们应把所有技术信号和指标都加以比较参照，从而保证它们中的大部分相互验证，指向共同的方向。

相互背离同相互验证恰恰相反，是指各类技术指标之间不能相互验证的情形。虽然此处我们是把相互背离概念从负面引入的，但在市场分析中它其实极有价值，也是趋势即将反转的最好的先期警讯之一。在第十章我们讨论摆动指数时，将对相互背离原则作更深入的探讨。

结　　语

现在，我们就完成了关于价格形态的讨论。早些时候，我们曾指出，技术分析的原始资料有三种——价格、交易量和持仓量。到这里为止，我们的主要内容都是围绕价格进行的。下面我们就来进一步地研究交易量和持仓量这两个方面，探讨一下如何把它们糅合进分析过程中。

第七章 交易量和持仓量

引　言

　　大部分金融市场技术分析者同时跟踪三组数字——价格、交易量和持仓量,以使自己的分析手段具备三度空间。交易量分析适用于所有市场。持仓量分析主要应用于期货市场。在第三章介绍线图的做法时,我们讲解了如何把上述三类资料展现在图表上。我们强调指出,尽管在商品市场上对应于每个交割月份的个别交易量和持仓量都可以得到,但是,我们一般只使用同一商品的总额进行预测。股票图表分析师则总是采用成交总量,对比分析价格。

　　到目前为止,关于图表分析理论的讨论主要是围绕着价格进行的,顺带着才提及交易量等。在本章中,我们将进一步介绍交易量和持仓量在预测过程中的作用,从而引入第二度和第三度空间。

交易量和持仓兴趣是次要指标

首先,我们要给交易量和持仓量赋予恰当的地位。价格显然是最重要的因素。交易量和持仓量是次要的,主要作为验证性指标使用。而在这两者之中,交易量又更重要些,持仓量居末位。

交 易 量

现在,我们给它们重新定义。交易量是指在我们所研究的基本时间单位内市场对象成交的总额。因为我们主要研究的是日线图,所以,我们最关心的是每日的交易量。每日交易量在图表下部、价格变化之下,以一条竖直线段表示,如图7.1所示。

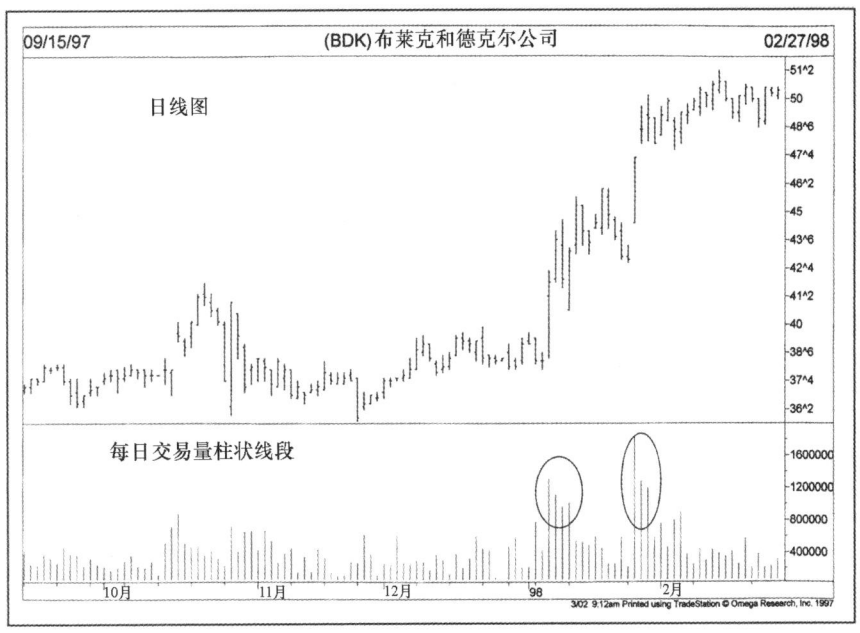

图 7.1　请注意,在价格上升时,交易量线段显著放大(见圆圈处)。这就意味着交易量验证了价格上升,因此是看涨的。交易量也可以在周线图上绘制。在这种情况下,把对应一周的总交易量用竖线绘制在本周价格图线的下方。不过,在月线图上通常不采用交易量。

期货市场持仓量

到某日收市时为止,所有未平仓了结的合约的总数就是当日的持仓量。如图7.2所示,持仓量用单实线的形式来绘制,也描画在对应日期的价格之下,但其位置高于交易量。请记着,在商品市场上,交易所顺延一天发布正式的交易量和持仓量的报告,从而在图表上,也相应地出现一天延迟的情况(每天我们只能获得上一个交易日这两种信息的估计数字)。这就是说,图表师每天可以作出最近一个交易日的高、低和收市价的价格线段,但只能作出这一日的前一个交易日的正式交易量和持仓量。

持仓量代表市场上多头一边或空头一边的未平仓合约的总数,而不是两方的总和。持仓量以合约张数为单位。只有两个市场参与者——买方和卖方——会同起来才能创生一张合约。在每日公布的持仓量数字后,总跟着一个正数或者一个负数,分别表示这一天相应的合约张数的增加或者减少。正是持仓量水平的变化(或者上升或者下降),为图表师分析入市行为的变化特点提供了线索,从而使持仓量具备了预测价值。

持仓量的变化如何发生　持仓量数值的变化意味深长,为了掌握其中的奥妙,我们必须首先理解每笔交易如何对该数字发生影响。

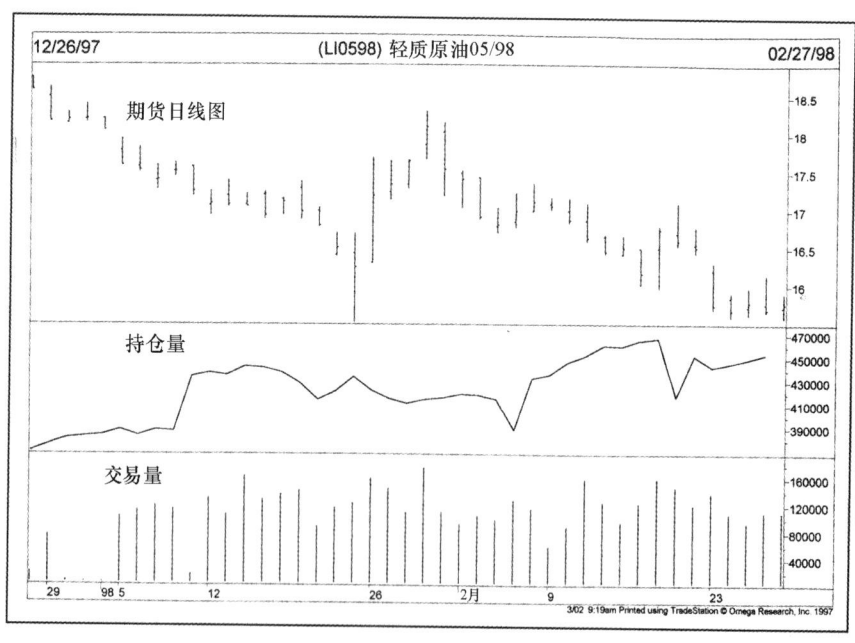

图7.2　原油期货日线图,图上同时绘制了交易量和持仓量(单实线)。当价格下跌时,持仓量处于上升中,这是看跌的。

每当交易所大厅内一笔交易完成后,持仓量就有三种变化的可能性:增加、减少或不变。下面我们看看这些变化是如何发生的。

买方	卖方	持仓兴趣的变化
1.买进新多头头寸	卖出新空头头寸	增加
2.买进新多头头寸	卖出原有多头头寸	不变
3.买回原有空头头寸	卖出新空头头寸	不变
4.买回原有空头头寸	卖出原有多头头寸	减少

在第一种情况下,买方和卖方均开立了新头寸,产生了新的合约。在第二种情况下,买方建立新的多头头寸,但卖方只是平仓了结原有的多头头寸。一方入市交易,另一方退出市场,结果双方扯平,合约总数没有变化。在第三种情况下,情况也一样,只是此处卖方开立了新的空头头寸,而买方只是平仓了结原有空头头寸。也是一方入市,一方退出,合约总数不会有任何变化。在第四种情况下,交易双方都平仓了结原有头寸,从而持仓量减少。

综合上述,如果买卖双方均建立了新的头寸,则持仓量增加。如果双方均是平仓了结原有头寸,则持仓量减少。如果一方开立新的交易,而另一方平仓了结原有交易,那么持仓量维持不变。在每个交易日结束之后,图表师通过考察总的持仓量的净变化,就能确定资金到底是流入市场,还是流出市场。根据这个信息,分析者能够就当前市场趋势的坚挺或疲软程度做出一些推测。

交易量和持仓量的
一般解释规则

市场技术分析者一般把交易量和持仓量的信息综合应用于市场分析之中。因为交易量和持仓兴趣两者颇为相似,所以,我们把它们的解读规则合起来介绍。不过,两者之间毕竟有所不同。我们首先叙述一下两者共同的一般规则,然后分开讨论,最后再把它们综合起来,如下所表示。

价格	交易量	持仓兴趣	市场
上涨	增加	上升	坚挺
上涨	减少	下降	疲弱
下跌	增加	上升	疲弱
下跌	减少	下降	坚挺

如果交易量和持仓量均上升,那么,当前趋势很可能按照现有方向继续发展(无论是上涨还是卜跌)。如果交易量和持仓量都下降,那么,我们就把这种变化本身视为当前趋势或许即将终结的警讯(图7.2)。下面我们来分别考察交易量和持仓量。

交易量的解释

交易量水平是对价格运动背后的市场的强度或迫切性的估价。交易量越高,则反映出的市场的强烈程度和压力就越甚。技术分析师通过观察配合价格变化的交易量的水平能够较好地估量市场运动背后买入或卖出的压力。我们也可以利用这项资料来验证价格运动,或者作为识别价格变化可靠与否的警讯(图7.3和7.4)。

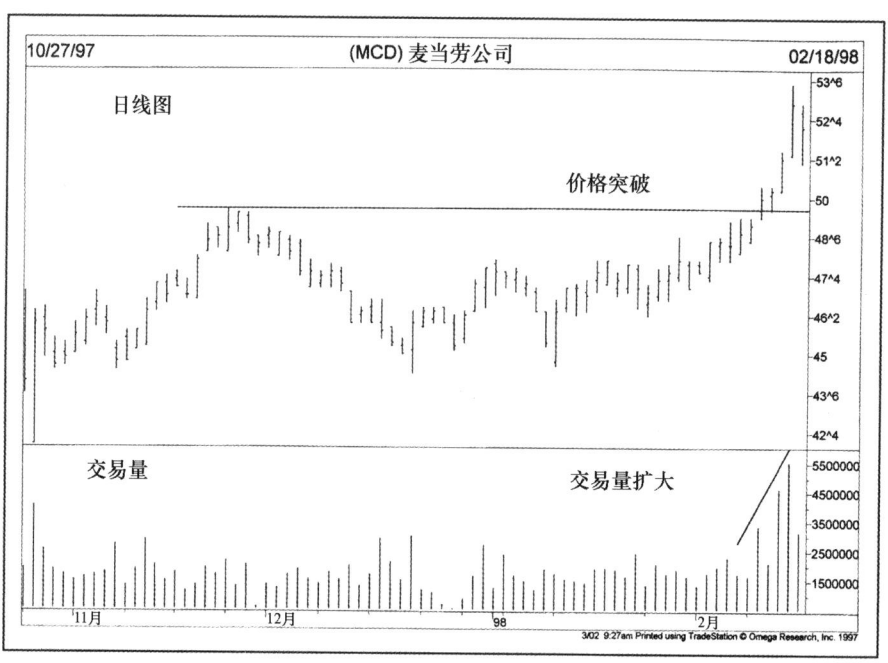

图7.3 在麦当劳日线图上,当市场向上突破1997年11月形成的高点时,伴随着交易活动迸发式的增长。这是看涨的。

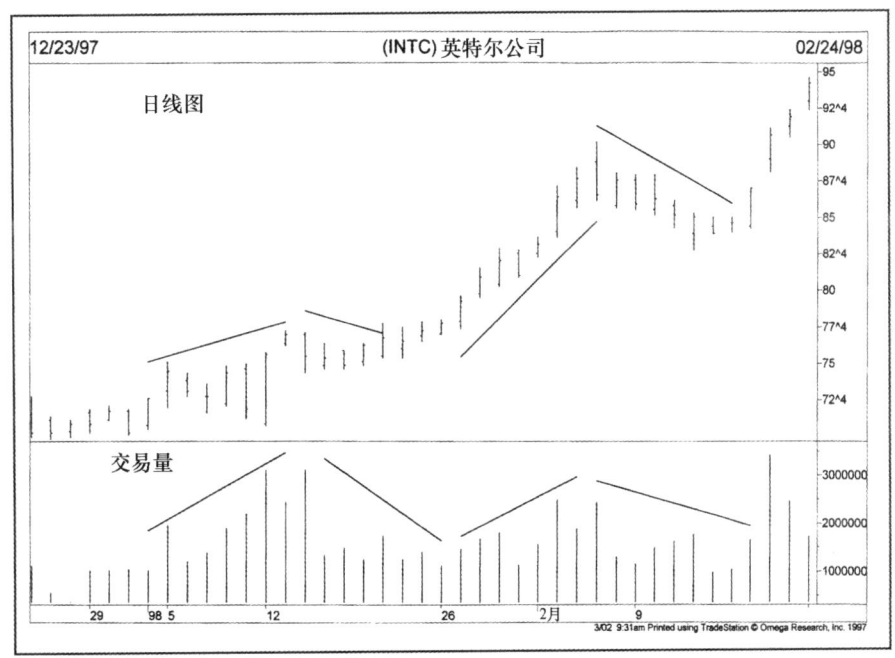

图7.4 在英特尔日线图上,交易量图线追随着价格上升趋势。当价格上升时,交易量相应扩张,当价格回落时,交易量相应减少。请注意本图最后三日,在这三日里价格跳升,而交易量迸发式增加。

如果把这个规则表达得更简明些,那么,交易量应当在现有价格趋势的方向上,相应地增加或扩张。在上升趋势中,当价格上升时,交易量应较重,而在价格回跌时,交易量则应减少或收缩。只要上述情形仍在持续,那就说明交易量正在验证价格趋势。

同时,图表师也会密切注意相互背离现象的迹象(这里又碰上这个概念了)。如果在上升价格趋势中,前一个峰被向上穿越,而与之同时交易量反而有所下降,那么就发生了背离现象。这就警告图表师,市场的买入压力正在减轻。如果交易量在价格下跌时还变本加厉,倾向于有所增加的话,那么分析者就要注意上升趋势即将发生变故了。

交易量验证价格形态

在第五章和第六章我们讨价格形态时,曾数次提及交易量,把它看作重要的验证指标。头肩形顶成立的预兆之一就是,在头部形成过程中,当价格冲到新高点时交易量较轻,而在随后跌向颈线时交易量却较重。在双重顶和三重顶中,在价格上冲到每个后继的峰时,交易量都较轻,而在随后的回落中,交易量却较重。在持续形态形成过程中,如

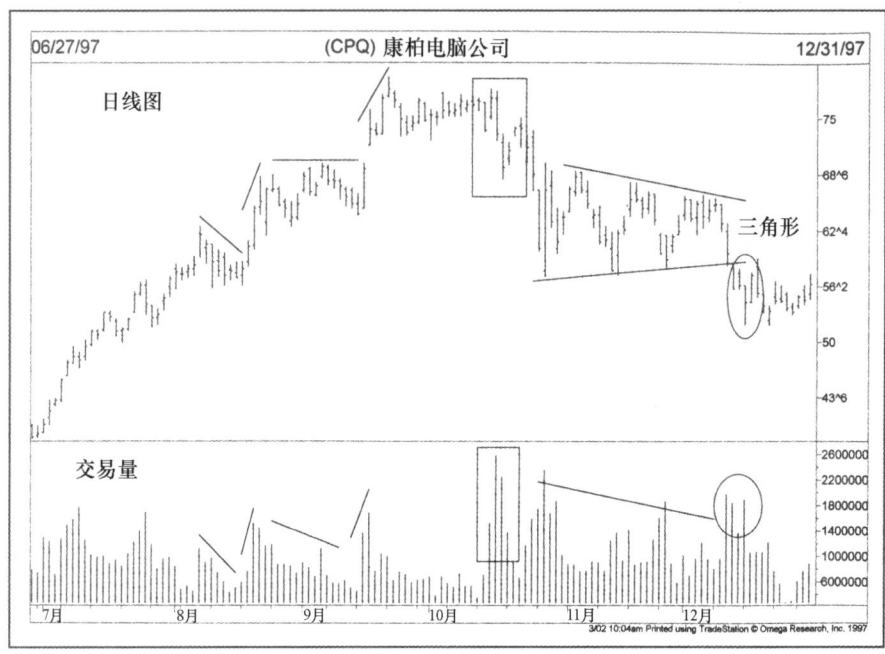

图 7.5 本图左半侧为一轮上涨趋势,当价格上升时,交易量也增加,这是正面信号。图表顶部的框子标记了市场突如其来的向下转折,它伴随着巨大的交易量——这是负面信号。后来出现了一个持续性的三角形形态,请注意,当市场向下突破该三角形时,交易量明显放大。

三角形,与之伴随的交易量逐渐下降。一般地,所有价格形态在完结(突破点)时,只要这个突破信号是成立的,那么它就应当伴有较重的交易活动(图 7.5)。

在下降趋势中,当价格下跌时交易量应较重,而在价格上弹时较轻。只要交易量的变化保持上述特点,那么就说明卖出压力大于买进压力,下降趋势也将持续下去。仅当这种情形发生了变化后,图表师才会着手探究市场的底部信号。

交易量领先于价格

在对价格和交易量的对照研究中,我们实际上是使用两种不同的工具来估价同一对象——市场力量。仅仅根据价格趋向于上升这一事实,我们就可以判断市场上的买进压力大于卖出压力。我们不妨推论,较重的交易量应当发生在与市场的流行趋势一致的方向上。如果说技术分析者认为交易量预测了价格,那么他其实是说,无论是在上升趋势中价格上涨压力的减少,还是在下降趋势中价格下跌压力的减少,都通过交易量资料预先反映出来了。而就价格本身来说,这一点要等到价格趋势实际反转时才能体现出来。

权衡交易量(OBV)法

技术分析者尝试过许多种交易量指标,以定量表示市场的买压或卖压。要知道,即使我们竭尽能事,仔细察看图表底部的交易量线段,也并不总能准确地揭示交易量的重要变化。在这些交易量指标中,最简单的也最著名的是所谓权衡交易量,或称OBV法。这种方法系约瑟夫·格兰维尔创立的,并通过他的《格兰维尔氏股市获利新秘诀》(普伦蒂斯·霍尔版,1963年)而广为流行。OBV法实际上沿着价格图表的底部添了一条交易量的曲线。我们既可以用这条曲线来验证当前价格趋势的可靠性,也可以通过它与价格变化的相互背离现象,来获得趋势即将反转的警讯。

图7.6展示了一张日线图,沿着图表底部,我们用OBV线替代了交易量的刷形图线。请注意,在这里,OBV线大大简化了跟踪交易量趋势的工作。

图7.6 本图和图7.5一样,都是康柏电脑日线图,本图图表底部的单实线为权衡交易量(OBV)。请注意,权衡交易量于1997年10月的向下转折可以很容易观察到。

OBV线的构造方法很简单。我们先把每一个交易日的收市价格与相邻的前一个交易日的收市价格相比较,得出其相对高低,然后,在当日的交易量数值前,对应地添加一个正号或负号。如果当日的收市价格有所上升,那么,当日交易量数值的符号为正,反之,若当日的收市价有所下降,则符号为负。下一步,再选定一个基准日,从基准日起到当日止,逐日地按照上述方法得出每日的交易量数值,然后把它们进行简单的算术累加,即根据每天的收市价格的增减方向,从前一日的累计总值中,相应地加上或减去当日的交易量,最后就得到当日的累计总值——OBV值。

在这种方法中,具备重要意义的是OBV线的方向(其趋势),而不是该数字本身的实际水平。然而,为了防止OBV值滑入负数区域,我们一般不是从零开始,而是在基准日选择一个成整的大数字,作为起算值。当然,这只是为了使OBV线维持在正数区而易于描画。

权衡交易量线应当与价格趋势方向一致。如果在价格图上反映出一系列依次上升的峰和谷(上升趋势),那么OBV线也应当如此。而如果价格趋势向下,则OBV线的趋势也应当向下。恰恰是在权衡交易量线与价格趋势不协调一致的情况下,构成了相互背离现象,警告我们趋势有可能要反转。

针对OBV线,我们也可以如同对价格所进行的趋势分析那样,采用各种技术指标进行分析。在权衡交易量线上,峰(阻挡)和谷(支撑)也是显而易见的。同时,我们也可以把趋势线分析和移动平均线方法移植过来,用于辨别OBV值的趋势反转。另外,摆动指数分析也完全适用于权衡交易量线。在这里所附的例子中,有一些充分显示了OBV法的妙用。

OBV法之外的选择

利用权衡交易量,我们能够相当有效地达到上述目的,但它也有一些缺点。举例来说,仅仅根据当天的收市价格的大小,我们就把全天的交易量添上了正号或负号,这看起来并没有充分的依据。试想,如果市场的收市价格只比前一天高出某个小量,比如一两个最小变化单位,我们就在全天的交易活动量前标上正号合理吗?或者考虑这种情形,市场当天大部分时间处于前一收市价之上,只在收市时才稍稍低一些,我们是否应该把当天全部交易量都标上负号呢?为了解决这些问题,技术师尝试了许多种OBV法的变通办法,以求发现真正的向上的交易量和向下的交易量。

变通办法之一是,给趋势较强的日子赋予较大的权重。比如,在价格上升的日子,就用价格的涨幅乘以交易量。本方法虽然依旧采用正负号,但我们把价格变化较大的日子给了较大的权重,从而减少了价格实际变化较小的日子的影响。

关于把价格和交易量(以及持仓量)相结合的使用方法,还有其他更复杂的公式。加利福尼亚的詹姆斯·西比特创立的所谓需求指数就是其中的一例，他把价格和交易量综合起来，构造了一个市场领先指标。赫里克回报指数运用持仓量来测算资金流量（请参见附录 A，那里对这两个指标都做了解释）。

值得指出的是，股票市场报告成交量的方式远比期货市场实用。交易所随时报告股票交易的最新成交量，而在期货市场上正式的成交量报告下一天才公布。不仅如此，还可以分别获得价格高于前一日收市价的股票成交量和低于前一日收市价的股票成交量，但在期货市场却没有这样的好运。在股票市场，得益于可以当场取得每次价格变动的交易量，拉兹洛·伯里尼二世开发了一个名为"资金流向"的更高级的技术指标。该指标相当于 OBV 的分时图版本，随时跟踪每一个价格变动的交易量，用来确定资金流进还是流出某只股票。当然，如此复杂的计算，需要强大的计算机性能，对大多数交易商来说都不那么容易办到。

话说回来，即便采用了更为复杂的 OBV 法的变体，我们的目的始终也是一致的——力图确定较重的交易量到底发生在价格向上的一边（看涨的）还是价格向下的一边（看跌的）。因为 OBV 法很是简明实用，所以，在我们跟踪市场的交易量变化时大有用武之地——不论在期货市场，还是在股票市场。绝大多数行情图表软件都提供 OBV 指标。其中绝大多数行情软件甚至还允许用户把 OBV 图线直接绘制在价格图线上，更容易相互比较（图 7.7 和图 7.8）。

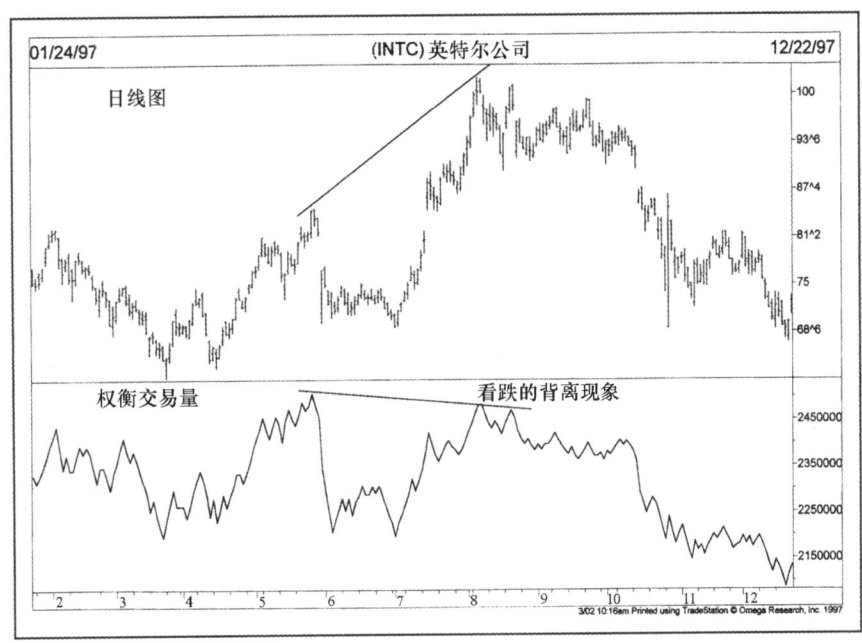

图 7.7　这是英特尔一个精彩的实例，权衡交易量线（底部）和价格曲线发生了负向的相互背离，警示了即将到来的主要向下反转信号。

交易量和持仓量

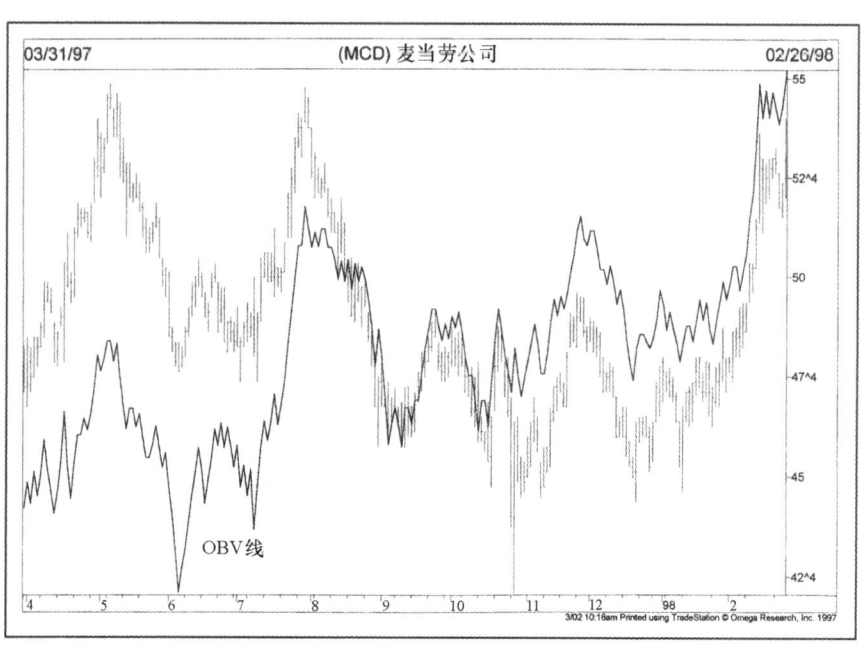

图 7.8 把 OBV (用单实线表示) 和行情图线直接叠加在一起, 可以更容易比较价格趋势和交易量变化的配合。本图为麦当劳的行情, 其中 OBV 曲线引领着价格一路走高, 提前警示了市场后来的向上突破。

期货市场交易量分析的其他局限

我们已经交代,在期货市场上交易量的正式报告有延迟一天的问题。再者,如果采用所有合约的交易量的总额,而不是具体合约的个别的交易量数额来研究这个具体合约,相对说来,有点不伦不类。正如前面所指出,我们是有充分理由选用交易量总额来研究市场的。但是,当在同一种商品的不同合约中,有些收市价格有所上升,而另外一些反而有所下降的时候,我们怎么办呢?另外,涨跌限价规定也造成了其他问题。在市场因为受到交易所涨停板的限制而被锁定的交易日中,交易量通常极轻。这是市场坚挺的情况,买方的需求量压倒性地超出了卖方的供给量,价格很快上升到当日的上限,于是交易活动实际上陷于停滞。根据通常的解释规则,在上冲时伴随着较轻的交易量就是看跌信号。而这种在限价日出现的较轻的交易量,显然就不符合上述通行规则,它们有可能歪曲 OBV 的数值。

无论如何,尽管交易量分析在期货市场中有上述局限,但它仍然大有用武之地。技术型交易商如果注意观察交易量的指标的话,那是很明智的。

对持仓量的解释

持仓量的解释规则同交易量大体类似,这里做一些进一步的说明。

1.在上升趋势中,如果当价格上涨时,持仓量总额增加,就说明新的资金正在流入市场,反映出新的买方行动大胆积极,所以,这是一个看涨信号(图7.9)。

2.反过来,如果当价格上涨的时候,持仓量的下降超过了其季节性的下降,那么就说明这种价格上冲主要来自空头者买进斩仓的行为(这就是说,正日益蒙受损失的空头头寸持有者们终于缴械投降,被迫平仓了结空头头寸)。这时候,资金从市场流出而不是流入。在这种情况下,一旦上述被迫平仓了结空头头寸的过程完成之后,上升趋势很可能就要失去上涨的推动力,因此这是一个看跌信号(图7.10)。

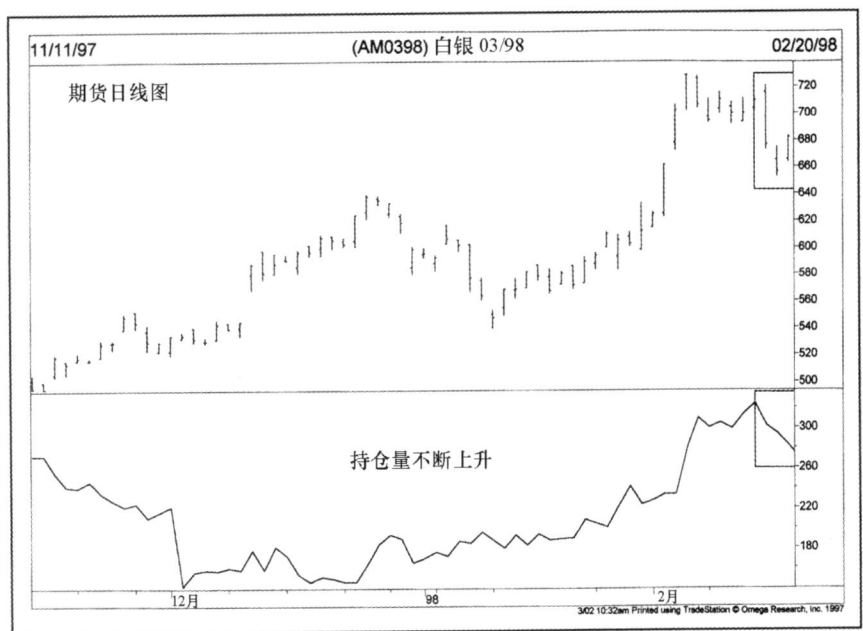

图7.9 白银期货日线图。在价格上升过程中,持仓量也形成了类似的上升过程,从而验证了价格上升。在图表右侧,用两个框子标注,当行情开始向下调整时,持仓量曲线也相应向下,显示出部分敞口头寸正在平仓了结,正常现象。

交易量和持仓兴趣

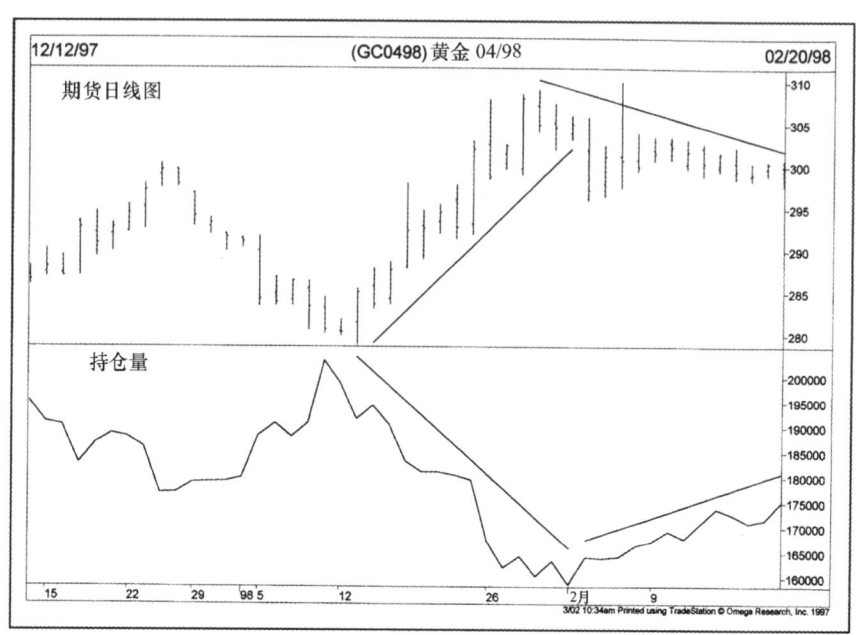

图 7.10 在黄金期货日线图中,出现了一轮疲弱的价格反弹。当价格上涨时,持仓量却下降;而当价格下降时,持仓量则上升。在强劲的趋势行情中,持仓量顺着价格趋势的方向增加,而不是和趋势方向背道而驰。

3.在下降趋势中,如果当价格下跌时,持仓量增加,那么就说明新的资金正流入市场,反映出新的卖方行动大胆积极。这就表明下降趋势将持续下去的可能性有所增加,从而这是一个看跌信号。

4.反过来,如果价格下跌时,持仓量总额减少,那么这种价格下跌主要是由于日益蒙受损受的多头者最终不得不卖出斩仓的行为所引起的。在这种情况下,一旦持仓量减少得足够低,上述大多数多头交易者已经完成了卖出平仓的过程,下降趋势很可能即将终结,因此这是表明市场逐渐坚挺的技术信号。

下面我们把上述四点归纳一下:

1.在上升趋势中,持仓量增加是看涨信号。

2.在上升趋势中,持仓量减少是看跌信号。

3.在下降趋势中,持仓量增加是看跌信号。

4.在下降趋势中,持仓量减少是看涨信号。

持仓量具备重要意义的其他情形

除了上述倾向性以外,还有其他一些市场环境,如果我们研究一下持仓量也能有所助益。

1.当一场主要的市场运动接近尾声时,持仓量已经随着价格趋势的整个过程增加到一定的高度了,那么,一旦持仓量不再继续增加乃至开始减少,这经常就是趋势即将生变的先期警讯(图7.11)。

2.如果在市场顶部,持仓兴趣处在高水平,而价格下跌又突如其来,那么这是一个看跌信号。这种情况就意味着,在上升趋势接近尾声时建立多头头寸的所有多头交易者均处于损失之中。因为他们被迫卖出斩仓,所以使价格遭到了压力,这种情况一直将维持到持仓量减少到足够大幅度之后。下面举一个例子,假设一个上升趋势已经进行过一段时间后,上一个月持仓量曾经有显著的增加。请记住,在持仓兴趣

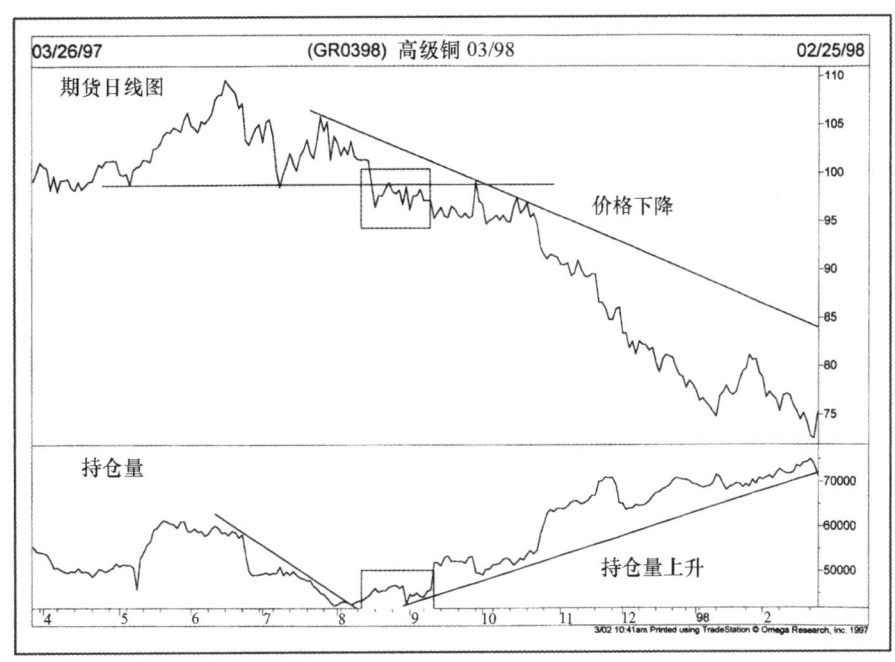

图7.11　1997年夏季,铜市场向下转折时,以及在随后的下跌行情中,都伴随着持仓量的持续上升。在价格下降过程中,持仓量增加,是一个看跌信号,反映了空头一方更有攻击性。

中,每增加一张合约,就意味着市场同时出现了一张多头合约和一张空头合约。突然,价格开始剧烈地下跌,跌到上个月所经历的最低价格之下。那么,在上个月建立的每一张新的多头合约均处于亏损状态。

于是,这些多头合约的持有者就被迫卖出斩仓,从而使价格遭到很大的压力,这种情况一直持续到他们的亏损头寸全部被平仓了结为止。更糟糕的是,他们这种被迫卖出斩仓的行为,自我反馈、恶性循环。价格被压迫得越低,则有更多的处于边际的多头合约持有者加入被迫卖出平仓的行列,于是反回来进一步加剧新的价格下跌。我们把这里所阐述的第 2 点推论如下:在牛市中,不同寻常的高额持仓量是个危险信号。

3.如果在市场横向延伸的调整期间,或者处于水平交易区间之中时,持仓量逐渐积累增加,那么一旦发生向上或向下的价格突破,随后而来的价格运动将会加剧。这完全是顺理成章的事情。当市场处于犹豫不决的状态时,没人能够确切地知道新趋势即将向哪个方向突破。但是,持仓量的增加表明,许多交易商已预期突破的降临,并相应地建立了头寸。一旦突破果然发生,那么许多交易商(其中的一半)将陷于市场对自己不利的一边。

我们假设市场上出了一个为期三个月的横向交易区间,与此同时,持仓兴趣快步上升了 10000 张合约。这个数字意味着,在这个时期内,市场上新增开了 10000 个多头头寸和 10000 个空头头寸。现在价格向上突破,开创了三个月来的新的最高价。因为此时价格处在三个月来的最高点,原先在这段时间里开立的每一个空头头寸(所有的 10000个)均处于亏损状态中了。于是,那些蒙受损失的空头持有者,争相买进平仓,市场上一片混乱。如此一来,自然进一步加强了价格上涨的推动力,反过来,甚至造成了更大的恐慌。一直到所有的 10000 个空头头寸或其中绝大部分均已买进平仓之后,这股力量才会平息,而在此期间,价格将保持坚挺。如果当初的突破方向向下,那么就该多头持有者手忙脚乱地争相卖出平仓了,而空头持有者就会开开心心地坐收渔利了。

每当突破发生、新趋势初露端倪的时候,市场通常都处在巨大的恐慌之中,而这种局面正是那些陷足于市场的错误一边的交易商急于平仓了结其损失头寸的慌乱行为所造成的。陷足于错误一边的交易商越多(这一点通过高额的持仓量可以体现出来),那么他们对突如其来的不利的市场运动的反应就越激烈。说起来,也真是几家欢乐几家愁。那些选择了市场正确一边的交易商(心机明敏的人或走运的人)为新趋势推波助澜,因为事实证明他们的判断是正确的,他们现在可以利用其累积的账面盈利为资本增开新的头寸了。由上述讨论可见,在一个交易区间中(实际上对于任何市场状况都是同样的道理),持仓量增加得越多,那么在突破发生后,价格运动的潜力就越大。

4.在价格形态完成时,持仓量的增加可视为新趋势信号可靠程度的旁证。举例来说,在头肩底形态中,当颈线被向上突破时,如果在交易量增长的同时,持仓兴趣也相应增加,那么该底部形态就更为可靠。不过,在这里分析者必须留神。因为当新趋势产生的初始信号出现之后,随之而来的跟风性市场动力往往来自失陷于市场错误一边的交易商的斩仓行为,所以,在有的情况下,当新趋势初生时,持仓量可能稍有减少。在这种情况下,持仓量这种初始性的稍减,有可能使那些不谨慎的朋友误入歧途。因此,从这种现象可以看出,我们不应该对持仓量在极短时期内的变化过分拘泥。

交易量和持仓量规则举要

以下我们归纳一下关于价格、交易量以及持仓量的几个较为重要的方面。

1. 交易量在所有市场都适用;持仓量则主要应用于期货市场。

2. 在期货市场,只能以交易量和持仓量的总额作为预测依据。

3. 如果交易量和持仓量增长,就意味着当前价格趋势可能持续发展。

4. 如果交易量和持仓量萎缩,就表明当前价格趋势或许要生变。

5. 交易量超前于价格。从交易量的变化可以判断买方或卖方力量的消长,因而它领先于实际价格的变化。

6. OBV法或者其他类似的方法,可以更为明了地揭示交易量压力的方向。

7. 在上升趋势中,如果持仓量突然停止增长,甚至开始下降,那么经常是趋势生变的警讯(这一点仅适用于期货市场)。

8. 如果在市场顶部,持仓量不同寻常地高昂,那就非常危险,因为这种情况大大增加了市场向下的压力(这一点仅适用于期货市场)。

9. 在调整期间,如果持仓量积累地增长,那么就强化了市场随后的突破。

10. 交易量和持仓量的增长有助于验证价格形态的确定,也有助于验证其他各种预示新趋势即将发生的重要图表信号。

胀爆和抛售高潮

关于交易量和持仓兴趣,还剩下最后一种典型情况,值得说一说。这是两种经常发生在市场顶部或底部的剧烈变化——所谓胀爆和抛售高潮。胀爆出现在主要的市场顶部,抛售高潮则在主要的市场底部。在期货市场上,胀爆现象常常伴随着持仓量的下降出现在最后一涨中。在市场顶部发生胀爆的具体情况是,价格经过长期上涨后,突然急剧上冲,与此同时,交易量也大为增加,持仓量却显著地下降,于是顶部突如其来(图7.12)。在抛售高潮中,价格则在长期下跌的基础上,突然急剧地坠落,与之同时,交易量大大加重,而持仓量则大幅下降,于是价格同样突然急剧回升(请参见图4.22c)。

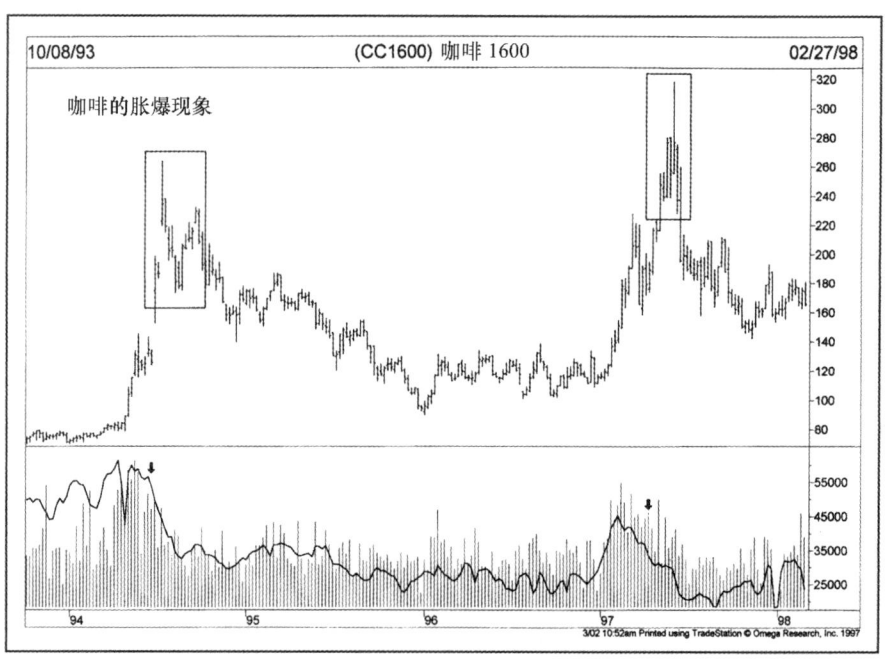

图7.12 咖啡期货图上出现了两例"胀爆"现象的顶部形态。两个实例如出一辙:伴随着重大交易量,价格急剧上升;与此同时,持仓量(如实线所示)却下降,由此构成了负面的警告信号(见箭头所指处)。

交易商分类报告

为了完成关于持仓量的讨论,我们还得介绍一下交易商分类报告,以及如何利用它作为我们的技术分析工具。该报告由商品期货委员会(CFTC)发布,每月两次———一次在月中,一次在月底。在这份报告里,把持仓量的数字划分成三类来源——大户保值商、大户投机商和散户。大户保值商又被称为商业用户,他们进入期货市场的主要目的是保值;大户投机商,包括大型商品基金,主要依赖机械跟踪趋势系统来交易;最后一类是小型交易商(散户),包括一般大众,他们的交易规模要小得多。

随时注意商业用户

交易商分类报告的分析要领是,一般认为,大户保值商通常是正确的,而交易商通常是错误的。既然如此,关键就在于要站在这群保值商的行列里,和他们持有同方向的头寸;要和其他两类交易商持有反方向的头寸。举例来说,市场底部的看涨信号可能就发生在当这群商业用户重仓持有净多头,而大户交易商和散户交易商重仓持有净空头的时候。在上涨行情里,当大户交易商和散户交易商同时重仓持有净多头,而商业用户却变成了重仓净空头时,可能是即将形成顶部反转的警告信号。

交易商净头寸

我们可以把三类市场参与者群体的持仓绘制成图表,观察其趋势,从持仓趋势中发现各个群体持仓的极端情况。一个办法是研究《期货图表》(商品趋势服务公司出版,邮政信箱 32309,棕榈滩花园,佛州 33420)上刊登的交易商净头寸资料。该项图表服务在行情周线图上绘制了三条曲线,分别表示三个群体的净头寸,图表的时间跨度有 4 年。通过 4 年的历史资料,读者很容易比较历史情况。该图表服务的出版人是尼克·范·奈斯,他的意图是找出商业用户处于一个极端、同时其他两类交易商处于另一个极端的情形,以此作为买进或卖出机会(如图 7.13 和图 7.14 所示)。即使您不把商品趋势服务作为首要的交易决策依据,时常留意三个群体净持仓的情况,也不是一个坏主意。

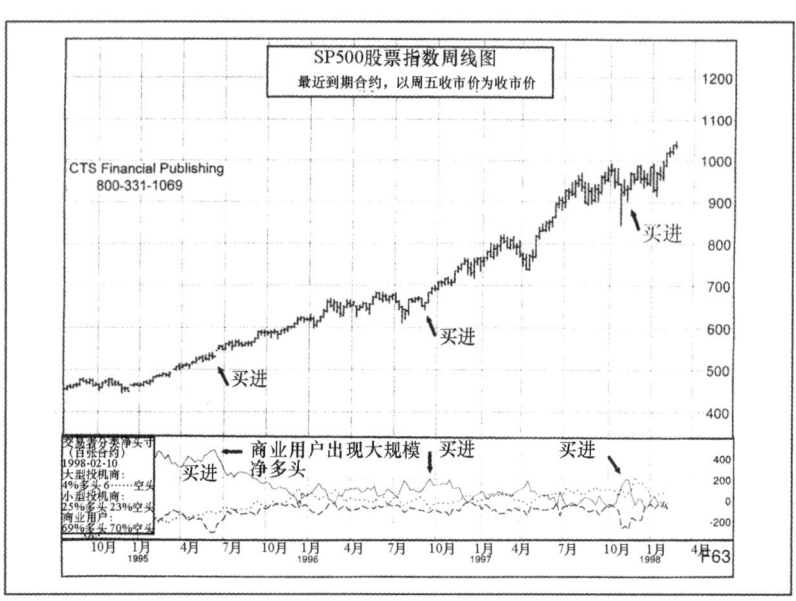

图7.13 在SP500指数期货周线图上,如箭头所指,出现了三个买入信号。图表底部绘制了三条曲线,分别代表三类市场参与者的净头寸。在每一个买入信号处,都是商业用户(实线)重仓持有净多头,而大户投机商(虚划线)重仓持有净空头。

图7.14 在铜期货周线图上,箭头所指处出现了三个卖出信号。在每一个卖出信号处,都是两类投机型交易商持有净多头,而商业用户持有净空头。商业用户是正确的。

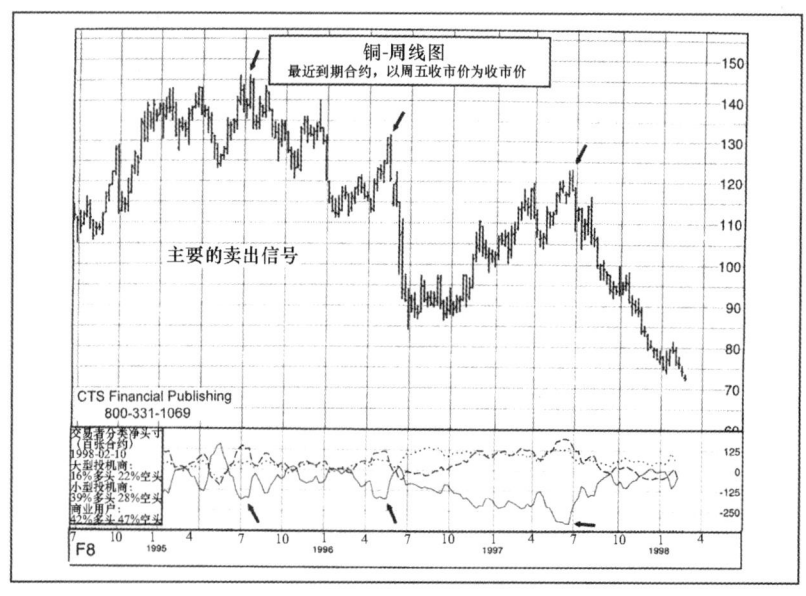

期权的持仓量

我们关于持仓量的讨论主要集中在期货市场。在期权交易中,持仓量分析也发挥着重要作用。期权市场以期货市场、股市指数、行业指数以及个股等作为基础产品。交易所每天公布认售期权、认购期权的持仓量数据。虽然我们不一定能依样画葫芦地照搬期货市场持仓量的分析方法,但是它们所提供的信息实质上没什么两样——持仓"兴趣"在哪一边,流动性就在哪一边。一些期权交易商比较认购期权(多方)的持仓量和认售期权(空方)的持仓量,用来衡量市场的多空倾向。还有人利用期权交易量来评估市场倾向。

认售期权/认购期权比

期权市场交易量的分析方法和期货市场、股票市场实质上是一致的——交易量揭示了特定市场买进或卖出的压力。期权市场交易量数据分解为认购期权(看涨的)和认售期权(看跌的)两个类别。通过跟踪认购期权和认售期权交易量的对比,我们能够判断某个市场看涨和看跌的程度。期权交易量数据的基本用法之一是,构建认售期权/认购期权交易量之比,简称"认售期权/认购期权比"。当期权交易商看涨时,认购期权的交易量超过认售期权的交易量,认售期权/认购期权比下降。当其看跌时,认售期权交易量较重,可以从较高的认售期权/认购期权比上反映出来。认售期权/认购期权比通常也被视为一种相反意见指标。如果比数很高,则标志着市场处于超卖状态。如果比数很低,则是一个负向的警告信号,表明市场可能处于超买状态。

把期权市场的倾向和
其他技术指标结合起来

期权交易商运用持仓量、交易量和认售期权/认购期权比等资料来判定市场何时处在极端看涨或者极端看跌的状态。如果把这些市场状态指标和其他技术分析手段,如支撑水平、阻挡水平、趋势线等结合起来,便如虎添翼。在期权交易中,时机选择如此关键,以至于绝大多数期权交易商都以技术分析为取向。

结　　论

　　现在,我们就完成了对交易量和持仓量的研究。交易量分析适用于所有金融市场——期货、期权和股票。持仓量则仅适用于期货和期权。但是,既然期货和期权市场包括了众多的股票市场产品,以它们作为基础品种,那么在三个市场领域,我们都有必要理解持仓量的分析方法。从本书开头到这里为止,我们的大部分研究还仅仅局限于日线图。下一步,我们就该拓展时间视野,把前面这些富有价值的分析手段应用到长期性质的周线图和月线图中,来进行长期趋势分析。

第八章 长期图表

引 言

  在金融市场,当分析者从事市场预测和交易时,日线图显然是最受青睐的。通常,一张日线图只能覆盖6~9个月的行情时间范围。不过,由于大部分交易商和分析师的兴趣主要局限于相对短期的市场行为,他们理所当然地广泛运用日线图,日线图成了图表分析者的首选工具。

  然而,恰恰因为一般交易商过分依赖日线图,一门心思地关注短期市场行为,所以,不少人忽视了其他非常有用的行情图表——周线图和月线图。利用这些长期图表,我们可以进行更长期趋势的分析、预测。

  在金融市场的全部历史里,日线图只能覆盖相对短的范围。而如果要对市场趋势进行透彻的分析,就得把逐日的价格变化放到长期的趋势结构中去,考察其相互关系。为此,我们必须采用更长期的连续图表。我们知道,在日线图上,每根竖直线段代表当日一天的价格变化,那么在周线图和月线图上，每根竖直线段就分别代表对应一星期和一个月的价格变化。周线图和月线图的根本目的，就在于把价格变化所经历的时间大为压缩，从而在水平方向容纳更长的时间范围，提供更大时域的研究工具。

大范围透视的意义

通过长期图表，我们能够对市场趋势有很好的透视，而这个优势仅仅从日线图上是不可能取得的。在第一章我们介绍技术分析的理论基础时，曾强调指出，技术分析有个最大的长处，即我们可以把它应用于任何时间尺度之下，当然也包括长期性预测了。我们也提到过，有些人持有一种错误的看法，认为技术分析的天地只局限于短期选择时机，而长期性的预测则应该由基础分析去完成。

那么，朋友们请注意以下的图表，我相信，它们能够充分证明技术分析的各项原则——包括趋势分析、支撑和阻挡水平、趋势线和管道、百分比回撤，以及价格形态等，能够相当完美地适用于长期市场分析。在这里，顺便还要指出，不论是谁，如果他不考虑这些长期图表，就错过了大量价值不菲的价格信息。

为期货市场绘制连续图表

期货合约在到期前，一般大约有一年半的交易寿命。技术分析者为了回顾数年的历史资料，需要构造长期的连续图表，那么，期货合约的这种有限寿命的特征显然就构成障碍了。股市技术分析者没有这个麻烦。每种普通股以及各种股市平均价格指数的图表，从其上市之日起就是现成的。在期货行业，技术分析师面对着一个月份接一个月份不断推陈出新的一张张合约，怎样才能构造长期持续的图表呢？

我们的办法是绘制连续图表。注意，"连续"两字是重点。最通行的一种技巧是，简单地把一串合约的价格图表接续起来就成了。这张合约到期后，就接上下一张合约。为了保证连续性，最简便也是图表软件最常用的方法是，始终采用最近到期的合约的价格资料。当最近一张合约停止交易后，同一商品的下一张合约就成为新的最近到期的合约，接下去我们画的就是它。

构造连续图表的其他方法

把最近到期的合约图表连接起来的办法,既简单易行,又确实解决了期货合约图表的连续性问题。不过这个方法也有些小小的缺陷。有时候,接近到期合约的价格同下一张合约比起来有比较大的升水或贴水,那么,当我们从旧合约转接到新合约时,在图表上可能出现跳上或跳下的情形。另外,某些合约在接近到期日时,其价格具有极端的邅变性,这也是一种潜在的偏差。

技术分析者为了纠正这些偶尔发生的偏差,想尽了法子。有些人在当前合约到期前一两个月的时候,就换上下一张合约,以避开最后一个月的邅变性。也有些人则避开最近到期合约,采用其次或复其次到期的合约。还有个办法是,选择具有最高持仓兴趣的合约画图,因为从理论上说这种到期月份的合约才真正代表了其市场价值。

我们也可以采用选定日历月份的办法来构造连续图表。比方说,所谓11月大豆连续图表,就是逐个地连接每年11月到期大豆合约的历史资料(这种连接特定月份合约的技术尤为 W·D·江恩所钟爱)。有些图表分析师甚至走得更远。他们把几种月份合约的价格加以平均,或者构造某种价格指数,以修正上述图表转换时升水或贴水的影响。

无期限合约™

针对期货市场价格连续问题,罗伯特·佩尔蒂埃提出了一种创造性的解决方案,称为"无期限合约™"。他是商品信息系统公司的总裁,该公司提供商品和股票资讯服务(CSI.200,W.帕美托公园路,波卡雷顿,佛州 33422。"无期限合约™"和"CSI 无期限合约™"是该公司的注册商标)。

编制"无期限合约™"的方法是,按照一组连续的时间序列编排某种期货数年的价格历史。具体做法是,以连续推移的未来时间段为基础,建立一个时间序列。比如说,我们可以由这个时间序列来求得3个月或6个月后的某个数值。时间段可长可短,随用户选择。然后,把相应的时间段内前后相邻的两种合约的价格加权平均,就得到了"无期限合约™"的价格。

无期限合约™的数值并非真正的价格,而是上述两个价格的加权平均值。据佩尔蒂埃介绍,无期限合约™的主要优势是,不需要完全依赖最近到期的合约，从而消除了连续图表在新旧合约切换时可能发生的偏差。就图表分析而言，图表服务商提供的最近到期合约的连续图表已经完全足够了。无论如何，当我们对自动交易系统进行回溯测试时，或者是编制价格指数时，连续的价格数据显然更加适合。关于构建连续期货合约的方法，在附录 D 中，格雷格·莫里斯为我们提供了更详细的讲解。

长期趋势是对随机行走理论的质疑

长期图表最显著的特征是，其中行情趋势不仅具有清晰鲜明的界定，而且常常延续数年之久。试想利用这样的长期趋势来预测市场走向，在数年的时间之内都无须改变预测！

值得指出的是，长期趋势顽强持久的存在给我们带来了另一个有趣的问题——随机行走理论。随机行走理论认为，市场行为是随机而不可预测的。虽然技术分析者对这套理论并不买账，但是以下看法似乎更为稳妥：即使市场的随机性的确存在，可能也仅仅属于非常短期的现象。随机行走理论认为价格变化前后互不相干，过去的价格走势对未来行情毫无影响。事实证明，现有趋势往往还要顽固地继续一个长的时期，在很多情况下甚至长达若干年，这一点对随机行走理论提出了无可回避的反面论据。

图表上的形态

长期图表上也具备各种价格形态，其研读方法与日线图一致。在这些长期图表上，双重顶和双重底这两种形态非常醒目，头肩型反转形态也不逊色。三角形通常属于持续形态，在长期图表上也常见。

还有一类形态也在这些图表中频繁露面，那就是周反转和月反转。举例来说，在月线图上，市场在当月向上达到了新的高点，但月末收市价格反而低于前一个月的月末收市价，那么这往往就是一个要紧的转折点，特别是当它发生在重要支撑或阻挡区附近时，尤其具有重要意义。周反转在周线图上也相当常见。这些形态同日线图上的关键反转日是对等的。不过，在长期图表上出现的反转形态的影响深远得多。

从长期图表到短期图表

如果我们要进行透彻的趋势分析,那么,特别重要的是采取正确的读图顺序。图表分析的恰当次序应该是,从长期图表开始,逐步过渡到近期的图表。当朋友们与不同的时间范围打交道时,这样做的原因就一目了然了。如果分析者只能从短期图表开始研究,那么随着时间尺度的扩大,新的价格资料不断地参加进来,他就不得不相应地修正上一步的结论。即使朋友们已经完成了对日线图的深入分析,但当你再看到长期图表时,或许还得推倒重来。反过来,如果从大的背景入手,一下子考察了20年的全部价格资料,那么你就对市场首先有了恰当的纵览。分析者从长期透视中了解了当前市场的来龙之后,就可以逐步"聚焦",找到市场当前的去脉。

由此看来,开始研究的第一张图表应是为期20年的月线连续图表。分析者应当首先从这张图上找出较明显的图表形态,主要趋势线以及大致的主要支撑和阻挡水平等要素。然后再转向最近5年的周线图,重复上述程序。最后,再把注意力集中到日线图上,研究最近6个月到9个月的市场行为。这样就完成了从"宏观"到"微观"的过渡。交易商也不妨再向前走一步,研究研究日内价格图表,从而得到更细致入微的结果。

是否应对长期图表进行通货膨胀的修正

在研究长期图表时,人们时常提出的一个问题是,是否应该对长期图表上的历史价格进行通货膨胀修正。不管怎么说,从20世纪70年代早期之后,通货膨胀率是惊人的,到了80年代,通货紧缩也是不同寻常的,那么,美元的价值前后就有了较大的变化。如果我们不对长期图表的历史价格进行修正,它们上面的峰和谷还有意义吗?分析师们对这个问题颇有争议。

我个人认为,不必要对长期图表进行任何修正,理由很多。主要的,我相信市场自身已经进行了必要的修正。当货币贬值时,就会导致用该货币表示的商品价格的上涨。因此,随着美元的贬值,商品价格就会相应上升。毫无疑问,商品期货的长期图表上20世纪70年代的价格上涨,在很大程度上仅仅反映了美元的疲弱。对应地,最近5年商品价格的下跌,在很大程度上则直接归因于美元的坚挺。

从70年代商品价格的巨额抬升,到80年代商品价格的大幅下跌,都是通货膨胀作用的经典实例。因此,尽管在70年代商品价格翻了两番乃至三番,要对它们进行通货膨胀修正还是没有根据的。商品价格的上涨正是通货膨胀的表现。在80年代,商品价格曾长期下跌,标志着一个通货紧缩的历史时期。金价现在已经跌到1980年的一半以下了,难道我们有必要用较低的通货膨胀率对它修正一番吗?我想市场本身对这方面的问题早已"置之度内"了。

关于这个问题最后还有一点,牵涉技术分析理论的核心,"市场行为最终包容、消化一切因素"这条基本前提。市场自我调节、自动适应了通货膨胀、通货紧缩以及货币币值变化的要求。到底是否要用通货膨胀修正长期图表?这个问题的真正解答还在于长期图表本身,"解铃还待系铃人"。许多市场都无力冲破数年以前形成的历史阻挡水平,而且从此开始下滑,一直跌到数年前形成的历史支撑水平。另一方面,正是80年代早期开始退潮的通货膨胀为当时债券、股票市场的牛市推波助澜。看起来,这些市场已经对通货膨胀做出了自身应有的修正(图8.1)。

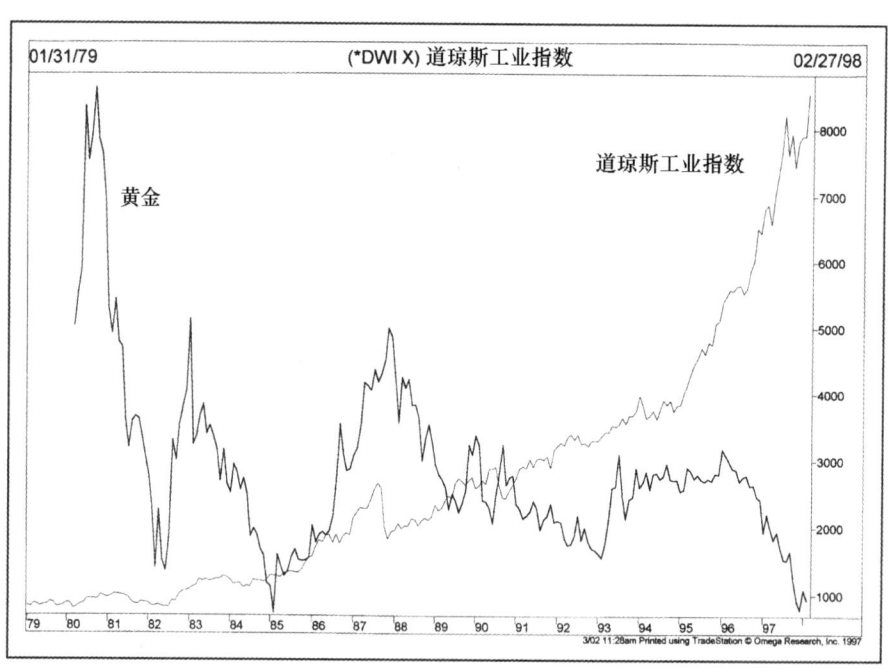

图8.1 1980年,黄金价格达到顶峰,引出了随后20年的低通胀时代。一般说来,低通胀往往导致黄金价格下跌、股票价格上涨,正如本图所示。有什么必要为本图进行通货膨胀修正呢?行情已经把通货膨胀修正进去了。

长期图表不直接服务于交易

长期图表不宜直接应用于交易中。我们必须把对市场的分析预测和出入市时机抉择这两项工作区别开来。长期图表在确认主要趋势和价格目标时大有裨益。不过,它们不适用于出入市时机的选择,不应该服务于这种目的。后面这方面的研究更为灵敏,因而必须采用日线图以及日内线图来进行。

长期图表实例

本章提供了长期周线图和月线图的若干实例(图 8.2~图 8.12)。我们在图上绘制的,只限于长期性的技术指标,如支撑水平、阻挡水平、趋势线、百分比回撤水平、周反转,以及偶尔出现的价格形态等。不过请留意,在日线图上可以做的图表分析,在周线图或月线图上也通通可以做。本书后面将讲解如何把各类技术分析指标应用到长期图表上,不仅如此,周线图上的技术信号为较短线的出入市时机抉择提供了可贵的过滤措施。还有一点,当我们研究大范围价格趋势时,半对数的图表形式更有实用价值。

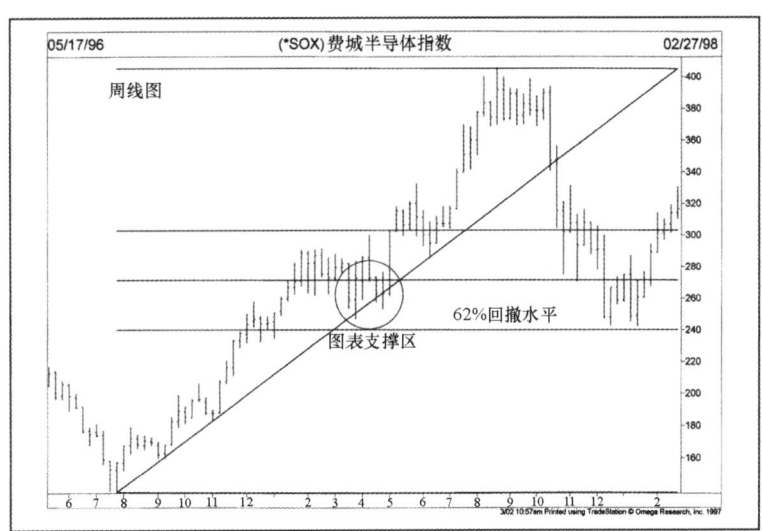

图 8.2 这是一张半导体股票的周线图,为我们展示了极有价值的长期市场纵览。1997年第四季度,当股价下滑时,正好止跌于62%的回撤水平,并从这里向上反弹;无独有偶,此处也正是前一年春形成的图表支撑水平(见圆圈处)。

图 8.3 通用汽车周线图。1998 年初的市场底部正好落在从 1995 到 1996 年绘制的长期上升趋势线上。本图充分说明跟踪周线图是一个很好的主意。

图 8.4 柏林顿资源月线图。1997 年股价上扬时,正好受挫于 1998 年和 1993 年行情上涨时止步的同一个价格水平。另一方面,1995 年的底部和 1991 年的底部也正好处在同一个价格水平。谁说图表没记性?

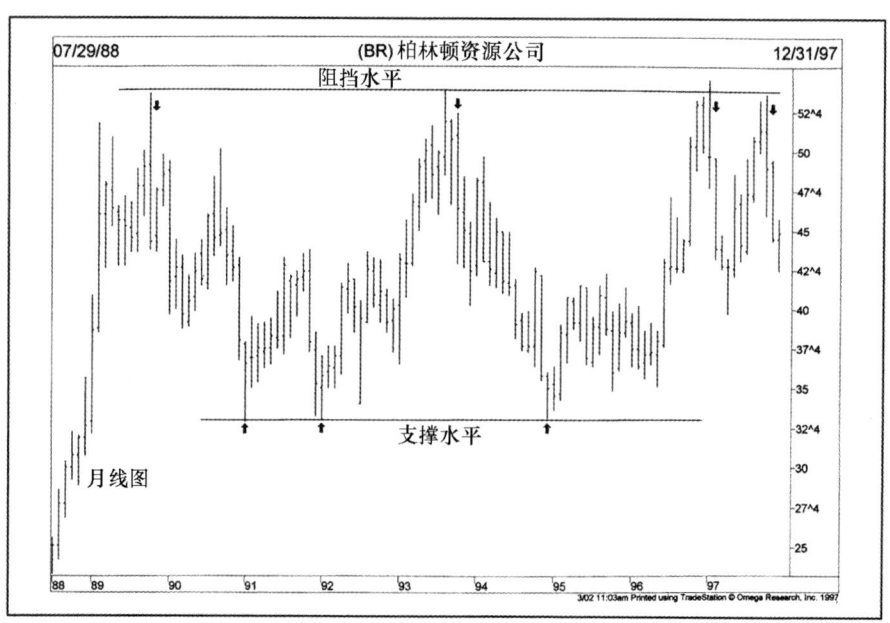

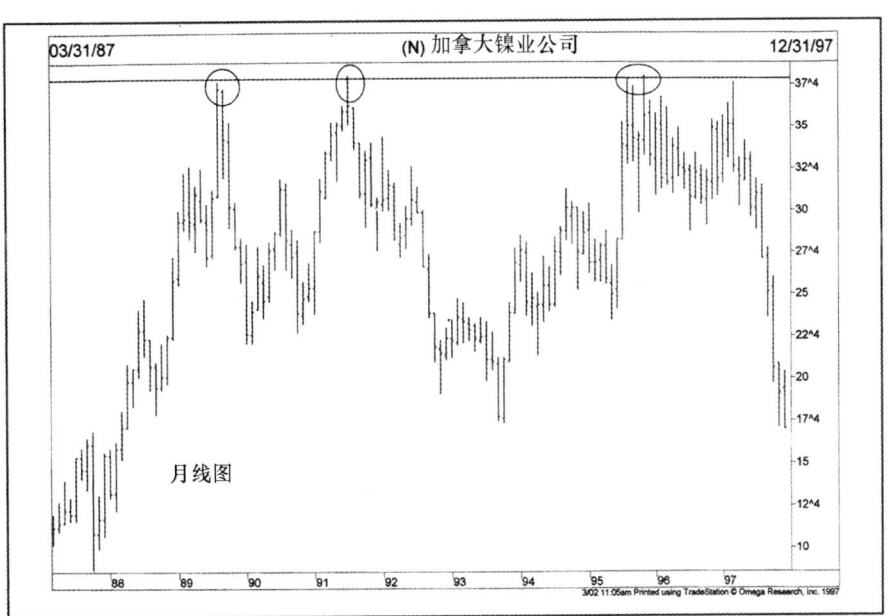

图8.5 国际镍业公司月线图。如果某位投资者知道1989、1991和1995年的行情顶部都发生在38的水平,那么当它处在1997年的上涨行情时,有可能受益匪浅。

图8.6 IBM月线图。长期图表无关紧要吗?IBM1993年的底部正好和20年前,即1974年形成的底部处在同一个水平上。1995年,当市场向上突破为时8年的下降趋势线后(见方框处),验证了新的主要上升趋势。

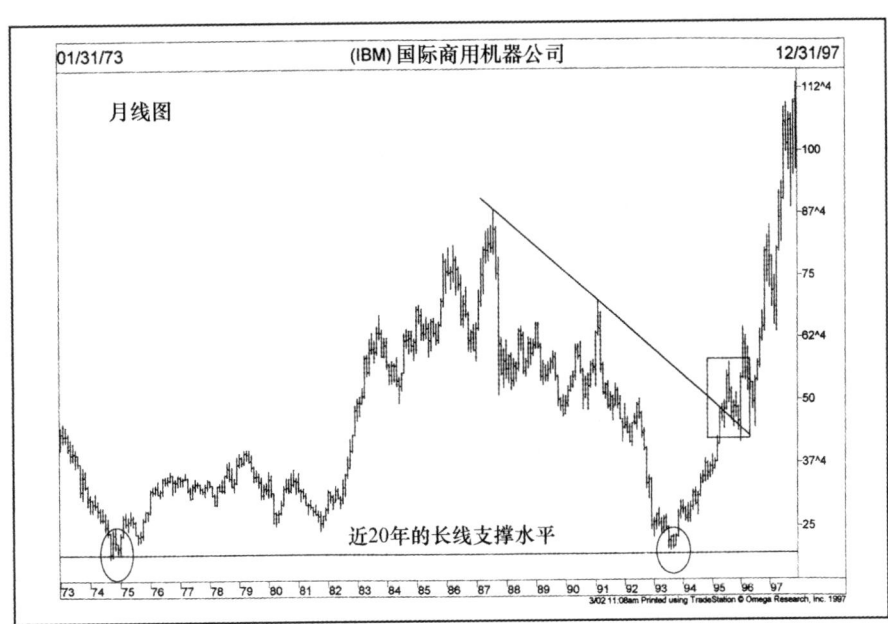

长期图表 · 157 ·

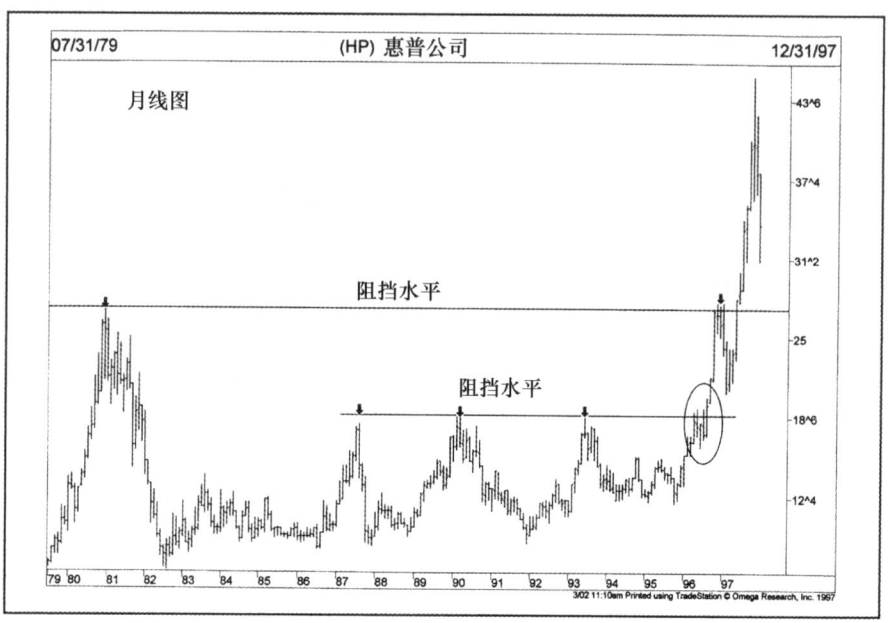

图 8.7 惠普公司月线图。1996 年,终于向上突破 19 的水平。市场在此处向上的努力曾经三度折戟,分别是 1987、1990 和 1993 年。1996 年底,当市场触及 28 的水平后向下反抽,此处位于 1980 年顶部附近。

图 8.8 道琼斯公司月线图。从 1988~1997 年,本图形成了一个长达 10 年的头肩形底部反转形态。其右肩还呈现出看涨的上升三角形的轮廓。当市场向上突破位于 42 的颈线后,该底部形态宣告完结。

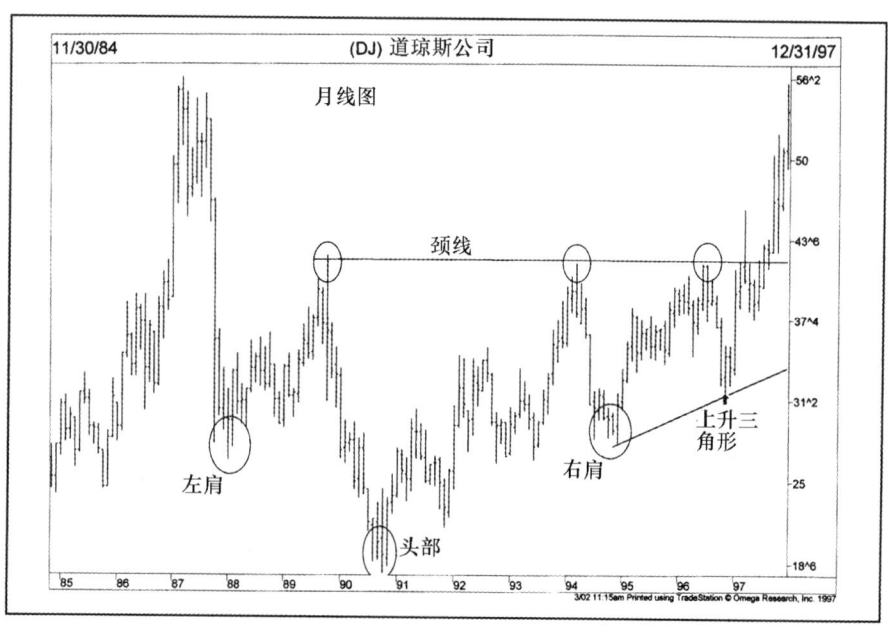

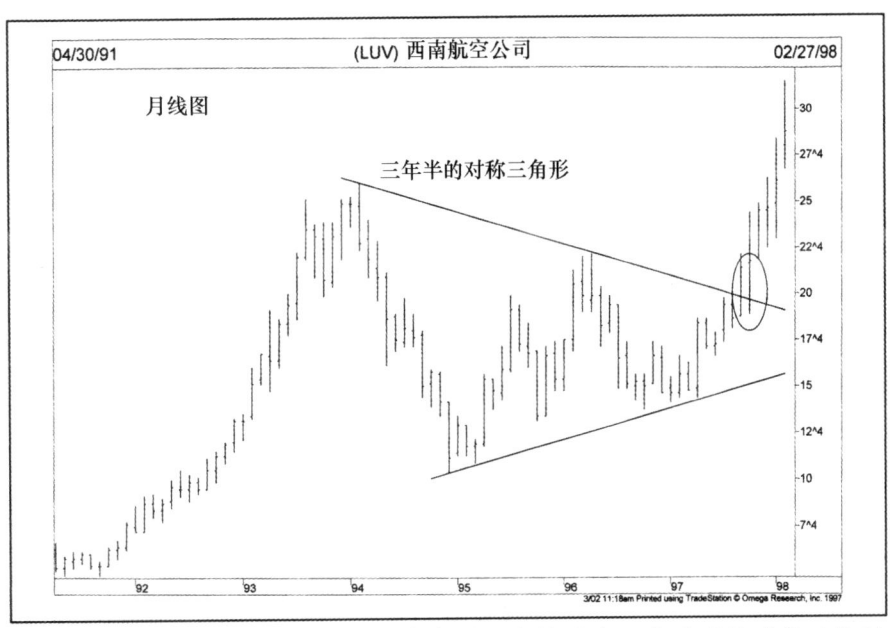

图8.9 西南航空月线图。从本图很容易看出一个看涨的对称三角形。不过,在日线图上你可能是看不出来的。

图8.10 道琼斯公用事业股价平均指数月线图。1994年,当市场触及一条延续了20年的长期上升趋势线时,向上弹开,形成了当年的底部。有人声称过去的价格变化对未来毫无影响。如果你也相信这一点,请回头重新审视这些长期图表。

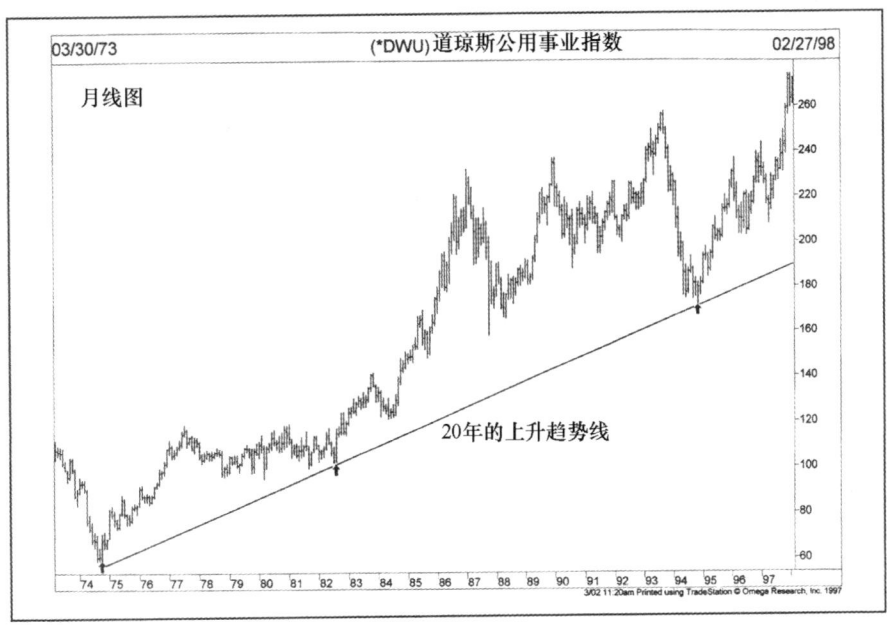

长期图表

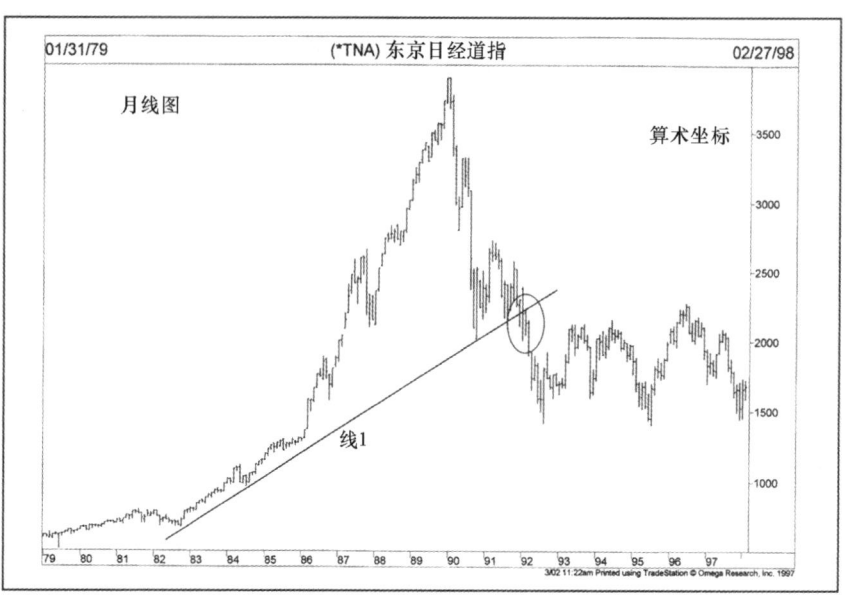

图8.11 东京日经道琼斯股价平均指数月线图。本图采用线性价格刻度,长期上升趋势线(线1)沿着1982和1984年的低点绘制而成,1992年初,市场向下突破该长期趋势线(见圆圈处,在2200点附近)。这里距离市场实际见顶已经是两年之后了。

图8.12 本图和图8.11一样,同为日本股市指数月线图,不过这里采用了对数价格刻度。线1就是前一张图中的上升趋势线。上升趋势线2更为陡峭,在1990年中(见方框处,约在3000点)就已经被向下突破。在对数刻度图表上,上升趋势线比在线性刻度图表上更早被向下突破。

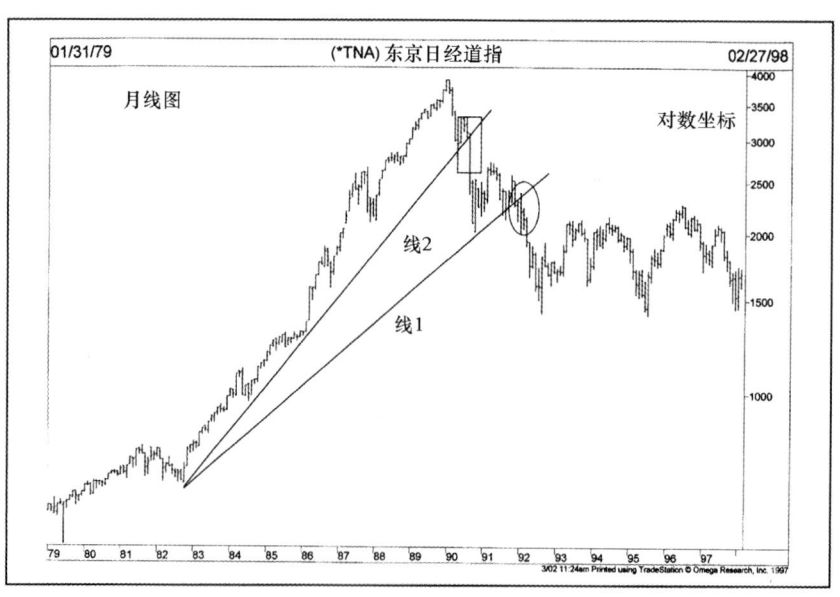

第九章 移动平均线

引　言

在所有技术指标中,移动平均线最富灵活性,适用最广泛。因为它的构造方法简便,而且它的成绩易于定量地检验,所以它构成了绝大部分自动顺应趋势系统的运作基础。

图表分析在很大程度上是主观的,我们很难核查分析者的成绩。因此,图表分析不太适合计算机化。与此相反,移动平均线的规则却可以简易地编成计算机程序,然后,由计算机自动地生成各种买入或卖出信号。不同的图表分析者也许会对同一个价格形态到底属于三角形还是楔形,或者对同一个交易量形态到底是倾向于看涨还是看跌而争执不下,但是,从平均线得出的趋势信号却是精确的,不随我们的主观意志而变。

下面,我们先为移动平均线下个定义。正如"平均"二字所指,移动平均线是一定数组的平均值,举例来说,如果打算计算 10 天收市价的平均值,则先把最近10个交易日的收市价累加起来,再把和除以10。所谓"移动",实质上就是指我们在计算中,始终采用最近10天的价格数据。因此,被平均的数组(最近10天的收市价格)随着新的交易日的更迭,逐日向前推移。在我们计算移动平均值时,最通常的做法是采用最近10天的收市价格。我们把新的收市价逐日地加入数组,而往前倒数的第11个收市价则被剔去。然后,再把新的总和除以10,就得到了新的一天的平均值(10天平均值,见图9.1a)。

在上例中,我们只选用了简单的10天收市价的移动平均值。实际上,其他计算移动平均值的方法并不都如此简单。关于怎样才能使移动平均线效果最佳,还有不少问题。比方说,我们应该计算多少天的平均值才合适?到底该用较短期的呢还是较长期的呢?是否有一种广泛地适合所有市场的最佳移动平均线?或者是否每个市场都有一种最佳移动平均线?只有收市价最适合计算移动平均值吗?同时采用好几条移动平均线,是不是效果更好?是简单的移动平均线,还是线性加权的移动平均线,或者还是指数加权移动平均线效果最好?是不是在某些情况下移动平均线表现得好,而在有的情况下则表现一般?

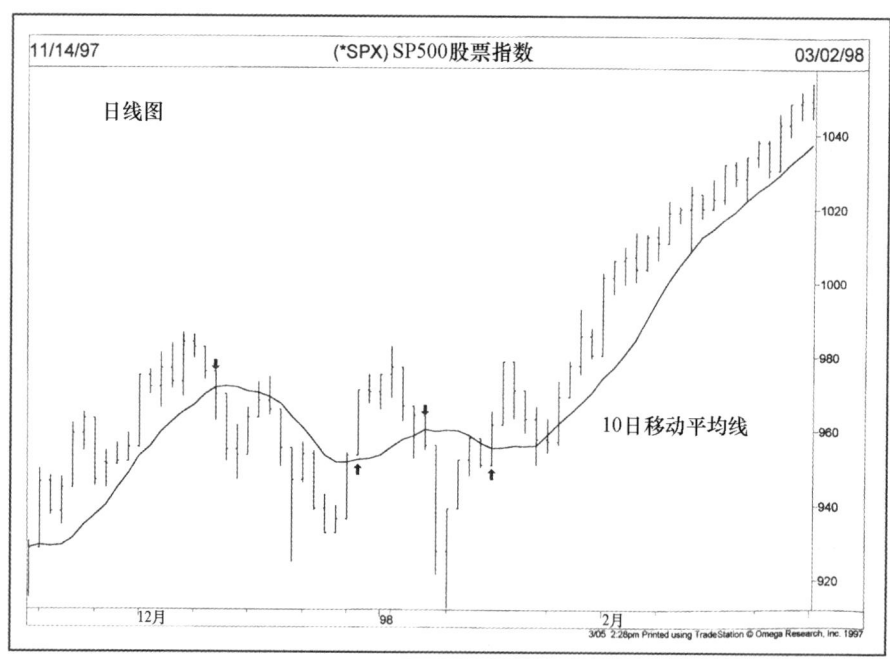

图9.1(a) 在标准普尔500指数日线图上,添加了一条10天移动平均线。在市场最终转折向上之前,价格曾经数度穿越移动平均线(参见箭头所指处)。在随后的上涨行情中,价格始终处在移动平均线的上方。

其实,围绕着移动平均线的用法,还有许多问题有待解答。在本章我们要解决其中的许多疑问,并且还要就移动平均线的一些最通常的用处列举示例。

移动平均线:
具有滞后特点的平滑工具

移动平均线实质上是一种追踪趋势的工具。其目的在于识别和显示旧趋势已经终结或反转、新趋势正在萌生的关键契机。它以跟踪趋势的进程为己任。我们也可以把它看成弯曲的趋势线。然而,这里必须明确,正统的图表分析从不企图领先于市场。移动平均线也不例外,它也不超前于市场行为,它追随着市场。它从不预期,而是仅作反应。仅当事实发生之后,它才能告诉我们,新的趋势已经启动了。

移动平均线是一种平滑工具。通过计算价格数据的平均值,我们求得一条起伏较为平缓的曲线。从这条较平滑的曲线上,我们大大地简化了探究潜在趋势的工作。不过,就其本质来说,移动平均线滞后于市场变化。较短期的移动平均线,比如 20 天的平均线,比 200 天的平均线更贴近价格变化。可是,尽管较短期的平均线能减小时滞的程度,但绝不能彻底地消除之。短期平均线对价格变化更加敏感,而长期移动平均线则迟钝些。在某些市场上,采用短期移动平均线更有利。而在另外的场合,长期平均线虽然迟钝,但更能发挥所长(图 9.1a 和 b)。

平均哪种价格

在上面的例子中,我们所采用的平均值都是从收市价中计算得来的。一般认为,收市价是每个交易日最重要的价格,因此,在构造移动平均线时用得最普遍。不过朋友们也应该了解,有些分析者更愿意使用其他的价格。比如,有些人更偏好使用所谓中间价,即当日价格区间中点的价格。

有些人也采用收市价格,但是他们是把每天的最高价、最低价和收市价加在一起,然后除以 3,再代入移动平均值的计算式。还有些人则针对每天的最高价和最低价,分别求出两条移动平均线来,最后得到一条"价格带"。在这种方法中,有两条移动平均线,它们相互分开,中间形成了一条所谓价格波动的"容器",或称"包容带"。尽管有这些变通的做法,在移动平均线的算法中,最常用的仍然是收市价格(或者说,结算价格)。在本章中,我们要把主要精力集中在它身上。

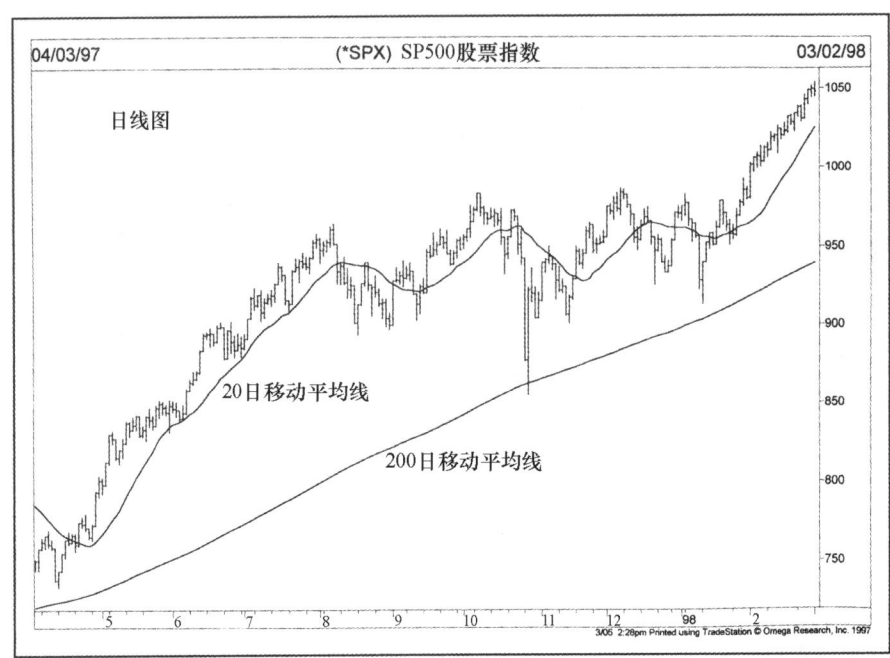

图9.1(b) 本图比较了20日移动平均线和200日移动平均线的情况。从8月到次年1月,当市场处在横向整理阶段时,价格曾经数次来回穿越较短期的移动平均线。但是,在整个横向整理期间,它们始终保持在200日移动平均线之上。

简单移动平均值

所谓简单移动平均值,即算术平均值,它最常用。但是,也有人怀疑其效果。主要的疑问有两个。第一个疑问是,每个平均值仅仅把它所覆盖的那段日子(例如最近10天)包括进来。第二个疑问是,简单移动平均值对其中每一天都一视同仁。例如在10天平均值中,最近10天中每一天的分量都同当天的一样,每天的收市价格都占有10%的权重。在5天平均值中,每天的权重都是20%。有些分析者认为,距当前越近的日子的价格变化应当具有越大的权重。

线性加权移动平均值

为了解决上述权重问题,有人提出了"线性加权移动平均值"的概念。在这种算法中,如果以10天平均值为例,那么,第10天的收市价要乘以10,第9天乘以9,第8天乘以8,依此类推。这样,越后来的收市价,权重越大。当然,下一步,我们要把其总和除以上述乘数的和

（在本例中为 55：10+9+8+…+1 = 55）。无论如何，线性加权平均值法依然没有解决前一个问题，即它仍然仅仅包含平均值移动区间内的价格。

指数加权移动平均值

这是一种更为复杂的平均方法，称为"指数加权移动平均值"，它一举解决了简单平均值法所面临的两种责难。首先，指数加权平均值给较后来的价格以较大的权重，由此，它属于加权平均值的性质。另外，尽管它给予过去价格的权重较小，却的确囊括了自金融产品上市以来所有的历史价格。此外，使用者还可以调整参数，给最近的行情数据赋予更大的或者更小的权重。具体做法是，给最后一天的价格设定一个百分比值作为权重，再把前一天的移动平均值乘以剩下的百分比值，两者相加。上述两个百分比值之和为 100。举例来说，可以把最近一个交易日价格的百分比值设为 10%（0.10），把之前一天的移动平均值乘以 90%（0.90）。如此一来，最近一天在总权重中占比 10%，相当于 20 日移动平均值。如果把最近一个交易日的百分比值设得小一点，如 5%，那么最后一天的价格所占的权重也就较小，所得的移动平均值对最近价格的敏感度就低一点。这就相当于 40 日移动平均值（图 9.2）。有了计算机的帮助，上述各种计算方法都很容易实现。你只需选择计算移动平均线的天数——如 10、20、40 等，再选择你需要的移动平均值计算方法——简单的、加权的或者指数加权的。不仅如此，你还可以随意选择在一张图上添加移动平均线的条数——一条、二条或三条。

单独采用一条移动平均线

技术分析者最常用的是简单移动平均线。我们的讨论也主要集中于这种方法。有些交易商只采用一条移动平均线来产生趋势信号。在日线图上，我们把移动平均值伴随着每天的价格图线，逐日点出。当收市价格升高到移动平均值之上后，就产生了买入信号。当收市价低于移动平均值后，就出现了卖出信号。有些分析者为了进一步验证上述信号，还希望看到移动平均线本身也朝穿越的方向变化（图 9.3）。

如果我们采用非常短期的移动平均线（如 5 天或 10 天平均线），移动平均线就非常贴近收市价格的轨迹，并时常出现穿越现象。这些穿越信号可能是有效的，也可能是错误的。如果我们采纳这些极为敏感的移动平均线信号，就会导致较多的交易次数（因而交易费用更高昂），并引发较多的伪信号（拉锯现象）。如果平均线过于敏感，有些短期的随机价格变化（或称"噪声"）就可能会激发错误的趋势信号。

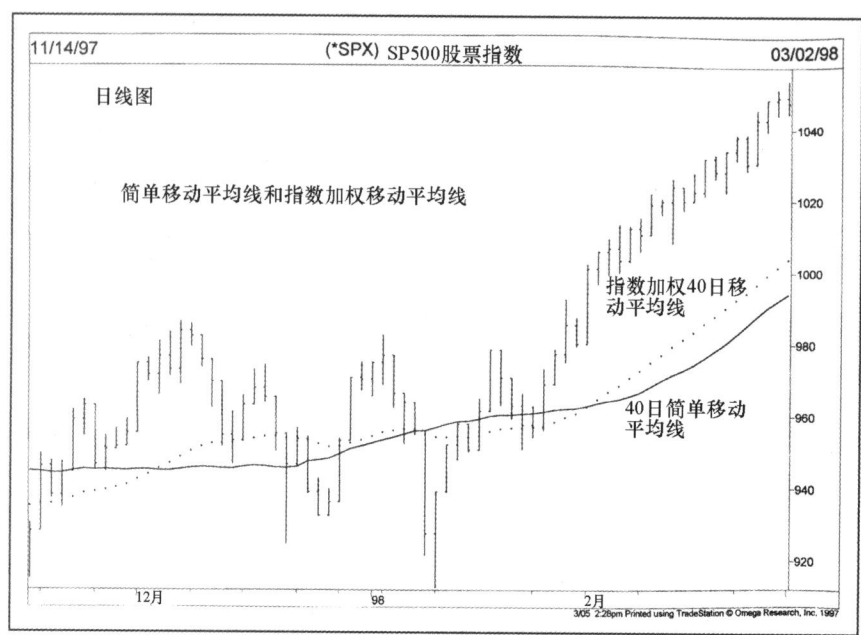

图9.2 40天指数加权移动平均线(点线)比40天简单算术移动平均线(实线)更灵敏。

图9.3 如左侧的圆圈所示,10月份,价格下跌到50日移动平均线之下。当移动平均线本身也转折向下时,进一步加强了上述卖出信号(参见左侧箭头所指处)。1月份出现了一个买入信号,当移动平均线本身也转而向上后,买入信号得到了验证。

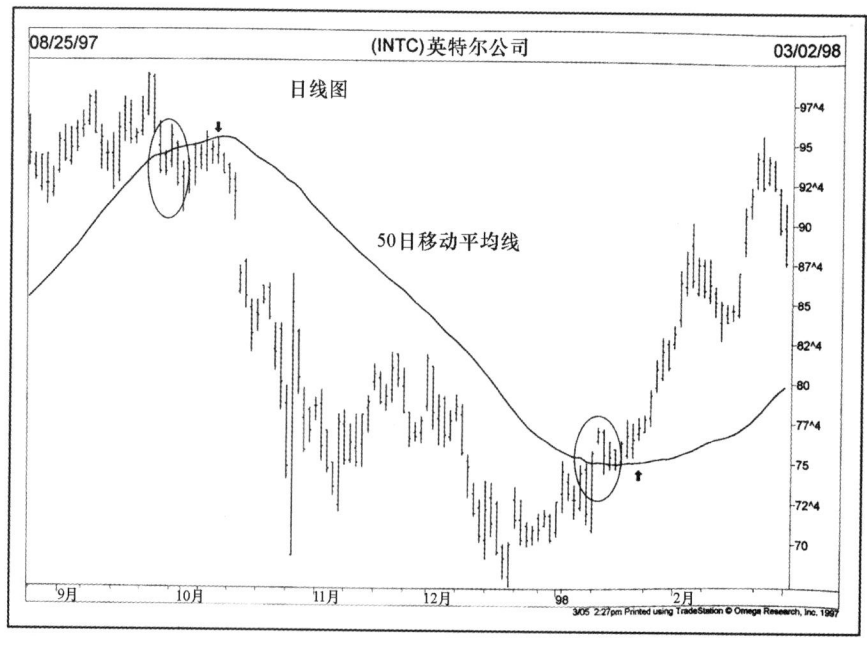

较短期的平均值产生较多的伪信号,不过利弊总是不分家的,从另一方面来看,它能更及时地揭示趋势信号。这很合情理,因为平均值越敏感,则信号出现得越早。因此这里也有一番取舍的功夫。我们的窍门是,力求找出最合适的移动平均线,一方面它很灵敏,足以及时地产生信号,另一方面它又相当迟钝,足以避开大部分随机的"噪声"(图9.4)。

　　下面我们把上述比较再深入一步。当趋势持续时,较长期的平均线表现较佳。但是在趋势反转时,它的缺点就暴露无遗了。因为较长期平均线较为迟钝,它原本是从更远的距离外追踪趋势的,这样才在追随趋势的过程中,不容易与短期的调整搅在一起。正因其迟钝,当趋势反转时,它也不能及时反映出来。因此,我们给出另一个推论:只要趋势持续,那么较长期平均线就作用良好,但是当趋势处于反转过程时,较短期的平均线更适用。

　　于是,我们清楚了,单独采用一条平均线的做法有好几处缺陷。通常,组合使用两条移动平均线更好。

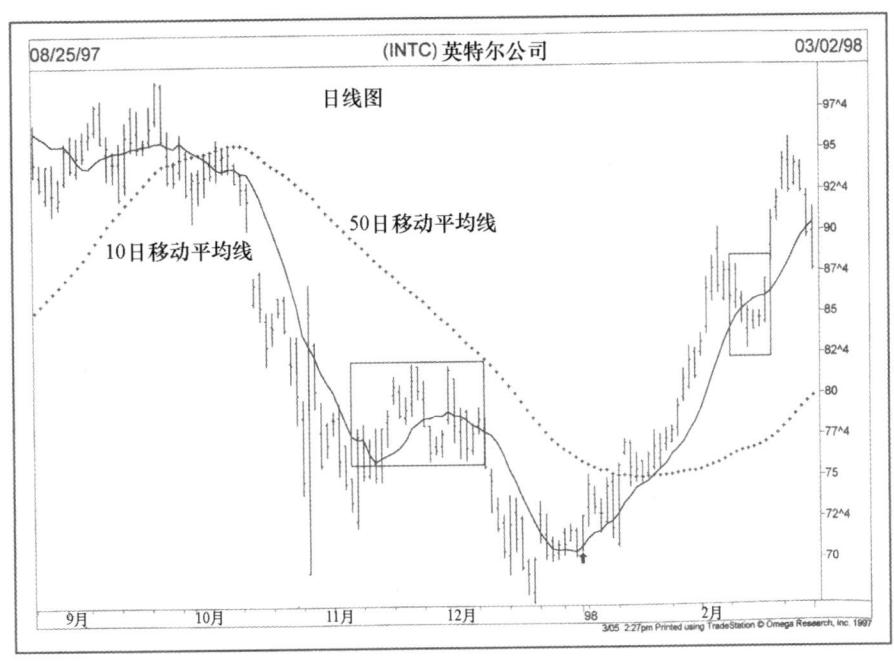

图9.4　短期移动平均线更早给出信号。长期移动平均线更慢,但更可靠。本图10日均线在底部率先转而向上。但是,它在11月间曾经过早发出买进信号,在2月份发出了错误的卖出信号(参见方框处)。

怎样利用两条移动平均线产生信号

这种技术称为"双线相交法"。就是说,当短期平均线向上穿越长期平均线时,构成买入信号。例如,两条平均线分别为5天和20天的移动平均线,或者是10天和40天的移动平移线。这是两种流行的移动平均线组合。在前一种情况下,当5天平均线向上穿越20天平均线后,构成买入信号;而当5天平均线向下穿越20天平均线后,形成卖出信号。在后一种情况中,当10天平均线向上穿越40天平均线时,则为上升趋势信号;当10天平均线向下穿越40天平均线时,则为下降趋势信号。同采用单移动平均线法相比,采用双移动平均线法在时间上滞后于市场更多一些,但由此也减少了拉锯现象(图9.5和9.6)。

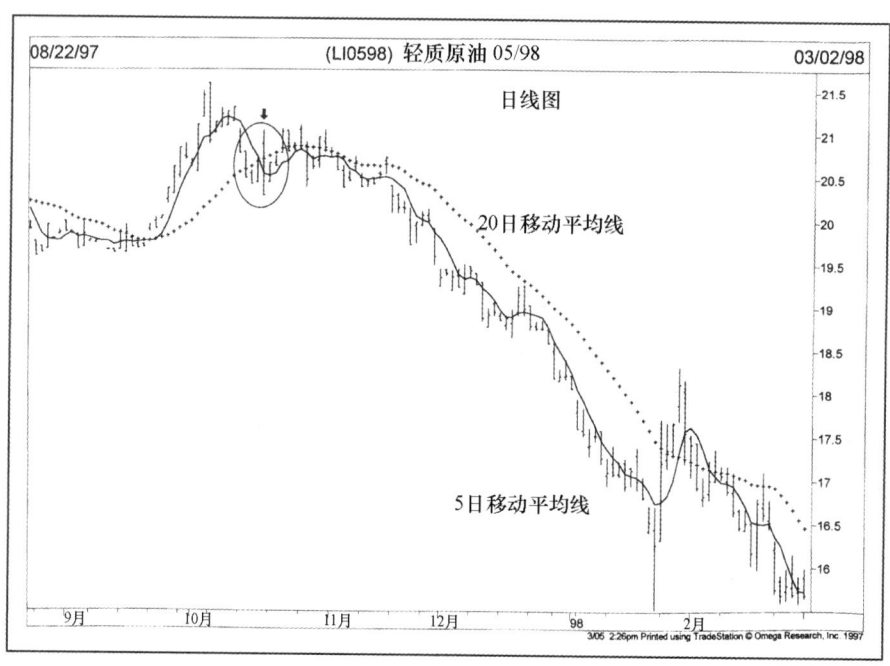

图9.5 双线相交法运用了两条移动平均线。在期货交易商中,5日和20日移动平均线的组合很流行。本图为原油行情。10月,当5日移动平均线向下跌过20日移动平均线时(如图中圆圈所示),捕获了后来的整个下降趋势。

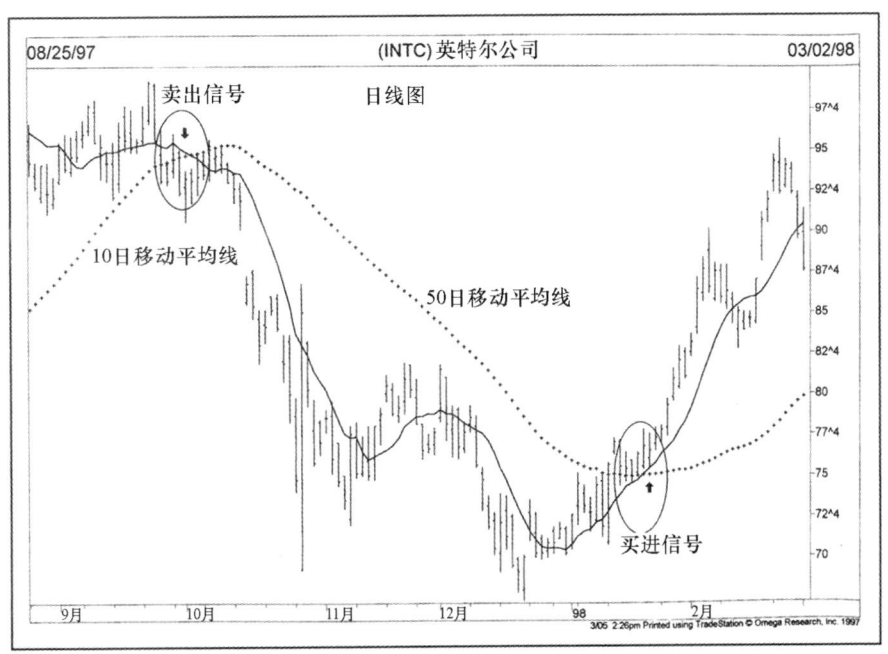

图9.6 股市交易商采用10日和50日移动平均线的组合。10月,当10日移动平均线向下穿越50日移动平均线时(图中左侧的圆圈),发出了时机精当的卖出信号。1月间,发生了看涨的穿越信号(图中右侧的圆圈)。

三条移动平均线相结合,
或曰三重交叉法

既然两条移动平均线似乎比一条更好,那么,如果把三条平均线相组合,就该胜过两条平均线的组合了。基于这样的设想,就有了三重交叉方法。最常用的三重交叉法系统,要数4—9—18天移动平均线的组合。这个概念最先出自R·C·艾伦1972年的著作《怎样从商品市场发财》。稍后,在1974年,他还有《怎样利用4天、9天、18天移动平均线的组合从商品市场获取更多利润》。在商品市场,5天、10天和20天移动平均线是使用得最广泛的几种,4—9—18天系统其实只是它的一种变化。目前,许多商业化图表服务都提供4—9—18天移动平均线的组合(许多行情图表软件采用4—9—18天组合作为三移动平均线系统的默认参数)。

怎样利用4—9—18天
移动平均线系统

我们已经指出,移动平均线的时间越短,则它追随价格趋势时,越

移动平均线

贴近价格。由之可以推论,在这种组合中,最短期的 4 天平均线最贴近价格趋势,9 天平均线次之,18 天平均线最远。因此,在上升趋势中,合理的排列应当为,4 天平均线高于 9 天平均线,而后者又高于 18 天平均线。在下降趋势中,顺序正相反,4 天平均线最低,9 天平均线次之,18 天平均线居上(图 9.7a 和 b)。

在下降趋势中,当 4 天平均线同时向上越过了 9 天和 18 天平均线后,则构成买入的预警信号。随后,一旦 9 天平均线也向上越过了 18 天平均线,则该预警就得到了验证,说明上述买入信号成立。这样一来,就使 4 天平均线居于 9 天平均线之上,而 9 天平均线又居于 18 天平均线的上方。在市场调整时,偶尔也许会有三线绞混的情况,但上升的大趋势不变。有些交易商在这种三线绞混的过程平仓获利,也有人以之作为买入机会。显然,在应用本规则时,有很大的变通余地,这取决于当事人的交易风格。

当上升趋势反转为下降趋势时,首先发生的情况是,最短期的(也是最敏感的)平均线——4 天平均线——向下跌破 9 天平均线和 18 天平均线。这还只是卖出的预警信号。不过,也有人会利用这个交叉信号,作为充分的理由卖出平仓,了结原有的多头头寸。随后,如果中等天数的平均线——9 天平均线——也向下跌破 18 天平均线,则卖出信号得到确认。

移动平均线包络带

在一根移动平均线上下两侧构建两条包络线,可以拓展单移动平均线的用法。采用百分比包络线,有助于判断市场行情是不是向上或向下过度延伸了。换句话说,包络线可以告诉我们,价格是不是偏离移动平均线太远了。为了达成这个目的,我们从原有的移动平均线出发,把它分别向上和向下移动一定的百分比,得到两条包络线。举例来说,短线交易商常常在 21 日简单移动平均线的上下添加 3%包络线。当价格触及某一条包络线时(距离移动平均线 3%),则认为短线趋势朝这个方向过度延展了。在进行长线分析时,人们可能采取 10 周移动平均线,并给它添上 5%的包络线;或者采用 40 周移动平均线和 10%的包络线(图 9.8a、b)。

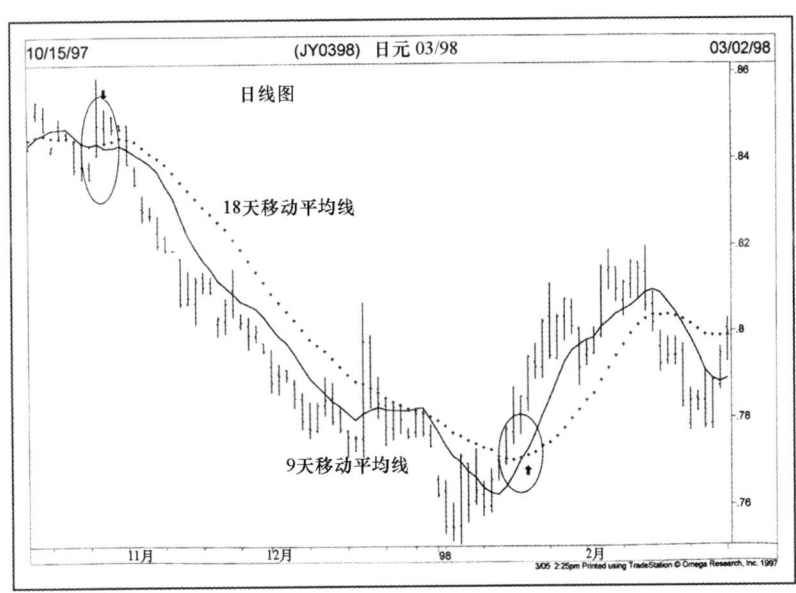

图9.7(a) 期货交易商喜好9天和18天移动平均线的组合。10月下旬,当9天移动平均线向下穿越18天移动平均线时,发出卖出信号(如第一个圆圈所示)。1998年初,当9天移动平均线向上穿越18天移动平均线时,给出买入信号。

图9.7(b) 在期货交易商圈内,4—9—18天移动平均线组合也流行甚广。在图表底部,首先是4日移动平均线(实线)转而向上,并向上穿越了另外两条移动平均线。然后是9日移动平均线向上穿越18日移动平均线(参见圆圈处),这标志着行情底部已经形成。

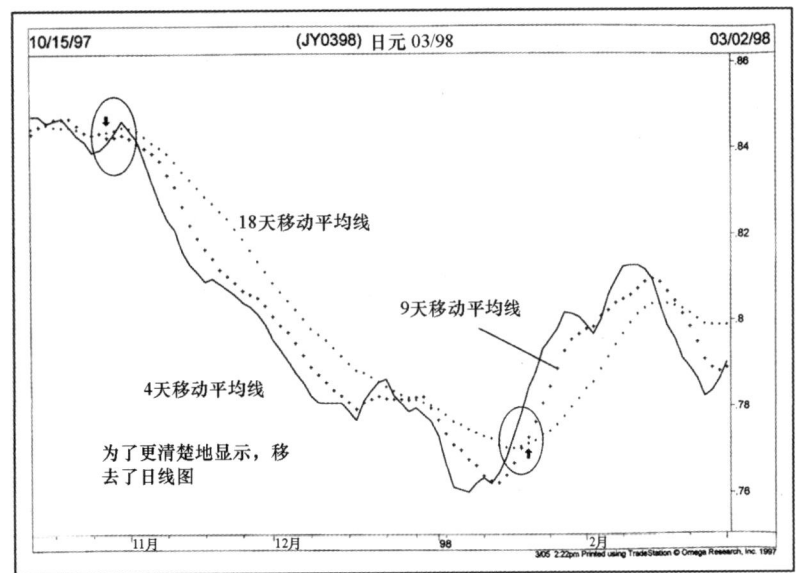

移动平均线

博林杰带(又译为"布林线")

本技术是约翰·博林杰始创的。和移动平均线包络带技术相似,也在一条移动平均线的两侧构建两个交易带。不过,博林杰带不是把移动平均线简单地向下、向上偏移一定百分比,而是向下向上偏移两个标准差。博林杰带通常采用 20 日移动平均线。标准差是一个统计学概念,表示过去 20 日价格围绕移动平均值分布的偏离程度。把移动平均线分别向上和向下偏移两个标准差,可以确保 95% 的价格资料分布在这两条交易线之间。一般说来,当价格向上触及上方的交易线后,则认为市场向上过度延伸了(超买状态);当价格向下触及下方的交易线后,则认为市场向下过度延伸了(超卖状态)(图 9.9a、b)。

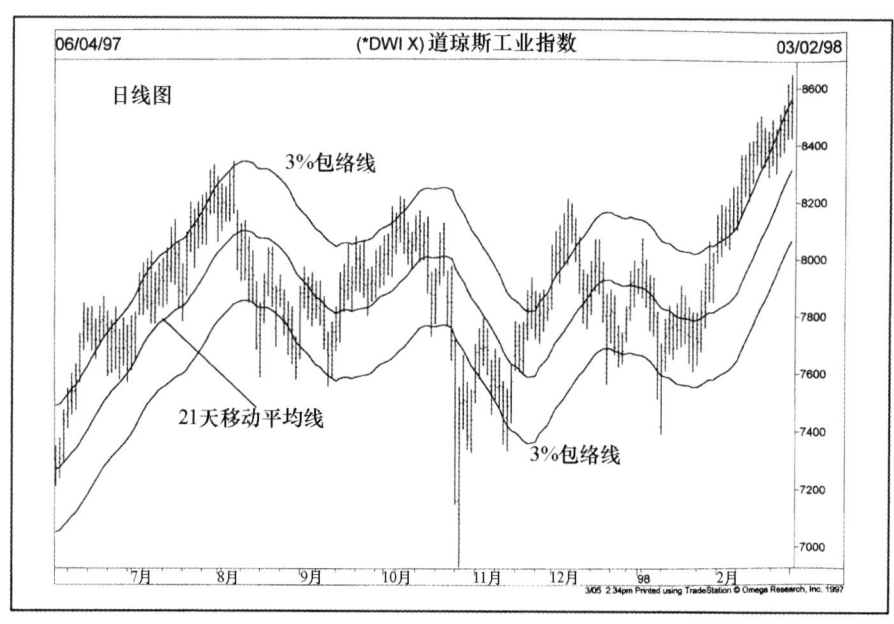

图 9.8(a) 在道琼斯指数的 21 日移动平均线的上、下方,分别绘制了 ±3% 的两条包络线。如果市场波动超出包络带的范围,往往意味着股市行情延伸过度了。

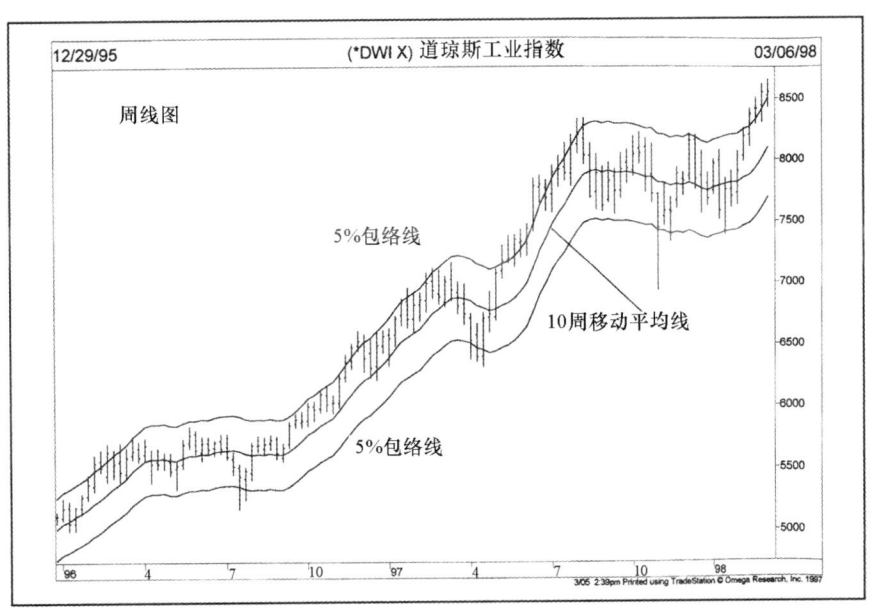

图 9.8(b) 从事较长期分析时,一般在 10 周移动平均线的上、下方分别绘制 ±5%的包络线。当市场波动超越了包络线时,有助于识别市场的极端状态。

图 9.9(a) 在 20 日移动平均线的上、下方绘制博林杰带。从 1997 年 8 月到 1998 年 1 月,市场处在横向波动阶段,不断地触及上、下方的博林杰带。后来,一旦上升趋势恢复后,市场价格就保持在上侧博林杰带和 20 日移动平均线之间的上半个区间中。

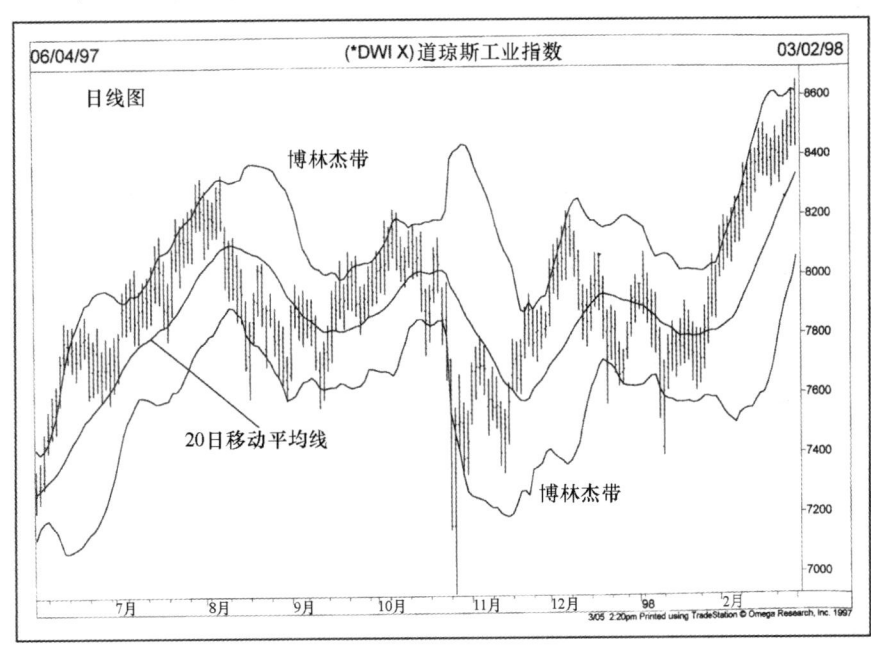

移动平均线

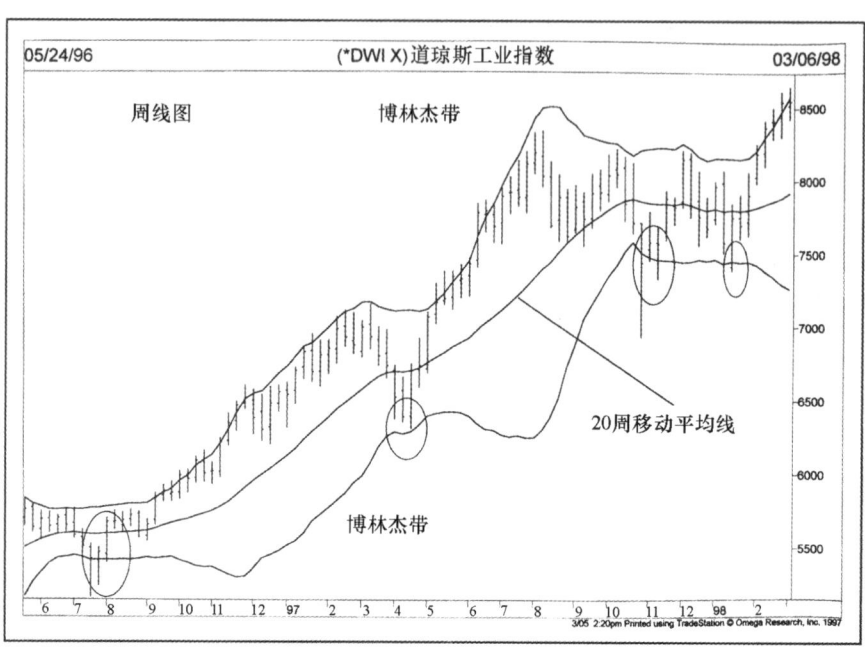

图 9.9(b) 博林杰带在周线图上也有作用,这里我们采用 20 周移动平均线为中线。每当市场向下触及博林杰带的下边线时(参见圆圈处),总是标志着一个重要的市场底部,构成买进机会。

以博林杰带作为价格目标

博林杰带最简单的用法是分别以上、下交易线作为价格目标。换言之,如果价格从下方交易线上触底反弹,并向上穿越了 20 日移动平均线,则上方的交易线就成为本轮行情的价格目标。反之,当价格向下穿越 20 日移动平均线后,可能以下方的交易线作为价格目标。在强劲的上升趋势中,通常价格只在上方交易线和 20 日移动平均线之间波动。在这种情况下,当价格向下穿越 20 日移动平均线时,构成了趋势向下反转的警告信号。

博林杰带的上、下宽度标志着市场波动性

博林杰带和移动平均线包络线存在一个重大差别。移动平均线包络带的上、下宽度始终保持在固定的百分比上,而博林杰带的宽度则随着过去 20 日的市场波动率而不断地扩大或缩小。在价格波动率上升期间,博林杰带的宽度将扩大。反过来,当市场波动率处于低潮时,博林杰带的宽度将缩小。博林杰带倾向于形成扩张和收缩的相互交替。当博林杰带的两条交易线不同寻常地相互远离时,常常是一个信号,表

· 174 · 移动平均线

示当前趋势也许即将终结。当博林杰带的两条交易线收缩得过窄时，常常也是一个信号，表示市场可能即将发动新的趋势。博林杰带也可以应用于周线图或月线图，对应于日线图的 20 日移动平均线，分别采用 20 周移动平均线和 20 月移动平均线。如果把博林杰带和超买/超卖摆动指数结合起来使用，则效果最佳。下一章讲解摆动指数（参见附录 A，那里对价格带技术做了进一步介绍）。

移动平均线取中

从统计学角度来看，更准确的做法是把移动平均线"取中"。就是说把每个移动平均值都画在它所覆盖的时间区间的中点上。比如说，与通常的做法相比，10 天移动平均线就要向前移 5 天。20 天的移动平均线则应向前移 10 天。不过，移动平均线取中有个重要缺陷，就是由之产生的趋势改变的信号实在过于滞后。因此，通常，我们还是把移动平均值放在它所覆盖的时间区间内的最后一天，而不是中点。取中技术一般只用在周期分析中，以分离各种潜伏的市场周期。在第十四章我们讨论趋势分解的时候，对取中的移动平均线会有更多的介绍。

移动平均线与周期现象关系密切

许多市场分析者相信，在市场运动中，时间周期起着重要作用。因为时间周期具有重复再现的特点，并且可以定量测算，所以，我们有可能预测市场出现顶或底的大致时间。从为时 6 日的短期周期开始，一直到长达 54 年的康德拉蒂耶夫周期，许多种时间周期同时并存。这是个迷人的技术分析领域，第十四章对此详加阐述。

我们在这里引入周期概念，只是为了说明以下一点：影响某市场的主流周期与这个市场上最恰当的移动平均线之间，似乎颇有关联。换句话说，我们应按照每个市场的主流周期，来相应地调整移动平均线的天数。

看来，移动平均线和周期确实有一定的关系。举例来说，在所有的商品市场上，月周期都是最广为人知的。每个月有 20～21 个交易日。每个周期都倾向于按照两倍的因子，与其上一级长周期，或者下一级短周期以谐波方式相互呼应。这就是说，上一级长周期是本周期长度的双倍,下一级短周期则是本周期长度的一半。

于是,我们从月周期上或许就能解释 5 天、10 天、20 天和 40 天移动平均线之所以流行的缘故。月周期的长度是 20 天。40 天移动平均值是 20 天的两倍。10 天移动平均值是 20 天的一半,5 天移动平均值又是 10 天的一半。

在较为通用的移动平均线中(包括 4 天、9 天和 18 天移动平均值,它们分别是从 5 天、10 天和 20 天中导出的),有不少可以用周期的影响以及各级周期之间的谐波关系加以解释。碰巧的是,四周周期也有助于解释四周规则成功之所在。本章稍后就要讲四周规则,以及它的"小兄弟"——二周规则。

菲波纳奇数字在移动平均线法中的应用

在关于艾略特波浪理论的一章中,我们将介绍菲波纳奇数列。不过,在这里我们先要指出,这个神奇的数列——例如 13,21,34,55,等等——在移动平均线法中看来也颇有用武之地。这一点不但对于日线图成立,而且在周线图中也适用。在日线图中我们曾提到 21 天移动平均线,这也是个菲波纳奇数字。在周线图上,不管是在股票市场,还是在商品市场,均证明 13 周移动平均线很有价值。关于这些数字的深入探讨,我们留给十三章。

移动平均线适用于长期图表分析

移动平均线方法还可以应用在更长期的趋势分析上,我们不应该忽视这个方面。在股市分析中,长期的移动平均线,例如 10 周或 13 周平均线,与 30 周平均线的组合使用方法,可以说由来已久了,但在商品期货市场上,它们还未受到应有的重视。在期货连续周线图和股市行情图上,我们可以用 10 周与 30 周移动平均线的组合来追踪开始于数年之前的主要趋势(图 9.10)。

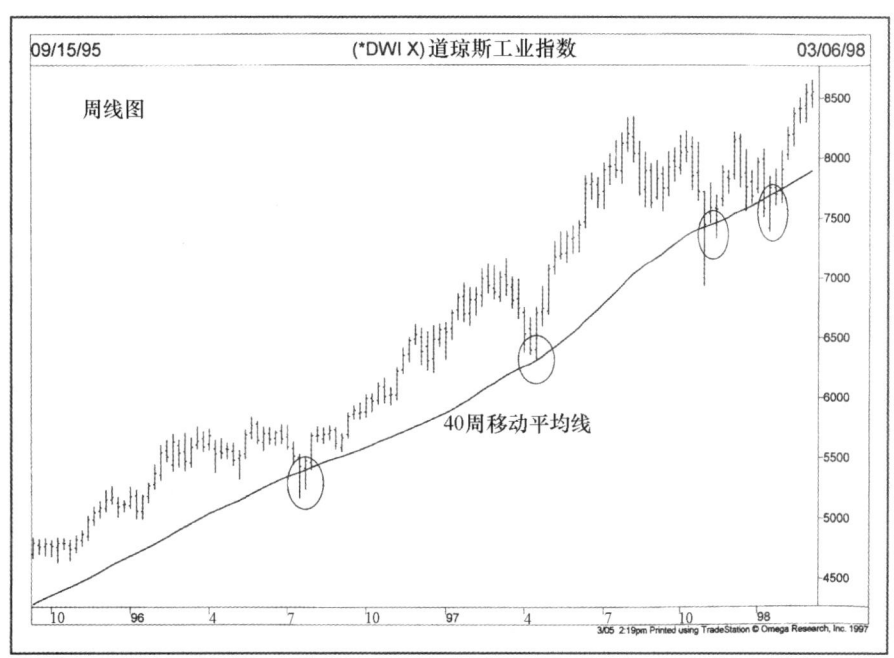

图9.10 在周线图上,移动平均线具有极高的参考价值。如果市场处于牛市行情中,当市场回落调整时,40周移动平均线会提供支撑,本图就是很好的实例。

关于移动平均线法的一些争论

移动平均线的信号指示我们顺着趋势的方向交易。这一点正符合期货交易中最源远流长的一些成功要诀,是移动平均线法最大的优越性之一,也解释了它如此流行的原因。作为一种追随趋势系统,它总是顺着趋势方向交易。这种方法"让利润充分增长,把损失限于小额",听来耳熟吧?每个新手肯定都碰到过这条历久恒新的法则。这里所要强调的是,移动平均线法正是以上述原则为基础,通过具体的买、卖信号,促使使用者遵守了这些原则。

无论如何,因为移动平均线在本质上是追随趋势的,所以当市场处于良好的趋势阶段时,其工作状态最佳。而当市场忽上忽下,进入了横向延伸阶段后,则表现很糟。而后者所占的时间常常达到了 $1/3 \sim 1/2$。

事实上,移动平均线法在相当多的时间内不能发挥所长。正因为这个容易被忽视的理由,我们不能过分依赖移动平均线技术。我们反复强调,技术型交易商必须掌握一整套技术工具。在市场趋势良好的时期,移动平均线法无懈可击,那就不妨打开自动交易系统,自己去钓一阵子鱼。而市场处于其余场合时,采用非趋势顺应系统,比如超买—超卖摆动指数,更合适。(第十五章介绍一种名为 ADX 的指标,它能够告诉我们什么时候市场是趋势性的,什么时候是非趋势性的,有助于揭示市场气候到底是有利于趋势性的移动平均线技术,还是有利于非趋势性的摆动指数技术。)

移动平均线作为摆动指数

比较两条移动平均线之间的差距,是构造摆动指数的一个办法。由此,双移动平均线相交法就有了新的意义,用途更广泛了。在第十章,我们将介绍它的具体做法。在这一章的前面部分,曾提到两条指数加权移动平均线相比较的话题,该方法称为移动平均线相互验证/相互背离交易法(MACDTM),它主要用作摆动指数,因此,我们也要把关于这一技术的讲解放到第十章。

移动平均线法应用于
其他技术资料

实质上,我们可以把移动平均线法应用于各种技术数据或者技术指标。既可以把它应用于持仓量和交易量数据,包括权衡交易量,也可以把它应用于各种技术指标:差价和比价。当然也可以应用到摆动指数。

周 规 则

在我们设计跟踪趋势系统的时候,除了移动平均线外,也有别的选择。其中最著名也最成功的技术之一,称为周价格管道,或简称周规则。本方法也具有移动平均线的许多优点,而且省了不少麻烦,使用起来也简便一些。

在过去 10 年中,随着计算机技术的进步,关于建立技术性交易系统的问题,人们进行了大量的研究。这些系统在本质上是自动化的,消除了人类情感和主观判断的影响。另一方面,它们也越来越臻于复杂。起初用的是简单的移动平均法,后来,又加入了双移动平均线交叉、三移动平均线交叉的内容,再后来,又把移动平均值线性加权、指数加权。上述系统的首要目的依然是追随趋势,即首先识别趋势,然后顺着既有趋势的方向交易。

不过，随着越来越复杂、越来越富于想象力的系统和指标的出现，也有些不妥的倾向。人们往往忽视了那些简单、基本的工具，而它们的效果相当好，经受住了时间的考验。下面我们就来说说其中一种最简便的方法——周规则。

1970年，邓恩和哈吉特公司的金融服务部门推出了一本《交易商手册》。该公司位于印第安纳州的拉法叶镇。其中对当时最流行的商品自动交易系统进行了模拟测试和比较研究。该项研究的最后结果表明，在所有的测试对象中，"四周规则"系统最为成功。这种系统是由理查德·唐迁创立的，他被推崇为商品期货自动交易系统领域的先驱（在1983年，《投资账户管理报道》推举唐迁为首届"最佳获利奖"得主，表彰他对商品市场资金运作领域的巨大贡献。该机构目前向后来的受奖人颁发"唐迁奖"）。

路易斯·卢凯克完成了这方面最新的研究工作。他原先是邓恩和哈吉特公司的研究主管，现在是魔法交易系统公司的总裁，是马萨诸塞州的注册期货分析师。这些研究支持之前的结论，即类似于周规则的突破信号系统或者管道信号系统前后一贯地展现出优良的交易业绩（卢凯克等）[1]。

四周规则

四周规则主要应用于期货交易。

根据四周规则建立的系统很简单：

1. 只要价格涨过前四个日历周内的最高价，则平回空头头寸，开立多头头寸。

2. 只要价格跌过前四个周内（照日历算满）的最低价，则平回多头头寸，建立空头头寸。

如上所述，本系统属于连续工作性质（连续在市），即系统始终持有头寸，或者是多头，或者是空头。一般地，连续在市系统具有一个基本的

---

[1] 参见文献目录

1975~1984年的行情中他测试了12套系统，其中只有4套系统产出了显著的利润。在这4套系统中，两个属于管道突破信号系统，1个属于双移动平均线交叉信号系统。后来，卢凯克和布鲁尔森在《金融评论》杂志（1990年11月）上发表了一篇更详细的研究报告，采用1976年到1986年的行情数据，比较了23套技术交易系统。管道突破信号系统和移动平均线系统的成绩再一次名列榜首。卢凯克最后总结道，无论他打算测试和开发什么类型的技术交易系统，总要从管道突破信号系统着手，这是他个人的最佳选择。

缺陷。当市场进入了无趋势状态时,它仍处在市场中,难免出现"拉锯现象"。我们曾经强调过,在市场处于这种无趋势的横向状态时,趋势顺应系统效果很差。

我们也可以对四周规则进行修正,使之不连续在市。办法是采用较短的时间跨度,比如一周或二周,作为平仓的信号。换言之,必须出现了"四周突破",我们才能建立头寸,但是只要朝相反方向的一周或二周的信号出现,就平回该头寸。之后,交易商将居于市场外,直到下一个四周突破信号出现再入市。

本系统坚实地建立在技术分析原理之上。信号自动给出,并且清晰、分明。因为它是顺应趋势的,所以实际上能够保证,每当市场出现重大趋势时,用户总站在正确的一边。同时,它的结构也体现了关于成功交易的一句老生常谈的格言——"让利润充分增长,把损失控制在小额"。本系统还有一个特点,由之引生的交易往往不太频繁,所以其佣金成本较低。这一点,正是很多资金管理者所重视的,因而这种系统(或其变体)很流行。最后一点,既可以应用计算机来实施本系统,也可以不用。

周规则也有自己的反面意见。同所有趋势顺应系统所遭受的指责一样,反对者怪它不能捕捉顶或底。那么,趋势顺应系统到底做了些什么呢?请记住,最重要的一点是,四周规则的表现同绝大多数趋势顺应系统一样漂亮,甚至超过其中许多种方法;同时,它还有个长处:惊人地简明。

对四周规则的修正

我们对四周规则的讨论是对其原形展开的,不过,它也具备许多种修正和改进形式。首先,我们并不是非得把本规则运用于交易系统不可。我们也可以把周规则的信号简单地看作一种技术指标,由之来辨识价格突破、趋势反转等信号。周规则的突破信号也可以辅助其他技术,比如移动平均线等,起到与过滤器类似的验证作用。一周和二周规则便是极佳的过滤器。因此,当移动平均线的交叉信号出现后,为了确定是否依照这个信号开立头寸,我们必须根据二周规则,考察在其相同方向是否也有两周规则的突破信号。

根据灵敏度要求调整时间跨度

根据风险管理和灵敏度的具体需要,我们可以相应地扩大或缩短周规则的时间跨度。举例来说,如果我们要求系统更灵敏,则可以缩短时间跨度。当市场急剧上升,从而价格相对地处于"高处不胜寒"的境地的时候,我们就可以缩短时间跨度,使系统更灵敏。假定我们已经根据四周规则的向上突破信号,建立了一个多头头寸,那么,就可以把保护性止损点设置在过去两周的最低价的下方。如果随后市场急剧上冲,交易商试图采用更紧凑的保护性止损方法来监控该多头头寸的话,那么还可以选用一周规则来设置止损点。

当市场处于横向伸展的情形时,那些相趋势而动的交易者袖手旁观,专心等待重要趋势信号的出现,那么这时,就可以把时间跨度扩张到八周。这样,就能够避免开立短线的头寸,免得陷足于时机不成熟的趋势信号中。

把四周规则与周期联系起来

本章前面曾交代,在期货市场上,以月为长度单位的周期具有重要意义。在所有的市场上,为时四周(或20天)的周期都是极为显著的。这或许说明了利用四周这种时间区间为何如此成功。它可能是最佳的时间跨度。请注意,我们也曾提及一周、二周以及八周规则。根据周期分析中的谐波理论,每个周期都与它相邻的周期成倍数关系(上一级周期是其两倍,下一级周期是其1/2)。

在讨论移动平均线的时候,我们曾指出,月周期加上谐波理论,解释了5天、10天、20天和40天移动平均线盛行的原因。同样的道理,在四周规则上也适合。如果我们把上述天数换算成星期数,那么它们分别就是一周、二周、四周和八周。因此,对四周规则的最有效的修正是,以四周作起点,依次乘以2或除以2。在缩小时间跨度的时候,则从四周变为二周。如果要采取更短暂的时间跨度,那么甚至可以由二周而一周。在扩大时间跨度的时候,则从四周变为八周。因为本方法把价格与时间结合起来了,所以,谐波周期理论当然就起到了重要作用。我们把周期规则的时间跨度除以二以缩短之,乘以二以扩张之,这一做法着实可以从周期理论找到充分的根据。

四周规则是一种简单的突破信号系统,其理论基础来自显要的月周期。我们可以对当初的系统进行修正,通过较短的时间跨度——一周规则或二周规则——来达成平仓目的。如果用户希望系统更灵敏,那么也可以采用二周规则作为入市的信号。因为周规则的本意就是力图简便易行,所以,我们最好按照简明的方式来应用它。四周规则既简明,又实用,朋友们不妨一试(行情图表软件包可以帮你在当前价格图线的上方或下方绘制价格管道线,以便于识别管道突破信号。价格管道在日线图、周线图或月线图上都可以绘制(参见图9.11、图9.12)。

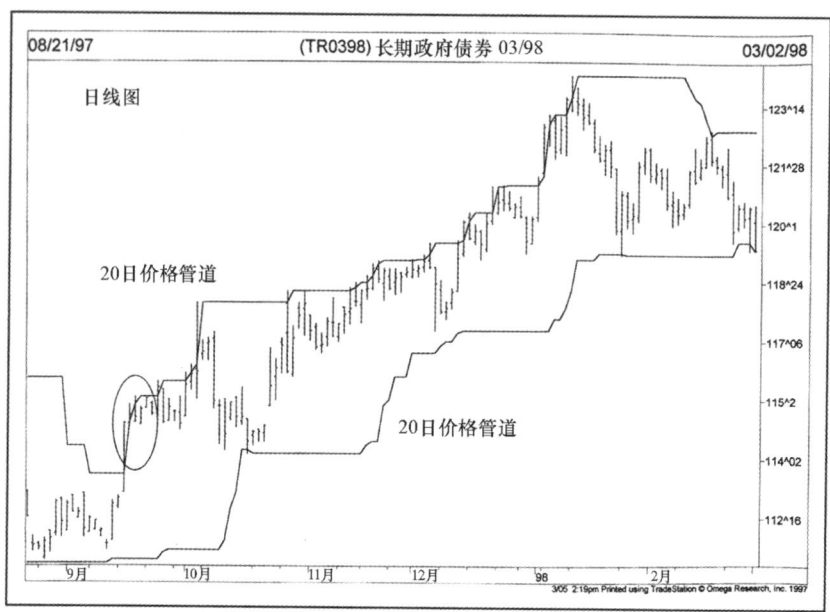

图9.11 本图把20日(四周)价格管道应用在长期政府债券期货行情上。当市场以收市价的形式向上突破20日管道的上边界时,发出买进信号(参见圆圈处)。仅当价格收市于管道的下边线之下时,才构成上述信号的反转信号。

图9.12 在SP500指数上添上4月价格管道。1995年初,价格突破了上边界(参见圆圈处),发出买进信号。该信号在此后的3年中始终维持有效。仅当价格收市于管道下边线之下,才发出卖出信号。

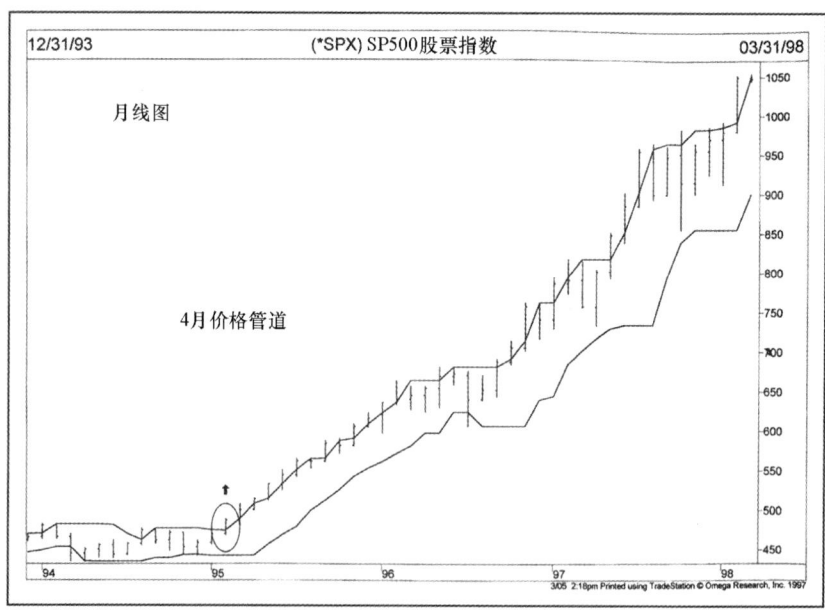

优化,还是不优化

本书第一版曾经花不少笔墨来介绍美林证券关于优化问题的详尽研究,他们利用1978~1982年的期货市场行情,对计算机化的交易技术进行了深入研究,发表了一系列报告。他们不遗余力地测试了移动平均线和管道突破系统的各种时间参数,力求为每个期货市场找出其最佳的参数组合。美林证券的研究报告为每个期货市场分别给出了优化的参数值。

绝大多数行情图表软件包都提供了优化信号系统和技术指标的功能。举例来说,你可以针对某个具体市场的历史行情,让计算机帮你找出表现最好的那种移动平均线或移动平均线组合,而不是千篇一律地在所有市场采取相同的移动平均线。我们也可以优化日线图、周线图的突破信号系统,实际上,本书介绍的所有技术指标都可以优化。

部分业者断然主张参数优化有助于改善交易业绩,部分业者则认为毫不相干。争论的核心就在于到底应该采用哪部分价格数据来优化。研究者强调,正确的优化程序应当是只采取一部分价格资料来求得最优的参数,然后采用另一部分价格资料来实际检验上述优化结果。利用"样本之外"的价格资料来检验优化的参数,有助于确保你将来在实际交易过程中真实体验的结果不至于和原先的预期相差过大。

到底是优化,还是不优化,取决于个人偏好。无论如何,绝大多数证据提示我们,优化并不是一些人想象中的"必杀绝技"。我一般建议那些集中跟踪少数几个市场的交易者尝试优化技术。为什么在长期政府债券或德国马克市场采用和玉米或棉花一模一样的移动平均线呢?股票市场的交易者则是另一码事。他们必须同时跟踪成千上万的股票,这足以说明他们大可不必优化。如果你专门交易少数几个市场,当然可以试着优化一下。如果你是多面手,同时跟踪很多市场,不妨在所有市场采用相同的技术参数。

总　　结

本章介绍了移动平均线方法的很多种花样。现在不妨返璞归真,再求简明。绝大多数技术分析者采用两个移动平均线的组合。这两个移动平均线通常为简单移动平均线。虽然指数加权移动平均线越来越流行,但是并没有确凿证据表明指数加权移动平均线比简单移动平线有任何改进。在期货市场,日线图上最常见移动平均线组合是 4 日和 9 日、5 日和 20 日,以及 10 日和 40 日。股票交易者更倚重 50 日(或 10 周)移动平均线。在股票市场进行更长期分析时,通行的周线图移动平均线是 30 周和 40 周(或 200 日)。博林杰带采用 20 日和 20 周移动平均线。20 周移动平均线可以转化为日线图上的 100 日移动平均线,这是另一种很有用处的移动平均线。管道突破系统在趋势性的市场行情下作用极佳,在日线图、周线图和月线图上均可以使用。

自适应的移动平均线

应用移动平均线时遇到的问题之一是,应当选择快一点的还是慢一点的移动平均线。慢一点的移动平均线在横向延伸行情中可能起作用,而快一点的在趋势性的市场条件下可能更可取。因此,解决上述难题或许要指望一种创新的途径,称为"自适应的移动平均线"。

佩里·考夫曼在其著作《更明智地交易》中提出了这种技术。考夫曼的"自适应移动平均线"(AMA)根据市场的噪声水平(或者说波动率水平),自动调整自己的快慢。当市场处于横向延伸状态时,AMA 更缓慢地移动;当市场处在趋势状态时,它就移动得更敏捷。如此一来,就避免了两难,即,当市场处于横向延伸阶段时采用较快的移动平均线,导致更频繁的拉锯现象;当市场处在趋势状态时采用较慢的移动平均线,过远地落后于市场。

为了达成上述目的,考夫曼构建了一个效能比率,它把方向性价格变动和波动率水平加以比较。当效能比率较高时,市场的方向性更胜于波动性(因而有利于采用较快的移动平均线)。当效能比率较低时,市场的波动性超过了方向性(因而有利于采用较慢的移动平均线)。通过引入效能比率,AMA 就能自动调整移动速度,最佳地适应当前市场状态。

移动平均线之外的选择

移动平均线并不是万应灵丹。当市场处于趋势性阶段时,它们的作用最佳。当市场处于无趋势阶段时,价格横向波动,它们帮不上什么忙。还好,当市场处在令人恼火的横向区间时,我们还有比移动平均线好得多的另一个门类的指标,它们叫作"摆动指数",下一章讲解摆动指数。

第十章 摆动指数和相反意见理论

引 言

本章所要探讨的与追随趋势方法不同,属于另外一种技术——摆动指数。当市场进入了无趋势阶段时,价格通常在水平区间中上下波动,在这种情况下,绝大多数跟随趋势系统都不能正常工作,而摆动指数却是独树一帜。因此,对技术型交易商来说,摆动指数对症下药,使他们能够从经常出现的无趋势市场环境中获利。

然而,摆动指数的用途并不仅限在水平向的交易区间中。在趋势阶段,如果我们把摆动指数与价格图表参照使用,那么,当市场即将出现短暂的极端状态,即通常所谓"超买"或"超卖"状态时,它也能够及早提醒交易者。同时,当趋势的动力正在衰退,而这一危机尚未在价格上明显地显露出来的时候,我们从摆动指数上也能找到线索。我们通过摆动指数的相互背离现象,能够看出趋势可能已经近乎完结了。

我们先来讲清楚什么是摆动指数,它的构造方法,以及它的含意。然后讨论动力指数及其在市场预测方面的意义。接下来,我们将按照由简而繁的顺序,介绍几种较为常用的摆动指数。其中覆盖了一个重要问题:相互背离现象。随后,还要提到将摆动指数分析与周期分析参照使用的妙处。最后,我们研究在对某市场进行全面技术分析时,如何把摆动指数恰如其分地利用起来。

摆动指数与趋势分析的配合用法

摆动指数必须附属于基本的趋势分析,从这个意义上说,它只是一种第二位的指标。今后当我们谈到技术分析者手中的各类摆动指数的时候,毫不例外地都要强调指出,市场的主要趋势是压倒一切的,顺着它的方向交易这一原则具有重要意义。不过朋友们也应当了解,在某些场合下,摆动指数也有其特长。例如,在一场重要运动即将降临时,摆动指数分析不惟用处不大,甚至可能使用户误入歧途。然而,一旦市场运动趋于尾声,摆动指数就极有价值了。这些,我们不久还要讨论。最后,在上述关于市场的极端状态的研究中,我们还必须加上对相反意见理论的讨论。我们要讲到相反意见理论的作用,以及如何把它糅合到市场分析和交易的整体之中去。

摆动指数的意义

提起摆动指数,我们有很多种构造方法,但它们的真实含义都相差无几。大部分摆动指数的曲线也非常相像。我们沿着价格图表的底部来做摆动指数的图线,把它局限于一条水平向的狭长区域里。不论价格是升、降,还是持平,摆动指数的区域基本上总是水平向发展的。不过,摆动指数的峰和谷与价格图上的峰和谷同时出现。有些摆动指数的变化具有一个中间值,从而摆动指数所在的水平区域可以分为上半部和下半部。根据计算公式的具体情况,我们通常把表示中间值的水平线设为"零线"。根据算法的不同,在摆动指数的上、下边界之内,既可以标志成从 0 到 100 的刻度,也可以标成从 -1 到 $+1$ 的刻度。

摆动指数的研读惯例

通常,无论摆动指数达到了上边界还是下边界的极限数值,都意味着当时的价格运动可能幅度过大、速度过猛,因此市场即将出现这样那样的调整或巩固过程。另外,一般来说,当摆动指数进入区域的下边界时,交易商应当买入;而当它进入区域上边界时,则应当卖出。当摆动指数穿越零线时,也经常构成买进或卖出信号。在我们具体研究各类摆动指数时,将介绍上述规则的具体的应用方法。

摆动指数最重要的三种用途

有三种情况,摆动指数最具效用。这三种情况对绝大多数摆动指数来说都是共同的。

1.当摆动指数的值达到上边界或下边界的极限值时,最有意义。如果它接近上边界,市场就处于所谓"超买状态";如果它接近下边界,市场就处于所谓"超卖状态"。这两种读数都是警讯,表示市场趋势走得太远,开始有些脆弱起来。

2.当摆动指数处于极限位置,并且摆动指数与价格变化之间出现了相互背离现象时,通常构成重要的预警信号。

3.如果摆动指数顺着市场趋势的方向穿越零线,可能是重要的买卖信号。

动 力 指 数

动力指数的概念,是摆动指数分析的一种最基本的应用。动力指数显示的是价格变化的速度,而不是价格水平本身。其计算方法是按照一定的时间间隔,连续地采集价格变化的数值。举例来说,如果我们要构造 10 天的动力指数,则简单地从当日的收市价减去 10 天前的收市价,结果之前的正负符号分别表示应当把它画在零线的上方或下方。动力指数的计算公式是:

$$M = V - V_X$$

式中,V 代表当日的收市价格;V_X 为 X 天以前的收市价格。

如果当日的收市价大于 10 天前的收市价(换句话说,价格升高了),那么 M 为正数,把它标在零线的上方。如果当日收市价小于 10 天前的收市价(即价格下跌了),那么 M 为负数,把它标在零线的下方。

由于种种原因(以后要交代),动力指数最常用的时间跨度为 10 天。但是,实际上任何时间跨度均可以采用(图 10.1a)。如果我们采用较短的时间跨度(比如 5 天),则所得的动力指数更为灵敏,其曲线摆动得更明显。如果采用更长的时间跨度(如 40 天),那么动力指数曲线就更平缓,曲折较少(图 10.1b)。

动力指数表示
价格上升或下降的速度

我们不妨好好看一看,到底动力指数意义何在。图表分析者通过一定时间间隔两端的价格之差构造曲线,意在研究市场上升或下降的速度。如果价格处于上升之中,并且动力指数曲线居于零线上方,且步步上扬,那么,这就意味着上升趋势正在加速。如果动力指数由上升转为持平发展,则意味着当前收市价格的上涨幅度与 10 天前的涨幅大小一样。尽管价格或许依然处于上涨之中,但其上升速度已趋平稳。如果动力指数开始向零线回落,那么,价格的上升趋势可能依然存在,但其速度则趋于减小,说明上升趋势的动力正在衰退。

当动力指数曲线延伸到零线以下时,表示当前的收市价格低于 10 天以前的收市价格,近期的下降趋势开始生效(与此同时,10 日移动平均线也开始下降)。动力指数进一步深入到零线下方,说明这个下降趋势的动力正逐渐增强。仅当动力指数重新上升之后,分析者才能判断下降趋势开始放缓了。

朋友们请牢记,动力指数显示的是一定时间间隔两端的收市价格之差。如果其曲线处于上升之中,那么就表明当前收市价格上涨的幅度肯定超过 10 天前的上涨幅度。如果当前价格的涨幅仅仅达到 10 天前的涨幅,那么动力指数曲线将持平。如果当前价格的涨幅小于 10 天前的涨幅,那么尽管价格依然上升,动力指数曲线却开始下降了。动力指数就是这样测定当前价格趋势的加速或减速状态的。

动力指数曲线超前于价格变化

因为动力指数的构造特点,它的曲线总要领先价格一步。它比价格的实际上升或下降要超前几天。当既存价格趋势仍在继续发展的时候,它却可能已经开始持平地伸展了。而当价格开始持平伸展时,它已经朝相反的方向变化了。

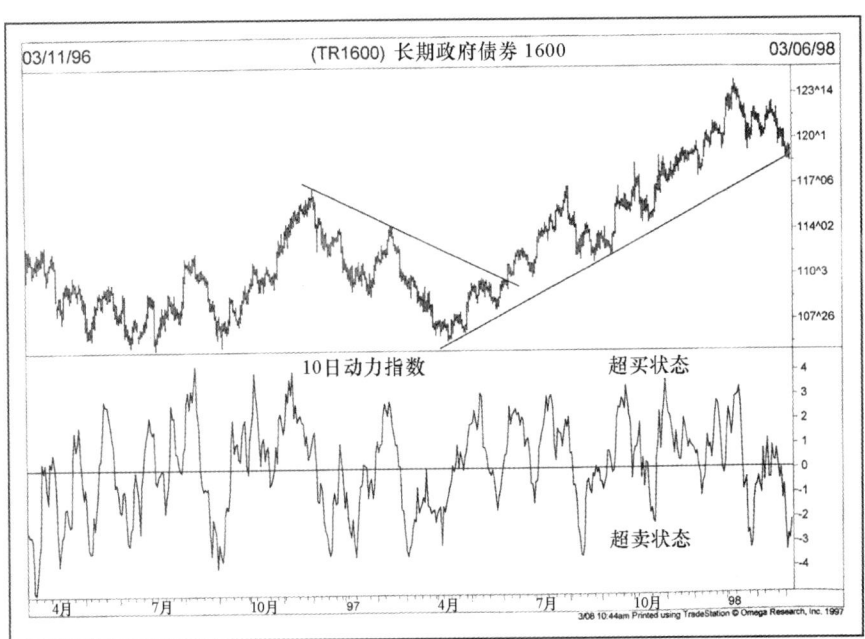

图 10.1(a) 10 天动力指数围绕着零线上下摆动。如果指数在零线上方且距离零线过远,则表明市场处于"超买状态";如果指数在零线下方且距离零线过远,则表明市场处于"超卖状态"。动力指数应当配合市场的趋势状况来使用。

图 10.1(b) 本图比较了 10 天动力指数和 40 天动力指数。时间跨度更长的动力指数更有利于捕捉主要市场转折(参见圆圈处)。

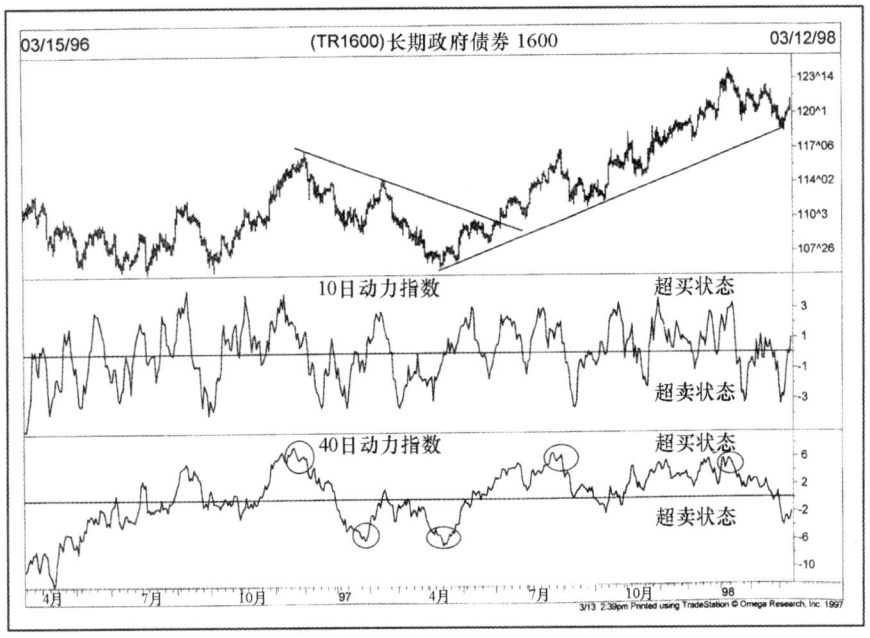

摆动指数和相反意见理论

对零线的穿越构成交易信号

在动力指数图中,有一条零线。很多技术分析者把动力指数对零线的穿越看成买卖信号。当动力指数向上穿越零线时,构成买入信号,而当它向下穿越零线时,构成卖出信号。然而,这里我们要再次强调,基本的趋势分析依然占有压倒一切的地位。我们不应当孤立地采用摆动指数分析所提供的买卖信号,而逆着当前的显要趋势的方向交易。当摆动指数向上穿越零线时,只有在市场趋势也向上的条件下,我们才能真正地买进,建立多头头寸。而当摆动指数向下穿越零线时,只有在市场趋势也向下的条件下,我们才能开立空头头寸(图 10.2a 和 b)。

上下边界存在的必要性

讲到这里,还有个问题。我们还没有交代摆动指数的上下边界的意义。现在就来讲这个问题。先前我们曾经明确,摆动指数分析的主要价值之一,是能够显示什么时候市场正处于极端状态。那么,在动力指数图上,其数值多高才算是过高,多低才算是过低呢?最简单的办法是,凭我们的双眼去观察。先考察一下动力指数曲线在历史上的最高

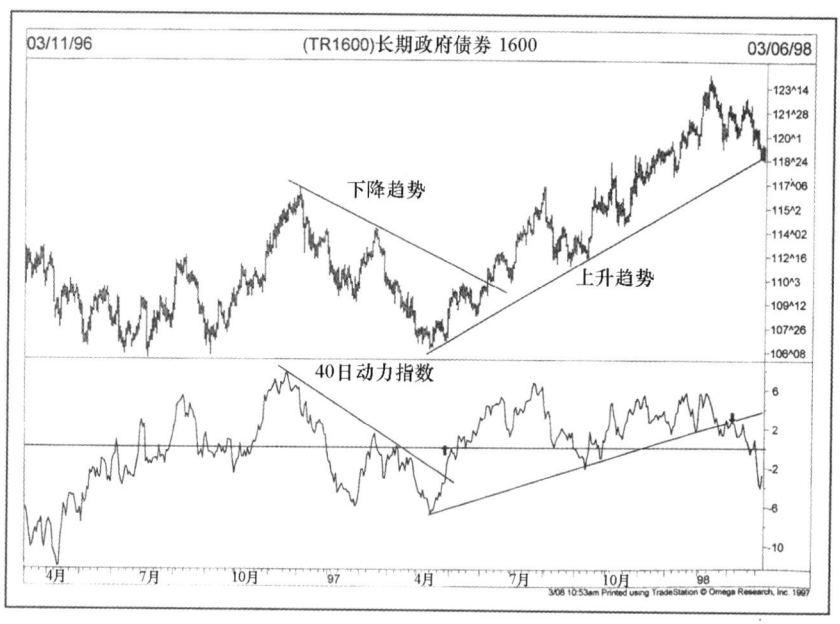

图 10.2(a) 动力指数的趋势线突破信号早于价格行情的趋势线突破信号。动力指数的价值就在于,它的转折比市场本身来得更早,使之成为一种领先指标。

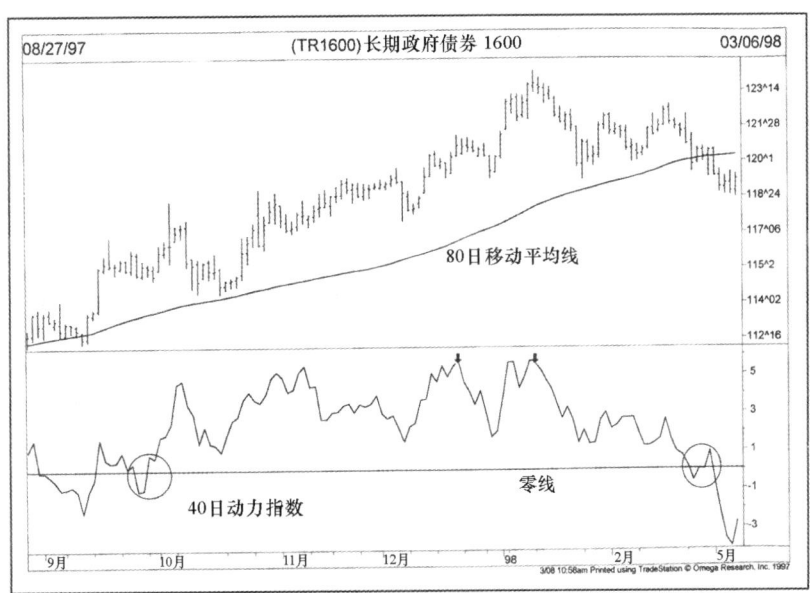

图 10.2(b) 有些交易商认为动力指数向上穿越零线构成买入信号,向下穿越零线构成卖出信号(图中圆圈处)。采用移动平均线有助于确认趋势变化。动力指数曲线在价格到顶之前先到顶(箭头处)。

图 10.3 通过直观的观察,分析者可以为每个市场找出合适的动力指数上边界和下边界(图中的水平直线)。

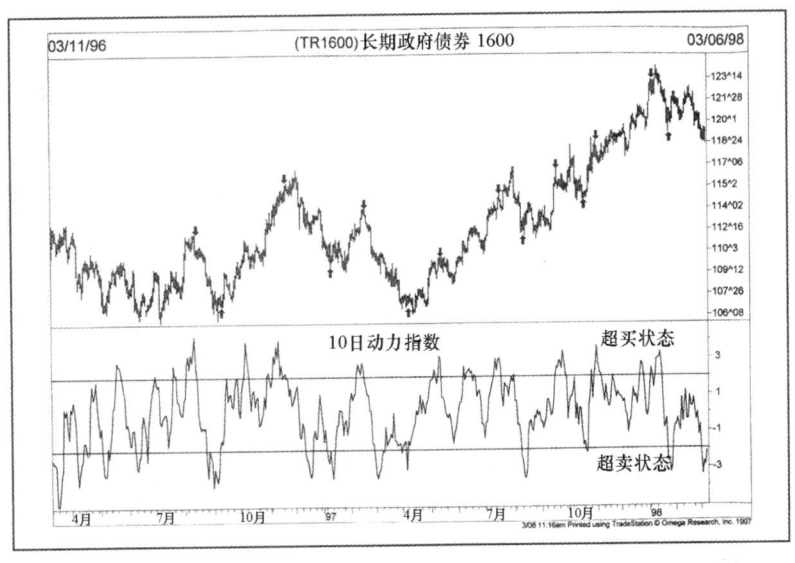

点和最低点,然后分别从它们出发,引出两条水平直线,就形成了上下边界。显然,这两条直线我们必须时常调整,尤其是出现了重要的趋势逆转之后。不过,这个办法是确定上下边界最简便,并且可能是最行之有效的方法(图 10.3、图 10.4)。

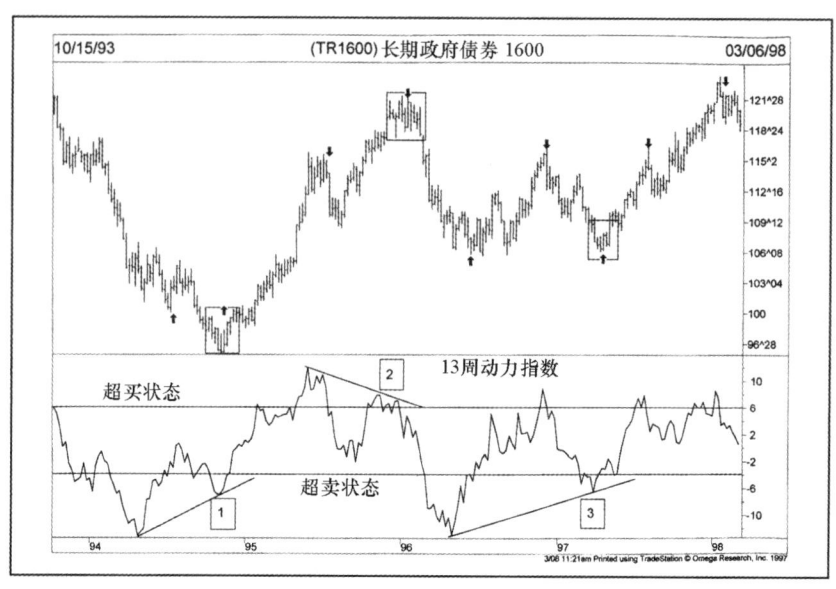

图 10.4 本图为长期政府债券的周线图,采用了 13 周的动力指数。箭头处对应着动力指数在极端点的转折。在每一处主要转折点(点 1、2 和 3),动力指数都是先于价格改变方向的。

变化速度指数(ROC)

现在,我们利用当前的收市价和一定天数以前的收市价的商(比价)来表示市场的变化速度。为了构造所谓 10 天变化速度摆动指数,我们把当前的收市价格除以 10 天以前的收市价格。公式如下:

$$ROC = 100(V/V_X)$$

式中,V 是当日的收市价;V_X 是 X 天以前的收市价。

在这里,读数为 100 的刻度线变成了中间线,或零线,如果当前价格高于 10 天以前的价格(价格涨了),则其变化速度指数就大于 100;如果当前收市价低于 10 天以前的价格,则上述比数小于 100(行情图表软件有时对动力指数和变化速度指数的计算公式进行适当的变形。虽然构造技术或许有所不同,但是对技术指标的解读方法是相同的)。

利用两条移动平均线来构造摆动指数

在第九章，我们曾讲过，利用两条移动平均线可以产生买卖信号。当较短期的移动平均线向上或向下穿过较长期的移动平均线时，分别构成买、卖信号。我们曾指出，这种双移动平均线的组合也可以用来构造摆动指数图线。有两种做法。最常见的一种是，利用"刷形图"的方式，逐日作出两条移动平均线的差，所得刷形图的每根线段都从中央的零线出发，垂直地向正方向或负方向伸展。这一类摆动指数具有三种用途：

1. 有助于识别相互背离现象。

2. 有助于标识长期趋势中出现的短暂偏移，即短期平均线与长期平均线相距过远的情形。

3. 能够显示两条移动平均线的交叉，此时，该摆动指数穿越零线。

另一种办法是，画出两条移动平均线的百分比例，而不是两者的差值。为了得出这项百分比值，我们把短期移动平均线的值除以长期移动平均线的值。在上面两种方法中，显示的都是短期移动平均线围绕长期移动平均线（实际上，也就是零线）上下摆动的情形。如果短期平均线高于长期平均线，则摆动指数为正；如果短期平均线低于长期平均线，则摆动指数为负（图10.5~图10.7）。

如果两条移动平均线相距过远，就意味着市场呈现出极端状态，趋势需要暂停或调整（图10.6）。经常，一直要等到短期平均线返回长期平均线后，原趋势才能从停滞中解放出来。当短期平均线逐步接近长期平均线时，市场就到了关键时刻。例如，在上升趋势中，当较短期的平均线跌近长期平均线时，在正常情况下，它应当从后者身上弹开。这种位置通常代表着一处理想的买进点。这一情形与市场试探主要向上趋势线的局面非常相似。然而，一旦短期平均线向下穿越了长期平均线，那就是趋势反转的信号了。

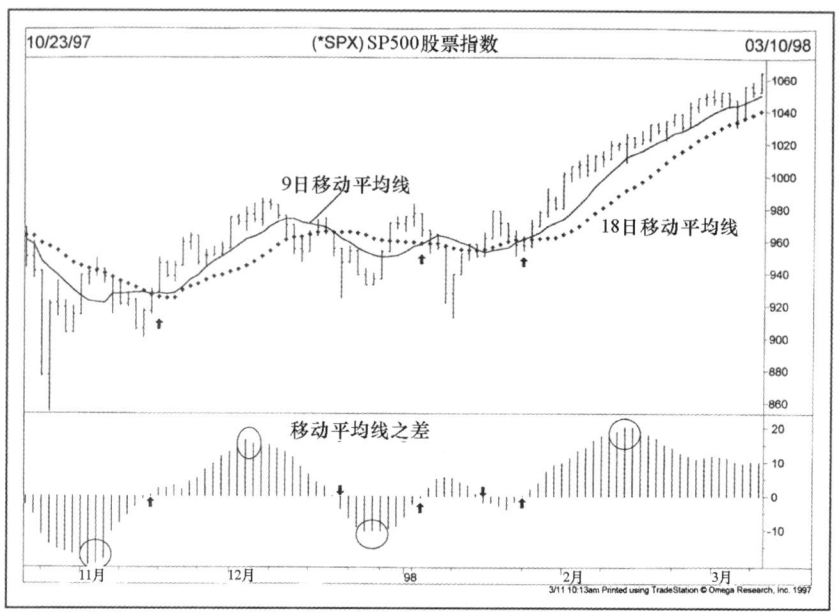

图10.5 刷形图的每根线段标志着两条移动平均线之间的距离。当刷形图向上或向下穿越零线时,分别发出买进和卖出信号(见箭头处)。请注意,刷形图的转折点明显早于实际的零线穿越信号(见圆圈处)。

图10.6 本图中的刷形图表示10日和50日移动平均线之间的距离。刷形图的转折点明显早于零线穿越信号。在上升趋势中,刷形图在零线上受到支撑作用,当它下跌至零线附近时,再次转而向上(见第三个箭头处)。

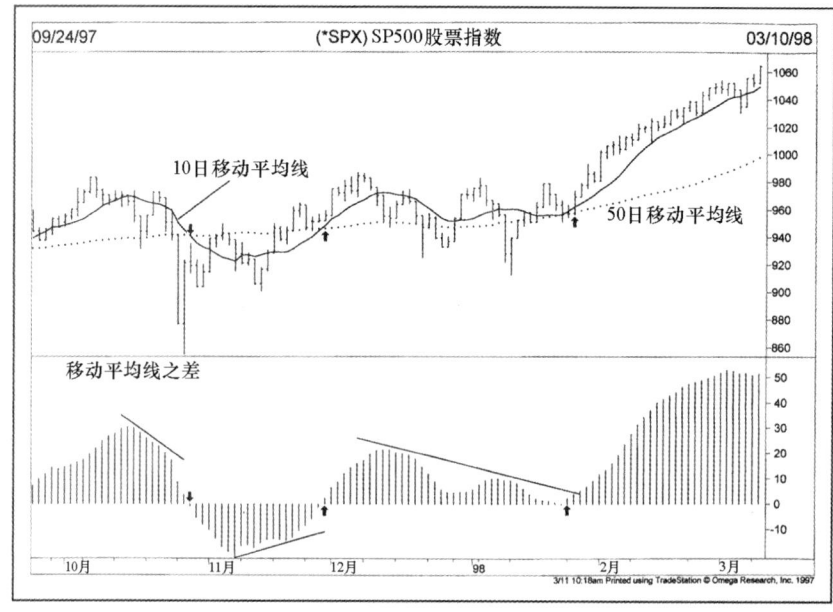

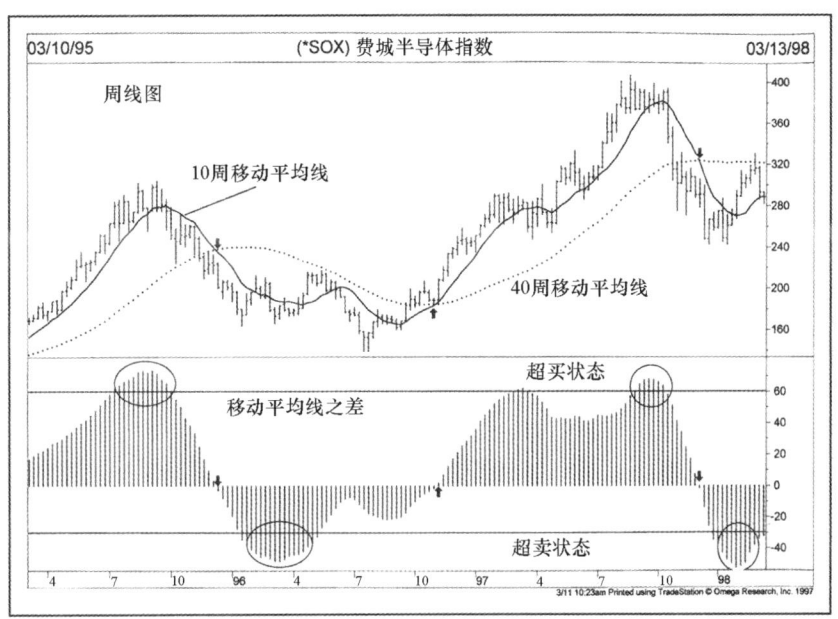

图 10.7 本图的刷形图描绘了两条周移动平均线的距离。在刷形图上,早在发生实际零线突破信号的数周之前,刷形图已经朝着新的价格趋势方向转折了。请注意,通过刷形图,我们很容易观察市场的超买和超卖水平。

在下降趋势中,当短期平均线上升到长期平均线下边时,也代表着绝妙的卖出机会。然而,假若前者向上穿越了长期平均线,那么就是趋势反转的信号了。如此一来,两条移动平均线之间的关系,就不仅可以用来构造漂亮的趋势顺应系统,而且有助于识别短期内出现的超买和超卖状态。

商品管道指数

把摆动指数的读数除以合适的常数,可以把摆动指数的数值转换为标准规格。唐纳德·R·兰伯特构建了一种摆动指数,他称之为"商品管道指数(CCI)"。该指数首先把当前价格和某个选定时间跨度——通常为20天的移动平均值相比较;然后,根据平均偏差构造一个常数作为除数,把所有的摆动指数数值标准化。结果,CCI指数总是在一个持续不变的范围内波动,从上方的+100到下方的-100。兰伯特建议,当某市场的CCI指数向上超过+100才可以做多;而当某市场的CCI指数向下低于-100时,才可以选择做空。

不过,从行内情况看,大多数图表分析师把CCI用作超买/超卖指标。从这样的角度来考虑,则超过+100的读数被看成超买;低于-100的读数被视为超卖。商品管道指数起初是为商品市场开发的,后来人们也把它应用到股票指数期货和期权交易中,如 S&P500 指数期货(OEX)。虽然 20 日是 CCI 指数通行的时间参数,使用者也可以调整这个参数,从而调整指数的灵敏度(图 10.8、图 10.9)。

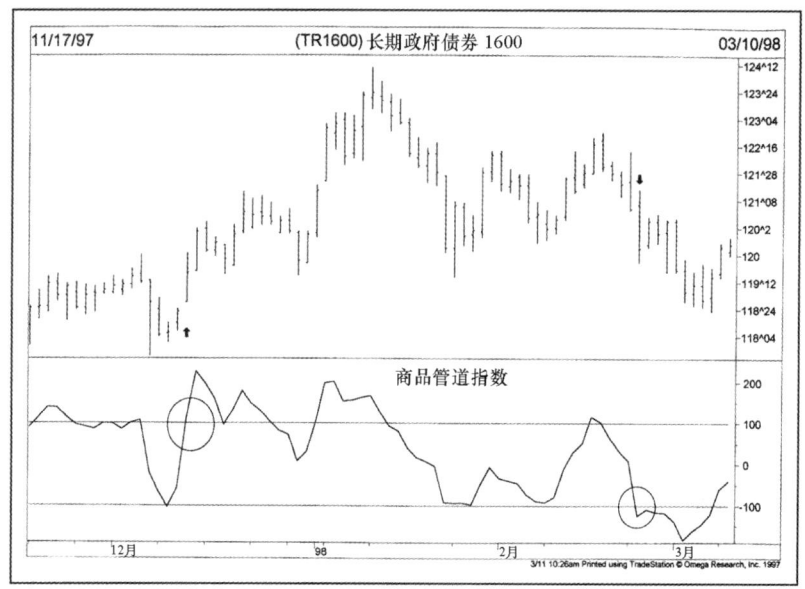

图 10.8　20 日商品管道指数(CCI)。该指数的初衷是为了在读数向上超过+100 后买入,在读数向下低于-100 时卖出,如圆圈处所标识。

图 10.9　商品管道指数(CCI)可以应用在股票指数图上,本图即为 S&P500 指数。CCI 可以像其他摆动指数一样用来观察市场的极端状态。请注意,在每一处顶部和底部,CCI 的转折总是早于价格的转折。指数的默认时间跨度为 20 天。

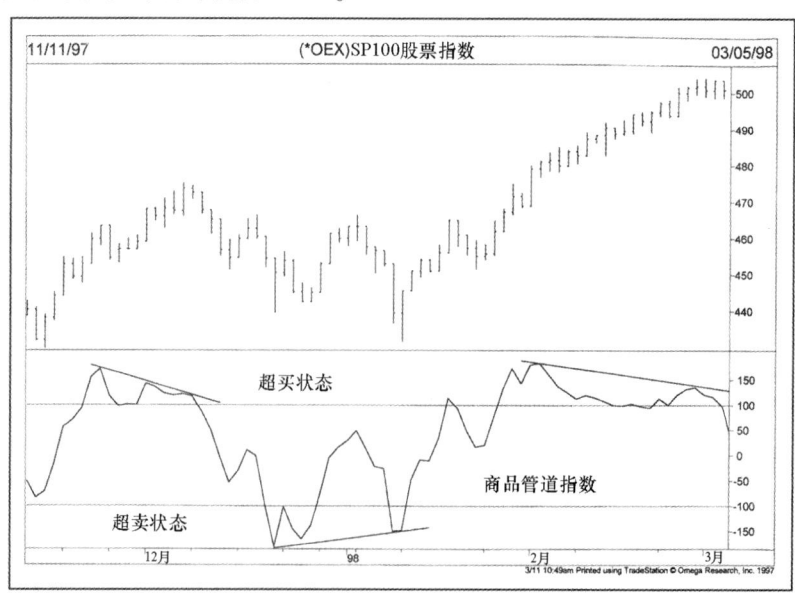

相对力度指数(RSI)

RSI 是小韦尔斯·怀尔德首创的,发表在他的《技术交易系统的新思路》一书中(1978 年出版)。我们在这里只介绍这种方法的要点。如果朋友们想深入了解它,请阅读怀尔德的原著。考虑到这种摆动指数在期货商中间特别流行,我们将利用它来讲解摆动指数分析的大部分原则。

正如怀尔德所指出的,构造动力指数(采用价格之差)面临两大主要问题。其一就是,如果在过去的价格轨迹中存在急剧的升降,则经常导致动力指数的偏离。例如,在 10 天动力指数曲线上,如果 10 天以前,价格曾经急剧地上升或下降,那么,即使当前的价格变化甚少,在动力曲线上也会引发突然的转折。为了减小这种扭曲现象,我们就必须采取适当的平滑技术。第二个问题是,在动力指数图上,出于前后对照的需要,我们必须不断地调整上下界线。而在 RSI 的计算式中,不仅提出了必要的平滑措施,同时,通过设定从 0 到 100 的恒定的垂直刻度,也一并解决了第二个难题。

顺便说说,"相对力度"这个术语用得有点不当。对于熟悉股票分析"相对力度"概念的朋友来说,经常容易混淆。所谓相对力度,一般是指两个不同对象的比值。某种股票,或者工业类股票对标准普尔 500 种股指(S&P500)的价格之比,就是该股票或工业类股票同标准普尔 500 种股票指数相比较而言的"相对力度"的标志,股票指数作为客观的基准。本书后面还将说明相对力度的概念到底有多么实用。怀尔德的相对力度指数其实并不是用来比较不同对象的相对力度的,就这一点而论,它的名称易引起误会。不过,RSI 的确解决了摆动指数的数值偏离问题和不断调整上下边界的问题。其计算公式如下:

$$RSI = 100 - \left[\frac{100}{1+RS}\right]$$

$$RS = \frac{x \text{ 天内上涨收市价的平均值}}{x \text{ 天内下跌收市价的平均值}}$$

假定我们在计算中采用 14 天的时间跨度,在周线图上则使用 14 周的时间参数。为了得出收市价平均的上涨值,我们先把 14 天内上涨了的收市价的上涨幅度相加,然后将所得的和除以 14。而在计算平均下跌值的时候,则把所有下跌了的收市价的下跌幅度相加,然后把它们的和除以 14。把平均上涨值除以平均下跌值,就得出相对力度(RS)。

然后，我们把 RS 的值代入 RSI 的公式中。其中，只要简单地改变 x 的数值，就可以修改 RSI 的时间跨度——天数。

怀尔德原本采用的时间跨度是 14 天。时间跨度越短，则摆动指数越灵敏，其变化幅度也越大。而当 RSI 达到了上限或下限时，其效果最佳。因此，如果用户在较短的时间基础上进行交易，要求摆动更为明显，则不妨缩短其时间跨度。如果扩大时间跨度，则摆动指数就变得更平缓，幅度也更狭窄，故 9 天的摆动指数的幅度要大于原来 14 天的摆动指数幅度。不过，虽然 9 天和 14 天的时间跨度仍然是最常见的，但为了改进其效果，技术分析者也尝试了其他的时间长度。有些技术分析者缩短了时间跨度，比如 5 天和 7 天，以增加 RSI 图线的波动性。还有些技术分析者采用 21 天或 28 天，以平滑 RSI 的信号（图 10.10 和图 10.11）。

RSI 的研读

我们把 RSI 画在垂直刻度从 0 到 100 的图表上。当它的读数超过 70 时，显示超买状态，而当它的读数低于 30 时，则是超卖状态。不过，在牛市和熊市中，RSI 会发生漂移现象，所以，80 通常成为牛市中的超买水平，而 20 则是熊市中的超卖水平。

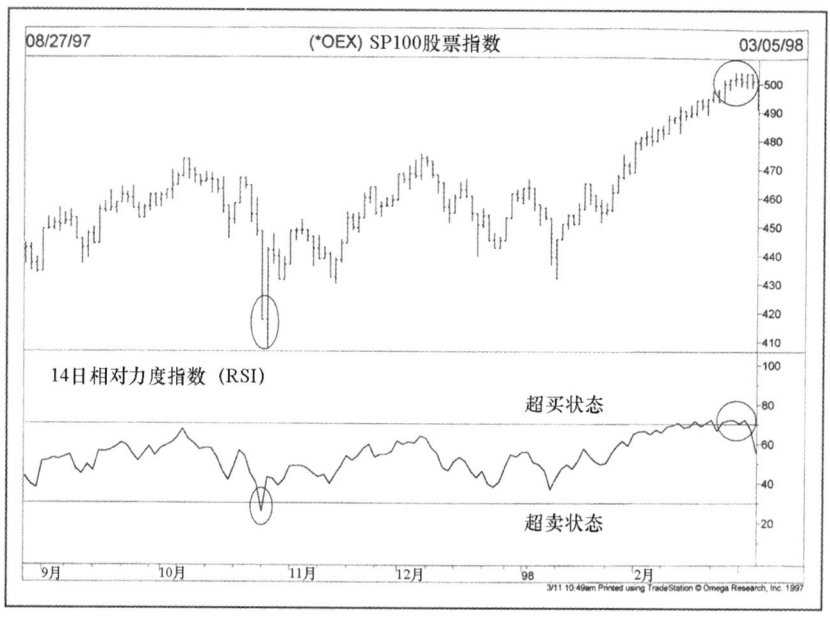

图 10.10 当 14 天相对力度指数的读数超过 70 时，表示市场处于超买状态；低于 30 时，表示市场处于超卖状态。本图显示，标准普尔 100 指数在 10 月处于超卖状态，次年 2 月处于超买状态。

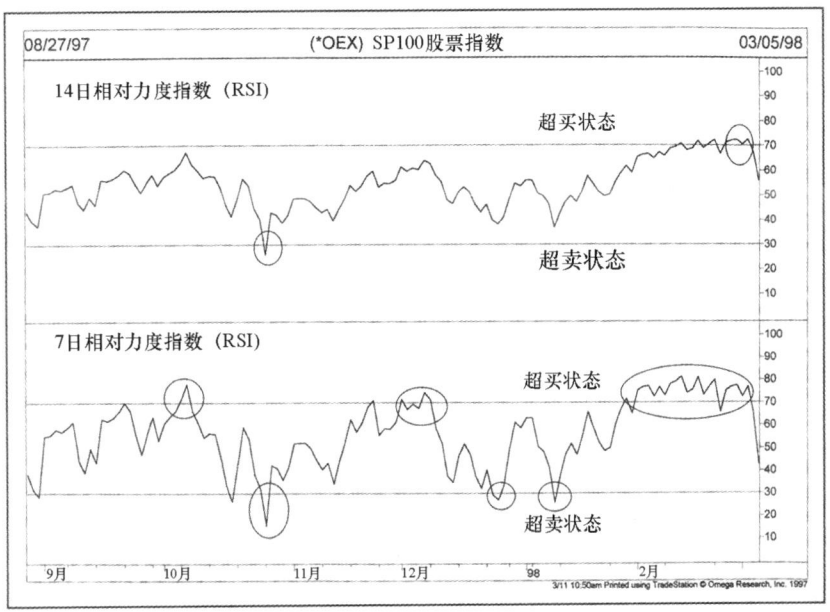

图 10.11 缩短 RSI 的时间参数,可以扩大 RSI 曲线波动的幅度。请注意,7 天 RSI 和 14 天 RSI 相比较,更频繁地进入上下两边的极端区域。如此一来,在短线交易中 7 天 RSI 更实用。

"衰竭动作"(按照怀尔德的说法)发生在 RSI 超过 70 或低于 30 的情况下。所谓顶部衰竭动作,是指在上升趋势中,RSI 的新一轮峰值(在 70 以上)无力超过前一个峰值,随后,又向下跌破了前一个低谷。所谓底部衰竭动作,是指在下降趋势中,RSI 的新一轮谷值(在 30 以下)无力跌过前一个谷值,随后,又向上突破了前一个峰值(图 10.12a 和 b)。

在 RSI 高于 70 或低于 30 的条件下,如果在 RSI 的图线同价格图线之间,呈现出相互背离的情形,就构成了严重的警告讯号,我们绝不可掉以轻心。怀尔德本人也把相互背离现象看成"相对力度指数最有指示价值的特性"(《技术交易系统的新思路》,第 70 页)。

在 RSI 的图线上,我们也可以利用趋势线分析,分析 RSI 的趋势的变化。还可以为 RSI 添加移动平均线,也能起到同样的作用(图 10.13)。

根据我个人使用 RSI 摆动指数的经验,它的最具价值之处就是,在 RSI 超过 70 或低于 30 的情况下出现的衰竭动作(或者说背离现象)。下面,我们再来澄清一下关于摆动指数的另一个重要问题。在趋势强烈的市场环境中,无论是上升趋势还是下降趋势,通常在趋势发生之后不久,在相应的摆动指数图上就会出现表示极端状态的读数。在这种情形下,如果我们就此认为市场处于超买或超卖状态,通常是言之过早的。如果我们仅仅根据这一点就平仓获利,往往要丧失很多本可到手的利润。在强烈的上升趋势中,超买的市场状态常常能够持续一段时日。仅仅根据摆动指数进入了上边界这一点,并不能构成足够的平回多头头寸的理由,更不用说甘冒大险,逆着强劲的上升趋势做空头头寸了。

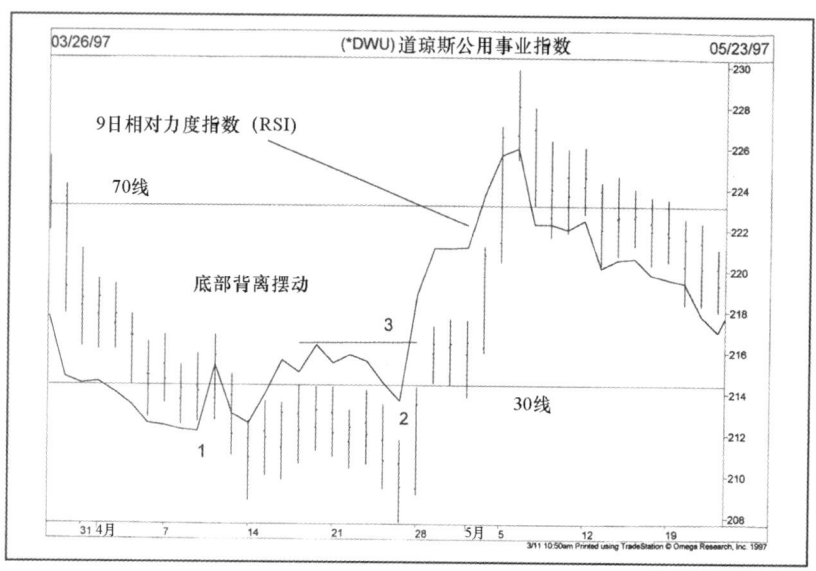

图 10.12(a) 这是一个 RSI 曲线底部衰竭动作的实例。RSI 曲线第二个低谷(点 2)高于第一个低谷(点 1),此时 RSI 的读数低于 30,而行情依然处于下降过程中。当 RSI 曲线向上穿越前一个峰值(点 3)后,标志着市场底部的形成。

图 10.12(b) 这是一个 RSI 曲线顶部衰竭动作的实例。RSI 曲线的第二个高峰(点 2)低于第一个高峰(点 1),此时 RSI 的读数高于 70,而行情仍然处于上升过程中。当 RSI 曲线向下穿越前一个低谷(点 3)后,标志着市场顶部的形成。

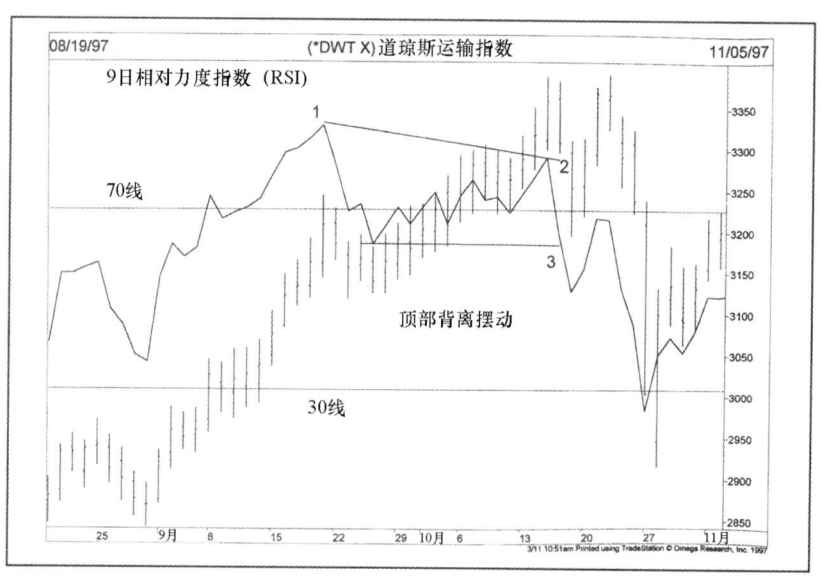

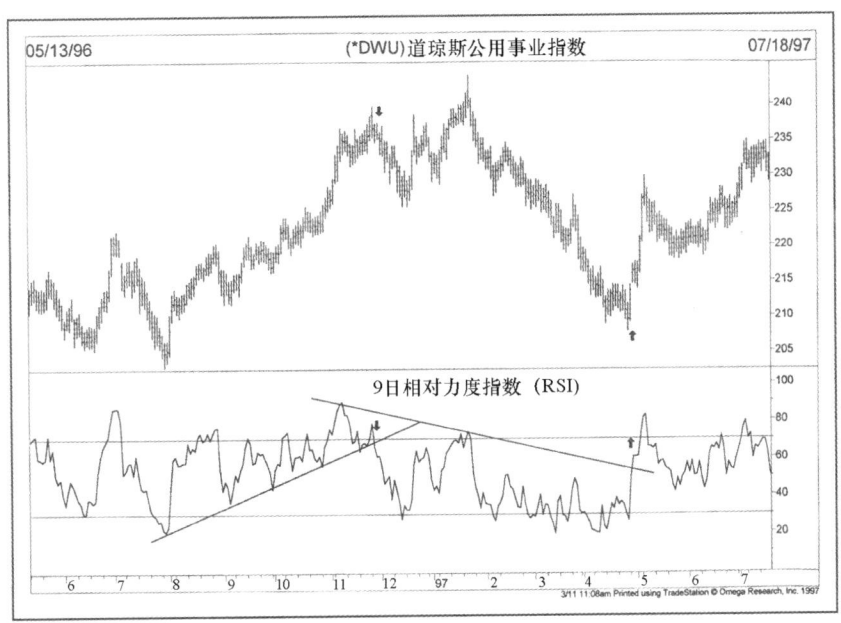

图10.13 在RSI曲线上进行趋势线分析也是行之有效的。从本图来看,当RSI曲线突破两根趋势线时,分别及时地发出了卖出信号和买进信号(见箭头处)。

当RSI第一次进入超买或超卖区域的时候,通常只是个警告信号。而值得我们密切关注的信号,是在摆动指数再次进入危险区域的时候。如果RSI的第二轮动作未能验证价格趋势,并没有相应地达到新高点或新低点(于是,在摆动指数图上就出现了双重顶或双重底形态),就可能出现RSI的背离现象。此时,我们不妨采取一点防备措施,以保护已有的头寸。如果摆动指数朝市场相反方向突破了自身的前一个峰或谷,那么背离现象(或衰竭动作)就得到了证实。

50的水平是RSI的中间值,常常在RSI曲线向下回落时发挥支撑作用;在曲线向上反弹时起到阻挡作用。有些技术分析者把RSI向上穿越50的水平视为买进信号;把向下穿越视为卖出信号。

利用70和30标志线产生信号

在RSI图表上70和30刻度的位置上,分别有两条水平直线。交易商常常凭借这两条直线来得出买、卖信号。我们已经知道,当RSI低于30时,即警示着市场的超卖状态。假定交易商观察到RSI已经跌到30以下,判断市场已经接近底部,正在寻求买入的机会。然后,他

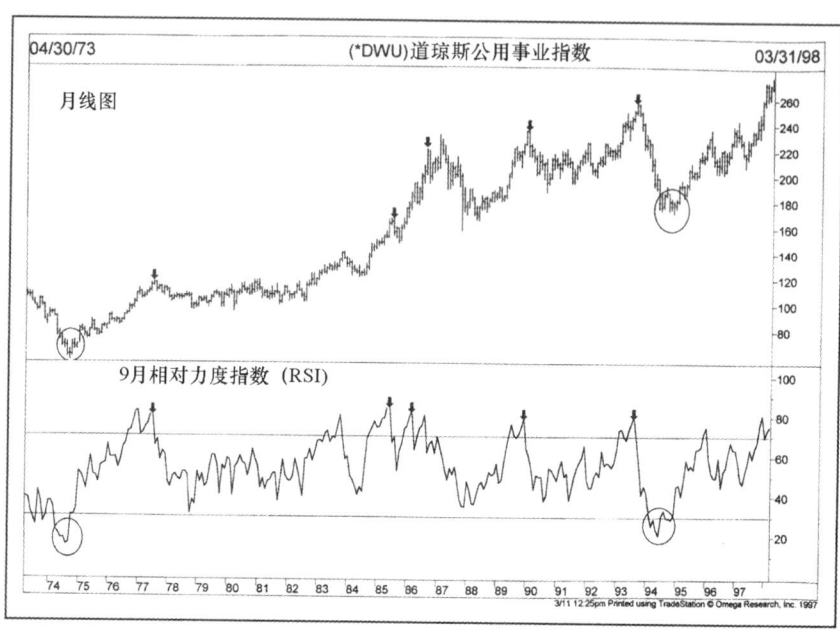

图10.14 在月线图上也可以采用 RSI 摆动指数。本图为道琼斯公用事业指数。请注意,1974 年和 1994 年分别形成了两个主要的超卖买进信号。RSI 曲线上表示超买状态的高峰在定位行情的重要顶部方面发挥了良好作用。

就预期摆动指数在超卖区即将形成某种形式的背离现象或双重底形态。在这种情况下,一旦 RSI 向上穿越 30 线,许多交易商便认为这是验证信号,表明 RSI 的趋势反转向上了。反过来,在超买的市场状态下,当 RSI 向下穿回 70 线时,也经常被看作卖出信号(图 10.14)。

随机指数(%K 和%D)

随机指数在乔治·莱恩的大力推广下得以普及(他是投资教育公司的总裁,该公司位于伊利诺伊州沃茨卡镇)。其理论依据是,当价格上涨的时候,收市价格倾向于接近当日价格区间的上端。相反地,在下降趋势中,收市价格倾向于接近当日价格区间的下端。在随机指数中,采用了两条图线——%K 线和%D 线。其中%D 线更重要,主要由它来提供买卖信号。

随机指数的目的在于,揭示最近的价格在过去一定日子里的价格区间中的相对位置。在这种摆动指数中,14 个时间单位是常用的时间

跨度。%K 线在两条线中更敏感,它的计算公式如下:

$$\%K = 100[(C-L_{14})/(H_{14}-L_{14})]$$

其中,C 为最新的收市价;L_{14} 为前 14 个时间单位内的最低价;H_{14} 为前 14 个时间单位内的最高价(所谓 14 个时间单位,既可以表示 14 日,也可以表示 14 周、14 月)。

上述公式按照从 0 到 100 的百分比例的形式,简单地求得了当日收市价在过去 14 个时间单位全部价格范围中的相对位置。如果结果很高(超过 80%),则表明当日收市价接近该价格范围的上端,而如果结果较低(小于 20%),则当日收市价接近该价格区间的下端。

第二条线,%D 线,其实是%K 线的 3 天移动平均线。原先的%K 线和第一次平滑后得到的%D 线组成第一个版本的随机指数,称为快随机指数。下一步,再计算%D 线的 3 天移动平均线,得到另一条更平缓的曲线。第一次平滑后得到的%D 线和第二次平滑后得到的新曲线组成第二个版本的随机指数,这个版本称为慢随机指数。大多数交易商采用慢随机指数,因为它给出的信号更加可靠①。

在图表上,上面求得的两个版本两条曲线,都在从 0 到 100 的垂直刻度之间摆动。其中%K 线为实线,波动较快,较平缓的%D 线为虚线。主要的信号是,当%D 线处于超买或超卖区时,%D 线与相应的价格图线之间的相互背离现象。这里,上、下极限区也分别以 70 和 30 两个刻度为标志(图 10.15)。

当%D 线居于 80 之上并形成了两个依次下降的峰,而价格却持续上涨的时候,就构成了看跌背离信号。当%D 线位于 20 之下并形成了两个依次上升的谷,而价格却持续下跌的时候,就构成了看涨背离信号。假定上述诸因素皆备,那么当实的%K 线穿过慢的%D 线时,就算构成了真正的买、卖信号。

关于随机指数,还有各种细微的改进用法,但是"万变不离其宗",上面讲解的已经包括了随机指数最本质的特点(图 10.15)。尽管随机指数较为复杂,但它的基本道理却仍然属于摆动指数的范畴。当%D 线进入到极限区域,并出现与价格变化相背离的现象时,这是预警。当较快的%K 线穿越了%D 线时,才是真正的买卖信号。

我们也可以在周线图和月线图上利用随机指数来从事长期分析。当然,我们也可以得心应手地把它应用到日内图表的分析中,以进行短线交易(图 10.16)。

---

① %K 线分别经过一、两次平滑后,共得到三条曲线。快随机指数由前两条曲线组合而成;慢随机指数则是后两条曲线的组合。

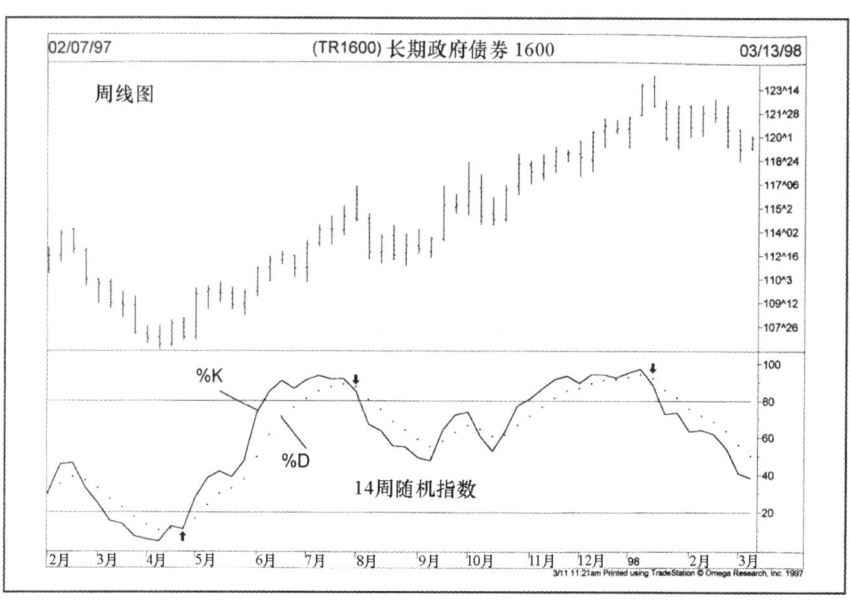

图10.15 图中有两个向下的箭头,分别指出了两个卖出信号,即,在80的水平之上,较快的%K线向下穿越了较慢的%D线。在20的水平之下,当%K线向上穿越%D线时,构成买入信号(见向上的箭头处)。

图10.16 从本图的政府债券市场来看,当14周随机指数位于80以上水平时,以及当它位于20以下水平时,如果随机指数发生转折,就能够很好地预期市场的主要转折。随机指数图可以采取14日、14周、14月等时间参数来计算。

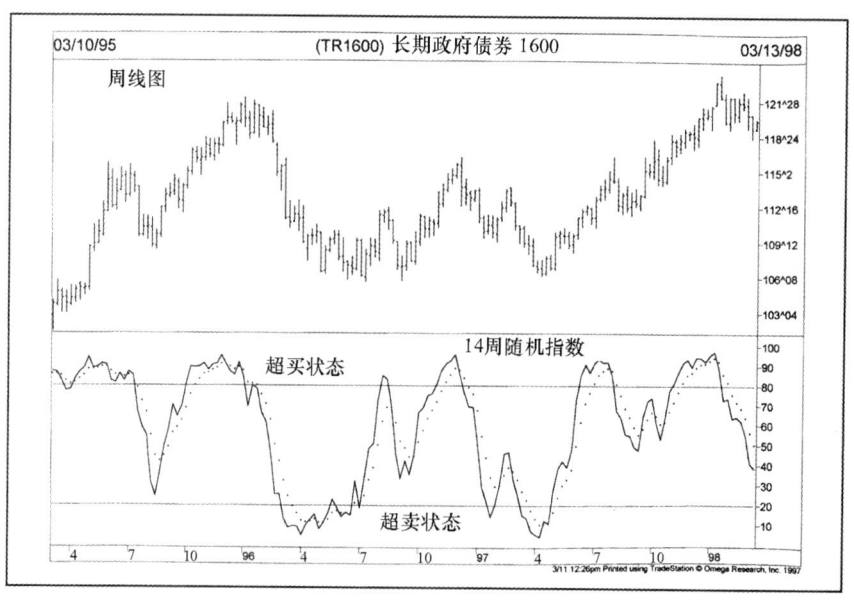

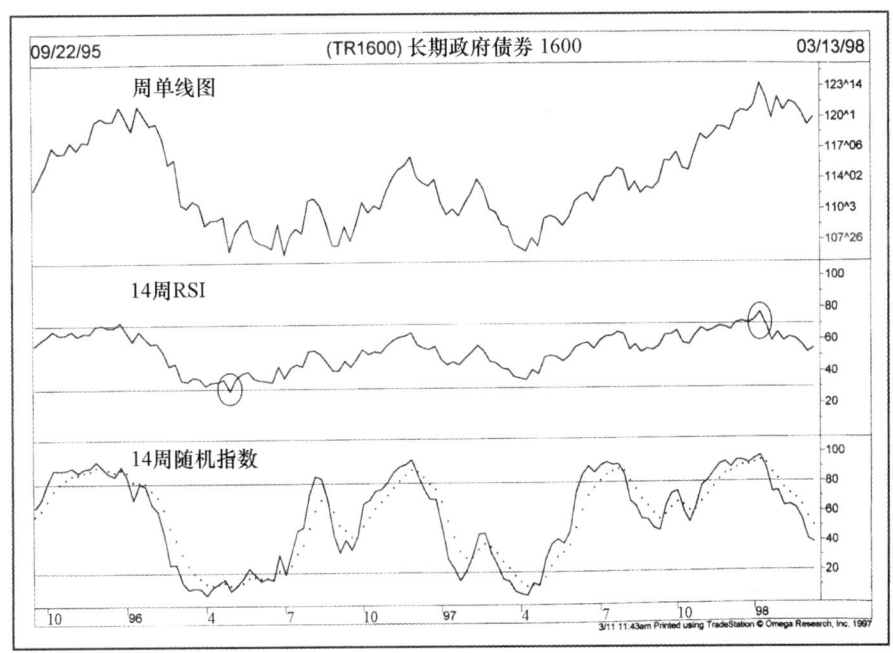

图 10.17 本图比较了 14 周 RSI 和 14 周随机指数的表现。比较之下，RSI 曲线波动性较小，更不常触及极端水平。最佳买卖信号发生在两个摆动指数同时处于超买或超卖区域时。

我们可以把日线图的随机指数分析和周线图的随机指数分析结合起来，采用周线图的随机指数信号判断市场方向，同时采用日线图的信号来抉择买卖时机。还可以把随机指数和 RSI 结合起来（图 10.17）。

拉里·威廉斯指数（%R）

拉里·威廉斯指数与随机指数的概念类似，也表示当日的收市价格在过去一定天数里的全部价格范围中的相对位置。把这段日子里的最高价减去当日收市价，然后把所得的差除以这段日子的全部价格范围，就得到当日的威廉斯指数。前面关于各种摆动指数的讨论也适用于%R，其中的要点也在于发生在超买或超卖区的相互背离现象（图10.18）。既然%R是从最高价减去当前收市价，其曲线看起来就像把随机指数颠倒了一下。为了纠正这种颠倒的感觉，图表软件把%R的数值顺序反过来绘制%R曲线。

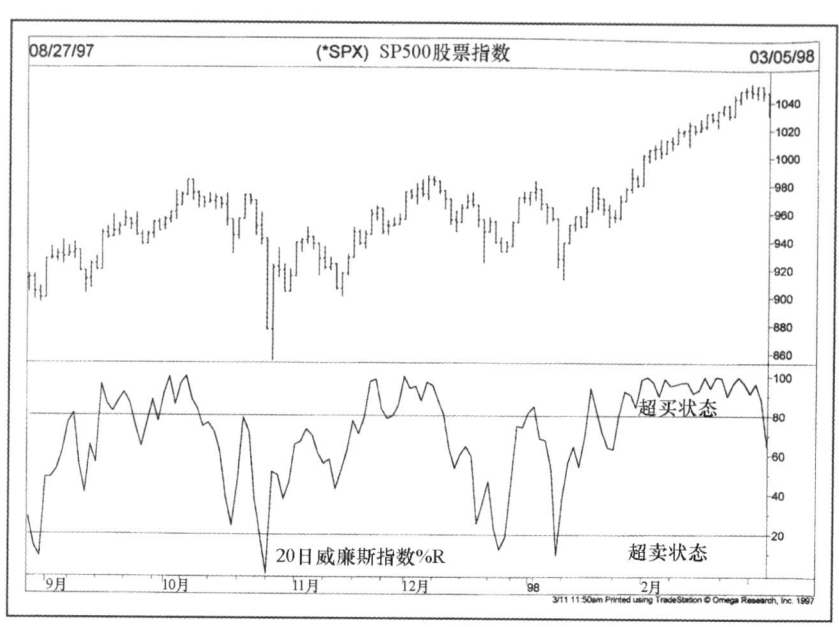

图 10.18 拉里·威廉斯指数%R 属于摆动指数,其分析方法和其他摆动指数如出一辙。当指数读数超过 80 或低于 20 时,标志着市场的极端状态。

依据周期长度选择时间跨度

摆动指数的时间跨度可以同市场上的主要周期联系起来,其常用的时间跨度为周期长度的 1/2。这就意味着,如果按照日历计算的周期长度分别为 14 天、28 天和 56 天,那么我们计算式中的时间跨度就分别对应为 5 天、10 天和 20 天。怀尔德在 RSI 中采用 14 天的时间参数,就是 28 天的一半。在前一章中,我们曾谈到,在所谓最佳的移动平均线以及摆动指数的算法中,总会不约而同地遇到 5 天、10 天和 20 天这几个"老脸色"的。此处的情况其实也一样,我们就无须重复了。总之,日历上的 28 天(即 20 个交易日)是个重要的市场周期(月周期),其余数字均是它的谐波周期。5 天的随机指数、10 天的动力指数、14 天的 RSI 等等,基本上都是以 28 天周期为基础的,分别相当于这种主流周期的 1/4 和 1/2。在第十四章中,我们还要交代时间周期的重要性。

趋势的重要地位

本章讨论了如何利用摆动指数来进行市场分析。它们有助于揭示市场短期的超买和超卖状态,提醒交易者警惕可能出现的相互背离现象。开头我们介绍的是动力指数及其归一化问题,进而把它改进成了一种摆动指数。接下来,我们研究了另一种摆动指数,称为变化速度指数(ROC),其中我们利用价格之比(比价)代替了动力指数中的价格之差(差价)。然后,我们谈到,也可以利用两条移动平均线之间的距离,来显示市场短期的极端状态以及买卖信号。最后,我们讲述了 RSI 和随机指数,以及摆动指数的时间跨度同市场周期的协调问题。

背离现象分析是摆动指数最大的长处。但是,这里要提醒朋友们,绝不可把背离现象分析奉若神灵,而把基本的趋势分析扔在一边。摆动指数的买入信号处在上升趋势中更灵验,而摆动指数的卖出信号处在下降趋势中才更有效。当我们分析市场的时候,首要的是确认市场的一般趋势。如果趋势向上,则应采取买入的策略。然后,才利用摆动指数来帮助我们寻求入市时机。当市场在上升趋势过程中处于超卖状态时,我们买入。而当市场在下降趋势中处于超买状态时,我们卖出。或者举例来说,在主要上升趋势的条件下,当动力指数向上穿越零线时,我们买入;在下降趋势的条件下,当动力指数向下穿越零线时,我们卖出。

顺着主要趋势的方向交易这一点很关键,其重要性怎样强调都不过分。如果我们过于迷信摆动指数,那么,危险就在于我们可能仅仅看到了背离信号本身,却违背了大趋势的方向。这样一来,我们往往要遭受损失。尽管摆动指数确实有其价值,但是它只是许多分析工具中的一种。因此,它只是我们进行基本趋势分析的辅助手段,绝不能取代基本趋势分析。

摆动指数何时最为有效

在某些场合,摆动指数的功效比平常更为出色。当市场处于横向延伸状态时,价格往往起伏不定,徘徊数星期乃至数月。在这种情况下,摆动指数却能紧密地跟踪价格的变化。摆动指数的峰和谷与价格图线的峰和谷几乎精确地同步出现。因为两者均呈横向伸展的态势,所以其轮廓极为相似。然而,市场迟早总会发生价格突破,形成新的上升趋势或下降趋势。从摆动指数的天性来看,在这种价格突破发生的时候,它已经处在极端位置了。如果突破方向向上,摆动指数则已经处于超买区。如果突破方向向下,则摆动指数已经处于超卖区。此时此刻,交易商进退两难。一边是看涨的价格突破信号,一边是摆动指数的超买状态显示,他该不该买呢?或者,一边是看跌的价格突破信号,一边是摆动指数的超卖状态显示,他该不该卖呢?

在这种情况下,我们最好暂时把摆动指数丢在一边,该怎么做就怎么做。理由是,随着重要的价格突破的出现,新的趋势尚处于早期阶段,此时,摆动指数常常很快就达到极端区域,并且将在其中维持一段时间。碰到这种情况时,我们应当主要考虑基本的趋势分析,而让摆动指数暂退到幕后。之后,随着趋势的日渐成熟,我们才逐步增加摆动指数在我们的考虑中的分量[在第十三章中我们将看到,艾略特波浪分析的第五波(最后一波)往往得到看跌的摆动指数背离信号的验证]。当主要趋势信号出现后,如果交易商仍拘泥于摆动指数,等到它进入超卖状态时才买入,那么,他将错过很多生气勃勃的牛市动作。一言以蔽之,当重要趋势处于初期时,不要太介意摆动指数;但是当它渐趋成熟的时候,我们就应当密切注意摆动指数的信号。

移动平均线相互验证/相互背离交易法(MACDTM)

在前一章,我们曾提到一种利用两条指数加权移动平均线构造的摆动指数,下面出场的就是它。所谓移动平均线相互验证/相互背离指数(简称为MACD)系杰拉尔德·阿佩尔首创的。该指数的独到之处在于,把摆动指数的某些原则(前面我们曾经过论到)和双移动平均线交叉信号分析结合起来。在本方法中,实际上需要计算三条曲线,但是在计算机屏幕上显示出来的是两条曲线。变化较快的曲线(称为MACD线)是选定的两条指数移动平均线数值之差(通常选用12日和26日移动平均线,或者12周或26周移动平均线);变化较慢的曲线(称为信号线)通常是MACD线9个时间单位的指数移动平均线。阿佩尔原本建议采用一组市场参数来构建买进信号,另一组时间参数来构建卖出信号。不过,绝大多数交易者在各种情况下都采用同样的12、26和9等默认时间参数。当然,其中既包括以日为时间单位,也包括以周为时间单位(图10.19a)。实际交易信号是,短期平均线(实线)穿过长期平均线(虚线)。当短期平均线向上穿越长期平均线时,是买入信号;当短期平均线向下穿越长期平均线时,为卖出信号。在这个意义上,MACD和双移动平均线的交叉信号是一致的。然而,MACD指数也围绕零线上下波动。正是在这一点上,该指数和摆动指数是一致的。当MACD指数在零线上方距离过远时,显示市场处于超买状态;当MACD指数在零线下方距离过远时,显示市场处于超卖状态。最佳的买进信号发生在指数远低于零线的时候(对应于市场的超卖状态)。当指数向上或向下穿越零线时,成了构造买进信号或卖出信号的另一种方式,这一点和我们先前讲过的动力指数类似。

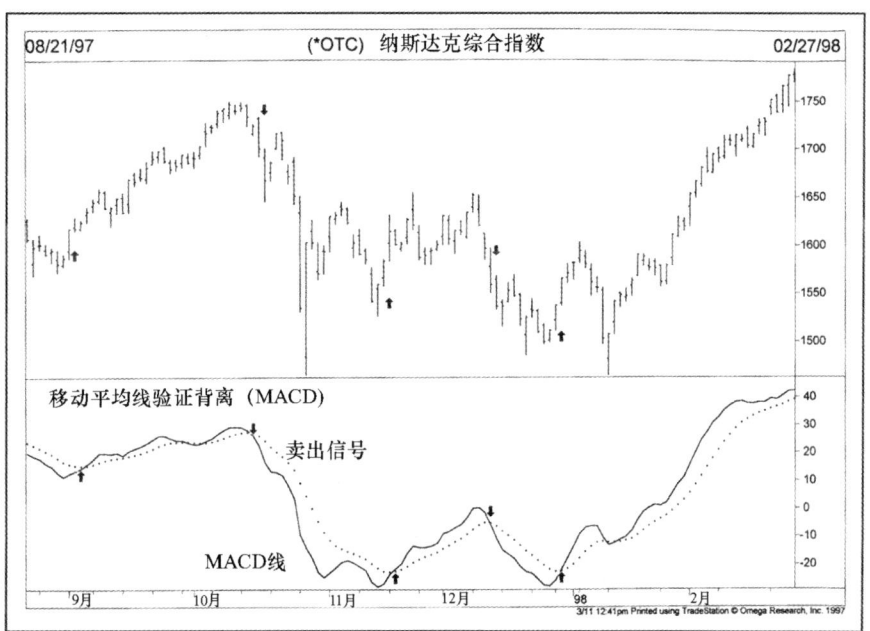

图 10.19(a) 移动平均线相互验证/相互背离指数(MACD)采用了两条曲线。当变化较快的 MACD 线穿越较慢的信号线时,发出交易信号。本图为纳斯达克综合指数,图中的 5 个箭头分别标识了 5 个交易信号。

图 10.19(b) MACD 指数围绕零线波动,使之具备了摆动指数的性质。最佳买进信号发生在零线下方。最佳卖出信号发生在零线上方。请注意 MACD 指数 10 月发出的负向背离信号(向下的箭头所指处)。

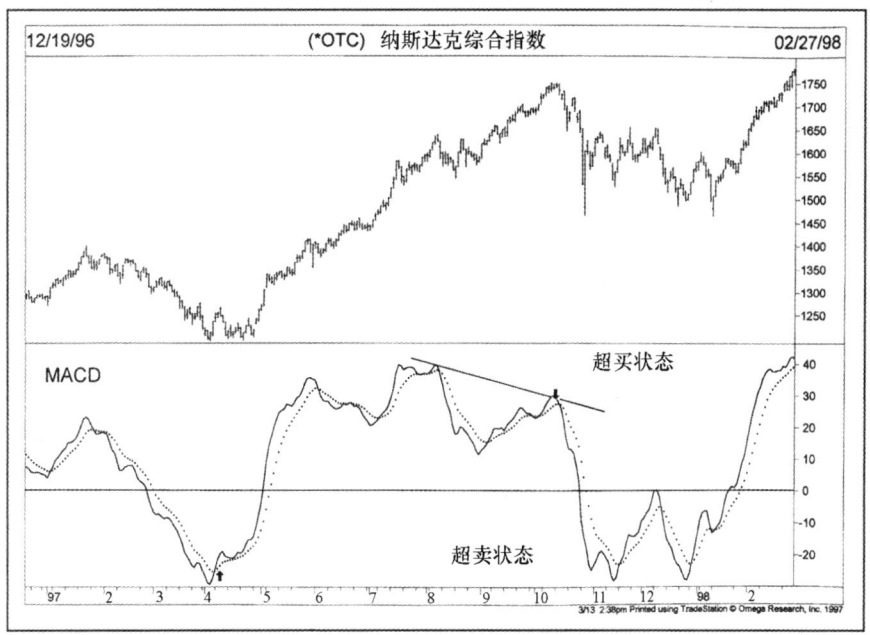

摆动指数和相反意见理论

MACD 指数的变化趋势和价格曲线的变化趋势之间有时出现背离现象。负向的,或者说看跌的背离信号发生在 MACD 指数明显向上远离零线时(对应着市场的超买状态),MACD 指数表现出势头减弱的迹象,与此同时,价格曲线依然处在上升趋势中。这常常是市场可能见顶的警告信号。正向的,或者说看涨的背离信号发生在 MACD 指数明显向下远离零线时(对应着市场的超卖状态),MACD 指数领先于价格走势,表现出向上走强的迹象。这常常是市场可能见底的早期警告信号。可以在 MACD 指数上绘制简单的趋势线,帮助我们识别其重要的趋势变化(图 10.19b)。

MACD 刷形图

本章前面曾经介绍把两条移动平均线的差值绘制成刷形图的方法。依葫芦画瓢,MACD 指数中的两条曲线也可以摇身一变,转为 MACD 刷形图。刷形图由从零线出发的竖直线段组成,每根线段代表相应时点两条 MACD 曲线之间的差值。刷形图也有一条零线。当 MACD 的两条曲线处于正向排列状态时(即快线在慢线之上),刷形图位于零线之上。当刷形图向上或向下穿越零线时,正好对应着两条 MACD 曲线的穿越,分别构成买进或卖出信号。

刷形图的真正价值在于有效地揭示了两条 MACD 曲线的差距扩大或者缩小的情形。当刷形图处在零线上方(正向排列),但开始向下折回零线时,说明 MACD 指数上升趋势正在减弱。反过来,当刷形图处在零线下方(负向排列),但开始向上折回零线时,说明 MACD 指数下降趋势正在失去动力。虽然在刷形图穿越零线之前并不发生实际买进或卖出信号,但是刷形图的转折提供了更早一步的警告信号:当前趋势动力减弱。刷形图返回零线的转折信号总是领先于穿越零线的实际信号。刷形图转折点的最好用法是为手上已有的头寸寻求早一步的了结信号。然而,如果逆着当前主要趋势方向,采取刷形图的转折作为开立新头寸的由头,就实在太过于冒险了(图 10.20a)。

日线图分析和周线图分析相结合

周线图上的技术信号总是比日线图上相应指标的技术信号来得更重要。对所有的技术指标而言,大致都是同样的道理。把日线图分析和周线图分析相结合的最好办法是,利用周线图信号来确定市场方向,利用日线图信号来精确地抉择入市和出市的时点。仅当日线图信号和周线图信号相一致的时候,才采纳日线图信号。如此一来,周线图信号就成了日线图信号的趋势过滤器。这就防止了单纯采用日线图信号时可能违背当前主流趋势的情况。MACD指数和随机指数都属于双曲线交叉系统,对这两种技术指标来说,上述原则尤为重要(图10.20b)。

期货市场的相反意见理论

摆动指数分析研究的是市场的极端状态。关于市场极端状态,还有一种极为流行的研究方法——相反意见原则。在本书一开头,我们讲过,市场分析主要有两条途径——基本分析和技术分析。虽然我们一般也把相反意见理论归入技术分析的范畴,其实,把它说成是某种心理学分析更合适。相反意见理论是市场分析的第三条重要途径——心理学。在这种方法中,我们是根据各个期货市场的投机者们的牛气或熊气程度来预测市场的。

相反意见理论认为,当绝大多数人看法一致时,他们一般是错误的一方。那么,我们的正确的选择应当是,首先确定大多数人的行为,然后反其道而行之。

汉弗莱·B·尼尔是逆向思考方法的创始者。他在1954年出版的《逆向思考的艺术》(卡克斯顿出版社)中,推出了他的理论。10年后,即1964年,詹姆斯·H·西贝特着手把尼尔的理论应用到期货交易中,创立了市场风向标通讯服务,并在其中引入了"看涨意见一致数字"。(《市场风向标》,加州帕萨迪纳镇,CA91109)。他对商品市场上的各种咨询材料每周进行一次统计,以确定在专业人士中间看涨或看跌的程度。这项调查的目的在于,把市场情绪通过一系列的数字表示出来,以便分析研究和预测。该方法的理论前提是,绝大部分期货商在很大程度上都受到市场咨询机构的影响。因此,我们通过跟踪各种专业性咨询材料的观点,不难比较准确地估计交易者大众所采取的态度。

另外还有一家信息服务公司,也提供关于市场情绪的指标,称为"市场看好意见一致程度指数"(简单说即意见一致指数),刊登在《全国商品期货周刊》上,每周五出版。(意见一致指数公司,密苏里州堪萨斯市麦吉路1735号,M064108)。在该指数中,以75%作为超买标志,25%作为超卖标志。

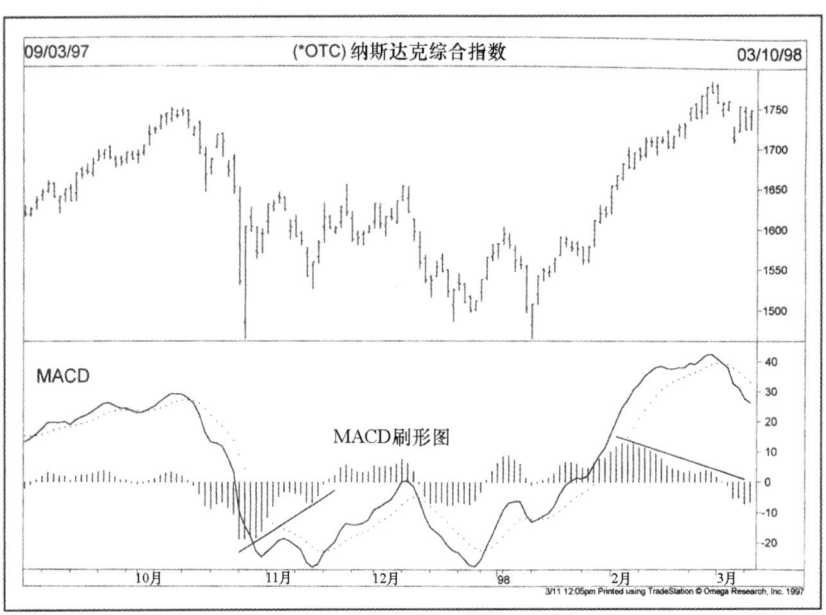

图 10.20（a） MACD 刷形图揭示了 MACD 指数两条曲线之间的差距。当刷形图穿越零线时，构成买卖信号。请注意，刷形图的转折比 MACD 指数的交叉信号来得早，这就给予交易商一定程度的提前预警。

图 10.20（b） 在周线图上，MACD 刷形图也能发挥良好作用。在本图中部的顶点处，刷形图早在卖出信号（向下的箭头所指处）的 10 周之前就已经向下转折。在两次向上的转折过程中，刷形图的转折比买进信号（向上的箭头所指处）分别提前了 2 周和 4 周。

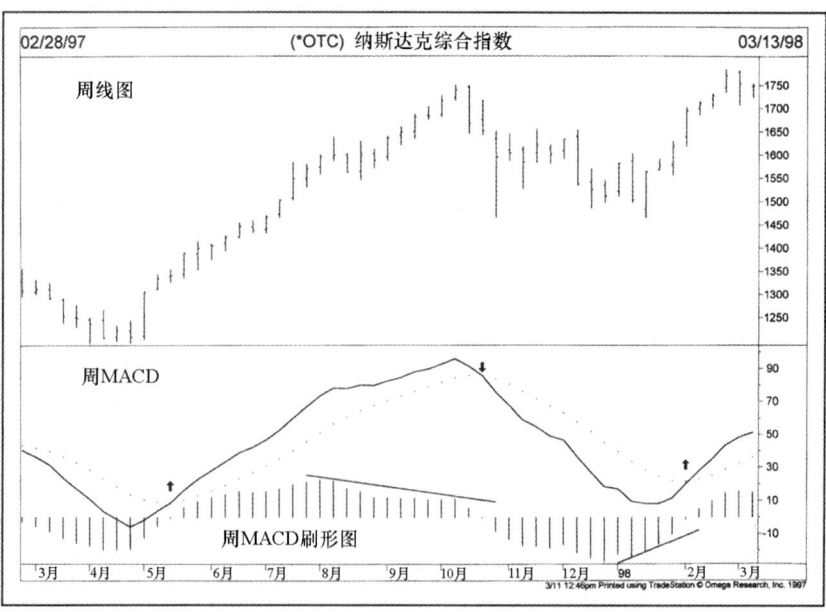

· 212 ·　　　　　　　　　　　　　　　　　　　　　摆动指数和相反意见理论

看涨意见一致数字的研读

大部分交易商都采用相当简明的方法来研究这个每周发布的数字。如果数字大于75%,我们就认为市场处于超买状态,意味着可能即将出现顶部过程;如果数字低于20%,我们就认为是市场处于超卖状态,表明市场或许即将发生底部过程。

相反意见理论显示:
买方或卖方的余力

我们以某个投机者为例。假定该投机商阅读了他最信奉的咨询材料后,坚信市场即将大规模地上升。那么,那份材料越是牛气十足,这个交易商就会越积极地入市买进。但是,一旦他的资金全部投入了市场,他自己就已经处于超买状态了——即他已无剩余资金再投入市场了。

我们把这种情形推广到全体市场参与者。如果有80%到90%的交易商对某市场都看好,那么就意味着他们已经在这个市场买入了头寸。那么剩下来,还有谁来继续买入,把市场推得更高呢?这是理解相反意见理论的关键。如果交易商们已经以压倒性的多数倒向了市场的某一边,那么,简而言之,市场上已经没有足够的买进或卖出压力来把当前趋势继续推动下去了。

相反意见理论体现:
大小户实力对比

相反意见理论的第二个特点是,它能够显示大户与小户的实力对比。期货交易的"总和为零"。每一手多头合约都伴随着别人的一手空头合约。如果80%的交易商都站到了市场的多头一边,那么剩下的20%的人(空头持有者)必定资金雄厚,才能完全容纳其余80%的人所持有的多头头寸。因此,空头者的头寸规模必定比多头者大得多(在本例中,达到了4比1的程度)。

这就意味着空头者必定拥有庞大的资本,他们才是市场上的强者。相形之下,另外80%的人平均每人拥有的头寸就小得多了,因此,他们是弱者。每当价格出现突然变化的时候,他们往往不得不把这些多头头寸卖出平仓。

看涨意见一致数字的另外一些特点

在我们采用看涨意见一致数字时,还必须注意它的其他一些特点。看涨意见一致数字的均衡数值为55%。这中间包含了对一般投资大众天生的买入倾向的修正。其上限为90%,下限为20%。这里也一样,为了反映上述买入倾向,我们要把上下限稍许地向上修正一下。

当看涨意见一致数字大于90%或小于20%时,通常我们就可以考虑建立相反的头寸。在这种情况下,意见一致程度已达到极点,宜立即采取与当前趋势相反的交易措施。如果数字高于75%或低于25%,我们就处于危险区,显示市场可能即将反转。不过一般认为,在这种不太极端的情况下,我们应当等到这个数字本身的趋势发生变化后,再逆着价格趋势交易。我们应当密切关注看涨意见一致数字的方向性变化,特别是当变化发生在危险区域的时候。

(期货市场)持仓量的重要性

在我们研究看涨意见一致数字时,也要兼顾持仓量。一般来说,持仓量越高,那么上述的反向头寸盈利的潜力就越大。不过,我们不应当在持仓量保持上升势头的时候建立反向头寸。如果持仓量持续上升,那么,当前趋势继续发展的可能性就比较大,必须等到持仓量开始持平或者降低时才能采取行动。

另外,我们还必须研究交易商分类报告,以确认保值者在持仓量中占有的份额不超过50%。当持仓量的大部分来自投机者的时候(他们被看成是弱者),相反意见理论的效果更佳。另外,我们也建议朋友们不要与大户保值者的方向相冲突。

观察市场对基本面消息的反应

我们也应当密切关注市场对基本面的新闻的反应。当上述数字处于超买的范围内时,如果价格无力对有利的消息作出反应,那么这就是个清晰的警讯,表明市场可能要反转。当第一个负面消息出现后,通常就足以把价格很快地推向另一个方向。相应地,当它们处在超卖区(低于25%)时,如果价格无力对不利的消息作出反应,那也是警讯,显示当前市场上的低价已经包容了所有的坏消息,一有看涨的讯息,就会把价格推上去。

把相反意见理论
与其他技术工具相结合

一般来说,我们应当顺着意见一致数字的趋势方向进行交易,直到它达到极限为止。然后,就要警惕它的趋势可能发生变化的信号。不用说,在这种关键时刻,为了有利于确认市场的转折,我们也应当同时兼顾那些更正统的技术分析手段,如支撑或阻挡水平的突破、趋势线移动平均线等等,以验证趋势的反转事实。在看涨意见一致数字处于超买或超卖区时,摆动指数图上的背离现象特别有参考价值。

投资者情绪指标

《巴伦氏》周刊有一个名曰"市场实验室"的栏目。每周末,该栏目都在"投资者情绪指标"的标题下发表一系列数据。其中包括四类有关投资者的统计数字,意在估量股票市场看多和看空的程度。每次发表最近一周的数据,同时印上再之前一周、二周的数据,以便于比较。这里随机抽取了一份样表,看看最近一周的数据大概是什么样子的。请记住,这些数字属于相反意见指标。过分的看多数值是利空的,过分的看空数值是利多的。

投资者情报指数
看多者　　　　　　　48%
看空者　　　　　　　27%
看调整者　　　　　　24%
意见一致指数
看多的意见　　　　　77%

AAII 指数
(美国个人投资者协会,伊利诺伊州芝加哥市密歇根大街北 625 号,IL60611)
看多的　　　　　　　53%
看空的　　　　　　　13%
中性的　　　　　　　34%
市场风向标
看涨一致意见指数　　66%

投资者情报指数

投资者情报指数公司(纽约州新洛歇尔镇丘齐街 30 号,NY10801)每周在投资顾问中举行一次意向调查,统计三个数字——看多的投资顾问所占百分比,看空的投资顾问所占百分比,看调整的投资顾问所占百分比。当看多的人数比例超过 55% 时,是过度乐观的警告信号,可能意味着对市场不利。当看多的人数比例低于 35% 时,反映出过度悲观,被视为对市场有利。看调整的人数比例代表那些看多市场但预期市场短线调整的投资顾问。

此外,投资者情报指数公司还每周统计并发布价格超过 10 周和 30 周移动平均值的股票的比例。对这组数据也可以采取与相反意见指数类似的分析方式。当该数据超过 70% 时,意味着股票市场处于超买状态。当该数据低于 30% 时,意味着股票市场处于超卖状态。10 周的数字可以用来估计短线到中线的市场转折。30 周的数字在评估主要市场转折时更有价值。趋势可能发生变化的实际信号是,当该数字从 30% 以下上升并超过 30% 时,或者当该数字从 70% 以上下降并跌破 70% 时。

第十一章 日内点数图

引 言

20世纪之前,股市交易者最先使用的是点数图技术。"点数图"这个说法来自维克托·德维利尔斯在1933年出版的《点数图法预测股价变化》一书中。这种技术曾有过不少叫法。例如在19世纪80年代和90年代,称为"记价法"。这个名字出自1901年7月20日查尔斯·道为《华尔街日报》撰写的评论中。

道氏指出,记价法的出现时间是1886年,大约已经使用了15年。从20世纪20年代到1933年,人们一般称之为"数字图",利用它来追踪市场运动。此后,这种记录市场变化的方法变成了"点数图",它的名目才算定案。R·D·威科夫在30年代早期发表了数种关于点数图的论著。

从1896年开始,《华尔街日报》开始每日发表股市的最高价、最低价和收市价,由此才开始了日线图的历史,因此,点数图比日线图至少早出现了 10 年。我们分两步来介绍点数图技术。本章,我们先看看这种方法本来的情况,它是用日内的价格变化数据来绘图的。然后,我们再介绍一种更简便的点数图版本,不论什么市场,只需采用每日最高价和最低价来绘图。

点数图与线图

我们先来看看点数图和线图之间的基本差异,考察几个图例。

点数图纯粹是关于价格变化的研究。这就是说,在画点数图时,我们不考虑时间因素。相反地,在线图上,我们把价格和时间结合在一起。从线图的构造来看,其竖直轴为价格轴,水平轴为时间轴。例如,在日线图上,每天的价格线段均向右移动一格,画在前一天的右侧。即使当日的价格变化很少,甚至没有变化,我们在图表上还是要照章行事,仍然必须在当天的位置上作出标记。而在点数图上,我们仅仅记录价格的变化。如果价格没有变化,那么点数图也不需要我们碰它。从而,在市场活跃的时期,我们可能需要进行大量的作图工作;而在市场平静的时期,可能不怎么需要动手。

两种图表的重要差别在于对交易量数据的处置上。在日线图上,我们在价格线段下方,画出当日的交易量线段。而在点数图上,则忽略了交易量数据,把它另作处理。"另作处理"这话很要紧。尽管点数图不记录交易量的数据,这并不等于说完全放弃了交易量(或称"交易活动")的信息。相反地,因为日内点数图记录了当天所有的交易活动,所以交易量的多寡也就反映在图上所记载的价格变化之中。因为我们在决定支撑或阻挡水平时,交易量是较重要的判断依据,而点数图能够显示交易活动最多的价格水平(亦即重要的支撑或阻挡水平),所以,在这一点上,点数图也特别有用。等我们讨论到支撑和阻挡的题目时,再来谈这一点。

图 11.1 是 S&P500 指数的日线图和点数图,两者所覆盖的时间范围相同。从外观上看,两者很相像,但究其实质,则大不相同。从两张图上我们都能把握一般价格趋势的格局,但两者的价格显示方式却大相径庭。请注意,在图 11.2 中,"X"列和"O"列交替排列。"X"列表示价格上升,"O"列表示价格下跌。每当"X"列涨过前一个"X"列一个"X"后,就构成了向上突破的信号(参见图 11.2 中的箭头)。

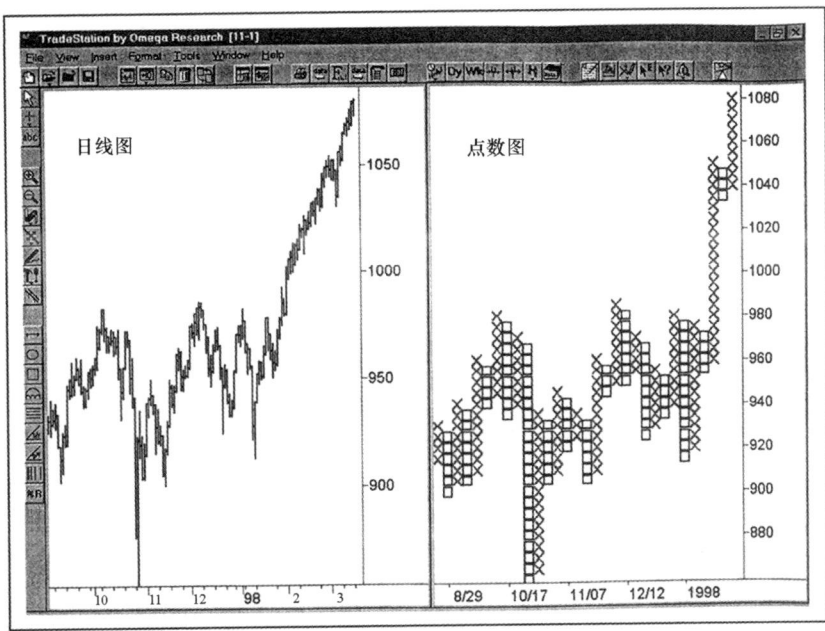

图 11.1　左侧图表为 S&P500 指数期货合约的日线图。右侧图表是 S&P500 合约指数在同一段时间内的点数图。在点数图上,"X"表示上涨的价格;"O"表示下跌的价格。

图 11.2　在点数图上,当"X"列的上涨高过了前一个"X"列的最高点(参见向上的箭头所指处)时,发出买进信号。当"O"列的下跌低于前一个"O"列的最低点(参见向下的箭头所指处)时,发出卖出信号。点数图的买卖信号更明确。

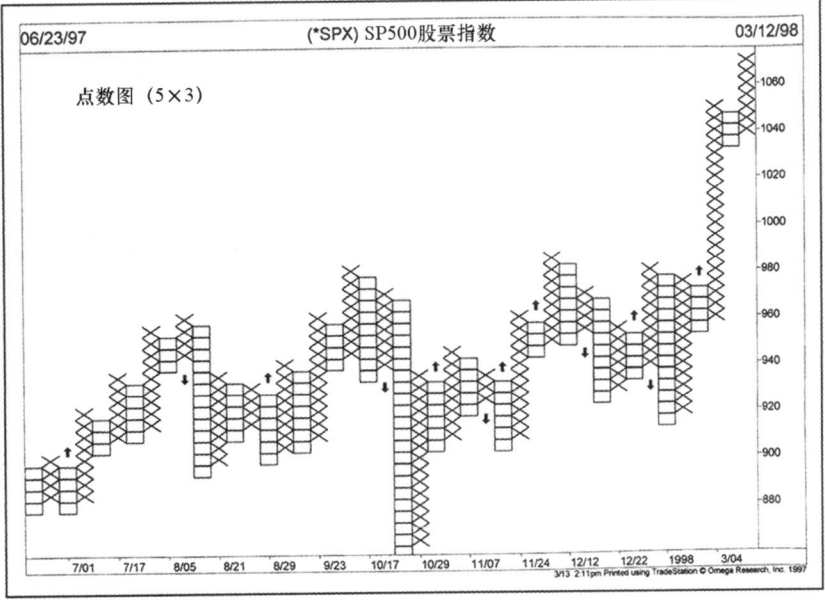

日内点数图

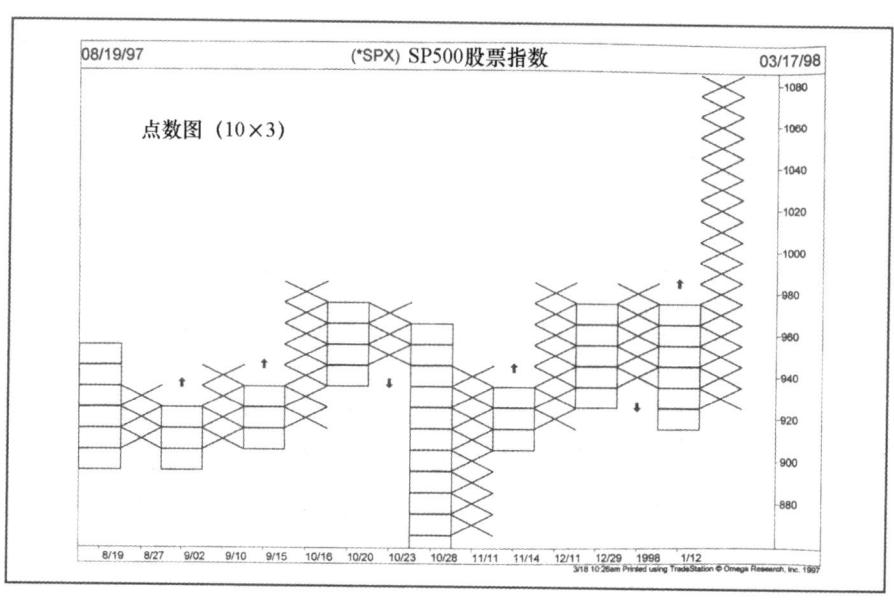

图11.3　本图内容与图11.1和把图11.2中每点所代表的价格数值从5个单位改为10各单位,使点数图的灵敏度降低,发出较少的突破信号。如此一来,本图对长线投资者更适用。

相应地,每当"O"列跌过前一个"O"列一个"O"后,就构成了向下突破的信号。请注意,上述突破信号比日线图上的突破信号明确得多了。我们当然可以把这种突破信号用作买卖信号。后面我们还要详细地阐述买卖信号的问题。通过上面两张图表的相互比较,我们可以发现,点数图有一个明显的优势,即能够既精确又简易地标志趋势信号。

图11.3和图11.4还展示了点数图的另一大优势——灵活性。从图11.2到图11.4,所有的点数图显示的都是完全一致的价格内容,但是为了满足不同的需要,通过调整参数可以使得点数图的外形发生很大的差异。我们有两个办法来修改点数图——改变每点代表的价格数值,或者改变转向规定(即每次转向所要求的点数)。一个办法是,通过改变转向规定的点数,我们可以得出不同的图形(比如说,我们可以规定3点转向,也可以规定5点转向)。转向规定中要求的点数越多,则点数图就越浓缩、越迟钝。另一个办法是,通过改变每点所代表的价格数值,可以得出不同的图形。图11.2中的每点代表5个价格单位。图11.3则将每点代表的价格单位从5个增加到10个。结果,图11.2中共有44列,而在图11.3中减少为只有16列。(图11.2记为5×3,意思是每点代表5个价格单位,并采取3点转向规定)。图11.3每点代表的价格数值增大了,图表发出的突破信号就减少了。如此一来,图表更迟钝,消除了短线信号,投资者就可以把注意力集中到市场的主要趋

势上，避开了短线信号的干扰。

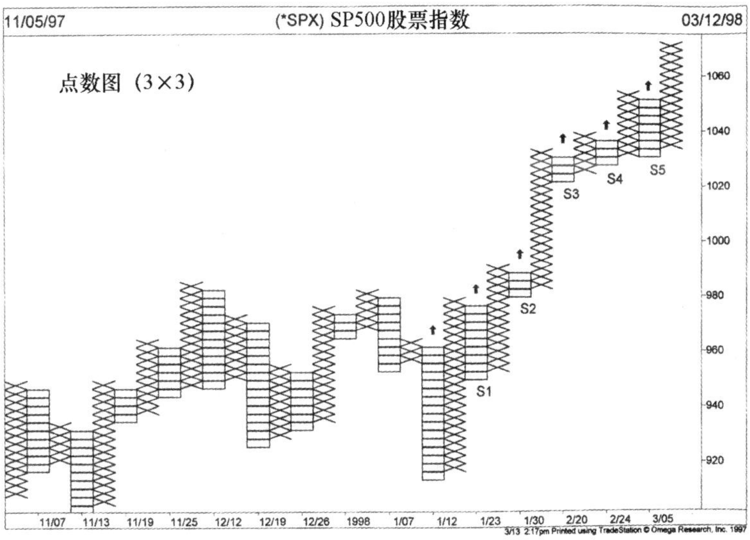

图 11.4 把图 11.2 中每点所代表的价格数值从 5 个单位改为 3 个单位，点数图发出的突破信号更多，对短线交易更适用。在最后一轮从 920 到 1060 的上涨行情中，本图先后发出了 6 个不同的买进信号。保护性卖出止损指令可以设置在最高的一列"O"的下方（参见 S1—S5 列）。

图 11.4 把每点代表的价格数值从 5 个单位减小到 3 个单位。这就增加了点数图的灵敏度。为什么需要增加点数图的灵敏度呢？因为这样更适合短线交易。比较一下三张图表中最后一轮从 920 到 1060 的上涨行情。10×3 点数图（图 11.3）只表现为最后一个 X 列，再无其他列。

日内点数图的画法

我们曾讲过，点数图的原型是日内价格图表，它本来是用于记录股市变化的，其目的在于记录股票的每一点价格变动。人们觉得，采用这种方法，能够较好地判断市场到底处于搜集筹码阶段（买进）还是和派发筹码阶段（卖出）。当时一般只采用整数形式进行记录，其中每点取值为一个价格点（1 美元），并且把每一点（1 美元）的方向变化都记录在案。小数基本上忽略不计。后来，当人们把这种技术引入期货市场时，为了适合各种市场的标价方式，就必须调整每点取值。现在，我们先用一些实际的价格数据绘制一张点数图。

下列数字是瑞士法郎期货合约9天的价格资料。作图时,我们把每点取值设为5个价格单位。因此,向反方向变化达到5个价格点以上的动作都可以显示出来。我们从1点转向规则开始绘制点数图。

4/29	4875	4880	4860	4865	4850	4860	4855			
5/2	4870	4860	4865	4855	4860	4855	4860	4855	4860	4855	4865	4855
5/3	4870	4865	4870	4860	4865	4860	4870	4865			
5/4	4885	4880	4890	4885	4890	4875					
5/5	4905	4900	4905	4900	4905						
5/6	4885	4900	4890	4930	4920	4930	4925	4930	4925		
5/9	4950	4925	4930	4925	4930	4925	4935	4925	4930	4925	4935	4930
	4940	4935									
5/10	4940	4915	4920	4905	4925	4920	4930	4925	4935	4930	4940	4935
	4940										
5/11	4935	4950	4945	4950	4935	4940	4935	4945	4940	4965	4960	4965
	4955	4960									
	4955	4965	4960	4970							

图11.5(a)是根据上表列出的行情数据得出的图形。我们从图的左侧开始。首先,本图价格轴刻度的安排,已经体现出了每点取值为5个价格单位这一要求。

第1列:在4875标一个记号。因为下一数字为4880,上升了,所以我们填入"X"符号。

第2列:下一个数字是4860,因此我们向右另起一列,从4880往下一格起,向下画"O",一直填到4860。

第3列:第三个数字是4865。我们向右另起一列,向上移动一格,在4865画"X"。且打住。到此为止,我们在第3列上仅仅画了一个"X",因为价格只向上推升了一点(即5个价格单位)。在一点转向图上,我们必须在每列至少填满两格。请注意,下一个数字是4850,要求另起一列画"O",直到4850为止。那么,我们就这样画吗?不行。因为这么一来,在第3列中就只能有一个"X"点。因此,我们就在第3列,把上端单独地以"X"开始,然后向下到4850都画上"O"。

第4列:接下来的数字是4860,我们向右另起一列,从4850向上移一格,然后向上画"X"到4860。

第5列：然后是4855。因为这个价格是向下的变化，所以我们到下一列，从4860向下移一格，画"O"。注意，从数据表上看，这是当天的收市价。我们再往后看一列。

第6列：5月2日开始的价格是4870。到此为止，在第5列中也只有1个"O"。但是每一列都必须至少有两个符号，因此，我们在其中要再填入"X"，到4870为止（因为这一价格上升了）。但请注意，我们把前一天的收市价格涂掉了，这就是我们前面说的为了便于识别时间而做的记号。把每天的收市价都涂黑，我们就很容易追溯各天的交易情况了。

为了进一步了解制图程序，朋友们不妨继续对照下去。请注意，在本图中，有好几列"X"和"O"并存。这种情况只会出现在一点转向的点数图上，这是由每列必须至少有两个符号的要求所引起的。"纯粹家"们或许对并用"X"和"O"很有些腹诽。然而经验表明，通过这种方式，我们很容易追踪价格变化的次序。

图11.5(b)与图11.5(a)采用的是相同一组数据，但这里改成了三点转向规定。注意，这张图表具有浓缩的特点，丢掉了不少资料。图11.5(c)采用的是五点转向规定。传统上，人们一般采用一点转向规定、三点转向规定和五点转向规定这三种类型。一点转向图表通常只

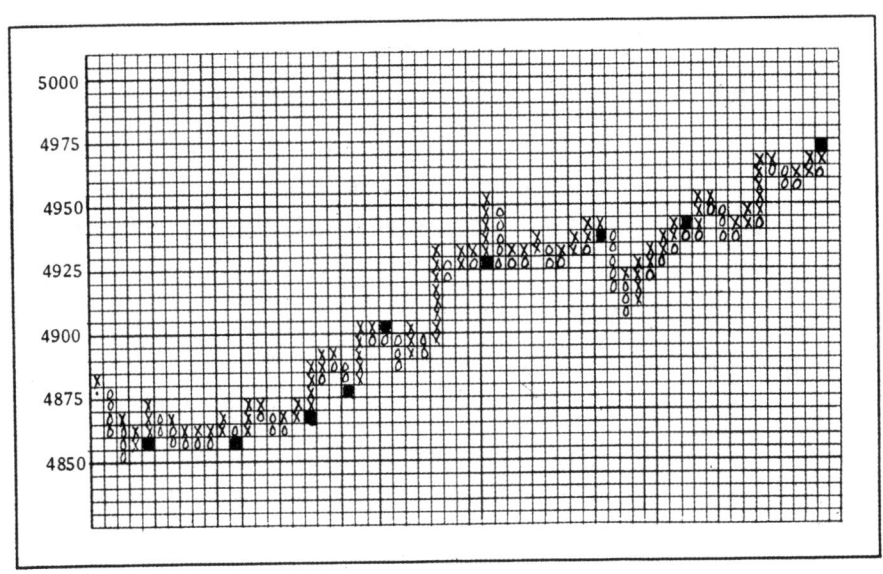

图11.5(a) 本图为德国马克合约的5×1点数图。涂黑的格子表示每个交易日结束时的价格。

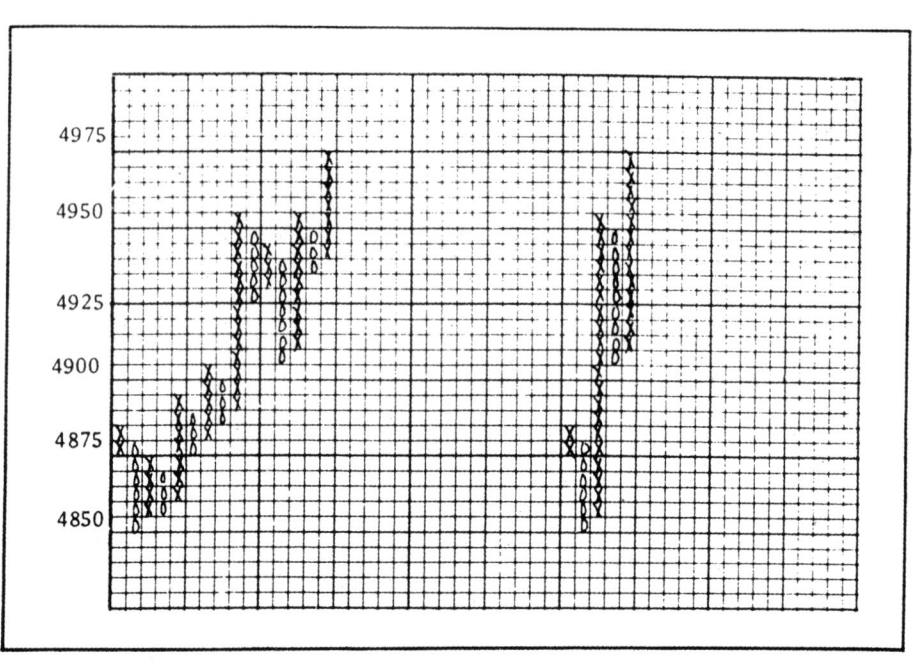

图 11.5(b)　　　　　　　　图 11.5(c)

图 11.5(b)绘制的是同样的行情数据,但采用三点转向规定。请注意其中图形的压缩特点。图 11.5(c)是采取五点转向规定的点数图。

适用于非常短期的活动,而三点转向图表则适合研究中等趋势。至于五点转向图表,因为其浓缩力更强,所以一般适用于长期趋势的研究。三种点数图作图的顺序正如上述,是从一点转向图开始的。三点转向图和五点转向图可以直接根据一点转向图作出来。显而易见,我们是不可能从三点转向图或五点转向图做出一点转向图的。

横向数列法

日内一点转向点数图还有一个主要的长处,它能够通过横向数列法得出价格目标。在我们讨论线图及其价格形态时,曾讨论过价格目标问题。但是,在线图中计算价格目标的方法,实质上全部是以垂直测算原则为基础的。就是说,我们先要测出形态的高度(波动幅度),然后向上或向下垂直地投射相等的距离。举个例子,在头肩形态中,我们先测算出从头部到颈线的竖直距离,然后从颈线上的突破点开始顺势投射出相等的距离,就得到了价格目标。

点数图可以横向测算

横向测算方法的理论前提是,密集区的长度同价格突破后的运动幅度之间存在直接的联系。如果由密集区构成了底部形态,那么我们就可以对突破完成后的市场潜力做一番估计。这么一来,一旦新的上升趋势形成,我们就可以用对密集区横向测算的结果来验证原有的垂直测算结果(图11.6)。

进行横向测算的目的在于找出形态的宽度。要知道,我们这里讨论的是日内一点转向点数图。对于其他各类图表,应当对本方法做适当的修改,这一点放到后面再讲。一旦我们确认了顶部或底部形态,就可数出形态本身的列数来。例如,如果它有20列,那么向上或向下的价格目标就是在从测算点起20个格子开外。关键在于确定从哪条线开始起算。有时这个问题容易解决,有时却困难得多。

通常,在我们横向数列的时候,大多是沿着密集区的中分线进行的。或者说得更具体些,密集区内的水平直线总会与许多列的符号相交,也可能在某些列上碰不上符号,而碰上空格,我们应当选用那条碰到空格最少的直线来计算列数。换句话说,该直线碰上的"X"和"O"符号数最多。找出这样的直线后,就可以数列了。重要的是,我们必须把密集区内所有的列都算上,即使是直线遇上空格的列也不应该漏过。得出密集区的列数后,我们就从这条直线开始,向上或向下投射出去,以求得价格目标。

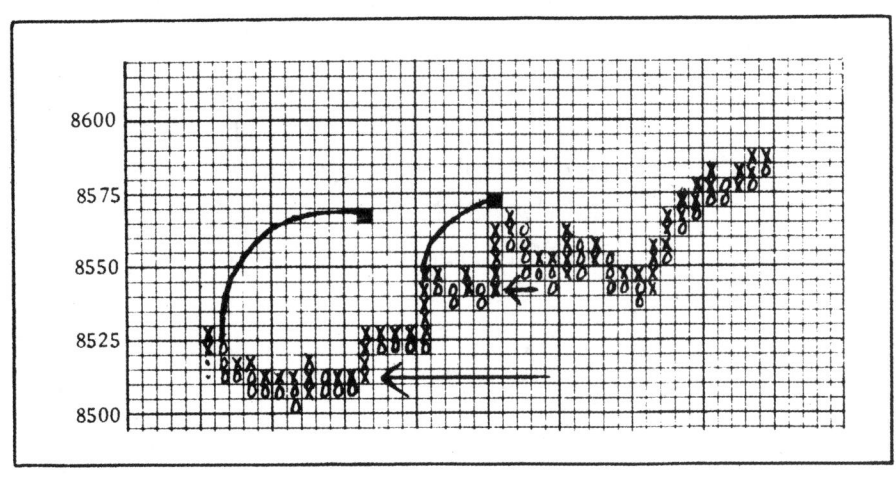

图11.6 通过横向数水平密集区内的列数个数,可以获得其价格目标。密集区越宽,则目标越远。

价 格 形 态

我们也可以从点数图上识别价格形态。从基本结构上说,图11.7展示了点数图上最常见的几类反转形态。我们可以看出,它们同前面我们讲过的线图上的形态并无太大不同。

这里的大多数形态属于双重和三重顶、底,头肩形,V字形,∧字形,圆形底、顶等,以及它们的变体。在点数图的词汇中,"杠杆支点"这个术语出现得不少。概括地说,"杠杆支点"是指一个界定分明的密集区,它发生在市场完成了一次重要上升或下降运动之后,是市场的搜集筹码性质的底部形态或者派发筹码性质的顶部形态。如果它出现在底部,那么该区域的下边界就被市场不断地向下试探,当然,其中也夹有市场的试探性上冲。这里的"杠杆支点"的外形经常与双重或三重底极相似。当价格从该密集区的顶部向上突破后,这个底部形态就完成了。

那些具备显著的横向区间的反转形态,相当便于我们进行目标测算。相反地,因为V形底不具有明显的横向价格区间,所以要横向数列是不可能的。在图11.7中,涂黑了的小格子代表买卖入市点。等到后面我们才讲到交易策略的问题。但是这里请朋友们注意,这些入市点一般出现在市场重新试探支撑区(在底部)或者重新试探阻挡区(在顶部)的时候,以及价格区间的突破点以及趋势线的突破点的位置上。

趋势分析和趋势线

在图11.7中,趋势线是价格形态的一部分。日内点数图的趋势线分析方法同线图相同。我们沿着相继出现的谷作上升趋势线,沿着相继的峰作下降趋势线。不过,对于下一章讲到的变通点数图来说,情况就不同了。在变通点数图上,我们采用45°倾角的直线,并且其画法也是两样的。

三点转向点数图技术

1947年,A·W·科恩出版了关于点数图的书《股市时机抉择》。次年,该书易名为《点数图交易法》(同一年,"查克纳每周图表服务"也开始了)。此后,该书一再修订再版,并且收进了商品和期权的有关内容。1990年,迈克尔·伯克写了《三点转向点数图绘图方法及形态分析全新指南》(查特克拉夫特出版公司,新罗谢尔,纽约)。

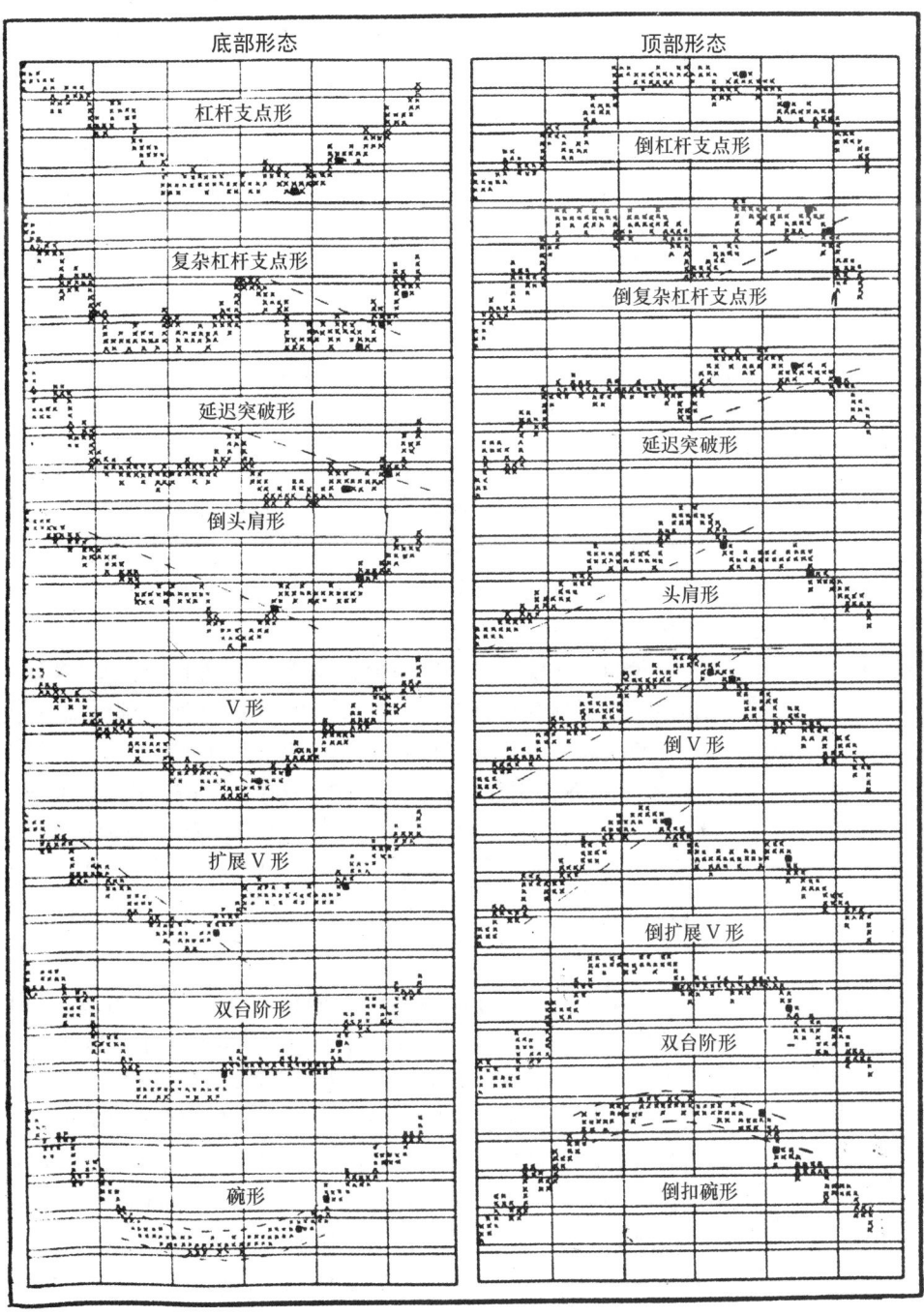

图 11.7 反转形态(Source：AleXander H. Wheelan, Study Helps in Point and Figure Technique [New York, NY: Morgan, Rogers and Roberts, Inc., 1954] p.25.)。Reprinted in 1990 by Traders Press, P.O.Box 6206, Greenville, SC 29606.

日内点数图

原先的一点转向法需要日内价格资料才能制作出来。三点转向法是对一点转向图的压缩，主要是针对中期趋势分析的。科恩认为，既然在股票价格上每天一般很少出现三点转向的情况，那么，在我们构造三点转向图时，也就不必采用日内价格。因此，他决定只选取每日的最高价和最低价，而这些资料在大多数金融报纸上都是常备的。这么一变通，就极大地简化了点数图技术，从而一般交易者也能用得上它了。这也是查克纳图表系统的基础。

三点转向图的画法

这种图表的构造方法相对简单些。第一步，我们先按照日内点数图的办法设置好价格轴。需要为价格标志，即"X"或"O"，设定其代表的价格数值。在查克纳图表服务中，有现成的图表，其中每点取值、价格轴都是现成的。在这里，也是用"X"表示上升，"O"表示下降，两种列交替出现（图11.8）。

我们只需要每天的最高价和最低价，就能画出这些"X"和"O"来。如果在开始画图时，前一列为"X"列（表示价格上涨），那么我们就看当日的最高价。要是当日的最高价要求我们再填上一个或几个"X"符号，不妨照办。这样，当日的图表就画好了。请记住，直到当日最高价为止，所有该填的空格都不可漏过。其中最高价的零头应忽略不计。下一天，我们仍然只看最高价，只要它持续出现新高，并且允许我们在本列至少添上一个"X"，那么我们就重复上面的程序，照填不误，而不考虑各日的最低价。

迟早有一天，当日的最高价同前一个"X"列相比，不够加一个"X"。这时，我们就要看当日最低价了，看看它是不是够得上三点转向的要求。如果足够了，就向右移到下一列，从原位置往下一格起，直到这个最低价的位置，统统填上"O"，表示价格下跌。因为现在我们处于下降的列中，所以次日我们就先看其最低价，看看能不能继续画"O"。如果至少能添一个"O"，那就加上。仅当某日的最低价连添加一个"O"都不足够的时候，我们才重新考察这一天的最高价，看看它是否满足向上的三点转向要求。如果满足，则移到下一列，开始新的"X"列。

图表形态

图11.9例示了16种价格形态，它们是此类点数图中最常见的8种买入信号、8种卖出信号。

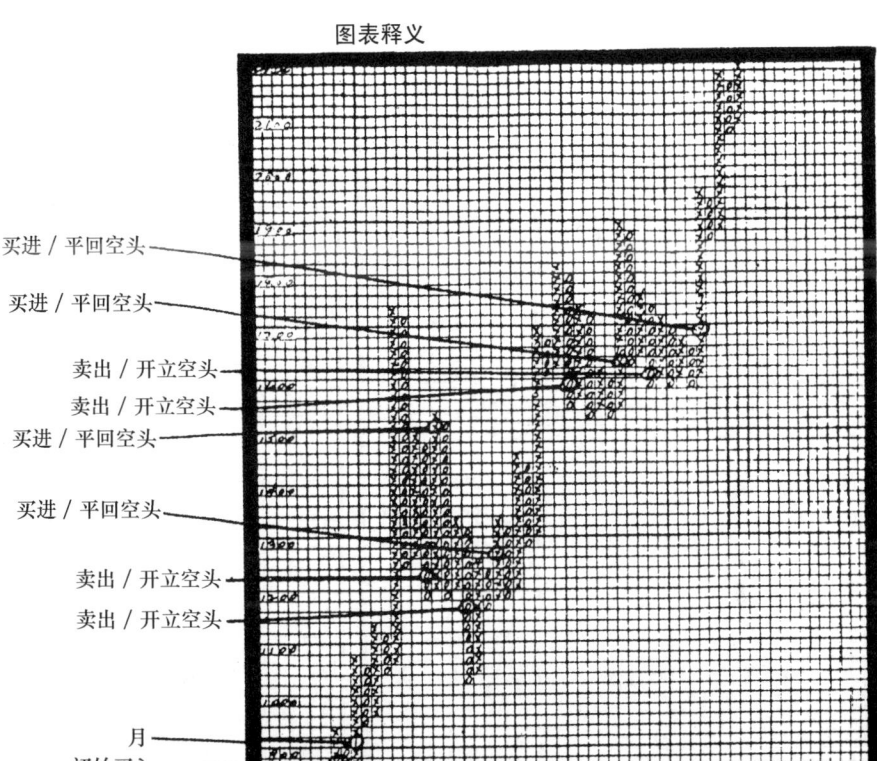

点数图技术

买入信号——发生在某个"X"列向上超过前一个 X 列一个"X"以上时。因为我们可以先行预期这一价位,所以可以采用在该买入点设置止损指令的方法入市开立头寸。

卖出信号——发生在某个"O"列向下跌过前一个"O"列一个"O"以上时。

平回空头点——与买入信号价位相同。因为此点也可以被事先确定,所以能够相应地设置止损指令。

平回多头点——与卖出信号的价位相同。

交易指令——因为所有的入市点和保护性止损点均可事先确定,所以,相应的入市和出市指令也都可以预先设置好。不过要注意,这些点位可能发生变化,因此,对所有指令我们均应时常地检查和调整。

传统的入市信号——跟在一个或多个卖出/开立空头信号之后的第一个买入信号,或者跟在一个或多个买入信号之后的第一个卖出信号。

看涨——如果最近绝大多数信号均为买入信号,则应看涨,且保持看涨,直至卖出/开立空头信号出现。

看跌——如果最近绝大多数信号均为卖出信号,则应看跌,且保持看跌,直至出现买入信号。

反扑——如果预期市场突破之后会出现反扑,那么就不在突破信号发生时立即入市,而是在其后等价格回撤到信号点时再入市。这一策略风险较低。

逐日图表的刷新

如果当前列为"X"列,则首先看当日的最高价。如果当日最高价允许我们再添加一个或多个"X",则照画,而不考虑当日最低价。当且仅当不能再添"X"时,才看当日最低价,判断是否出现了转向的情况。如果没有,则无须更动图表。

如果当前列为"O"列,则首先看当日的最低价。如果当日最低价允许我们再添加一个或多个"O",则照画,而不考虑当日最高价。当且仅当不能再添"O"时,再看当日最高价,判断是否出现了转向的情况。如果没有,则无须更动图表。

同一天不可以既画"O"又画"X"。从每日情况看,要么续画当前列;要么转向,另画下一列;要么不作任何更动。

图 11.8 三点转向点数图示例(Source:Courtesy of Chartcraft, Inc., New Rochelle,NY.)。

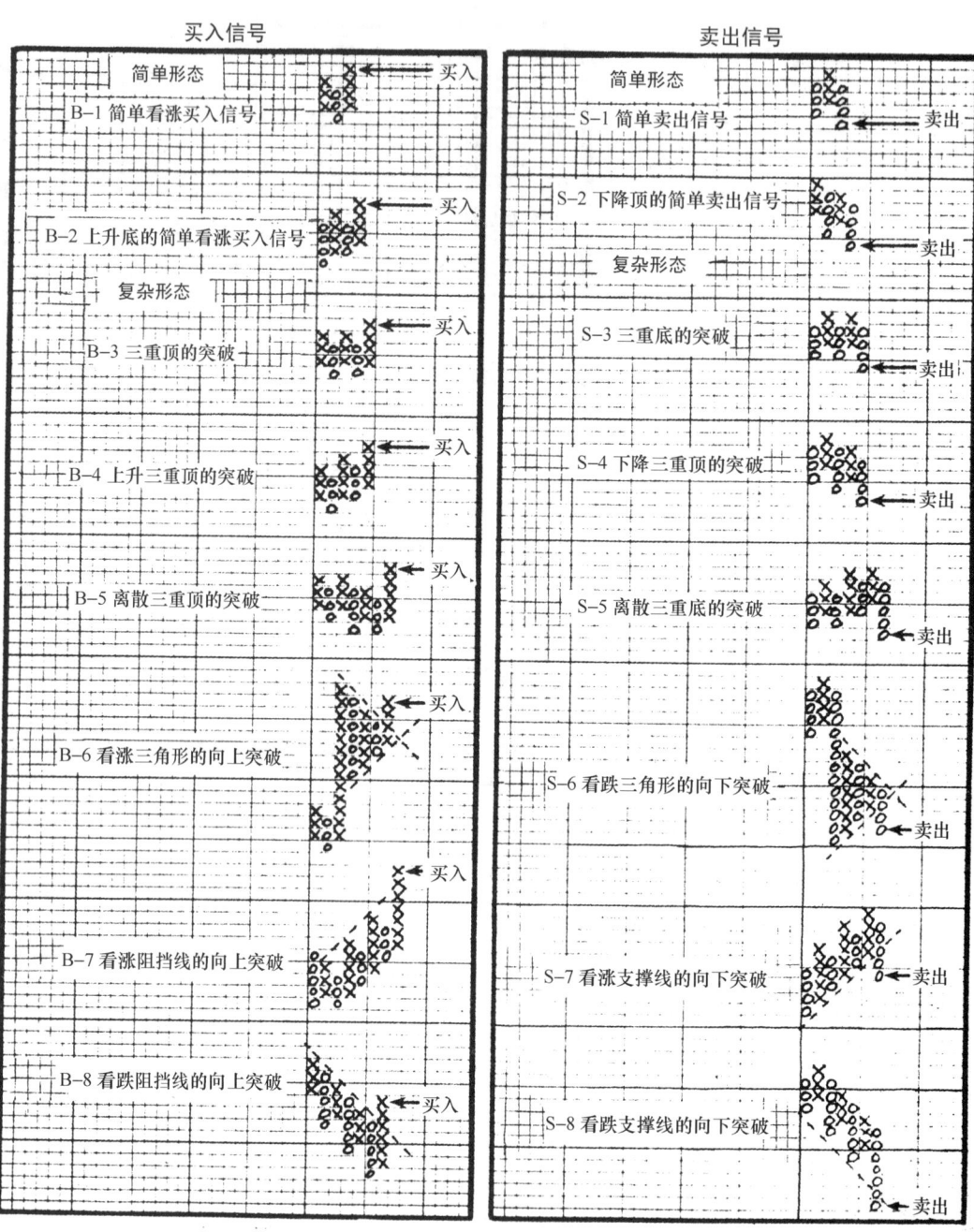

图 11.9 点数图图表形态(Source: K.C.Zieg, Jr., and P.J.Kaufman, Point and Figure Commodity Trading Techmques (New Rochelle, Intelligence) p. 73.)。

现在我们来看一看这些价格形态。右面一列，从S-1到S-8，都是左侧第1列各形态的镜像，所以我们集中讨论买入信号这一边。头两个信号，B-1和B-2，都属于简单形态。在这些简单的看涨买入信号中，总共只需要三列，其中第二个"X"列比第一个"X"列高出了一格。B-2与B-1大体相似，差别仅仅在于这里有四个列，其中第二个"O"列的底高于第一个"O"列的底。B-1显示的是简单的向上突破阻挡的信号，B-2中也具备同样的突破信号，但同时兼有底部上升的看涨特点，因此，B-2形态比B-1稍稍坚挺些。

第三个形态(B-3)，是三重顶中的突破信号。由此往下，都属于复杂形态。注意，在每个复杂形态中都包含了上述简单的买入信号。同时，越往下面的形态，信号越强。对三重顶中的突破信号来说，强就强在它共涉及五列，其中两个"X"列的顶都被向上穿越了。请记着，底部形态越宽，则后来市场上涨的潜力越大。下一个形态(B-4)是上升三角形顶的突破信号。因为它的底和顶均处于上升态势之中，所以它比B-3的信号更强。离散三重顶的突破信号(B-5)还要强劲些，因为它有七列，其中三个"X"列的顶都被向上超越了。

看涨三角形向上突破信号(B-6)兼并了两个信号。首先，它必须包含简单的买入信号。其次，它必须冲破上方的趋势线（我们在下一节讨论这类图表的趋势线分析）。形态B-7，为向上突破看涨阻挡线的信号，其意义是不证自明的。

最后一个形态是向上突破看跌阻挡线信号(B-5)，其中也包含了两方面要素，既必须向上突破下降趋势线，也必须满足简单的买入信号的要求。当然，上述关于从B-1到B-8的各个形态的讨论，通通适用于从S-1到S-8的各形态，只是后者的价格方向冲下。

上述形态在商品市场上的应用方法同在股市上的用法有所不同。一般来说，这16种信号均适用于股市交易。但是，因为期货市场的价格变化具有瞬息万变的特点，所以从它们的图形上较少见到上述复杂形态。因此，这里对简单的信号就大为倚重了。很多期货商甚至仅仅采用简单信号。如果交易商情愿迟一步，等复杂的(也更强的)形态出现后才行动的话，往往就会错过许多获利的交易良机。

趋势线的画法

在我们谈日内点数图时，曾经指出，在那里，趋势线和管道线的画法符合传统的做法。但是在三点转向图上,情况就不同了。在这里,我们是以45°倾角的直线来充当趋势线的。同时,趋势线也不一定非得通过前一轮的峰或谷不可。

基本的看涨支撑线和看跌阻挡线

这两者属于基本的上升趋势线和下降趋势线。因为这类图表具有极强的浓缩特性,所以过去那样连接峰点或谷点的做法是行不通的,因此,我们采用45°直线。在上升趋势中,看涨支撑线是从最低的"O"列的最下方的"O"点出发,以45°倾角向右上方引出的一条直线。只要价格居于该趋势线的上侧,那么我们就认为主要趋势是牛市。在下降趋势中,看跌阻挡线是从最高的"X"列的最上方的"X"点出发,以45°倾角向右下方引出的一根直线。只要价格居于这条下降趋势线的下侧,那么该趋势就是熊市(图11.10、图11.12)。

有时我们也必须对上述直线加以调整。举例来说,在上升趋势中,有的市场调整先跌破那条支撑线,然后却又反折回来,恢复原先的上升势头,在这种情况下,就必须从这个新的反弹低点出发,作一条新的45°支撑线。有时候上升趋势非常迅猛,起先的上升趋势线就距离后来的价格变化已过远,在这种情况下,为了找出"最适"支撑线,也应该从更近的低点出发,重新画趋势线。

测 算 技 术

在三点转向的点数图上,我们可以同时使用两种不同的测算技术——横向测算法以及垂直测算法。在横向测算法下,首先,我们数出底部或顶部形态的列数,然后,再把所得的列数乘以转向规定的数值(或者每次转向所要求的价格变化的数值)。以黄金点数图为例,假定每点取值为 $1.00,并采用三点转向规定。从图上的底部形态我们共数出10列,因为这是个三点转向图,所以转向规定数值为 $3.00(3× $1.00),10乘以 $3,得到 $30。最后,我们在底部形态的价位上加上这个结果,或者从顶部形态的价位上减去这个结果,就得到了价格目标。

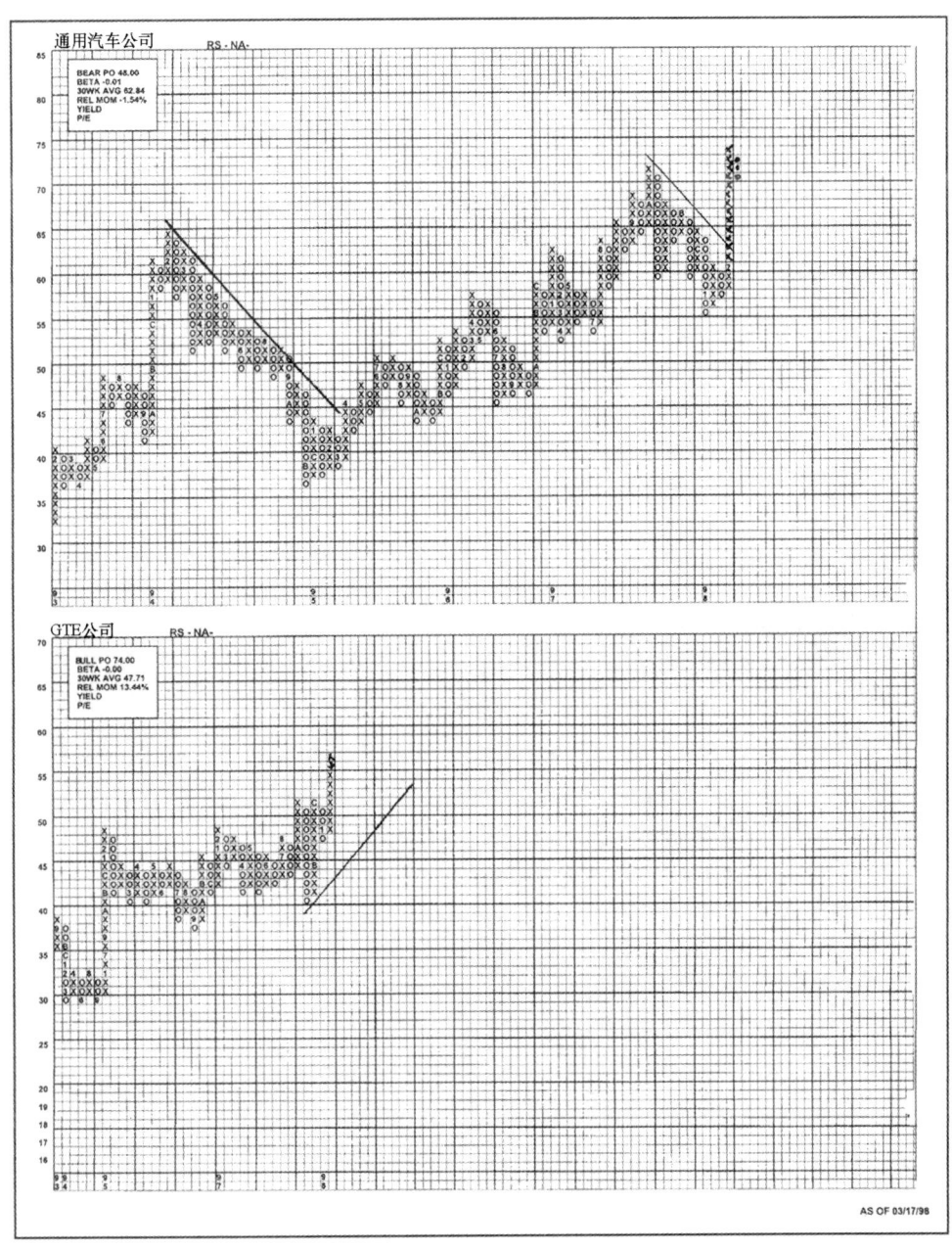

图 11.10 查克纳三点转向点数图在股票市场的实例。请注意，这里的趋势线是按照 45°的角度绘制而成的(Source：Courtesy of Chartcraft，New Rochelle,NY.)。

日内点数图

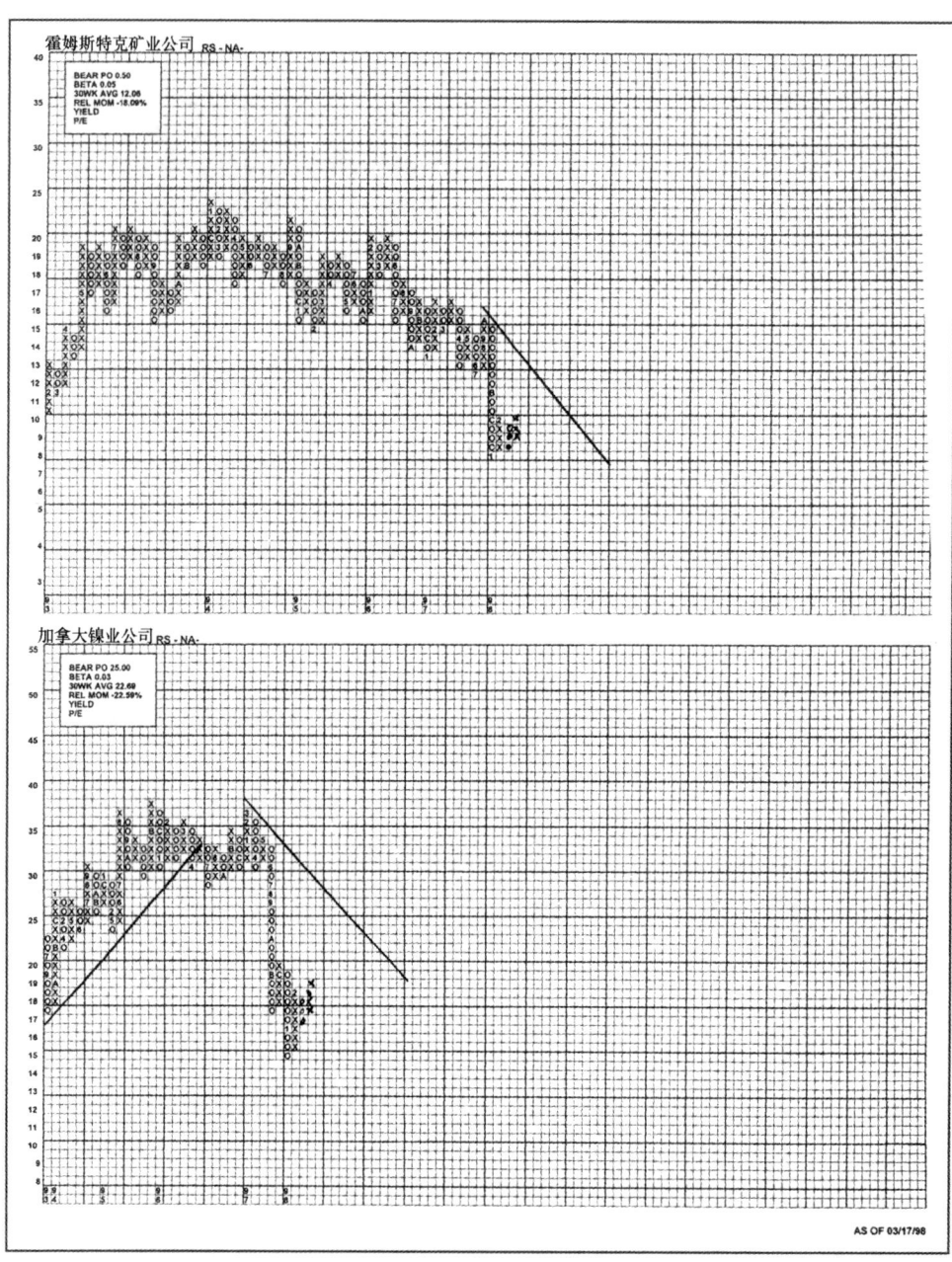

图11.11 查克纳三点转向点数图的另两个实例。本类图表的趋势线是按照45°的角度绘制而成的(Source：Courtesy of Chartcraft, New Rochelle, NY.)。

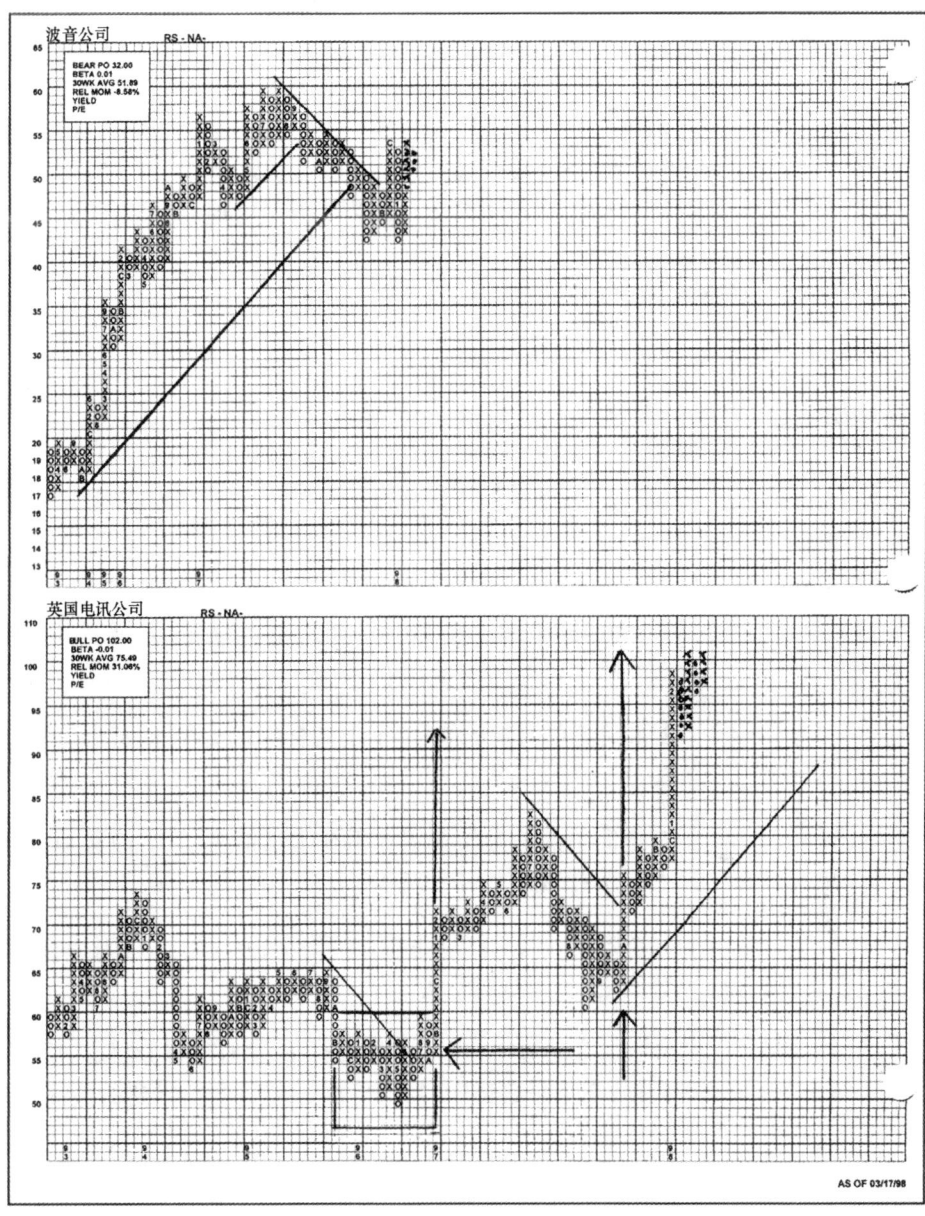

图11.12 本图下半部分为英国电讯股票的三点转向点数图。在图表底部左侧的方框中,通过横向测算法数算底部水平方向的列数再乘以3,加上50,得到了价格目标92。在图表右侧,通过垂直测算法数算X列的点数再乘以3,加上63,得到了价格目标102(Source：Courtesy of Chartcraft, New Rochelle, NY.)。

垂直测算法更简便些。首先,我们测出新趋势的第一列所包含的点数。在上升趋势中,测算第一个上升列中"X"点数,而在下降趋势中,测算第一个下降列中"O"点数;然后把所得数字乘以3(或者转向规定数值);最后把所得的积在底部价位中加上,或者从顶部价位中减去,就得出了相应的价格目标。在三点转向图上,上述方法实质上是把新趋势的初始动作乘以3。如果在图上出现的是双重顶或双重底,我们就相应地采用其中第二个"O"列或"X"列来进行垂直测算(图11.12)。

交 易 策 略

下面,我们就来谈一谈采用这里的点数图来抉择入市和出市点的各种方法。

1.采纳简单的买入信号,平回已有的空头头寸,或者开立新的多头头寸。

2.采纳简单的卖出信号,了结已有的多头头寸,或者开立新的空头头寸。

3.把简单的信号仅仅用在平仓了结旧头寸上,而必须有复杂形态的信号出现后才开立新头寸。

4.趋势线可以用作过滤器。价格在趋势线之上,则持有多头;在趋势线之下,则持有空头。

5.在上升趋势中,当市场跌破前一个"O"列的最低点后,立即卖出止损;在下降趋势中,当市价涨过前一个"X"列的最高点后,马上买入止损。

6.有以下各种入市机会:

(a)在上升趋势中发生明确的向上突破时,买入。

(b)当向上的突破信号出现后,等待下一轮三点转向(市场反扑)的机会,趁低价买进。

(c)在市场调整中,如果朝原趋势方向出现了三点转向,则买入。这里,我们不仅要求三点转向的方向与原势方向一致,而且还应当在最近的"O"列的下方为这个头寸设置紧凑的止损点。

(d) 如果第一次向上突破之后,又出现了第二个向上突破信号,则买入。

从上列各项我们可以看出,点数图有很多种使用方式。只要我们充分理解了它的基本原理,那么,关于最佳入市、出市点的选择,就具有了无穷的灵活性。本节最后,我们还要补充两点——关于头寸加码的金字塔法,以及如何对付过分延伸的市场动作。

调整止损水平

当趋势的第一个信号出现时,我们相应地买入(或卖出)。随着市场沿着既定方向继续发展,在图表上就会再度出现同类的信号。那么,后来这些重复的信号就可以用来扩大已有的头寸。当然,不论我们是否另加头寸,都应该水涨船高地逐步抬高止损指令的水平,把它置于最近的"O"列的稍下方(相应地,在下降趋势中,应当逐步降低止损指令的水平,置之于最近的"X"列的稍上方)。这种方法称为"跟进止损法",利用这个办法,交易者既可以充分保留已有的头寸,同时又能够保护累积的账面利润。

如何对付过分延伸的市场运动

在趋势发展过程中,会间断地出现与趋势相反的调整。交易商可以利用这些价位为标志,在原趋势恢复后跟进地设置止损指令的水平。但是,如果在三点转向图上,在趋势发展过程中不出现三点转向调整,那么我们怎么处置止损水平呢?在这种情况下,交易商面前是一个长长的"X"列(在上升趋势中),或者一个长长的"O"列(在下降趋势中)。这类市场状况又被称为"一竿子捅到底",就是说只有一长列"O"点或者"X"点,而没有调整。交易商既希望始终站在趋势一边,又企图保护账面利润。对此,我们至少有一个办法。等市场不间断地变化了10点或更多后,我们就在这个可能出现三点转向的地方放置止损保护指令。如果原有头寸被止损平仓了,那么我们就在接下来的同原趋势方向一致的三点转向中,重新入市。在这种情况下,我们可以顺水推舟,把新的止损指令放在最近的"O"列的稍下方(在上升趋势中),或者放在最近的"X"列的稍上方(在下降趋势中)。

点数图技术的长处

现在我们归纳一下点数图技术的一些优点。

1.通过改变每点取值以及转向规定,可以使点数图适应各种要求。关于入市、出市点的选择,本类图表也有多种使用方式。

2.点数图的交易信号比线图的更精确。

3.通过点数图明确的买卖信号,较易于严明交易纪律(图11.3～图11.18)。

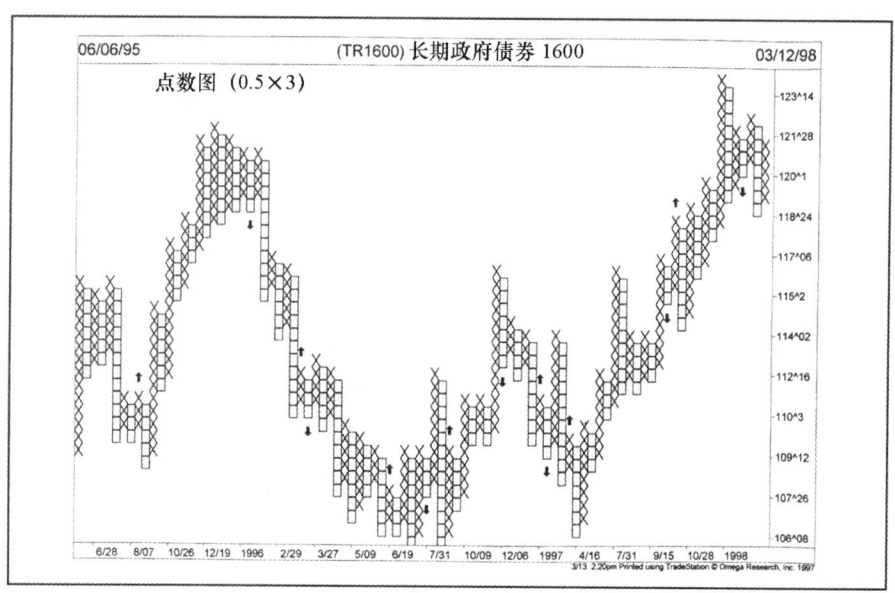

图11.13 本图为长期政府债券期货行情,覆盖的时间超过两年。图上附加的箭头标出了买进和卖出信号。大多数信号在捕捉市场趋势时都表现良好。即使出现个别坏信号,点数图也能很快自我纠正。

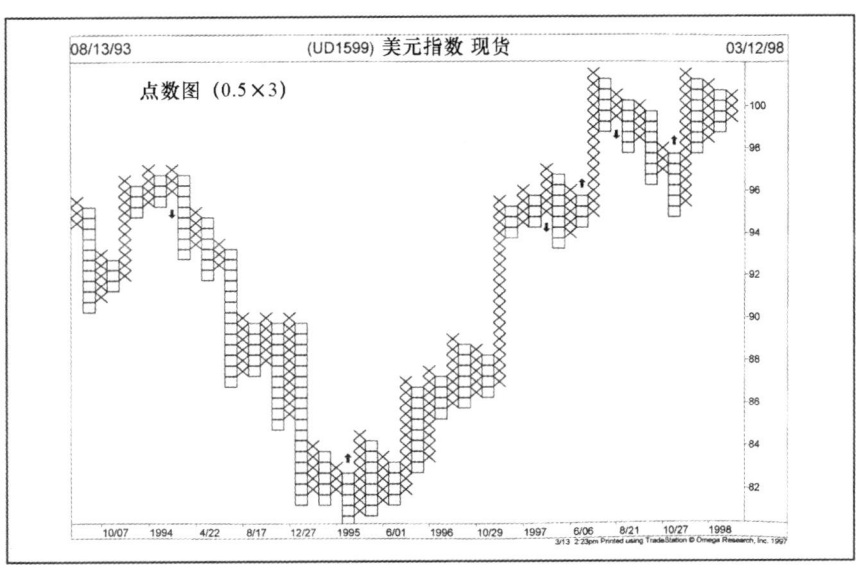

图11.14 本图在1994年早期曾经发出了一个卖出信号(第一个向下的箭头),之后该信号贯穿了1994年全年。1995年初图表发出买进信号(第一个向上的箭头),之后持续了两年多,直至1997年。1997年中出现卖出信号后,1998年初转为买入信号。

图11.15 本图每点取值是前一张图表的两倍,因此浓缩了前一张美元行情图表。在这张较不灵敏的点数图上,只发出了两个信号。后一个信号为买进信号(向上的箭头处),出现在1995年中,大约位于85附近。该信号后来一直持续了几乎3年。

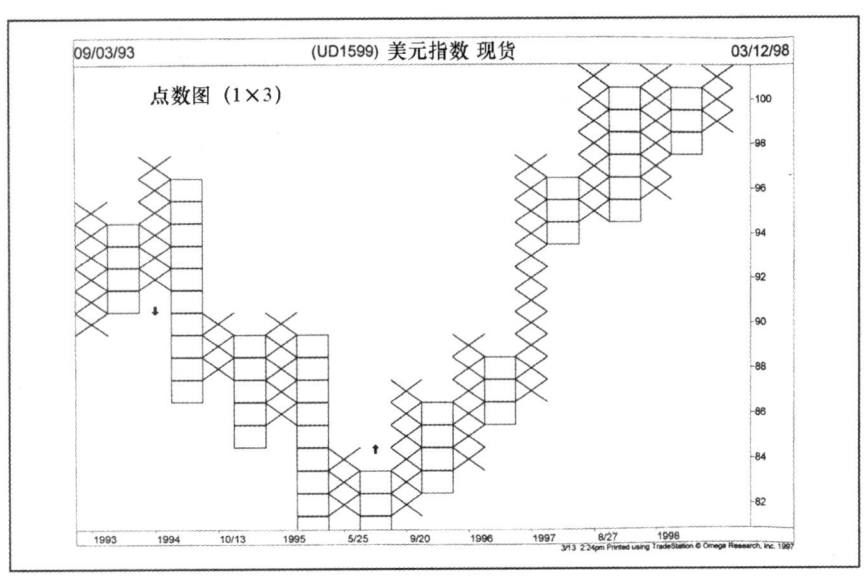

日内点数图

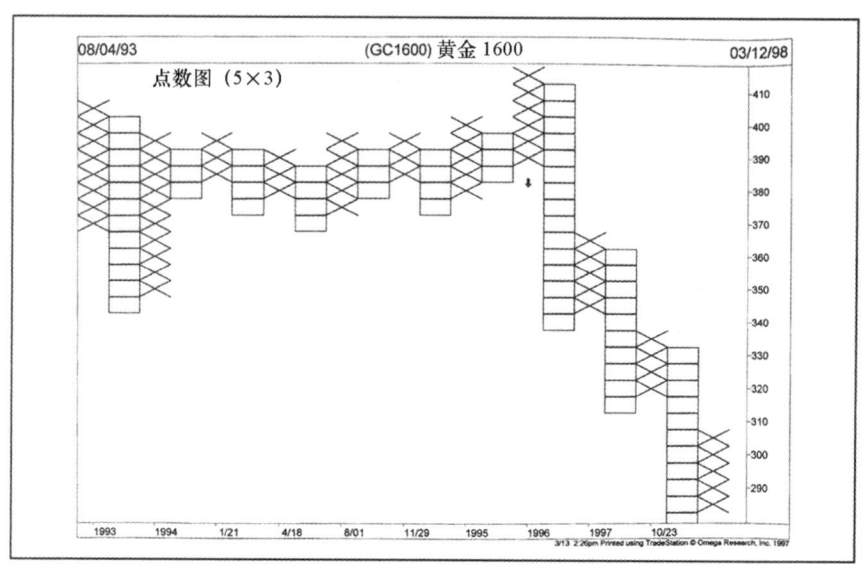

图11.16 本图为黄金市场的点数图。它在1996年,约380美元附近,发出了一个卖出信号(向下的箭头处)。在之后的两年里,黄金价格又下跌了100美元。

图11.17 本图为原油市场的点数图。它在1997年10月,约20美元附近,发出了一个卖出信号(向下的箭头处)。该信号捕捉到了随后幅度达6美元的急跌行情。后来在本图的最后一个"X"列,倘若原油价格涨过了16.50美元,就可以逆转当前的下降趋势(事实上市场没有做到)。

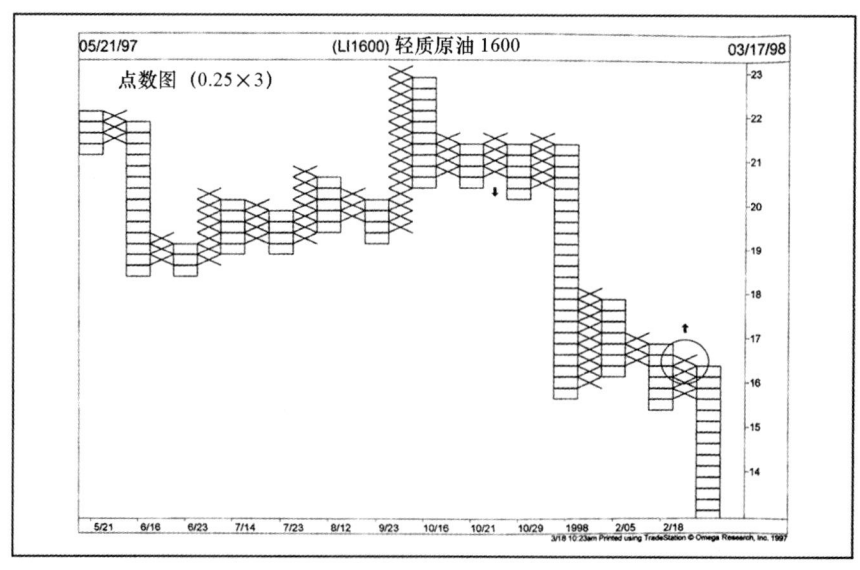

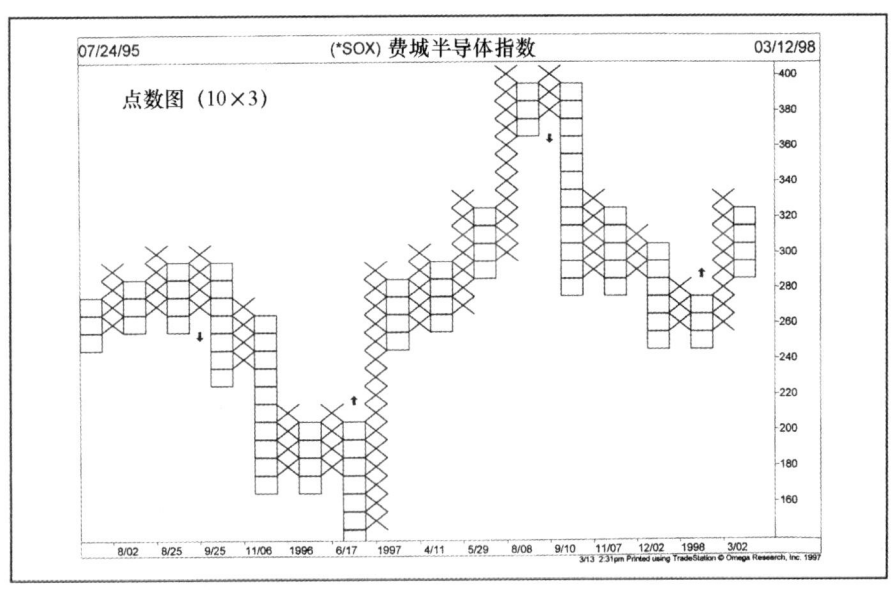

图 11.18　本图为半导体行业指数的点数图,在超过两年半的期间里,它给出了四个买卖信号。两个向下的箭头分别标注了 1995 年和 1997 年的两个及时的卖出信号。1996 年间的买进信号(第一个向上的箭头处)捕获了随后的大部分上涨行情。

技术指标点数图

1995 年托马斯·多西发表了《点数图技术》(约翰·威利父子出版公司),大力弘扬查克纳公司的三点转向点数图技术,把它应用于股票行情分析。他也讨论了如何把点数图技术应用于商品和期权交易。多西不仅介绍了如何绘制和分析点数图,还讲解了如何把点数图技术运用到相对力度分析、板块分析,并用它构建了一个纽约股票交易所强势股占比指数。他还示范了如何为纽约股票交易所涨跌股数指数、纽约股票交易所新高新低指数以及高于 10 周和 30 周移动平均线的股票占比指数等绘制点数图。多西盛赞这些技术指标点数图具有开创性,把它们归功于迈克尔·伯克,查克纳图表服务的出版人(查克纳图表服务公司,投资者智囊,纽约市新罗歇尔市丘齐街 30 号,N.Y.10801)。当然,查克纳图表服务提供这些指标。

计算机化的点数图技术

计算机已经替我们承担了绘制点数图的苦差事,再也用不着费力地手工绘制一列列"X"和"O"了。绝大多数行情图表软件都提供点数图。不仅如此,你还可以敲击键盘选择不同的每点取值、转向规定,举手之劳就能为短线或长线分析分别调整出合适的点数图。你既可以用实时行情绘制日内点数图,也可以用日终数据绘制,你能够为任何市场绘制点数图。实际上,借助计算机,我们可以做的还有很多。

肯尼思·托尔(注册市场技术分析师)是 UST 证券公司(新泽西州普林斯顿市)的技术分析师,他引入了对数坐标轴的方法来绘制点数图。他采用筛检程序测算某个股票最近 3 年来的波动率,求出合适的每点取值。图 11.19 和图 11.20 是两个托尔的对数坐标轴点数图实例,分别为美国在线和英特尔。图 11.19 美国在线(AOL)的每点取值为 3.6%。在这里,如果绘制一点转向图,则要求行情反向波动至少达到 3.6%的幅度。本图实际采用了 2 点转向规则,因此,只有当价格反向波动超过 7.2%之后,才会另起一列绘图。在图 11.20 中,英特尔点数图的每点取值为 3.2%。

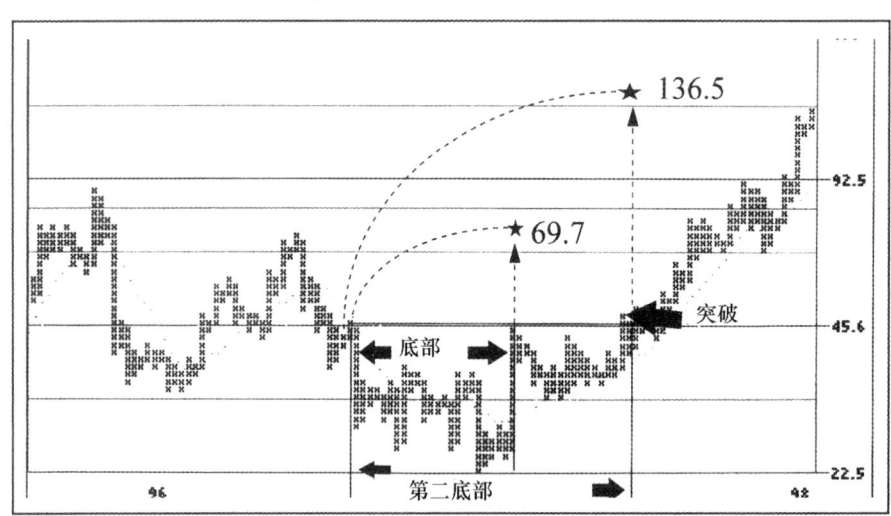

图 11.19 美国在线的对数坐标轴点数图。本图的转向规定以价格波动比例为准。每点取值为 3.6%。因为本图为 2 点转向点数图,所以行情反向波动达到 7.2%后,才会另起一列绘图。请注意,图中采用横向测算法求得的上方价格目标分别为 69.7 和 136.5(如弧线所示)。(Chart Courtesy of UST Securities Corp.)

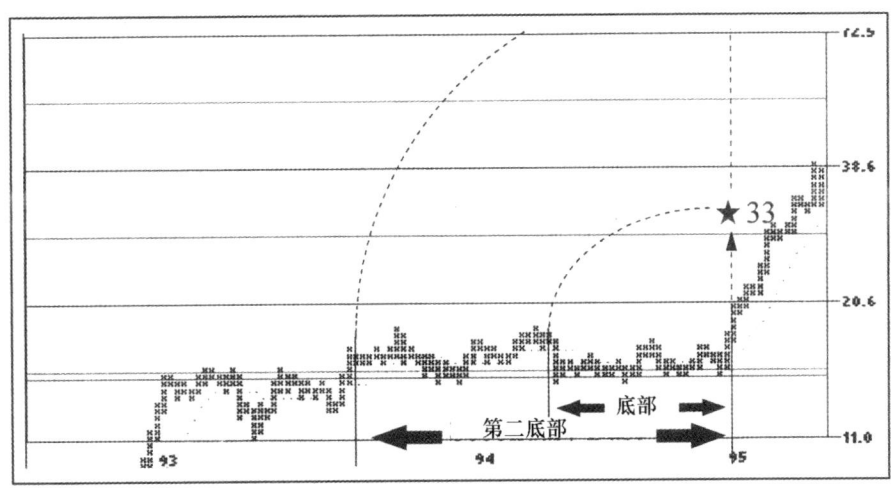

图 11.20　本图为英特尔公司一点转向点数图,采用对数坐标轴。每点取值为 3.2%,因此反向价格波动必须至少达到 3.2% 才能另起一列绘图。沿着底部形态从右到左地数算列数(横向测算法),得到上方价格目标先为 33,然后是 87.6(如弧线所示)。(Chart Courtesy of UST Securities Corp.)

在两个图例中我们都看到了几条弧线,这里采用这种方法沿着底部形态进行横向测算,以求得短线和长线的价格目标。举例来说,在英特尔公司的图表上,标出的短线目标为 33,这是以底部形态的一半宽度画弧线得到的(较低的弧线)。另一个较高的弧线标出的价格目标为 87.6,这是根据底部形态的整个宽度画弧线得到的。如果你仔细观察图 11.19 和图 11.20,还会发现有一串点在追随价格图线。这些点代表价格行情的移动平均值。

点数图上的移动平均线

人们一般在线图上绘制移动平均线。但在这里,承蒙肯·托尔和 UST 证券公司准许,点数图上也添上了移动平均线。托尔自己的点数图上采用两条移动平均线,一条是 10 列移动平均线,另一条是 20 列移动平均线。你在图 11.19 和图 11.20 中看到的一串点为 10 列移动平均线。这些移动平均线的构建方法是,首先为每一列计算一个平均价格。做法很简单,只要把每一列的所有价格点都加起来,再除以本列"X"符号或"O"符号的总数。下一步,把 10 列或 20 列的所有平均价格再平均一次,得到它们的移动平均值。点数图移动平均线的分析方法和线图中的分析方法如出一辙。

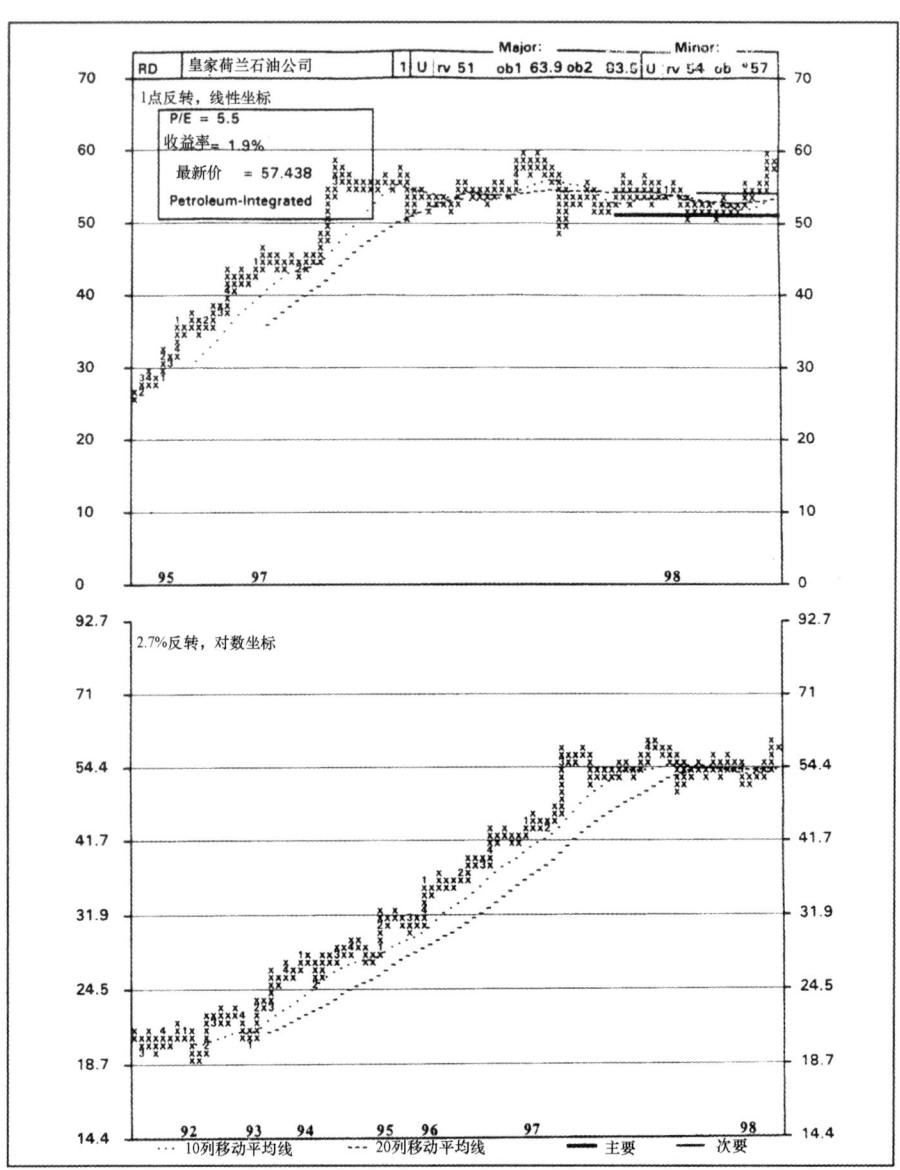

图 11.21　皇家荷兰石油公司的两张点数图。下图采用对数坐标,覆盖的时间长达数年。上图采用线性坐标,覆盖的时间仅 1 年。图上的点线和划线分别代表 10 列和 20 列移动平均线(本图是 UST 证券公司制作的。刷新到 1998 年 3 月 26 日)。

图11.21展示了同一个股票的两张点数图,并且都添加了移动平均线,其中点线代表10列移动平均线,划线代表20列移动平均线。该股票为皇家荷兰石油公司。图11.21为2.7%转向的对数坐标点数图,行情起点追溯到1992年。请注意,从1993到1997年,在为期4年的上升趋势期间,较快的移动平均线始终保持在较慢的移动平均线之上。你可以看到,1997年下半年,两根移动平均线愈走愈近,后来的行情表明,该股票进入了一年的盘整期。从图形的最右端我们可以看出,皇家荷兰石油公司原先的上升趋势或许正要卷土重来。通过图11.21的上图,我们可以更密切地监视潜在的向上突破。

图11.21的图是一张传统的一点转向点数图,采用线性坐标轴。线性坐标点数图覆盖的时间跨度远远短于对数坐标点数图。不过,在这张图上,你可以更仔细地观察1997年末和1998年初的价格变化,发现1998年初短线的向上突破。该股票还需向上突破60的大关,以验证主要牛市突破信号。在市场处于横向延伸阶段时,移动平均线没有起到太大的辅助作用(在这种情况下,总是不可能的),但是如果牛市突破信号果真出现了,那么移动平均线将重新抬头。肯·托尔给点数图添加了移动平均线,为点数图分析技术增添了一个新的高价值技术指标。而引入对数坐标点数图,也为这个古老的图表技术添上了几分现代色彩。

结　　语

现在我们总算完成了关于点数图的长篇大论。我们先从传统的日内点数图讲起,再介绍三点转向的变通点数图,最后讨论了优化点数图。这里要强调,对期货图表分析者来说,线图仍然是最基本的工具。但是,如果我们在做线图分析时完全排斥点数图应有的辅助作用,那就过于托大了。在我们从事非常短线的交易的时候,日内点数图是不可离手的工具。即使对长线的头寸操作者来说,日内点数图也有助于出入市时机的抉择。不仅如此,日内点数图的用武之地并不仅仅限于短期领域,而且也适用于较长期的工作。如果朋友们没有时间和条件从日内点数图中得益的话,不妨变通变通,采用三点转向图或优化点数图。因为上述各类点数图均具有极大的灵活性,具备确切的买卖信号,所以它们对线图分析构成了绝妙的补充。

最后顺带说一句,我们也可以把点数图技术应用于各种技术指标。把各种标准的技术指标用点数图形式来进行研究,应该是不成问题的。各种摆动指数,如相对力度指数,都可以用这种技术绘制出来。OBV交易量也一样。在点数图的形式下,各种技术指标的突破信号要清晰得多。那么,等朋友们掌握了这种技术后,就不妨尽情地发挥自己的想像力了。

第十二章　日本蜡烛图 ①

引　言

　　这门图表分析技术在日本已经传承若干世纪,但是在西方世界直到最近几年才逐步传播开来。术语"蜡烛图"实际上同时具有两方面含义,两方面相互关联。首先,是它展示股票和期货价格资料的绘图方式,这一点可能也是最流行的。其次,是识别特定蜡烛图线组合的分析技艺,这些组合定义明确,且经过实证。幸运的是,两方面技艺既可以分别使用,也可以合二为一。

绘制蜡烛图

　　绘制蜡烛图所需的市场数据,和我们绘制标准的线图是一样的,即

---

① 本章系格雷戈里·L·莫里斯撰写。

开盘价、最高价、最低价和收盘价。虽然数据来源完全一致,但是蜡烛图在视觉效果上却丰富得多,很有吸引力。行情波动似乎从纸面上(或者从计算机屏幕上)跃然而出。如此一来,行情信息就更容易为我们所分析和解读。图12.1分别采用线图(左侧)和蜡烛图(右侧)来展示同一个交易日的价格信息,两者的区别一目了然。

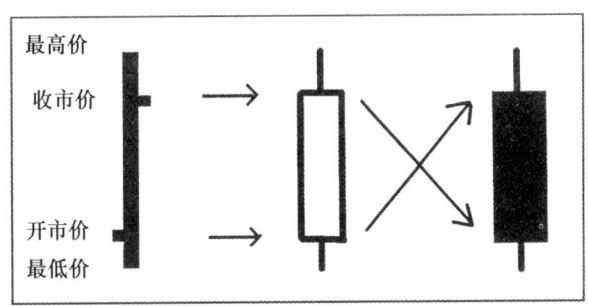

图 12.1

现在,你可以看出"蜡烛图"之名从何而来了。它的图线看起来很像一根根带芯的蜡烛。蜡烛图线上矩形的部分表示本交易日开盘价和收盘价的差异,称为"实体"。请注意,实体既可能是白色的,也可能是黑色的。"白色实体"意味着收盘价大于(高于)开盘价。实际上,白色实体并不是白色的,而是在矩形内部留下空白(没有填充其他颜色),对计算机用户来说这样比较便利,因为当我们用计算机打印时,打印出来的图形更实用。当蜡烛图被引进西方时,这点改变算是入乡随俗吧。其实,日本人用红色来填充白色实体。在日本蜡烛图技术中,开盘价和收盘价被赋予了极为重要的意义。实体上方和下方的小线段形似"蜡烛芯",称为"烛芯""毛"或"影线"。在日本蜡烛图行话里,上、下影线有许多种不同的名称,这有点古怪,因为上下影线毕竟代表了当日行情的最高价和最低价。当日本人进行蜡烛图分析时,通常不太重视影线(图12.2)。

图12.2将同一组行情数据分别绘制为常见的线图和蜡烛图。两相比较,你立即便能看出,有些行情信息从线图上并不容易察觉,但在蜡烛图上,它们几乎是跃然纸上的(计算机屏幕)。有些初次接触蜡烛图的人或许要花一点时间才能适应,不过,用不着多大功夫,你就宁愿采用蜡烛图了。不同形状的蜡烛图图线,具有不同的含义。日本人根据开盘价、最高价、最低价、收盘价的比较关系,区分了若干主要的蜡烛图线类型。理解这些基本蜡烛图线的类型,是进行蜡烛图技术分析的第一步。

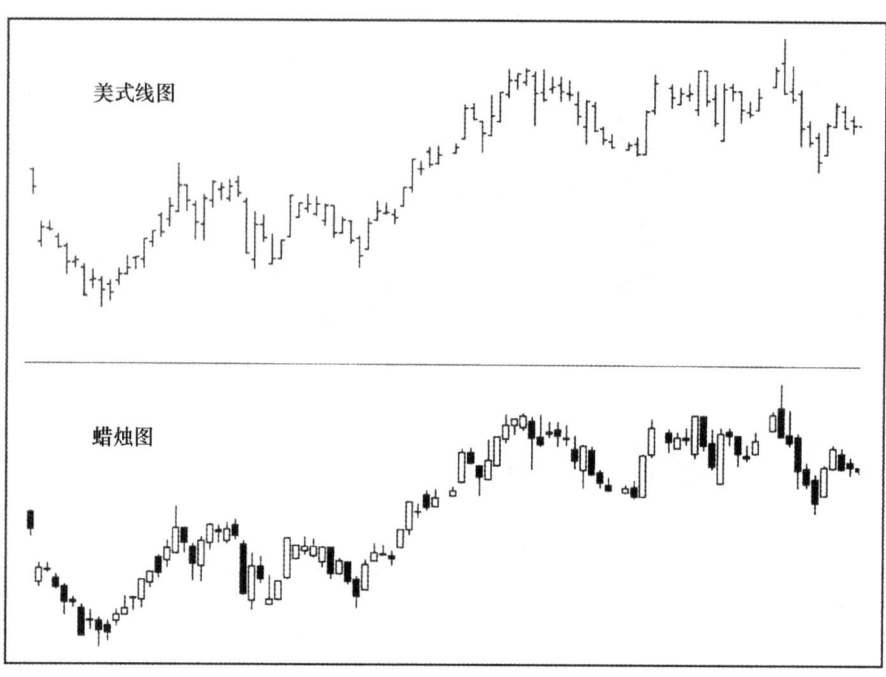

图 12.2

基本的蜡烛图线

不同的蜡烛图实体和影线的组合,分别具备不同的意义。开盘价和收盘价之间差距大的交易日,蜡烛图线的实体长,称为"长阳""长阴"或"长实体日"。类似地,开盘价和收盘价之间差距小的交易日,称为"短实体日"。请注意,这里暂时只谈实体的大小,不涉及影线的情况,也就是说且不论最高价或最低价(图12.3)。

纺锤线指的是小实体的蜡烛图线,其上影线和下影线比实体长。纺锤线实体的颜色相对来说没有太大意义。这类蜡烛图线被看成是市场犹豫不决的日子(图12.4)。

当收盘价和开盘价相当时,其蜡烛线称为十字线。十字蜡烛线的影线有长有短。识别十字蜡烛线时,应经意考察开盘价和收盘价,两者必须几乎相同。特别是当我们分析市场可能出现较大行情变化时,更着意要求十字蜡烛线的开盘价和收盘价几乎一致。

有若干种比较重要的十字线类别。长腿十字线既有长长的上影线,也有长长的下影线,反映出市场参与者正处在严重的迟疑不决心态中。墓碑十字线只有长长的上影线,但是没有下影线。墓碑十字线的上影线越长,则其意义越疲软。蜻蜓十字线和墓碑十字线正相反,只有长长的下影线,没有上影线。通常认为蜻蜓十字线具有较强的看涨意义(图12.5)。

在日本蜡烛图分析技术中,特定的单根蜡烛图线是非常重要的基石。你将发现,所有的日本蜡烛图形态都是由特定的单根蜡烛线组合而成的。

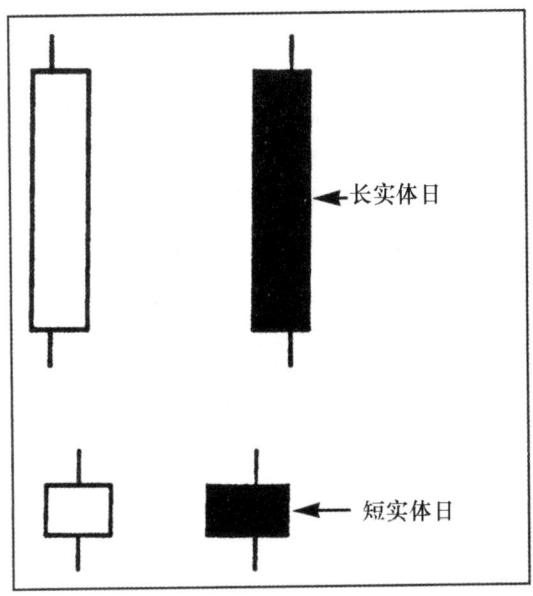

图 12.3

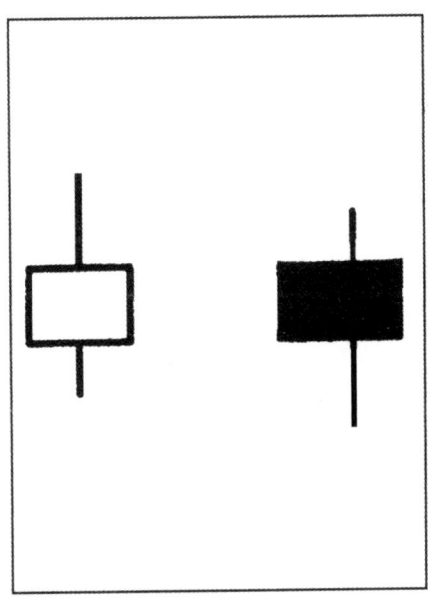

图 12.4

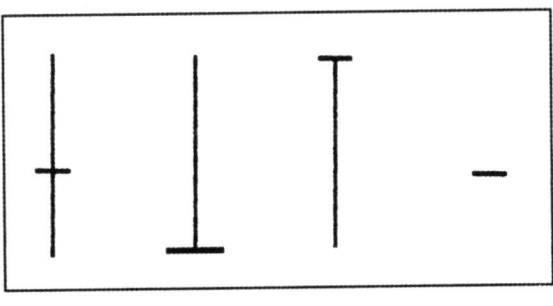

图 12.5

蜡烛图形态分析

日本蜡烛图形态是对市场参与者心理过程的刻画。蜡烛图形态生动地展示了交易者行为随着行情发展而逐步演变的过程。人类在相似的环境下做出相似的反应，这项纯粹的事实构成了蜡烛图形态分析的理论基础。

日本蜡烛图形态既可以是特定的单根蜡烛线，也可以是若干根特定蜡烛线的组合，不过一般不超过五根蜡烛线。绝大多数蜡烛图形态都是用来判定市场转折点的，也有少数几种蜡烛图形态是用来判定趋势持续的。人们分别称之为反转形态和持续形态。假定某种反转形态具有看涨意义，把它倒过来，那么这个倒过来的反转形态必定是看跌的。同样道理，假定某种持续形态具有看涨意义，那么与其反方向对称的形态必定是看跌的。如果这样的一对形态既可以出现在看涨的环境下，也可以出现在看跌的环境下，则它们通常具有相同的名称。不过，也有极少的几个例外，看涨的形态和反方向对称的看跌形态在名称上风马牛不相及。

反转形态

特定的蜡烛线组合，通常表明市场可能转向和当前趋势相反的方向，这就是蜡烛图反转形态。在辨别蜡烛图形态之前，首先必须明确当前市场处在上升趋势还是下降趋势，在此基础上，才能进一步判断新出现的蜡烛图形态到底是看涨的，还是看跌的。在上升趋势中，不可能出现看涨的反转形态。在上升趋势中，也可能出现一串蜡烛线形似某种看涨的蜡烛图反转形态，但是正因为当前趋势向上，这不属于看涨的反转形态。反之亦然，在下降趋势中，不可能出现看跌的蜡烛图反转形态。

如此一来，我们又重新回到市场分析与生俱来的根本问题：趋势是怎样的？为了有效地进行日本蜡烛图形态分析，首先必须确定趋势方向。关于如何判断趋势方向，有很多著作可供参考，不过，采用移动平均线方法来判别趋势方向，就可以很好地和日本蜡烛图形态分析结合起来。一旦确定了短线（比如说10个时间单位左右）趋势，日本蜡烛图形态分析就大有用武之地，有助于判断该趋势的反转。

在日本的有关资料中，一致公认的蜡烛图反转形态大约共有40

种。这40种反转形态,从单独一根蜡烛线,到最多五根蜡烛线组成的复杂组合。关于日本蜡烛图技术,已经有很多很好的参考书,因此,我们这里仅就最常见的几种形态做一点讨论。

乌云盖顶形态。本形态由两根蜡烛线组成,只有看跌的意义(图12.6)。它有一个反方向对称的形态,但称为不同的名字(见"刺透形态")。这是前面所说的对称形态在名称上风马牛不相及的一个例子。在该形态中,第一个交易日是一根长的白色实体。这说明当前市场趋势向上,验证了交易者看多的观点。下一个交易日,开盘价高于前一个交易日的最高价,为看涨的观点火上浇油。然而,当天接下来的行情却没有继续上涨,而是有所回落,并且当日收市价至少低于前一天实体的中点。这对看多者来说不啻当头一棒,可能迫使许多市场参与者卖出平仓。在第二个交易日,既然收盘价低于开盘价,那么实体就是黑色的。本形态"乌云盖顶"得名于此。

刺透形态。刺透形态和乌云盖顶形态反向对称,具有看涨的意义(图12.7)。它的情形和乌云盖顶很相似,但方向相反。当前市场趋势向下,形态中的第一根蜡烛线为长的黑色实体,巩固了交易者看空的信心。下一个交易日,市场开盘价创出新低,但是接下来没有继续下降,反而有所上升,并且当日收盘价高于前一日实体的中点。这给市场看跌的心理状态带来了巨大冲击,许多人可能买入平仓甚至反手做多。

黄昏星形态和启明星形态。黄昏星形态和它的表兄弟启明星形态,是蜡烛图技术中两个强有力的反转形态。两者均由三根蜡烛线组成,两者都表现优异。这里详细讨论黄昏星形态中交易者心理状态演

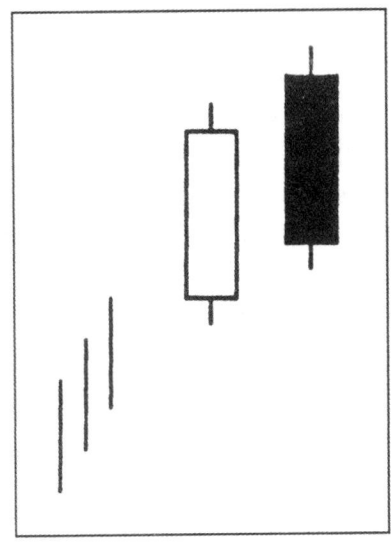

图12.6

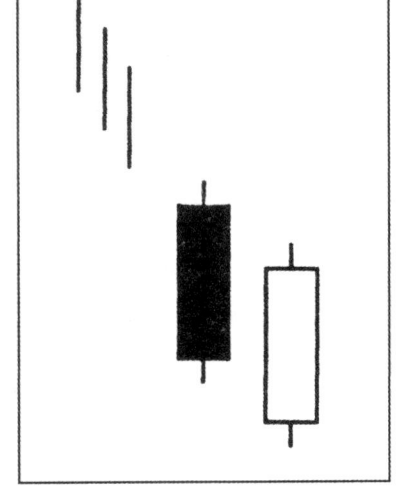

图12.7

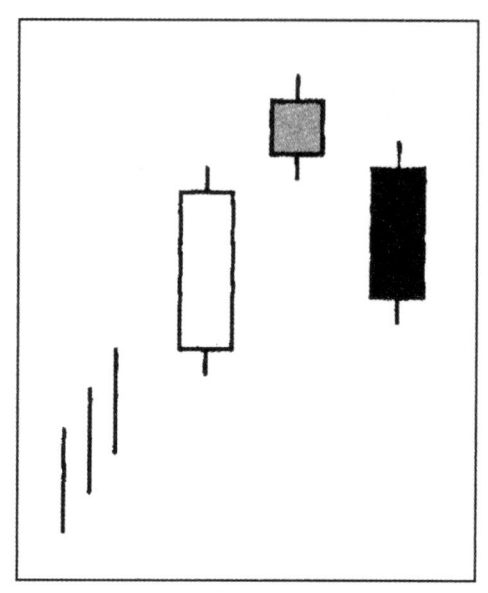
图12.8

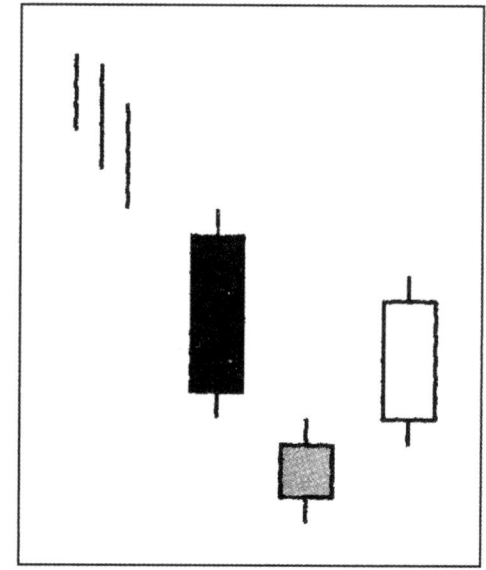
图12.9

变的过程,启明星形态的情况从略,只要把黄昏星形态做反向的理解就可以了(图12.8和图12.9)。

名副其实,黄昏星形态是一个看跌的蜡烛图反转形态。在该形态中,第一天是一个长的白色实体,完全符合并进一步加强了当前的上升趋势。第二天开市时,开盘价相对于第一天的实体跳高。这一天的交易活动在一定程度上局限在一个较小区间内,当日的收盘价接近开盘价,并且高于第一天的实体。因此,第二天是小实体。在长实体之后出现这类交易日,这类交易日便成为星线(星线形态)。星线是一个小实体蜡烛线,相对于前一日的长实体向上跳空或向下跳空。本形态第三天,即最后一天,开盘价相对于第二天星线的实体向下跳空,并且当日收盘价低于第一天长实体的中点。

以上解释其实是黄昏星形态的理想情形。在许多情况下,即使不是严格符合上述每一项说明,也依然可以接受为有效的黄昏星形态。举例来说,第三天开盘价或许并没有相对于第二天的星线实体向下跳空,或者第三天的收盘价或许并没有深入到第一天实体中点之下。当我们观察蜡烛图时,上述细节实际上是主观性的,不过,当我们采用计算机程序自动识别蜡烛图形态时,就不是了。原因在于,计算机程序需要设定明确的指令来识别蜡烛形态,不允许主观判断。

持续形态

我们每个交易日都必须做出交易决策,到底是平仓退出、开仓进入,还是持仓守望。如果蜡烛图形态有助于判断当前趋势将持续下去,那当然很有帮助,因此持续形态的价值比乍一看来要高。它们有助于回答这样的问题:到底我们是否应当继续保持现有头寸。根据日文资料,蜡烛图技术中共有 16 种持续形态。其中一种持续形态,以及与之反向对称的表兄弟形态,在识别趋势持续的时候特别有用。

上升三法和下降三法形态。这是一对蜡烛图的持续形态,其中上升三法持续形态是看涨的,这里主要借它来讲述形态演变过程。首先,看涨的持续形态只能发生在上升趋势中,而看跌的持续形态只能发生在下降趋势中。这是重申价格形态和趋势的对应关系,在进行蜡烛图形态分析时,明确其趋势对应关系是十分重要的(图 12.10 和图12.11)。

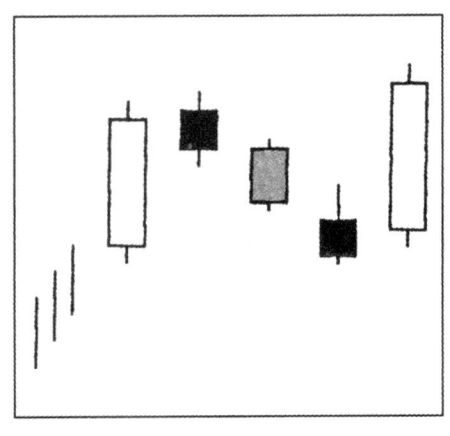

图 12.10

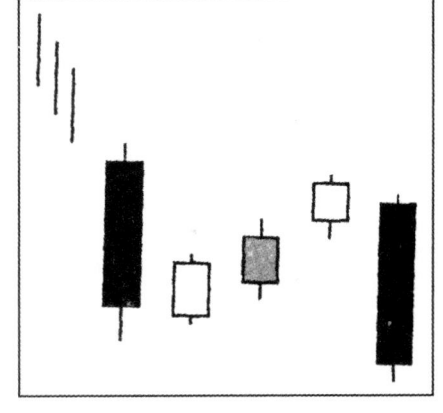

图 12.11

在上升三法形态中,第一天是一根长的白色实体,完全验证当前的上升趋势。然而,接下来的三个交易日却都是小实体日,并且它们组成了一个蜡烛线群体,群体逐日下降。不过,这三个小实体都保持在第一天的白色长实体之内。在三个小实体中,至少有两个是黑色实体。在这期间,市场似乎漫无目的,日本人称之为"喘息期"。本形态第五个交易日,演变出另一个长的白色实体,当日收市价创出新高。行情终于走出短线的区间波动状态,向上突破,原有上升趋势恢复。

如果要明确界定上升三法这样的由 5 个交易日组成的蜡烛图形态,必然需要花费不少笔墨来刻画细节。上述情形只是对理想的上升三法形态所做的简要示例。在识别上升三法形态时,允许一定程度的灵活性，不过，要想既有灵活性又有准确性，就只能依靠分析者的经验积累了。举例来说，形态中三个调整性的小实体也可能只是维持在第一天的最高和最低的范围内，而不是维持在第一天的实体范围内。这三个调整性的小实体也不必一定总是多数为黑色实体。最后，"喘息期"的概念还可以扩展到超过三个调整性小实体日的情况。千万不要忽视上升三法形态和下降三法形态。在短线调整出现时，当你忧心如何保住现有头寸的利润时，这个形态可能给你带来一点信心和安慰。

借助计算机识别蜡烛图形态

在个人计算机上用专门的软件来识别蜡烛图形态，是排除分析者情绪干扰的一个好办法，特别是在当事人处于交易状态时。不过，当我们通过电脑屏幕来观察蜡烛图形态时，需要牢记几个注意事项。计算机屏幕是由许多细小的发光点组成的，称为像素。像素的数目虽多，但终究是有限的，取决于电脑的显卡和显示器在一起所能达到的分辨率。假设在一个较短的期间内发生了大幅价格波动，当你观察计算机屏幕上的行情图时，你也许以为自己看到了许多十字星蜡烛线（所谓十字星就是当开盘价和收盘价相等的蜡烛线），而实际上它们并不一定是十字星。当计算机屏幕上行情波动范围很大时，每个像素点也会有自己所代表的价格范围。采用计算机程序来识别蜡烛图形态，是以数学关系为判别基础的，可以克服这样的视觉偏差。希望上述讨论能够免得你误会软件失灵了。

蜡烛图形态过滤

格雷格·莫里斯于1991年开创性地提出了一个辅助识别蜡烛图形态的概念，称为蜡烛图形态过滤，采用简单易行的方法来全面提高识别蜡烛图形态的可靠程度。一方面，在识别蜡烛图形态之前，必须明确判断当前市场的短期趋势；另一方面，采用传统的技术分析方法可以判断市场是否处在超买或超卖状态，如此一来，就能提高蜡烛图形态的预测效力。同时，这一技巧有助于排除不良的或者流产的蜡烛图形态。

分析者必须首先掌握传统技术指标的使用方法，以及它们在不同行情下的各种表现。在下面的例子中，我们采用随机指数%D。随机指数在0到100之间摆动，当它低于20时表明市场处于超卖状态；高于80时，表明市场处于超买状态。该指数的主要用法是，当指数上升到80以上之后，如果再度下跌到80以下，则发出卖出信号。相似地，当指数下跌到 20 以下之后,如果再度上升到 20 以上,则发出买入信号(关于随机指数,详见第十章)。

关于随机指数,我们知道如下要点:当它进入高于 80 的区域后,或者进入低于 20 的区域后,将会发出交易信号。换言之,一旦进入超买或超卖区,那么或早或晚,买卖信号一定会发生。如此一来,高于 80 的区域和低于 20 的区域就成为信号预备区,随机指数%D 首先进入信号预备区,然后才能发出真正的交易信号(图 12.12)。

蜡烛图形态过滤的概念就是利用了上述信号预备区。仅当%D 指标进入信号预备区后,才采纳蜡烛图形态。举例来说,如果当随机指数%D 处于 65 的水平时出现了一个蜡烛图形态,我们就忽略这个形态。当然,本方法只是针对蜡烛图反转形态而言的。

在蜡烛图形态过滤的概念中,并不限于采取随机指数%D。一般来说,任何摆动指数类型的技术分析指标都可以充当蜡烛图形态分析的过滤机制。怀尔德的相对力度指数(RSI),兰伯特的商品通道指数(CCI),以及威廉斯%R 指数等都可以,并且同样地有效(这些摆动指数在第十章有详细介绍)。

图 12.12

结　语

　　日本蜡烛图和蜡烛图形态分析在抉择市场时机方面是行之有效的。分析者采用蜡烛图形态工具时,具体的做法和任何其他技术分析工具实质是一致的。换句话说,都是在分析市场参与者的心理状态。一旦你适应了蜡烛图的图表形式,就可能再也不愿意退回到线图形式了。把日本蜡烛图形态和其他技术指标综合运用,用后者作为过滤机制,几乎总能够赶在其他以价格数据为基础的技术指标之前,为我们提供交易信号。

蜡烛图形态汇总表

　　下面列举的各类蜡烛图形态采撷自多种参考资料,可以用作蜡烛图形态识别的简要指南。每个蜡烛图形态名称后面都有一个括号,里面的数字表示一般需要几根蜡烛线来识别该形态。看涨的和看跌的形态分别排列在两列中,反转形态和持续形态也分别列举。

看涨的反转形态	**看跌的反转形态**
长白色实体(长阳线,1)	长黑色实体(长阴线,1)
锤子线(1)	上吊线(1)
倒锤子线(1)	流星线(1)
捉腰带线(1)	捉腰带线(1)
吞没形态(2)	吞没形态(2)
孕线(2)	孕线(2)
十字孕线(2)	十字孕线(2)
刺透形态(2)	乌云盖顶形态(2)
十字星(2)	十字星(2)
反击线(2)	反击线(2)
白色三兵形态(3)	三只乌鸦形态(3)
启明星形态(3)	黄昏星形态(3)
十字启明星形态(3)	十字黄昏星形态(3)

弃婴形态(3) 弃婴形态(3)

三星形态(3) 三星形态(3)

断折形态(5) 断折形态(5)

三线收缩上升形态(3) 三线收缩下降形态(3)

三线扩张上升形态(3) 三线扩张下降形态(3)

连跳带跑形态(2) 连跳带跑形态(2)

奇特三川底部形态(3) 阶梯形顶部形态(5)

南方三星形态(3) 平头顶部形态(2)

悄然燕归形态(4) 向上跳空两只乌鸦(3)

夹心棒形态(3) 三只乌鸦接力(3)

鸽子归巢(2) 深思形态(停顿形态,3)

阶梯形底部形态(5) 前方受阻形态(3)

平头底部形态(2) 两只乌鸦(2)

看涨的持续形态 **看跌的持续形态**

分手线(2) 分手线(2)

上升三法形态(5) 下降三法形态(5)

向上跳空并列阴阳线形态(3) 向下跳空并列阴阳线形态(3)

并列阳线(3) 并列阳线(3)

一阳吞三阴(4) 一阴吞三阳(4)

向上跳空三法(3) 向下跳空三法(3)

待入线(2) 待入线(2)

切入线(2) 切入线(2)

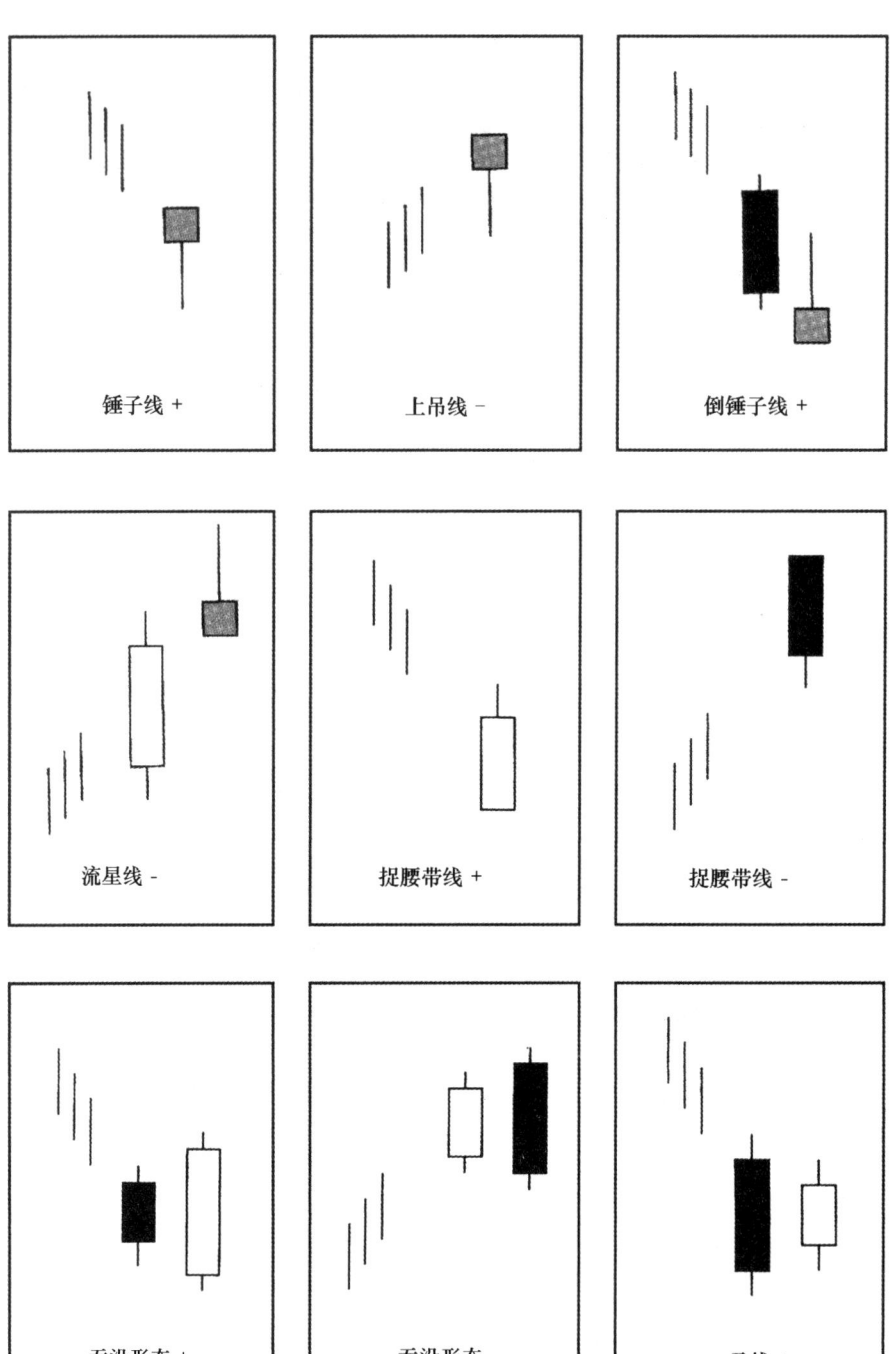

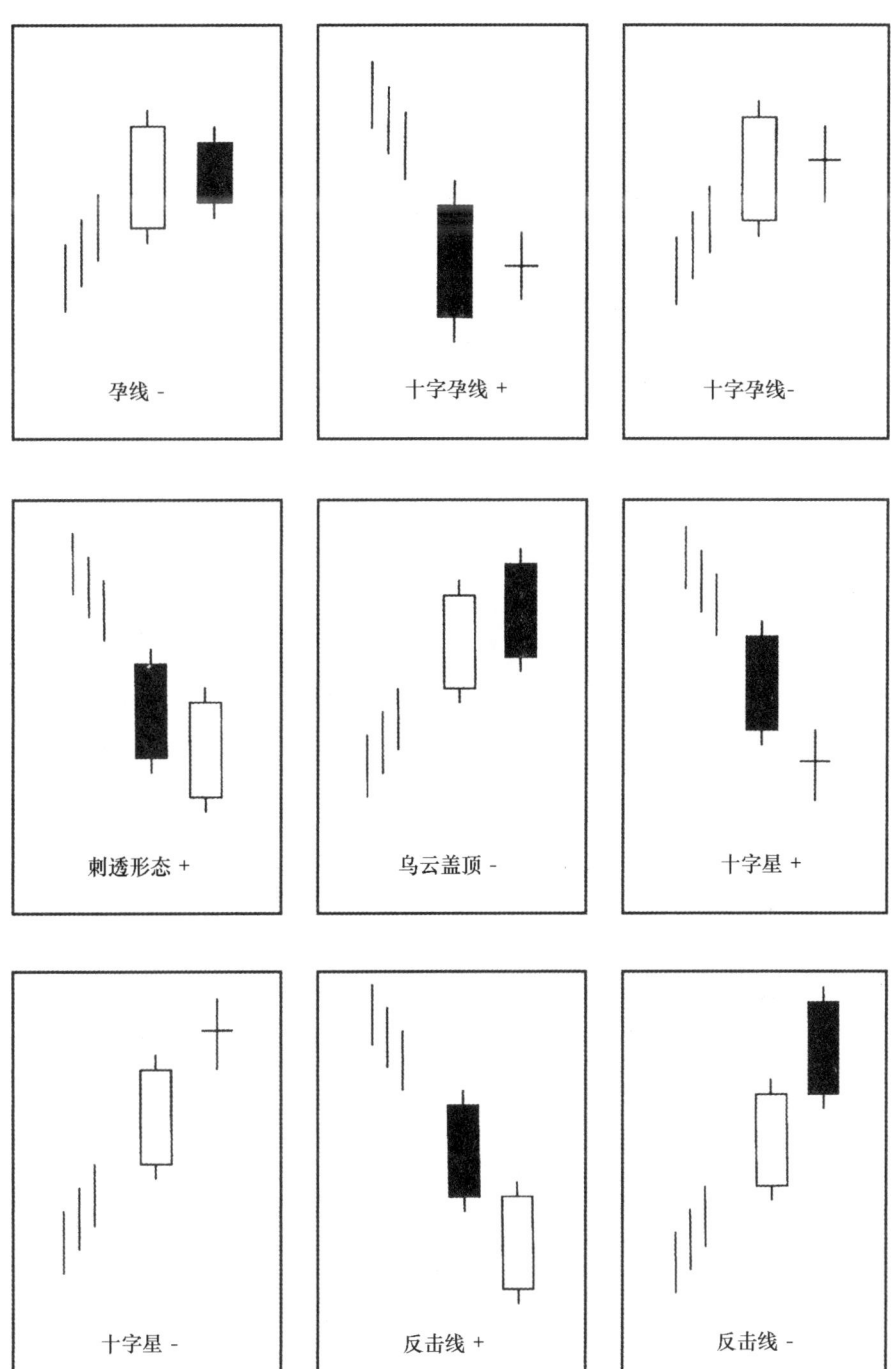

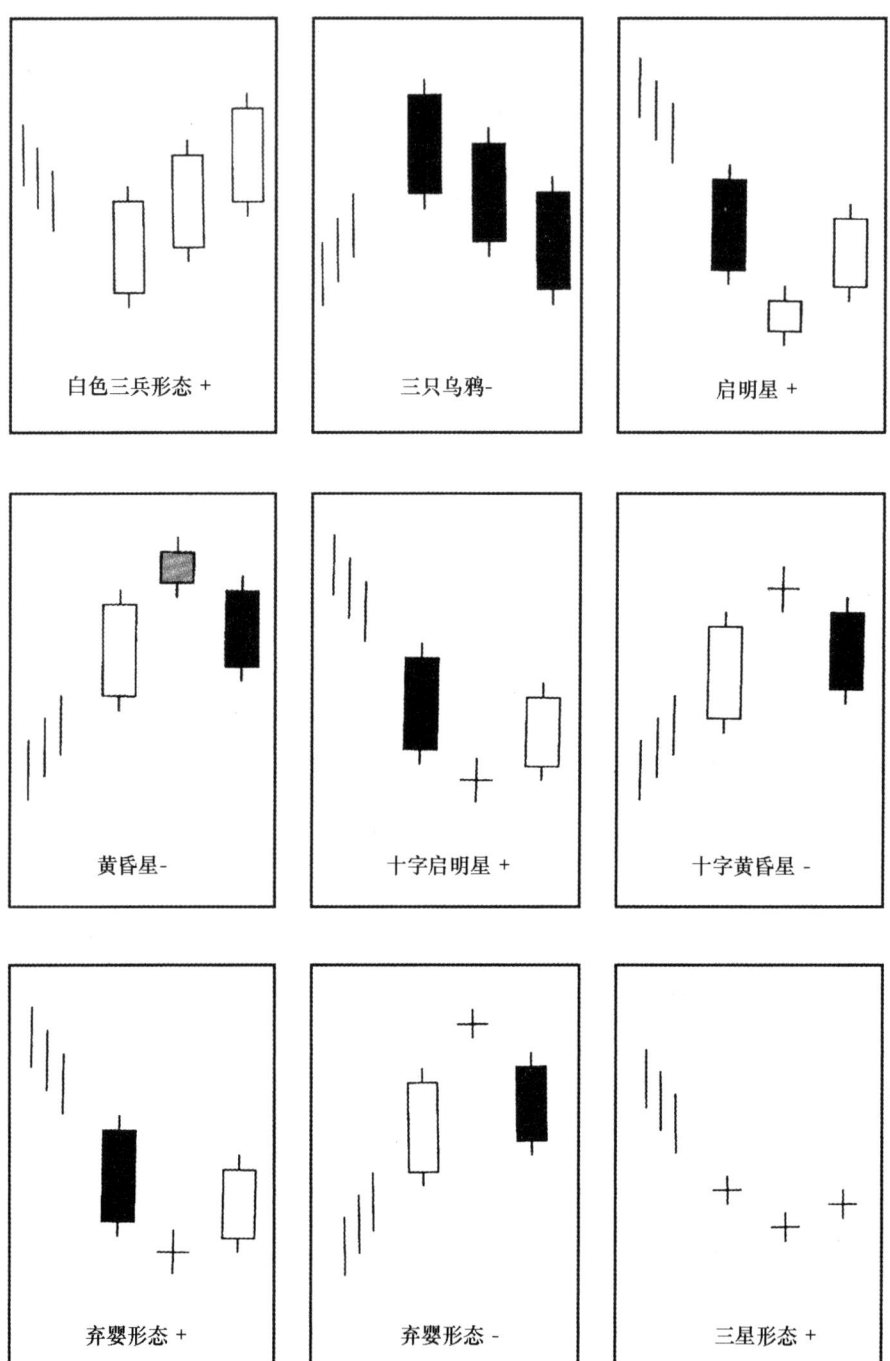

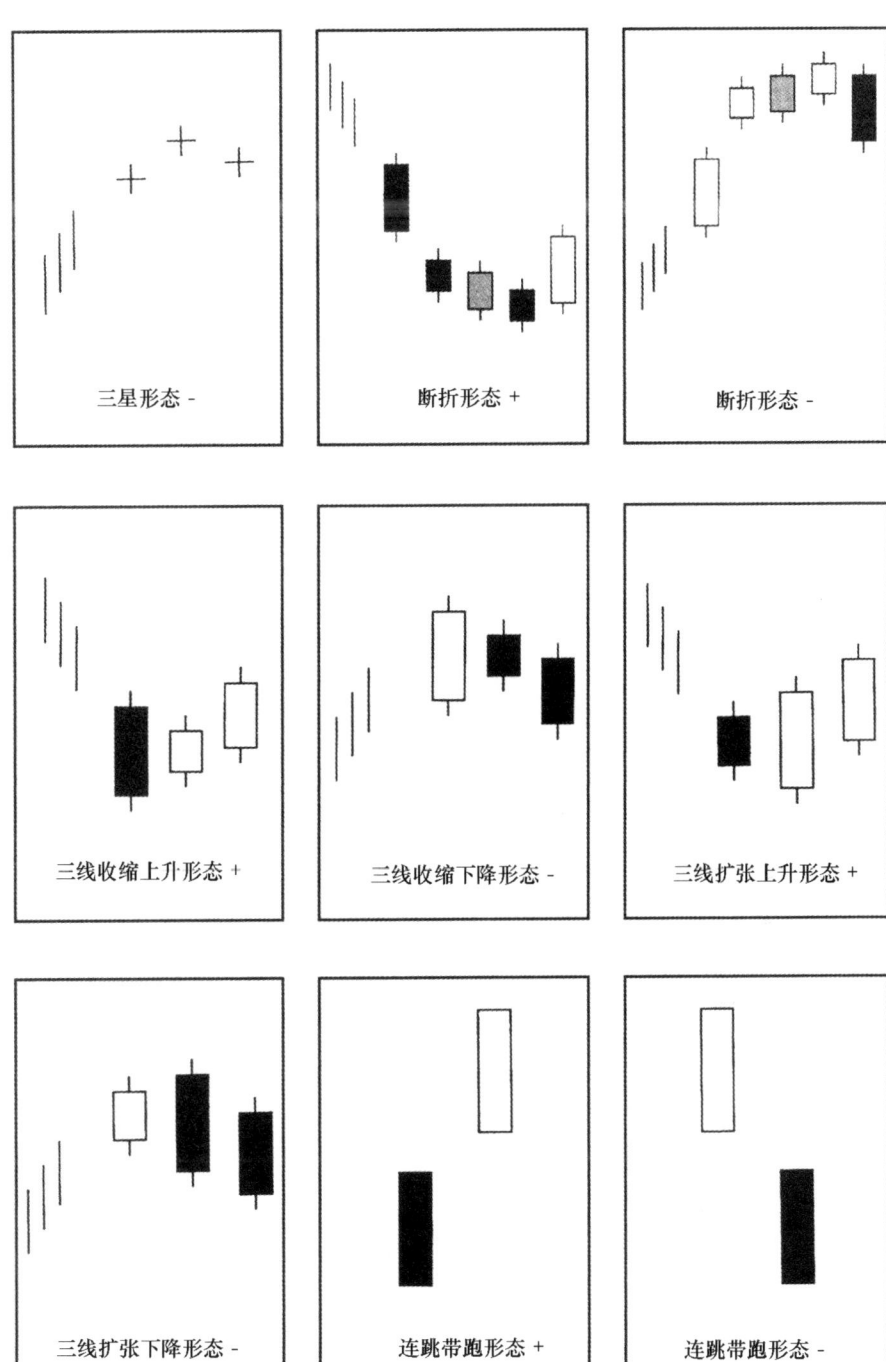

日本蜡烛图

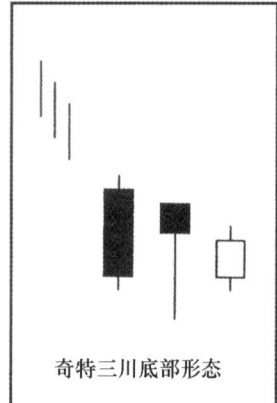
奇特三川底部形态

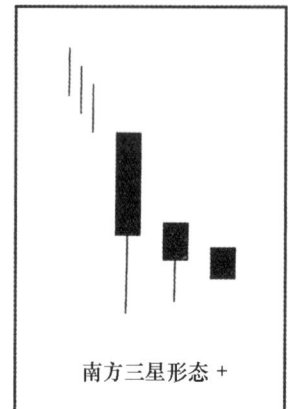
南方三星形态 +

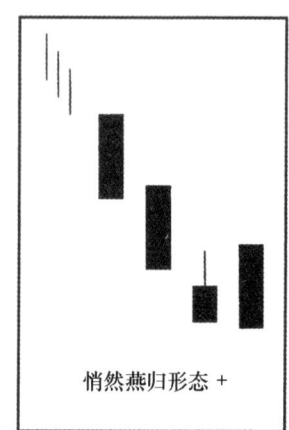
悄然燕归形态 +

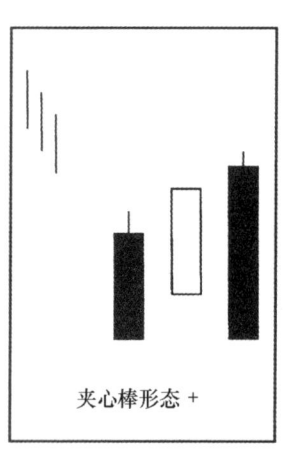
夹心棒形态 +

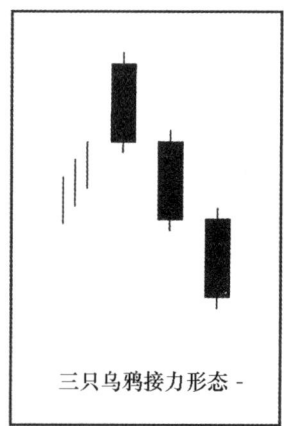
三只乌鸦接力形态 -

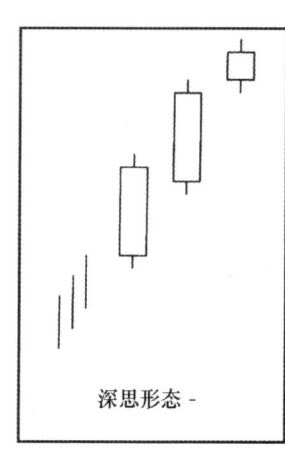
深思形态 -

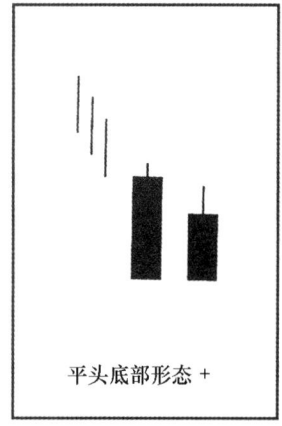
平头底部形态 +

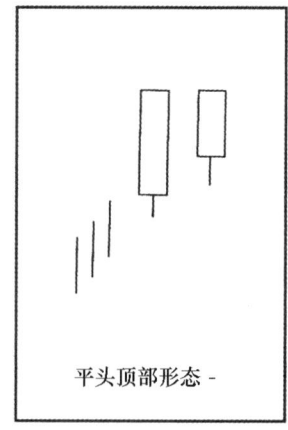
平头顶部形态 -

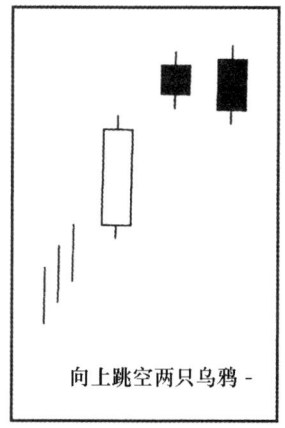
向上跳空两只乌鸦 -

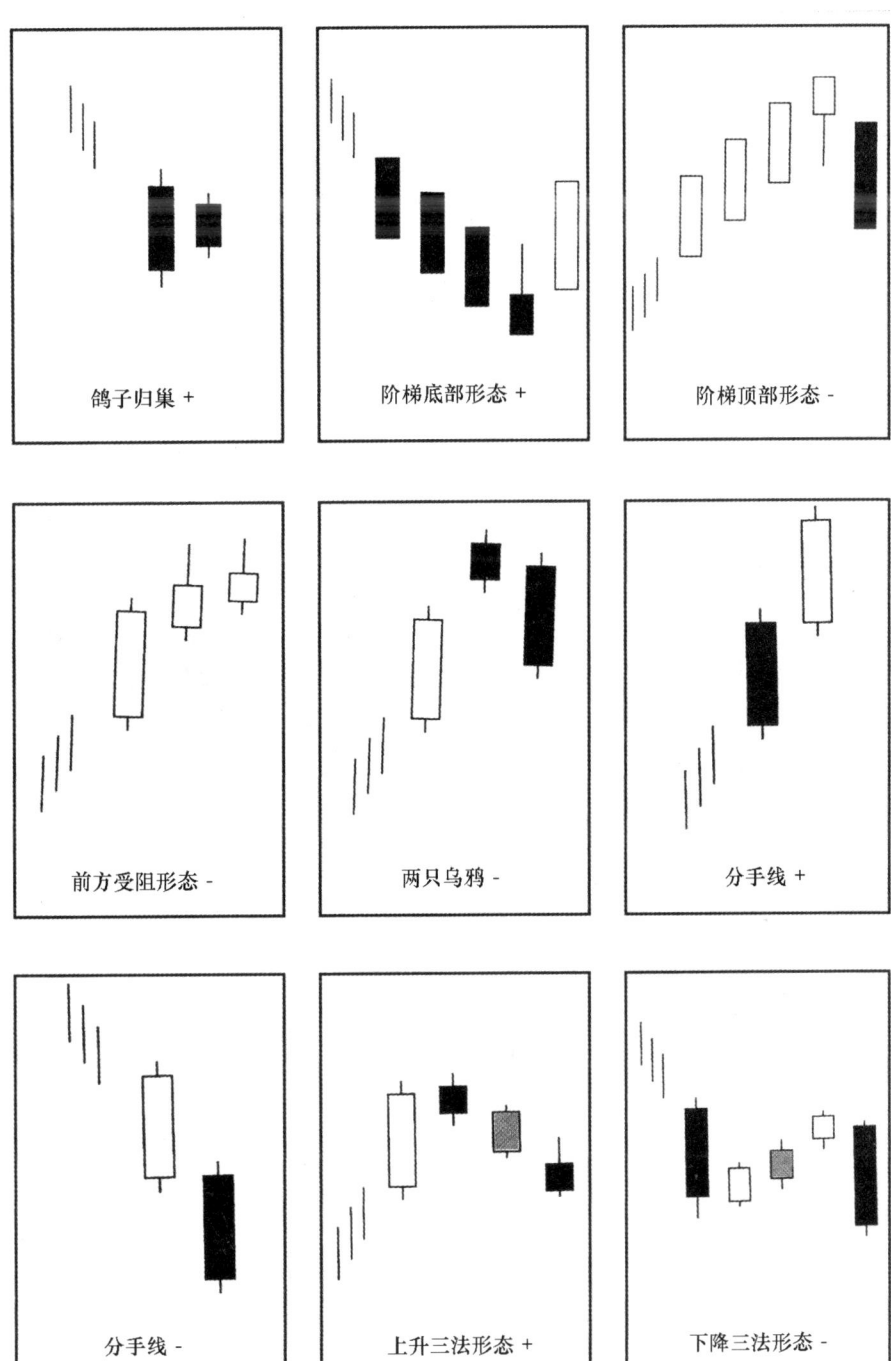

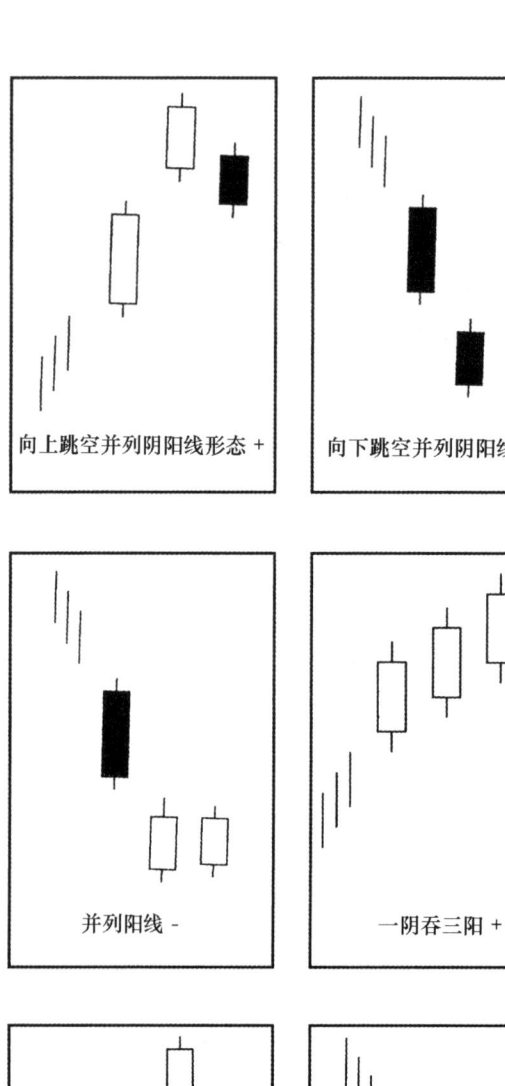
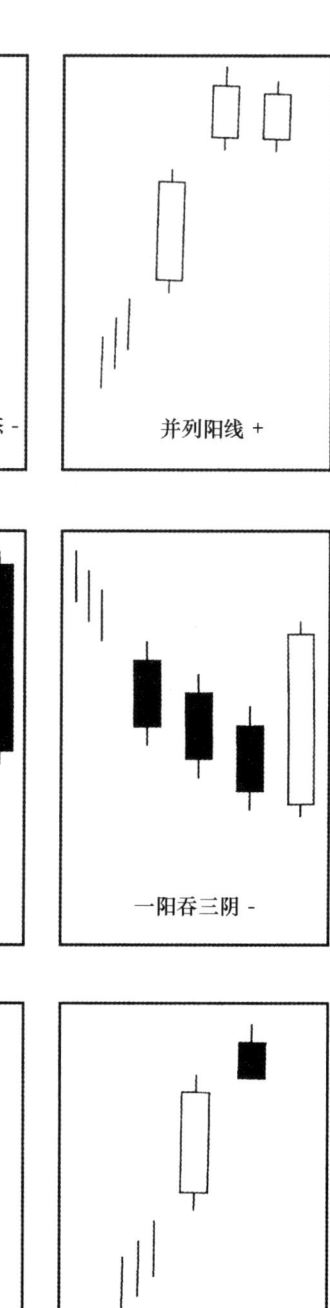

向上跳空并列阴阳线形态 +　　向下跳空并列阴阳线形态 -　　并列阳线 +

并列阳线 -　　一阴吞三阳 +　　一阳吞三阴 -

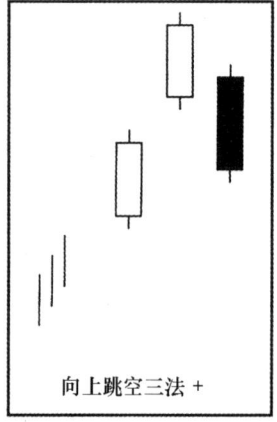
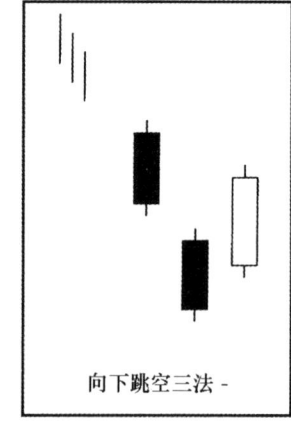
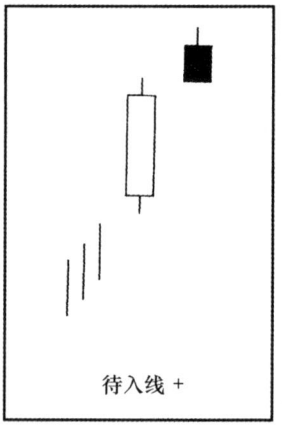

向上跳空三法 +　　向下跳空三法 -　　待入线 +

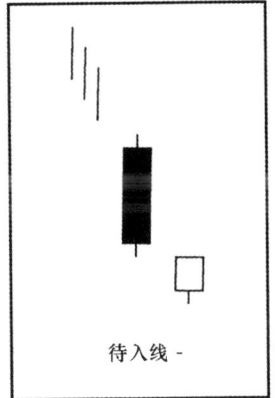
待入线 -

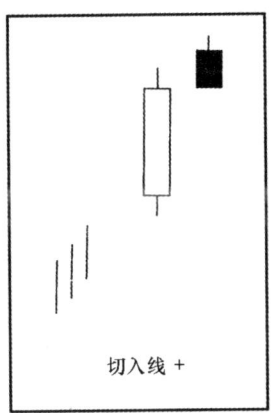
切入线 +

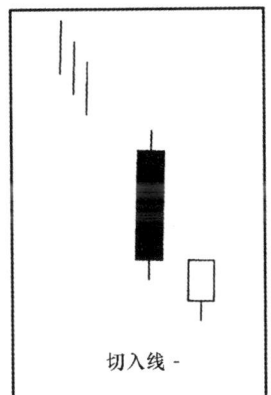
切入线 -

第十三章 艾略特波浪理论

历 史 背 景

1978年,查尔斯·J·柯林斯发表了他的专著《波浪理论》。这本书是个源头,其中的理论后来广泛流传,人称"艾略特波浪理论"。这是因为波浪理论的奠基人是拉尔夫·纳尔逊(R·N)·艾略特。柯林斯就是以艾略特本人的原著(艾氏把他的书题献给柯林斯)为基础完成这篇专论的。

显然,道氏理论对他有极大的影响,因此,波浪理论中有很多道氏理论的印迹。1934年,柯林斯正任投资顾问公司的股市通讯的编辑。艾氏写信给柯林斯说,他本人一直是罗伯特·雷的股市通讯的读者,对雷亚关于道氏理论的书颇熟悉。艾略特还写道,波浪理论是"对道氏理论极为必要的补充。"

1946年,也就是在其逝世两年前,艾略特完成了关于波浪理论的集大成之作,《自然法则——宇宙的秘密》。

多亏A·汉密尔顿·博尔顿从1953年起,在《银行信用分析家》发表了《艾略特波浪附刊》。直到1967年他去世为止,每年一份,共刊发了14期。如果不是博尔顿,艾略特的理论也许早已湮没无闻了。

1967年,A·J·弗罗斯特接手《艾略特波浪附刊》。

1978年,弗罗斯特和罗伯特·普里克特合作发表了《艾略特波浪理论》。本章中大多数图表都引自弗罗斯特和普里克特的著作。1980年,普里克特更上一层楼,发表了《R·N·艾略特选集》(新经典文库出版),把久违了的艾略特的原作重新呈现在人们面前。

艾略特波浪理论的基本原理

波浪理论具有三个重要方面——形态、比例和时间,其重要性依上述次序等而下之。所谓形态,指波浪的形态或构造,这是本理论最重要的部分。而比例分析的意思是,通过测算各个波浪之间的相互关系,来确定回撤点和价格目标。最后一方面是时间,各波浪之间在时间上也相互关联,我们可以利用这种关系来验证波浪形态和比例。有些艾略特理论家认为,时间关系在进行市场预测时较不可靠。

艾略特理论原本是应用在主要的股市平均价,特别是道琼斯工业股票指数的分析上的。在这种理论上述最基本的形式下,它认为股票市场遵循着一种周而复始的节律,先是五浪上涨,随之有三浪下跌。如图13.1所示的,是一个完整的周期。数一数其中波浪的数目,那么,一个完整的周期包含8浪——5浪上升,3浪下降。在周期的上升阶段,每一浪均以数字编号。1浪、3浪和5浪是上升浪,称为主浪,而2浪和4浪的方向与上升趋势的方向相反,因为2浪和4浪分别是对1浪和3浪的调整,故称之为调整浪。上述五浪完成后,出现了一个三浪形式的调整。这三个波浪分别用字母a、b、c来表示。

关于各个波浪本身的结构问题,很重要一点就是要考察清楚它们的规模。我们知道,趋势具有很多的规模层次。艾略特把趋势的规模(或者说是度)划分成9个层次,上达覆盖200年的超长周期,下至仅仅延续数小时的微小尺度。关键是我们要记住,不管我们所研究的趋势处于何等规模,其基本的八浪周期总是不变的。

这样,每一浪都可以向下一层次划分成小浪,而小浪同样可以进一步向更下一层次划分出更小的浪。反之亦然,每一浪本身也是上一层次波浪的一个组成部分。图13.2显示了上述关系。最大规模的二浪　　浪①和浪②——可以划分成8个小浪,然后,这8个小浪再细

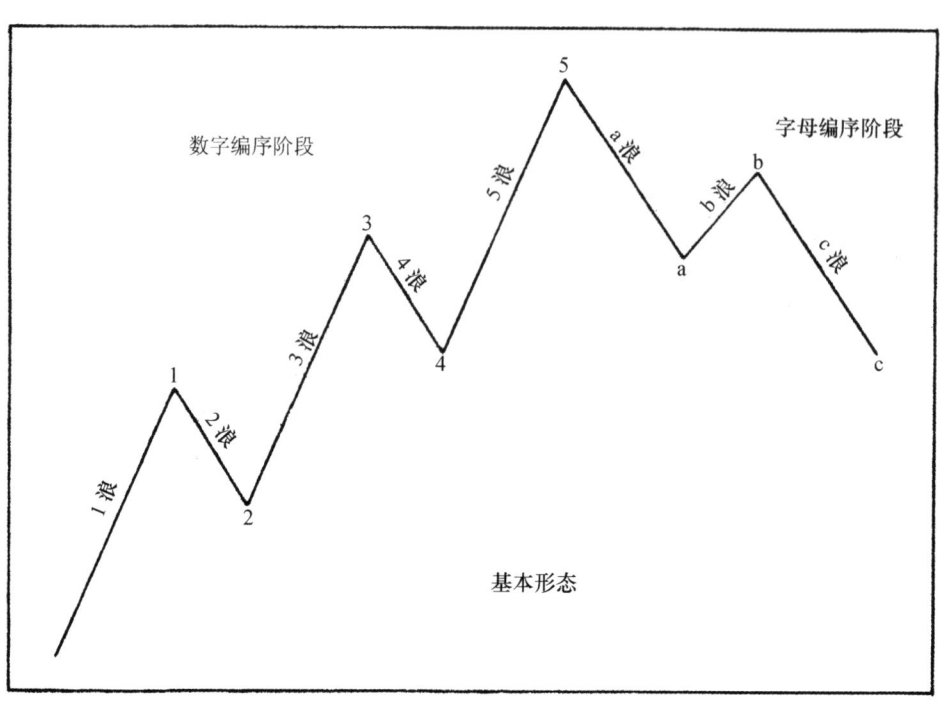

图 13.1 基本的波浪形态(一)。

图 13.2 基本的波浪形态(二)。

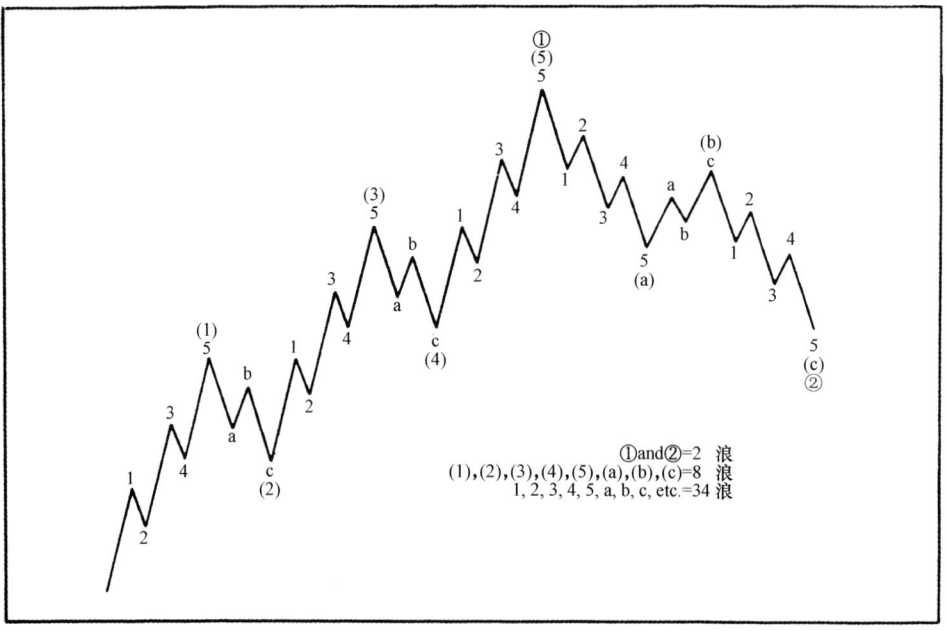

分,共得到34个更小的浪。而最大的浪——浪①和浪②——只是更高一层次的五浪上升结构中的两个浪而已。在图中最右侧,高一层次的③浪呼之欲出。把图13.2中的34个小浪再细分到其下一层次,就得到图13.3所示的144个小浪。

上面提到的数目——1,2,3,5,8,13,21,34,55,89,144——并不是偶然出现的。它们是**菲波纳奇数列**的一部分,而这个数列乃是艾略特波浪理论的数学基础。稍后,我们还要谈到这一点。现在,请朋友们从图13.1看到图13.3,注意其中波浪的一个显著特征。到底应当把某一浪划分成五浪结构,还是划分成三浪结构,这取决于其上一层次波浪的方向。例如,在图13.2中,(1)浪、(3)浪和(5)浪被细分成五浪结构,这是因为由它们组成的上一层次的浪①是上升浪。而因为(2)浪和(4)浪的方向与这个大趋势相反,所以,它们只被细分为三浪结构。请仔细看调整浪(a)、(b)和(c),它们构成了上一层次的调整浪②。注意,其中两个下降浪——(a)和(c)——都被细分成五浪结构。这是因为它们的运动方向与上一层次的浪——②浪——的方向一致,相反地,(b)浪与其上一层次的②浪方向相反,因此被细分为三浪结构。

在我们应用艾略特方法的时候,能不能辨识三浪结构和五浪结构,显然具有决定性的重要意义。五浪结构和三浪结构各自具有不同的预测意义。举例来说,一组五浪结构通常意味着其更大一层次的波浪仅仅完成了一部分,好戏还在后头(除非这是第5浪的第5个小浪)。最重要的一点是,调整,绝不会以五浪结构的形式出现。例如,在牛市上,如果我们看到一组五

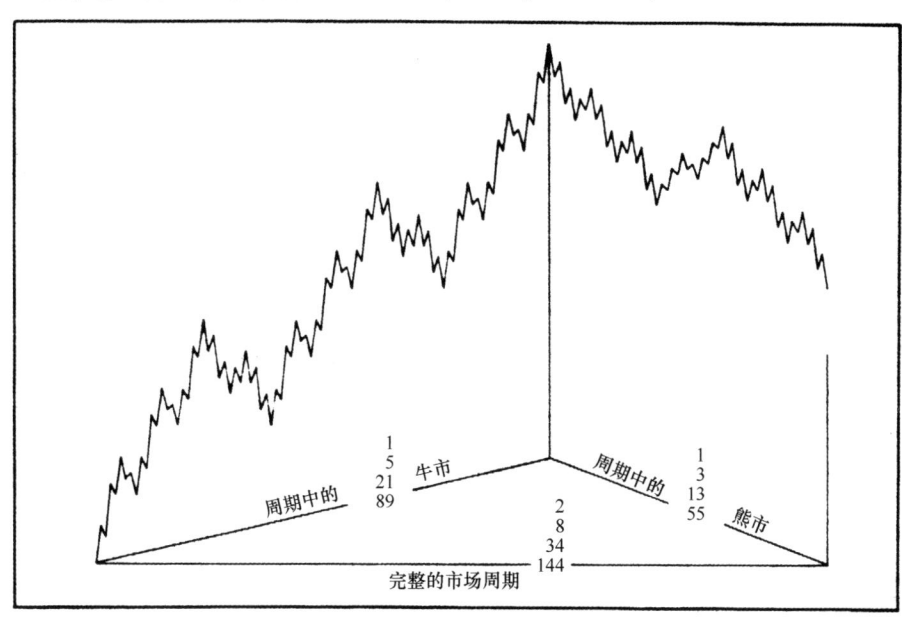

图13.3 完整的市场周期。

浪结构的下跌，那么这可能意味着这只是更大一组三浪调整(a-b-c)的第一浪，市场的下跌尚未有穷期。在熊市中，一组三浪结构的上涨过后，接踵而来的是下降趋势的恢复。而五浪结构的上涨则说明将会出现更实在的向上运动，其本身甚至可能构成了新的牛市的第一浪。

艾略特波浪理论和道氏理论的联系

且住，让我们先来看一看艾略特的五浪上涨的思想，同道氏理论的牛市上涨三阶段论的明显联系。很清楚，艾略特的想法——三浪上涨，间以二浪调整——与道氏理论是合缝对榫的。无疑，艾略特受到了道氏理论的影响，同样清楚，艾略特认为他超越了道氏理论，实际上是发展了后者。有意思的是，两位先生在构造他们的理论时，都从大海那里得着了启示。道氏把主要趋势、中等趋势和短暂趋势，分别比作大海之中的潮汐、浪涛和波纹。艾略特则在他的著作中，时时提到海水的"流与转"，并把他的思想命名为"波浪理论"。

调 整 浪

以上，我们讨论的主要是与趋势方向一致的主浪，现在就来看看调整浪。一般地说，调整浪的界定较不明确，因此较难辨识和预料。然而，有一点却是明确的，调整浪绝不会以五浪结构出现。调整浪属于三浪结构，而不是五浪结构（唯一的例外是在三角形形态中）。调整浪有四个类型——锯齿形、平台形、三角形以及双三浪结构和三三浪结构。

锯 齿 形

锯齿形属于三浪结构的调整浪形态，其方向与主要趋势相反，可以进一步细分为5-3-5的波浪序列。图13.4和图13.5显示了牛市中的锯齿形调整的情况，而图13.6和图13.7则显示了熊市中的对应情况。注意，中间B浪的下跌远远未及A浪的起点，而C浪的动作远远高出A浪的高点。

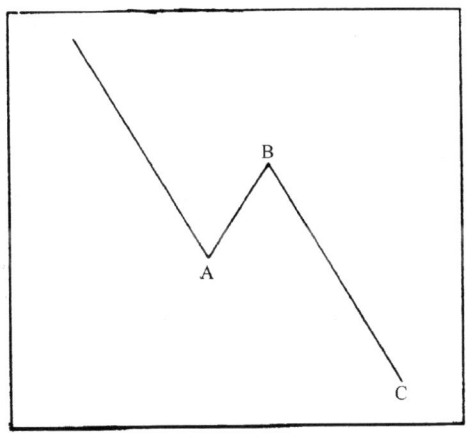

图 13.4 牛市锯齿形(5-3-5)。

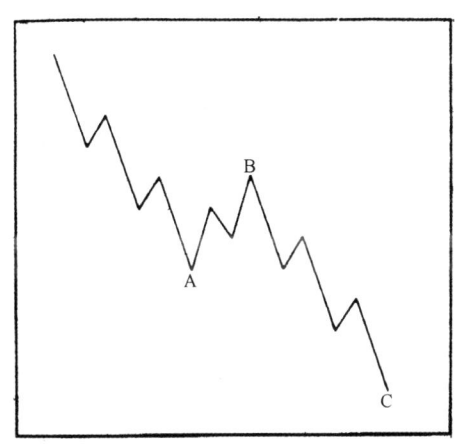

图 13.5 牛市锯齿形(5-3-5)。

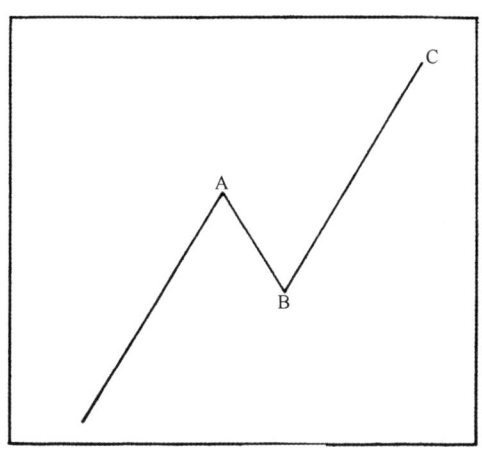

图 13.6 熊市锯齿形。

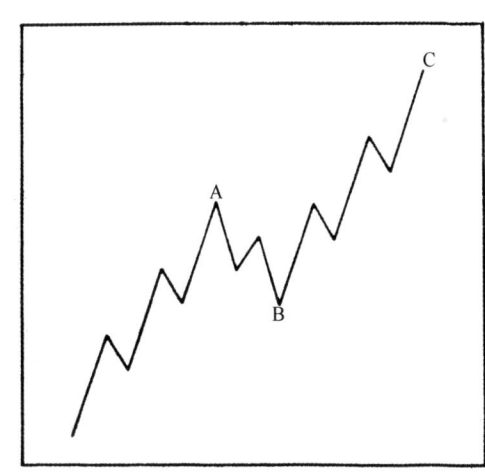

图 13.7 熊市锯齿形(5-3-5)。

锯齿形有一种较少见的变体,如图13.8所示,我们称之为双锯齿形。这种变体有时会出现在较大规模的调整形态中。实际上它是由两个5-3-5序列的锯齿形通过中间的a-b-c形态连接而成的。

平 台 形

平台形调整与锯齿形调整的区别在于,前者是3-3-5序列的形态。注意,在图13.10和13.12中,A浪是三浪结构,而不是五浪结构。

一般地,平台形在更大程度上属于巩固形态,而不是调整形态,因此在牛市中被理解成市场坚挺的体现。从图13.9到图13.12,都是常规的平台形的例子。例如,在牛市中,B浪一直上冲到了A浪的最高点,表现出市场的力度较强。最后的C浪在A浪的底部或其稍下方便告结束,这同锯齿形的情况正相反,在那里,C浪的终点要低得多。

相对于常规的平台形,也有两种"不规则的"变体。从图13.13到图13.16显示了第一类变体。请注意其中的牛市的例子(图13.13和图13.14),B浪的顶超越了A浪的高点,而C浪跌过了A浪的底。

另一种变体的情形是,B浪达到了A浪的高点,但C浪无力抵达A浪的底。自然,后面这种变体表示牛市的力度较强。本变体在牛市和熊市下的例子,分别显示在从图13.17~图13.20中。

三 角 形

三角形通常出现在第4浪中,先于主要趋势的最后一轮动作(它也可能在a-b-c序列调整的b浪中出现)。因此,在上升趋势中,我们可以说三角形既可能是看涨的,也可能是看跌的。讲它看涨,是就它意味着趋势将恢复这层意义而言的;而说它看跌,则是因为它表明在完成剩下的一个上涨浪之后,市场可能也就到顶了(图13.21)。

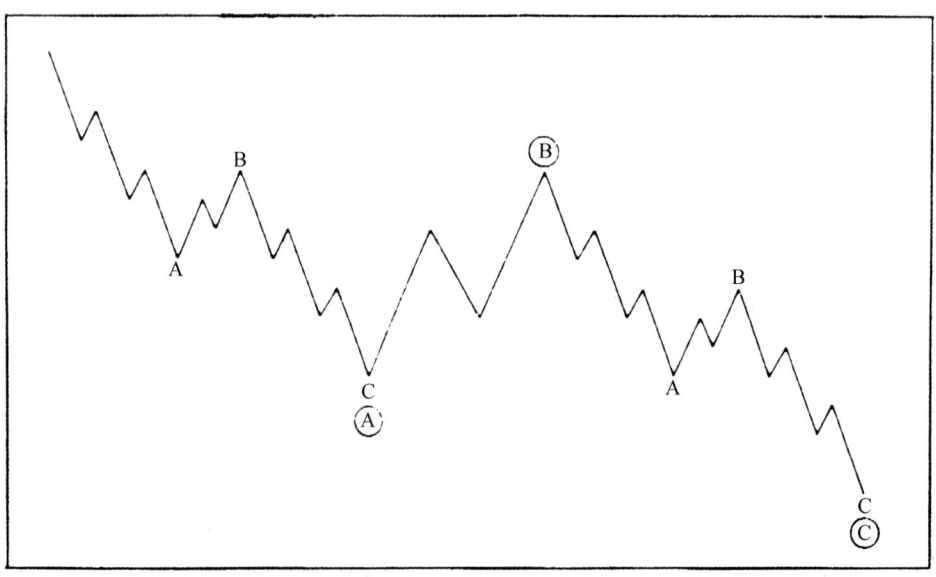

图13.8 双锯齿形。

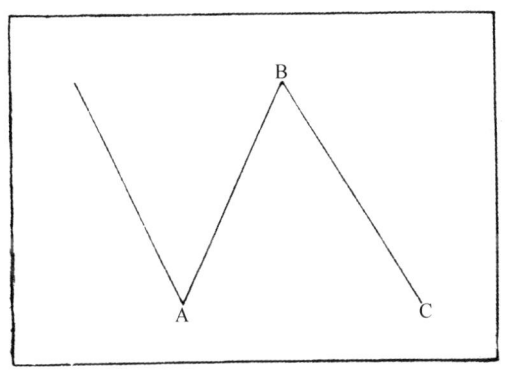

图 13.9 牛市平台形,正常调整形态。

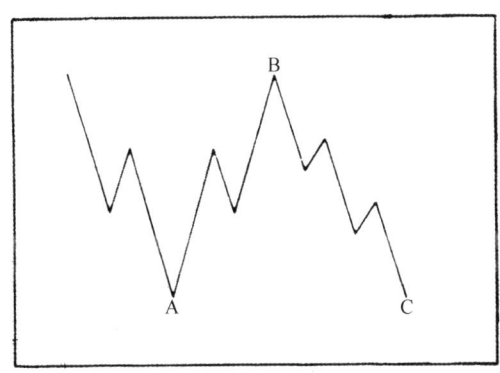

图 13.10 牛市平台形(3-3-5),正常调整形态。

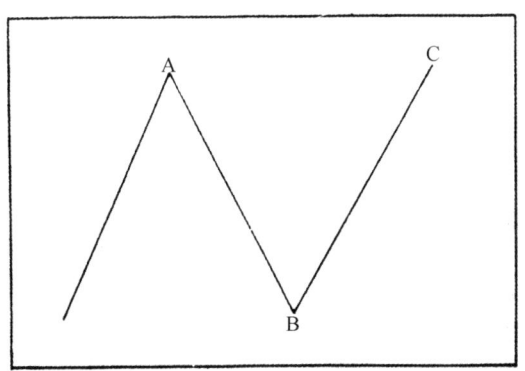

图 13.11 熊市平台形,正常调整形态。

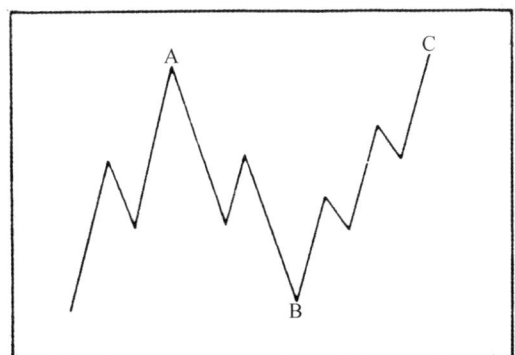

图 13.12 熊市平台形(3-3-5),正常调整形态。

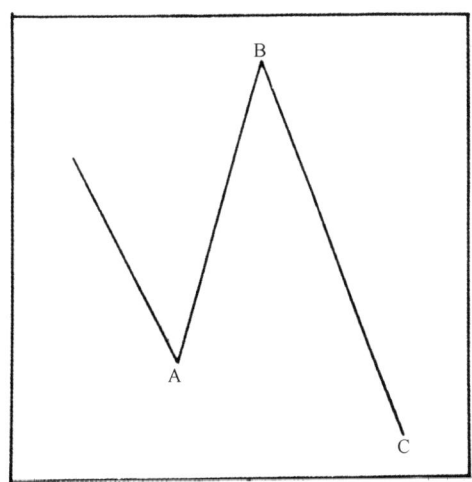

图 13.13 牛市平台形,不规则调整形态。

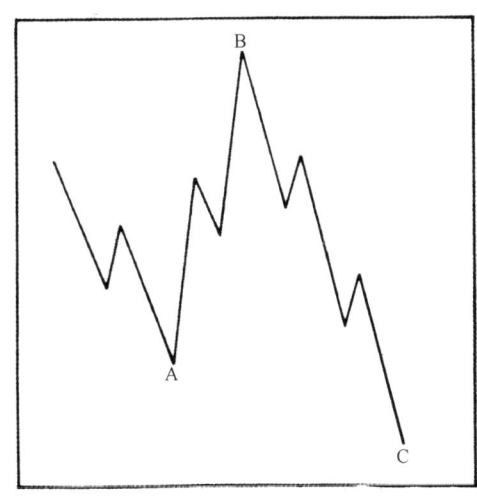

图 13.14 牛市平台形(3-3-5),不规则调整形态。

艾略特波浪理论　　　　　　　　　　　　　　　　　·273·

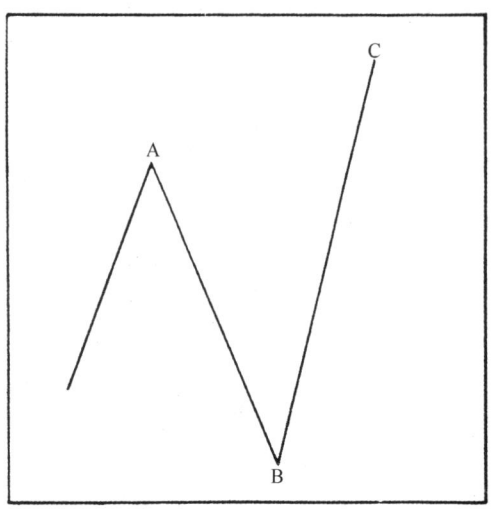

图 13.15 熊市平台形,不规则调整形态。

图 13.16 熊市平台形(3-3-5),不规则调整形态。

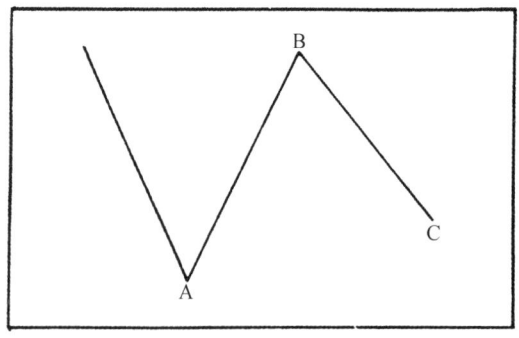

图 13.17 牛市平台形,反向不规则调整形态。

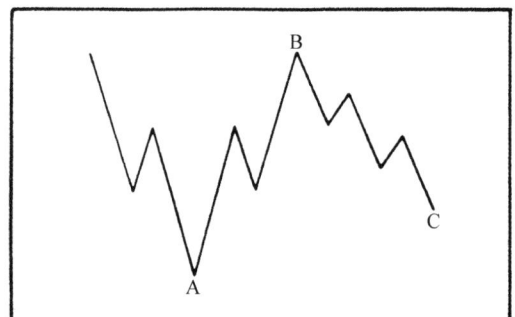

图 13.18 牛市平台形(3-3-5),反向不规则调整形态。

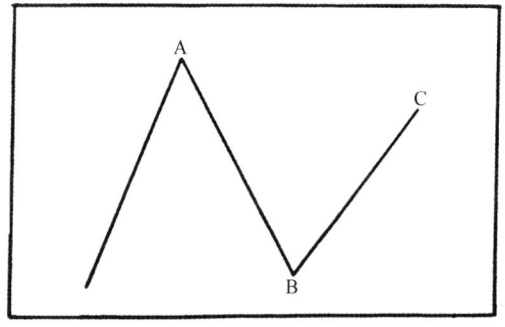

图 13.19 熊市平台形,反向不规则调整形态。

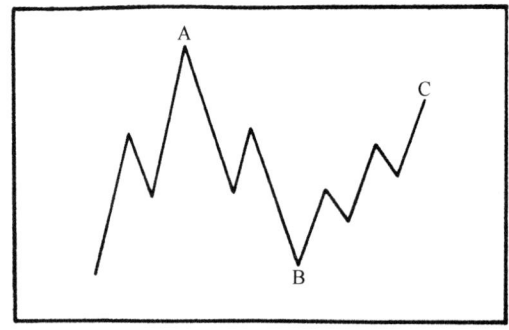

图 13.20 熊市平台形(3-3-5),反向不规则调整形态。

艾略特对三角形的解释与经典的价格形态分析如出一辙,但是他又为这种分析增添了一定程度的确切性。还记得在第六章我们讲过,三角形形态通常是作为持续形态出现的,这一点与艾略特的想法颇为投合。艾略特的三角形属于横向巩固形态,可以划分为五浪结构,其中每一浪又可以进一步细分为三浪结构。艾略特也把三角形划分成四种类别——上升三角形,下降三角形,对称三角形和扩大三角形——通通是我们以前在第六章中碰到过的。图 13.21 是在上升趋势和下降趋势中四种三角形的例子。

因为在商品期货行业,图表形态有时较为局促,不能像在股市上那样充分发育,所以,在期货市场,三角形只具备三浪结构而不是五浪结构的现象并不罕见(但是我们必须牢记,形成三角形的最低要求依然是四个点——两个高点,两个低点——以作出两条相互聚拢的直线)。艾略特波浪理论也认为,三角形内的第 5 浪(最后一浪)有时可能先突破相应的趋势线,发出伪信号,然后才再度"扎回"本来的方向。

艾略特关于三角形完成之后的第 5 浪(最后一浪)的测算方法,基本上同经典的图表技术一致——即预期市场即将走出的距离,与三角形的底边的高度相等。还有一点要说明的是,最后的顶部或底部出现的时间的问题。根据普里克特的观点,三角形的顶点(两条聚拢的直线的交点)常常标志着最后第 5 浪的完成时间。

交替规则

从较为广义的角度来看,交替规则(或原理)认为,市场通常不会接连以同样的方式演变。如果上一次的顶部或底部是这个样子,那么下一回很可能就是另一个样子了。交替规则并不能确切地说明下面出场的是什么,但它可以说明什么可能是不会出现的。就其更具体的应用来看,在绝大部分情况下,它告诉我们应该预期什么类型的调整形态。调整形态交替出现。换个说法,如果调整浪 2 浪是简单的 a-b-c 结构,那么 4 浪很可能就是复杂的形态,比如三角形。反过来,如果 2 浪是复杂的,那么 4 浪可能就是简单的。在图 13.22 中有几个例子。

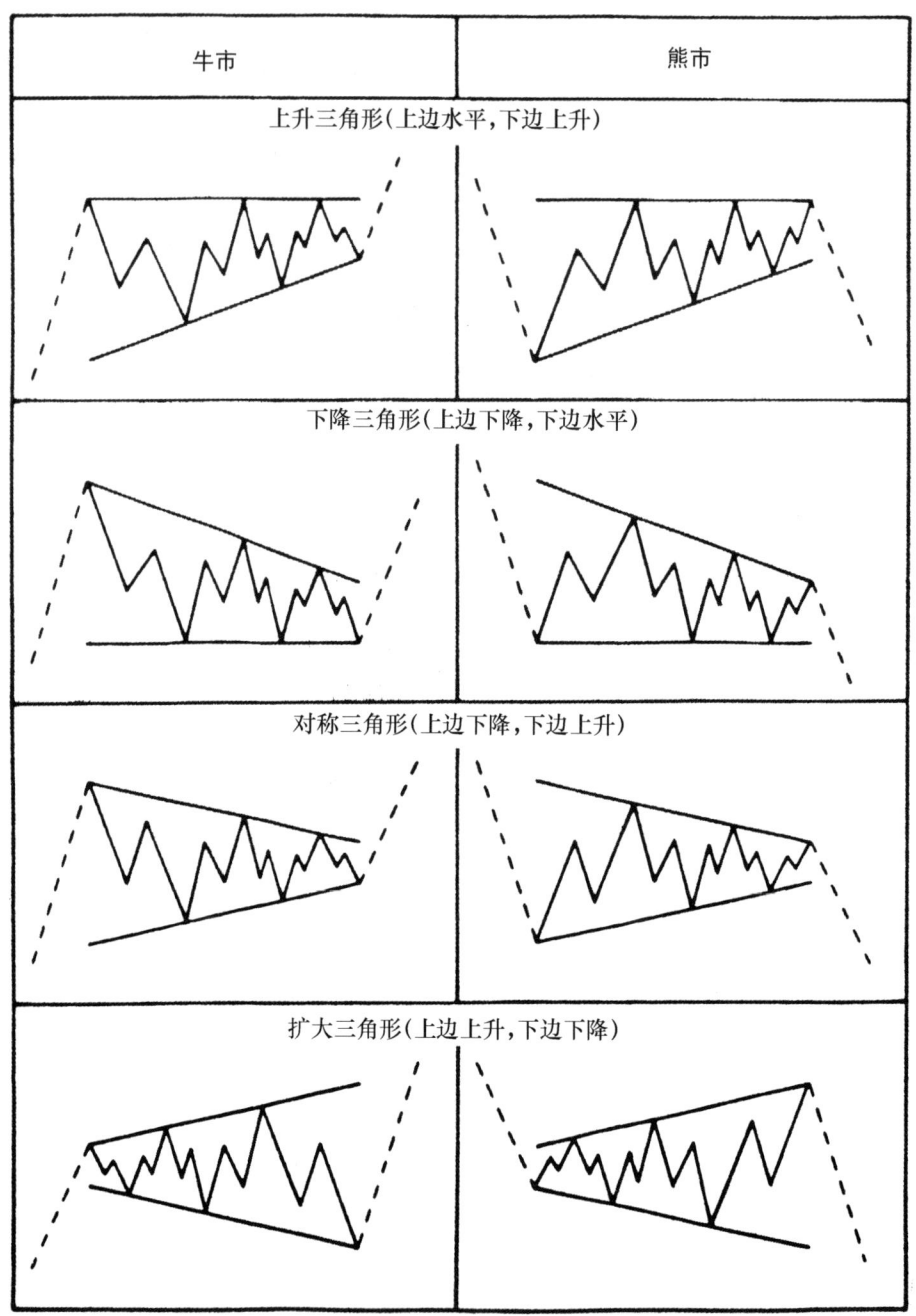

图 13.21 调整浪（横向形态）的三角形形态（Frost and Prechter, p.43. Copyright 1978 by Frost and Prechter.）。

价格管道

波浪理论还有一个重要的方面,是关于价格管道用法的。在第四章,我们讲过趋势的管道特点。在艾略特这里,价格管道也是测算价格目标的一个法子,并且也有助于验证波浪序列的完成。一旦上升趋势确立了,我们就可以通过1浪和2浪的底点连接出基本的上升趋势线。然后,如图13.23所示,我们通过1浪的高点,引出其平行线,这便是管道线。上升趋势常常完全局限于这两条边界线之间。

如果3浪开始加速,突破了上方的管道线,那么我们就必须分别从1浪的顶点和2浪的底点出,引出另一组平行线,如图13.23中的虚线所示。最后所得的管道如图13.24所示,下边线沿着两个调整浪——2浪和4浪——的底点,上边线通常经过3浪的顶点。如果3浪极度强劲,或者是延长浪,那么,上边线或许就得从1浪的顶点引出了。第5浪在终结之前,应当向上抵近上侧的管道线。如果朋友们需要对长期趋势作出管道线,那么建议大家也采用半对数刻度图数,以同算术刻度的图表相参照。

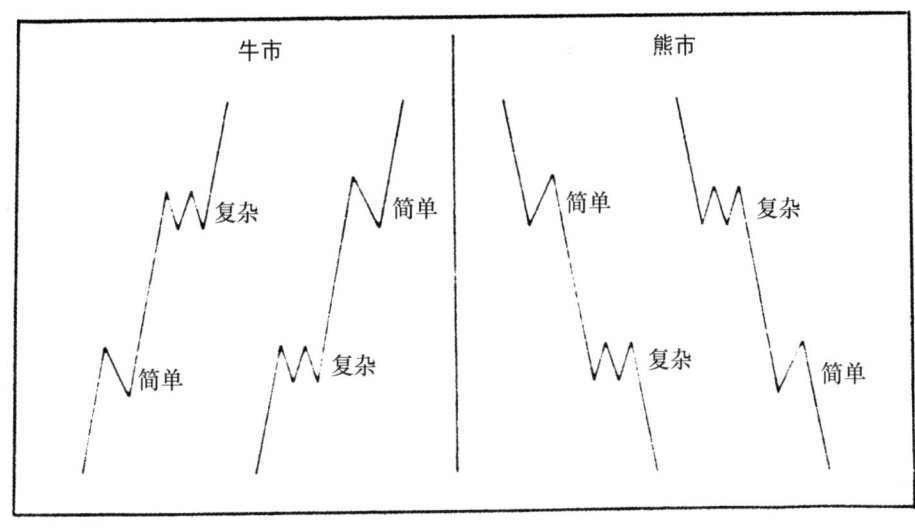

图13.22 交替规则。

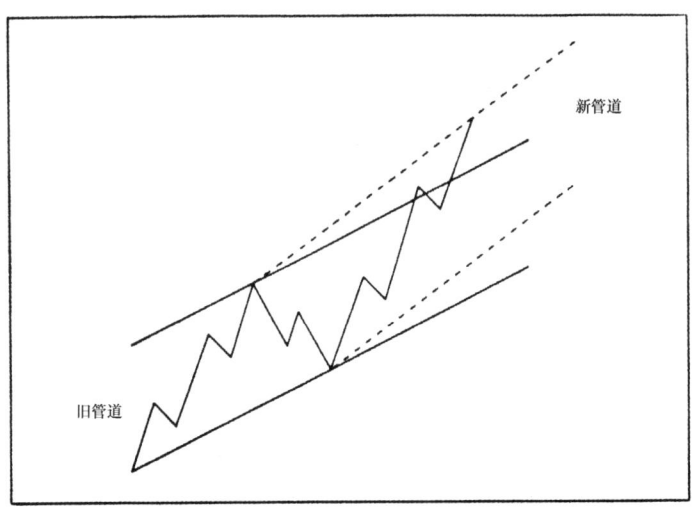

图 13.23 新旧价格管道。

图 13.24 最终的管道。

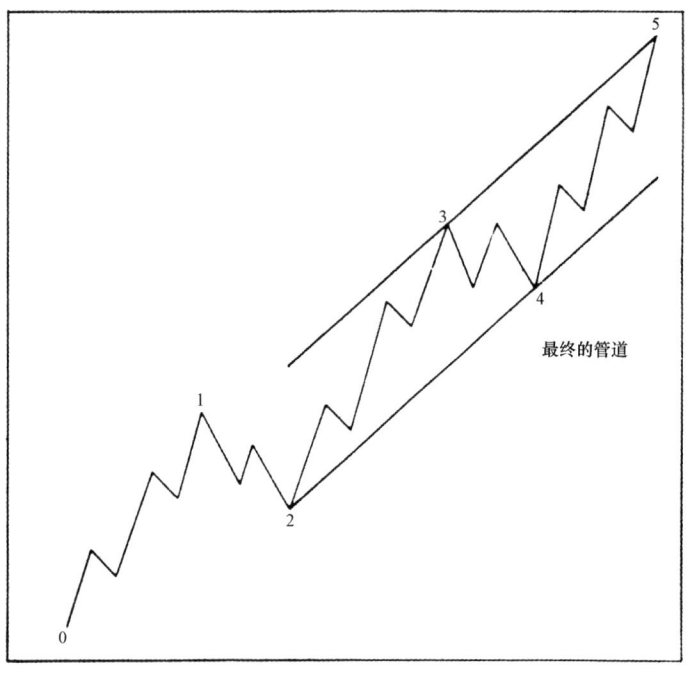

4 浪作为支撑区

关于波浪的形态及其要领就快介绍完了,不过下面这个要点我们还需要补充一下,那便是 4 浪在之后的熊市中所起到的显著的支撑作用。当五浪结构的上升阶段完成后,熊市就出台了。通常,这一轮熊市不会跌过比它低一层次的、前面的第 4 浪(即在此之前的牛市中形成的第 4 浪)。这是个惯例,虽然也有例外,但是通常看来,第 4 浪的底还是兜得住这个熊市的。在我们测算价格下跌的最远目标时,这点信息的确非常有用。

菲波纳奇数列是波浪理论的基础

艾略特在他的《**自然法则**》中交代,波浪理论的数学基础,就是菲波纳奇在 13 世纪发现的一组数列。该数列后来以其发现者命名,一般称为**菲波纳奇数列**(或菲波纳奇数字)。这组数列是 1,1,2,3,5,8,13,21,34,55,89,144,等等,以至无穷。

这个数列有许多有趣的性质,并不只是在它的数字之间存在连续性关系这一点。

1.任意两个相邻的数字之和,等于两者之后的那个数字。例如,3 和 5 之和为 8,5 和 8 之和为 13,往下依此类推。

2.除了开始的四个数字外,任意一个数字与相邻的后一个数字之比,均趋向于 0.618。例如,$1/1=1.00$,$1/2=0.50$,$2/3=0.67$,$3/5=0.60$,$5/8=0.625$,$8/12=0.615$,$13/21=0.619$,往下依此类推。注意,上述比值围绕着 0.618 上下波动,越往后,波动幅度越小。另外,还请注意 1.00,0.50,0.67 这几个数值。等后面谈到比例分析、百分比回撤时,我们再来仔细分说。

3.任意一个数字与相邻的前一个数字的比值约等于 1.618,或者说是 0.618 的倒数。例如,$13/18=0.72$,$21/13=1.615$,$34/21=1.619$。数字越大,则相应的两种比数越分别接近 0.618 和 1.618。

4.隔一个数字相邻的两个数字的比值趋向于 2.618,或者其倒数,0.382。例如,$13/34=0.382$,$34/13=2.615$。

菲波纳奇比例和价格回撤

前面我们曾经交代,波浪理论由三个方面构成——波浪形态、比例、时间。上面我们已经讨论了波浪形态。这是三者之中最重要的方面。那么,现在就来谈谈**菲波纳奇比例和百分比回撤**在其中的应用。这些比例既适用于价格,也适用于时间,只是在前面一方面的应用可能更为可靠。稍后我们再讲时间这个方面。

首先,让我们回头看看图 13.1 和图 13.3,其中所表示的基本波浪结构,都是按照菲波纳奇数列组织起来的。一个完整的周期包含 8 浪,其中 5 浪上升,3 浪下降——这些统统是菲波纳奇数字。再往以下两个层次细分,分别得到 34 浪和 144 浪——它们也是菲波纳奇数字。然而,菲波纳奇数列在波浪理论中的应用,并不只在数浪这一点上。在各浪之间,还有个比例的关系问题。下面列举了一些最常用的菲波纳奇比例:

1. 三个主浪中只有一个浪延长,另外两者的时间和幅度相等。如果 5 浪延长,那么,1 浪和 3 浪大致相等。如果 3 浪延长,那么 1 浪和 5 浪趋于一致。

2. 把 1 浪乘以 1.618,然后,加到 2 浪的底点上,可以得出 3 浪起码目标。

3. 把 1 浪乘以 3.236(=2×1.618),然后分别加到 1 浪的顶点和底点上,大致就是 5 浪的最大和最小目标。

4. 如果 1 浪和 3 浪大致相等,我们就预期 5 浪延长。其价格目标的估算方法是,先量出从 1 浪底点到 3 浪顶点的距离,再乘以 1.618,最后把结果加到 4 浪的底点上。

5. 在调整浪中,如果它是通常的 5-3-5 锯形调整,那么 c 浪常常与 a 浪长度相等。

6. c 浪长度的另一种估算方法是,把 a 浪的长度乘以 0.618,然后从 a 浪的底点减去所得的积。

7. 在 3-3-5 平台形调整的情况下,b 浪可能达到乃至超过 a 浪的顶点,那么,c 浪长度约等于 a 浪长度的 1.618 倍。

8. 在对称三角形中,每个后续浪都约等于前一浪的 0.618 倍。

菲波纳奇百分比回撤

这些比例有助于确定主浪和调整浪的价格目标。另外,通过**百分比回撤**,我们也可以估算出价格目标。在回撤分析中,最常用的百分比例是 61.8%(通常近似为 62%),38% 和 50%。在第四章我们就已经指出,市场通常按照一定的可预知的百分比例回撤——最熟悉的是 33%,50%,以及 67%。菲波纳奇数列对上述数字稍有调整。在强劲的趋势下,最小回撤通常在 38% 上下。而在脆弱的趋势下,最大回撤百分比通常为 62%(图 13.25 和图 13.26)。

前面我们说过,在菲波纳奇数列里,除了头四个数字外,菲波纳奇比例趋向于 0.618。头三个比数分别是 1/1(100%),1/2(50%),以及 2/3(67%)。很多人在学习艾略特理论时都不清楚,自己所熟知的 50% 回撤,其实也是一个菲波纳奇比数。三分之二回撤也一样。对先前牛市或熊市的完全回撤(100%)位置,也标志着重要的支撑或阻挡区。

菲波纳奇时间目标

我们还没怎么讲波浪理论的时间方面。毫无疑问,菲波纳奇时间关系是存在的,只不过预测这方面关系较为困难,并且有些艾略特理论家觉得它在三个方面中是最不重要的。菲波纳奇时间目标是从显著的顶和底的位置向未来数算而得出来的。在日线图上,分析者从重要的转折点出发,向后数算到第 13、第 21、第 34、第 55 或者第 89 个交易日,预期未来的顶或底就出现在这些"菲波纳奇日"上。在周线图、月线图,甚至年线图上,我们都可以应用本技术。在周线图上,分析者选择一个重要的顶部或底部,按照菲波纳奇数列,向未来逐周探求时间目标(图 13.27 和图 13.28)。

综合波浪理论的三个方面

理想的情形是波浪形态、比例分析、时间目标三个方面不谋而合。比如说,波浪分析表明第 5 浪已经完成;并且 5 浪已经走满了从 1 浪底

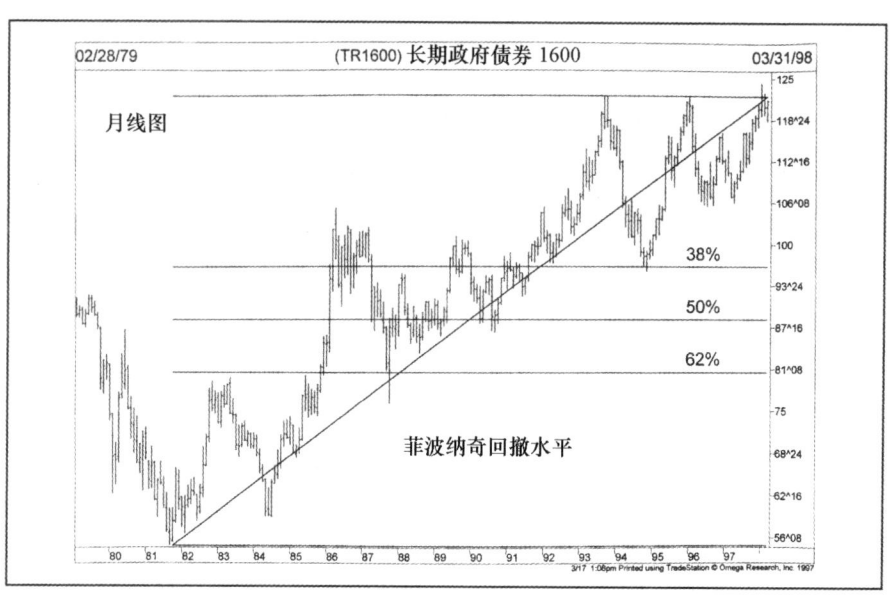

图13.25 长期政府债券日线图上,三条水平直线分别代表38%、50%和62%的菲波纳奇回撤水平,测量的范围从1981年的底部到1993年的顶部。1994年债券价格调整时正好在38%回撤水平处停步。

图13.26 本图三条菲波纳奇百分比回撤水平线是从1994年的底部到1996年初的顶部测算出来的。债券价格调整到62%的水平。

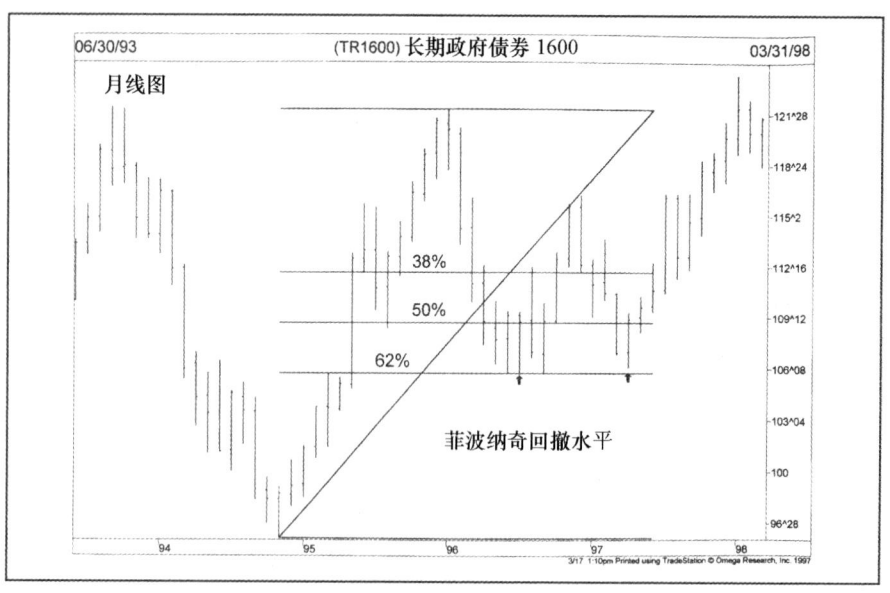

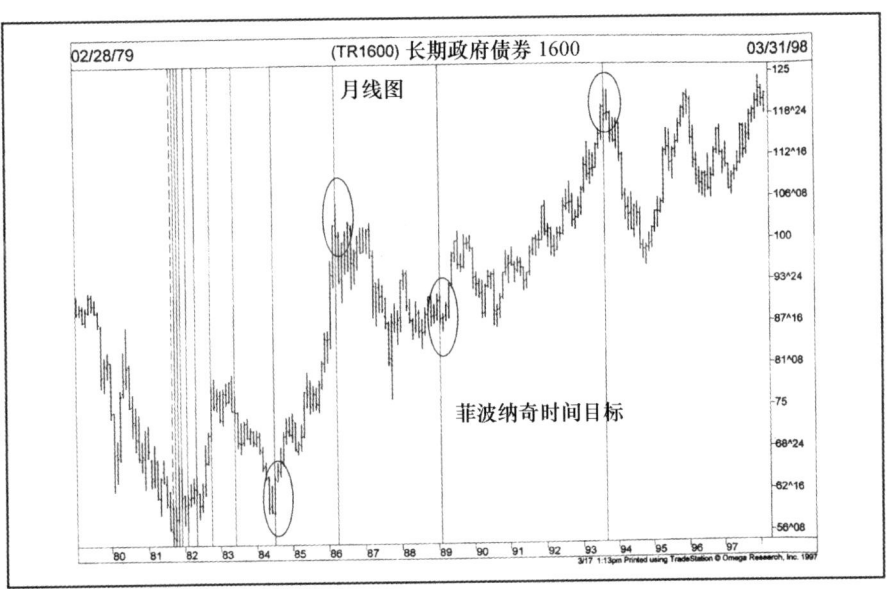

图13.27 本图为长期政府债券月线图,菲波纳奇时间目标是从1981年的底部开始按月数出来的。或许只是巧合,但是后四个菲波纳奇时间目标(垂直直线标出处)和债券价格的重要转折点恰好重合。

图13.28 本图为道琼斯指数月线图,菲波纳奇时间目标是从1982年的底部开始按月数出来的。最后三条垂直直线标出处分别对应着三个股票市场熊市的年份——1987、1990和1994。1987年的最高点相距1982年的底部13年,这是一个菲波纳奇数字。

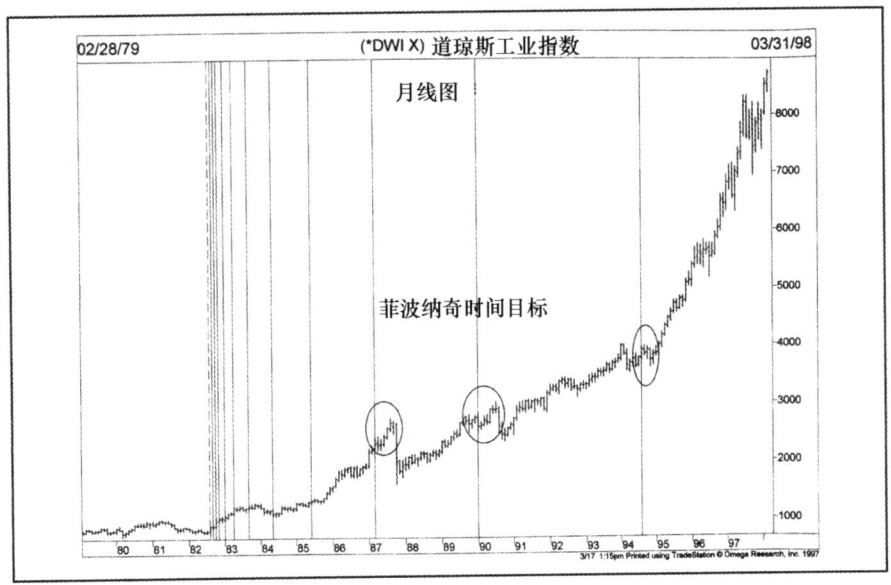

点到3浪顶点的距离的1.618倍；同时,从本趋势起点(前一个低谷)至今,正好13周,从前一高峰到现在正好34周。再进一步,倘若第5浪已经持续了21天,那么,我们就很有把握了：市场重要的顶部即将出现。

对股票和期货市场图表的研究结果表明,其中存在很多种菲波纳奇时间关系。然而,问题首先就在于我们有太多的选择余地。我们可以按照由顶到顶、由顶到底、由底到底、由底到顶等多种方式,来数算菲波纳奇时间目标。可惜,我们总是事后才能肯定这些关系。在很多时候,我们不清楚究竟哪种关系适合当前形势。

艾略特波浪理论
在股市与商品市场上应用的比较

关于波浪理论在股市与商品市场上应用的区别,其实前面我们已经提过一些了。比方说,在股市上,往往是3浪延长；而在商品市场,常常是5浪延长。在股市,4浪不可以与1浪有重叠,这是个铁律；而在期货市场这一点却要打折扣,不那么严格(在期货图表上可能出现日内穿越现象)。有时候,商品现货市场图表上的艾略特形态比其期货市场清晰得多。另外,由于我们在商品期货市场采用了连续图表,引致了扭曲现象,这或许影响到长期的艾略特形态。

在两个领域中,最显著的区别可能在于商品市场能够"容得下"主要牛市,即新牛市的高点往往不能超越旧牛市的高点。在商品市场上,很可能后一轮五浪结构的牛市无力达到前一个牛市的最高点。许多商品市场在1980年到1981年期间的主要顶部,都超不过七八年前形成的主要顶部。对两个领域最后的比较研究说明,在商品市场上,最佳的艾略特形态似乎出现在长期延长形态之后,当市场发生突破的时候。

重要的是我们要记住,波浪理论的本意是应用于股市平均指数的。对单个的普通股票来说,其表现并不尽如人意。而在某些期货市场上,交易活动更清淡,那么,它的效果当然可能更糟。要知道,群体心理是艾氏理论的重要依据之一。有例为证,正因为黄金市场具有广泛的"群众基础",波浪分析在这个市场上大有作为。

归 纳 总 结

现在让我们来归纳一下波浪理论的要点,并把它们恰当地组织起来。

1.完整的牛市周期由8浪构成,其中先是5浪上涨,后是3浪下跌。

2.如果当前趋势与比它更高一层次的趋势方向一致,则划分成五浪结构。

3.调整浪始终以三浪结构出现。

4.有两种简单的调整形态:锯齿形(5-3-5)和平台形(3-3-5)。

5.三角形通常出现在第4浪,并且总是发生在最后一浪之前。也可以出现在调整浪b浪中。

6.既可以把波浪组合成更长的波浪,也可以把波浪细分成更短的波浪。

7.有时某一主浪会延长,那么,另两个主浪则在时间和幅度两方面相当。

8.菲波纳奇数列是艾略特波浪理论的数学基础。

9.波浪的浪数序列服从菲波纳奇数列。

10.菲波纳奇比例和回撤可以用来确定价格目标。最常用的回撤比例是62%,50%和38%。

11.交替规则警示我们,不要指望同一类形态连续地出现。

12.熊市不应当跌破前一轮牛市的第四浪的底部。

13.4浪不可与1浪有重叠(在期货市场不严格如此)。

14.艾略特波浪理论由波浪形态、比例以及时间三个方面组成,其重要程度依序降低。

15.该理论原本应用于股市平均价,在个股市场并不同样有效。

16.该理论在具有广泛参与的期货市场上,如黄金市场,表现最好。

17.该理论应用于商品市场的主要不同点是,这里的新牛市往往容纳于旧牛市的价格范围之内。

就股市和期货市场分析而言,艾略特波浪理论是建筑在更经典的技术,如道氏理论和传统的图表分析方法之上的。绝大部分价格形态都可以用艾略特波浪结构加以解释。通过菲波纳奇比数的"投射"和百分比回撤,它构造出了"摆动目标"方法。它把所有上述因素都考虑进来,并给它们赋予了有机的组织,所以增强了预测能力。

波浪理论应与
其他技术工具协同使用

在有些场合,艾略特图形清晰可辨,但也有些场合不行。如果无视其他技术指标,给不清晰的市场变化勉强加上艾略特形态的话,那就是死搬硬套了,后果好不了。关键仍然是只把艾略特波浪理论看作市场预测之谜解答的一部分。该理论与本书中其余技术分析理论相得益彰,如果我们把它们协调起来使用,就大有胜算了。

参 考 资 料

关于艾略特波浪理论和菲波纳奇数列,我们有两本最好的参考书。一是《R·N·艾略特选集》,罗伯特·R·普里克特编;一是《艾略特波浪理论》,作者是弗罗斯特和普里克特,两者均为新经典文库公司出版。从图13.1到图13.24,全部引自《艾略特波浪理论》(蒙新经典文库公司准许)。

关于菲波纳奇数列,我们有一本入门书,《懂一点菲波纳奇数字》,作者是爱德华·D·多布森。可以从交易者出版公司购买(邮政信箱6206,格林维尔市,南卡罗来纳州,S.C.29606(800-927-8222))。

第十四章 时间周期

引　言

　　以前,我们的讨论主要均数集中在价格运动上,很少谈及时间因素对解决市场之谜的重要意义。贯穿本书所有关于技术分析的内容,我们或多或少都要暗示到时间问题,但以前一般是把它作为次要的方面来考虑的。本章,我们要介绍时间周期。在周期分析者眼中,这个问题是理解市场涨落现象的最关键之处。我们就来看看他们是如何考虑市场预测问题的。同时,打算给我们越来越丰富的分析工具包中,再添上时间这个重要的方面。这里我们所要解决的,不再是市场要向哪个方向运动、目标有多远的问题,而是要探究何时市场将达到那里,甚至是何时市场将开始转折的问题。

　　我们以标准的日线图为例。其中垂直轴表示价格,但这仅是有关资料的一个方面。水平轴表示时间。因此,线图其实是时间—价格图。可是,很多人单单执迷于价格资料,而忽视了时间因素。在研究价格形态的时候,我们获悉,形态形成时所经历的时间长短,与随后的市场变化的余地之间,存在着一定的关系。趋势线、支撑水平和阻挡水平保持有效的时间越长,则其影响力越强。移动平均线需要输入适当的时间参数。即便是摆动指数,我们也需要对其时间参数作出选择。在前一章中,我们也曾列举了菲波纳奇时间目标的用处。

很显然,在各种技术分析方法中,都必须在一定程度上考虑时间因素。不过,这些考虑方式各行其是、各有一套,因此不太可靠。而时间周期正好对症下药。周期分析者认为,时间周期是决定牛市和熊市的决定性因素,而不是次要的或辅助性的角色。一方面,时间因素在市场上占据统治地位,另一方面,所有的技术工具再加上时间周期后,便如虎添翼。例如,移动平均线和摆动指数就可以通过主流周期而得到优化。在趋势线分析中,我们可以借助周期分析对趋势线进行甄别,以确认有效的趋势线。在价格形态分析中,如果结合考虑周期的峰和谷的分布,也能提高其效能。另外,我们还可以通过"时间窗"方法,对价格行为进行过滤,略去无关紧要的变化,突出重要的周期性顶和底附近的变化。

周 期

关于周期理论,我读过的最吸引人的书要数《周期:触发事件的神秘力量》(马诺尔书社,1973),是爱德华·R·杜威与奥格·曼迪诺合著的。前者是一位周期分析的先驱。在这本书中,他们得出了成千上万个乍看上去风马牛不相及的周期,其时间跨度有的达数百年,有些甚至上千年。他们的研究包罗万象,既有标志大西洋鲑鱼丰收年份的9.6年的周期,也有从1415年到1930年期间的国际战争爆发的周期,22.20年。从1527年以来,太阳黑子活动年的平均周期为11.11年。另外,书中还介绍了几种经济周期,包括地产业的18.33年周期,股市的9.2年周期等(图14.1和图14.2)。

杜威揭示了两个惊人的结论。其一,许多周期所描述的对象虽然看起来毫不相干,它们本身却密集地分布在相近的长度附近。在上面提到的那本书的第188页,杜威列举了各种周期长度均为9.6年的事例,其中包括新泽西州毛虫爆发的周期、加拿大土狼头数周期、美国小麦播种面积周期、美国棉花价格周期等。为什么那么多毫无联系的事物具有相同的周期呢?

其二,上述相似周期是同步的,即它们的转折点相互吻合。在图14.3中,是同样都具有18.2年周期的12种事例,其中包括结婚对数、

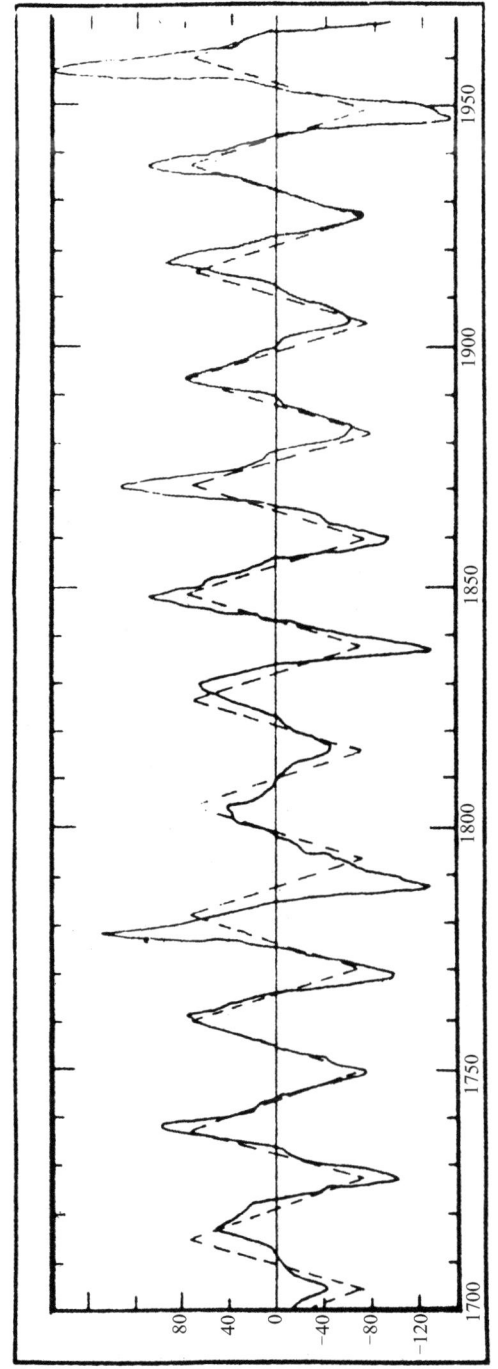

图 14.1 太阳黑子活动的 22.2 年周期。在太阳黑子活动的低谷的两年之后，常常出现大旱年。最近一次旱年发生于 20 世纪 70 年代早期，而 90 年代中期则将发生另一次大旱。在本图中，虚线表示"理想"周期，实线代表解析后得出的实际数据。

时间周期

· 289 ·

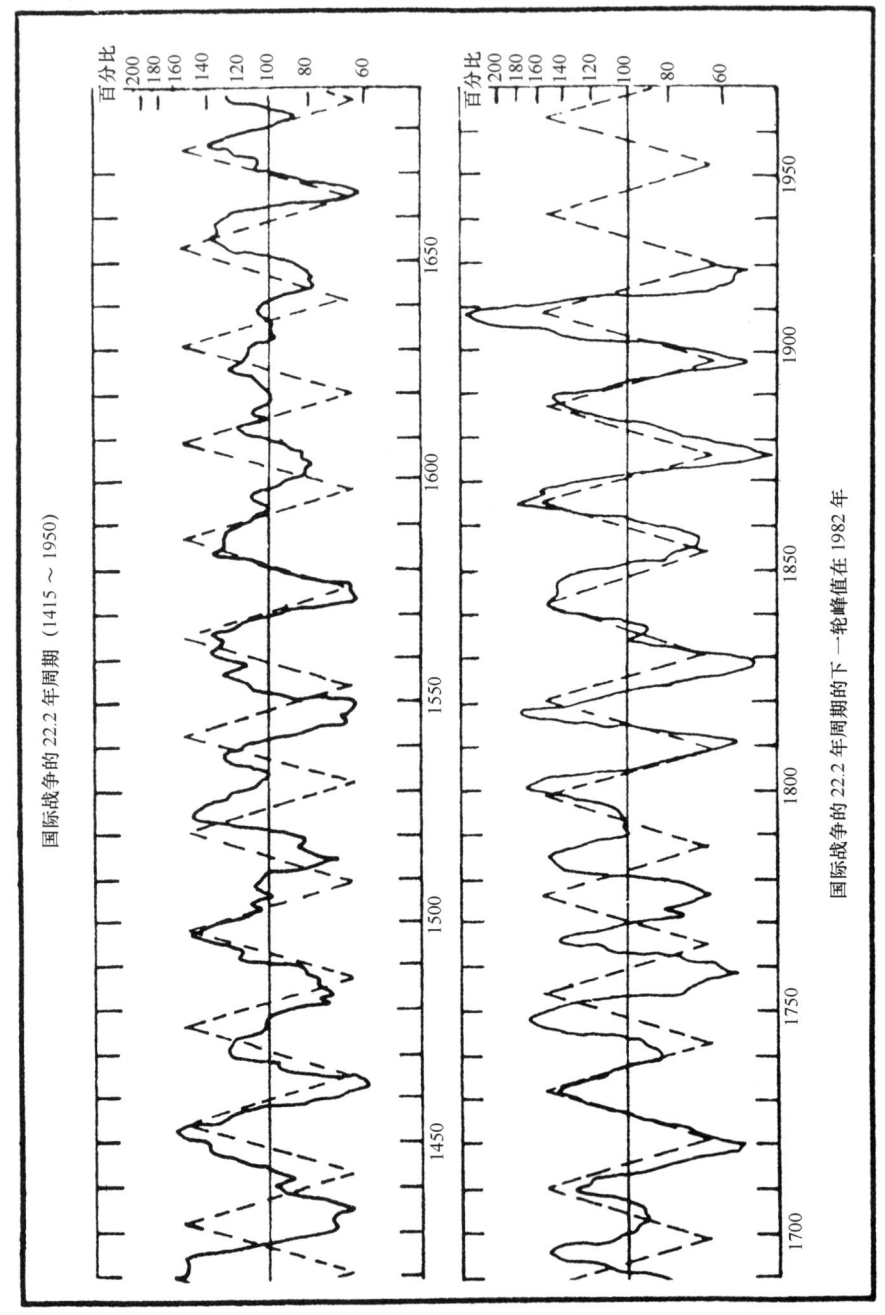

图 14.2 国际战争的 22 年周期。1982 年轮到下一个峰值。在本图中,虚线表示"理想"周期,实线为解析所得的实际数据。

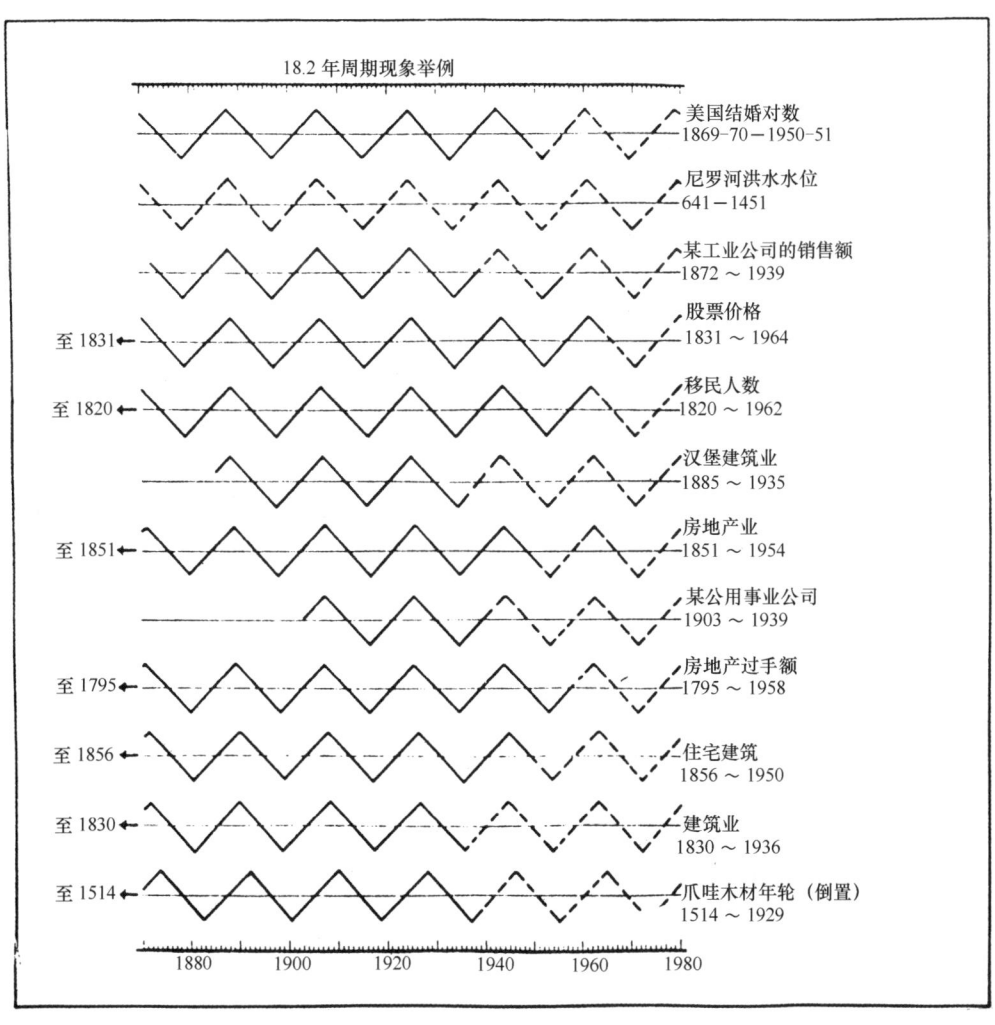

图 14.3 图中均为 18.2 年周期。

移民人数、美国的股票价格等。杜威对这种现象的解释也可谓骇人听闻。他认为在宇宙中必定存在着某种神秘的力量,控制着这些周期,就是说,宇宙具备某种脉动的特点,从而引发了遍布人类世界的许多领域中的上述周期。

1941 年,杜威在匹兹堡成立了周期研究基金会(宾夕法尼亚州韦恩市瓦利西路 900 号 502 公寓,PA19087)。这是最早从事周期研究的组织,被公认为执该领域的牛耳。基金会办有《周期》杂志,发表了涉及许多领域的有关研究报告,其中也有经济和商业两个方面,包括对股市和商品市场这方面的研究。基金会还出版一份月度报告,《周期预测》,将周期分析应用于股票市场、商品期货、房地产市场和宏观经济。

基本的周期概念

1970年,J·M·赫斯特发表了《股票交易审时度势的获利秘诀》本书主要研究股市周期,但是它对周期理论的解释也极精彩,是一本难得的佳作,很值得一读。以下是我们关于周期理论的简要介绍,其中大部分图表引自赫斯特的著作。

首先,让我们来看一看周期的形状,然后,再讨论一下它的三个方面的主要特征。图14.4显示了重复出现的一种价格周期。周期的底部称为波谷,顶部为波峰。注意,图中两个周期长度的测量是从谷到谷地进行的。周期分析者偏好从谷到谷地测量周期长度。当然,我们也可以从峰到峰地测量,但是一般认为,峰不如谷那样稳定、可靠。因此,通常的做法如本例所示,是沿着周期波动的低点来测量周期长度的。

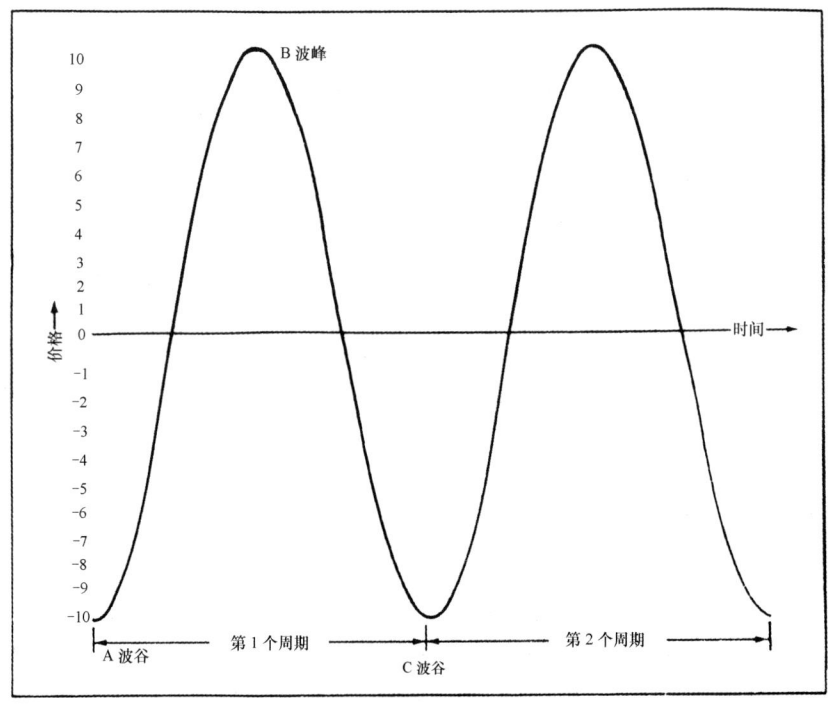

图14.4 图示为价格波的两个周期。股票和商品的价格变化就是由这种简单的价格波叠加而成的。图中只是这种价格波的两个周期,但这个波本身则向左方和右方无限延伸。在这类波中,一个周期接一个周期地重复出现。于是,一旦我们把它鉴别出来,则可以确定在任何过去或未来时刻它的数值。正是波的这一特性为股票价格的变化提供了一定程度的可预测性。

周期具有三方面特征:波幅、周期长度和相位。如图 14.5 所示,波幅是波的高度,其单位是美元、美分或点数。周期长度如图 14.6 所示,是两谷之间的时间差。在这个例子中,周期(长度)都为 20 天。相位是波谷的时间位置。在图 14.7 中,显示了两个波的相位差。因为在市场上往往有好几种周期在同一时间出现,所以相位分析有助于分析者

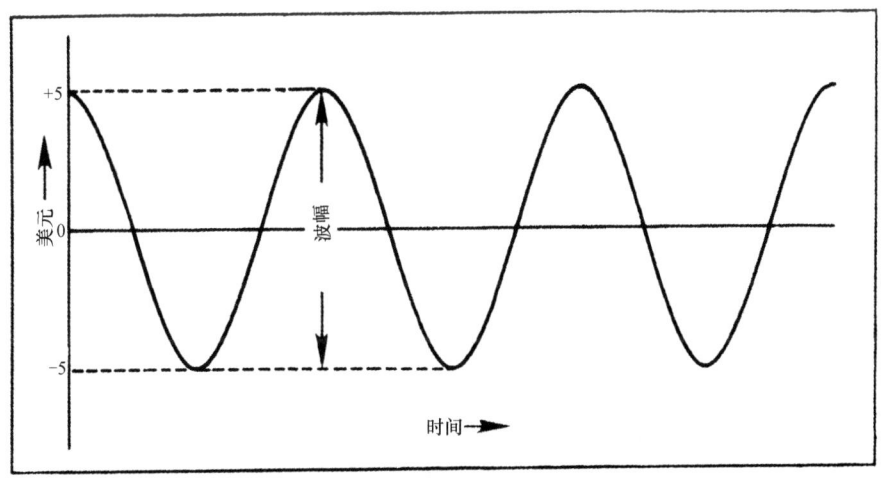

图 14.5 波的幅度。本图所示的波的幅度为 10 美元,波幅总是由波谷到波峰测得的。

图 14.6 波的周期(长度)。在本图中,周期为 20 天。这是从两个相邻的波谷测得的,从两个相邻的波峰测量也是一样。但是在价格波中,通常波谷界定得更为分明,其原因稍后讨论。因此,价格波的周期常常是从谷到谷地测算的。

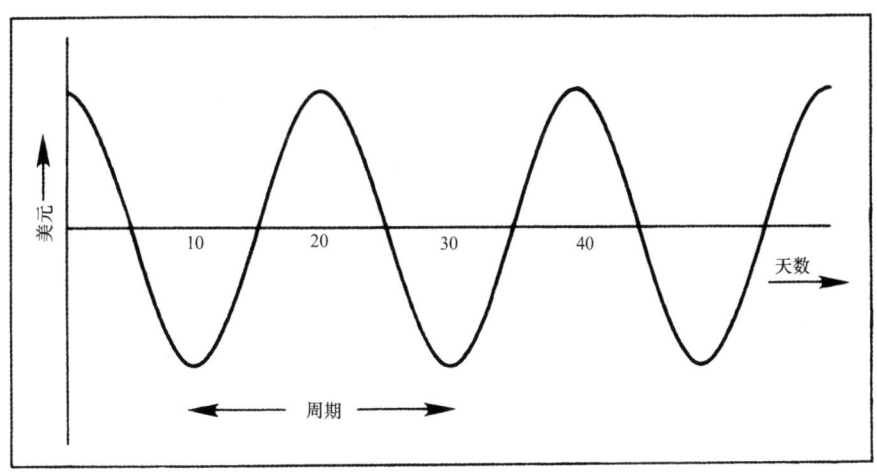

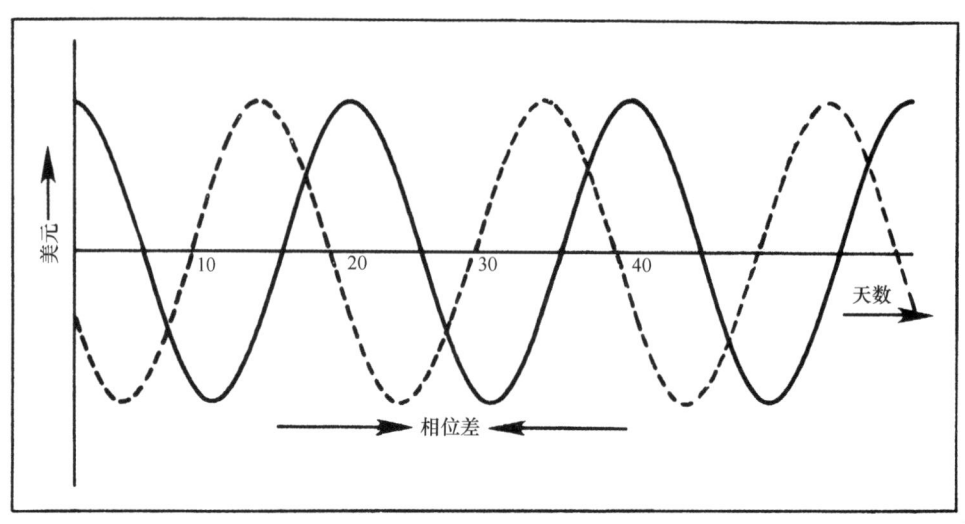

图 14.7　两波之间的相位差。图中所示的两波的相位差为 6 天。相位差是由两波的波谷测出的。其原因与上例一样,也是因为价格波的波谷易于界定。

比较不同周期长度之间的关系。相位分析也有助于我们认定下一个波谷出现的日期。例如,如果 20 天的周期在 10 天前出现了波谷,那个下一个波谷的日期就可以确定了。一旦我们了解了某周期的波幅、周期长度和相位,从理论上说,就能够把它推延到未来。假定周期具有相当的连续性,我们就可以依之估计未来的峰和谷的情况。这一点正是周期技术的基础。不过,这还是其应用的最简单形式。

周 期 理 论

现在我们来讨论周期理论的几条基本原理。其中最重要的四条分别是:叠加原理、谐波原理、同步原理、比例原理。

叠加原理是,所有的价格变化均为一切有效周期简单相加的结果。在图 14.8 中,最上方的价格形态,是通过下面两个周期简单地叠加得来的。请特别注意在叠加波 C 波上出现的双重头的形状。周期理论认为,所有的价格形态都是由两个或两个以上不同的周期叠加而成的。后面我们还要再讲到这一点。叠加原理对周期理论的理论基础提出了重要的注解。由之我们假定,所有的价格变化都只是不同周期之和;更进一步地,假定我们能够从价格变化中分解出每个周期成分,那么,只要把每个周期都简单地向后推延,然后再合成起来,结果就应当是未来的价格趋势了。基本上,这就是周期理论的要诀。

谐波原理较简单,指相邻的周期长度之间通常存在倍数关系。一

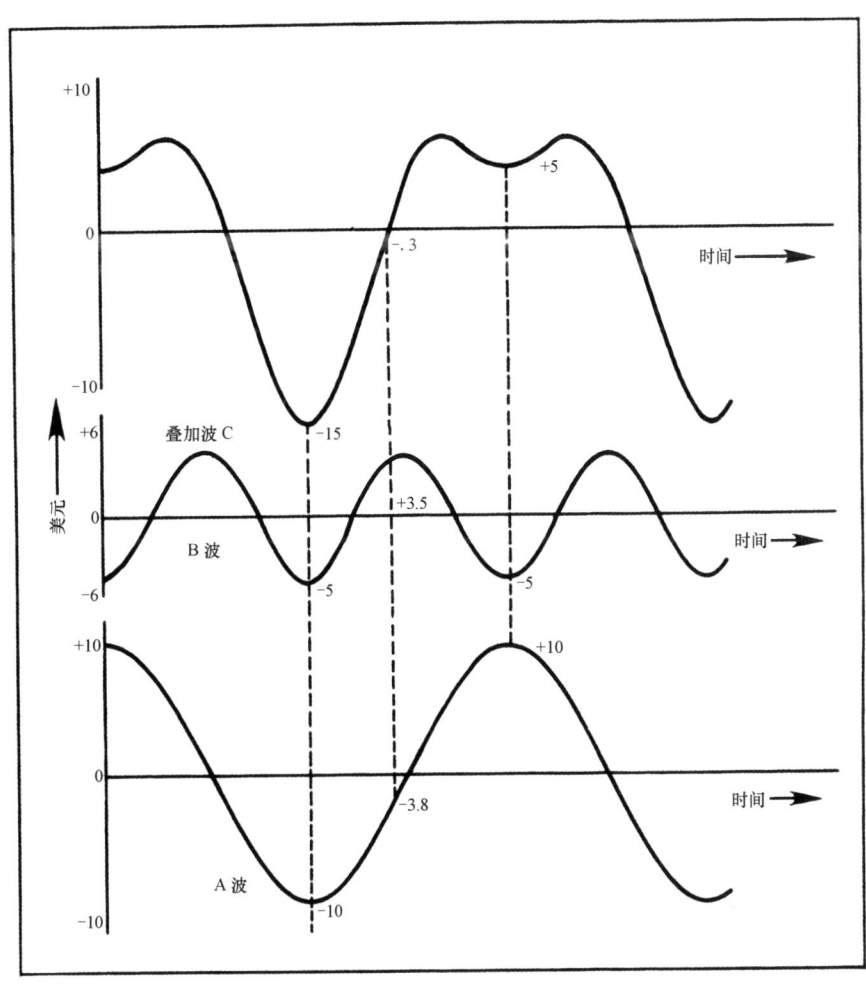

图14.8 两波的叠加。图中的虚线表示，在每一时刻，叠加波C的数值均是由A波和B波的相应的数值相加而来的。

般为2倍或者1/2的关系。例如，对一个20天的周期来说，下一个较短的周期通常是它的一半，10天。上一个较大的周期通常就是40天。在第九章中我们讲过四周规则，如果朋友们还记得，我们曾经在那里利用谐波原理来解释更短的两周规则，以及更长的八周规则。

同步原理是指一种强烈的倾向性，即不同长度的周期常常在同一时刻达到谷底。图14.9试图显示谐波原理和同步原理的情形。图中下面的B波长度为A波的一半。A波中包含了两个B波周期，表现出了A、B两波的谐波关系。请注意，当A波到底时，B波也每每处于波谷，显示了两波之间同步关系。另外，根据同步原理，不同市场，但长度相近的周期往往也是同时进退的。

比例原理描述的是，在周期长度与波幅之间具备一定的比例关系。

时间周期 · 295 ·

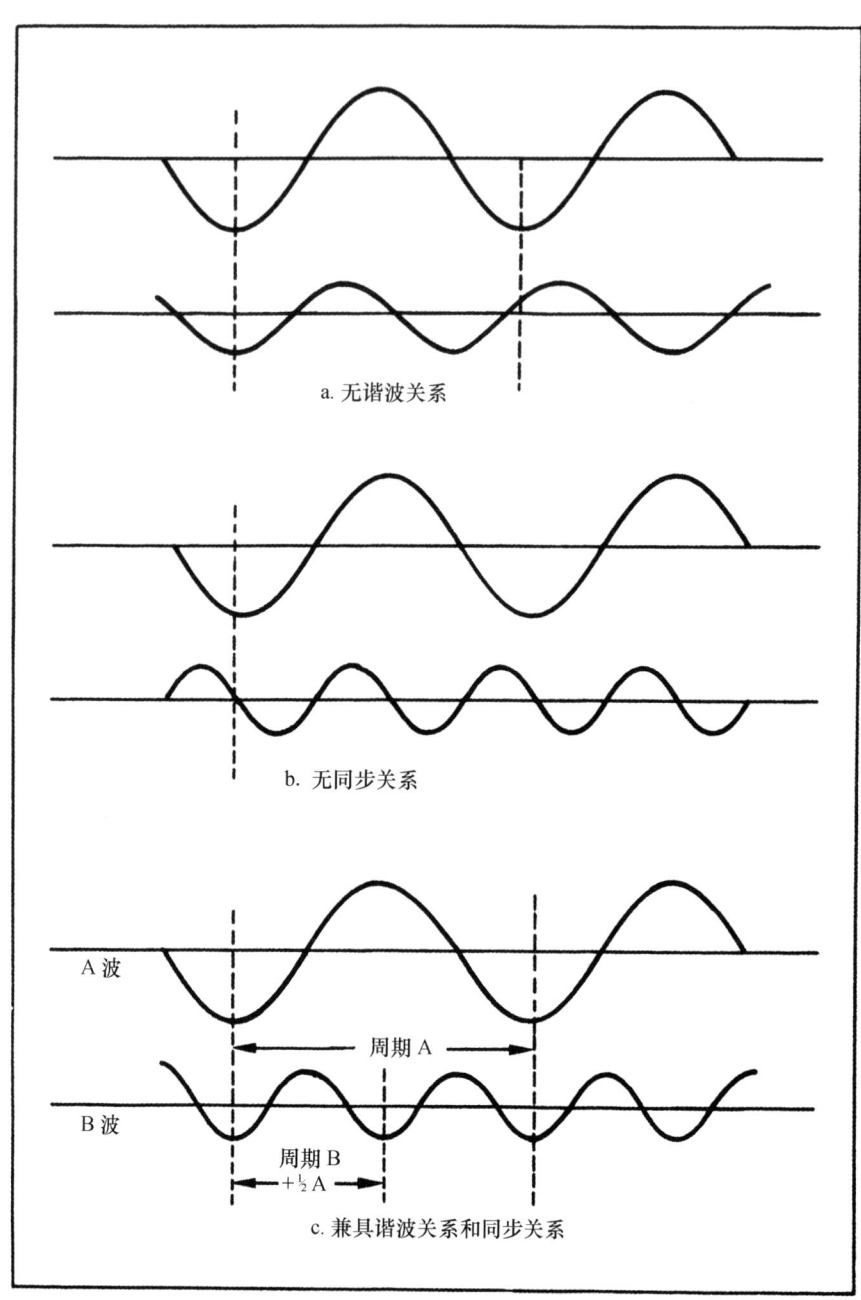

图 14.9 谐波关系和同步关系。

周期越长,那么其波幅也应当成比例地较大。比如,40天周期的波幅,应当差不多是20天周期波幅的2倍。

变通原理和基准原理

另外还有两个从更一般意义上描绘周期行为的原理——变通原理和基准原理。

变通原理恰如名称所示,指上述原理——叠加原理、谐波原理、同步原理、比例原理——都只是市场的强烈的倾向性,而不是严格不变的规则。对于这一事实,其实我们在上面介绍它们时都已经打过招呼了。在实际应用时,情况通常会有所变化。

基准原理认为,尽管各种市场之间均存在一定的差异,并且在我们应用上述周期原理的时候也都容许我们有所变通,但是仍然存在一系列基准的谐波周期,适用于所有市场。这种基准的谐波模型是研究任何市场的起点。图14.10表示了一个简化的基准模型。其中从18年周期开始,逐渐向较短的周期排列,每一次都减短一半。这当中唯一的例外是在从54个月到18个月的地方,我们选用了前一周期的1/3,而不是它的一半。

等我们讨论各个具体期货市场的各种周期的时候,朋友们会看到,这个基准模型包容了绝大部分周期。这里我们且看"天数"那一列。注意其中的40天、20天、10天和5天。朋友们马上会发现,这些就是最流行的移动平均线的时间跨度。即便是出名的4天、9天和18天移动平均技术,也只不过是5天、10天和20天的变通形式。许多摆动指

年数	月数	周数	天数
18			
9			
	54		
	18		
		40	
		20	
			80
			40
			20
			10
			5

图14.10 简化的基准周期模型。

数的时间跨度为5天、10天或20天。周期规则采用的也是同样的数字,但对应地转换成2周、4周和8周了。

如何利用周期概念来理解图表技术

赫斯特的著作的第三章,详尽地解释了如何利用周期理论更好地理解标准的图表技术——趋势线和管道线、图表形态和移动平均线等问题,进而说明了如何将它们与周期理论协调起来,以取得更高的效力。图14.11表示周期理论有助于我们理解趋势线和管道线。图表下

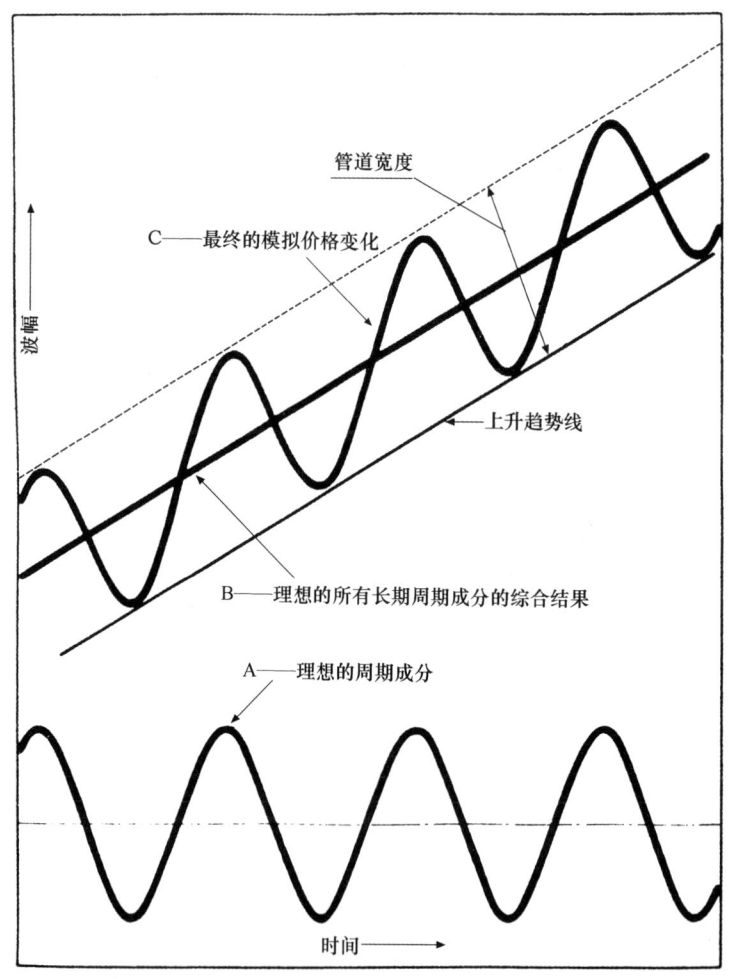

图14.11 管道的形态。

方的波动,在叠加到长期的上升趋势(用一条上升直线表示)之上以后,演变为上升的价格管道。请注意,下方沿图底部横向伸展的波动与摆动指数何其相似。

图14.12引自这本书的同一章,表示如何把两个周期与一条上升直线组合起来,构成头肩形顶部形态。其中的上升直线代表所有长期的周期成分之和。往下,赫斯特还利用周期理论解释了双重顶、三角形、旗形、三角旗形等价格形态。例如,V形顶或底出现在短周期的转折点恰巧与其上一级长周期、再上一级长周期的转折点吻合的时候。

另外,赫斯特还研究了如何把移动平均线与主流周期同步化以改进其效果的问题。朋友们通过学习赫斯特书中的"图表形态追根究底"一章,可以对传统的图表技术加深理解,了解其由来及其之所以起作用的根本原因。

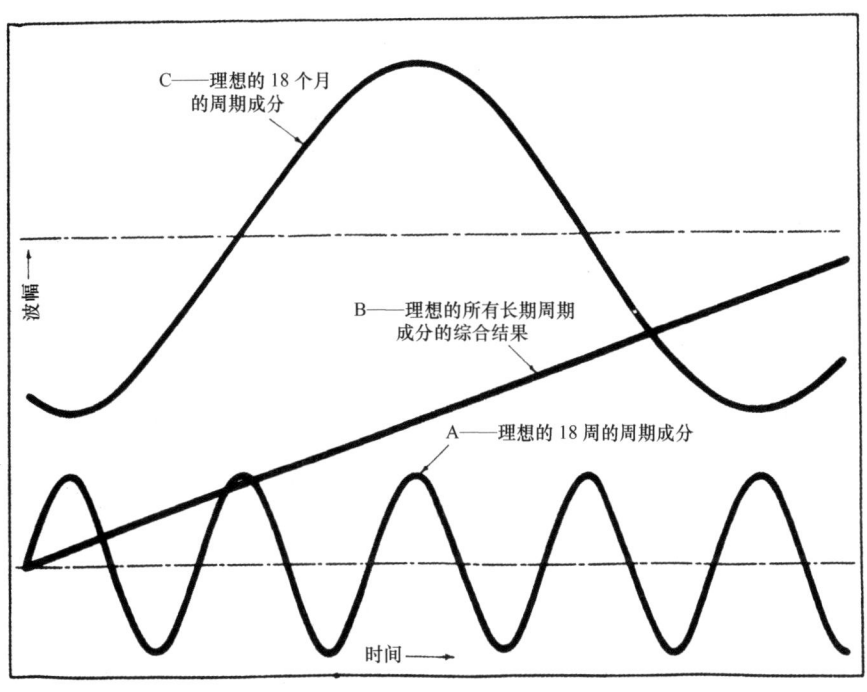

图14.12(a) 在上例中再叠加上另一种周期成分。

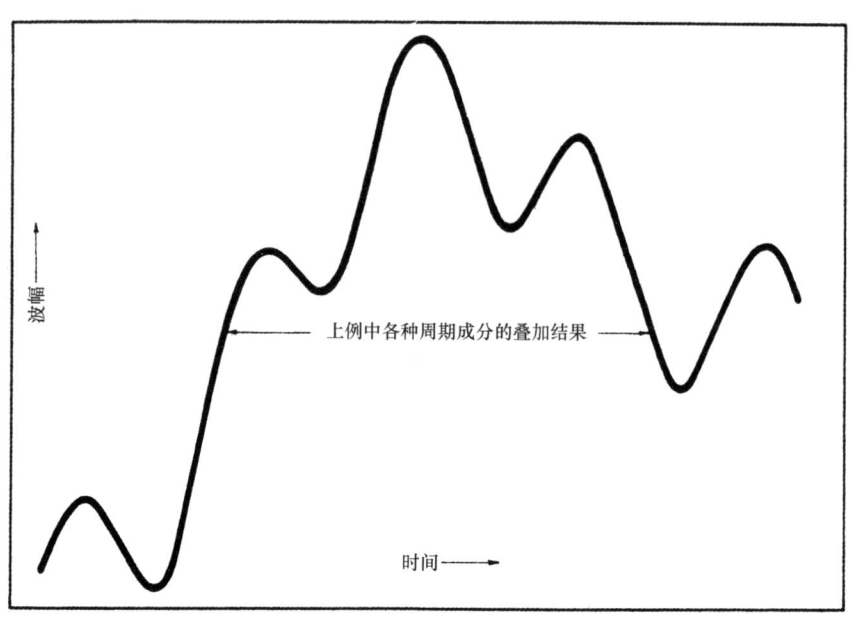

图 14.12(b)　上例的叠加结果(叠加原理)。

主 流 周 期

　　影响金融市场的周期很多,但其中只有主要的几个最具有预测价值,我们称之为主流周期。主流周期对市场价格具有持久的影响力,它的存在在图表上清晰可辨。在大多数期货市场上,至少存在 5 种主流周期。在前面关于长期图表的一章中,我们强调过,无论进行什么样的技术分析,都应当从长期图表开始,逐步过渡到短期图表。这一原则在周期分析中当然也同样地成立。这里恰当的分析程序是,先从长期的主流周期开始,其时间跨度可能为数年;其次是中等周期,时间跨度为数周到数月;最后,轮到极短期的周期,其长度从几小时到数天不等。这种分析方法可用来解决入市和出市点问题,并有助于我们验证较长期周期的转折点的位置。

周 期 分 类

　　一般的分类是:长期周期(长度为 2 年或 2 年以上),季节性周期(1 年),基本周期、或中等周期(9 周到 26 周),以及交易周期(4 周)。交易周期也可以进一步细分为更短的阿尔法(α)周期和贝塔(β)周期,它们的平均长度均为 2 周(基本周期、交易周期、阿尔法周期和贝塔周期等说法,第一次是出现在沃尔特·布雷塞特写的《霍尔市场周期》中,这篇文章描述了各种周期长度。见图 14.13)。

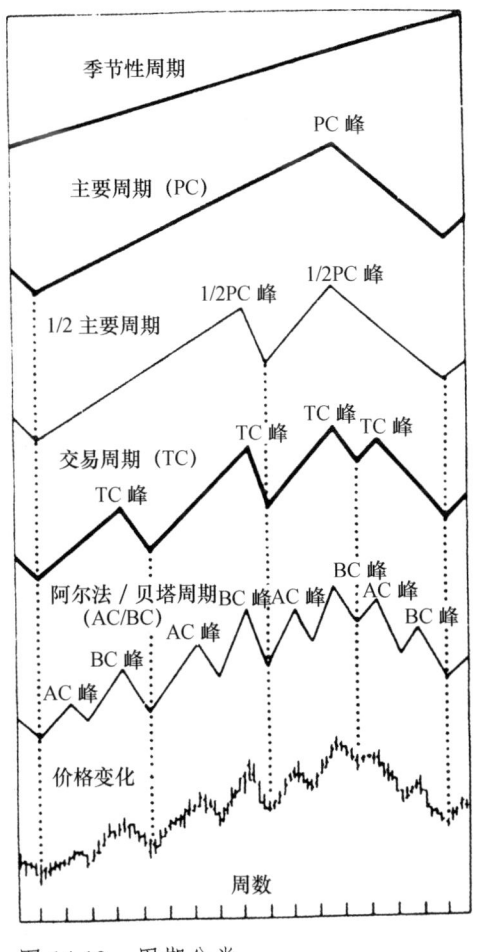

图 14.13　周期分类。

康德拉蒂耶夫波

在市场上起作用的甚至还有更长的周期。其中最著名的或许是为期达 54 年的康德拉蒂耶夫周期。关于这个长期的经济活动周期目前还有争议。它是在 20 世纪 20 年代,由俄国经济学家尼古拉·康德拉蒂耶夫首先发现的。看来,这个周期实质上对所有的股票和商品的价格都具有重要影响。特别值得一提的是,我们在利率、铜、棉花、小麦、股票、以及批发商品价格等市场中,都已经鉴别出了 54 年周期。康德拉蒂耶夫从 1789 年考察起,对商品价格、铸铁产量、英格兰的农业工人工资进行了这种"长波"的追踪研究(图 14.14)。近年来,康德拉蒂耶夫周期成了热门话题,主要原因是,它的上一个波峰出现在 20 年代,下

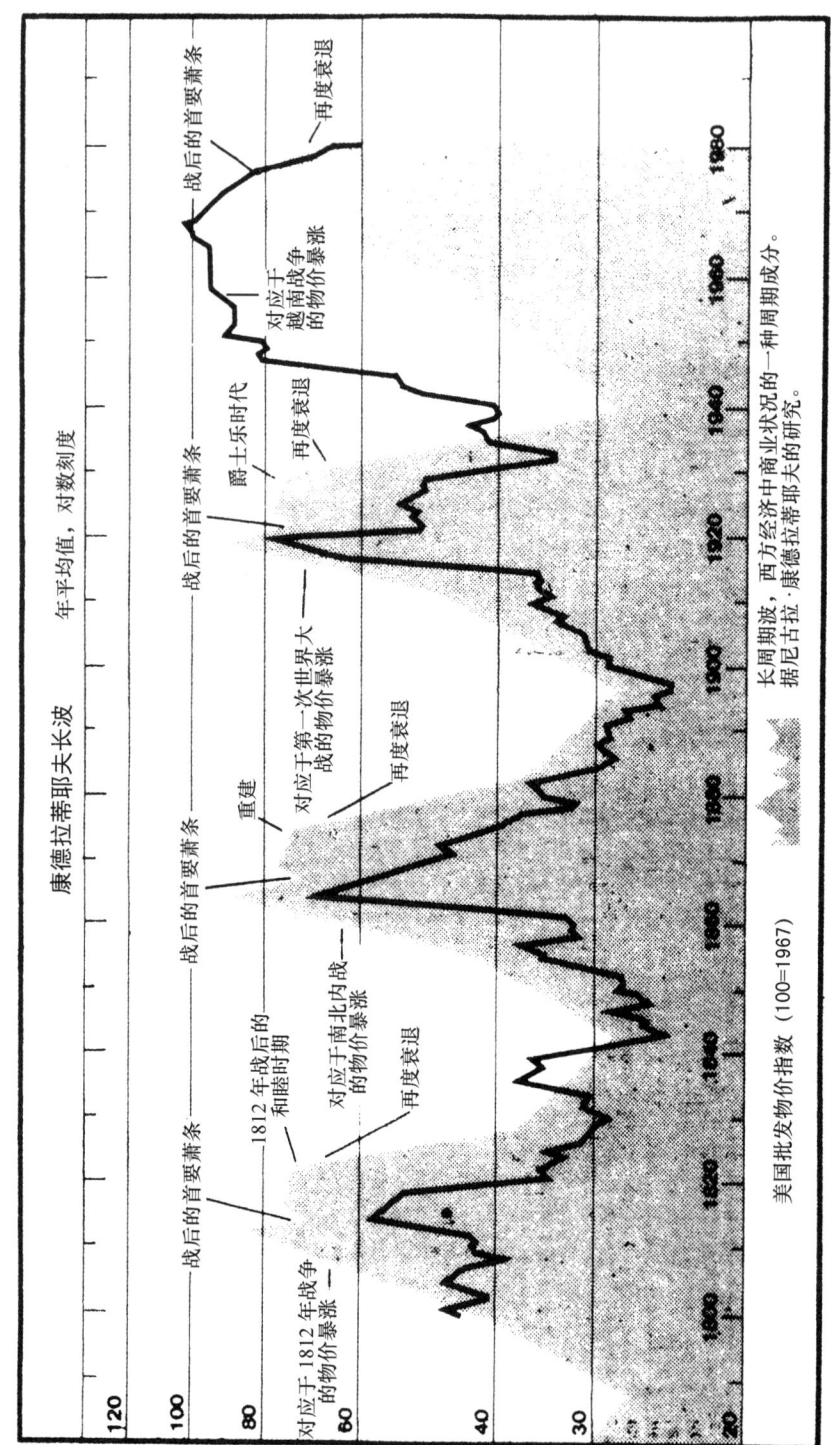

图 14.14 康德拉蒂耶夫长期波。进一步的资料请参见《长波周期》,尼古拉·康德拉蒂耶夫著,盖·丹尼尔斯译(理查森和斯尼德版,1984年)。这是第一种从俄文直接翻译的译本。

一个主要波峰似乎延迟得太久了。康德拉蒂耶夫本人为他的"资本主义经济学"的周期观付出了沉痛的代价。据信,他死在西伯利亚的劳改营中。有关进一步的资料请见《长波周期》,尼古拉·康德拉蒂耶夫原著,盖伊·丹尼尔斯译。(关于这个主题还有两部专著,一是戴维·诺克斯·巴克的《K氏波》,一是迪克·施托肯的《巨大的循环》)。

综合各种周期

一般地,长期周期和季节性周期决定了市场的主要趋势。显然,如果两年周期已经从低谷抬头了,那么我们至少可以预料,从这个谷到下个峰,市场将在之后的一年中呈上升态势。因此,长期周期对市场趋势具有主要的影响。另外,市场上还有以年为度的季节性形态,往往在一年内的一定时候出现峰和谷。例如,谷物市场通常在收割的时候达到低谷,随后再开始上涨。季节性变化通常延续数月。

从实际交易着眼,以周为时间单位的基本周期最有用。3个月到6个月的基本周期相当于中等趋势,一般决定了我们的交易方向。下一个更短的周期是4周交易周期,可以用来确定顺着基本趋势(中趋势)方向的入市点和出市点。如果基本趋势向上,我们就利用交易周期的谷来达成买进的目的。如果基本趋势向下,我们则利用交易周期的峰来卖出。而为期10天的阿尔法和贝塔周期可以用来做进一步的细致调整(图14.13)。

趋势的重要性

在讲解技术分析理论的过程中,我们处处都要强调顺应趋势交易的意义。前面我们曾指出,如果中等趋势向上,则应在市场的短暂回落中买入;如果中等趋势向下,就应在短暂的上涨中卖出。在"艾略特波浪理论"一章中,我们曾交代,只有在与上一层次的趋势方向一致的条件下,才会出现五浪结构的市场运动。因此,当我们利用短暂趋势来选择时机时,必须首先确定其上一层次的趋势方向,顺着这个方向交易。在周期理论中,这一点也同样成立。对于每一周期来说,其趋势方向是由它上一层次的周期方向所决定的。换句话说,一旦我们确定了趋势方向,那么,下一层次的较短周期的方向就明确了。

28 天交易周期

28 天交易周期是一个重要的短期周期,往往影响到绝大多数商品市场。换言之,绝大部分市场都倾向于每四周出现一个属于交易周期的低点。月亮的周期也许解释了这种遍布所有商品市场的强烈的周期性倾向。伯顿·皮尤研究了 20 世纪 30 年代小麦市场的 28 天周期(《小麦交易中的科学与神秘主义》,兰伯特—江恩版,波默罗伊,华盛顿州,1978 年。初版于 1933),结果表明,月亮周期对市场的转折点的分布有一定影响。按照他的理论,我们应当在满月时买进小麦,在晦月时卖出。不过皮尤也承认,月亮的效应是温和的,长期周期以及重要的新闻事件能够淹没其效果。

不论月亮与 28 天周期有无联系,这总是一个客观存在,何况它能够解释许多短期技术指标和交易系统的时间参数问题呢。说到底,28 天周期是按照日历计算的。如果把它转换成实际交易日,则为 20 天。我们曾介绍过,很多流行的移动平均线、摆动指数、周规则等,都是以 20 天及其谐波周期 10 天和 5 天为基准的。5 天、10 天和 20 天移动平均线及其变通形式,4 天、9 天和 18 天移动平均线的应用均极广泛。CRB 期货图表系统采用的就是 10 天和 40 天移动平均线,其中 40 天周期 2 倍于 20 天周期,是后者的上一层次的谐波周期。

在第九章,我们讲解了理查德·唐迁首创的四周规则。如果市场涨出了四周内的新高位,则构成买入信号;如果市场跌出了四周内的新低位,则是卖出信号。现在我们已经掌握了 28 天的交易周期,就能对四周规则之所以采取四周这一时间参数,以及它之所以效力不凡等问题,有更深的理解了。根据周期理论,如果市场突破了前四周内的高位,那么至少说明,上一层次的周期(八周周期)已经从底部转折向上了。

波峰左移和右移

位移的概念也许是周期分析中最重要的方面。所谓波峰左移和右移,是指实际的周期峰值向左或向右偏离了理论的峰值位置。例如,20 天的交易周期是从谷到谷地测算出来的。那么从理论上说,波峰应当出现在离谷 10 天处,或者说是在两谷的中点上。这样一来,市场就先是 10 天上涨,然后是 10 天下跌。然而,很少发生这种理想的情形。朋友们请记住,绝大多数周期的变异出现在其波峰上,而不是波谷上。这就是一般认为波谷更为可靠的原因,也正因此,我们从谷到谷地测算周期长度。

波峰的变化取决于本周期的上一层次周期的趋势方向。如果其趋势向上,那么波峰向理想中点的右侧偏移,产生右移现象。如果上一层次的较长周期处于下降阶段,则波峰向理想中点的左侧偏移,称为左移现象。因此,右移现象是看涨性的,而左移现象是看跌性的。让我们思考一下。上面我们实质就是说,在牛市中,价格将在较长时间内处于上升阶段,而下跌所占的时间较短。而在熊市中,价格将在较长时间内处于下跌阶段,而上涨所占的时间较短。这不正是趋势的定义吗?只不过这里我们的研究对象是时间,而非价格(图14.15)。

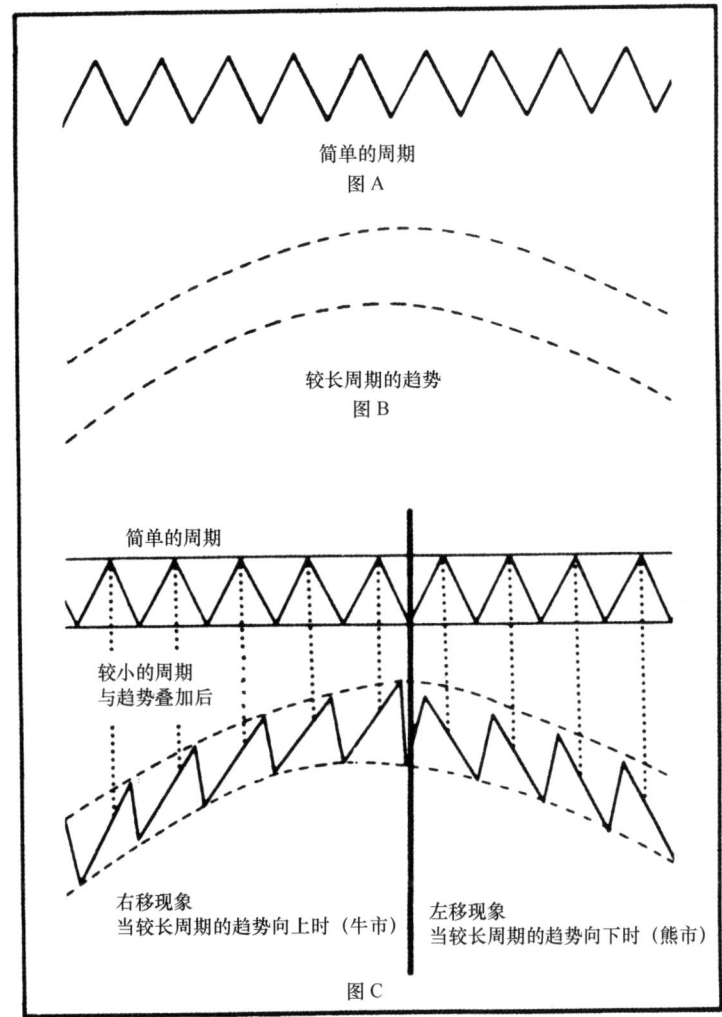

图 14.15 波峰左移和右移现象的例子。图 A 为一种简单的周期。图 B 展示了较长周期的趋势。图 C 表示综合的结果。当较长周期的趋势上升时,波峰向右侧偏移。当较长周期的趋势下降时,波峰向左侧偏移。右移现象是看涨的,而左移现象是看跌的。

如何分离各种周期
——趋势解析

为了研究在某市场起作用的各种周期,我们首先必须把主流周期分离出来。具体的做法各种各样。最简便的是凭眼睛观察。例如,在我们研读日线图时,有可能辨识出其中明显的顶和底。把这些顶和底之间的时间间隔平均一下,就能得出一定的平均周期长度。

也可以借助辅助工具来进行这项工作。其中之一,称为"埃利希周期尺",是斯坦·埃利希(ECF,加利福尼亚州诺瓦托市维达道112号,CA94947,[415]892-1183)发明的。这种尺同手风琴有几分相像,我们可以把它直接放在图上手工操作,其工作原理实际上是把两点之间的距离分作多等分。它伸缩自如,可以适应各种周期长度。只要我们先找出任意两个明显低点之间的距离,就能很快地搜索是不是还有其他与之长度一致的周期性低点存在。这项工具现在已经有了电子版本,称为"埃利希周期预测器",作为一项分析工具包含在欧米伽研究交易工作站和超级图表系统中(图14.16~图14.18)。

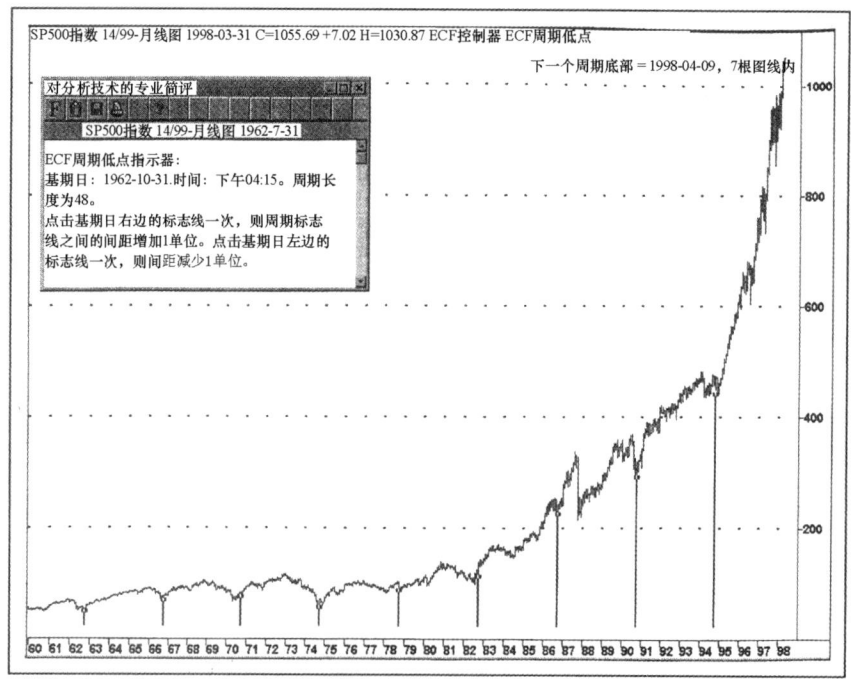

图14.16 利用埃利希周期预测器(图中垂直线),可以清晰地识别图中包含的4年大选年周期。如果这个周期还发挥作用,我们预期下一个主要低点将会发生于1998年内。

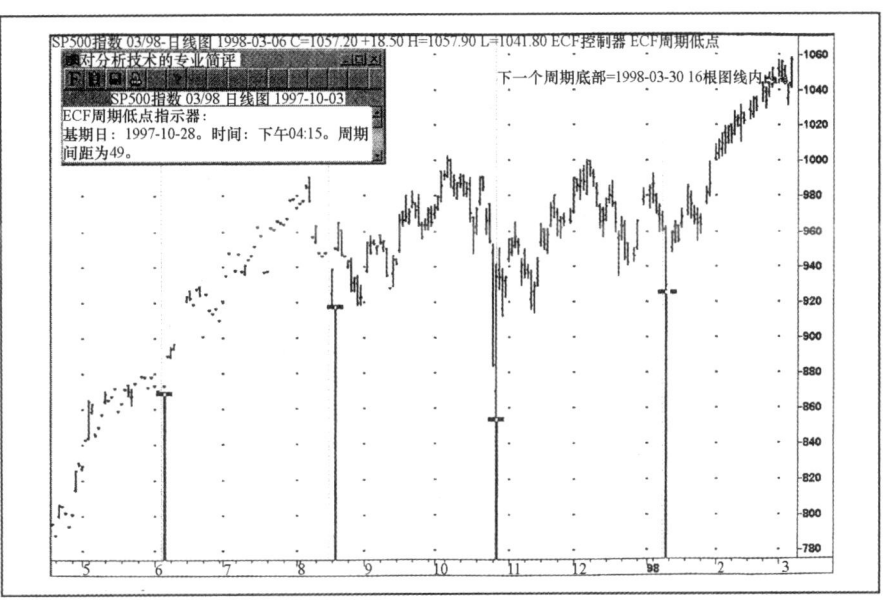

图14.17 在S&P500指数期货行情中,应用埃利希周期预测器识别出49天的交易周期(图中垂直线)。根据埃利希周期预测器的测算,下一个周期低点将在最后一个周期低点的49天后出现,那将是1998年3月30日。

图14.18 在波音公司的行情图上,通过埃利希周期预测器发现了一个133天的周期(图中垂直线)。图中最后一个周期低点出现在1997年11月间,根据埃利希周期预测器测算,下一个周期低点将在133天后,即1998年6月3日形成。

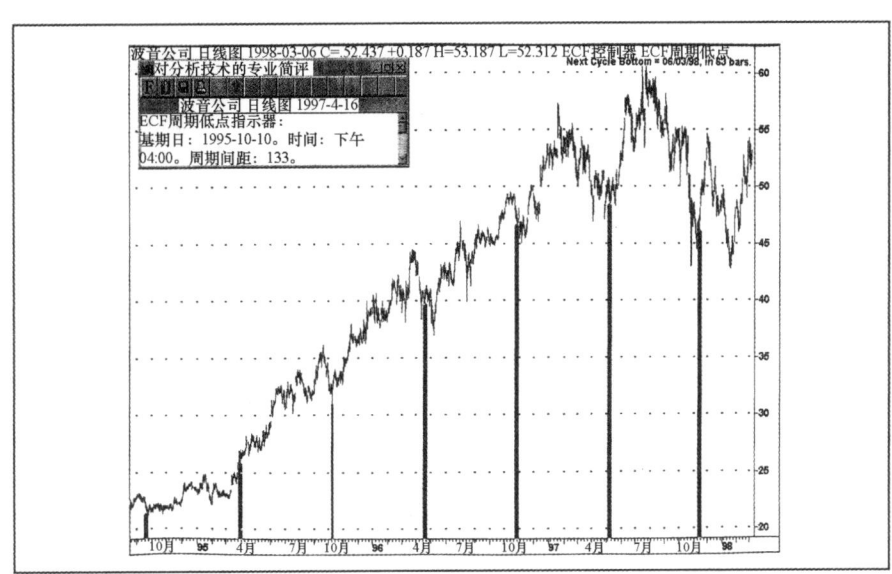

时间周期

· 307 ·

计算机软件可以配合人眼来查找周期。用户先要把价格图表显示在屏幕上，然后从图上选择一个显著低点作起点。完成这一步后，屏幕上就会出现一系列竖直直线（或一系列弧线），其间隔为 10 天（这是缺省值）。我们只要通过很少的几个按键，就可以对之进行调整，如拉长周期、缩短周期、把标志周期的直线向左平移或向右平移等，以找到最适合本图的周期（图 14.19 和图 14.20）。

季节性周期

所有的商品期货市场都在一定程度上受到长度为 1 年的季节性周期的影响。所谓季节性周期或形态，是指市场在每年中的一定时候朝一定方向运动的倾向。谷物市场的季节性周期最明显。每年收获的时候，新谷物大量涌入市场，常常造成季节性的低价格。举例来说，在大豆市场上，大多数的季节性波峰出现在 4 月到 6 月间，而大多数季节性低谷发生在 8 月到 10 月（图 14.21）。有一个著名的季节性形态，称为"二月折价"，指谷物和大豆价格通常从上年 12 月或当年 1 月初持续下跌到 2 月。

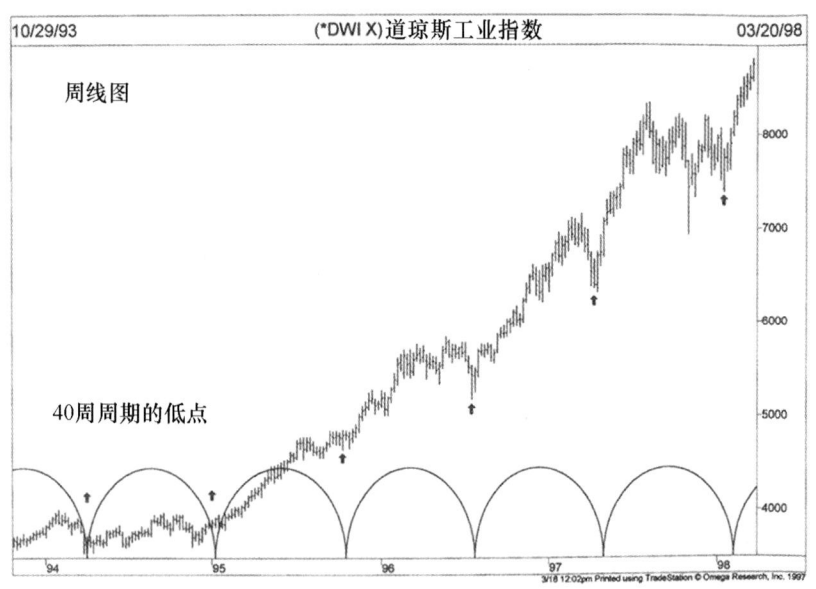

图 14.19(a) 本图底部的弧线对应于道琼斯指数行情的的重要反弹低点，弧线的间距为 40 周。这意味着道琼斯指数行情中存在 40 周的周期。最后两个周期的低谷分别发生于 1997 年的春季和 1998 年初（右数第一、第二个箭头所指处）。

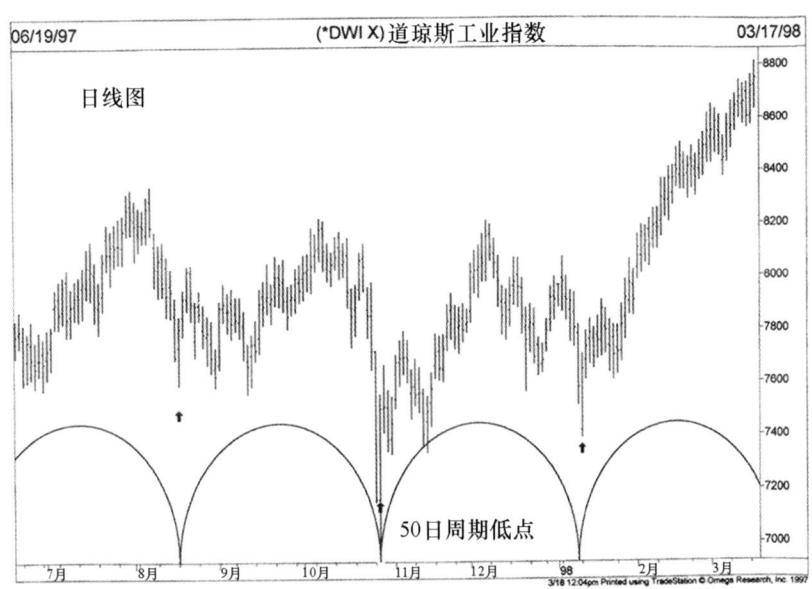

图14.19(b) 本从日线图底部的弧线可以看出,道琼斯指数从1997年下半年到1998年初,其底部存在50日的周期。这里的概念是,调整弧线组,直到弧线组的低点和行情曲线上的许多低点在时间上重合。

图14.20(a) 在长期政府债券行情中,从1981年的主要低点开始,弧线周期尺揭示该市场倾向于每隔75个月(6.25年)形成一个重要底部。这些数字也许会随着时间的迁移而有所变化,但是仍然为我们提供了有价值的交易信息。

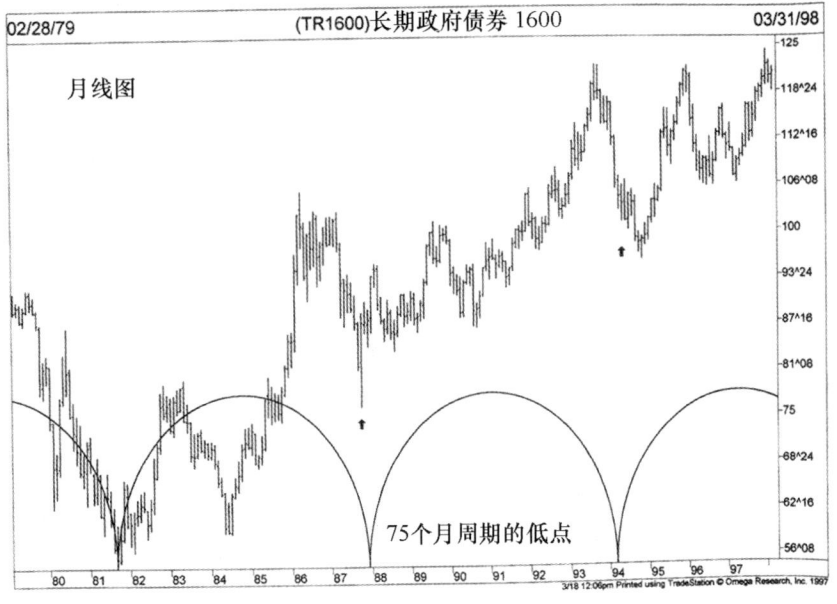

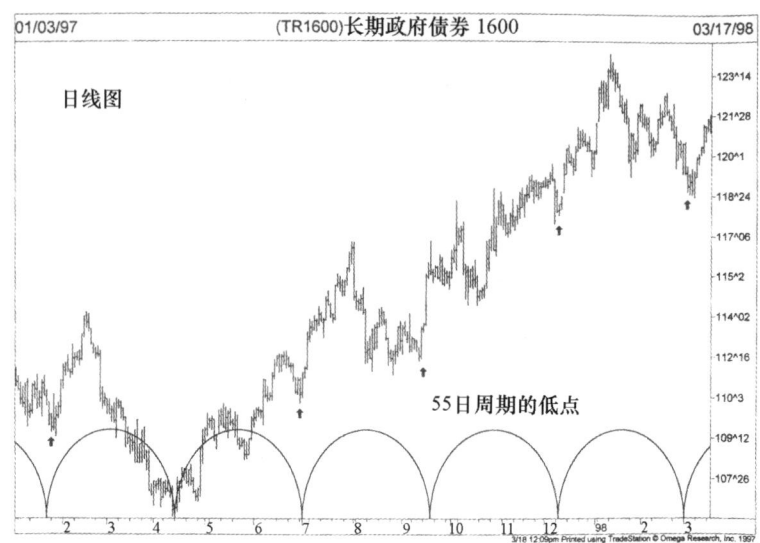

图14.20（b） 把弧线周期尺应用到长期政府债券日线图，弧线组显示，在同一期间内，该市场倾向于每个55个交易日形成一个底部（箭头处）。

图14.21 大豆通常在5月见顶，10月见底。

就原因来看,在农产品市场上发生季节性变化是显而易见的。但是,实际上所有的市场都存在季节性形态。举例来说,在1月到2月间,铜市具有强烈的季节性上升趋势,往往到3月或4月才会见顶(图14.22)。白银往往1月见低位,直到3月见到高位。从1月起,黄金表现出的季节性倾向是8月见底。石油产品倾向于10月见顶,此后直到冬季结束才能见底(图14.23)。金融市场也具有季节性形态。

美元汇率的季节性倾向是1月间见底(图14.24)。长期政府债券行情通常在1月间触及重要高点。之后整个一年中,长期政府债券通常在上半年较疲软,下半年较坚挺(图14.25)。关于季节性周期的图例是穆尔研究中心提供的(穆尔研究中心,俄勒冈州尤金市第十三大街西321号,OR97401,800-927-7259)。该机构专长于期货市场季节性周期研究。

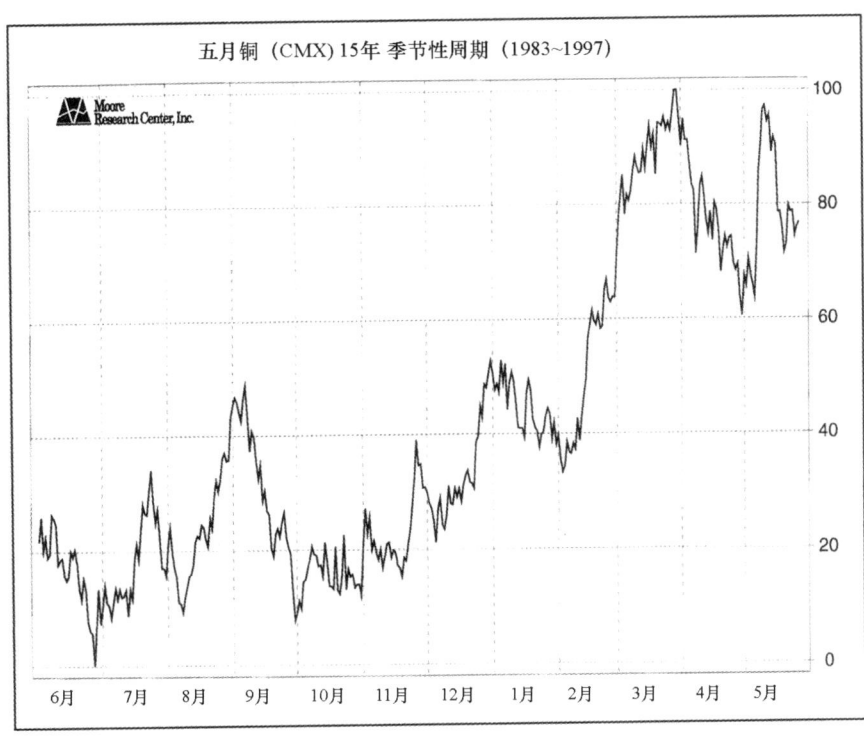

图14.22 铜通常在10月到次年2月间见底,在4月到5月间见顶。

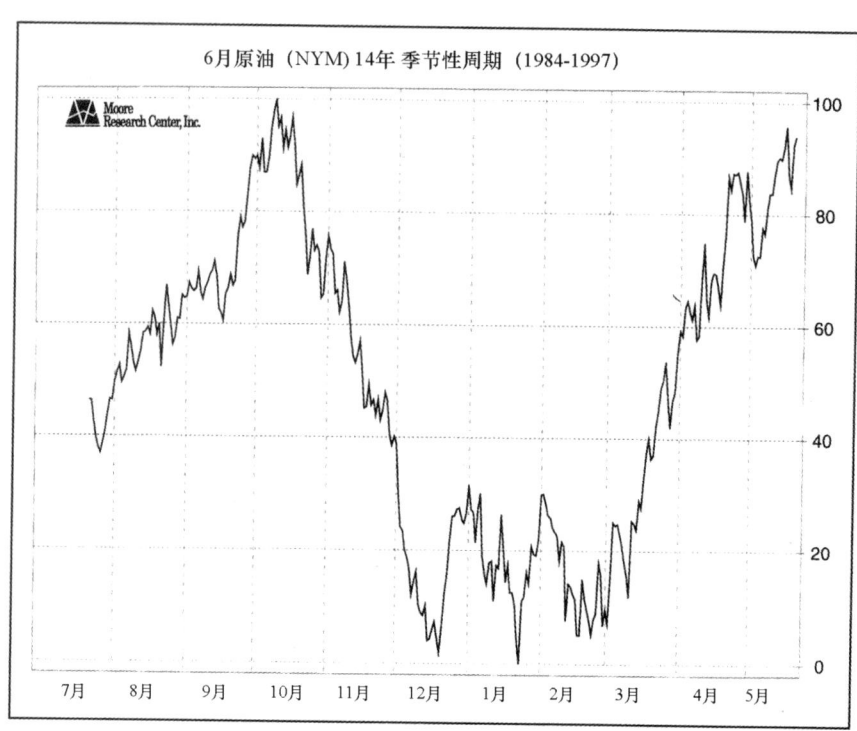

图 14.23 原油价格 10 月间见顶,次年 3 月转而向上。

图 14.24 德国马克 1 月间的高点正好对应美元通常在年初形成的低点。

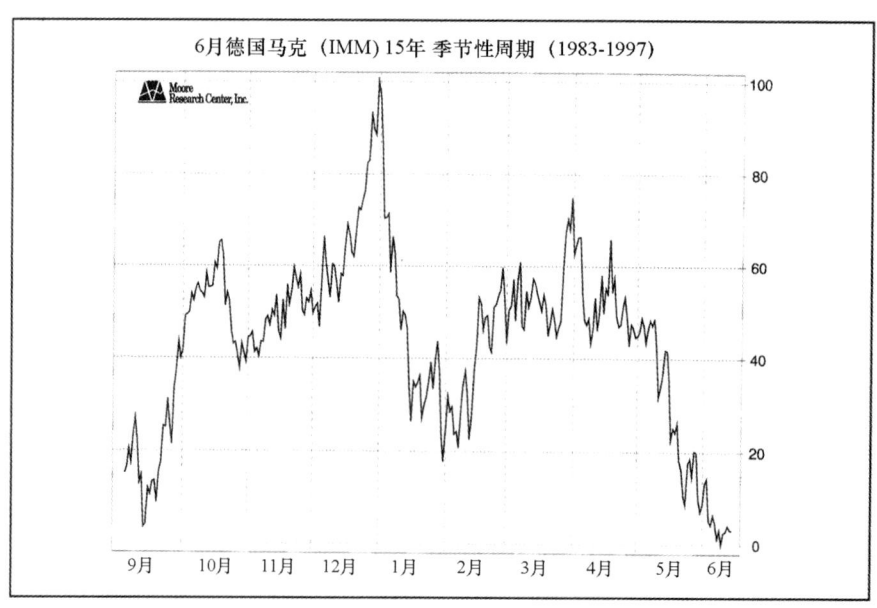

· 312 ·　　　　　　　　　　　　　　　　　　　　　　　时 间 周 期

图 14.25 长期政府债券行情通常在新年前后见顶,然后在上半年的大部分时间保持疲软状态。对长期债券的多头来说,下半年的日子更好过。

股票市场周期

你是否知晓股票市场最强劲的三个月区间是 11 月到次年 1 月。接下来,2 月相对疲软;但是紧接着 3 月和 4 月较为坚挺(这是传统的夏季上涨行情的开端)。一年中最弱的月份是 9 月。最强的月份是 12 月(以众所周知的圣诞节后圣尼古拉"红包"行情结束)。上述信息,还有关于股票市场周期的其他很多资料,都可以从耶尔·赫西的《股票交易者年鉴》中找到(赫西机构,新泽西州旧塔碰市中央大街 184 号,NJ07675)。

一月晴雨表

按照赫西的说法,股票行情"一月的模样,全年的走势"。著名的"一月晴雨表"指的是,S&P500 股票指数一月里的行情,决定了股票市场当年全年的总体格局。关于这个题目,还有一种看法,S&P500 股票指数每年头 5 个交易日的方向,为全年的走势提供了线索。不要把一月晴雨表和所谓"一月效应"混淆起来,后者指股票市场的一种倾向,一月里小市值股票的表现往往强于大市值股票。

大选年周期

还有一个大名鼎鼎的周期影响到股票市场的表现。它是4年周期,又称为"大选年周期",因为它和美国总统大选的年份重合。在4年周期中,每一个年份都具备不同的历史回报。大选年(1年)通常表现强劲。大选年之后一年和任期中的年份(2年和3年),通常表现疲软。下届大选前一年(4年)通常表现坚挺。根据赫西的《股票交易者年鉴》,自从1904年以来的所有大选年的平均回报率为224%;大选年之后一年,平均回报率72%;任期中的年份,平均回报率63%;下届大选前一年,217%(图14.16)。

把周期与其他
技术工具结合起来

传统的技术分析指标中,和周期理论较好吻合,且周期理论最具有应用潜力的两个领域分别是移动平均线和摆动指数。业者一般认为,如果把这两种技术指标的时间参数和对应市场的主流周期联系起来,能够改善两种指标的使用效果。假定某市场存在20日的交易周期,且表现为主流周期。通常,当我们构造一个摆动指数时,最合适的办法是采用周期长度的一半。在本例中,摆动指数的时间参数就是10天。如果在40日周期的情况下交易,则采用20日的摆动指数。沃尔特·布雷塞特在其著作《摆动指数与周期相结合的力量》中研究了如何利用各类市场周期来调整商品管道指数(CCI)、相对力度指数(RSI)、随机指数、移动平均线相互验证/相互背离指数(MACD)的时间参数。

移动平均线也可以和周期相联系。你可以采用不同的移动平均线来对应追踪不同波长的周期。如果要为40日周期构造移动平均线交叉信号,我们可以组合运用40日移动平均线和20日移动平均线(40日周期的半周期),或者组合运用40日移动平均线和10日移动平均线(40日周期的四分之一)。采取上述做法的主要问题是,必须先根据具体时点的市场情况确定当时的主流周期。

最大熵谱分析

要确定某个市场当前的主流周期是一个复杂问题,一般认为,当前主流周期不是一成不变的。换句话说,主流周期总在不停地变换。某个周期波长一个月之前作用良好,一个月之后却不灵光。约翰·埃勒尔斯在他的专著《最大熵谱分析和市场周期交易法》中,采取统计学方法来解决这个问题,他称之为"最大熵谱分析(MESA)"。埃勒尔斯解释道,MESA 的主要优势之一在于其高解析力,即利用相对较短时间的历史数据,就可以分辨其中包含的周期。对短线交易来说,这一点很关键。埃勒尔斯介绍了利用周期来优化移动平均线的时间参数,以及前面介绍过的许多摆动指数型的技术指标。发现周期,就可以动态调整技术指标,更好地适应当前市场状况。埃勒尔斯还研究了如何区分市场处在周期性波动状态还是趋势状态的问题。当市场处在趋势状态时,必须采取追随趋势的指标如移动平均线作为交易工具。当市场处在周期性波动状态时,采取摆动指数类型的技术指标更有利。动态地度量市场周期的方法有助于判断当前市场处于哪一种状态下,适合采取哪一类技术指标作为交易策略。

关于周期分析的读物和软件

本章提到的关于周期分析的大多数参考书都可以通过图书邮购公司购得,如交易者出版社(参见前一章的注释),或者交易者图书馆(马里兰州埃利科特城邮政信箱 2466,MD21041)。还有很多电脑软件可以辅助我们进行周期分析。"埃利希周期预测器"和沃尔特·布雷塞特的"周期交易者"都在欧米伽研究的行情分析软件中作为可选的附加件提供。布雷塞特的"周期交易者"整合了他的著作《摆动指数与周期相结合的力量》中提出的各种概念(布雷塞特营销集团公司,芝加哥市沃尔顿东区 100 号 200 号公寓,IL60611)。关于最大熵谱分析的计算机程序,可以向约翰·埃勒尔斯索取进一步的资料(加利福尼亚州戈利塔市 1801 信箱,CA93116)。至于周期研究和周期分析方面的最新进展,请不要忘记周期研究基金会。

第十五章 计算机和交易系统

引 言

在技术分析和商品期货交易中,计算机日益担负起越来越重要的角色。在本章中,我们要说说它的优越性。计算机为分析者准备了各种技术工具,使用起来极为便捷。而数年之前,这些工作需要花费大量的人力。当然,也得用户知道如何使用这么多的工具才行,这一点倒是计算机的不利之处。

如果用户对各种指标的理论基础没有适当的理解,不熟悉各种指标的研读方法,那么这一大堆计算机软件非叫他晕头转向不可。更糟糕的是,有的朋友因为手头上有大量的各种技术信息,有时会产生一种错觉,以为这样一来自己就占了上风。看着面前一大堆令人炫目的终端、键盘,难免飘飘然,俨然自己已成了技术分析大师。

我这里要强调的是,如果用户已经掌握了技术分析的基本概念,那么计算机就会使他如虎添翼。事实上,如果考察一下各种计算机程序,我们就会看出,其中许多工具和指标都相当基本,都是我们前面各章中所介绍的内容。当然,也有一些复杂的工具,非得借助计算机不可。

用不着计算机,技术分析中有很多工作就可以进行了。有的工作我们只需要用到一张图、一把尺,比计算机方便得多(当然,先用计算机把图表打印出来)。有些长期性分析根本用不着计算机。就事实而言,如果我们要分析市场,那么在打开计算机之前,就应该已经完成了大量的技术分析工作了。计算机尽管有用,却只是工具而已。它可以帮助优秀的技术分析者百尺竿头,更进一步。然而,它却不能使蹩脚的分析者脱胎换骨。

行情分析软件

在前几章,我们曾经提到一般行情软件中都具备的几种常规技术分析工具。我们首先对目前市面上行情软件提供的一些工具和指标做一点评论。接下来,我们再介绍一下它的附属特点,比如其中可供用户选择的各种自动功能。计算机不但提供了各种技术研究途径,而且也便于我们对它们进行获利能力的检测。这一点正是计算机的优化能力之所在,从而,也构成了它的最有价值的特征。有些计算机软件可以让用户自己动手构建指标和系统,用户只需懂一点甚至完全不需懂得编制程序的方法,那么还可以不囿于已有的软件,创造自己的指标和系统。

韦尔斯·怀尔德
的方向性运动系统和抛物线系统

我们还要仔细考察一下韦尔斯·怀尔德的较为流行的"方向性运动系统"和"抛物线系统"。在我们的讨论中,将以这两个系统为例,来评价机械交易系统的优缺点。我们将看到,机械的趋势顺应系统唯有在特定的市场环境中才能表现良好。另外,我们还要说明,也可以把机械系统简单地用作验证性的技术指标,纳入我们的市场分析中。

满箩拣瓜,拣得眼花

行情软件的菜单上,有如此之多的指标可供选择,朋友们或许会吃惊不已。计算机不是让我们活得更便当,而是摆出了这许多花样,其中每一样都要好好去研究,这不是使事情更麻烦了吗?例如,行情软件包大约给技术分析者提供了 80 种研究手段。如果我们指望这么多资料都相互验证之后,才下结论(还得留出时间参考资料做交易)的话,行得通吗？对这个方面,我们也要稍做介绍。

一点计算机常识

计算机行情软件可以应用于任何金融市场,包括股票、期权以及期货。大多数软件都是易学易用的,用户通过连续选择菜单上开列的功能,很容易执行各种常规操作。我们从选择合适的行情软件包开始,软件包要适合安装在你已有电脑上,或者适合安装在你打算购置的电脑上。请留意,绝大部分行情软件都是为 IBM 兼容电脑编写的。

行情软件包并不提供每日行情数据。用户需要从别的途径搜集数据。我们既可以把数据人工地输入到数据盘上,也可以通过电话线从资讯服务中自动读取数据(需要加装电话转换器)。行情软件对各家数据服务系统都做了介绍。它们也提供为了传输数据、建立文件所需的软件和指令。

刚开始的时候,用户至少应该搜集过去数月的价格资料,以免无米可炊。以后,新的资料逐日地加入。如果把计算机与报价系统联网,那么它也能够"在线"地分析市场的即时价格。不过,在我们的例子中,只谈逐日搜集的数据。这些数据要在闭市后才能得到。最后,我们还需要一台打印机,要能打印出屏幕上的各种内容。大力推荐 CD-Rom 设备,因为有些行情软件商通过 CD-Rom 光盘为你提供数年的历史数据,以帮助你起步。有些数据供应商也可以提供图形分析界面,如此一来事情就更简单了。特利斯甘就是其中一家(休斯敦市科普瑞特道 5959 号第 2000 号公寓,TX77036,800-324-8246,www.telescan.com)。

分析工具和指标分组

下面分组列出了行情软件中提供的一些图表形式和分析指标。

● 基本图表形式：线图、单线图、点数图以及蜡烛图

● 图表坐标轴：算术坐标和半对数坐标

● 线图：价格、成交量及持仓量（期货市场）

● 成交量：刷形图、权衡交易量(OBV)及需求指数(Demand Index)

● 基本分析工具：趋势线和管道线,百分比回撤,移动平均线及摆动指数

● 移动平均线：参考包络线,博林杰带(Bollinger Bands)
● 摆动指数：商品价格管道指数(CCI),动力指数(Momentum),变化速度指数(Rate of Change),MACD,随机指数(Stochastic),威廉斯%R指数,RSI
● 周期分析：周期尺
● 菲波纳奇工具：扇形线、弧线、时间窗以及回撤
● 怀尔德指标：RSI,商品选择指数(Commodity Selection Index),方向性变动指数(Directional Movement),抛物线(Parabolic),摇摆指数(Swing Index),ADX线

从何处入手使用分析工具和指标

从上述介绍可见,选择的范围实在是太宽了,如何妥善地选用分析工具和技术指标呢？我们的建议是,首先从基本的工具入手,如价格、成交量、趋势线、百分比回撤、移动平均线以及摆动指数。请注意,摆动指数的具体类别也有很多种。从中选择一到两个你觉得最顺眼的,坚持用下去。把周期分析和菲波纳奇工具作为辅助性手段,除非你对这些领域特别有兴趣。周期分析有助于优化移动平均线和摆动指数的时间参数,但是实施起来还需要一个学习和试手的过程。至于机械交易系统,怀尔德的抛物线和DMI系统就特别重要了。

韦尔斯·怀尔德的抛物线和方向性运动系统

这两种研究有特别的价值,值得我们进一步地探究一下。它们都是J·韦尔斯·怀尔德创立的,在他的《技术型交易系统的新思路》(趋势研究版,1978年)中有介绍。在这本书中,还包括了怀尔德对另外三种研究的见解。这三者也被包括在行情分析软件的菜单中——商品选择指数、相对力度指数、摇摆指数。

抛物线系统(SAR)

怀尔德的抛物线系统属于时间、价格反转系统,始终"在市"。

"SAR"这串字母表示"止损并反做"（Stop And Reverse），意思是我们在执行保护性止损指令的同时，也顺着原头寸的反方向再开新头寸。这也是一种趋势顺应系统。它的名称来自它的外观，当它跟踪市场的时候，其止损点的轨迹与抛物线类似（图15.1到图15.4）。注意，当价格上涨的时候，抛物线系统的点子（即止损并反做点）居于价格下方，也呈升势，但它开头往往步调较慢，然后才跟上趋势的变化。在下降趋势中，道理也一样，而方向相反（点子在价格上方）。系统也可以为用户提供下一天的SAR价位。

怀尔德为本系统设置了一种加速因子。他把每天的止损点都顺着趋势方向有所升降。在趋势刚萌发的时候，止损点位置的变化相对较慢，从而为新趋势的巩固留出了时间。之后，随着加速因子的增长，SAR点位变化的步调也相应地加快，直至赶上价格变化的速度为止。如果趋势出了问题，那么结果通常是出现止损并反做的信号。正如这些图例所示，在趋势环境下，抛物线系统的工作效果奇佳。请注意，在趋势良好的部分，该系统效果优良，而在横向伸展的无趋势阶段，却接连发生拉锯现象。

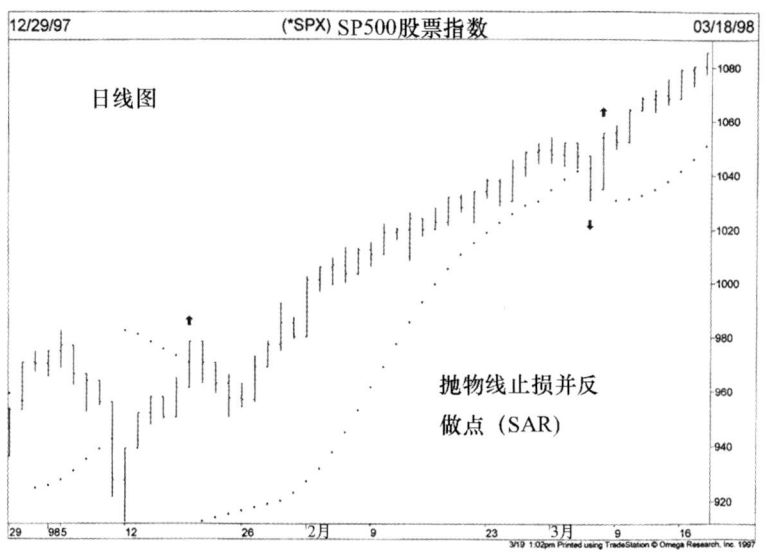

图15.1 抛物线系统的止损并反做点（SARs）就是图上一串串的点。当行情上方的SAR被向上突破时（第一个箭头处），发出买进信号。请注意在市场上涨期间SARs是如何逐渐加速上升的，该系统捕获了上升趋势的大部分涨幅。在图表的右上角，市场发生了小幅拉锯现象，后来上升趋势很快就恢复了。该系统在趋势状态下作用良好。

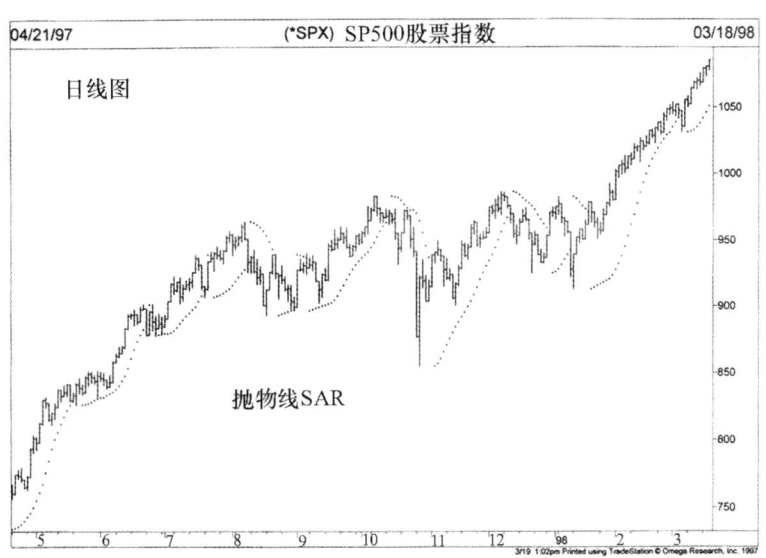

图15.2 本图和前一张图表内容相同,但包括更大的时间范围。本图同时揭示了抛物线系统有利的和不利的一面,这也是任何趋势追随系统的特点。它们在趋势性阶段起作用(如本图左侧和右侧的行情)。但是当市场处于横向波动状态时,如本图从1997年8月到次年1月的行情,它们便毫无用处。

图15.3 也可以将抛物线系统应用到月线图上,以追踪主要趋势。在本图中1994年初发出卖出信号,后来在夏季发出买进信号。除了在1996年间曾经出现一处拉锯现象外,该系统在之后几乎四年中始终维持做多状态。

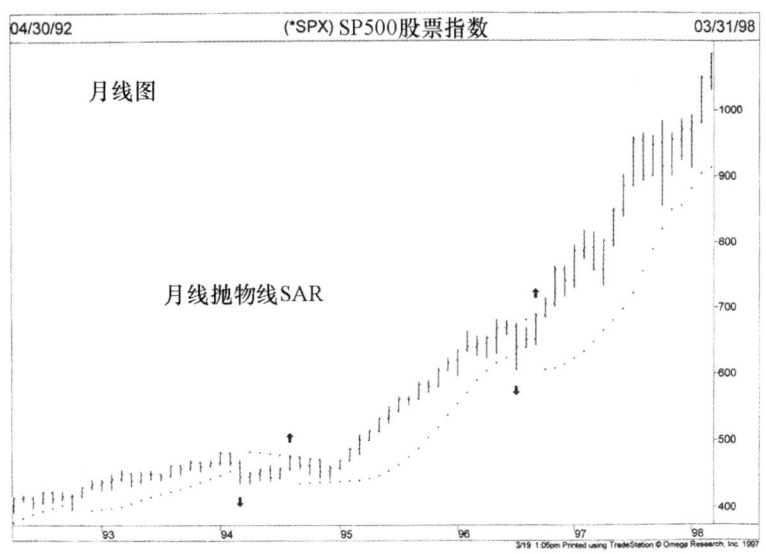

计算机和交易系统

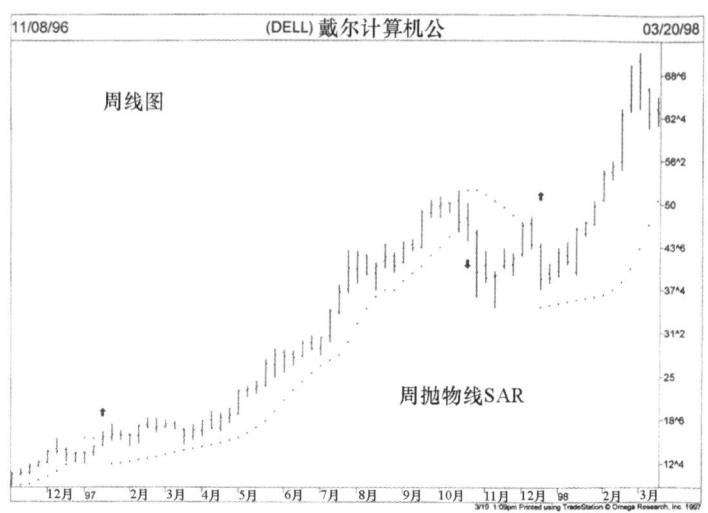

图 15.4 这里将抛物线系统应用到戴尔计算机的周线图。1997 年大部分时间处于做多状态,当年 10 月间发出卖出信号。1997 年底,上述卖出信号被逆转,转为买进信号。

充分显示了大多数趋势顺应系统的长处和短处。这些系统在市场处于强烈的趋势状态时,表现颇佳。但是据怀尔德本人的估计,这样的市场阶段大约只占到市场总时间的 30%。如果他的判断合乎实际的话,那么就等于说,趋势顺应系统在 70% 的时间内效果不如人意。到底我们如何处理这个进退两难的困局呢?

方向性运动指数(DMI)和 ADX

如果我们能够选用某种过滤器或者采取某种措施,预先确定市场是否处于趋势状态的话,问题可能就解决了。这一点正是怀尔德设计方向性运动指数的动机。方向性运动指数标志着每个市场方向性运动(趋势)的多寡,借助它我们可以比较各个市场的趋势性程度。怀尔德利用 ADX 线,按照从 0 到 100 的读数刻度,把各个市场的方向性运动情况加以评级。如果 ADX 线处于上升状态,就表示该市场的趋势性增强,因而更适合应用趋势顺应系统;处于下跌状态,则意味着市场处于无趋势状态,就不适合采用趋势顺应系统(图 15.5)。

因为 ADX 线的读数刻度从 0 到 100 分布,所以,趋势型交易商只要径直地选择趋势性程度最高的市场就行了。而对于方向性运动水平较低的市场,我们不妨采用非趋势系统(如摆动指数等)。

我们既可以把方向性运动指数用作一个独立的系统,也可以把它用作抛物线或其余趋势顺应系统的过滤器。在 DMI 分析中,有两条

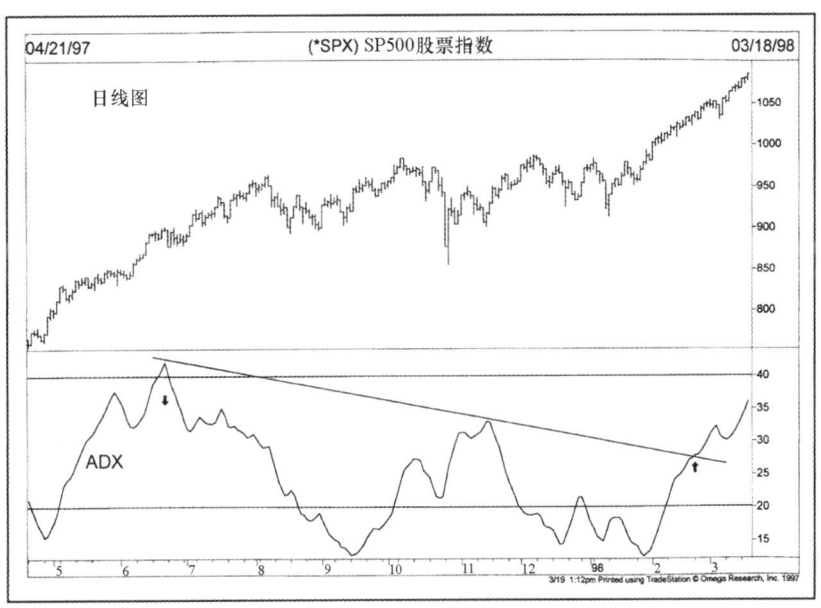

图 15.5 ADX 线标志着市场方向性运动的程度。当它从 40 以上的水平跌下来时(左侧的箭头),表明市场正进入横向波动状态。当它从 20 以下的水平涨上来时(右侧的箭头),表明市场重新进入趋势状态。

线,一条是+DI,另一条是-DI。前一根线度量市场正向(向上)的运动,后一根线度量市场负向(向下)的运动。图 15.6 显示了这样两条线。其中粗黑线表示+DI,细黑线即-DI。当+DI 线(粗黑线)向上穿越-DI 线(细黑线)时,构成买入信号,而当它向下穿过-DI 线时,构成卖出信号。

图 15.6 既显示了抛物线系统,也显示了方向性运动系统。显然,抛物线系统更为灵敏,即其信号出现得既及时又频繁。无论如何,如果我们采用方向性运动指数作为过滤器,只在抛物线信号与方向性运动线的方向一致的情况下,才实施其信号,那么其中几处伪信号就可以避开了。由此看来,我们还是把抛物线同方向性运动系统综合起来使用为好。两者截长补短,相得益彰。

趋势性系统的最佳工作时机是在 ADX 线上升的时候(图 15.7 和图 15.8)。与之相反,正如前面曾警告,当 ADX 线从 40 以上的水平开始下降时,正是行情趋势性减弱的初期征兆。如果 ADX 线从 20 以下重返其上,常常是新趋势开始的信号(ADX 线实质上是+DI 线和-DI 线之间的距离经平滑后的结果)。

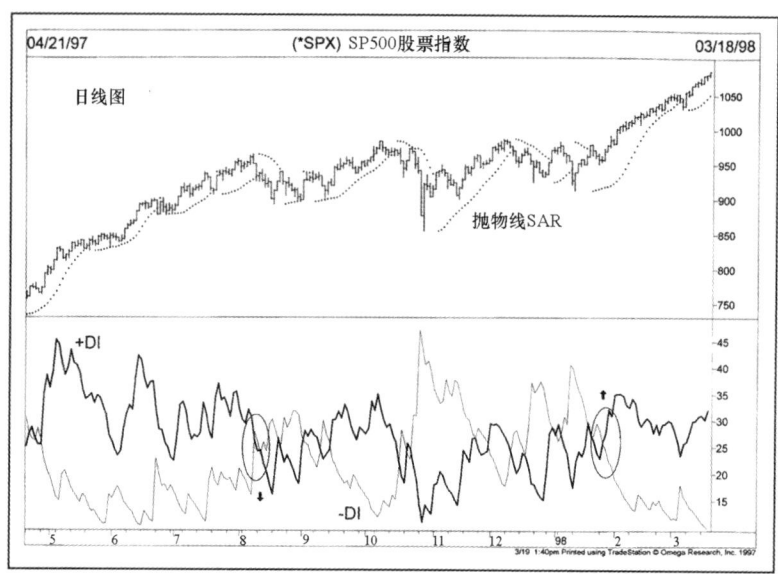

图15.6 下半图表示了组成方向性运动指数(DMI)系统的+DI线(粗黑线)和–DI线(细黑线)。可以采用DMI作为抛物线系统(上半图)的过滤器。当+DI线位于–DI线之上时(如本图最左侧和最右侧),忽略所有的抛物线卖出信号。如此一来,就能避开市场在上涨阶段时出现的几次拉锯现象。

图15.7 本图为道琼斯公用事业指数,14周ADX线于1996年初见顶回落,其最高水平曾远超过40。这一回落揭开了之后为期18个月横向波动区间的序幕。1997年夏,ADX线从20以下的水平转而向上,标志着公用事业指数开始进入趋势状态。

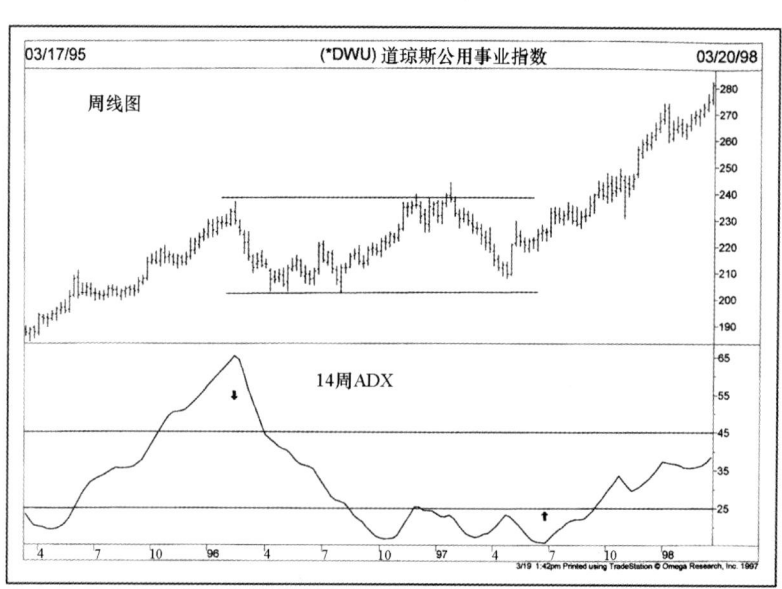

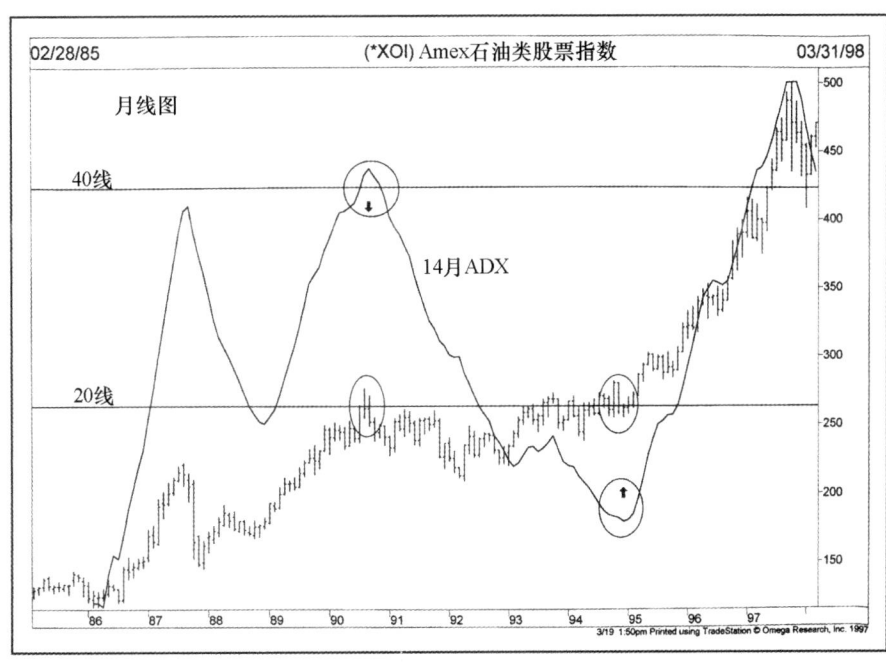

图15.8 本图为美国证券交易所(AMEX)原油行业指数(XOI)月线图,图上叠加了 ADX 线。1990 年 ADX 线在 40 以上的水平见顶回落,原油类股票的上涨行情也结束了。1995 年初 ADX 线从 20 以下的水平转而向上,标志着原油类股票 4 年的横向波动区间的终结,正确地揭示了新一轮上升行情的开端。

关于计算机自动交易系统的正反两方面意见

自动交易系统的长处

1. 排除了人们主观情绪的影响。

2. 具有更严格的自律。

3. 能达到更高程度的一致性。

4. 顺着趋势方向交易。

5. 确保不错过每个顺着重要趋势的方向入市的机会。

6. 允许利润充分增长。

7.把损失限制在一定范围。

自动交易系统的短处

1.绝大多数自动交易系统是顺应趋势的。
2.从获利角度看,趋势顺应系统依赖于主要趋势。
3.当市场无趋势可循时,趋势顺应系统一般是不盈利的。
4.市场在相当长的时间内没有趋势,而在这种阶段不适合采用趋势型方法。

主要的麻烦是,这些系统不能判断市场何时已经无趋势可言,因而不能使我们及时地抽身退出。衡量某个系统好坏的标准有两方面,我们不但应该考察它在趋势市场下的获利能力,而且更重要的是,应该检验它在无趋势市场下保存资金实力的能力。这类系统无力为自己设置警戒,这一点是它们的最大的弱点之所在。事实表明,也正是在这一点上,那些著名的过滤器,例如韦尔斯·怀尔德的方向性运动指数或 ADX 线大有用武之地。这些过滤器能够帮助交易商确定哪些市场最适合趋势型系统。

自动交易系统一般不能预期市场的反转,这也是它的短处。趋势顺应系统对趋势一跟到底,一直到趋势反转为止。它们不能判断市场何时处于长期的支撑或阻挡水平,何时出现摆动指数的背离现象,或者何时艾略特波浪形态的第 5 浪已经清楚可辨。在这些关键时刻,大部分交易商都会有所警觉,并着手部分地平仓实现利润。然而这些系统此时却仍然保留原来的头寸,直至市场方向完全转变以后才能反应过来。因此,如何利用这些系统以取得最大效益,完全取决于用户。就是说,我们必须抉择一下,到底是完全听由系统牵着鼻子走呢,还是把它们与其他各种技术因素结合起来,形成综合的交易方针。这样,我们就进行到下一部分,谈谈如何把自动化系统用作一般的技术指标,糅合到我们的预测和交易过程中去。

利用系统的信号来约束自己

我们可以简单地把系统的信号用作其他技术因素的自动化的验证信息。即使我们不打算采用自动交易系统,而是使用其他各种技术因素的话,我们依然可以借助它的信号来作为一种自律的手段,以保证自己在重要趋势中站在正确的一边。只要计算机趋势显示为上升,我们就不应开立空头头寸;只要计算机趋势显示为下降,我们就不应开立多头头寸(基本分析型交易商也不妨采用某种技术系统作为自己的交易意向的过滤器或者触发器。而上述正是个简易的法子)。通常,所谓趋势方向其实是个判断问题,那么,计算机的信号就可以在一定程度上,把交易商从犹疑不定之中解脱出来。它们可以阻止他踏入所谓"压顶"或"抄底"的陷阱。

以系统信号作警报

我们还可以把计算机趋势分析用作绝好的审查工具,提醒自己警惕当前的趋势变化。马上就能挑出若干合适的交易对象。通过研究所有的图表,我们当然也可能获得同样的结论。但是,计算机使这项工作快速、简易,并且更具权威性。计算机系统有能力自动设定交易信号,一旦市场条件触发交易信号,便立即提醒交易者,这项能力是交易者一项极宝贵的资产,特别在金融市场范围越来越广的现实下。

是否需要专家帮助

在欧米茄研究提供的产品中,有一个"交易工作站",其中提供了多种专家帮助功能(欧米茄研究,佛罗里达州迈阿密市)。用户随处可以调出其"专家评论",它可以从当时的市场条件出发为你解说技术指标。欧米茄的专家分析功能可以判定在当时的市场条件下哪一类指标最适用,并做出相应说明。不仅如此,它还提供两个专家工具。"趋势线自动绘制"工具可以为你实际绘制趋势线。"蜡烛图形态识别"工具可以判读较常见的蜡烛图形态。

系统测试与构造自己的系统

欧米茄研究在其软件包中提供了多种在交易者中最流行的交易系统。你可以测试这些系统,做进一步修改,或者干脆从头构造自己的系统。所有的欧米茄图表工具、指标以及交易系统都采用相对简单的语言编写,称为"简易语言(Easy Language)"。简易语言可以接受你用日常语言描述的交易思路,再把日常语言转为程序运行所需要的机器代码。不需要成为计算机程序员,就可以把自己的交易思路开发为交易系统、测试它、优化它,最终把你独有的交易思路自动化——这样的诱惑无人能够抗拒。计算机甚至能够替你规划适合的交易指令,当交易信号触发时,立即通过可以同时传输文字与数字的 BP 机提醒你(在附录 C,我们要用欧米茄研究的简易语言和交易工作站来展示如何构建自己的交易系统)。

总　　结

　　本章为你介绍了韦尔斯·怀尔德的几种交易系统——抛物线和方向性运动指数(DMI)。抛物线系统可以产生有用的交易信号,但是或许不应该单独使用。两条 DI 线可以用作抛物线系统的过滤器,当然也可以用作其他敏感的趋势追随系统的过滤器。ADX 线是 DMI 系统的一部分,为我们提供了判别当前市场状态——趋势状态还是横向波动状态——的一条途径。上升的 ADX 线意味着趋势的出现,有利于采用移动平均线。下降的 ADX 线意味着市场进入横向波动,有利于采取摆动指数。借助抛物线系统的几个实例,我们介绍了大多数趋势追随系统的优点和缺点。当市场处于趋势状态时,它们作用良好。当市场处于横向波动状态时,它们一无是处。为了应用这样的系统,你首先不得不有能力识别市场状态的不同。我们还谈到了机械交易系统的长处。这样的系统排除了个人情绪的干扰,在市场氛围对路的条件下,能够发挥非常大的助益。它们也可以充当警告性技术信号,和基本分析协同参照(关于交易系统的进一步介绍参见附录 C)。有一点毫无疑问,计算机带来了一场金融市场分析和交易方式的革命。虽然我们对软件程序的兴趣主要在于技术分析,但是也可以借之把技术分析和基本分析适当结合。当本书第一版在 1986 年面世的时候,为了进行常规技术分析配备必要的硬件装备,大约需要花费 5000 美元。当时市面上主流行情分析软件包的价码接近 2000 美元。时过境迁。如今不到 2000 美元,你就可以获得强大得难以置信的电脑。大多数行情软件包的价钱不超过 300 美元。其中比较体贴的还通过 CD-Rom 为你提供长达 20 年的历史数据,不另收费或只收少许费用。

　　从这些行情软件包你还能够获得另一个巨大的好处——大量的学习和辅助资料。首先,《用户手册》常常就是一大厚本书,包括技术指标的计算公式和各种有用的说明。现代计算机的筛选和警示功能对交易者跟踪全球债券和股票市场、成千上万的个股特别有帮助,当然也包括成千上万的共同基金。第十七章还要讨论一种更加复杂的计算机技术——"神经网络"。时代给我们的指示很明确。如果你打算认真对待投资或金融市场交易,那么赶紧买一台电脑,学会操作。这么做,将来你会感到庆幸的。

第十六章 资金管理和交易策略

引　言

前面各章讲的,是我们在进行金融市场的预测和交易时,所采用的各种主要的技术方法。为了完成对交易过程的研究,这一章要在**市场预测**的基础上,添上**交易策略**(或时机抉择)这个关键因素,以及另一个常常为人忽略的方面——**资金管理**。三个要素,缺一不可,否则,交易就做不成。

成功的商品期货交易具有三个要素

在任何成功的期货交易模式中,我们都必须考虑以下三个方面的重要因素:价格预测、时机抉择和资金管理。

1.价格预测指我们所预期的未来市场的趋势方向。在市场决策过程中,这是极关键的第一个步骤。通过预测,交易者决定到底是看涨,还是看跌,从而回答了我们的基本问题:我们应该以多头一边入市,还是以空头一边入市。如果价格预测是错误的,那么以下的一切工作均不能奏效。

2.交易策略,或者说时机抉择,确定具体的入市和出市点。在期货交易中,时机抉择也是极为关键的。因为这个行业具有较低的保证金要求(高杠杆率)的特点,所以我们没有多大的回旋余地来挽回错误。尽管我们已经正确地判断出了市场的方向,但是如果把入市时机选择错了,那么依然可能蒙受损失。就其本质来看,时机抉择问题几乎完全是技术性的。因此,即使交易者是基础分析型的,在确定具体的入市、出市点这一问题上,他仍然必须借助技术工具。

3.资金管理是指资金的配置问题。其中包括投资组合的设计,多样化的安排,在各个市场上应分配多少资金去投资或冒险,止损指令的用法,报偿—风险比的权衡,在经历了成功阶段或挫折阶段之后分别采取何种措施,以及选择保守稳健的交易方式还是大胆积极的方式等等方面。

可以用最简洁的语言把上述三要素归纳为:价格预测告诉交易者**怎么做**(买进还是卖出),时机抉择帮助他决定**何时**做,而资金管理则确定用**多少钱**做这笔交易。关于价格预测的问题,前面各章已有论述了。我们这里主要处理后两个方面。我们首先谈资金管理,因为在我们制定恰当的交易策略时,也必须把这个问题考虑进去。

资金管理

我曾在一家大型经纪公司的研究部门供职多年。离开它以后,我不可避免地转向了资金管理这一行。马上我就发现,在替别人谋划交易对策与亲自实践这些方案之间,存在着巨大的差别。令我意外的是,在这场工作转换中,最困难之处并不在于市场策略这一方面。我分析市场以及确定入市、出市点的方式前后并没有太大不同。真正的变化是我对资金管理的重要性的体验。我很惊诧，像资金账户的大小、投资组合的搭配，以及在每笔交易中的金额配置等等诸如此类的问题，竟然都能影响到最终的交易成绩。

毋庸讳言，我坚定地信奉资金管理的重要意义。在我们这个行当，到处都是顾问公司、咨询服务，喋喋不休地指点客户买卖**什么对象、何时**去买卖等等，但是几乎没人告诉我们，在每笔交易中，应当注入**多少资本**。

有的交易者认为，在交易模式中，资金管理是最重要的部分，甚至比交易方法本身还要关键。我想，我可能还没有走得那么远，但是我相信，如果要长久地立于不败之地，就少不得它。资金管理所解决的问题，事关我们的生死存亡。它告诉交易者如何掌握好自己的钱财。作为成功的交易者，谁笑到最后，谁就笑得最好。资金管理恰恰增加了交易者生存下去的机会，而这也就是赢在最后的机会。

一些普遍性的资金管理要领

我们必须承认，关于投资组合的管理问题可以弄得极为复杂，乃至于必须借助复杂的统计学方法才能说得清楚。我们这里只打算在相对简单的水平上讨论这个问题。以下我们罗列了一些普遍性的要领，对朋友们进行资金分配，以及决定每笔交易应注入的资金量等工作可能有所帮助。

1.总投资额必须限制在全部资本的50%以内。余额可以投入短期政府债券。这就是说，在任何时候，交易者投入市场的资金都不应该超过其总资本的一半。剩下的一半是储备，用来保证在交易不顺手的时候或临时支用时有备而无患。比如说，如果账户的总金额是100000美元，那么其中只有50000美元可以动用，投入交易中。

2.在任何单个的市场上所投入的总资金必须限制在总资本的10%到15%以内。因此，对于一个100000美元的账户来说，在任何单独的市场上，最多只能投入10000～15000美元作为保证金存款。这一措施可以防止交易商在一个市场上注入过多的本金，从而避免在"一棵树上吊死"的危险。

3.在任何单个市场上的最大总亏损金额必须限制在总资本的5%

以内。这个 5% 是指交易商在交易失败的情况下,将承受的最大亏损。在我们决定应该做多少张合约的交易,以及应该把止损指令设置在多远以外时,这一点是我们极为重要的出发点。因此,对于 100000 美元的账户来说,可以在单个市场上冒险的资金不超过 5000 美元。

4. 在任何一个市场群类上所投入的保证金总额必须限制在总资本的 20%～25% 以内。这一条禁忌的目的,是防止交易商在某一类市场中陷入过多的本金。同一群类的市场,往往步调一致。例如,金市和银市是贵金属市场群类中的两个成员,它们通常处于一致的趋势下。如果我们把全部资金头寸注入同一群类的各个市场,就违背了多样化的风险分散原则。因此,我们应当控制投入同一商品群类的资金总额。

上述要领在期货行业中是相当通行的,不过我们也可以对之加以修正,以适应各个交易商的具体需要。有些交易商更大胆进取,往往持有较大的头寸。也有的交易商较为保守稳健。这里的重要用心就在于,我们必须采取适当的多样化的投资形式,未雨绸缪,防备亏损阶段的降临,以保护宝贵的资本(虽然这些要领主要针对期货市场,但是资金管理和资产分配的基本原则可以应用于所有的投资类型)。

分散投资与集中投资

虽然分散投资是限制风险的一个办法,但也可能分散得过了头。如果交易商在同一时刻把交易资金散布于太多市场的话,那么其中为数不多的几笔盈利,就会被大量的亏损交易冲抵掉。这里头也有个一半对一半的机会问题,因此我们必须找到一个合适的平衡点。有些成功的交易者把他们的资金集中于少数几个市场上。只要这些市场在当时处于趋势良好的状态,那就大功告成。我们所选择的市场之间的相关性越小,则越能取得分散投资的功效。如果我们只是同时在四种外汇市场上持有多头头寸,那么,算不得是优越的分散投资,因为外汇兑美元的汇率通常按照相同的趋势方向变化。

设置保护性止损指令

我向朋友们强烈地呼吁,一定要采取保护性止损措施。不过止损指令的设置着实是一门艺术。交易者必须把价格图表上的技术性因素,与资金管理方面的要求进行综合的研究。这一点,在本章后面的"交易策略"部分,我们再细谈。交易者应当考虑市场的波动性。市的波动性越大,那么,止损指令就应当比较远。无独有偶,这里也有个机会问题。一方面,交易者希望止损指令充分地接近,这样,即使交易失败,亏损也会尽可能地少。然而另一方面,如果止损指令过于接近,那么很可能当市场发生短暂的摇摆(或称"噪声")时,引发不必要的平仓止损的行为。总之,止损指令过远,虽然能够避开噪声干扰,但最终损失较大。关键还是要走中庸之道。

报偿—风险比

最成功的交易商也只能在40%的交易中获利。事实就是如此。大多数交易以亏损而告终。那么,既然交易者在多数情况下都赔钱,他们最终又怎么能盈利呢?因为期货交易只要求如此小额的保证金,所以,哪怕市场朝不利的方向只变化一点点,我们也不得不忍痛平仓止损。于是,在交易者真正捕捉到他心目中的市场运动之前,或许不得不先进行几番尝试。

这样我们就涉及报偿—风险比的问题。因为大多数的交易是赤字,所以我们唯一的希望就是,确保获利交易的盈利额大于亏损交易的损失额。为了达到这个目的,大部分交易者都要考虑报偿—风险比。对每笔计划中的交易,我们都要确定其利润目标(报偿),以及在万一失败的情况下的可能亏损的金额(风险)。然后,我们把利润目标与潜在亏损加以权衡,得出报偿—风险比。报偿—风险比有一个通用的标准,3比1。在考虑一笔交易时,其获利的潜力必须至少3倍于可能的亏损,我们才能够付诸实施。

"让利润充分增长,把亏损限于小额。"在投资交易中,这是老生常谈了,我们刚刚讨论的问题与之很有关系。如果我们咬定长期趋势,就可以实现巨额的利润。因为就每年来说,我们仅有少数的交易可致巨利,所以机会难得,必须尽量扩大战果。"让利润充分增长",一语道破天机。而"把亏损限于小额"就像同一枚硬币的另一面。不过,如果朋友们知道很多交易者的所作所为与这句话恰恰相反,怕会惊愕不已吧。

复合头寸交易:
跟势头寸与交易头寸

说起来,"让利润充分增长"似乎颇容易。只要我们有慧眼捕捉到某市场趋势的开端,就能在相对短的时间内,获取巨额利润。然而,迟早有一天,趋势突然地停滞不前了。此时,在摆动指数上显示出超买状态,在价格图上也面临着一些重要的阻挡水平。怎么办?虽然我们相信市场尚有很大的上涨余地,但是又担心价格下跌,丧失账面利润。现在,是平仓获利呢?还是安之若素,准备忍过可能出现的调整呢?

有一个办法可以解决这个问题:我们始终采用复合头寸来进行交易。所谓复合头寸,是指我们把交易的单位分成**交易**头寸和**跟势**头寸两部分。跟势头寸部分图谋长期的有利之处。对于它们,我们设置较远的止损指令,为市场的巩固或调整留有充分的余地。从长期角度看,这些头寸能够带来最大的利润。

在我们的投资组合中,特地留出交易头寸部分来从事频繁地出市入市的短线交易。如果市场已经达到第一个目标,接近了某个阻挡区,同时摆动指数也显示出超买状态,那么,我们就可以针对交易头寸部分地平仓获利,或者安排较接近的止损指令。其目的是要锁定或确保利润。如果之后趋势又恢复了,那么我们就把已平仓的头寸重新补回来。因此,我们最好在开始交易时,避免只做一张合约或一个单位头寸的情况。通过多单位头寸的交易,我们就拥有了更大的灵活性,从而可能提高总的交易成绩。

在成功或失败阶段之后做什么

交易者在经历了一连串失败或成功之后,应该做什么?假定你的交易本金赔掉了50%,你应当改变交易风格吗?如果你已经损失了一半本钱,那么为了挣回原来的资金金额,首先你就不得不从剩下的一半中挣出它的一倍来。你是更加细致地选择交易机会呢?还是选择保证金要求较低的市场呢?还是保持一贯、采取一如既往的交易方式呢?如果这时你才变得保守起来的话,就将很难把损失的资金再赢回来了。

另一方面,如果交易者刚刚连获丰收,虽然感觉挺滋润,却也有个两难问题。假定你已经赚足了原有本金的一倍,那么如何利用这些盈利呢?看起来,似乎显而易见,为了从资金运用中取得最大的收益,我们应该利用盈利来把交易头寸扩大一倍。然而,将来免不了会发生亏损的阶段,如果我们这么办了,结果可能不只是贴掉刚挣回利润的一半,而是要全部搭进去。所以上面两个问题的答案并不像乍看起来那么简单明白。

每个交易商的交易成绩记录都是由一系列峰和谷组成的,与价格图倒是极相似。如果从总体上看交易者是盈利的,那么他的净资产图线就应当是上升的。在连串获利之后马上就扩大注入市场的本金,这种时机是最糟糕的。这一点恰恰就像在上升趋势中,当市场处于超买状态时买入一样。更明智的做法(这与人类的本性有点不符)是,在资本金稍有亏损的时候,便开始增加投入。这么做,增大了重头投入处在净资产的低谷而不是在净资产的顶峰的机会。

交 易 策 略

交易商在完成了市场分析之后,就应当清楚到底是该买进,还是该卖出。下一步,我们根据资金管理方面的考虑,确定注入资金的规模。最后,我们进入市场,实际购进或抛出。在最后这一步,关于如何入市、在什么点位入市的问题,我们必须在通盘考虑各项技术性因素、资金管理的要求,以及我们所采用的交易指令的类型的基础上,才能最后决定。下面,我们依次对各个方面加以探讨。

利用技术分析抉择时机

谈起利用技术分析来选择交易机会,其实并不新鲜,这是我们前面各章中的老话题了。唯一的区别是,出、入市时机抉择问题是针对很短暂的时期而言的。我们这里所关心的时间范围,是以天、小时,乃至分钟来计算的,这与逐周、逐月的筹划正好相对立。但是我们所采用的技术方法依然是一致的。在此,我们不打算再逐一地介绍各种技术方法了。我们的讨论仅限于一些一般性的概念。

1.关于突破信号的策略;

2.趋势线的突破;

3.支撑和阻挡水平的利用;

4.百分比回撤的利用;

5.价格跳空的利用。

关于突破信号的策略:
预先还是伺后

关于突破信号,交易者永远都得面对一个左右为难的问题:究竟在突破发生之前预先入市呢?还是正当突破发生的时候当场入市呢?或者还是等突破发生后市场反扑或反弹时伺后入市呢？三种做法各有各的门道，而且我们也有综合采用三种方式的办法。如果交易者可以买卖数个单位，那么不妨每样各做一个单位。假定我们预期市场将发生向上突破。采取预先方式的好处就在于，如果突破果真如愿发生了，那么我们的头寸就具备有利的（较低的）价位。但是在另一方面，交易失败的风险也相应地较大。如果我们正当突破发生时才入市，则成功的把握较大，但是代价是，入市的价位也不利（即价位较高）。如果我们等市场在突破后出现反扑时，再伺后入市，那么只要果真能够发生反扑，这就不失为合理的折中方案。可惜的是，许多势头凶猛的市场（通常也是最有利可图的），并不给那些耐心的交易商第二个机会。因此，采取伺后方式的风险小，但是错过重要的入市机会的可能性较大。

这也是一个很好的例子，说明使用复合头寸的办法大大地减轻了我们左右为难的程度。在突破前"预先"入市时，交易者不妨开立一点小头寸；然后，在突破时，再添一点头寸；最后，等突破后市场调整性地跌回时，再追加一点头寸。

趋势线的突破

这是一种最有价值的早期入市或出市的信号。如果交易商正在寻求趋势变化的技术信号，以开立新头寸，或者正找机会平仓了结原有头寸的话，那么，紧凑趋势线的突破常常构成绝妙的下手信号。当然，我们始终也必须考虑其他技术信号。另外，在趋势线起支撑或阻挡作用的时候，也可以用作入市点。在主要的上升趋势线的上侧买入，或者在主要的下降趋势线的下侧卖出，均不失为有效的时机抉择的对策。

支撑和阻挡水平的利用

在选择出、入市点这一方面，支撑和阻挡水平是最行之有效的图表工具。当阻挡被击破时，可能构成开立新的多头的信号。而这个新头寸的保护性止损指令就可以设置在最近的支撑点的下方。我们甚至还可以更接近地设置止损指令，把它安排在实际的突破点之下，因为这个水平现在应该起到支撑作用了。如果在下降趋势中市场上冲至阻挡水平，或者在上升趋势中价格下跌到支撑水平，那么我们均可以据此开立新头寸，或者把已有账面利润的原有头寸加以扩大。另外，在我们设置止损指令的时候，支撑和阻挡水平也是最有参考价值的。

百分比回撤的利用

在上升趋势中,向下的调整常常回撤到前面的上涨进程的40%~60%的位置。我们可以利用这一点来开立新的多头头寸或扩大原有的多头头寸。因为我们现在主要谈的是时机抉择问题,所以我们把百分比回撤也应用于非常短期的变化。比如说,在牛市突破之后的40%回撤,或许正是绝妙的买入点。而在下降趋势中,40%~60%的向上反弹通常提供了优越的抛空机会。同时,在日内价格图上,我们也可以应用百分比回撤的概念。

价格跳空的利用

我们还可以利用线图上出现的价格跳空来有效地抉择买卖时机。例如,在上升运动之后,其下方的价格跳空通常起到支撑作用。当价格跌回价格跳空的上边缘、或者回到价格跳空之内的时候,我们买入。然后,我们把止损指令放置在跳空之下。在下跌运作之后,当市场反弹到上面价格跳空的下边缘,或进入到跳空之内的时候,我们卖出。然后,再把其止损指令安排在跳空的上方。

综合各项技术概念

利用各项技术概念的最有效的办法,是把它们综合起来。请记住,我们正在讨论的是时机抉择问题,关于买或者卖的基本决定早已经确定了。此处我们所做的一切,就是要对入市和出市点进行细致的调整。如果我们采纳了买入信号,那么,就会力求以最低的价格入市。假定价格跌回了40%~60%的买进区域,此处又存在一个显著的支撑水平,或者一个潜在的支撑性价格跳空,那就妙不可言。进一步,如果附近就有一条重要的上升趋势线,那就更好。

那么,所有这一切因素综合在一起,就能增加交易时机抉择的有效性。我们的主意是,在上升趋势中,在支撑区附近买进,但是如果该支撑被击溃,就尽快平仓出市。而在下降趋势中,我们尽可能在接近阻挡区之处卖出,但是如果该阻挡被冲破,也尽快平仓出市。在上升趋势的向下调整中,如果沿着调整阶段中的高点所连成的紧凑下降趋势线被向上突破了,也可用作买入信号。而在下降趋势的向上调整中,如果调整阶段的紧凑趋势线被向下突破了,也可能是做空头的机会。

把各项技术因素与资金管理结合起来

在我们考虑设置止损指令的时候，除了利用图表的点位外，还应该适当地兼顾资金管理的几条要领。假定交易者的账户金额为100000美元，我们采取其中的10%作为每笔交易的最大注入限额。那么在这笔交易中，他只可动用10000美元。而最大的风险限额为5%，即5000美元。因此，他所设置的止损指令的价位必须满足如下条件：万一交易失手、止损指令被执行了，其亏损总额不能超过5000美元。

止损指令较接近的话，就允许我们持有较大的头寸。而止损指令较远，则可能限制我们的头寸规模。有些交易者在决定止损指令的时候，完全是从资金管理的因素出发的。但是，有一点极端重要。对于空头头寸，其止损保护指令应当设置于**有效的**阻挡点位的上侧；而对于多头头寸，其止损保护指令应当设置于**有效的**支撑点位的下侧。在我们探求具有一定有效性的、较接近的支撑或阻挡水平的时候，日内图表颇擅胜场。

交易指令的类型

正确地选择交易指令的类型，是交易策略中的必要组成部分。不过，这里要讨论的，只限于一些较为常见的指令类型：市价指令、限价指令、止损指令、止损限价指令以及触市指令（M.I.T.）。

1.市价指令。指示经纪人径直按照当前的市场价格买入或卖出。在市场急速动作的情况下，或者在交易商要求确保能够开立头寸的情况下，通常最好采用此类指令，以免贻失良机，错过潜力大的市场运动。

2.限价指令。明确地指出交易者愿意接收的交易价格。买入限价指令一般设置在当前市场价格之下，表示交易者在买进时愿意支付的最高价格。而卖出限价指令一般放置在当前市场价格之上，表示交易者在卖出时愿意接受的最低价格。本指令属于伺机成交的指令类型。举例来说，如果买方在看涨突破发生后，试图乘市场随后向下反扑到支撑水平附近时再入市，则可以采用此类指令。

3.止损指令。既可以用来开立新头寸,也可以用来限制已有头寸的亏损,或者保护已有头寸的账面利润。止损指令指明了有关交易指令的执行价格。买入止损指令一般置于市场的上方,而卖出止损指令则设在市场的下方(这一点与限价指令正好相反)。只要市场触及止损指令的水平,该指令就转化为市价指令,经纪人必须立即以能够到手的最好价格执行。在多头头寸的情况下,其卖出保护指令设置在市场下方,以限制亏损。如果后来价格上涨了,我们也可以水涨船高,提高止损指令的水平以保护账面利润(这就是所谓跟踪止损)。我们也可以预先在阻挡水平上方安排好止损指令,从而当向上突破发生的时候,就能够及时地开立多头头寸了。同样道理,卖出止损指令也可以设立在支撑水平之下,等向下突破发生时,开立新的空头头寸。因为止损指令后来转化为市价指令了,所以其实际的执行价格或许比止损指令的原定水平要差一些,特别是当市场激烈变化时尤其如此。

4.止损限价指令。止损指令和限价指令的复合形式。本类指令同时明确了止损价格和限价价格两个水平。一旦市场触及止损价格,则本指令转化为限价指令。当交易者既打算在突破发生时入市买卖,又力图控制交易价格的时候,可以采用这一类指令。

5.触市指令(M.I.T.)。与限价指令类似,但区别在于,一旦市场触及本指令的价格水平,它就转化为市价指令了。买入触市指令也像买入限价指令那样,把水平设置在市场下方。当所限制的水平被市场触及后,经纪人必须立即入市交易。同限价指令比较,本类指令具有明显的优越性。虽然买入限价指令也位于市场下方,但是即使市场触及了它的水平,也不能确保该指令被执行。这里正是 M.I.T.指令最有价值的地方。如果交易商既希望乘跌低价买入,又不想在万一市场只是对指令水平一触即返的情况下丧失入市良机的话,就可以选用本类指令。在下降趋势中,我们把 M.I.T.指令设置在市场上方。

上述各种指令分别适用于不同的场合。每一类都是既有长处,也有短处。市价指令能够确保头寸的建立,但其代价是往往"尾追"市场。限价指令能够提供易于控制的好价格,但是我们冒着贻误良机的风险。对于止损限价指令,当市场在指令水平处发生价格跳空时,也有同样的风险。我们强烈建议采用止损指令来限制亏损或保护利润。不过,如果我们采用买入或卖出止损指令来开立新头寸的话,也免不了发生执行价格恶劣的情况。触市指令虽然出奇地有效用,但是在有些交易所是不允许使用的。我们应当通晓上面各种指令,并明了其优缺点。

在我们的交易方案中,每种指令均应拥有一席之地。我们还必须明了各间期货交易所允许交易者采用的指令类型。

从日间图表到日内图表

因为时机抉择问题关心的是短期的市场行为,所以日内价格图表特别有用处。在我们从事当日交易时,日内价格图表也是不可或缺的。不过,这一点不是这里的中心话题。我们这里主要是要讲清楚,在我们作出了是不是应当入市或出市的基本决定后,如何利用日内价格图表来帮助我们抉择具体的买入或卖出时机。

有一点值得我们反复地说明。在整个交易过程中,我们必须从长期的研究着手,然后逐步过渡到较短的时间范围。我们的分析是以对连续月线图和周线图的长期透视开始的。接下来,我们考察日间图表,这是做出实际交易决定的基础。最后,我们研究日内价格图表,以获得进一步的精确度。长期图表是对市场的鸟瞰。而日内价格图表是对市场活动的显微观察。朋友们将看到,我们过去所讨论的各项技术原理,在这类极灵敏的图表中均有清晰的体现(图 16.1~图 16.3)。

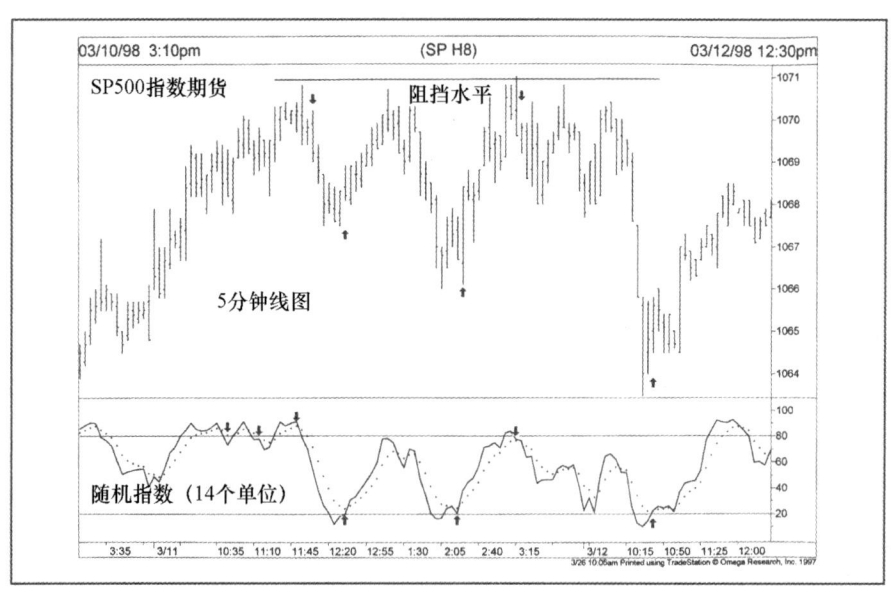

图 16.1　SP500 股票指数期货合约 5 分钟线图,其中包括一天半的行情。图中最后 5 个随机指数信号(箭头处)效果相当好。日内图表适用于极短线交易的用途。

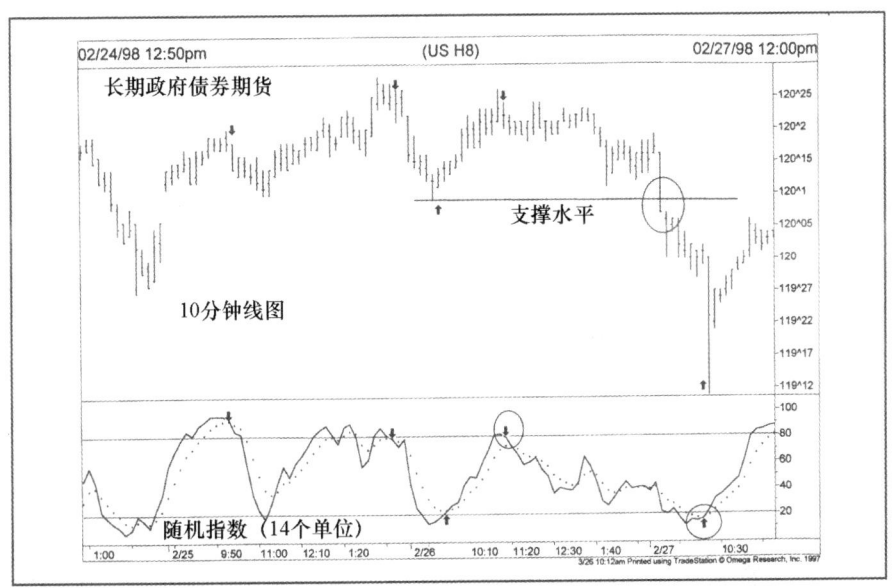

图 16.2 长期政府债券期货合约 10 分钟线图,显示了 3 个交易日的行情。最后的两个随机指数信号分别是 2 月 26 日早晨 10 点 10 分之后的卖出信号,和次日晨大约同一个时间的买进信号。

图 16.3 德国马克期货合约的小时线图,包括 10 个交易日的行情。随机指数一共发出了 3 个买卖信号(箭头处)。2 月 17 日的买进信号持续到 2 月 24 日转为卖出信号,然后在 2 月 26 日再度转为买进信号。

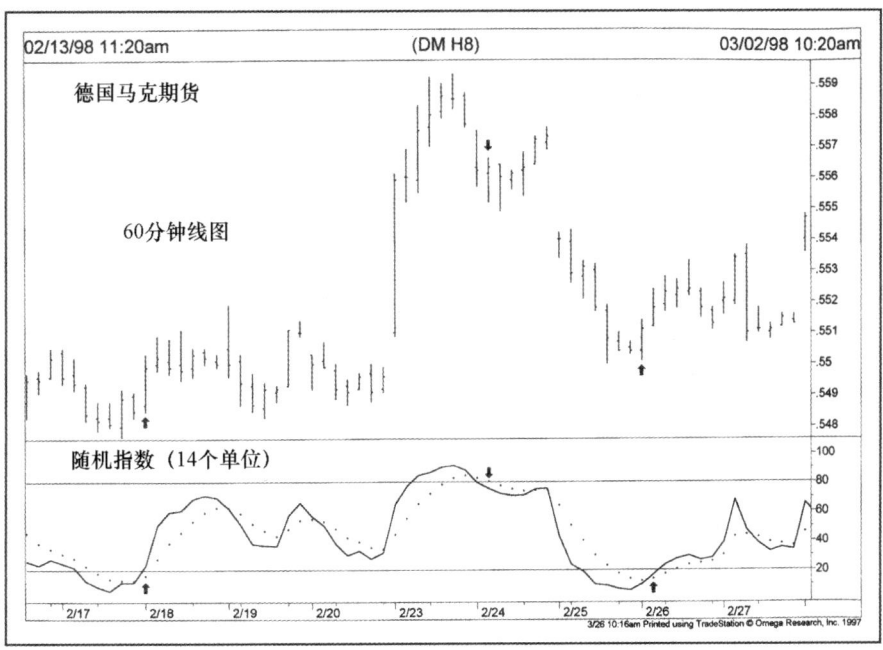

日内轴心价格点的利用

为了更早地入市,并且使止损保护指令的水平与入市水平更紧凑,有些交易商设法通过轴心价格点的方法来预期市场的收市价位。在这种技术中,包含了7种关键的价格水平和4个时间参数。这7个价格轴心点分别是,前一日的最高价、最低价和收市价,当日的开市价、最高价、最低价和收市价。4个时间参数都是当前交易日的。它们是,开市,开市后30分钟,正午(纽约时间12:30),以及收市前35分钟。

这些都是平均的时间概念。我们可以针对具体的市场进行调整。这种方法的意图是,当交易者觉得市场已经处于强弩之末或处于摇摇欲坠的顶部或底部状态时,可以采用上述轴心点作为时机抉择的工具。其中的买、卖信号,是以当日价格突破各个轴心点为标志的。当日,信号出现得越迟,则越强。下面举个买入信号的例子。如果当日的开市价高于前一天的收市价,但是低于前一天的最高价,则可以把买入止损指令设置在前一天最高价的上方。如果这个买入止损指令得以执行,我们就把它的保护性卖出止损指令设立在当日最低价的下方。在收市前35分钟的时候,如果我们当日还未开立任何头寸,则在当日最高价上方设置买入止损指令,其保护性止损指令放在当日开市价下方。一般地,在开市后的头30分钟内,我们不采取行动。随着当日交易活动的进行,轴心价格点之间的距离会逐渐减小,而保护性止损指令的距离也就相应地缩短。作为买入信号,最后还有一个条件:当日的收市价格必须既高于前一日的收市价,又高过当日的开市价格。

资金管理要领和交易策略举要

以下,我们开出了一张清单,其中列举了资金管理的要领和交易策略较重要的方面。

1. 顺应中等趋势的方向交易。

2. 在上升趋势中,趁跌买入;在下降趋势中,逢涨卖出。

3. 让利润充分增长,把亏损限于小额。

4. 始终为头寸设置保护性止损指令,以限制亏损。

5.不要心血来潮地做交易,打有计划之战。

6.先制订好计划,然后贯彻到底。

7.奉行资金管理的各项要领。

8.分散投资,但须注意,"过犹不及"。

9.报偿—风险比至少要达到3比1,方可动作。

10.当采取金字塔法增加头寸时,应遵循以下原则:

    a.后来的每一层头寸必须小于前一层;

    b.只能在盈利的头寸上加码;

    c.不可以在亏损头寸上再增加头寸;

    d.把保护性止损指令设置在盈亏平衡点。

11.绝不要追加保证金,别把活钱扔进死头寸里去。

12.在平回盈利头寸前,优先平仓了结亏损的头寸。

13.除非是从事极短线的交易,否则总应当在市场之外,最好是在市场闭市期间,做好决策。

14.研究工作应由长期逐步过渡到短期。

15.利用日内图表找准入市、出市点。

16.在从事当日交易之前,先掌握隔日交易的技巧。

17.尽量别理会常识;不要对传播媒介的任何说法过于信以为真。

18.学会踏踏实实地当少数派。如果你对市场的判断正确,那么,大多数人的意见会与你相左。

19.技术分析这门技巧靠日积月累的学习和实践才能提高。永远保持谦逊的态度,不断地学习探索。

20.力求简明。复杂的并不一定是优越的。

应用于股票市场

    本章涵盖的各项交易策略(以及前面各章介绍的分析工具)均适

用于股票市场,之间的区别仅在于若干细小的调整。一般说来,期货交易者的注意力集中于短线到中线趋势,而股票投资者则更关注中线到长线趋势。在股票交易过程中,较少强调极短线,日内图表也较少使用。然而,就市场分析和交易而言,这些原则具有普遍性意义,不论在芝加哥期货交易所的交易池内,还是在纽约股票交易所场内,都一样。

资产配置

　　本章介绍的资金管理要领主要和期货交易相关。无论如何,投资组合有必要适当多样化,在我们的讨论中许多要领都和这一点有关。此外,我们的讨论也涉及资产配置的问题。

　　所谓资产配置指投资者应当在股票、债券和现金(通常都是货币市场基金或短期政府债券)之间适当地分配自己的投资组合。进一步地,资产配置还包括投资者投资组合中应有多少分配于国外市场。从股票市场来看,资产配置指投资者分配于不同的市场板块、行业的股票组合。从近来的发展看,资产配置也讨论投资者在组合中应在传统的商品期货市场分配多大比例。

专户理财和共同基金

　　近几年来,期货市场专户理财开始出现,有的投资者有意投资期货却缺乏相应的专业技术,专户理财为他们提供了一个途径。专户理财类似于共同基金,提供投资期货市场的机会。期货专户理财投资于所有的期货市场——包括货币、商品、债券以及股指期货,不过,和仅仅投资于债券和股票相比,它们还是提供了一定程度的多样性。一部分多样性来自它们的交易方式既可以做多,也可以做空。另一部分原因在于商品期货的部分。1997年后,投资者把一部分资产投资到商品市场的愿望更容易实现了。

　　奥本海默实物资产于1997年3月成立,这是第一家专门投资于商品市场的共同基金。该基金通过投资于商品联接票据,构造出一个商品投资组合,跟踪高盛商品指数(Goldman Sachs Commodity Index)。高盛商品指数包括22类商品市场。因为商品的走势常常与债券和股票的方向相反,所以该基金提供了一个极佳的多样化工具。适当的多样化要求投资者将资产分布到相关性较小的若干市场群体或类别——换言之,这些市场群体的行情趋势通常不按照同一个方向。从债券和股票的角度来看,商品市场显然符合上述标准。

之所以做上述讨论,我们有两点考虑。一是要表明,资金管理的范畴和资产配置在很大程度上是相互重叠的。二是要说明,市场本身在很大程度上也是彼此纠缠的。在接下来的两章里,你将看到,期货市场和股票市场其实有多么紧密地相互联系;正因为如此,对股票投资者而言,知晓期货市场的最新动态何其重要。第十七章为你介绍交叉市场分析。

市场剖面图

在日内图表的题目之下,不能不提起最具有创意的日内交易工具之一——**市场剖面图**。该交易技术是 J·彼得·斯泰道迈耶首创的。他曾经是芝加哥商品交易所的场内交易商。在过去十年间,斯泰道迈耶先生的方法赢得了众多的仿效者,尤其是在期货市场圈内。实际上,市场剖面图也适用于普通股票市场。这个方法不容易掌握。不过,那些采用了该方法的交易者给予它很高的评价。丹尼斯·海因斯,市场剖面图的交易专家,他将在附录 B 为我们讲解有关内容。

第十七章 股票市场和期货市场的联系:交叉市场分析

本书第一版 1986 年问世。当时,商品期货市场是一个世界,更为传统的股票市场和债券市场则是另一个世界,两个世界之间的界限刚刚开始消融。20 年前,"商品"指的是这些对象,如玉米、大豆、猪腩、黄金、原油等。这些都是传统意义上的商品,可以从地里长出来、开采出来或者在工厂里加工出来。从 1972 年到 1982 年,随着货币、长期政府债券以及股票指数期货不断推出,金融市场发生了一场大变革。"商品"这个术语让位给了"期货",因为债券和股票算不上什么商品。不过,它们依然属于"期货合约"的范畴。从那时起,期货交易的世界逐渐和传统的股票和债券交易合流,进而至于再也难以分开。结果,应用于不同金融市场分析的技术分析方法越来越结合为一个统一体。

随便哪个交易日,不论美元期货、债券期货,还是股指期货,它们的报价资料随手可得——而且它们往往彼此步调协同。这三类市场的运动方向常常受商品交易池内事态的影响。举例来说,每当 SP500 股票指数的期货合约价格和指数现货组合的净值出现偏离时,则必定触发**程序化交易**自动套利,这已是日常的现实。正因为此,很清楚,你对期货交易世界越在行,你就越能对总体金融市场具备深刻的洞察力。

有一点越来越明确,期货市场行情可以对股票市场施加重要的影响。通货膨胀的蛛丝马迹以及利率趋势改变的征兆,通常都是首先在期货交易池里初露端倪的,而上述因素常常决定了相关期间的股票价格走势。美元汇率趋势为我们透露出美国宏观经济强还是弱的信息,而宏观经济的强弱也对上市公司盈利和股票估值水平发挥着主要作用。实际上,期货市场和现货市场之间的联系甚至比上述因素还要深刻。股票市场分为各类板块和行业。资金在板块之间和行业之间流进流出的轮替过程常常取决于期货市场行情。随着共同基金规模的极大增长,特别是行业基金的增长,投资者追逐板块和行业轮替的过程大为便利了,很容易把资金从落后于大市的行业撤出,转移到领先大市的行业。

这一章,我们来讨论一个较为宽泛的主题——交叉市场分析,它研究的是外汇、商品、债券、股票等市场之间的相互作用。中心思想是,这四类市场相互之间紧密联系。我们还要讨论,投资者在应对股票市场内部板块和行业轮替的过程中,如何借助期货市场得到线索。

交叉市场分析

1991年,我写了一本书,题为《交叉市场技术分析》。该书研究的是各类金融市场之间的相互关联,这一点如今已经是尽人皆知。该书提供了一个指南,或者说一张蓝图,帮助读者厘清不同金融市场之间相互关联的事件序列,揭示了这些事件之间的联系。交叉市场分析的基本前提是,所有金融市场都以某种方式相互联系着,既包括国际金融市场,也包括国内金融市场。金融市场之间的联系间或可能发生转变,但是任何时候总是存在这样或那样的联系。结果,如果你没有掌握其他金融市场的大致情况,也就不可能透彻地了解到单个具体市场的事态演变——如股票市场。现代金融市场相互交织的程度如此之深,使得技术分析者拥有了巨大的优势。本书介绍的各类技术分析工具皆适用于所有金融市场,这一点给交叉市场分析带来极大的便利。由此你不难看出,在当今形势错综复杂的金融市场上,有能力同时跟踪许多市场的行情是一项何其巨大的优势。

程序化交易:终极的关联

关于股指期货和现货股票组合之间的联系,最明显不过的例子要数SP500股票指数现货组合和期货合约。通常,股指期货合约的交易价格比现货组合净值有一点升水。升水的多少取决于下列方面,如短期利率水平、SP500股票指数现货组合的分红率、股指期货合约还有多少日到期等。SP500股指期货和现货之间的升水(或者说差价)随着期货合约到期日的接近而逐渐缩小(图17.1)。每一天，金融机构都会算出当日实际应有的升水——称为**合理价值**。在整个交易日内，合理价值保持不变，即升水每日一次地逐渐调整。如果期货合约相对于现货的升水超过了合理价值，并达到预先设定的幅度，则触发自动的套利交易——称为**程序化交易**。当股指期货价格相对于现货指数过高时，程序化交易卖出期货合约，同时买进SP500股票指数的一篮子成份股票，如此一来，两者之间的差价必然重新回到正常水平。程序化买进行为对股票市场具有正面的作用，因为它把SP500股票指数推高了。程序化卖出行为的情形和上述正好相反，发生在期货相对于现货的升水缩小、且明显低于合理价值时。在这种情况下，触发程序化卖出，自动买进SP500股指期货合约，同时卖出一篮子成分股票。程序化卖出对股票市场具有负面作用。绝大多数交易者都能理解两个市场之间的上述关联。不过，他们并不总能够理解下面这一点：程序化交易固然由于SP500股指期货的突然变动所引发，进一步地，股指期货的突然变动则经常由于其他期货市场——如债券期货市场的突然变动所引起。

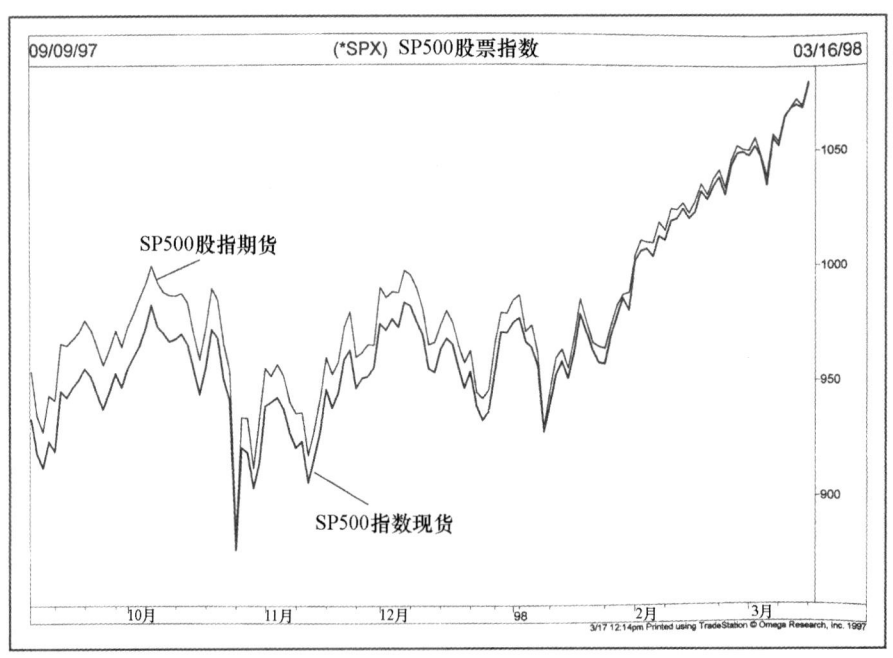

图17.1 如本图所示，SP500股指期货通常按照相对于指数现货组合的一定升水来交易。请注意，随着三月合约一步步接近到期，升水的幅度逐渐收窄。

债券市场和股票市场之间的联系

股票市场受到利率变化的影响。通过观察长期政府债券期货合约的行情,我们能够以分钟为单位密切跟踪利率(或收益率)的变化方向。长期债券价格变化的方向和利率或收益率变化的方向相反。因此,当债券价格上升时,债券收益率则下降。一般认为,这种情况对股票市场有利①。反过来,当债券价格下降时,债券收益率上升,一般认为,这种情况对股票市场不利。利用技术分析手段,很容易对比长期政府债券期货行情和 SP500 股票指数的现货行情,或者股指期货的行情。你可以看到,它们一般按照相同的趋势方向运动(图 17.2)。从短线角度来说,SP500 股指期货合约价格的突发性变化常常是长期政府债券期货合约价格突发性变化所导致的。从较长线的角度来说,长期

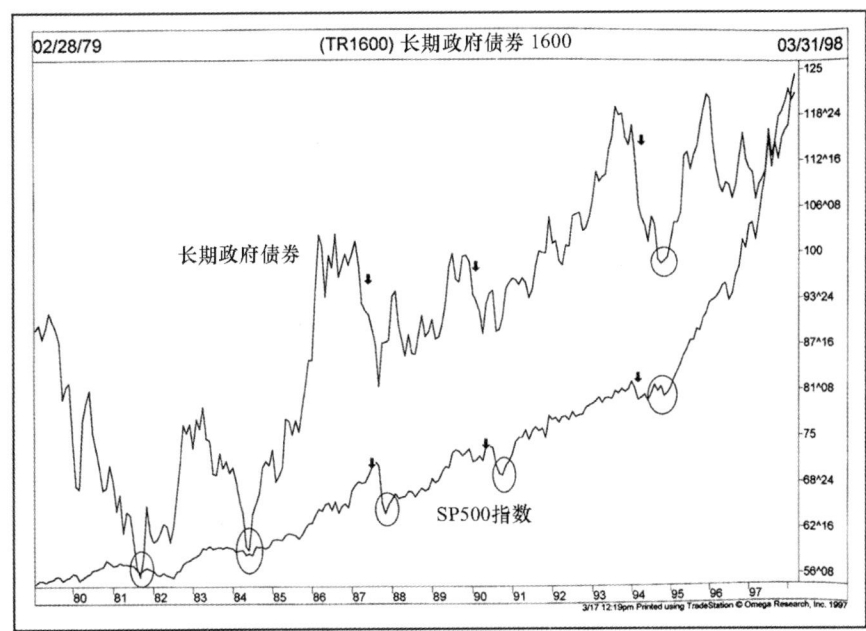

图 17.2 债券价格上升通常对股票价格有利。债券市场的底部分别出现在 1981、1984、1988、1991 和 1995 年,它们均领先于股票市场随后而来的主要向上转折。债券市场的顶部分别出现于 1987、1990 和 1994 年,它们皆警示着未来股票市场流年不利。

---

① 在通货紧缩阶段,债券市场和股票市场通常脱离这类对应关系。当股票价格下降时,债券价格上升。

股票市场和期货市场的联系:交叉市场分析 · 349 ·

政府债券合约行情的趋势性变化常常提示我们,SP500 股票指数即将发生类似的趋势变化。从这个意义来说,我们可以把债券期货视为股票市场的先行指标。另一方面,债券期货行情通常受商品市场趋势的影响。

债券市场和商品市场之间的关联

长期政府债券的价格为通货膨胀预期所左右。一般认为,商品价格是通货膨胀趋势的先行指标。于是,商品价格趋势和债券价格趋势通常表现为相反的方向。如果研究一下自 20 世纪 70 年代以来的市场历史,你将发现,商品市场突发性的向上转折(预示着物价即将走高)通常都伴随着长期政府债券价格对应的下跌。与此相反,长期政府债券价格的强劲上涨,一般也对应着商品价格的下跌(图 17.3),同时,商品价格亦受美元汇率趋势的作用。

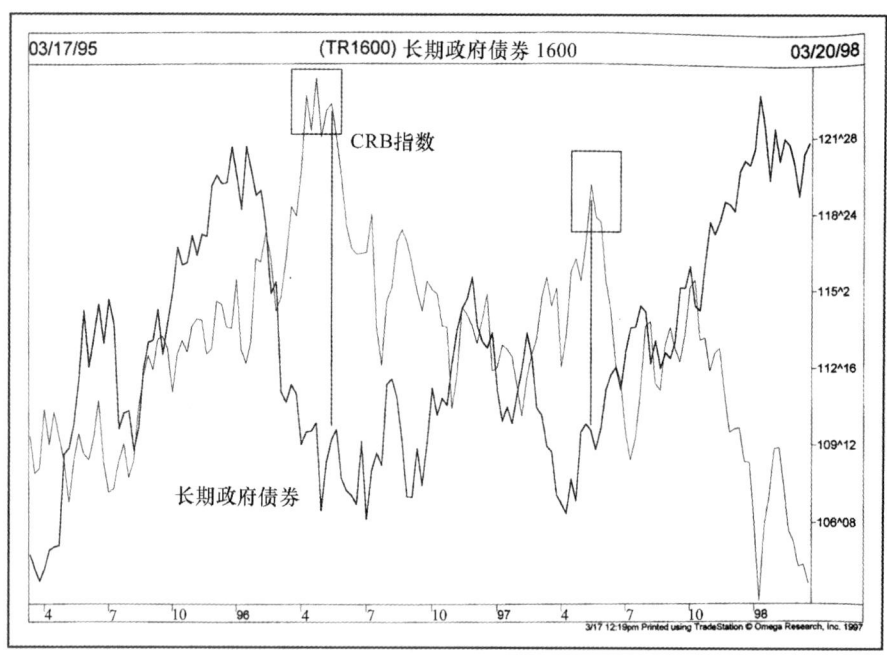

图 17.3　商品价格和债券价格通常按照相反的趋势方向变化。1996 年和 1997 年春季债券市场的底部分别对应着商品价格的主要顶部(方框处)。

商品价格和美元之间的关联

当美元币值处于上升状态时,通常对绝大多数商品价格具有抑制作用。换句话说,一般认为美元升值具有非通货膨胀性质(图17.4)。受美元币值影响最大的商品市场之一是黄金市场。比较两者的历史行情,你会看到黄金和美元行情趋势通常都表现为相反方向(图17.5)。

如此一来,通常可以利用黄金市场充当其他商品市场的先行指标。正因为上述逻辑,如果要分析黄金市场,就有必要了解美元市场;如果要研究商品价格的总体趋势(可以借助著名的商品价格指数),就有必要了解黄金市场。事实上,这四类市场都是相互关联的——美元市场影响商品市场,商品市场影响债券市场,债券市场影响股票市场。为了完整理解其中任何一类市场的行情演变,就有必要同时了解其他三类市场的行情。幸运的是,这件工作并不困难,只需分别观察一下四类市场的行情图表就可以了。

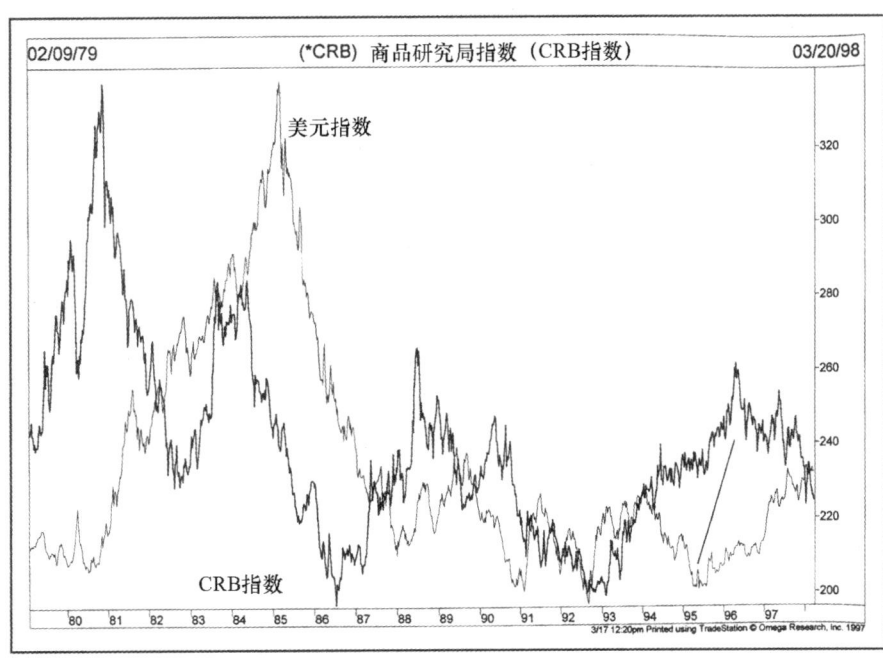

图17.4 美元币值上升通常对商品市场具有抑制效应。1980年,美元指数的底部和商品市场的主要顶部同时出现。1995年的美元底部促成了下一年商品价格的急剧下跌。

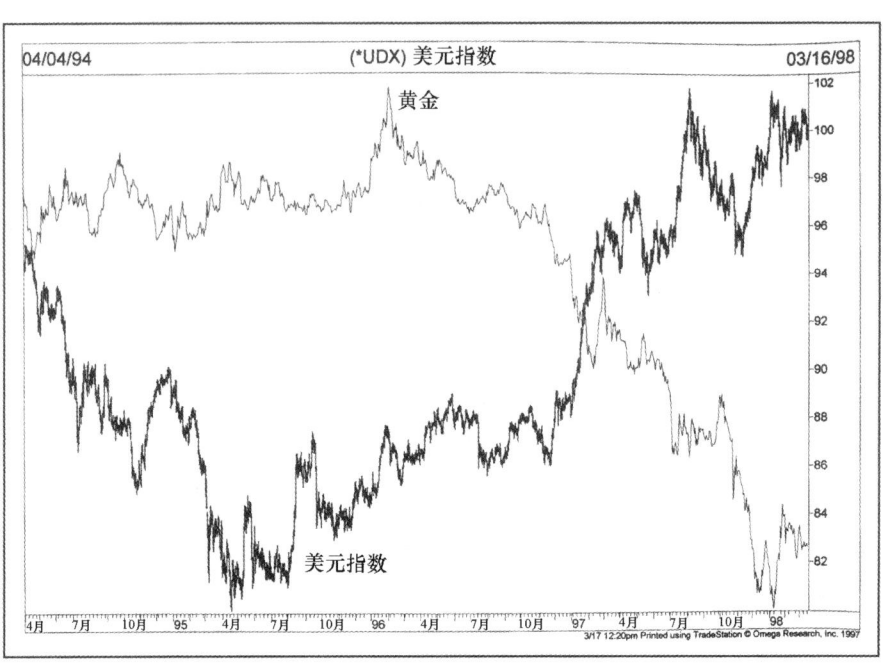

图 17.5 美元币值和黄金价格通常按照相反的趋势方向演变。如此一来,黄金价格便成了其他商品的领先指标。

股票市场板块和行业分群

弄清楚上述市场之间的影响,也有助于理解股票市场内部不同板块和行业之间的相互关联。

股票市场可以划分为市场板块,板块内部又可以细分为行业群体。不同股票群体同样受到四类市场交叉关系的影响。举例来说,当债券市场走强、商品市场走弱时,对利率敏感的股票群体——诸如公用事业类、金融类和大宗消费品类——通常比其他群体表现更优。与此同时,对通货膨胀敏感的股票群体——比如黄金类、能源类以及周期性股票类——通常比其他群体表现更差。当商品市场坚挺、债券市场疲软时,则形成相反的格局。任何时候,通过跟踪长期政府债券和商品价格的互动关系,都可以据此判断哪一个股票板块或行业群体即将有所表现。

既然在股票市场的不同板块之间及其相关的期货市场之间存在如此密切的联系,我们大可以把它们相互参照,找到线索。例如,公用事业类股票与长期政府债券行情密切相关(图17.6)。黄金采矿类股票与黄金价格密切相关。不仅如此,股票群体经常表现出领先于相关期货市场的倾向。如此一来,公用事业类股票就可以用作长期政府债券

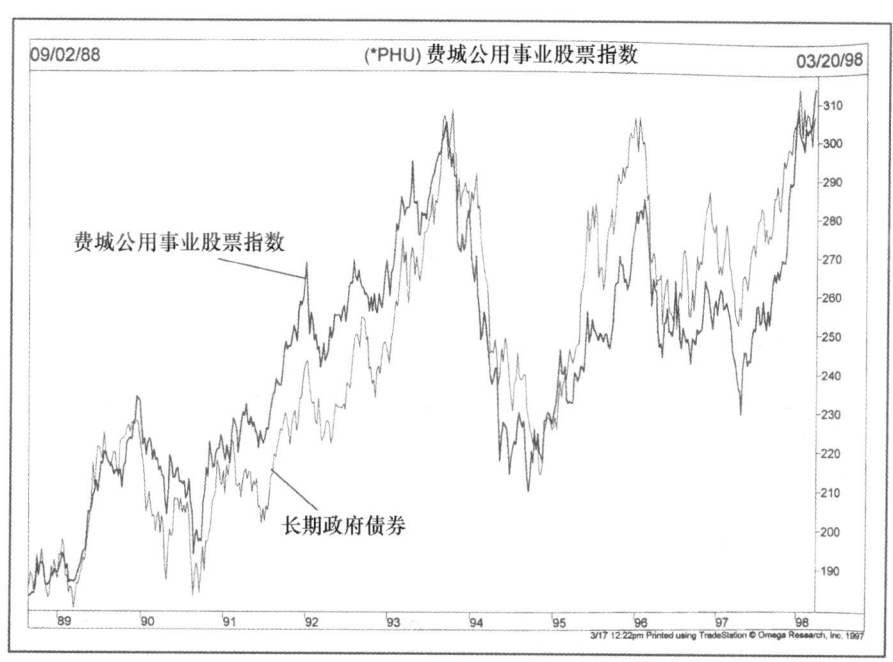

图 17.6　长期政府债券行情和公用事业类股票之间通常存在非常密切的关联。此外,公用事业类股票的转折点经常稍稍早于债券行情。

的先行指标。黄金采矿类股票就可以用作黄金价格的先行指标。市场之间相互影响的另一个实例是,原油价格趋势影响到能源类、航空类股票。原油价格上涨,对能源类股票有帮助,但是对航空类股票有损害。原油价格下降,自然产生相反的效果。

美元币值和大盘股

市场之间密切关联的情况也包括美元币值对大市值和小市值股票的影响。如果美元很坚挺,则大型跨国公司的股票可能受到负面影响,因为美元升值导致其产品在外国市场变得昂贵。与大型公司相对比,小市值公司的业务主要集中在国内市场,其股票较少受美元币值的影响,在美元坚挺的环境下,它们的表现往往强于大市值股票。因此,强势美元可能对小市值股票是利好(比如拉塞尔 2000 股票指数的成分股);而弱势美元可能对大市值的跨国公司是利好(比如道琼斯工业平均指数的成分股)。

交叉市场分析和共同基金

有一点显然,如果我们理解市场之间的关联,那么在投资共同基金时大有用武之地。举例来说,美元汇率的运动方向或许可以影响你在小市值基金和大市值基金之间的抉择;不仅如此,还可能有助于你在黄金类基金或资源类基金之间分配投资比例。如今市面上已经出现了众多行业基金,它们是专门投资某一类股票板块的共同基金。问题在于,什么时候重点投资什么类别的基金。这个问题常常令人困惑。比较各类期货市场的相对表现,比较各个股票市场板块和行业群体的相对表现,在很大程度上可以化解上述难题。这里要介绍一种简单的图表分析方法——"相对力度"分析,借助本方法,很容易比较不同品种的相对表现。

相对力度分析

相对力度分析是一种图形工具,极简便,但很有效。你只要把一个市场对象除以另一个市场对象就行了——换句话说,就是要绘制两类市场价格比值的图形;当比值曲线上升时,则除式中分子对应的市场行情强于分母对应的市场行情;当比值曲线下降时,则其分母对应的行情强于分子对应的行情。请放开思路,试想采用这种简单方法可以尝试哪些市场。找一个商品价格指数(比如 CRB 期货价格指数),把它除以长期政府债券期货的价格(图 17.7)。当该比值曲线上升时,表明商品价格的表现超越了债券价格。在这种情况下,期货交易者应做多商品市场,同时做空债券市场。进一步地,股票交易者应买入对通货膨胀敏感的股票,卖出对利率敏感的股票。当该比值曲线下降时,做法正相反。也就是说,他们会做空商品,同时做多债券。进一步地,股票投资者会卖出黄金类、原油类以及周期类股票,买进公用事业类、金融类和大宗消费品类股票(图 17.8)。

相对力度分析和股票板块

目前,已经有不少交易所挂牌交易各类股票行业指数的期权。芝加哥期权交易所的股指期权门类最丰富,其中包括各种行业指数,如汽车、计算机软件、环境保护、博彩、房地产、医疗保健、零售以及交通运

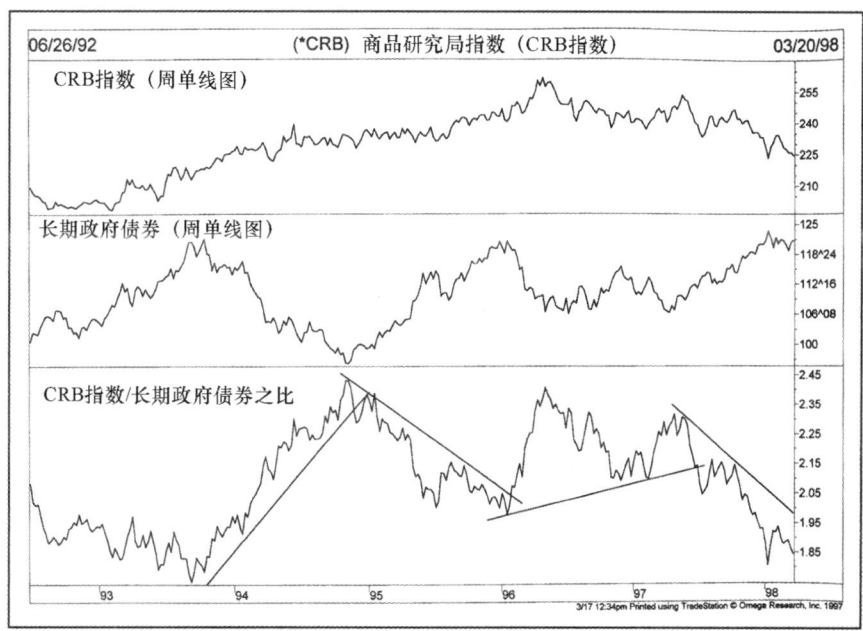

图 17.7 CRB 指数/长期政府债券的比值揭示了两者之中哪一个更坚挺。1994 年,商品占上风;1995 年债券占上风。1997 年中,由于亚洲金融危机的影响和对通货紧缩的担忧,该比值急转直下。

图 17.8 1997 年 10 月间,亚洲金融危机导致资金逃离周期类股票,涌入大宗消费品类股票,这种情况与图 17.7 中 CRB/债券比值的急剧下降同时发生。

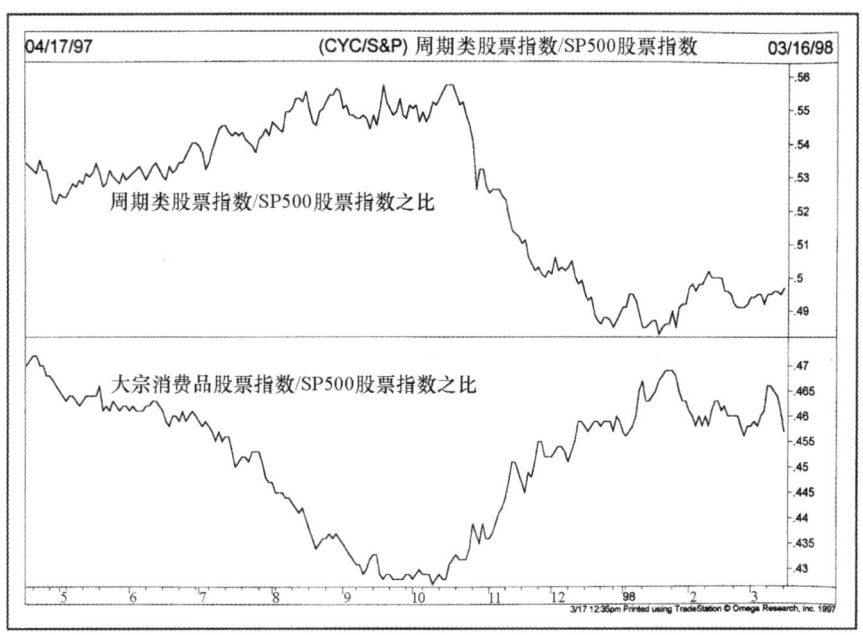

输。美国和费城股票交易所挂牌交易一些流行的股票行业指数期权，如银行、黄金、原油、制药、半导体、科技及公用事业。所有这些指数期权都可以像其他各类市场一样绘制图形并进行分析。针对这些市场进行相对力度分析的最佳方法是，把它们的价格除以某个基准指数，如SP500股票指数。由此可以判断哪一个板块和行业的表现超越了总体市场（其比值曲线处于上升状态），哪一个板块和行业的表现落后于总体市场（其比值曲线处于下降状态）。借助某些简便的图表分析工具，如趋势线和移动平均线等，对相对力度曲线（即比值曲线，简记为"RS曲线"）进行研究，可以帮助我们察觉相对力度曲线重要的趋势转变（图17.9）。行业轮替的基本要领是，把资金从相对力度曲线刚开始掉头向下的股票群体中转出来，转入相对力度曲线刚开始掉头向上的股票群体之中。行业轮替的工作既可以直接交易指数期权来实现，也可以买卖与各类市场板块和行业群体相匹配的行业基金来实现。

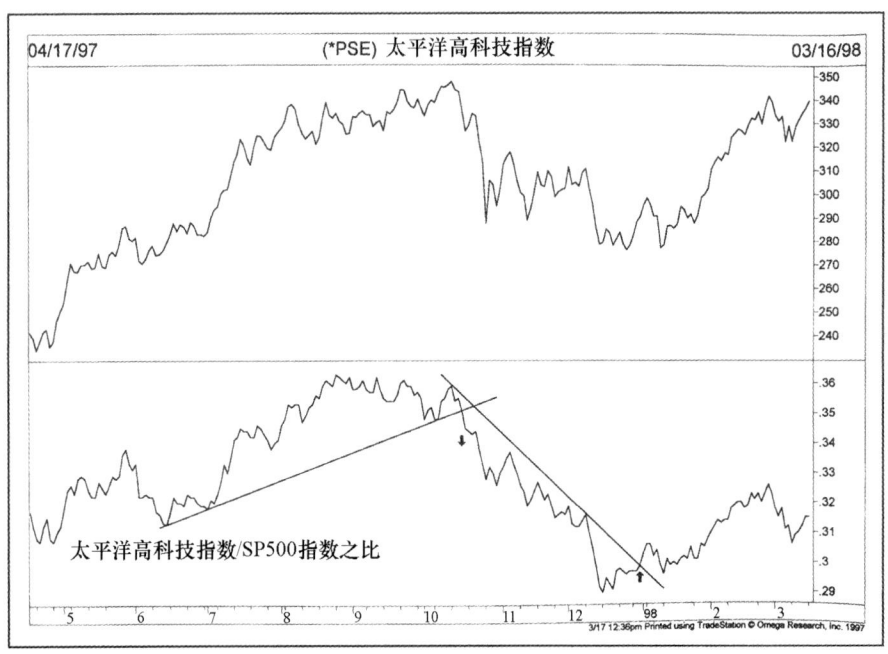

图17.9 对PSE高科技股票指数和SP500股票指数进行相对力度分析（比值分析）。简单的趋势线分析有助于揭示1997年10月间科技类股票的向下转折，以及年底的向上转折。

相对力度分析和个股

在这一点上,投资者有两个选择。一个办法是,可以简单地把资金从一个市场群体中转出,再投入另一个市场群体,到此结束。或者,如果愿意,还可以在强势的股票群体中进一步优选个股。在选择个股的时候,相对力度分析也可以发挥作用。一旦选定了合适的行业指数,就可以把行业指数的成分股除以行业指数。通过这种办法,很容易挑选出相对表现最强劲的个股(图17.10)。你既可以买进当前比值曲线最强劲的股票,也可以买进比值曲线刚开始转头向上的相对便宜的股票。当然,要点是,一定要避开相对力度曲线(比值曲线)仍然处在下降状态的股票。

从上到下法

上面介绍的便是所谓"从上倒下法"投资模式。首先,你从主要的市场指数入手,判定总体市场趋势。其次,根据相对力度分析选出表现

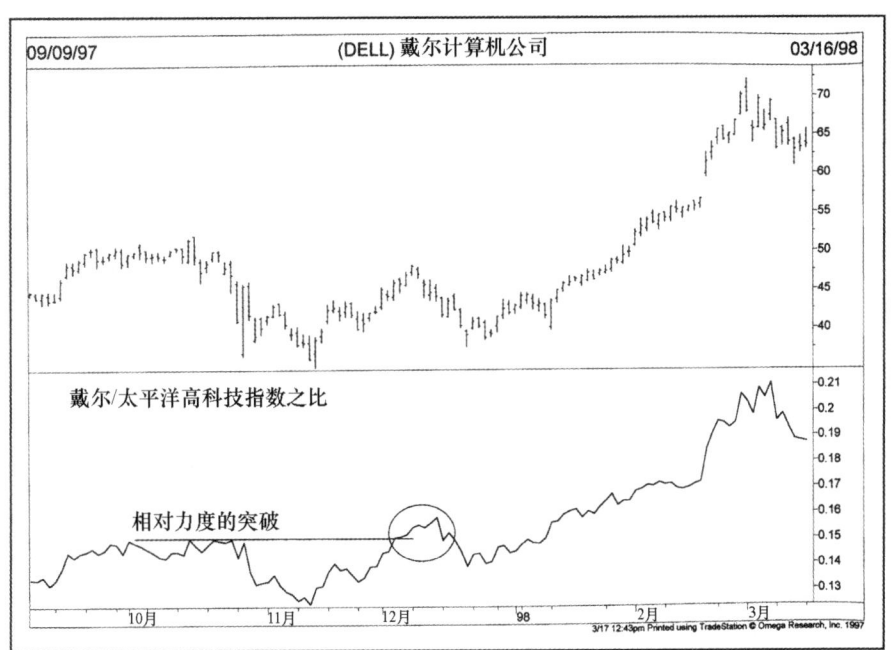

图17.10 对戴尔计算机和PSE高科技指数的比值分析表明,1997年底时戴尔计算机在科技类股票中是一个较好的选择。

最强的股票板块或者行业。最后,从相对表现最强的股票板块或行业中再选择相对力度最强的个股。不仅如此,如果在你的决策过程中加入交叉市场分析,就能够判断在当前市场环境下到底对债券有利,还是对商品有利,或者对哪一类股票更有利。换句话说,我们可以在决定资产配置比例时,借助交叉市场分析。交叉市场分析也可以应用到海外投资方面,比如说,我们可以用这种方法简便地比较全球股票市场之间的相对力度。最后,这里描述的各种技术工具都可以应用在共同基金的图表上,你可以利用上述工具对自己的分析做最后一道检验。所有这些工作都可以通过行情图表轻松地完成,只需一台电脑。想象一下,如果按照基本分析方法,同时对如此之多的市场进行比较研究,那将是多么巨大的挑战。

通货紧缩格局

这里讨论的交叉市场分析要领是根据 1970 年以来的市场趋势总结得来的。20 世纪 70 年代,通货膨胀一发而不可收拾,对商品类资产有利。不过,从 80 年代到 90 年代的十余年,则是以商品价格下降为特征(所谓"非通货膨胀"),与此同时,债券市场和股票市场则表现为强劲的牛市。1997 年下半年,亚洲货币严重贬值,股票市场大幅下挫,给诸如铜、黄金和原油等市场带来了特别沉重的打击。数十年来头一次有市场评论人士担心,当前有利的温和通货膨胀(价格缓慢上升)或许会转为有害的通货紧缩(价格下跌)。雪上加霜的是,按年化计算的生产者物价指数十多年来第一次出现了负增长。结果,债券市场和股票市场分道扬镳。在最近 4 年,投资者第一次把资金撤出股票市场,更多投入债券市场,以及对利率敏感的股票群体,如公用事业类股票。投资者如此调整资产配置的原因在于,通货紧缩改变了市场之间相互关联的常规格局。债券价格和商品价格之间的负相关关系依然不变,商品价格下跌,债券价格上涨。然而,在通货紧缩环境下,股票市场可能出现负面反应,这一点和以前不同。之所以要指出这一点,是因为在相当长的时期内金融市场都未曾遭遇通货紧缩问题。如果通货紧缩果真降临,那么虽然市场之间的关联依然存在,却会改头换面。非通货膨胀(温和的通货膨胀)对商品不利,但是对债券和股票都有利。通货紧缩对商品不利,对债券有利,但可能对股票不利。

1997 年中亚洲暴发的通货紧缩趋势于 1998 年中扩散到俄罗斯和拉丁美洲,开始殃及全球股票市场。商品价格猛跌,对原材料出口国如澳大利亚、加拿大、墨西哥和俄罗斯的打击尤其沉重。商品价格和股票价格双双下降带来的通货紧缩效应,对长期政府债券具有正面影响,其价格创历史新高。1998年连串的市场事件给我们留下了深刻印象,用事实证明了全球金融市场之间的关联,也显示在通货紧缩环境下债券和股票行情可能各行其是。

市场之间的相关性

如果两个市场通常按照同样的趋势方向变化,比如债券和股票市场,则两者属于正相关关系。如果两个市场通常按照相反的趋势方向变化,如债券和商品,则两者属于负相关关系。行情软件可以帮我们计算不同市场之间的相关系数。如果相关系数为较大的正数,则意味着两个市场具有较强的正相关性。如果相关系数为较大的负数,则意味着两个市场具有较强的负相关性。如果相关系数接近零,则意味着两个市场之间相关性很低,或者没有相关性。通过相关系数的计算,交易者就能对两个市场之间关联的强弱心中有数了。对相关系数较高的市场关联,应当着重考虑;而对于相关系数接近零的市场关联,可以忽略(图17.11)。

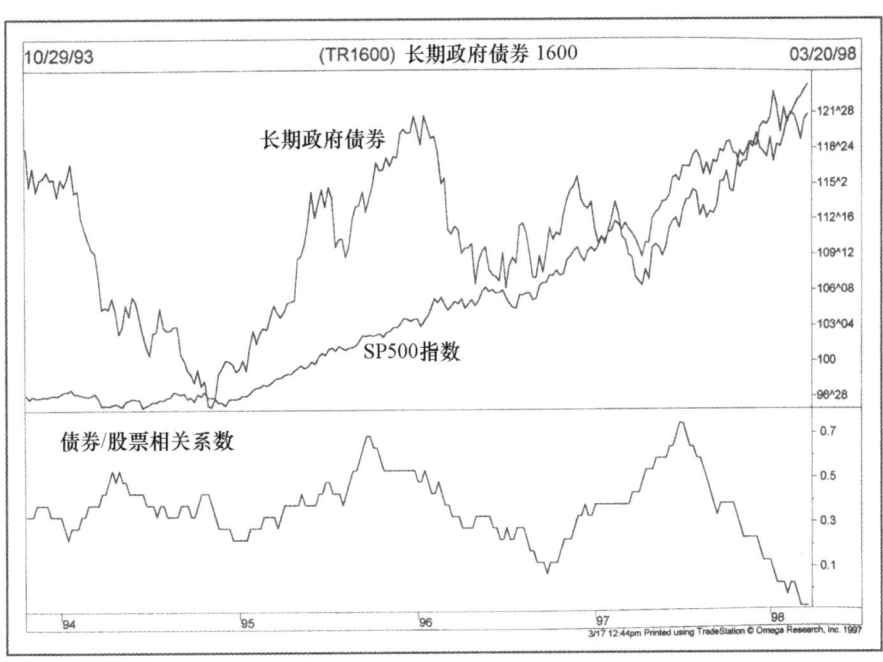

图17.11 图表底部的曲线显示,长期政府债券行情和SP500股票指数之间存在正相关关系。但在1997年下半年,受亚洲金融危机影响,两者分道扬镳。投资者买进债券,同时卖出股票。

小墨里·鲁杰罗在其著作《网上交易策略》中,介绍了他在市场相关性分析方面所做的创造性工作。他还介绍了如何在交易系统中以交叉市场分析作为过滤机制。举例来说,借助债券市场移动平均线交叉系统来充当股票指数交易过滤器,他讲解了具体的做法。鲁杰罗运用当前最尖端的人工智能方法,如混沌理论、模糊逻辑以及神经网络等,探索开发技术分析交易系统。他也尝试了把神经网络应用到交叉市场分析领域。

神经网络交叉市场分析软件

在进行市场关联研究时,一个主要困难是,市场两两配对的关系数目实在太多——不仅如此,市场之间无时无刻不在发生相互作用。正是在这一点上,神经网络技术对我们有很大帮助。神经网络为识别和跟踪广泛存在于金融市场之间错综复杂的关联提供了一个更加定量化的分析框架。路易斯·门德尔松,市场技术公司(佛罗里达州韦斯利查珀尔镇苹果花丛道 25941 号,FL33544;电子邮箱:45141 @ ProfitTaker.com;主页网址:www.ProfitTaker.com/45141)的总裁,于 1980 年代开发交叉市场分析软件,是金融行业第一个吃螃蟹的。门德尔松借助计算机软件,将神经网络应用于交叉市场分析,是该领域的先驱和领跑者。他在 1991 年首推"优势地位"软件,借助交叉市场分析方法来应对利率市场、股票指数、货币市场以及能源期货。优势地位软件运用神经网络技术来识别市场之间潜藏的行情关联模式和关联关系。

结　　论

本章概要地介绍了我的著作《交叉市场技术分析》。该书讨论的是从美元汇率到商品,再到债券,再到股票的连锁反应。交叉市场分析也涵盖了全球金融市场的关联性。亚洲、欧洲和拉丁美洲发生的事情,影响到美国市场;反之亦然。借助交叉市场分析方法,可以明晰地厘清股票市场的板块轮动。相对力度分析有助于选择可能超越总体市场的资产大类、股市板块和行业,以及具体的股票。杰弗里·穆尔博士在其著作《1990 年的先行指标》中,论证了商品行情、债券行情和股票行情之间的相互作用,根据商业周期的演变,三者按照一定顺序相互影响。穆尔博士以事实证明上述三大类资产之间存在轮动关系,并证明可以以之为根据来作为经济预测的线索。穆尔博士把一般性的市场关联研究和交叉市场技术分析提升到了经济预测的高度。最后,正如任何其他市场一样,我们也可以把技术分析应用到共同基金研究上(只需做若干细微的调整)。实际上,本书讨论的所有工具和技巧都可以直接施用在共同基金的净值图表上。不仅如此,由于共同基金的图线具有较低的波动性,使之成为图表分析的良好对象。我最近的著作,《凭图表投资者》对研究股票市场的板块轮替、捕捉板块轮替中的交易机会,进行了更为深入的研究,也介绍了绘制共同基金图表的方法,以及利用图表分析来实施各种交易策略的方法(图17.12)。

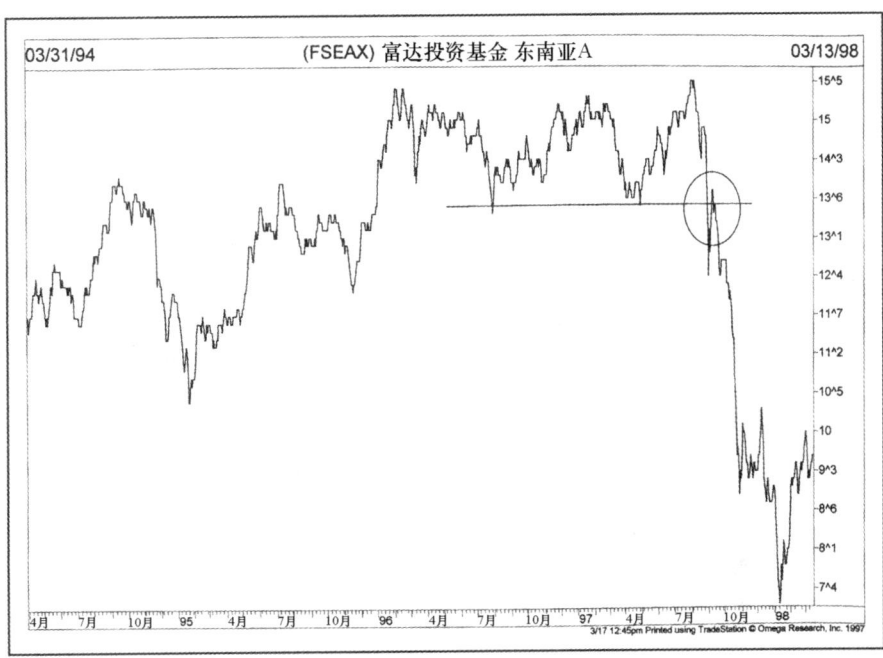

图17.12 可以对共同基金的图形进行图表分析。如果你跟踪本图所示的共同基金,那么用不着成为图表专家,就能看出亚洲市场前途不妙。

第十八章　股票市场指标

评估市场广度

前一章介绍了在股市分析中应用最普遍的从上到下法。按照从上到下法,第一步,研究总体市场的健康程度。在总体市场的基础上,再比较市场板块和行业群体的相对表现。最后,选择具体的股票。你的目标是,从技术分析的角度出发,选择股票市场处于较为健康的总体环境,再从中选择表现佳的股票群体,然后从中选择表现最佳的个别股票。在进行市场板块研究以及个别股票研究的过程中,我们可以采用本书介绍的各种技术工具——包括图表形态、成交量分析、趋势线、移动平均线、摆动指数等。上述指标同样可以应用于分析主要市场平均指数。不过,除上述内容外,股市分析者还普遍采用另外一大类市场指标,目的在于评估市场广度,并据此判断总体市场的健康程度。在构建这类指标时,数据来源包括上涨和下跌的股票数目、创新高和创新低的股票数目、上涨股票和下跌股票的成交量等。

数据样本

如果你查阅《华尔街日报》每天的"股票市场数据库"（C册，第二页），会看到上面刊载着上一个交易日的如下数据。以下数据引自某交易日的实际报表。

纽约股票交易所日志	星期一
交易品种数目	3432
上涨的数目	1327
下跌的数目	1559
平盘的数目	546
创新高的数目	78
创新低的数目	43
上涨股票的成交量(000)	248215
下跌股票的成交量(000)	279557
总成交量(000)	553914
尾盘报升净股数	-135
尾盘阿姆斯指数(交易者指数)	0.96

上述数据引自纽约股票交易所（NYSE）的报表。报纸上也同时发表纳斯达克和美国股票交易所的类似报表。这里，我们集中讨论纽约股票交易所的数据。在被引用的这个交易日，碰巧道琼斯工业股价平均指数上涨了12.20点。从道琼斯指数来看，当天市场是上涨的。然而，这一点下跌的股票数目（1559）超过了上涨的股票数目（1327），这意味着从更广泛的市场来看，并不如道琼斯指数表现得那么好。同时，下跌股票的成交量也超过了上涨股票的成交量。这两组数据表明，当日的市场广度实际上是负面的——即便道琼斯指数本身收高了。其他数字也呈现出混杂的局面。创52周新高的股票数目（78）大于创52周新低的股票数目（43），意味着正面的市场环境。不过，尾盘报升净股数（收市价高于前一笔成交价的股票数目减去收市价低于前一笔成交价的股票数目）是个负数，-135。这表明尾盘报跌的股票数目比尾盘报升的股票数目多了135只，这是一个短线的负面因素。接下来，负面的尾盘报升净股数又被冲抵了：尾盘阿姆斯指数（交易者指数）的读数为0.96，略微带有正面的含义。本章后面再来解释其中的道理。上

述所有关于股票市场内部情况的统计都有一个共同的目的——更准确地揭示市场总体的健康程度,而从道琼斯指数本身的变化来看,这一点未必能够反映出来。

市场平均价格指数的比较

为了研究市场广度,我们还有另外一种办法,即比较各种股票平均价格指数的相对表现。还以同一个交易日的行情为例,下面的列表给出了当日各种主要股票指数的相对表现:

道琼斯工业指数	+12.20(+0.16%)
SP500 指数	−0.64(−0.07%)
纳斯达克综合指数	−14.47(−0.92%)
拉塞尔 2000 指数	−3.80(−0.89%)

首先,在各种股票指数中,当日唯有道琼斯工业指数有所上升。在当日晚间电视新闻里,投资者满耳朵听到的都是当天市场上涨了(以道琼斯指数为代表)。实际上,其他各种指数都是下跌的。还请注意,股票指数的代表性越广泛(即其成分股越多),当日表现越糟糕。试比较上述指数涨跌的百分比。道琼斯指数有 30 个成分股,上涨了 0.16%。SP500 指数(500 个成分股)下跌了 0.07%。纳斯达克综合指数包括 5000 个以上的成分股,表现最糟糕,下跌了 0.92%。拉塞尔 2000 指数比纳斯达克综合指数好不了多少(下跌了 0.89%),它代表了 2000 种小市值股票的表现。通过以上简要比较,我们得到的印象是,虽然当日道琼斯指数有所上涨,但是根据更广泛的股市指数来判断,总体市场是退却的。这里我们又碰到了市场指数之间相对力度的概念了。下面我们先来看看技术分析师研究市场广度的十八般兵器。

涨跌股数线(腾落线)

这个市场广度指标最广为人知。涨跌股数线的构建方法很简单。纽约股票交易所每个交易日都有若干股票上涨、若干股票下跌,还有若干股票价格维持不变。这组数字每天都会在《华尔街日报》和《投资者商业日报》上发布,就用它们来构建每日的涨跌股数线(AD)。最通行的做法是,计算上涨股票数目和下跌股票数目的差值。如果上涨股票数目大于下跌股票数目,则当日 AD 值为正;如果下跌股票数目超过了上涨股票数目,则当日 AD 值为负。然后,把每天得到的或正或负的 AD 值累加到前一日 AD 线数值上。AD 线也表现出自己的趋势。这里的主意是,要确认 AD 线的趋势方向和市场平均指数的趋势方向一致(图 18.1)。

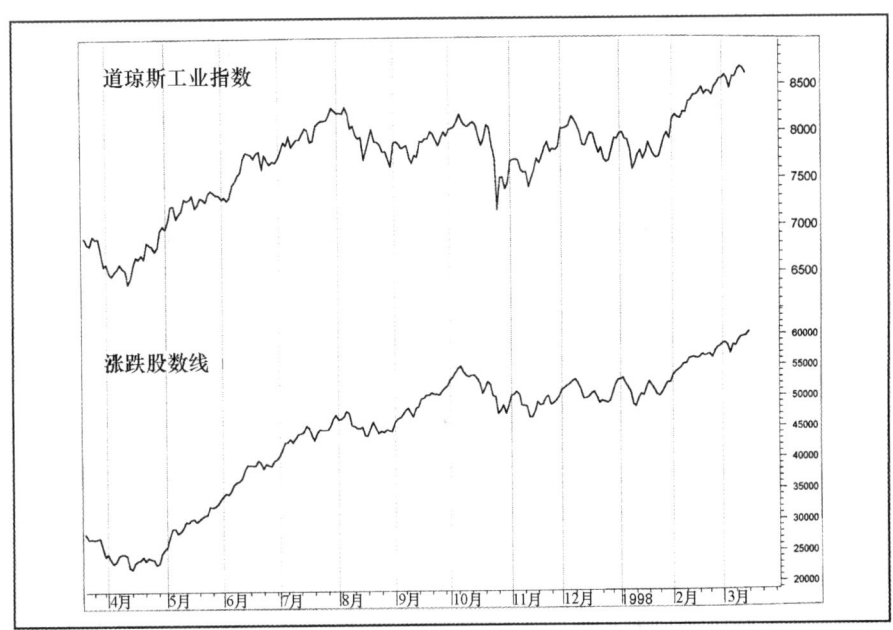

图 18.1　NYSE 涨跌股数线与道琼斯工业指数的对比。在健康的市场状态下,两条曲线应当同时呈现出向上的趋势,正如本图所示。

AD 背离现象

　　涨跌股数线说明了什么问题呢？纽约股票交易所共有 3500 种股票,而道琼斯工业指数仅包括 30 种股票,SP500 指数也只包括 500 种股票,涨跌股数线能够告诉我们,股票市场在更普遍的范围内是否和人们最广为跟踪的这两个股票指数共进退。用通俗的语言来重述华尔街的格言,那么涨跌股数线可以告诉我们,"大部队"是不是跟得上"将军们"。举例来说,只要涨跌股数线和道琼斯工业指数共同上涨,则市场行情的广度或者健康度就是好的。当涨跌股数线出现和道琼斯指数背道而驰的苗头时,就有危险了。换句话说,如果道琼斯工业指数触及新高,而更广泛的市场(以 AD 线为标志)没有随之创新高,在这样的市场环境下，技术分析师便开始担心"糟糕的市场广度"或者 AD 背离现象。从历史行情来看，AD 线明显比上述市场平均指数更早见顶，这就是人们如此密切跟踪 AD 线的原因。

日 AD 线与周 AD 线

上面介绍的都是日 AD 线，把它和主要股票平均指数比较，最好的用途在于短线到中线分析。如果要回顾好几年的行情做历史研究，它的用处就不大了。周 AD 线以周为时间单位，衡量一周上涨股票数目和下跌股票数目的对比。每周涨跌股数发表在周末出版的《巴伦氏周刊》上。如果要比较横跨数年的趋势，一般认为周涨跌股数线更有用处。当日 AD 线出现负向背离现象时，预示着从短线到中线的行情趋势可能有问题；同样道理，仅当周 AD 线出现类似的背离现象时，才能确认更严重的问题正在酝酿之中。

AD 线的变体

由于在 NYSE 挂牌的股票数目逐年增长，有些市场分析者认为，上涨股票数目减去下跌股票数目的计算方法，实际上是给最近的数据赋予了更大的权重。为了解决这个问题，许多技术分析师更愿意采取涨跌股数比的方法，即以上涨股票数目除以下跌股票数目。还有些人觉得，价格维持不变的股票数目也有价值，也应当纳入计算公式。不论采取何种办法计算 AD 线，其用法都一样——也就是说，用它来评估更广泛的市场方向，确认更广泛的市场和市场指数的运动方向是否一致，市场指数覆盖范围更窄，但是更通行。依葫芦画瓢，我们也可以为美国股票交易所和纳斯达克市场构建涨跌股数线。市场技术分析师并未止步于 AD 线，还构建了 AD 线的摆动指数，针对更广泛的市场，观察其从短线到中线的超买/超卖极端状况。其中一个较为著名的例子是麦克莱伦摆动指数。

麦克莱伦摆动指数

该指数是舍曼·麦克莱伦首创的，计算方法如下：首先，对 NYSE 日涨跌股数线计算两条指数加权移动平均线；其次，计算这两条移动平均线的差值，得到摆动指数。具体说来，麦克莱伦摆动指数是根据每日上涨股票的净数目计算的 19 日（10%趋势）指数加权移动平均线和 39 日（5%趋势）指数加权移动平均线的差值。该摆动指数围绕零线上下波动,其数值的上下极限范围从+100到-100。如果麦克莱伦摆动指数的读数超过+100,就是股票市场处于超买状态的信号。如果读数低于-100,则认为股票市场处于超卖状态。当指数向上或向下穿越零线时,分别构成中短线的买进信号和卖出信号(图18.2)。

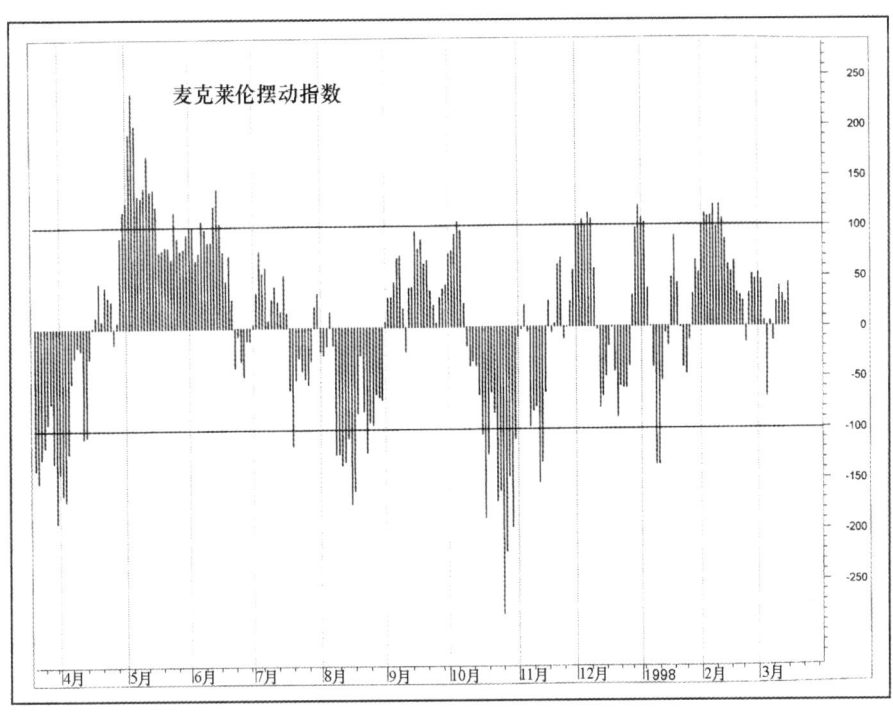

图18.2 麦克莱伦摆动指数以刷形图格式来绘图。当指数向上超越零线时,发出正面信号。如果读数高于+100,表示市场处于超买状态;如果读数低于-100,构成超卖状态。请注意,1997年10月间市场处于极端的超卖状态。

麦克莱伦总和指数

麦克莱伦总和指数的计算方法也很简单,它实际上是麦克莱伦摆动指数的长期版本。把每日或正或负的麦克莱伦摆动指数的数值累加起来,便得到麦克莱伦总和指数。麦克莱伦摆动指数适用于中短线交易,而总和指数对市场广度提供了一个更长期的观察工具,可以用来识别主要的市场转折点(图18.3)。

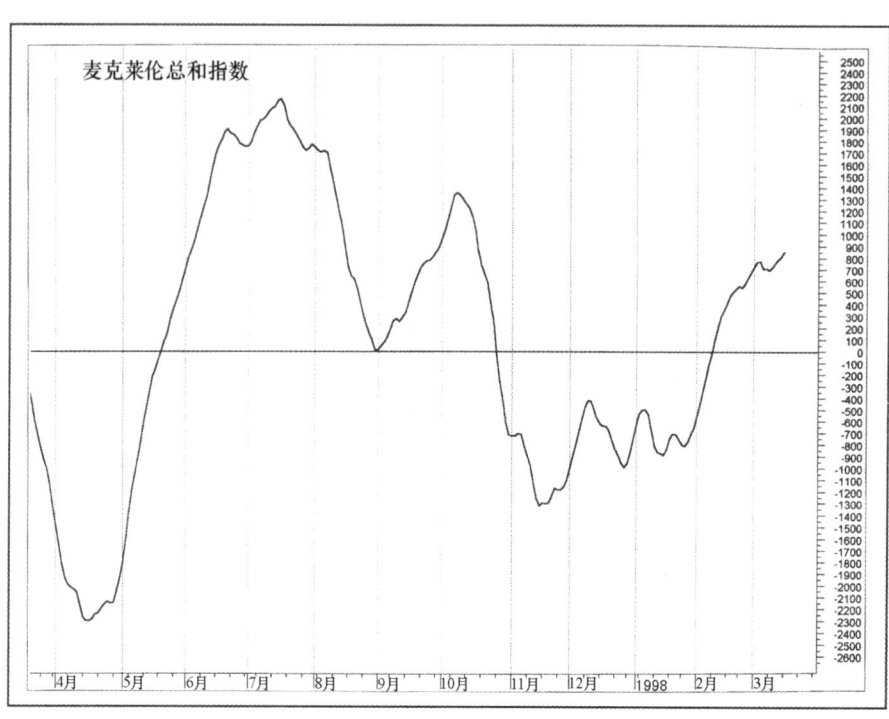

图 18.3 麦克莱伦总和指数是麦克莱伦摆动指数的长期版本。总和指数应用于主要趋势分析。当指数向下穿越零线时为负面信号。1998 年 2 月的信号则是正面的。

创新高的股票数目与创新低的股票数目

除了上涨股票数目和下跌股票数目之外,金融报刊也发表创 52 周价格新高的股票数目和创 52 周价格新低的股票数目。同样地,这些数据也分逐日发布和逐周发布。有两种方式来展示这类数据。一种方式是,把它们分别绘制成两条曲线。因为逐日数据有时候可能比较离谱,所以在原始数据曲线之外再分别绘制它们的移动平均线(通常为 10 日移动平均线),得到较为平滑的结果(图 18.4)。在坚挺的市场环境下,创新高的股票数应当远超过创新低的股票数目。当创新高的股票数开始下降时,或者当创新低的股票数开始扩大时,构成警告信号。当创新低股票数的移动平均线向上穿越创新高股票数的移动平均线时,发出真正的负面信号。我们还可以看出一点,每当创新高的股票数目向上达到极端数值时,市场倾向于见顶回落。类似地,每当创新低的股票数向上达到极端数值时,市场往往也已经接近某个底部。另一种方式是,利用创新高股票数和创新低股票数的差值来绘制曲线。

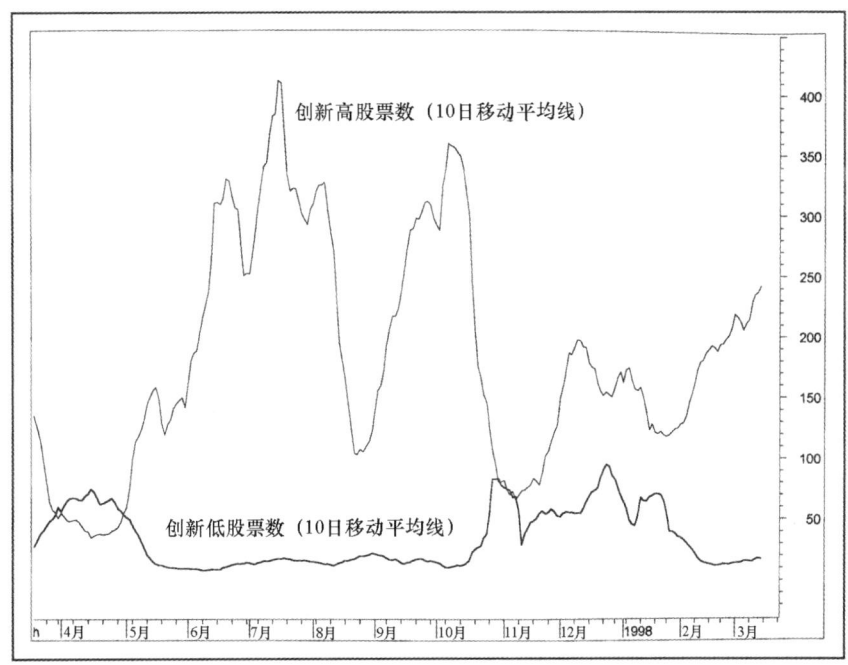

图 18.4 创新高股票数的 10 移动平均线和创新低股票数的 10 日移动平均线。在健康的市场环境下,我们应看到相对于创新低的股票数目,越来越多的股票不断达到新高。1997 年 10 月间,两条曲线几乎交叉,但后来两者重新回复到牛市排列状态。

新高新低指数

采用新高新低指数的好处是,可以用它和某个主要市场指数直接对照。在这种情况下,新高新低指数(线)的用法和涨跌股数线的用法完全一致(图18.5)。我们可以对新高新低线的趋势进行图形分析,还可以识别它与主要指数的相互背离现象。举例来说,当道琼斯指数形成新高时,新高新低线却没有达到新高,两者不相验证,可能构成了广泛市场疲软的警告信号。我们可以对新高新低线进行趋势线分析,或者给它添加移动平均线。不过,其主要价值还是用来验证主要股市指数,或者观察它与主要股票指数的背离现象,发出及早的警告信号,总体市场可能发生趋势变化。根据亚历山大·埃尔德博士的评论,新高新低指数"可能是股票市场最佳的先行指标"(《以交易为生》,威利父子版)。

埃尔德建议采取刷形图的格式来绘制该指数,并以某个历史参考水平作为零线,更便于识别背离现象。他指出,当该指数向上穿越零线或向下穿越零线时,也分别反映了市场心理状态从牛到熊或从熊到牛的转换。

图18.5 新高新低指数和NYSE综合指数的对比。该指数是创新高的股票数目和创新低的股票数目之差。当新高新指数处于上升状态时,具有正面意义。请注意1997年10月间该指数急剧下跌。

上涨股票的成交量和下跌股票的成交量

这是第三部分用来测度市场广度的数据,也是最后一组。纽约股票交易所分别提供上涨股票的成交量和下跌股票的成交量。我们也可以从下一天的金融报刊上找到这些数字。如此一来,就能比较上涨股票成交量和下跌股票成交量,随时衡量多空双方哪一边更占上风(图18.6)。上涨股票成交量和下跌股票成交量可以用两条曲线分别表示(和我们处理创新高的股票数目和创新低的股票数目做法一致),也可以用一条曲线来表示两者的差值。不论采取哪种方式,指标的解读方法都一样。当上涨股票的成交量占优势时,表明市场坚挺。当下跌股票的成交量更大时,显示市场疲软。可以把上涨的股票数目和下跌的股票数目与上涨股票的成交量和下跌股票的成交量两组数据综合起来。理查德·阿姆斯正是从这一点出发,创建了阿姆斯指数。

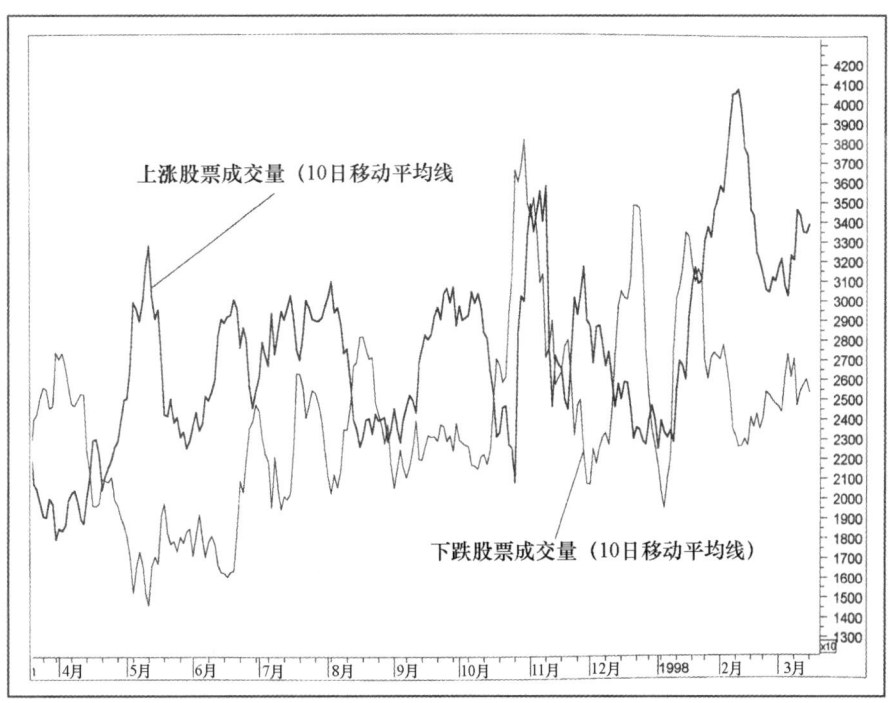

图 18.6　股票市场上涨股票的成交量 10 日移动平均线(粗黑线)与下跌股票的成交量 10 日移动平均线。在坚挺的市场环境下,上涨股票成交量应大于下跌股票成交量。

阿姆斯指数(TRIN)

阿姆斯指数是两个比值的比值,以发明人理查德·阿姆斯的名字来命名。该指数的分子是上涨股票的数目除以下跌股票的数目,分母是上涨股票的成交量除以下跌股票的成交量。(把计算公式简单变形,等于下跌股票的平均成交量除以上涨股票的平均成交量——译者。)设计阿姆斯指数的意图是,用它评估到底是上涨的股票成交量更大,还是下跌的股票成交量更大。如果指数的读数小于 1.0,则表明上涨股票的成交量更大,具有正面的意义。如果指数读数大于 1.0,则反映了下跌的股票交易量更大,具有负面的意义。从每个交易日来看,如果在当日交易过程中阿姆斯指数的数值非常高,是正面的;而如果其数值非常低,则是负面的。

由此可见,阿姆斯指数是相反性质的指标,其趋势方向和市场方向相反。可以追踪它的方向变化来从事日内交易,也可以利用它来察觉市场进入短期极端状态的迹象(图18.7)。

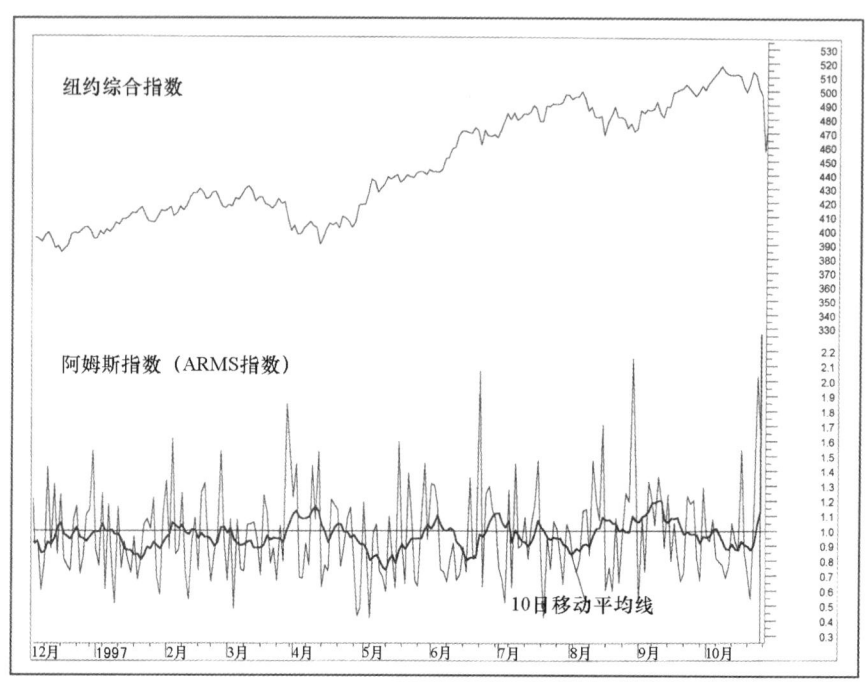

图18.7 阿姆斯指数的趋势方向和市场方向相反。在其曲线上,格外高的向上的尖刺通常标志着市场底部。通行的做法利用阿姆斯指数的10日移动平均线来观察其动向。它属于相反指数。

阿姆斯指数和TICK指数

我们可以把阿姆斯指数(TRIN)和TICK指数结合起来应用于日内交易。TICK指数从分时的角度计算成交价向上跳动的股票数目和成交价向下跳动的股票数目之差。换句话说,TICK指数是涨跌股数线以分秒为时间单位计算的即时版本,并且两者的目的也一样。在日内交易过程中,如果TICK指数上升,同时阿姆斯指数下降,是正面的;如果TICK指数下降,同时阿姆斯指数上升,是负面的。当然,我们也可以利用阿姆斯指数进行较长时间范围的市场分析。

平滑阿姆斯指数

在每日交易过程中,阿姆斯指数可以随时更新数据,因此该指数具有一定的短线预测价值。不过,大多数交易者运用的是它的10日移动平均线。根据阿姆斯本人的看法,当阿姆斯指数10日移动平均值高于1.20时,可以判断市场处于超卖状态;而当该指数10日移动平均值低于0.70时,则构成超买状态。不过,上列数字可能取决于市场总体趋势的情况而有所变化。阿姆斯表示,他也偏好采用菲波纳奇数字。他建议,除了阿姆斯指数的10日移动平均线之外,还可以采用21日移动平均线。他借助阿姆斯指数21日移动平均线和55日移动平均线的交叉信号来触发中线交易,效果良好。如果有意深入了解,请参阅小理查德·W·阿姆斯撰写的《阿姆斯指数(TRIN)》。

开放式阿姆斯指数

在计算阿姆斯指数的10日移动平均值时,我们首先根据每一天收市时的四个数字计算当日阿姆斯指数值,再计算每日阿姆斯指数的10日移动平均值。所谓"开放式"阿姆斯指数,其计算方法有所不同,首先,我们分别计算原公式中的四类数据的10日平均值,再根据四类数据分别的10日移动平均值计算开放式阿姆斯指数。许多分析者偏好开放式阿姆斯指数,而不是原始版本的阿姆斯指数。当然,在计算开放式阿姆斯指数时,也可以给移动平均线选择不同的时间参数,如21天和55天等(图18.8)。

粗细柱状图

阿姆斯最著名的成就是创建阿姆斯指数,不过他也为图表分析开辟了一条新路,办法是把价格和交易量结合起来。为了达到这个目的,他创造了一种全新的图表形式——"粗细柱状图"。在传统的线图上,每日的价格范围用一根竖直线段来表示,这是图表的主要部分;还要沿着图表底部再绘制另一根竖直线段,表示当日的交易量。因为技术分析需要通盘考虑价格和交易量,所以技术分析者不得不同时观察上下两部分图线。在粗细柱状图上,每一天的行情都用一根有一定宽度的柱状图线来表示。柱子的长度依然代表当日价格区间。柱子的宽度则取决于当日的交易量。交易量越大的交易日,对应的柱子越粗。交易量较小的交易日,对应的柱子越细(图18.9)。

一般说来,看涨的价格突破信号总是应当伴随着交易活动的迸发性增加。因此,在粗细柱状图上,看涨的价格突破信号应当伴随着显著

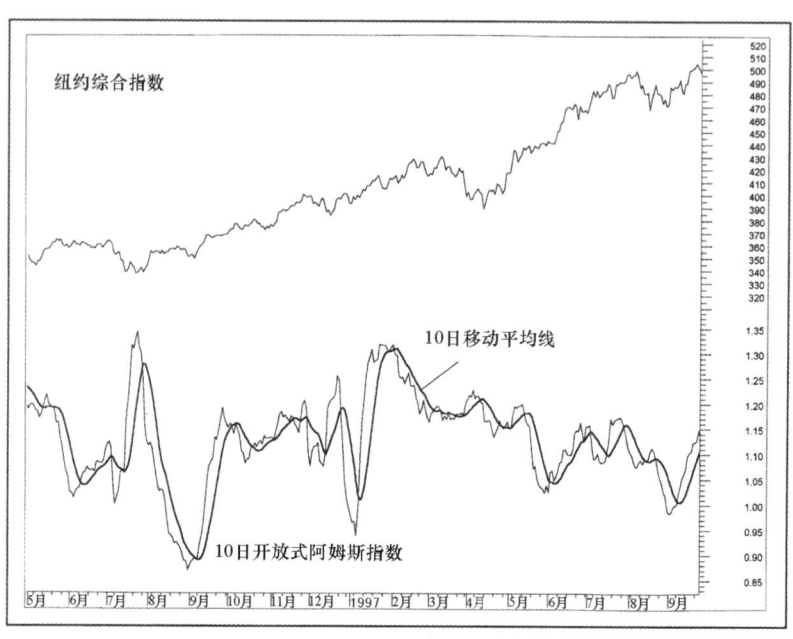

图18.8　10日开放式阿姆斯指数使得曲线形状变得大为平滑,但是其趋势方向仍然保持和市场方向相反。当它穿越它的10日移动平均线(深色线)时,常常构成曲线的转折点。

增粗的柱子的出现。粗细柱状图把价格和交易量整合为一体,大为简化了价格和交易量的对应和比较分析。举例来说,在上升趋势中,上涨的日子应当呈现为较粗的柱子,下降的日子则应当呈现为较细的柱子。我们既可以把粗细柱状图方法应用于市场平均指数,也可以应用于个股分析;既可以绘制日柱状图,也可以绘制周柱状图。如果需要更详细的资料,请参阅理查德·阿姆斯的《股市交易量周期》(道琼斯-欧文,1983)。

粗细蜡烛图

第十二章,格雷格·莫里斯讲解了蜡烛图技术。在1990年的《股票和商品技术分析》杂志上,曾经刊登一篇文章,题为"东西方合璧:粗细蜡烛图技术",作者是莫里斯。他在文章中提出把蜡烛图和阿姆斯的粗细柱状图形式结合起来。莫里斯采用粗细柱状图的形式来绘制蜡烛图。换句话说,每根蜡烛线的粗细都是由当日交易量的多少决定的。交易量越大,则对应的蜡烛线越粗。莫里斯把这种复合的图形格式命名为粗细蜡烛图。下面这段文字引自那篇文章:"……粗细蜡烛图的

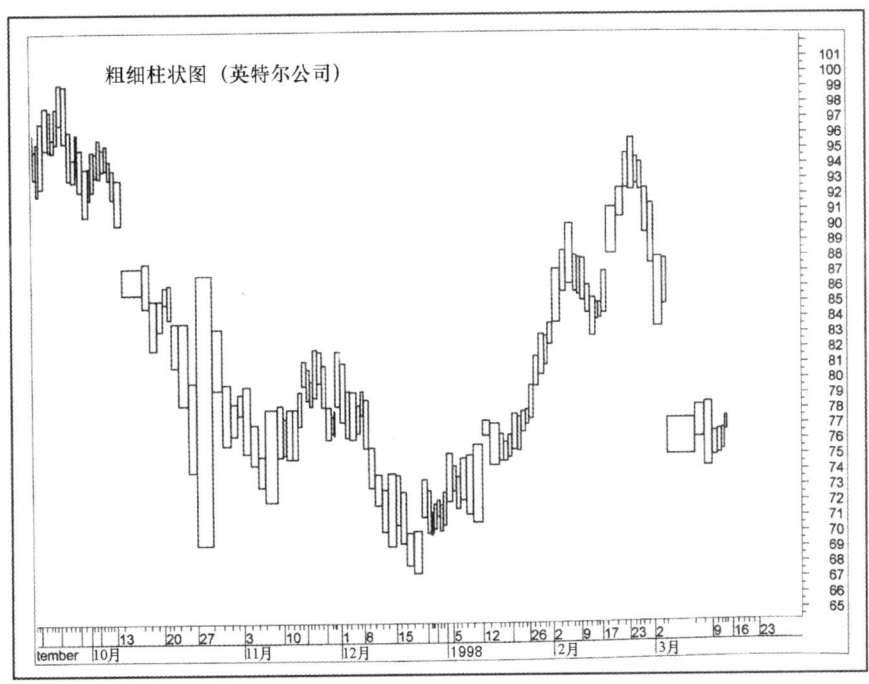

图18.9 粗细柱状图把价格和交易量合二为一。每个交易日对应一根柱子,柱子的粗细取决于交易量的多少。越粗的柱子表示当日交易量越大。在这张英特尔粗细柱状图上,在最右侧那一轮抛售潮中,柱子越来越粗——这是负面征兆。

视觉效果至少和粗细柱状图或原本的蜡烛图具有同等吸引力,即便不谈它比它们的行情信息更丰富。莫里斯的粗细蜡烛图可以在超凡股票行情软件中领略到(埃其斯国际公司出品,犹他州盐湖城3950街东700号100号公寓,www.equis.com)。不过,在软件里把名称改成了"交易量蜡烛图"(图18.10)。

比较市场平均指数

本章开头曾提到评估市场广度的另一种方式,即比较各种市场平均指数的相对走势。这里主要指道琼斯工业指数、SP500指数、纽约股票交易所指数、纳斯达克综合指数以及拉塞尔2000指数。每种指数都代表着稍有不同的一个市场局部。道琼斯指数和SP500指数体现了数目相对较少的大市值股票的走势。NYSE综合指数则囊括了纽约股票交易所挂牌的所有股票,提供了更广角一点的视野。一般说来,当道琼斯工业指数发出突破信号时,SP500指数和NYSE综合指数也都应当出现相似的突破信号,那么道琼斯指数的突破信号才算是得到了验证,说明该信号具有较持久的力量。

大多数重要的背离现象都会涉及纳斯达克指数和拉塞尔指数。纳

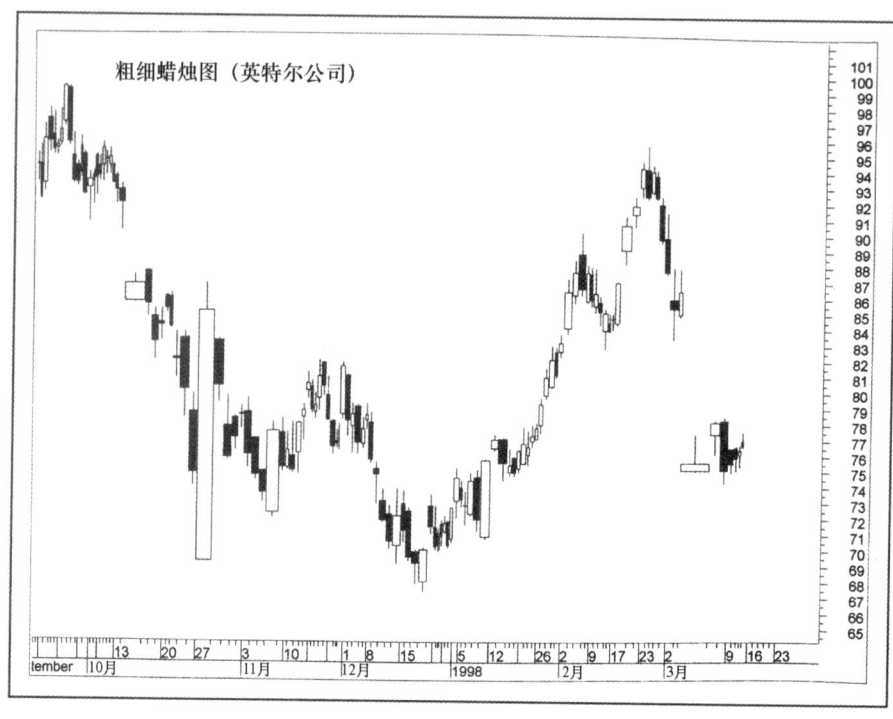

图 18.10 粗细蜡烛图(也称为交易量蜡烛图)把粗细柱状图和蜡烛图合二为一。每根蜡烛线(每日的蜡烛线)的粗细取决于当日交易量的多少。

斯达克综合指数的成分股数目最多(5000个)。不过,纳斯达克指数是按照市值加权计算的,它通常被大约100个最大型的科技类股票的走势所左右,如英特尔和微软等。正因为这一点,纳斯达克指数更经常代表了技术类股票板块的方向。拉塞尔2000指数更准确地揭示了小盘股的总体表现。无论如何,这两个指数都应当和道琼斯指数、SP500指数一道呈现为上升趋势,才能说明当前上升趋势真正具备良好的发展前途。

就这方面来说,相对力度(RS)分析很实用。纳斯达克指数相对于SP500指数的比值揭示了科技类股票处于领先还是落后状态。如果这类股票是领涨的,即该比值处于上升状态,那么通常对市场更有利一些(图18.11)。比较拉塞尔2000指数和SP500指数,可以告诉我们到底"大部队"是不是紧跟在"将军们"身后。如果小市值股票的相对力度比较疲软,或者落后大市值股票太多,则常常构成警告信号,说明市场广度正在收窄(图18.12)。

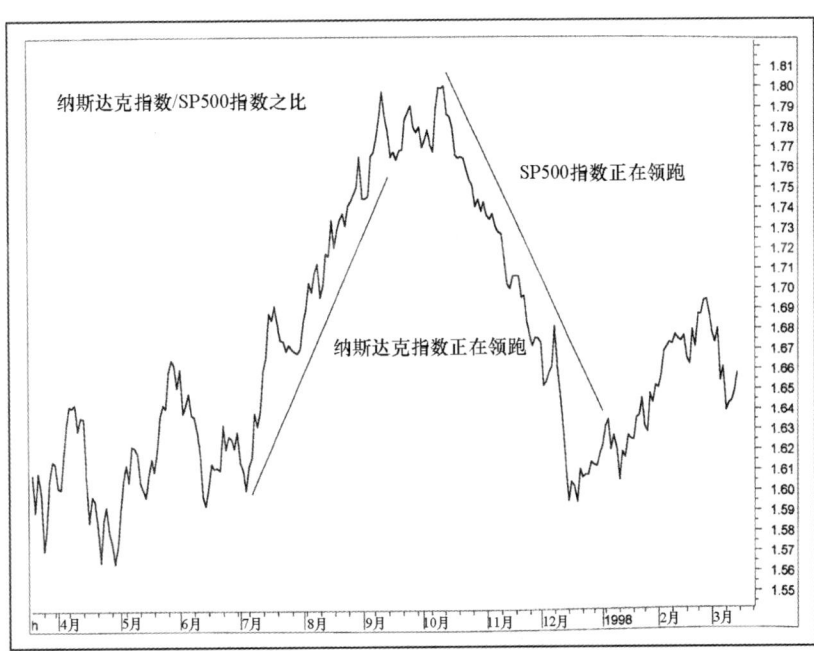

图 18.11 纳斯达克指数/SP500 指数的比值揭示了科技类股票领先于大势还是落后于大势。如果该比值曲线处于上升状态,通常对市场更有利。

图 18.12 把代表小盘股的拉塞尔 2000 指数和代表大市值的道琼斯指数叠加在一张图上,两相比较。如果两者同时上升,那么通常上升势头前景更良好。

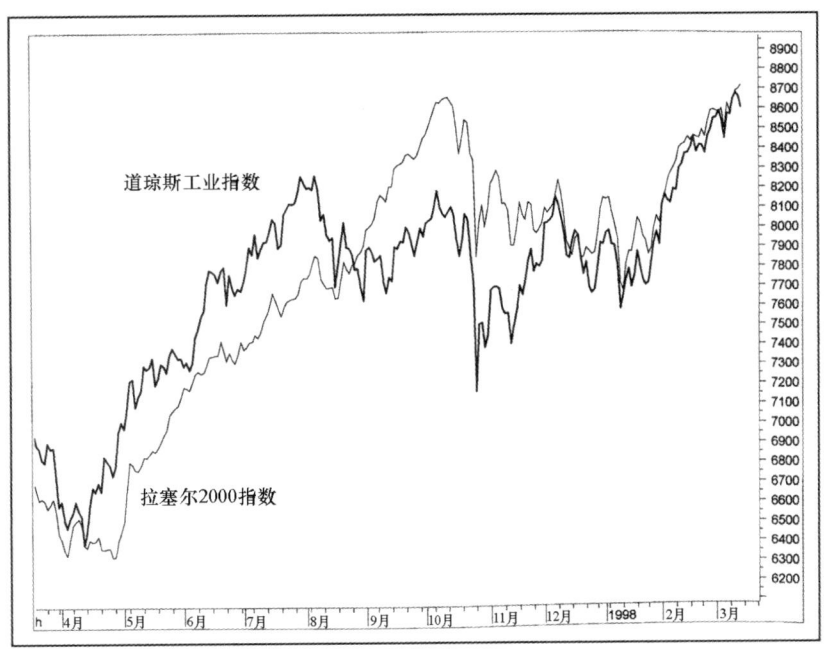

股票市场指标

结　论

　　通过比较两个市场指数,揭示两者之间相互验证或相互背离,这和道氏理论也有莫大干系。第二章,我们曾经讨论道琼斯工业指数和道琼斯运输指数相互验证关系的重要性。仅当这两种平均指数都创新高后,才构成道氏理论的买进信号。如果两者相互背离,则构成警告信号。由此可见,研究市场广度,或研究相关市场对象之间相互验证或背离现象的手段其实很多。最基本的一条,处于同一个趋势方向的股票市场平均指数越多,则该趋势持续下去的可能性越高。另外,一定要留意涨跌股数线、新高新低线以及上涨股票下跌股票交易量线,确认它们也按照同样的趋势方向演变。

第十九章　全书大会串
——一张清单

　　正如本书所证明,技术分析是由各个方面汇集而成的,其中每种方法都能为分析者增添一些对市场的新认识。技术分析就像是我们在七巧板游戏中拼出的精巧图案。每种技术工具都是大图案的一个小块。我自己的办法是,把各种各样的技术综合起来进行分析,多多益善。每种方法各有其擅长的一定的市场环境。关键是我们要弄清楚,针对当前的市场情况,什么样的工具最合适。这一点只能靠学问和经验了。

　　所有这些方面都在一定程度上相互重叠,相互补充。如果有哪一天朋友们能够看出它们的相互关系,并且能够从这些部分之中提炼出技术分析的整体,那么,这一天就是你配得上技术分析师这顶头衔的好日子。在下文中,我们开列了一张清单,目的是在朋友们学习初期,至少帮助大家触及技术分析各方面的基础知识。假以时日,你对这张清单便习惯成自然了。这张清单算不上无所不包,但是其中的确搜罗了那些最值得我们了然于胸的重要方面。严谨的市场分析很少有轻而易举的时候。分析师必须不断地为未来的市场变化探求各种蛛丝马迹。而使得分析者下决心选择此方向或者彼方向的最后线索,常常是早已被大家抛诸脑后的不起眼的因素。分析者所考虑的因素越多,那么他获得正确结论的机会就越大。

技术分析清单

1. 总体市场方向如何?
2. 各个市场群类或板块的方向如何?
3. 在周线图和月线图上情况如何?
4. 主要趋势、中等趋势以及小趋势的方向,分别是上升、下降、还是横向伸展?
5. 重要的支撑和阻挡水平在何处?
6. 重要趋势线或管道线在何处?
7. 交易量和持仓量验证了价格变化吗?
8. 33%、50%、66%价格回撤位置在何处?
9. 图上有无价格跳空?它们属于何种类型?
10. 图上有无任何主要反转形态的迹象?
11. 图上有无任何持续形态的迹象?
12. 上述形态的价格目标在何处?
13. 移动平均线指向什么方向?
14. 摆动指数正处在超买或超卖状态吗?
15. 在摆动指数图上有无相互背离现象?
16. 相反意见数字是否显示市场处于极端状态?
17. 艾略特波浪的形态如何?
18. 有无明显的三浪结构或五浪结构?
19. 菲波纳奇回撤位置及其价格目标的位置在何处?
20. 当前有无可能出现任何周期性的波峰或波谷?

21.市场是否显示出峰值右移或左移现象？

22.行情软件显示的趋势方向如何：上升、下降、还是横向延伸？

23.点数图上的情况如何？

当朋友们得出了市场看涨或看跌的结论后，再搞清楚下列问题。

1.在今后一到三个月内，当前市场趋势会怎样演变？

2.我决定在本市场买入还是卖出？

3.交易数量是多少？

4.在判断错误的情况下，我打算承受多大的风险？

5.我的利润目标在何处？

6.在何点入市？

7.采用何种指令类型？

8.我应当把保护性止损指令设置于何处？

即使你照着以上清单一一执行，也并不能保证获得正确的结论。这份清单的目的仅仅是帮助朋友们正确地提出问题。而提出正确的问题是寻求正确答案的最可靠的方法。期货交易成功的诀窍是，知识、自律和忍耐。倘若你已经掌握了适当的知识，那么把自律和忍耐修炼成功的最佳途径就是勤学苦练，制定好行动计划，并把计划付诸实践。虽然这样做也未必担保成功，但是能够极大地增加朋友们在金融市场取胜的机会。

如何协调进行技术分析和基础分析

虽然技术派和基础派常常各执一词，公说公有理，婆说婆有理，但是也存在对双方都有利的协调办法。我既认为技术性方面确实领先于已知的基础性方面，同时也相信，任何重大的市场运动都必定是由潜在的基础性因素所引发的。因此，道理很明白，技术派应当对市场的基础性状况有所了解。如果图上的重大价格运动别无解释的话，技术分析师不妨向他的基础派同事请教，看看从基础性方面怎么看待这个变化。另外，考察市场对各种基础性新闻的反应，也是寻求技术性指示的绝好的办法。

基础派分析师也可以利用技术性因素来验证自己的判断,或者提醒自己市场上可能将要发生什么样的重大变故。基础派通过研究价格图表,或者借助于计算机趋势跟踪系统作为过滤措施,可以避免开立与当前趋势相反的头寸。价格图上一些不寻常的变化可以充当基础分析师的警告信号,提醒他更仔细、更深入地研究基础性环境。我在那家大经纪公司的技术分析部门任职的数年里,常常提醒基础分析部门,从价格图上看,可能马上会出现如此这般的市场变化。他们总是回答,"绝不会这样""不可能"等等。直到现在,只要一想到竟会这么经常地出现这种情况,我就忍不住惊讶。因为,常常的是,在一两个星期之后,市场上果然突然地起了变化,再看,往往正是做上述答复的那位仁兄,这时候忙成一团,四处拼凑基础性的解释。就市场研究的领域来讲,显然双方是有很大的协调和合作余地的。

注册市场技术分析师(CMT)

很多人为客户提供各类市场技术分析方面的意见和报告。但是他们到底有没有有资格提供这样的服务呢?你怎么知道呢?说到底,如果诊室墙上没有贴出医生的医学学位证书,你就不会找他看病。你也不会找一个通不过资格考试的律师来咨询法律意见。毫无疑问,你用的会计师一定是注册会计师(CTA)。如果你要向证券分析师咨询他对某只股票的意见,一定要先确认他或她是注册金融分析师(CFA)。那么,为什么当我们对待技术分析师的时候,不采取同样的谨慎态度呢?目前,市场技术分析师协会(MTA)实行了"注册市场技术分析师(CMT)"的认证计划,终于解决了这个问题。CMT 认证计划分为三阶段,申请者通过全部三阶段的考试后,才能获得 CMT 资格证书。绝大多数技术分析从业者都通过了认证计划。下次如果某人向你提供技术分析意见,请要求他出示 CMT 证书。

市场技术分析师协会(MTA)

市场技术分析师协会(MTA)是世界上年代最久,也最著名的技术分析业者协会。它成立于 1972 年,目的是鼓励有关人员进行技术资料的交流,对大众投资者以及投资界从业人员进行技术分析知识的普及教育,并为技术分析者制定道德规范和职业标准。(1998 年 3 月 11 日,市场技术分析师协会举行了成立 25 周年的纪念活动。这次活动在纽约举行,与协会的月度例会合并,其中最精彩的部分是协会三位创始会员的特别演讲,他们是拉尔夫·阿坎普拉、约翰·布鲁克斯以及约翰·格里利。)协会会员包括全职的技术分析师以及技术分析方法的爱好者(称为加盟成员)。协会每月于纽约聚会一次(市场技术分析师协会,纽约市百老汇大街61号514号),同时每年5月在国内各地举办年度讨论会。协会会员有权分享MTA图书馆,参加电脑论坛。协会还出版每月通讯和一份杂志(每年三份)。有些地区还成立了地方分会。MTA会员同时也成为国际技术分析师联盟的成员(IFTA)。

技术分析行业的全球性进展

1985年初,几个国家的代表在东京召开会议,起草了《国际技术分析师联盟章程》(IFTA,国际技术分析师联盟,纽约市邮政信箱第1347号,NY10009,美国)。以此为开端,该组织已经发展到包括全球20多个国家了。联盟每年都在澳大利亚、日本、巴黎和罗马这样的地方举办年会,这对该组织的会员来说是个佳音,因为每年的会议都由不同国家来组织。1992年,我接受了IFTA大会颁发的首届大奖,表彰我"为全球技术分析作出的杰出贡献",我为此感到骄傲。

殊途同归的技术分析

在我国,技术分析的应用已历经一个世纪了(在日本是300年以上),它经受住了历史的考验,取得了长足的进步。这个课题已经在全世界范围内激起了人们日益浓厚的兴趣。当然,有些人行技术分析之实,却不一定以技术分析之名。在我的著作《凭图投资者》中,我称之为"凭图分析"。这么做是为了避开可能令人生畏的"技术分析"名头,让人们对这门有价值的学问更容易接近、更加投入。随便你喜欢用什么名称,实际上,实务中的技术分析可以有许多名称。很多金融机构都聘用专职分析员,他们的工作就是从市场行情数据中淘金,发掘价格偏贵(超买的)的股票或股票群体和价格偏低(超卖的)的股票或股票群体。他们的岗位属于"定量分析师",但是他们加工处理的数据和技术分析师加工处理的数据常常是相同的。金融报刊报道有一类"新型"交易者,称为"动量"交易者。这类交易者把资金从表现出动量不足的股票或股票群体中转移出来,投入表现出动量强劲的股票或股票群体。他们采用的技巧称为相对力度。当然,我们明白,"动量"和"相对力度"本来就是技术分析术语。

当然,还有证券经纪公司,号称根据"基本分析"时常对股票进行评级上调或评级下调。你可曾注意到,这些所谓"基本分析"的评级调整多么经常发生在"图形"出现了重大向上或向下突破后的下一天呢?经济学家当然不会自认为是技术分析师,但是他们从来都是根据图表分析来评估通货膨胀、利率以及各种经济指标走势的。而且他们谈论的正是这些图表上的"趋势"。甚至常用的基本分析工具如市场价格/每股盈利比率(市盈率),其本身也有技术分析的一面。不论何时,只要你把价格的因素添加到方程式里,就进入了技术分析的范畴。或者,当证券分析师说股票市场红利收益率过低的时候,不就是在讲价格过高吗?这和市场处于超买状态的正统技术分析表述岂非同出一辙?

最后,学术界新瓶装旧酒,在"行为金融学"的名下另搞一套技术分析。多年来,学术界主张"有效市场假设",以此证明技术分析毫无用处。在这个问题上,没有哪一家比联邦储备委员会更权威了——而联邦储备委员会对上述假设提出了若干质疑。

联邦储备委员会终于表示赞成

1995年8月间,联邦储备银行纽约分行发表了一份工作人员报告,题为"头肩形:并非噱头"。这篇报告的目的是检验头肩形形态在外汇市场的有效性。(报告以本书第一版作为技术分析资料的主要来源,引用了有关内容。)在其引言部分开门见山地写道:

> 技术分析根据过去的价格运动来预测未来行情变化,本报告将要表明,虽然技术分析与绝大多数经济学家的"有效市场"理论不相容,但是根据技术分析交易能够产生统计显著的利润。"(联邦储备银行纽约分行,C.L.奥斯勒和P.H.凯文·张,工作人员报告第四期,1995年8月。)

还有一篇更近期的报告发表于1997年秋,作者是联邦储备银行圣路易斯分行。该报告研究的也是技术分析的应用及其相对于有效市场假定的优势。(《期货市场技术分析》再度作为技术分析的主要资料来源被该报告引用。)在该报告中,有一节标题是"有效市场假定要三思",其中有如下内容:

> 前一节显示,技术分析交易规则是成功的,无独有偶,近期很多研究都得出了类似的结论。这些研究普遍认为,有效市场假定在某些重要方面均不能解释外汇市场的实际运行。当然,市场从业人员对上述结论并不感到惊讶。这些研究有助于说服经济学家重新审视市场……发现可能解释技术分析

获利能力的市场特性。(尼利)

结　　论

　　如果说仿效乃是最真诚的奉承,那么市场技术分析师应该感到自己备受抬举。技术分析大行其道,不过,当事人常常打着许多不同的旗号,尤其是那些没有意识到自己实行的就是技术分析的人。然而,大家所用的确是技术分析。技术分析本身也有所发展。举例来说,引入交叉市场分析后,使得我们的焦点从"单一市场"的孤立分析更多地转向了金融市场相互关联的整体角度。全球金融市场相互联系的观念早已超越了任何怀疑。正因为此,在国内外市场越来越紧密地相互交织的现实下,技术分析作为全球金融市场的通用语言,便具备了特别的价值。当今世界计算机普及、通信迅如闪电,能不能及时解读市场信号比以往任何时候都来得更为关键。而解读市场信号正是技术分析的一切。查尔斯·道于20世纪初首倡技术分析。随着20世纪临近终结,技术分析已经发扬光大,道先生泉下有知,当会对他首倡的事业倍感欣慰。

附录 A　高级技术指标[1]

本附录介绍几种较高级的技术方法,这些方法既可以独立使用,也可以与其他技术分析研究手段一起使用。正如对待任何技术分析方法一样,我们建议投资者在实际应用这些方法之前,首先应当对它们进行一番自主的研究和检验。

需求指数(DI)

在研判市场方向时,交易量分析也是一个重要的部分,绝大多数技术分析师都会赞成这一点。需求指数是较早出现的交易量指标之一,由詹姆斯·西比特于20世纪70年代提出。计算公式很复杂(请见本附录最后一部分)。需求指数是买进压力和卖出压力的比值。当买进压力大于卖出压力时,DI图线高于零线,为正面信号。当卖出压力大于买进压力时,DI图线低于零线,意味着价格即将走低。绝大多数交易者还会留心DI图线和价格图线之间的相互背离现象。

---

[1] 本附录由托马斯·E·阿斯普莱撰写。

图 A.1 是长期政府债券期货的周线图,从 1994 年初到 1997 年末。1994 年 4 月到 11 月,DI 在大部分时间都处于零线之下,同一时期内债券价格从 104 下跌到 96 的区域。当价格形成更低的低点时(线段 A),DI 却出现了较高的低点(线段 B)。这是经典的正向背离现象,或者说看涨背离现象,意味着债券价格正在筑底。之后,在点 1 处,当 DI 向上超越零线时,上述背离信号得到验证。在随后的上涨行情中,DI 在 1995 年 5 月的点 2 处达到了最高点,然后连续下跌了 6 周,并于点 3 处向下穿越零线。它在负数区域逗留了 5 周后,重新向上回到正数区域。在接下来的上涨行情中,DI 于 11 月后期的点 4 处形成了一个显著的更低的低点。当 DI 出现更低的高点时(线段 D),债券合约的价格却出现了幅度接近 6 点的更高的高点(线段 C)。这是负向的或看跌的背离现象,是价格可能见顶的警告信号。

本指数也可用于股票分析。在通用汽车的周线图(图 A.2)上,DI 用曲线来表示,而不是刷形图。这么一来更容易给该指数绘制趋势线。我个人的体会是,采用趋势线来分析各类指数都是相当有价值的。技

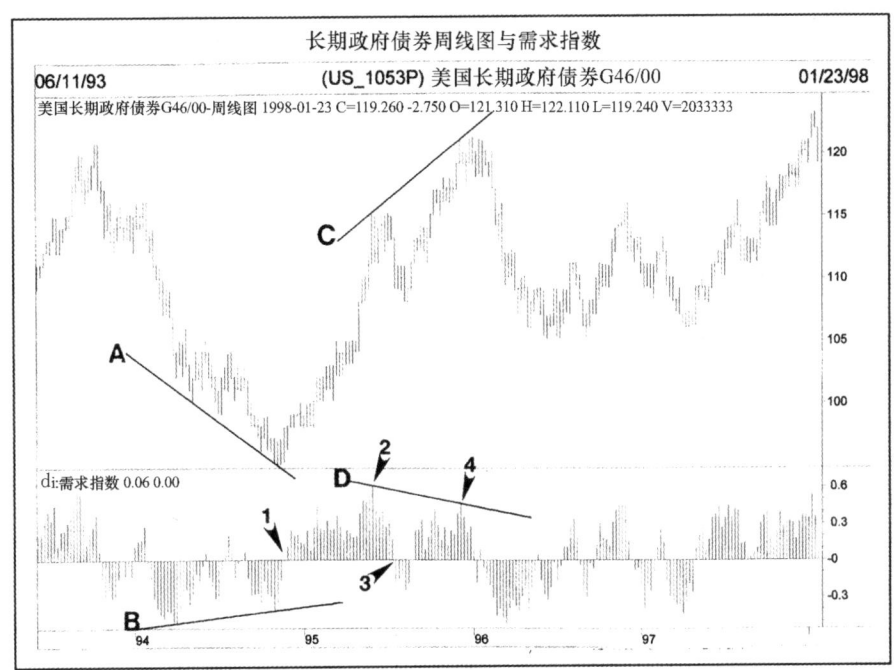

图 A.1 需求指数综合了价格和交易量的信息,在本图中以刷形图的格式来绘制。当其读数大于零时,为正面信号;当其读数小于零时,为负面信号。请注意 1994 年后期的看涨背离现象,以及 1995 年后期的看跌背离现象(Courtesy MetaStock Equis International.)。

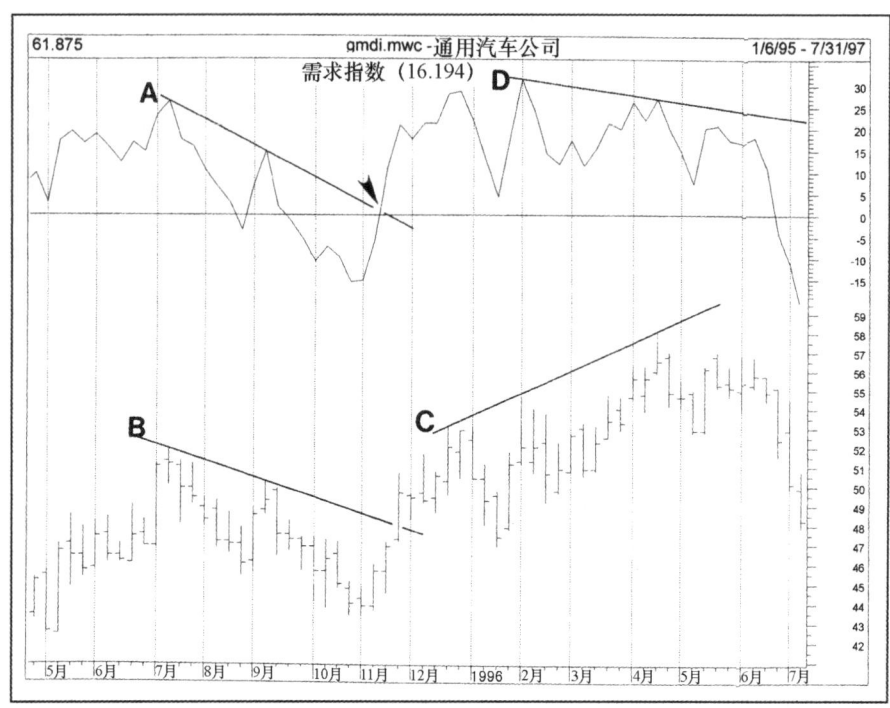

图 A.2 本图为通用汽车周线图,需求指数以曲线形式绘制,和价格曲线进行了对比。DI 曲线上的趋势线突破信号常常超前于价格图线上的趋势线突破信号。请注意 1996 年 4 月出现的负向(看跌)背离现象(Courtesy MetaStock Equis International.)。

术指标的趋势线突破信号常常先于行情的趋势线突破信号。1995 年后期正是这种情形,当时,DI 的下降趋势线(线段 A)的突破信号比相应的价格趋势线(线段 B)的突破信号提早了一个星期。正如本图所示,提早一周买进可以明显降低入市成本。1996 年 4 月中,DI 也发出了价格可能见顶的警告信号。当通用汽车正在形成价格新高时(线段 C),DI 曲线却出现了更低的高点(线段 D)。这一警告信号的出现,明显早于 6 月和 7 月的行情剧烈下跌。

赫里克回报指数(HPI)

本指数是已故的约翰·赫里克首创的,意在通过持仓量的变化来分析商品期货行情。第七章曾经讨论,持仓量的变化可以为交易者提供重要线索,以评估当前市场趋势是否得到可靠的支撑。赫里克回报指数采用价格、成交量以及持仓量来确定在选定的商品市场上资金正在流入还是正在流出。这可以帮助交易者识别价格变化和持仓量变化相互背离的情形。这一点常常相当重要,因为通过赫里克回报指数对持仓量的分析,常常能够帮助我们判别恐慌性买进或者恐慌性卖出的情况。

HPI 最基本的解读方法是,看它到底在零线之上,还是在零线之下。如果 HPI 读数为正,则指向更高的价格,并且持仓量正在和价格同步上升。与此相反,如果 HPI 读数为负,则意味着资金正在从所分析的商品市场流出。

如图 A.3 所示,咖啡是波动较为剧烈的商品市场之一。1997 年 3 月和 4 月间,HPI 曾经四度穿越零线,最后一次是向上穿越的正面信号,发生在 4 月初(B)。该信号一直持续到 6 月初。6 月,HPI 下跌至零线以下,当时价格已经远远低于之前的高点了,即便如此,咖啡还是进一步下跌了 70 美分。7 月后期,HPI 又一次重返正读数,此处距离之前的价格低点很接近。在随后 2 个月里,先出现了两个短线信号,后出现了一个长线的卖出信号。这正是 HPI 的特点,当我们在日线图上进行 HPI 分析时,在较长线、较持久的买进或卖出信号出现之前,HPI 一般会在零线上下短线地往返数次。

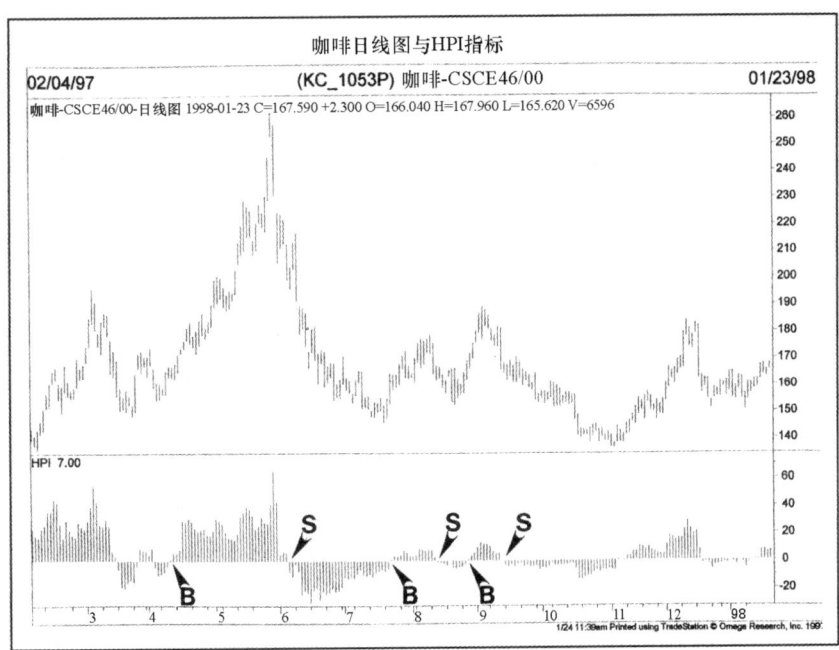

图 A.3 本图为咖啡行情,赫里克回报指数(HPI)以刷形图的形式绘制。在计算 HPI 的过程中,综合采用了价格、交易量和持仓量。HPI 适用于期货市场。当它向上穿越零线时为买进信号(B);向下穿越零线时为卖出信号(S)。

和需求指数类似，HPI 最有效的用法是在周线图上，因为在周线图上其伪信号明显减少。也可以对 HPI 进行相互背离的信号分析，把它作为警告信号，揭示资金正从流入转为流出。图 A.4 是时间跨度 6 年左右的长期政府债券周线图，其中有好几个效果良好的实例。从 1992 年末到 1993 年末，HPI 始终维持在正数区间内。HPI 在 1993 年初形成峰值，此后债券价格形成了涨幅几乎达 10 点的更高的高点（线段 A），而同期的 HPI 则形成了更低的高点（线段 B）。这一负面的背离现象向债券交易者发出警告信号，警示了 1994 年发生的下跌行情。1993 年 10 月，HPI 向下突破零线，后来于 1994 年初一度稍稍转为正值，但是很快重新跌回零线以下。HPI 在 1994 年上半年达到了最低水平并见底回升，明显早于价格底部的形成。正当价格图线形成更低的低点的时候（线段 C），同期 HPI 却形成了更高的低点（线段 D），因此构成了正面的背离信号。HPI 于 1994 年 12 月返回正数区域，当时债券价格十分接近之前的低点。1995 年后期，形成了负向的背离信号（线段 F），当时债券已经从 1994 年后期的低点上涨了超过 25 点。1996 年到 1997 年初，HPI 数次来回穿越零线，之后 HPI 稳固地进入正数区域。通过上述两张图例，我们可以看出，HPI 曲线及其对持仓量的分析对判断商品市场的方向确实有帮助。

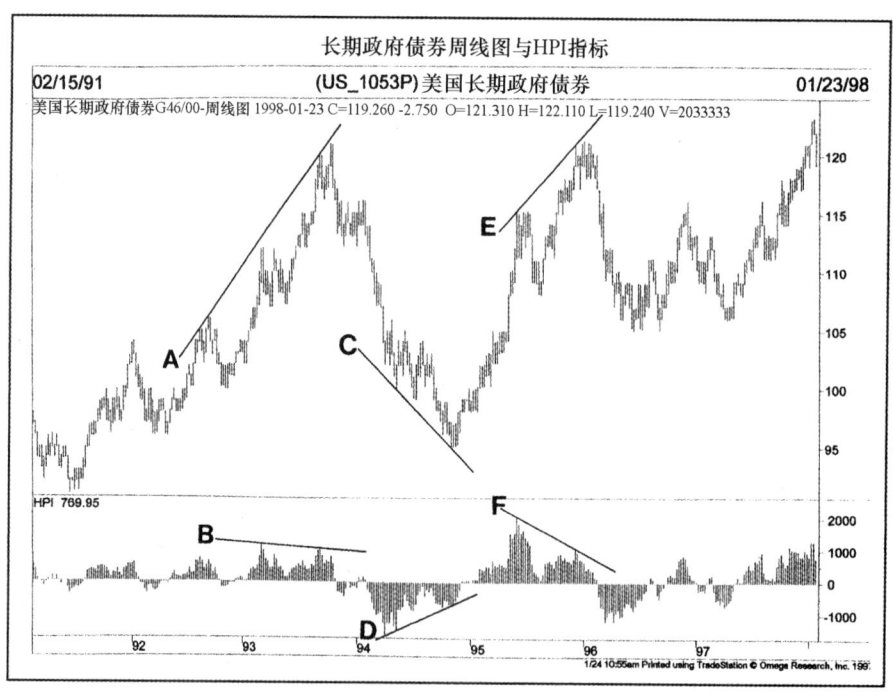

图 A.4 本图为长期政府债券周线图及其赫里克回报指数。请注意 1993 年和 1995 年出现的两次看跌背离信号，以及 1994 年出现的看涨背离信号。

STARC 带和凯尔特纳管道

正如第九章讨论的，价格带技术已经面世多年了。我偏好两类价格带技术，它们都是基于平均实际波动幅度来构造的。不过，虽然这两类价格带都具有上述共同点，但是在用法上差别甚大。所谓平均实际波动幅度，指在一定期间内实际波动幅度的平均值。波动幅度的计算方法是，今日最高价到最高价之间的距离、昨日收市价到今日最高价之间的距离、昨日收市价到今日最低价之间的距离，三者中选择最大者。详细内容参见韦尔斯·怀尔德的《技术交易系统的新思路》。

曼宁·斯托勒是著名的期货商业专家，他设计了"斯托勒平均波动幅度管道"，或称为"Starc 带"。在他的计算公式里，把 15 个时间单位的平均实际波动幅度乘以 2，以 6 个时间单位的移动平均线为中线，在移动平均线上分别加上和减去上述数值。上方价格带称为 Starc+，下方价格带称为 Starc-。行情超出上述两个价格带的情况很少见，因此价格带之外标志着市场的极端状态。按照这种方式，它们可以用作交易信号的过滤器。当价格接近或者高于 Starc+ 带时，买进的风险太高，而卖出则风险较低。与此相反，当价格接近或低于 Starc- 时，卖出的风险太高，买进则比较有利。

在黄金期货连续周线图上（图 A.5），同时绘制了 Starc+ 带和 Starc- 带。在 1997 年 2 月的点 1 处，黄金价格稍稍向下穿越了 Starc- 带。虽然当时行情疲软，但是 Starc 带显示此时并不是卖出的好时机。再等等，可能出现更合适的卖出机会。就在 3 周后，黄金价格达到了较高的 22 美元的水平，触及了 Starc+ 带（点 2）。点 2 是一个低风险的卖出机会。7 月（点 3），黄金价格下跌到了明显低于 Starc- 带的极端位置，此后，市场并没有进一步下跌，而是横向延伸达 12 周之久。从 1997 年 11 月到 12 月，黄金价格再度恢复下滑，曾经三度触及 Starc- 带（点 4）。在这三次接触之后，每一次价格都保持稳定 1~2 周，甚或上涨了 1~2 周。在各种时间框架下，上述价格带都能取得良好的效果，即便在短至 5~10 分钟的线图上也是如此。Starc 带可以帮助交易者避免尾追市场，尾追市场的结果通常是糟糕的入市价格。

凯尔特纳管道是切斯特·凯尔特纳在其 1960 年出版的著作《如何在期货市场获利》中首创的。琳达·拉什克，一位非常成功的商品交易商，再度把它推介给技术分析师。在她的修订版本中，价格带的计算也基于平均实际波动幅度（average true range，ATR），不过这里的 ATR 是按照 10 个时间单位来计算的。把该 ATR 值乘以 2，以 20 个时间单位的指数加权移动平均线为中线，在移动平均线上加上上述数值得到正价格带，减去上述数值得到负价格带。

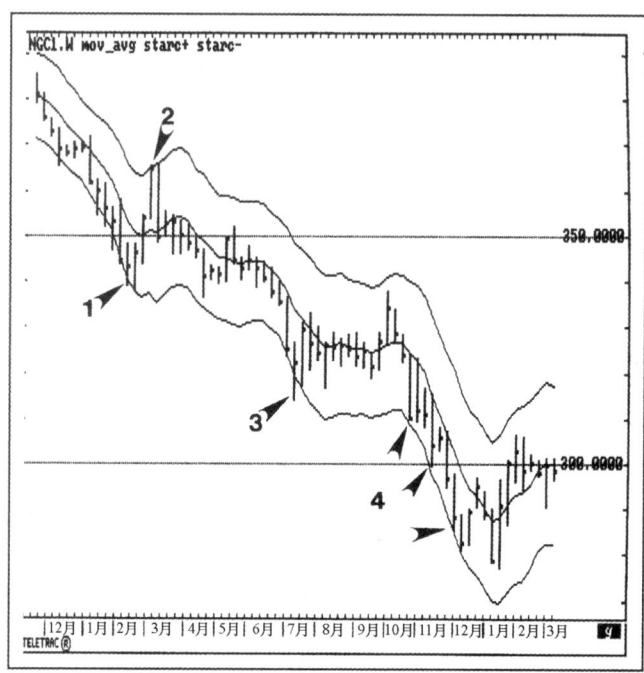

图 A.5 本图为黄金周线图,在 6 周移动平均线的上下,绘制了 Starc 带。在点 1 和点 3 处,每当价格下跌到 Starc-带下方后,随后都有一轮向上的反弹。在点 2 处,当价格上升至上侧的 Starc+带之后,随后市场下跌。

凯尔特纳管道线的推荐用法和 Starc 带的用法大相径庭。当价格收市于正价格带之上时,发出正面信号,表示市场已向上突破。与此相反,当价格收市于负价格带之下时,是负面信号,表示价格将走低。从很多方面来看,这只是第九章曾讨论的四周管道突破系统的图形化表达形式。

图 A.6 是 1998 年 3 月铜期货的日线图。1997 年 10 月下旬,市场收市于负价格带之下,如点 1 所示。这表明即将开始新一轮下降行情,在随后 2 个月里,铜的价格跌去了 16 美分。

在这期间,还有很多时候市场收市于负价格带之下。除非价格收市于正价格带之上,否则上述负面信号将一直维持有效。第二张图例是 1998 年 3 月咖啡合约(图 A.7),本图点 1 处有一个正面信号。在接连两个收市价都高于正价格带之后,价格跌到了 20 个时间单位指数加权移动平均线(EMA)附近。如果市场处于上升趋势,则 20 个时间单位的 EMA 应当发挥支撑作用。在市场接触 EMA(点 2 处)的几天后,咖啡价格开始了一轮令人心惊的上涨行情,短短数周涨幅达 30 美分。

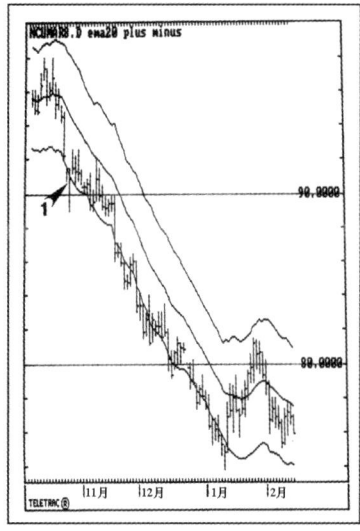

上侧线 = 正管道线

中间线 = 20日指数加权移动平均线

下侧线 = 负管道线

铜日线图与凯尔特纳管道线

图 A.6 本图为铜期货日线图,在 20 日指数加权移动平均线的上下两侧,绘制了凯尔特纳管道。根据该指标,当价格下跌至下方价格带之下(如点 1 所示)时,是市场疲软的信号。

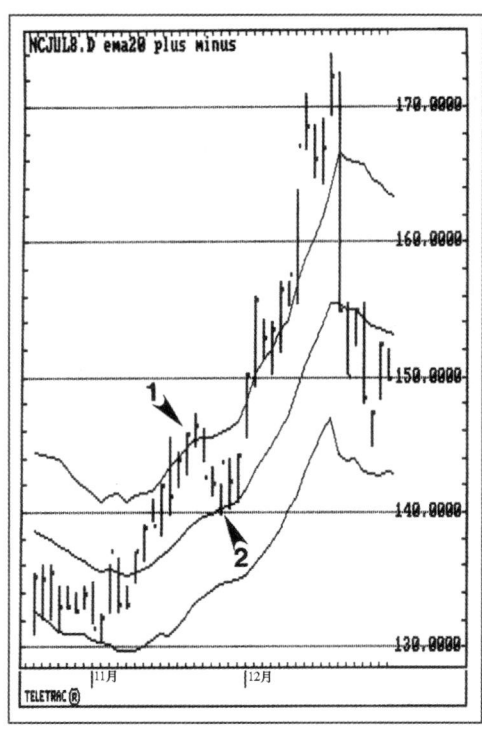

咖啡日线图与凯尔特纳带

图 A.7 咖啡日线图与凯尔特纳通道。点 1 处价格突破通道上轨,表示市场强势。注意市场发出买入信号后,价格回调在 20 日指数加权移动平均线点 2 处获得支撑(中轨)。

高级技术指标

上述两类技术除了上面介绍的构造方法外,都有其他不同的选择,比如百分比包络线,或者标准差价格带(类似于博林杰带的构造方法)。虽然这两类技术都不能独立组成交易系统,但是在交易过程中都是有益的辅助工具。

需求指数的计算公式

在计算需求指数(DI)时,首先计算两个数值,买进压力(BP)和卖出压力(SP),然后计算上述两个数值的比值。DI 等于 BP/SP。该指数的计算公式有各种版本,各种版本大同小异,这里介绍其中一种:

如果价格上升:

BP = V(交易量,Volume)

SP = V/P

其中 P 是价格变化的百分比

如果价格下降:

BP = V/P

SP = V(交易量,Volume)

其中 P 是价格变化的百分比

因为 P 是一个小数(数值小于 1),所以把它乘以 K 来修正它。于是,

P(K) = P×K

K = (3×C)/VA

其中 C 是最后价,VA(波动幅度平均值)是两日价格波动幅度(两日内最高价-两日内最低价)的 10 日移动平均值。

如果 BP>SP,那么

DI = SP/BP

超越股票行情软件中带有需求指数的菜单指令。

附录 B　市场剖面图[①]

引　言

本附录的目的是要说明什么是市场剖面图,以及它的分析要领。在1980年代之前,行情图表仅有线图和点数图两大类。市场剖面图®[②]的问世,扩充了技术分析工具。市场剖面图实质上是分析价格数据的一种统计方法[③]。可能某些读者没有统计学概念,举一个大家熟悉的例子可能有助于理解。设想一群学生参加一次考试。在典型情况下,其中某些学生得分很高(比如说90分或更高),某些学生得分很低(比如说60

---

① 本附录系丹尼斯·C·海因斯撰写。
② 市场剖面图®为芝加哥商品交易所的注册商标,以下称为市场剖面图或剖面图。该技术是J·彼特·斯泰德迈耶首创的,他曾在CBOT任职。关于该主题的进一步资料,可以联系CBOT,或者阅读斯泰德迈耶先生最近的著作《杰克逊西路141号——1996》。
③ 市场剖面图原本是为商品期货开发的,不过,该种图表形式可以应用于任意的价格数据,只要存在连续的交易活动。

或更低),但是绝大多数学生的得分往往散布在平均分左右(比如说75分)。柱状图可以用来表示上述考试成绩的分布频率,形成一张"统计图表"(图B.1)。

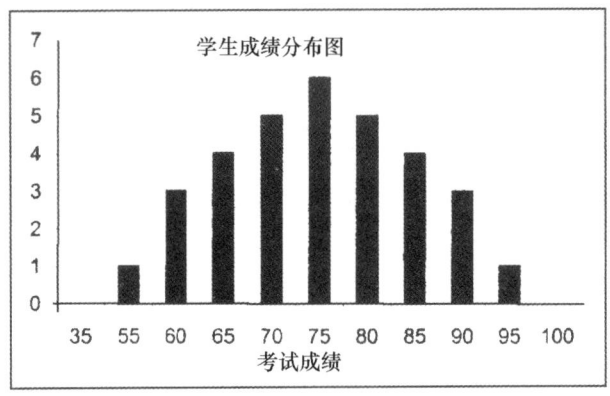

图B.1 正态分布的示例。

如图所示,频率最高的分数,或者说模式数,是75分(6名学生),而得分范围是根据最低得分和最高得分来确定的(55分和95分)。请注意,在模式数两侧,得分的频率分布是平衡的。在理想的对称分布的情况下,模式数等于平均数,即平均成绩。关于本图第二点是,频率分布的轮廓是"钟形"的,这一特征说明该图属于正态分布。在理想的正态分布下,一定的标准差范围对应着一定的观察样本数目。举例来说,如果考试成绩服从理想正态分布(本图正如此),那么68.3%的学生将会落在平均成绩两侧各一个标准差的范围内。当然,实际资料不太可能形成理想正态分布,常常只是足够精确的近似,因此可以近似地采用上述关系。

市场价格,和其他类型的实际数据一样(例如学校的考试成绩、人口身高分布等),也围绕平均数值形成一定的分布形态。什么是市场剖面图绘图技术?从视觉效果看,就是价格的频率分布图,以竖直的价格轴为基础向右侧绘制的柱状图(图B.2a和图B.2b)。

市场剖面图的核心思想是,采用正态分布(钟形)曲线来描绘正在演变中的价格分布。在价格变化服从正态分布的假定下,可以根据价格分布识别其模式数或平均价格,计算价格分布的分散度(标准差),进而估计出现每个价格的概率。举例来说,几乎所有数值都落在平均值两侧3个标准差的范围内,大约70%(精确数字是68.3%)的数值落在平均值两侧1个标准差的范围内(图B.3)。

市场剖面图刻画了市场上此时此刻正在发生的价格活动图像。市场具有促成交易的性质,为了达成这一目的,市场要么正处于平衡状态,要么正在朝着平衡状态移动。市场剖面图天生具有形成对称形态

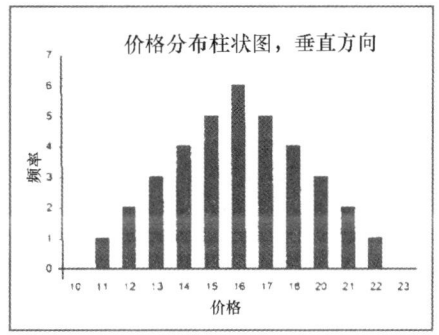
图 B.2(a) 传统的图形。
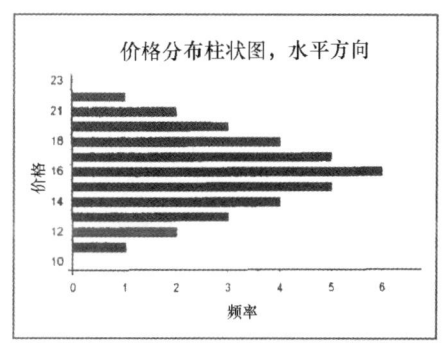
图 B.2(b) 传统图形向右旋转 90°。

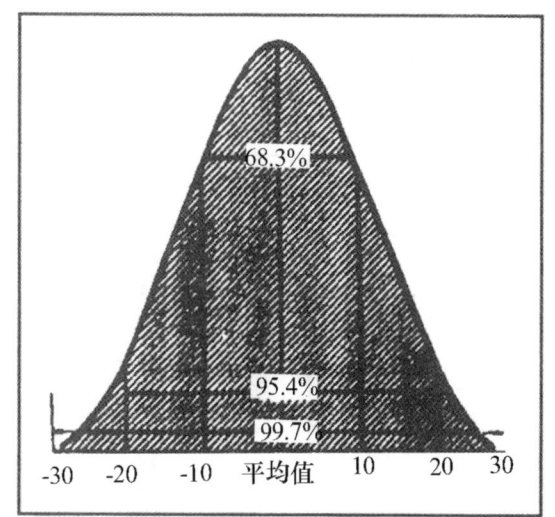
图 B.3 市场剖面图揭示了市场活动通常表现为正态分布。

的倾向,以简明的方式标志了买方和卖方之间平衡的程度,或者双方不平衡的程度。市场动态演变,市场剖面图既可以显示市场处于平衡状态的阶段——此时价格分布是对称的,也可以显示市场处于不平衡状态的阶段——此时价格分布是不对称的,或者是偏斜的。

市场剖面图既不是一个交易系统,也不提供交易建议。市场剖面图的目的在于,帮助使用者观察市场在一定时间内重复出现某些价格、由此形成价值轴心的过程。因此,市场剖面图属于辅助决策工具,使用者在具体交易时需要作出自己的判断。

市场剖面图的绘制方法

市场剖面图同时从价格和时间两个方面来划分行情段,每个行情单元用一个符号来表示,把符号组织起来,就得到市场剖面图。它为我们观察行情演变提供了一个逻辑性的框架,每时每刻都是现在进行时,动态显示从绘图时间单位的起点开始到此时此刻为止积累形成的价格分布。在整个绘图时间单位内,价格区间的演变既包括竖直方向的上下变化,也包括水平方向的堆积延伸。那么,市场剖面图到底是怎样绘制的呢?

设想一张四个时间单位的线图(图 B.3a)。这张传统的线图可以按照下列步骤转化为市场剖面图:(1)给每个柱状图线的每个价格单位分配一个字母,字母 A 表示第一个时间单位的各个价格单位,B 表示第二个时间单位,依此类推(图 B.3b)。(2)按照价格高低把所有字母尽量向左侧堆积,或者放置到第一列(图 B.3c)。至此,市场剖面图便完成了,通过从 A 到 D 的四种字母,市场剖面图左侧(图形底部)表示价位的高低,右侧(图形轮廓)表示价格重现的次数。

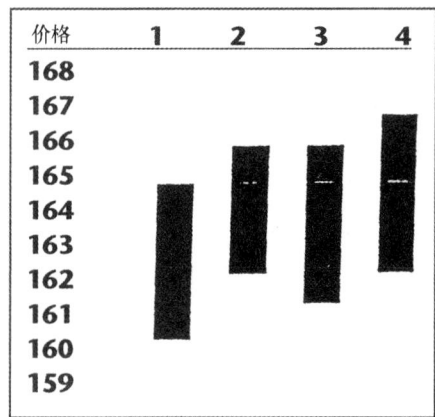

图 B.3(a)　　　　　　　　图 B.3(b)

图 B.3(c)

每个字母均代表一次**时间价格机会**(Time Price Opportunity,TPO),即每个字母都代表了市场在特定时间区间内以特定价格成交的记录(举例来说,在 B 时间区间内成交价格处于 163 和 166 之间)。这些 TPO 点是分析当日交易活动的基本单元。换句话说,每一个 TPO 的确是市场在一定**时间**和一定**价格**造就的一次**机会**。市场剖面图的分布是由若干 TPO 堆砌而成的。芝加哥商品交易所(CBOT)以 24 小时为基础,每个半小时的交易时段分配一个字母:从大写字母 A 到大写字母 X,代表从零时到正午的各个半小时交易时段;从小写字母 a 到小写字母 x,代表从正午到午夜的各个半小时交易时段①。

市场结构

如果你在交易繁忙的日子参观交易所的商品交易池,对你眼前的景象最贴切的描绘是"有管理的混乱"。表面上场内交易商和其他交易商大声叫喊、手势忙碌,骨子里却进行着一个有条有理的过程。我们不妨把市场设想为这样的场所,市场参与者带着不同的价格企图、受到不同的时间约束,通过相互竞争来达成交易。市场参与者心理越急切,则市场的情绪化程度越高。

斯泰道迈耶之所以引入市场剖面图,正是为了更好地描述上述过程。当时他是 CBOT 的自营交易商,力图掌握市场行为,他注意到在市场变化中具有某种一再重现的形态,这一观察最终为他理解市场行为奠定了基础。因为 CBOT 场内采取类似于拍卖的方式交易,所以他采用拍卖行业的术语来说明市场剖面图的要领。举例来说,某位场外交易商可能把上升的市场描述成"上涨"或"走强",而斯泰道迈耶先生往往别出心裁,他的说法是"市场持续向上竞拍,招徕卖方,劝阻买方。"

为了解释交易池拍卖过程运行的原理,他发明了一些场外交易商可能觉得耳生的新术语。首先他定义市场的功能就是"促成"交易。其次,他对市场的运行过程进行了定义,市场以"双向拍卖"方式运作,价格围绕公允水平或平均区域上下"波动"(即按照类似于学生成绩分布的方式形成分布)。最后,他对市场参与者的行为特征也做了界定,即从事短线交易的交易者追求"公平"的价格,而从事长线交易的交易者追求"有利"的价格。

---

① 各家图表服务商分配字母的方式可能不一样。举例来说,CQG 从中部时区早晨 8:00 开始分配大写字母 A 到 Z;从中部时区晚上 10:00 以后分配小写字母 a 到 z。

市场剖面图的技术原理

拍卖的基本功能：市场的功能是"促成"交易或者增进交易。所有的市场活动都是围绕这一基本的拍卖功能展开的。最初，随着价格上移，更多的买盘涌入；随着价格下移，更多的卖盘涌入。市场向上移动的目的是阻止买方买入（即拍卖价格一直上升，直到最后一位愿意出价的买主）；市场向下移动的目的是阻止卖方卖出（即拍卖价格一直下跌，直到最后一位愿意出价的卖主）。实际上，市场是以"双向拍卖"方式来运行的。当价格上升、更多买盘涌入时，上升的价格本身就在招徕卖方，即反方向的反应（卖出），以阻止市场形成方向性运动。当价格下降时，则是相反的格局。

连续的讨价还价：当市场发生方向性运动时，就会形成若干价格指标，如非公允的最高价、非公允的最低价，然后在上述两个价格之间成交，形成公允的价值区间。所有的成交都是通过这种讨价还价的过程来形成的，并且市场始终维持在上述价格指标范围内，直至其中某一边最终被突破（即形成新高或新低）（图 B.4）。

市场平衡状态和非平衡状态：市场要么正处在买卖双方平衡的状态，要么正处在向平衡状态过渡的过程中。为了促成交易，市场从平衡状态转向非平衡状态，再从非平衡状态回到平衡状态。在所有的时间框架下，从当日交易的某个时段，到由若干个时段积累或合并起来的更长时间单位，都存在这样的市场行为特征。

时间框架和交易者行为：引入不同的时间框架的概念，

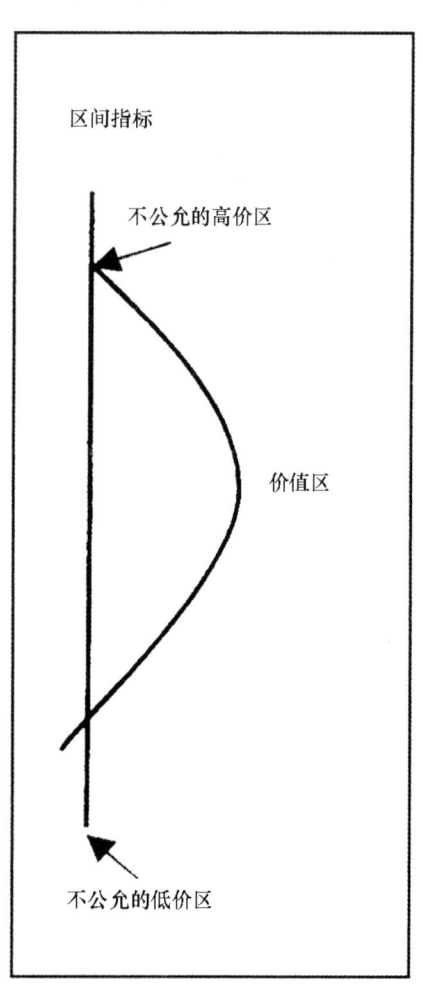

图 B.4

是为了解释市场参与者不同的行为模式。市场行为可以分解为两个时间框架类型：短线行为和长线行为。短线市场行为定义为发生在一个交易日之内的交易行为，此类交易者不得不在当日完成交易（例如场内自营交易商、当日对冲交易商，以及期权到期日的期权交易者等，都属于该类型）。由于交易时间受限制，短线交易商追求的是"公允"价格。短线买方和短线卖方在同一时间以同一个价格相互交易。长线市场行为定义为其他所有时间框架下的交易行为（例如大户保值商、波段交易者以及其他头寸型交易商都属于这个类型）。此类市场参与者不必一定在当日完成交易，时间在他们一边，因此他们追求更"有利的价格"。为了获得这样的利益，长线的买方力图在较低的价格买进，而长线的卖方力图在较高的价格卖出。由于长线买方和长线卖方相互之间的价格目标是不同的，因此他们一般不会在同一时间以同一个价格相互交易。因此，在上述两类不同时间框架的活动类型之间存在着相互作用，由此导致了市场剖面图的发生和发展。

短线交易者和长线交易者分别发挥不同的作用：在促进交易方面，短线交易者和长线交易者分别扮演着不同的关键角色。市场的"初始平衡状态"（即能够发生双向交易的某个价格水平）通常由短线买方和短线卖方在其追求公允价格的过程中确定（属于交易日内时间框架下的市场活动），发生在开市后一小时之内。当日绝大多数交易活动都会发生在该公允价格或价值区间内。当市场高于或低于这个已经形成的公允价值区间时，为长线交易者提供了有利的机会。由于时间在长线交易者那一边，对于偏离公允价值的价格，他们既可以接受，也可以拒绝。当长线买方和卖方入市时，他们手中握有足够多的筹码，因此能够打破"初始平衡状态"，推动价格区间向上延伸或向下延伸。长线交易者推动着当日价格区间的形成过程，推动着长线的拍卖过程。换句话说，长线交易者的角色是推动市场的方向性运动。

价格和价值：价格和价值之间的差异决定市场提供的机会。共有两类价格：(1) 为市场所接受的价格——其定义是市场持续交易的某个价格区间；(2) 为市场所拒绝的价格——其定义是市场在某个价格区间仅仅逗留了很短暂的时间。为市场所拒绝的价格可以视为市场的极端状态——定义为非公允的最高点或非公允的最低点。对于短线交易者来说，价格和价值实质上是同义词，因为他们一般都在公允的价值区间内交易。然而，对长线交易者来说，所谓价格等于价值的说法常常是不准确的。价格是"眼前所见"的和"客观"的，而价值则是"心中理解"的和"主观"的，取决于长线投资者的具体需要。试举例说明，位于今日价格区间顶部的某个价格对今日来说，当然是极端的或不公允的，但是对于长线交易者来说，如果他坚信价格下周市场将会大幅上涨，那么这个价格就是便宜的（也就是说今日的价格低于他预期的下周的价值)。

长线交易商对当前价格的接受或拒绝,表达了他们对价格和价值(他们对公允价值的主观判断)的认识。前面曾交代,价格上升是为了招徕卖方,而价格下降是为了招徕买方。当长线交易商对公开拍卖的价格做出反应的时候(即当价格下降后他们买进,或当价格上升后他们卖出),市场预期他们被动反应,他们的行为被定义为"被动响应"。另一方面,如果长线交易商的行为与上述相反,即当价格上升后仍然买进或者当价格下降后仍然卖出,这样的行为出乎市场预料,被定义为"主动发起"。根据上一个交易日的价值区间或当日正在演化中的价值区间,把长线交易者的行为划分为被动响应和主动发起两个类别,为我们观察长线交易商对行情的信心提供了鲜活的证据。长线交易者越有信心,则越可能采取主动发起行动。

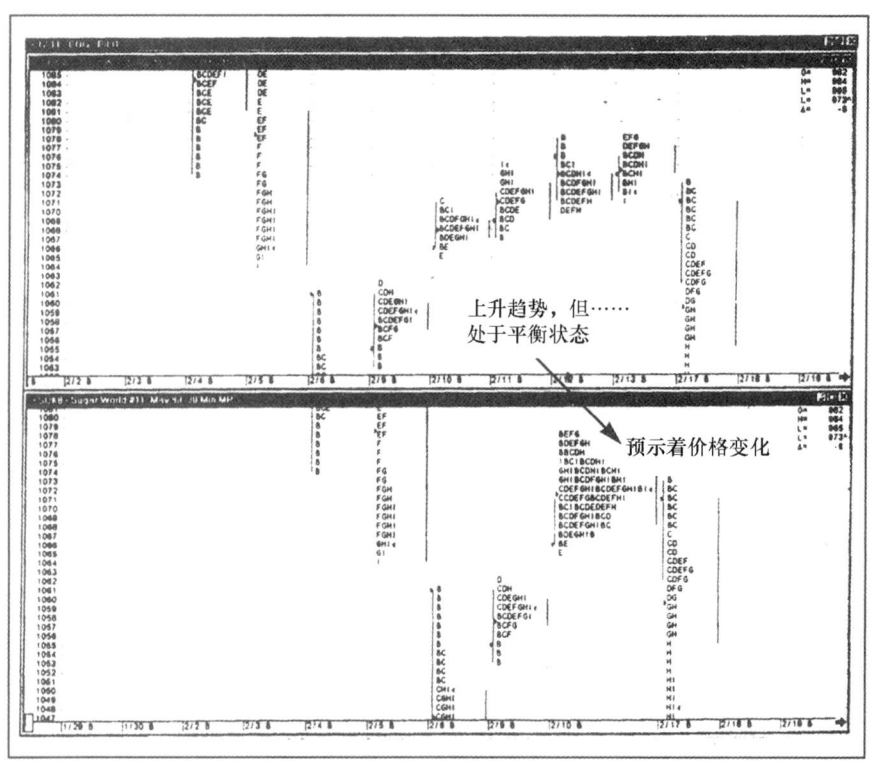

图 B.5　把连续若干天的市场剖面图(上图)组合起来,得到累积的市场剖面图(下图),揭示了市场正在酝酿中的长期平衡状态或非平衡状态(参见 407 页的说明)。

价格区间形成和剖面图形态

既然市场行为并非随意形成,那么毫不奇怪,随着时间的推移,便呈现出可识别的价格形态。训练有素的交易者如果有能力在价格形态形成的初期来预期它,就能够利用它来获利。斯泰道迈耶先生宽泛地定义了下列交易日价格区间形态:

1. **常规日**发生在长线交易商相对不活跃的交易日。当日的价格区间是由开市后第一个半小时的"初始区间"来确定的(定义为剖面图的第一列)。短线交易商确立了市场的初始平衡、不公允的最高点和最低点,后来市场价格就在这些"指标"之间围绕当日的平衡区间波动(图 B.6:第一列图表——橙汁)。

2. **常规变体**日发生在长线交易商较为活跃的交易日,对初始平衡状态有所拓展。在这种情况下,短线交易商确立的初始平衡参数不能一以贯之,后来出现了一定程度的方向性运动,拓展了上述区间,建立了新的最高点或新的最低点(新指标)。一般说来,拓展后的价格区间超出初始区间的程度可以从几个报价单位到 2 倍于初始区间。此类剖面图的类型可能最常见(图 B.6:第二列图表——道琼斯工业平均指数)。

3. **趋势日**发生在长线交易商把初始区间成功地拓展到更远范围的交易日。在这种情况下,市场持续地寻求新的公允价格,长线交易商把持着市场方向,最终的价格区间大大超过了初始平衡区间的 2 倍。在这里,市场朝着一个方向运动,收市价位于或接近方向性运动的极端水平(图 B.6:第三列图表——日元)。

4. **中性日**发生在长线交易商曾经在初始平衡状态之后向一个方向拓展,后来却掉转方向,把初始平衡状态朝另一个方向拓展。中性日表明交易者对市场方向的不确定,发生在市场试探或测试当前价格趋势到底是持续还是转变的时候(图 B.6:第四列图表——活牛)。

跟踪长线市场活动

在各类市场参与者中,期权的卖方是独特的,他们希望价格维持稳定,凭借波动率下降来获利。除此之外,绝大多数交易者的盈利策略都以市场出现方向性运动为前提。如果交易者正确地预期了市场方向,则盈利;如果错误,则亏损。因为长线交易商是决定市场方向性运动的

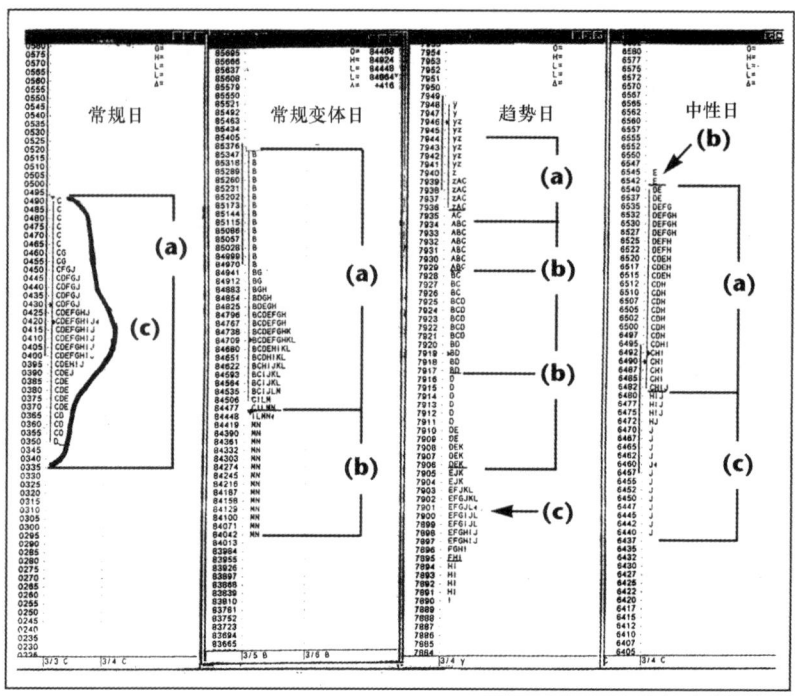

图 B.6

第一列
橙汁
常规日
(a) 短线交易商在当日头两个交易时段(C 和 D)确立初始平衡状态
(b) 长线交易商不活跃
(c) 形成平衡的或对称的价格分布

第二列
道琼斯工业指数
常规变体日
(a) 短线交易商在 B 和 C 两个时段确立初始平衡区间
(b) 长线交易商把初始区间向下拓展到几乎 2 倍于初始区间

第三列
日元
趋势日
(a) 短线交易商在 y 和 z 两个时段确立初始平衡区间
(b) 长线交易商把初始交易区间成功地拓展到更远的范围
(c) 市场收市于方向性运动的最低点附近

第四列
活牛
中性日
(a) 短线交易者在 C 和 D 两个时段确立初始平衡区间
(b) 长线交易者在 E 时段曾向上拓展
(c) 但后来在 H 时段最终向下拓展

主要力量,所以我们密切监视长线市场行为,以发现价格趋势的蛛丝马迹。一旦识别并评估了长线交易商的活动,就能够对价格方向得出证据确凿的结论。我们从识别长线交易商对当日交易过程的影响着手,进而考虑上述影响如何延续到未来。

对当日交易区间形成过程的影响

剖面图有助于在当日价格区间的形成过程中识别长线交易者的行为。通过跟踪整个区间形成过程中的长线活动,特别是在"极端位置"处、当市场"拓展价格区间"时以及在"价值区间"形成之后,我们可以判断长线买入者或卖出者是不是更活跃,是不是控制了市场方向。极端位置的活动为我们提供了长线交易者影响大小的最清晰的线索,其次是价格区间拓展过程,再次是在价值区间内的买进和卖出情况。

1. **极端位置**形成于长线交易者与短线交易者在某一特定的价格水平上争夺交易机会的时候(这一水平后来演变为当日的最高点或最低点)。至少需要两个孤立的记号才能确定一个极端位置。在这场价格竞争中,长线交易者心态越急切,则形成的孤立记号越多,由孤立记号形成的极端区域便越长。如果孤立记号少于两个,就意味着长线交易者对这个价位的竞争兴趣索然。如果价格区间的最高点或最低点仅由一个孤立记号来形成,那么称之为场内交易顶部或场内交易底部。这种情况表明市场提供的价格机会没人真有兴趣(即此处没有竞争,参见图 B.7:第一列图表——英特尔公司)。

2. **区间拓展**发生在长线交易者以足够的成交量进入市场,推翻了初始平衡的时候,他们向上或向下拓展了初始区间。如果向上拓展区间,则表明发生了长线买入行为;如果向下拓展区间,则表明发生了长线卖出行为。不过,有时候在价格区间的极端位置上,长线买方和长线卖方都活跃,只是双方的价格和时间不同(我们曾经介绍长线买方和长线卖方一般不会相互直接交易)。举例来说,如果极端位置形成于市场向上拓展区间之后,则市场首先向上移动,排斥买方,然后向下移动,排斥卖方。在这个例子中,长线买方和长线卖方曾在相同的价格区域内交易,但交易时间不同。在极端位置发生的两类市场活动都可识别,由此可以分别评估长线买方和长线卖方的影响力(参见图 B.7:第二列图表——咖啡)。

3. 在每个交易时段,市场围绕模式价格水平上下波动,形成了**价值区间**(模式价格水平即 TPO 数目最多的价格水平,或最公允的价格水平)。价值区间的计算方法是,围绕最公允价格,在全部 TPO 总数中占据 70% 的 TPO 记号的价格范围。换言之,所谓价值区间是对公允价值的估算,大致为该时段成交量的一个标准差的范围(请回顾前面学

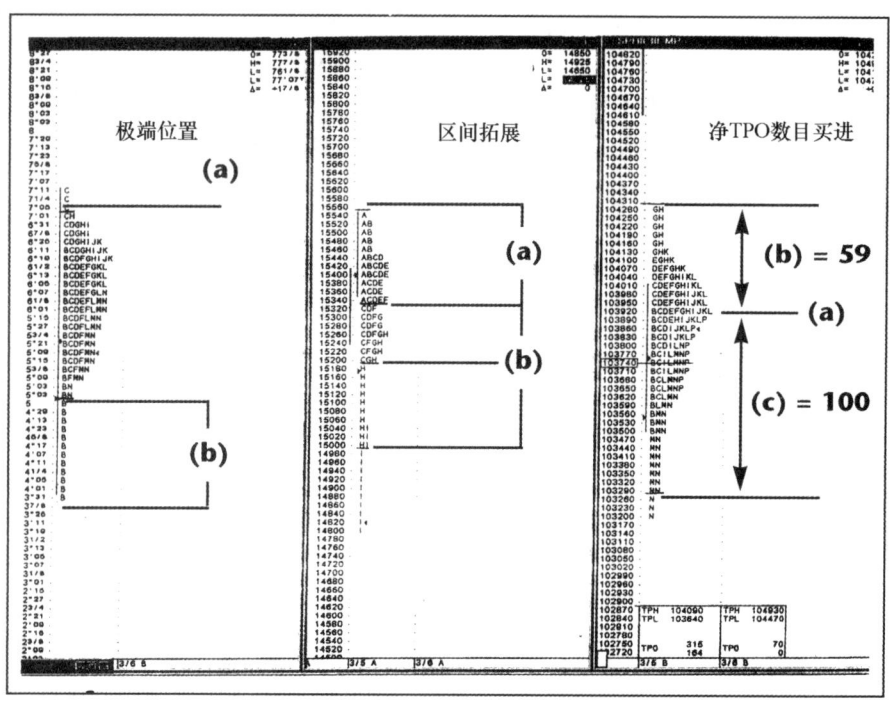

图 B.7

第一列
英特尔公司
极端位置：至少需要两个孤立 TPO
(a) 从 77 11/32 到 77 5/32 为卖出的极端位置
(b) 从 73 31/32 到 75 为买入的极端位置，显示了短线交易者和长线交易者之间的激烈竞争

第二列
咖啡
区间拓展：发生在长线交易者打破初始平衡状态的时候
(a) 在 A、B 两个时段形成初始平衡
(b) 在 C、H 和 I 时段向下拓展区间

第三列
SP500 指数
价值区间/净 TPO 数目买入或卖出：评估在当前时段到底是长线买方还是长线卖方在价值区间为主导一方
(a) 模式价格或最公允价格为 1039.20
(b) 卖方 TPO 数目为 59
(c) 买方 TPO 数目为 100
(d) 不平衡偏向买方一边，意味着**价格应走向更高位置才能取得市场平衡**

生成绩分布的例子）。当长线交易者在价值区间成交时，他正从长期的角度来逢低买进或逢高卖出，而不是从当日的价值出发。这类行为导致当日的价值区间失去平衡。长线交易者的活动可以通过计算 TPO 的数目来衡量。可以通过下述步骤来确定哪一边包含长线的不平衡：(1) 通过最公允的价格绘制一条水平线；(2) 在最公允价格水平的上下分别计算 TPO 的个数，直到孤立的 TPO 为止。把 TPO 数目较少的一

边归结为不平衡的一边,因为在价值区间内长线交易者的活动在总成交额中占比较小。试举例说明,如果在最公允价格之上 TPO 数目为22,之下为12,则可能意味着净 TPO 数目为卖出,市场稍稍偏向更低的价格(参见图 B.7:第三列图表——SP500 指数)。请注意,计算价值区间 TPO 净卖出或净买入的方法**不适用于趋势日**,因为在趋势日市场还在寻求公允价值区间。

一旦从当前剖面图中正确地识别并评估出长线交易者的活动,就能够判断到底是长线买方还是长线卖方控制着目前的交易过程。

影响超出今日的范围

长线交易者行为的影响力超出了本日范围,剖面图有助于识别其市场行为发生和发展的动态过程。交易者的核心目标是判断当前市场价格趋势将持续下去还是可能转变。市场方向的转变就是当前价格趋势的反转。在市场剖面图出现之前,评估趋势的常用技术分析手段是趋势线,首先绘制恰当的趋势线,然后观察市场对该趋势线的反应。除非市场突破趋势线,否则我们总是预期当前趋势将持续。趋势线分析是最重要的基本技术分析工具,特别是它的适用面广泛,而且适用于不同的时间单位(即小时图、日图、周图、月图等)。

现在,在传统的趋势分析手段之外,市场剖面图通过评估不同时间框架下的市场活动为我们提供了一个新工具。从其最简单的形式来说,可以根据连续数日的市场剖面图来评估短期价格趋势的开端或持续发展。举例来说,如果今日的价值区间高于昨日的价值区间,那么当前价格趋势为上升趋势。更进一步地,如果明日的价值区间高于今日的价值区间,则当前市场趋势持续发展。以这样的方式来跟踪市场活动,交易者就能够及时判断趋势的持续或转变。另一种做法是,把连续若干个交易日的剖面图汇集为一个更大型的累积剖面图,如此就能够显示演变中的更长期平衡状态或非平衡状态。第 402 页图 B.5(糖)的市场剖面图解释了这方面的应用。大致分析该图例中上图所示的各个交易日(2 月 10~13 日),它们显示市场正处于上升趋势,没有任何反转的迹象。然而,在下图中,只需把这四个连续的交易日组合起来,形成累积剖面图,一幅平衡的图像便跃然而出。一旦市场进入平衡状态,从平衡状态向非平衡状态的转变,多半在市场对公允价格进行最后一轮试探之后出现。

结　论

　　只要交易活动是连续的,那么取得其价格资料后,就可以应用市场剖面图方法。其适用对象既包括上市的股票,也包括场外的股票,美国政府中期债券和长期债券(价格和收益率),商品期货和期权等。剖面图代表了市场在每个绘图时间范围内两个维度的价格运动——垂直方向(即方向性运动)和水平方向(即价格出现的次数)。以这种方式来观察价格变化,描绘了一幅市场**价格发现**的生动图景,在传统的单一维度(垂直方向)的线图上,得不到这样的图像。

　　相对于标准的线图,市场剖面图提供了如下独特优势:

- 借助市场剖面图的对称属性,交易者可以在任何时间框架下评估市场的平衡状态(或非平衡状态)。当市场表现为对称性时,买方和卖方之间处于平衡状态或者势均力敌。当市场处于非平衡状态时,意味着市场正在转向新的平衡状态,故而当前价格趋势仍将持续。然而,市场的平衡状态终归是短暂的,这意味着很可能出现市场状态的变化或者方向性运动(无论上升还是下降),因此平衡状态成为一种信号,本信号出现后,交易者应当考虑采取追随趋势的措施。

- 每一次趋势转变都发生在片刻之间,而不特定于某个小时、某一天、某一周或某一月的最后时刻。市场剖面图可以用来更准确地识别买方和卖方市场主导权易手的具体时点。由于市场剖面图可以帮助我们捕获市场主导权易手的细节,交易者可以识别关键的支撑水平和阻挡水平。

　　一言以蔽之,市场剖面图为我们提供了每一个绘图时间单位内的丰富价格信息,交易者可以借之识别其他图表方法中阙如的价格形态、据之判断市场动态。

附录 C 交易系统的基本要素[①]

构建交易系统部分靠艺术,部分靠科学,还有部分靠常识。我们这里的目的不是要利用历史数据来开发一个提供最高回报的交易系统,而是要阐明构建一个扎实的交易系统的若干要领,这些要领过去的业绩相当出色,我们可以合理地预期,它们未来同样能够取得较好业绩。

在理想状况下,我们宁愿采取 100%机械的交易方式,从而增加未来再现过去业绩的把握。机械交易方式具有客观性:如果 10 个人分头采用同样的规则,最终实现了同样的结果,就可以把这些规则视为客观的。至于机械式系统是写在纸上的,还是输入到电脑中的,实质上并不相干。

不过,这里还是假定要使用计算机。在本附录,"机械"的和"计算机化"的两个术语可以相互替代。这倒不是说开发交易系统非得使用计算机不可,而是因为使用计算机的确有很大帮助。机械的交易方法为我们提供了三方面的好处:

- **在实际应用交易系统之前,我们可以利用历史数据对它进行回溯检验**。借助计算机,我们可以利用历史数据来检验我们的想法,而不是拿辛苦钱在市场上检验。计算机帮助我们透视交易系统在历史行情

---

① 本附录由弗雷德·G·舒茨曼撰写。

中的表现,让我们在真刀实枪的时候——也就是面对市场的此时此刻,能够做出更好的决策。

- **使我们更为客观,更少受情绪的干扰**。绝大多数人在把客观分析运用到实际交易时都会遇到麻烦。分析时容易(这时候没有金钱得失),交易时压力重重(这时候必须面对金钱得失)。如此看来,为什么不让计算机来替我们扣扳机呢?计算机不受人类情绪的影响,严格执行我们在开发系统时设计的交易指令。
- **可以提高工作效率,增加获利机会**。和主观式交易方法相比,机械式交易方法费时较少,于是我们可以腾出手来跟踪更多的市场,运用更多的交易系统,并且每天可以在更多的时间框架下分析市场。这一点特别适合计算机用户,因为计算机运行既比我们快捷,又比我们更有耐力,从不会注意力不集中。

五步建系统

1. 先有一个想法;
2. 把想法转化成一套客观规则;
3. 在行情图上人工观察和检验;
4. 正式用计算机来进行检验;
5. 评估结果。

第一步:
先有一个想法(一个好点子)

市场是什么道理?你要有自己的看法。你可以从观察行情图开始,越多越好,尽量从中识别发生于重大市场运动之前的移动平均线交叉信号、摆动指数信号、价格形态或者各式各样的客观线索。另一方面,还要尽量掌握为后来夭折的市场运动提供了事前警告信号的各种蛛丝马迹。我总是一张图接一张图、一张图接一张图研究,力图发现上述答案。这种"凭眼睛观察"的办法对我很有效,因此大力推荐。

除了大量研究行情图表、阅读参考书籍如本书之外,我还建议你阅读关于交易系统的技术资料,充分了解前人已经完成的工作。虽然没人能够传授你"绝世神功",但是资料中确实包含大量的有用信息。最重要的一点,一定要有独立思考。我已经发现,虽然绝大多数能赚钱的点子往往都不是你首创的,但是,能赚钱的点子常常还是出自你自己的心得。

绝大多数成功的交易系统都属于追随趋势性质的。无论如何,反趋势性质的系统也不应该忽视,因为它们可以为我们的交易系统阵营带来一定程度的负相关效应。这意味着如果某个系统正在获利,另外一个就在赔钱,把两个系统组合起来,和单独采取其中任一个系统相比,我们的净值曲线变得更为平滑。

好想法应体现的原则

好的想法通常思路清晰、朴实。如果某种想法看起来似乎可行,却没有多少道理,那么或许你已经滑入了巧合的泥潭,这种想法将来继续起作用的机会相当渺茫。你的想法必须和你的个性相适应,如此才能保证将来你有足够的自制力来实行交易系统的信号,即使在系统赔钱的时候(即在系统表现不利的阶段)。你的想法应该是直截了当的、客观的,如果属于趋势性的,则应当追随主要趋势来交易,允许利润充分增长,同时把亏损限于小额。最重要的一点是,从长期来看,你的想法必须是盈利的(即它们必须具备正的业绩预期)。

设计入市点很难,然而,设计出市点更难、也更要紧。入市点背后的逻辑相当直接,但是出市点必须考虑到多种可能的情形,诸如如何设置止损的幅度,或者如何处理累积的账面利润等方面。我更偏好不自动反向操作的系统——我喜欢先平仓了结,再考虑是否在相反的方向开仓做另一笔交易。下苦功改进你的出市点,你的风险与回报的对比就会得到改善。

还有一项建议——尽量不要优化,越少越好。采用历史数据来优化,常常导致不现实的回报预期,这样的回报不可能在真实交易环境下再现。尽量在系统中少用参数,把同一套技术应用到多种不同市场。从长期来看,这将避开过度优化的陷阱,增加你成功的机会。

交易系统的三个主要门类是:

- **顺趋势型**。这类系统按照主要趋势方向交易,在底部出现后买进,在顶部形成后卖出。移动平均线系统和唐迁的周规则皆属于此例,这两类方法在资金管理者中也广为流行。

- **逆趋势型**

——支撑水平/阻挡水平。当市场下跌到支撑水平时买进;当市场上涨到阻挡水平时卖出。

——回撤水平。在牛市中当市场回落时买进;在熊市中当市场向上反弹时卖出。举例来说,当市场回落到最近一轮上涨行情涨幅的50%位置时买进,但是仅在主要趋势保持上升方向的前提下。采用此类系统的危险在于,你永远不清楚回撤的过程到底会到哪里为止,而且很难配套采用合适的出市策略。

——摆动指数。想法是当摆动指数进入超卖状态时买进；进入超买状态时卖出。如果在价格走势和摆动指数之间还出现了背离现象，则是更强的买卖信号。无论如何，最佳的策略是，在实际买进或卖出之前，总是先等待其他价格转向信号的出现。

- **模式识别型**（包括可凭眼睛观察的价格形态和统计得出的结果）。这方面的实例包括高度可靠的头肩形价格形态（凭眼睛观察的），以及季节性的价格形态（统计性的）。

第二步：
把想法转化成一套客观规则

在我们五步构建系统的计划中，这一步是最困难的，远比我们许多人最初想象的困难得多！为了成功地完成这一步骤，我们必须以客观的条款表达我们的想法，这些条款必须清楚到这样的程度：即使100个人来执行我们的规则，也必须最终达到人人完全一致的结论。

在确定我们的系统应该做什么之后，还要确定它到底是怎么做的。正是在这一步，为下一步编写程序的任务准备了详细脚本。我们首先必须通盘考虑，然后层层条分缕析，直至明确所有必要的细节。

第三步：
在行情图上人工观察和检验

根据我们在第二步确定的具体规则，在行情图上人工观察交易信号，检验交易结果。这是一个非正式的过程，目的在于两个方面：首先，要看一看我们的想法到底有没有清楚地表达出来；第二，在正式编写计算机程序代码之前，我们想看到有证据表明我们的想法确实具有盈利的潜力。

第四步：
正式使用计算机来检验

现在是时候了，要把我们的逻辑转变为计算机程序代码。在我自己的工作实践中,我采用的程序语言叫作"交易工作站® ",出自佛罗里达州迈阿密市的欧米茄研究公司。交易工作站是市面上最完备的技术分析软件包,可用来编写程序和测试交易系统。它集成了各方面功能,从把你的想法图形化,到辅助你采用自己的系统实时交易。

无论采用什么计算机语言来编写程序都非易事,交易工作站的"易语言™"也不例外。无论如何,用易语言来编写,还是极大地简化了我们的工作,因为它提供了一个界面友好的编辑器,带有许多内建的函数,还可以给出大量的代码示例(参见图 C.1)。

完成程序编写后,我们就可以进入测试阶段了。首先,我们必须选择一个或若干个价格数据序列来进行测试。对于股票交易者来说,这轻而易举。不过,对于期货交易者来说,面对的是经过相对短暂的时间后就会到期的期货合约。在初步测试的时候,我喜欢采用连续合约(修正了各期合约的差价)的价格序列。这是经杰克·施威格建议后流行起来的(《施威格论期货:技术分析》,威利公司,1996)。如果这里的结果看起来有希望,我再转而采用实际合约数据进一步测试。

下一步,我们必须决定采用多长的历史数据来构建我们的系统。我采用完整的数据序列,不保留部分数据做"样本外测试"(也就是先用一部分历史数据来构建交易系统,再用剩余的"未知"历史数据检验系统)。许多专家可能不同意这样的做法,但是我相信在我的方法论里这样做最合适,我的方法论是依赖脚踏实地的思路,实质上不做参数优化,在测试过程中针对多种参数组合、覆盖广泛的市场。我从自己相信是可靠的一套方法出发,然后通过测试来要么证明我的理论,要么否定它。我发现,绝大多数人的做法正相反,他们通过测试数据来得到交易系统。

在测试系统的过程中,我不考虑交易费用(包括滑移成本和交易佣金等),但是在最后结果里包括上述因素。我认为这样可以保证评估的过程更为纯粹,而且如果将来某项假定条件改变了的话,我的测试结果仍有参考价值。

我自己的系统测试必须覆盖下列范围:

- **不同的参数组合**。如果我正在考虑采取 5/20 移动平均线交叉信号系统,那么我会希望 6/18、6/23、4/21 以及 5/19 等组合也能表现出合乎情理的好成绩。如果不能,我会立即对 5/20 组合的结果产生怀疑。

- **不同的时间区段**(即如 1990~1995 年和 1981~1986 年等不同时间段)。如果某交易系统在日元市场最近 5 年测试良好,那么在合理的情况下,它也应当在其他任意的 5 年期间测试良好。在这个方面,看起来我的观点也属于少数派。

```
{ * * * * * * * * * * * * * * * * * * * * * * * * * * * * * * * * * * *
//文件名:JJMBook.Four%Model
//特许市场技术分析师,弗雷德·G·舒茨曼编写
//内德·戴维斯整理逻辑
//参见茨威格著作:《马丁·茨威格延税退休账户获利之道》,第 117~118 页
//本模型的设计目的是应用于价值线综合指数(VLCI)周线图
//程序采取 VLCI 的周收盘价(通常为周五的收市价)来发起交易
//从上一个卖出信号以来的最低收盘价计算,如果 VLCI 周收盘价上涨的幅度达到或者超过了4%,则买进
//从上一个买进信号以来的最高收盘价计算,如果 VLCI 周收盘价下跌的幅度达到或者超过了4%,则卖出
//最后修改日期:1998 年 2 月 8 日
* * * * * *系统特性* * * * * * *
特性标签:
金字塔式加码设置 = 在同一个方向不允许多次入市
入市设置 = 默认值
系统计算的最大图线数 = 1
* * * * * * * * * * * * * * * * * * * * * * * * * * * * * * * * * * * *}
输入:perOffLo(4.00),{距离最低收盘价的百分比}
     perOffHi(4.00);{距离最高收盘价的百分比}
变量:LC(0),        {最低收盘价}
     HC(0),        {最高收盘价}
     trend(0);     {0=目前尚无交易,+1=上升,-1=下降}

{初始变量}
如果 currentBar = 1 那么开始
    LC = close
    HC = close
    trend = 0
结束;

{刷新趋势变量并设置交易指令}
如果 trend = 0 那么开始
    如果((close-LC)/LC>=(perOffLo/100) 那么 trend = +1;
    如果((HC-close)/HC>=(perOffHi/100) 那么 trend = -1;
结束
否则如果 trend = +1 而且((HC-close)/HC)>=(perOffHi/100)那么开始
    收市时卖出;
    trend = -1;
    LC = close;
结束
否则如果 trend = -1 而且((close-LC)/LC)>=(perOffLo/100)那么开始
    收市时买入;
    trend = +1;
    HC = close;
结束

{刷新 LC 和 HC 变量}
如果 close<LC 那么 LC = close;
如果 close>HC 那么 HC = close;

{程序代码结束}
```

图 C.1 (用易语言编写的代码):这段易语言程序代码是采用交易工作站的惠能编辑器™编写的。它不论在外观上还是在功能上都达到了全能型程序语言的水平。请参考图 C.2 和 C.3,两图所示为这个顺势型交易系统的运行结果。该系统创意来自马丁·茨威格。

- 许多不同的市场。如果某系统在原油市场作用良好,那么它也应该在同样的时间区段内在取暖油市场、无铅汽油市场同样作用良好。如果并非如此,我一定要找出原因,并且通常会放弃该系统。无论如何,我甚至比上面说的走得更远,我要用所有市场的数据库来测试同一个系统,期望它在大多数市场表现良好。

在我们完成系统测试之后,我们还要在行情图上手工检查计算机产生的交易信号,以确保系统行为完全符合我们的意图。交易工作站为这项工作提供了辅助功能,可以在图表上用上箭头和下箭头直接标注买卖信号!如果系统没有做出它本应该做的,我们就需要对程序代码进行必要的修正,并再次进行测试。请牢记,仅有极少数想法的测试结果是获利的,通常少于5%。不仅如此,由于这样那样的原因,绝大多数"绝妙的"想法甚至可能最终没法交易。

第五步:评估结果

我们要透彻地理解交易系统背后的原理。到底它有没有道理?还是仅仅巧合?分析一下资产净值曲线。在亏损阶段我们能否维持生存?对系统的每一笔交易逐笔进行分析评估。如果出现伪信号,会产生什么后果?当交易出现亏损时,系统退出这样的交易够不够快?如果交易出现盈利,系统维持这样的交易够不够久?一定要确保我们对测试结果感到完全的心安,否则我们便没有足够的准备来采用这个系统实时交易。

必须认真分析交易工作站提供的以下三类统计指标:

- **盈亏比率**。盈亏比率等于全部盈利交易的利润总和/全部亏损交易的亏损总和。这个统计指标告诉我们,相对于亏损的每一美元,系统能够赢得多少美元。它是对风险的度量。长期交易者盈亏比率的目标应当达到2.00或更高。
- **平均每笔盈亏**。这是交易系统的数学期望值。这个数值至少应当高到足以弥补交易成本(包括滑移成本和交易佣金),否则我们将亏损。
- **最大日内亏损**。从资产净值的峰值起计算到谷值的最大浮动亏损,以美元金额表示。我更偏好采用百分比来进行上述计算。此外,我还区分两种浮动亏损,一种从我最初投入的本金算起(在这种情况下,我从自己的口袋里亏钱),另一种是从资产净值的峰值算起(在这种情况下,我吐回了部分从市场挣得的盈利)。通常我对后一种亏损更容易接受。

资金管理

虽然资金管理这个话题已经超出了本附录的范围，但是这是一个极端重要的问题。这是交易成功获利的关键，和优秀的交易系统一样重要。

资金管理手法应经过深思熟虑。要接受如下事实：亏损是这场游戏天生的一部分。务必把亏损控制住，而盈利自己可以照顾自己。

就这个方面来说，应最大限度地实行多样化策略。多样化能够在风险维持不变的条件下增大你的盈利，或者在你的盈利维持不变的条件下，减小你的风险。要在不同的市场之间多样化，在不同的系统之间多样化，在不同的参数之间多样化，在不同的时间框架之间多样化。

结论

我们已经讨论了交易系统的基本理论，也讨论了客观的做法优于主观的做法的道理。我们涵盖了计算机交易方法的三方面主要优势，设计了五个步骤来构建交易系统。作为最后一项要点，我们谈到了资金管理和多样化的重要性。

交易系统可以提升你的绩效，帮助你成为一名成功的交易者。个中道理很清楚：

- 交易系统迫使你在动手交易之前进行透彻的思考和检验；
- 交易系统为我们提供了一个纪律体系，使你更容易追随和服从有关规则；
- 交易系统使你能够扩展多样化的程度。

通过大量艰苦工作和全力投入，任何人都能够构建成功的交易系统。这并不容易，但是肯定在我们能力所及的范围之内。与生活中绝大多数事务一样，一分耕耘一分收获，你从自己的努力之中获得多少，直接取决于你投入多少（参见图 C.2、C.3）。

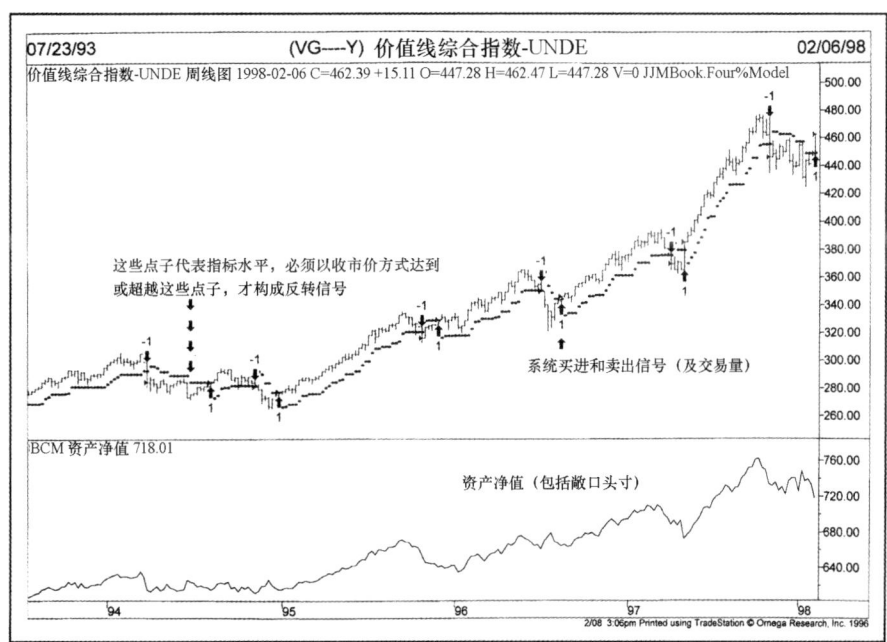

图 C.2 （行情图）：本交易系统的设计意图是应用于价值线综合指数（VLCI）周线图，但在 VLCI 的日线图上，以及在其他市场的周线图和日线图上，测试结果也是良好的，这就对该系统的基本思路投了信任票。该系统曾在图 C.1 中详细介绍。

图 C.3 （绩效摘要）：这是图 C.1 和 C.2 介绍的系统为期 36 年的绩效摘要报告。最近 12 年的绩效表现和总体结果具有一致性。盈亏比率、平均每笔盈亏和最大日内亏损等指标都很出色。

JJMBOOK.Four%Model Value Line Geometric-UNDE Weekly 06/30/61-02/06/98			
绩效摘要。全部交易			
净盈利总额	718.01 美元	敞口头寸盈亏	0.00 美元
利润总额	1118.15 美元	亏损总额	-400.14 美元
交易总笔数	137	盈利交易占比	49%
盈利交易笔数	67	亏损交易笔数	70
最大单笔盈利	78.06 美元	最大单笔亏损	-15.95 美元
盈利交易平均获利	16.69 美元	亏损交易平均亏损	-5.72 美元
平均获利/平均亏损	2.92	平均每笔盈亏	5.24 美元
最大连续盈利笔数	7	最大连续亏损笔数	5
盈利交易平均图线数	21	亏损交易平均图线数	7
最大日内亏损	-45.01 美元		
盈亏比率	2.79 美元	最大持仓合约数	1
账户资金所需规模	45.01 美元	账户回报率	1595%

交易系统的基本要素

附录 D 连续期货合约[①]

准备好齐整的"原始"商品市场数据库,原始数据经过重新剪接,可以得到多种类型的期货合约,比如:近月合约、次月合约、江恩合约以及连续合约等。下面就来介绍这些衍生的期货合约的构建方法。有关的代码仅仅出于示范的目的。连续合约可以通过拨号通讯资料服务来获取(纽约州纽约市松树街56号)。

近月合约

有些交易者使用近月合约,它是由期货合约的实际交易价格组合而成的长时间连续资料。虽然当前合约行将到期,但是这些交易者满足于当前合约的价格资料,并且在当前合约到期后,自动转接下一个最近到期月份的合约。

有一点相当成问题,当最近的合约还剩下 15 天到 30 天就要到期的时候,便没人再来交易这份合约了。因为在合约接近到期的日子里,

---

[①] 本附录系格雷格·莫里斯撰写。

其流动性很快就消失了。对某位交易者来说,在当前合约还剩下多少交易日的时候从当前合约转接到下一个合约呢?这既取决于该类商品的合约设置(即两个相邻合约之间相隔几个月),也取决于这位交易者的交易风格。可以想见,同一位交易者在处理不同的商品合约时,转期的具体时间安排也不一定相同。

到底何时应当转接到下一份合约?主要可以根据当前合约的成交量来决定。一旦当前合约的成交量开始萎缩,就是转期的时候了。

因此,在构建近月合约时,对于何时转期,当事人可做适合自己的选择。请记住,近月合约是由实际交易数据组成的。请看这里给出一些例子。投资经理甲选择在合约到期时转期,他需要的是"标准的"近月合约,他的代码是"TRNE00"(中期政府债券)。交易者乙认为,在合约到期当月市场流动性不足,因此他的近月合约选择在当前合约到期前15日转期,他的代码或许是"TRNE15"。分析员丙可能打算对各种不同的转期安排做一番比较研究,所以他要把各种近月合约都下载来,诸如"TRNE00""TRNE05""TRNE12"和"TRNE21"等(它们的转期日分别为当前合约到期日、到期日前5日、到期日前12日和到期日前21日等)。

请务必牢记,所有上述合约都属于近月合约的范畴,都采用实际交易数据。唯一的区别在于它们分别选择不同的转期日来转接实际合约数据。

次月合约

次月合约是对近月合约改良的结果。它的构建方法和近月合约完全一致,不同的是,次月合约接续的总是最近到期合约之后下一个到期合约的实际交易数据。换句话说,如果近月合约采用的是长期政府债券(TR)的12月合约,那么次月合约采用的将是长期政府债券次年3月合约的资料。当12月合约到期后,最近到期的合约转为次年3月合约,而下一个到期合约转为次年6月合约。这里把它定义为Next-1合约。

从这个概念出发,还出现了另一类次月合约,称为Next-2(或许应称为"再次月合约"——译者)。这里,交易资料来自最近到期合约之后第二个到期的合约。借用上面的例子,如果近月合约采用12月合约的交易资料,那么Next-2合约采用的资料便来自次年6月合约。当12月合约到期后,近月合约转而采用次年3月合约的资料,Next-2合约则采用次年9月合约的资料,依次类推。

次月合约的代码是"TRNXT1"和"TRNXT2"。当然,在实际环境中会采用对应的期货名称代码来替换本例中的"TR"。

江恩合约

江恩合约指采用每年固定月份合约的资料,到期后转期到下一年的同月份合约。举例来说,如果采用小麦的 7 月江恩合约,就是采用正在交易的 7 月小麦合约直至其到期日,然后转期为次年的 7 月小麦合约。

江恩合约的代码如"W07GN""GC04GN""JY12GN"等(分别表示 7 月小麦、4 月黄金、12 月日元等)。

连续合约

分析师开发连续合约的目的是克服合约到期前流动性枯竭的问题,也是为了解决相邻期货合约之间价格升水或贴水的问题。当分析者运用多年的历史资料测试交易模型或系统时,就会遭遇上述问题。连续合约可以带来连续的数据流,对合约转期时的价格跳动也进行了适当的修正。

连续前移合约

连续前移合约总是向前展望固定的时间跨度。它采用多个合约来进行计算。最普通的方法是,采用最近到期的两个合约,对它们的价格数据进行线性插值(图 D.1)。

也可以让期货交易者自己动手,构建适合自己需要的连续前移合约(类似于近月合约的做法)。为了做到这一点,我们需要三个参数:商品代码,他希望选择几个合约来进行计算,以及他希望向前展望多少周。这里假定他选择长期政府债券,采用最近到期的 3 个合约来计算,向前展望 14 周,连续前移合约的代码可能是 TRCF314。其中 TR 是长期政府债券的代码,CF 表示连续前移,3 表示采用 3 个合约来计算,14 代表向前展望 14 周来计算价格。

计算规则相当简单。首先,每一个商品市场都需要确定一个转期日。开始尝试的时候,不妨选择到期日之前 10 天。重要的是,在实际到期日之前,一定要安排一个转期的时点。其次,用来计算的合约数目绝对不要少于 2 个,最好也不要多于 4 个。向前展望的周数最好总是多于 3 周,在某些情况下甚至可以达到 40 周。

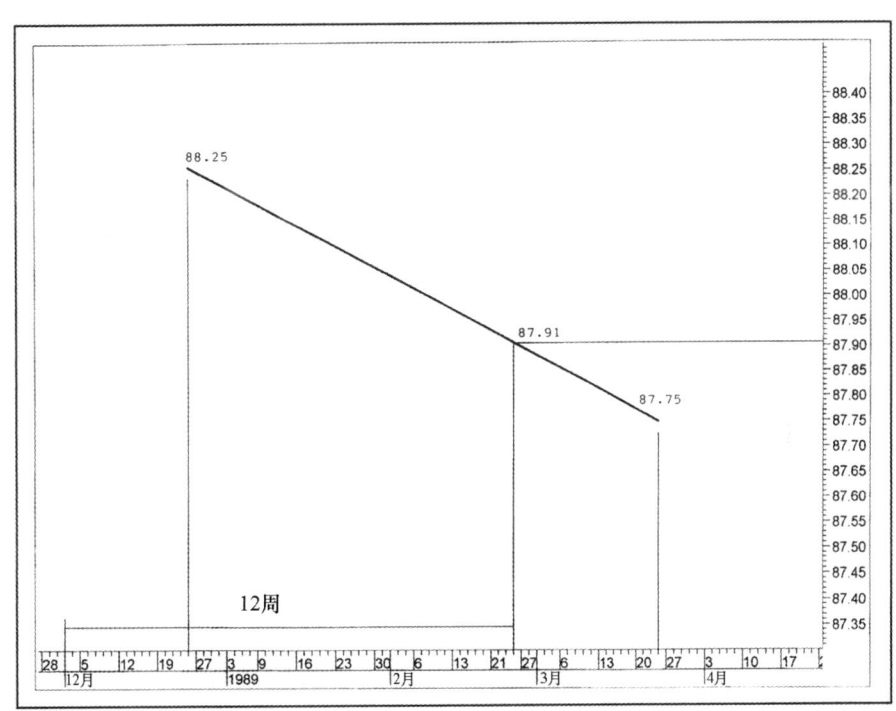

图 D.1 连续合约计算方法示意图。

示例:以下介绍的方法是商品系统公司的做法(参见第八章介绍的永续合约)。

这里还是以长期政府债券为例,因为该市场具有统一的每三个月一次的到期周期。假设某位交易者打算用最近到期的两个合约来构建长期政府债券的连续合约,向前展望 12 周(其代码为 TRCF212)。今日为 12 月 1 日。借用图示很容易理解其具体做法(图 D.1)。图表的竖直轴表示价格,水平轴表示时间。今日的日期已经在水平轴上标出,最近到期的两个合约(分别为 12 月合约和 3 月合约)的到期日也在水平轴上标出。他打算向前展望 12 周,从今日开始向前 12 周,大约是 2 月 25 日,也在水平轴上标出。12 月合约的收市价 88.25,3 月合约的收市价为 87.75。上述价格用两点分别标记在两个合约到期日上方对应的价格水平上。然后,把上述两个点用直线连接起来,对两个到期日之间的各个日期进行线性插值。该直线的斜率有时向上,有时向下,取决于市场对长期利率的预期(因为本例为长期政府债券)。就本图的情况来看,市场预期长期利率将走高,因为 3 月期货合约的价格低于 12 月期货合约的价格。

为了找出 TRCF212 今日收市价的数值,我们首先在水平轴上向前找到距离今日 12 周的那一天（即 2 月 25 日），然后在这一天的正上方找到图上绘制的那条倾斜的直线。从直线上的交点水平向右，读出竖直轴上的价格数值，就是该连续前移合约当日的收市价（约为 87.91）。你可以从示意图上直观地看出，3 月合约的权重明显大于 12 月合约的权重，因为直线上的交点更接近 3 月合约到期日。本方法同样适用于计算连续前移合约当日的开市价、最高价、最低价等。当然，计算机在计算时采用的是数值方法。我们这里的例子只是为了便于说明永续合约是如何构建的。

术　语　表

涨跌股数线（Advance-decline line）：股票市场应用最为广泛的指标之一，用来评估股票市场上升或下降的广度。它把每一天（或每一周）上涨的股票数目和下降的股票数目进行比较。如果上涨的股票数目多于下降的股票数目，则将两者相减的净值加到前一天的累计总值上。如果下跌的股票数目多于上涨的股票数目，则从前一天的累计总值中减去今日的净值。涨跌股数线通常和主流的股票平均指数进行比较，如道琼斯工业平均指数。两者应当按照相同的趋势方向运动。当涨跌股数线开始和股票平均指数分道扬镳的时候，便构成当前趋势可能反转的早期警告信号。

阿姆斯指数（Arms index）：该指数是理查德·阿姆斯创建的，属于相反指标。它是下跌股票的平均成交量除以上涨股票的平均成交量的比率。如果其读数低于 1.0，则表明上涨的股票交易量更大。如果其读数高于 1.0，则表示下降的股票交易量更大。当阿姆斯指数的 10 日移动平均线高于 1.20 时，表明市场处于超卖状态；而当其 10 日移动平均线低于 0.70 时，表示市场处于超买状态。

上升三角形(Ascending triangle):处于两条合拢的趋势线之间横向延伸的价格形态,其中下方的趋势线向上延伸,而上方的趋势线为水平。一般说来,本形态是看涨的(参见"三角形(Triangles)")。

线图(Bar chart):在日线图上,每一根竖直线段都代表一天的交易活动。竖直线段代表当日从最高价到最低价的范围(区间)。线段上向左侧伸出一小截水平线,代表当日开盘价,向右伸出一小截水平线代表当日收市价。可以按照任何时间单位来绘制线图,包括月线图、周线图、小时线图和分钟线图等。

布林杰带(Bollinger bands):由约翰·布林杰创立。本指标绘制的是一条交易带,具体做法是在20个时间单位的移动平均线上方和下方,按照两个标准差的距离分别绘制该交易带的上下边界线。当价格上升到上边界时常常受到阻挡;而当价格下降到下边界时常常得到支撑。

突破跳空(Breakaway gap):当市场完成某个重要的价格形态时形成的价格跳空。突破跳空的出现,通常构成重要价格运动来临的信号。

管道线(Channel line):与基本趋势线平行的一条直线。在上升趋势中,管道线向右上方倾斜,是从上升行情的高点出发绘制的;在下降趋势中,管道线向右下方倾斜,是从下降行情的低点出发绘制的。上升的管道线常常对市场构成阻挡;下降的管道线常常对市场构成支撑。

相互验证(Confirmation):尽可能多的市场因素相互之间表现一致。举例来说,如果价格和交易量同时处于上升状态,则认为交易量验证了价格变化。与相互验证相反的情况是相互背离。

持续形态(Continuation patterns):价格形态的一大类别,意味着当前趋势临时进入暂停或修整阶段。最常见的持续形态有三角形、旗形以及尖旗形。

下降三角形(Descending triangle):处于两条合拢的趋势线之间横向延伸的价格形态,其中上边的趋势线向下倾斜,而下边的趋势线为水平。一般属于看跌的形态(参见"三角形")。

相互背离(Divergence):两类指标不能相互验证的情形。举例来说,在摆动指数分析过程中,价格走势形成新高,而摆动指数却开始回落。相互背离现象通常构成趋势反转的警告信号(参见"相互验证")。

双重顶(Double top):本价格形态有两个明显的峰。当市场向下跌破两峰之间的低谷时,趋势反转的过程完成。双重底是双重顶的镜像形态。

下降趋势线(Down trendline):通过前后相继的向上反弹的高点连接而成的直线,向右下方延伸。如果市场向上突破下降趋势线,通常是下降趋势反转的信号(参见"趋势线")。

道氏理论(Dow Theory):最源远流长,也最受尊重的技术分析理论之一。当道琼斯工业平均指数和道琼斯运输平均指数的收市价均超越了前一个上涨行情的峰的时候,构成道氏理论的买入信号。当两个平均指数的收市价皆低于前一个向上反弹行情的谷的时候,构成卖出信号。

艾略特波浪分析(Elliot wave analysis):根据重复发生的波浪形态和菲波纳奇数列而建立的一种市场分析方法。理想的艾略特波浪形态为五浪上升,然后三浪下降(参见"菲波纳奇数字")。

包络线(Envelopes):在移动平均线的上方和下方一定百分比例处,分别绘制与移动平均线平行的曲线。包络线有助于判断市场是否已经离开移动平均线过远,行情是否伸展过度。

衰竭跳空(Exhaustion gap):当一轮重要趋势到达尾声时出现的价格跳空,它标志着当前趋势已是强弩之末(参见"跳空")。

指数加权移动平均线(Exponential smoothing):利用所有历史数据来计算的移动平均线,不过对最近的数据给予更大的权重(参见"移动平均线")。

菲波纳奇数字(Fibonacci numbers):菲波纳奇数列(1,2,3,5,8,13,21,34,55,89,144……)的构造方法是,相邻的前两个数字之和便是第三个数字。在任意两个相邻的数字中,前一个较小数除以后一个较大数,其比值为62%。这是一个常用的菲波纳奇回撤比例。1 减62%得38%,也是一个常见的菲波纳奇回撤比例。在任意两个相邻的数字中,后一个较大数除以前一个较小数,其比值为1.62。这个数字可以用来推算菲波纳奇价格目标(参见"艾略特波浪分析")。

旗形(Flag):一种持续形态,持续时间通常短于三周,其轮廓像平行四边形,偏向与当前趋势相反的方向。旗形出现在强劲趋势中,代表当前趋势处于短暂的休止状态(参见"三角旗形")。

基本分析(Fundamental analysis):技术分析的对立面。基本分析仰赖经济的供求信息,而不依靠市场行情。

价格跳空(Gaps):在日线图上相邻日线没有任何交错的部分而留下的空白,空白中未曾发生任何交易。当后一天的最低价高于前一天的最高价时,形成向上的价格跳空;当后一天的最高价低于前一天的最低价时,形成向下的价格跳空。向上的价格跳空通常意味着市场坚挺,而向下的跳空通常意味着市场疲软。有三类跳空:突破跳空、中继跳空(也称为度量跳空)以及衰竭跳空。

头肩形(Head and shoulders):最著名的反转形态。在市场顶部出现了三个明显的峰,其中中间的峰(头部)稍稍高于另外两个峰(肩部)。当连接三峰之间两个低谷的趋势线(颈线)被市场向下突破时,标志着该形态完成。底部形态是顶部形态的镜像,称为倒头肩形。

交叉市场分析(Intermarket analysis):市场分析的外围部分,考虑相关市场价格变化的影响。四个门类的相关市场为货币、商品、债券和股票。也包括国际市场。本方法的理论基础是,所有市场都存在关联,并且行情相互影响。

岛形反转(Island reversal):在数日内,在原有趋势方向出现衰竭跳空,而在相反方向出现突破跳空,两者组合形成岛形反转。例如,当上升趋势终结时,市场先形成向上的价格跳空,几天之内再形成向下的价格跳空。结果通常是两个或三个交易日的图线孤悬在集体之外,它们的两侧都是跳空。岛形反转形态通常标志着趋势反转(参见"跳空")。

关键反转日(Key reversal day):属于单日价格形态。在上升趋势中,某一天开市时形成新高,但是收市时却低于前一天的收市价。在下降趋势中,某一天开市价形成新低,但是收市价却高于前一日收市价。关键反转日的价格区间越大、交易量越重,则市场出现趋势反转的可能性越大(参见"周反转")。

单线图(Line charts):一种价格图表格式,把一定时间范围内的收盘价逐一连接起来,得到一条曲折的图线。本类图表特别适用于交叉市场分析的图形叠加分析或图形比较分析。也可用于对开放式基金进行趋势分析。

移动平均线验证背离(MACD):为杰拉尔德·阿普尔开发的一种摆动指数。在移动平均线验证背离系统中,需要两条曲线。第一条曲线(MACD)是两条指数加权移动平均线(通常为12和26个时间单位)之间的差值。第二条曲线(信号线)通常是第一条曲线(MACD)的9个时间单位指数加权移动平均线。当两条曲线交叉时发出买卖信号。

MACD 刷形图(MACD histogram):MACD系统的一种变体,它采用刷形图的形式绘制MACD线和信号线之间的差值。这样可以更便捷地观察两条曲线之间差距的变化,得到更及时的交易信号。

麦克莱伦摆动指数(McClellan oscillator):系舍曼·麦克莱伦开发的一种摆动指数,对每日上涨股票和下跌股票数目的净值分别计算19日(10%趋势)和39日(5%趋势)指数加权移动平均值,两条移动平均线的差值即为该摆动指数。当该指数向上超越零线时为正面信号,向下穿越零线时为负面信号。当其读数超过+100时,表示市场处于超买状态;低于-100时,表示市场处于超卖状态。

麦克莱伦总和指数(McClellan summation index):累计计算所有交易日的麦克莱伦摆动指数数值得到该指数。该指数是分析长期范围市场广度的工具,和涨跌股数线的用法相同。

动力指数(Momentum):构建超买-超卖摆动指数的一种方法。动力指数计算的是选定时间长度两端的价格差值。在构建10日动力指数时,把最近的收市价减去10日前的收市价。结果或正或负,绘制成围绕零线波动的曲线(参见"摆动指数")。

移动平均线(Moving average):属于跟势型指标,在趋势性行情中最有效。移动平均线对价格波动具有平滑作用,但是存在时间上的滞后。举例来说,某股票的10日简单移动平均线就是把最近10日收市价累加起来,再把总和除以10。每天重复上述计算过程。可以同时采用任意数目的移动平均线,也可以选择任意的时间参数,来产生买入和卖出信号。如果只采用一条移动平均线,则当价格收市于移动平均线之上时,构成买入信号。如果采用两条移动平均线,则当短期移动平均线向上穿越长期移动平均线时,构成买入信号。移动平均线的计算方法有三类,简单平均、加权平均和指数加权平均。

权衡交易量(On balance volume):是约瑟夫·格兰维尔开发的一种指标。该指数(OBV)动态地累计计算上涨日的交易量和下跌日的交易量。上涨日,则把当日的交易量加到指数值上;下跌日,则把当日的交易量从指数值中减去。OBV 曲线和行情图线绘制在一起,以便于比较两者是不是相互验证(参见"交易量")。

持仓量(Open interest):每一个交易日到收市为止尚未平仓的期权或期货合约总数。持仓量的上升或下跌分别揭示了资金流入或流出对应的期货合约或期权市场。在期货市场,一般认为上升的持仓量对当前趋势是有利的。从持仓量也可看出市场流动性强弱。

摆动指数(Oscillator):摆动指数用来判定市场何时处于超买状态或超卖状态。当摆动指数达到上方极端区域后,市场处于超买状态。当摆动指数达到下方极端区域后,市场处于超卖状态。(参见"动力指数""变化速度指数""相对力度指数"和"随机指数"。)

超买状态(Overbought):本术语通常用来描述某种摆动指数。当该摆动指数进入上方极端区域后,一般认为市场已经上涨得太多了,此时比较脆弱,容易出现抛售行情。

超卖状态(Oversold):本术语通常用来描述某种摆动指数。当该摆动指数进入下方极端区域后,一般认为市场已经下跌得太多了,此时容易形成向上反弹的行情。

三角旗形(Pennant):本持续形态与旗形相似,但本形态更水平一些,像一个小型的对称三角形。和旗形一样,三角旗形通常持续 1 到 3 星期,在典型的情况下,随后都是恢复之前的趋势。

投资顾问看涨意见一致指数(Percent investment advisors bullish):本指数用来评估股票市场看涨情绪的强弱程度,《投资者情报》杂志(纽约州新罗谢尔镇)每周出版其数值。如果仅有 35% 的专业人士看涨,则认为市场处于超卖状态。如果该指数达到 55%,则认为市场处于超买状态。

价格形态(Price pattern)：行情图上出现的一些具有预测价值的形态。价格形态分为反转形态和持续形态两大类。

变化速度指数(Rate of change)：构建超买-超卖摆动指数的一种方法。变化速度指数计算一段时间两端价格的涨跌速度。如果要构建 10 日变化速度指数，则用最近的收市价除以 10 日前的收市价。再把比值围绕 100（零线）绘制成图线。

比值分析(Ratio analysis)：把两个市场对象的价格相除，根据该比值来比较两者的相对强弱。用某个股或某个行业板块除以 SP500 指数，可以判定该股票或该行业板块领先于还是落后于总体市场。比值分析的方法可以用来比较任意两个对象。如果比值上升，则计算比值的分子强于其分母。可以对比值曲线也进行趋势分析，以确定重要转折点。

相对力度指数(Relative strength index, RSI)：系小韦尔斯·怀尔德开发的一种广为流行的摆动指数，他在自己 1978 年出版的《技术交易系统的新思路》一书中介绍了该指数。绘制 RSI 图线时，竖直刻度从 0 到 100。如果其读数高于 70，则认为市场处于超买状态；如果低于 30，则认为市场处于超卖状态。当其读数处在 70 以上或 30 以下的极端区域时，如果指数与价格走势出现背离现象，则是一个警告信号，表明趋势可能反转。RSI 通常采用 9 或 14 个时间单位来计算。

阻挡水平(Resistance)：和支撑水平正相反。阻挡水平以前期价格高点为标志，在市场上方具有足够强的阻碍作用，足以阻止价格上升（参见"支撑水平"）。

回撤水平(Retracements)：当趋势调整时，市场一般回撤到之前趋势进程的一定百分比水平处，然后之前的趋势恢复。其中最著名的例子是 50%回撤水平。最小和最大的回撤水平通常分别为三分之一和三分之二。艾略特波浪分析采用菲波纳奇回撤水平，38%和 62%。

反转形态(Reversal pattern)：行情图上形成的一类价格形态，通常意味着正在发生趋势反转。最著名的反转形态是头肩形顶和底、双重顶和底、三重顶和底。

市场情绪指数(Sentiment indicators):试图用来评估市场看涨或看跌程度的一些心理指标。它们属于相反意见指标,其用法在很大程度上与超买或超卖摆动指数相似。它们的最大价值在于其读数达到上方或下方极端区域的时候。

简单移动平均线(Simple average):在计算移动平均值时,计算期内每一天的价格资料都具有相同的权重(参见"指数加权移动平均线"和"加权移动平均线")。

随机指数(Stochastics):属于超买-超卖摆动指数,经乔治·莱恩推广而流行。在其计算过程中,通常采用14个时间单位。随机指数绘制两条曲线——%K线及其3个时间单位的移动平均线,%D。两条曲线在0~100的数值刻度范围内波动。如果其读数超过80,则市场处于超买状态;如果其读数低于20,则其市场处于超卖状态。当较快的%K线向上穿越较慢的%D线,并且两条线都低于20,则发出买入信号;当%K线向下穿越%D线,并且两条线都高于80,则发出卖出信号。

支撑水平(Support):指位于当前市场之下的某个价格水平或者价格区间,此处的买进力量足以阻止价格继续下滑。前期行情低点通常构成支撑水平。

对称三角形(Symmetrical triangle):一种处于两条相互合拢的趋势线之间横向延伸的价格形态,其中上方的趋势线向下倾斜,下方的趋势线向上倾斜。本形态表明买方和卖方势均力敌,不过在本形态之后,原有的趋势通常会恢复。无论突破哪一边的趋势线,都标志着新的价格趋势方向(参见"上升三角形"和"下降三角形")。

技术分析(Technical analysis):研究市场行情的一种途径,通常利用行情图表,其中包括交易量和持仓量的形态。也称为图表分析、市场分析,近来也称为凭图分析。

趋势(Trend):指价格演变的方向。依次上升的峰和谷组成上升趋势;依次下降的峰和谷组成下降趋势。交易区间以呈水平分布的峰和谷为特征。趋势一般划分为主要趋势(长于一年)、中等趋势(一到六个月),以及小趋势(短于一个月)。

趋势线(Trendlines):趋势线系分析者在行情图上绘制的直线,在上升趋势中沿着向上转折的谷绘制;在下降趋势中沿着向下转折的峰绘制。趋势线揭示了当前趋势的陡峭程度。如果市场突破趋势线,通常构成趋势反转信号。

三角形(Triangles):一种横向延伸的价格形态,其中价格在两条相互合拢的趋势线之间波动。三角形有三种类型,对称三角形、上升三角形和下降三角形。

三重顶(Triple top):该价格形态和头肩形顶相似,也有三个突出的峰,不过它的三个峰处于差不多相同的水平上。三重底是三重顶形态的镜像。

上升趋势线(Up trendline):一条向上伸展的直线,绘制于向上转折的低点下。上升趋势线维持有效的时间越长,经受市场试探的次数越多,则它的意义变得越重要。如果上升趋势线被突破,则通常标志着上升趋势可能正在改变方向(参见"下降趋势线")。

凭图分析(Visual analysis):一种市场分析形式,主要采用行情图表和市场指标来判断市场方向。

交易量(Volume):某股票、期权或期货合约的交易活动的水平。如果交易量沿着当前价格趋势的方向扩张,则是对价格趋势的验证(参见"权衡交易量")。

周反转形态(Weekly reversal):向上的周反转形态是,周一以更低的价格开盘,但周五的收盘价反而高于上周五的收盘价。向下的周反转形态是,周一以更高的价格开盘,但周五的收盘价反而低于上周五的收盘价(参见"关键反转日")。

加权移动平均线(Weighted average):移动平均线的一种类型,采用一定的时间区间来计算,但对该区间里越后来的价格赋予越大的权重(参见"移动平均线")。

参考书目

Achelis, Steven B., Technical Analysis from A to Z, Probus, 1995.(史蒂文·B·阿克里斯,《技术分析大全》)。

Allen, R.C., How to Build a Fortune in Commodities (Windsor Books, Brightwaters, NY)(Best Books, Chicago)1972.(R·C·艾伦,《如何在商品市场发大财》)。

Allen, R.C., How to Use the 4 Day, 9 Day and 18 Day Moving Averages to Earn Large Profits in Commodities, Best Books 1974.(R·C·艾伦,《如何利用4、9和18日移动平均线在商品市场获取超额利润》)。

Arms, Richard W., The Arms Index (TRIN), Dow Jones-Irwin, 1989.(理查德·W·阿姆斯,《阿姆斯指数》)。

——Volume Cycles in the Stock Market: Maket Timing Through Equivolume-Charting, Dow Jones-Irwin, 1983.(理查德·W·阿姆斯,《股市交易量周期:利用粗细柱状图技术抉择市场时机》)。

Bressert, Walter J., The Power of Oscillator/Cycle Combinations, Bressert & Associates, 1991.(沃尔特·J·布雷塞特,《摆动指数与周期相结合的力量》)。

Burke, Micheal L., Three-Point Reversal Method of Point & Figure Construction and Formations, Chartcraft, 1990.(迈克尔·L·伯克,《三点转向点数图的绘制方法及其图表形态》)。

Colby, Robert W. and Thomas A. Meyers, The Encyclopedia of Technical Merket Indicators, Dow Jones-Irwin, 1988.(罗伯特·W·科尔比和托马斯·A·迈耶斯,《市场技术分析指标专科全书》)。

deVilliers, Victor, The Point and Figure Method of Anticipating Stock Price Movements(1933: available from Traders′ Library, P.O. Box 2466, Ellicott City, MD 20141[1-800-222-2855]).(维克托·德维利尔斯,《预期股价变动的点数图方法》)。

Dewey, Edward R. with Og Mandino, Cycles, the Mysterious Forces That Trigger Events, Manor Books, 1973.(爱德华·R·杜威和奥格·曼迪诺,《周期——触发事件的神秘力量》)。

Dorsey, Thomas J., Point & Figure Charting, Wiley, 1995.(托马斯·J·多西,《点数图技术》)。

Edwards, Robert D. and John Magee, Technical Analysis of Stock Trends, 5th Edition, John Magee, 1966.(罗伯特·R·爱德华兹和约翰·马吉,《股市趋势技术分析》)。

Ehlers, John F., MESA and Trading Market Cycles, Wiley, 1992.(约翰·F·埃勒斯,《MESA和市场周期交易法》)。

Elder, Alexander Dr., Trading for a Living, Wiley, 1993.(亚历山大·埃尔德博士,《以交易为生》)。

——Study Guide for Trading for a Living, Wiley, 1993.(亚历山大·埃尔德博士,《〈以交易为生〉学习指南》)。

Freund, John E. and Frank J. Williams, Modern Business Statistics, Prentice-Hall.(约翰·E·弗洛因德和弗兰克·J·威廉斯,《现代商用统计学》)

Frost, Alfred J. and Robert R. Prechter, Elliot Wave Principle, Key to Stock Market Profits, New Classics Library, 1978.(艾尔弗雷德·J·弗罗斯特和罗伯特·R·普里克特,《艾略特波浪理论——赢取股市利润的关键》

Gann, W.D., How to Make Profits in Commodities, revised edition, Lambert-Gann Publishing, orig. 1942, reprinted in 1976.(W·D·江恩,《如何在商品市场获利》)。

Granville, Joseph, Granville′s New Key to Stock Market Profits, Prentice Hall, Englewood Cliffs, NJ,1963.(约瑟夫·格兰维尔,《格兰维尔氏新股市获利要诀》)。

Hadady, R. Earl, Contrary Opinion: How to Use It for Profit in Trading

Commodity Futures, Hadady Publications, 1983.(R·厄尔·哈德蒂,《相反意见理论:如何利用之在商品期货交易中获利》)。

Hamilton, William Peter, The Stock Market Barometer. Robert Rhea developed the theory even further in the Dow Thoery (New York: Barron's), published in 1932.(威廉·彼得·汉密尔顿,《股市晴雨表》。罗伯特·雷亚在其《道氏理论》中进一步发展了该理论)。

Hurst, J.M., The Profit Magic of Stock Transaction Timing, Prentice-Hall, 1970.(J·M·赫斯特,《股票交易时机抉择的获利魔法》)。

Kaufman, Perry, Smart Trading, McGraw-Hill, 1995.(佩里·考夫曼,《明智地交易》)。

Kondratieff, Nikolai, translated by Guy Daniels, The Long Wave Cycle, New York: Richardson and Snyder, 1984. (Two other books on the subject are The K Wave by David Knox Barker and The Great Cycle by Dick Stoken.)(尼科莱·康德拉蒂耶夫原著,盖伊·丹尼尔斯译,《长波周期》。关于本主题还有其他两本参考书,戴维·诺克斯·巴克的《K周期》和迪克·斯托肯的《超级周期》)。

Lebeau, Charles and David W. Lucas, Technical Traders Guide to Computer Analysis of the Futures Market, Business One Irwin, 1992.(查尔斯·莱博和戴维·W·卢卡斯,《技术交易者期货市场计算机分析指南》)。

Lukac, Louis, B. Wade Brorsen, and Scott Irwin, A Comparison of Twelve Technical Trading Systems, Traders Press, Greenville, SC, 1990.(路易斯·B·卢卡克,B·韦德·布劳森和斯科特·欧文,《十二种技术分析交易系统之比较》)。

McMillan, Lawrence G., McMillan on Options, Wiley, 1996.(劳伦斯·G·麦克米伦,《麦克米伦谈期权》)。

Moore, Geoffrey H., Leading Indicators for the 1990s, Dow Jones-Irwin, 1990.(杰弗里·H·穆尔,《1990年代的先行指标》)。

Morris, Gregory L., Candlestick Charting Explained, Dow Jones-Irwin, 1995(Originally published as CandlePower in 1992).(格雷戈里·L·莫里斯,《蜡烛图技术详解》)。

Murphy, John J., Intermarket Technical Analysis, Wiley, 1996.(约翰·J·墨菲,《交叉市场技术分析》)。

Neely, Christopher, J., Technical Analysis in the Foreign Exchange Market: A Layman's Guide, Federal Reserve Bank of St. Louis Review, September/October 1997.(克里斯托弗·J·尼利,《外汇市场技术分析:入门指南》)。

Neill, Humphrey B., The Art of Contrary Thinking, Caldwell, OH: The

Caxton Priters, 1954.(汉弗莱·B·尼尔著, 丁圣元译,《逆向思考的艺术》, 地震出版社, 2009)。

Nelson, S.A., ABC of Stock Market Speculation, First Published in 1903, reprinted in 1978 by Frasier Publishing Co.(S·A·纳尔逊,《股市投机基础》)。

Nison, Steve, Japanese Candlestick Charting Techniques, NY Institute of Finance, 1991.(史蒂夫·尼森著, 丁圣元译,《日本蜡烛图技术》, 地震出版社, 1998)。

——Beyond Candlesticks, Wiley, 1994.(史蒂夫·尼森,《超越蜡烛图》)。

Prechter, Jr., Robert R., The Major Works of R. N. Elliot, Gainesville, GA: New Classics Library, 1980.(小罗伯特·R·普里克特,《R·N·艾略特选集》)。

Pring, Martin J., Technical Analysis Explained, Third Edition, McGraw-Hill, 1991.(马丁·J·普林,《技术分析讲解》)。

——Pring on Market Momentum, Intl. Institute for Economic Research, 1993.(马丁·J·普林,《普林论市场动力》)。

Ruggiero, Murray A., Cybernetic Trading Strategies, Wiley, 1997.(默里·A·拉吉埃罗,《网上交易策略》)。

Schwager, Jack D., Schwager on Futures Technical Analysis, Wiley, 1996.(杰克·D·施威格,《施威格论期货技术分析》)。

Steidlmayer, Peter J., 141 West Jackson, Steidlmayer Software, 1996.(彼得·J·斯泰道迈耶)。

——Steidlmayer on Markets, A New Approach to Trading, Wiley, 1989.(《斯泰道迈耶论市场——一种交易新方法》)。

Teweles, Richard J., Charles V. Harlow, Herbert L. Stone, The Commodity Futures Game, McGraw-Hill.(理查德·J·图韦尔斯, 查尔斯·V·哈洛和赫伯特·L·斯通,《商品期货赛场》)。

Wheelan, Alexander, Study Helps in Point & Figure Techniques, Morgan Rogers & Roberts, 1954, reprinted in 1990 by Traders Press.(亚历山大·惠兰,《点数图学习辅导》)。

Wilder J. Welles, New Concepts in Technical Trading Systems, Greensboro, NC: Trend Research, 1978.(小韦尔斯·怀尔德,《技术交易系统的新思路》)。

Wilkinson, Chris, Technically Speaking: Tips and Strategies from 16 Top Analysts, Traders Press, 1997.(克里斯·威尔金森,《从技术分析说:来自16位顶级分析师的秘诀和策略》)。

精选的资讯来源

金融书店

Fraser Publishing Company, P.O. Box 494, Burlington, VT 05402, (800)253-0900(弗雷泽出版公司)。

Traders Library, PO Box 2466, Ellicott City MD 21041 (800)272-2855(交易者图书馆)。

Traders Press, PO Box 6206, Greenville, SC 29606 (800)927-8222(交易者出版社)。

技术分析杂志

Futures Magzine, 250 S. Wacker Drive, #1150, Chicago, IL 60606 (312)977-0900(《期货杂志》)。

Technical Analysis of Stocks & Commodities, 4757 California Avenue S.W.,

Seattle, WA 98116 (800)832-4642(《股票与商品技术分析》)。

技术分析软件

Metastock, Equis International, 3950 S. 700 East, Suite 100, Salt Lake City, UT 84107 (800)882-3040(超越股票)。

North Systems, Inc., CandlePower, S. Salem, OR (503)364-3829(北方系统)。

SuperCharts and TradeStation, Omega Research, 8700 Flager Street, Suite 250, Miami, FL (305)551-9991(超级图表和交易站)。

市 场 数 据

Dial Data, Track Data Corp., 56 Pine Street, New York, NY 10005 (800)275-5544(拨号数据)。

Telescan, 5959 Corporate Drive, Suite 2000, Houston, TX 77036 (800)324-8246(远程跟踪)。

图 表 服 务

Chartcraft, 30 Church Street, New Rochelle, NY 10801 (914)632-0422

Futures Charts, Commodity Trend Service, PO Box 32309, Palm Beach Gardens, FL 33420 (800)331-1069

SRC Stock Charts, Securities Research Company, 101 Prescott Street, Wellesley Hills, MA 02181 (781)235-0900

The Business Picture, Gilman Research Corporation, PO Box, 20567, Oakland, CA 94620 (510)655-3103

技术分析组织

International Federation of Technical Analysts (IFTA), PO Box 1347, New York, NY 10009 (技术分析师国际联盟)。

Market Technician Association (MTA), 61 Broadway, Suite 514, New York, NY 10006, (646)652-3300(市场技术分析师协会)。

索 引

A

A·J·弗罗斯特(Frost, A.J.) ………… 267, 286
A·W·科恩(Cohen, A.W.) ………… 226
A·汉密尔顿·博尔顿(Bolton, A.Hamilton)
　………… 267
阿尔法周期(Alpha Cycles) ………… 300
阿姆斯指数(Arms Index, TRIN) ………… 371
　　开放式阿姆斯指数 ………… 373
　　平滑阿姆斯指数 ………… 372
　　TICK 指数与 ………… 372
埃德森·古尔德(Gould, Edson) ………… 71
埃利希周期尺(Ehrlich Cycle Finder) ………… 306
埃利希周期预测器(Ehrlich Cycle Forecaster)
　………… 316
艾略特波浪理论(Elliott Wave Theory)
　………… 20, 60, 73, 266
　　交替规则 ………… 275
　　在股市与商品市场上应用的比较 ………… 284
　　基本原理 ………… 267
　　价格管道 ………… 277
　　归纳总结 ………… 285
　　和道氏理论的联系 ………… 270
　　调整浪 ………… 270
　　　　平台形 ………… 271
　　　　三角形 ………… 272
　　　　锯齿形 ………… 270
　　趋势的规模 ………… 267
　　《艾略特波浪理论》 ………… 284
　　菲波纳奇数字 ………… 279, 425
　　菲波纳奇比例和价格回撤 ………… 280
　　菲波纳奇时间目标 ………… 281
　　历史背景 ………… 266
　　主浪 ………… 267
　　形态 ………… 367
　　比例分析 ………… 367
　　时间关系 ………… 367
　　与其他技术工具协同使用 ………… 286
　　4 浪作为支撑区 ………… 279
爱德华·D·多布森(Dobson, Edward D.)
　………… 286
爱德华·R·杜威(Dewey, Edward R.)
　………… 288, 433
爱德华·琼斯(Jones, Edward) ………… 17
奥本海默实物资产
　(Oppenheimer Real Assets) ………… 344

B

《摆动指数与周期相结合的力量》(Power of Oscillator/Cycle Combinations, Bressert) ·················· 288

《波浪理论》(Wave Principle) ········ 108,266,303

白色三兵蜡烛图形态
　(Three White Soldiers candle pattern)
　··· 247

百分比包络线(percentage envelopes) ······ 170,393

百分比回撤水平(percentage retracements)
　································ 69—71,80,318
　菲波纳奇 ································ 176,425

摆动指数(oscillators) ··· 123,186—187,207,319
　商品管道指数
　　(Commodity Channel Index, CCI)
　　··· 195
　两条移动平均线的构建 ················· 193
　相反意见理论 ···························· 185
　解释 ······································ 105
　投资者情绪指数 ························· 215
　投资者情报指数 ························· 216
　拉里·威廉斯%R ······················· 205
　动力指数 ································· 187
　　相互验证/相互背离(MACD) ······· 208
　　MACD 柱形图 ························ 210
　移动平均线用作 ························· 136
　变化速度指数(ROC) ··················· 192
　相对力度指数(RSI) ··················· 197
　　解释 ··································· 105
　　70 和 30 线,用来产生信号 ········· 201
　随机指数 ································· 202
　与趋势 ··································· 186
　　趋势的重要性 ························ 206
　有用 ······································ 206
　用作 ······································ 178
　参见"相反意见理论"

半对数图表刻度(semilog chart scaling) ····· 277

保护性止损措施(protective stops) ··········· 229

保证金水平(margin requirements),
　股票相对于期货 ····························· 10

报偿—风险比(reward-to-risk ratios) ········ 330

贝塔周期(Beta cycles) ···················· 300—301

比例原理(principle of proportionality) ········ 294

变化速度指数(Rate of Change, ROC)
　··································· 192,319

标准差(standard deviation) ···· 172

并列阳线蜡烛图形态(Side by Side White Lines candle pattern) ············· 257

拨号数据服务(Dial Data Service) ········· 437

波动性(Volatility),与布林杰带 ·········· 83

波峰(Crests) ································ 304

伯顿·皮尤(Pugh,Burton) ················ 304

布林杰带(Bollinger Bands) ········· 172,424
　用作价格目标 ···························· 174
　与波动率 ································· 174

C

CRB 期货价格指数(CRB Futures Price Index)
　··· 354

《长波周期》(Long Wave Cycle, Kondratieff)
　··· 303

测量跳空(measuring gaps) ·············· 76—78

查尔斯·J·科林斯(Collins,Charles J.) ······ 267

查尔斯·道(Dow,Charles) ················ 217

长钉形态(spikes) ···························· 104

长期技术分析预测(longer range technical forecasting) ···································· 7

长期图表(long—term charts)
　······················ 149—150,152—155,157
　通货膨胀调整 ···················· 153—154
　期货合约的连续图表,作法 ···· 150—152
　图例 ··························· 106,115,136
　长期透视的重要性 ···················· 153
　长期趋势,持久性 ··· 89,148—150,160,193
　与移动平均线 ························ 136
　价格形态 ········ 82—84,88—89,93,98
　无期限合约 ···························· 151
　交易 ··································· 155

长期周期(long term cycles) ················ 300

长腿十字线(Long-legged Doji) ············ 248

常规变体日(normal variation day) ········· 403

常规日(normal day) ························ 403

超越股票行情图表软件(Metastock charting software, Equis International) ············ 394

程序化交易(program trading) …… 347—348
程序化买进(program buying) ………… 348
程序化卖出(program selling) ………… 348
持仓量(open interest) ………………… 81
  定义 ……………………………… 81
  在期货市场 ………………… 137,275
  变化如何发生 ………………… 130
  解释:
   在期货市场 ……………… 137,275
   在期权市场 ………………… 137
  认售期权/认购期权比 ………… 147
  第二位的指标
持续蜡烛图形态(continuation candle patterns)
  ……………………………… 253,257
持续形态(continuation patterns) …… 105,123,424
  相互验证 …………………… 127,424
  持续型头肩形形态 ……………… 125
  相互背离 …………………… 127,424
  三角形 ………………………… 130—147
  参见"三角形"
持续型头肩形形态(continuation head and
  shoulders) ………………………… 125
初始区间(pioneer range) ……………… 403
触市指令(Market-if-touched order, M.I.T.)
  ……………………………………… 338
锤子蜡烛图形态(Hammer candle pattern)
  ……………………………………… 257
次月合约(Next Contract) ……………… 419
刺透线蜡烛图形态
  (Piercing Line candle pattern) …… 251
从长期到短期图表
  (long term to short term charts) …… 153
粗细蜡烛图技术(CandlePower charting) … 375
粗细柱状图(Equivolume charting) …… 374

D

《点数图法预测股价变化》
  (Point and Figure Method of Anticipating
  Stock Price Movements, deVilliers)
  ……………………………………… 217
《点数图交易法》(Chartcraft Method of Point
  and Figure Trading, Cohen) ………… 226

大选年周期(Presidential Cycle) ……… 314
待入线蜡烛图形态
  (On Neck Line candle pattern) …… 257
戴维·诺克斯·巴克(Barker, David Knox)
  ……………………………………… 303
单线图(line charts) …………………… 426
岛形反转形态(island reversal pattern) … 426
倒锤子线蜡烛图形态
  (Inverted Hammer candle pattern) … 256
倒头肩形(inverse head and shoulders) … 89
  颈线的斜率 ……………………… 91
道琼斯工业平均指数(Dow Jones Industrial
  Average) ………………………… 267
道琼斯公司(Dow Jones & Company) … 17
道琼斯公用事业指数
  (Dow Jones Utility Index) ………… 25
道琼斯运输平均指数
  (Dow Jones Transportation Average) … 25
道氏理论(Dow Theory) …………… 17—18,425
  应用于期货交易 ………………… 25
  基本原则 ………………………… 18
   平均价格包容消化一切因素 … 18
   各种平均价格必须相互验证 … 20
   大趋势可分为三个阶段 ……… 19
   市场具有三种趋势 …………… 19
   唯有发生了确凿无疑的反转信号之后,
   我们才能判断一个既定的趋势已经终结
   ………………………………… 22
   交易量必须验证趋势 ………… 20
  收市价 …………………………… 23
  某些批评 ………………………… 24
  辅助直线 ………………………… 23
  股价指数作为经济指标 ………… 24
邓恩与哈吉特金融服务(Dunn & Hargitt's
  Financial Services) …………………… 179
底部衰竭动作(bottom failure swings) … 199
底部反转日(bottom reversal day) ……… 74
点数图(point and figure charts) ………… 218
  优势 …………………………… 220
  计算机绘图 …………………… 242
  日内点数图, 绘制方法 ………… 221
  移动平均线 …………………… 243

价格形态 …………………………… 226
　　技术指标 …………………………… 242
　　3点转向 ……………………………… 220
　　交易策略 ……………………… 236—237
　　趋势分析和趋势线 ………………… 226
　　垂直数算 …………………………… 236
叠加原理(summation, principle of) …… 294—295
顶部反转日(top reversal day) …………… 74
定量分析师(quantitative analyst) ………… 9
动力指数：
　　上升/下降的速度 ………………… 188
　　穿越零线 …………………………… 190
　　测算 ………………………………… 187
　　动力指数曲线，与价格变化 ……… 188
短期趋势(near term trend) ……………… 42
断折蜡烛图形态(breakaway candle pattern)
　　……………………………………… 257
对称分布(symmetric distribution) ……… 396
对称三角形(symmetrical triangle) ……… 106
　　定义 ………………………………… 106
　　测算技术 …………………………… 109
　　三角形的终结，时间极限 ………… 108
　　交易量 ……………………………… 109
对等运动(measured move) …………… 123
对数坐标图表(logarithmic charts) ……… 31
多样化与集中化
　　(diversification vs. concentration) … 332

E

二只乌鸦蜡烛图形态
　　(Two Crows candle pattern) ……… 257

F

反击线蜡烛图形态(Meeting Line candle
　　pattern) …………………………… 256
反转蜡烛图形态(reversal candle patterns)
　　…………………………………… 250—257
　　乌云盖顶 …………………………… 256
　　黄昏星 ……………………………… 256
　　启明星 ……………………………… 256
　　刺透线 ……………………………… 256

反转日(reversal days) …………………… 74
反转形态(reversal pattern) …………… 251
　　双重顶和双重底 …………………… 96
　　过滤器 ……………………………… 99
　　头肩形 ……………………………… 84
　　　　复杂 ………………………… 92
　　　　作为调整形态 ……………… 93
　　　　流产的 ……………………… 93
　　　　倒头肩形 …………………… 89
　　理想形态的变体 …………………… 99
　　圆形顶/圆形底/长钉形 …………… 102
返回线(return line) ……………………… 65
　　测算意义 …………………………… 65
方向性运动系统
　　(Directional Movement System, Welles Wilder)
　　……………………………………… 317
　　与ADX ……………………………… 319
纺锤线(Spinning Tops) ………………… 248
菲波纳奇百分比回撤
　　(Fibonacci percentage retracements) … 280
菲波纳奇比例(Fibonacci ratios) ……… 280
　　与回撤水平 ………………………… 318
菲波纳奇时间目标(Fibonacci time targets)
　　……………………………………… 281
菲波纳奇数字(Fibonacci numbers) …… 279, 425
菲波纳奇数列(Fibonacci number sequence)
　　…………………………………… 279—280
分手线蜡烛图形态
　　(Separating Lines candle pattern) …… 257
分析与出、入市时机选择(analysis vs. timing)
　　………………………………………… 5
峰(peaks)，峰之间的时间 …………… 293
复杂头肩形形态
　　(complex head and shoulders patterns)
　　……………………………………… 92
　　策略 ………………………………… 92

G

《格兰维尔氏股市获利新秘诀》(Granville's
　　New Key to Stock Market Profits) …… 135
《更明智地交易》(Smarter Trading, Kaufman)
　　……………………………………… 184

《股票交易审时度势的获利秘诀》(Profit Magic of Stock Transaction timing, Hurst) …… 292
《股票交易者年鉴》(Stock Trader's Almanac, Hirsch) …… 313
《股票市场交易量周期》(Volumes Cycles in the Stock Market, Arms) …… 375
《股市晴雨表》(Stock Market Barometer, Rhea) …… 18
《股市趋势技术分析》(Technical Analysis of Stock Trends, Edwards et al.) …… 433
《股市时机抉择》(Stock Market Timing, Cohen) …… 434
《股市投机常识》(ABC of Stock Speculation, Nelson) …… 18
杠杆支点(fulcrum, use of term) …… 226
高级技术指标(advanced technical indicators) …… 386
  需求指数 …… 386
  赫里克回报指数 …… 388
  STARC 带 …… 391
高盛商品指数(Goldman Sachs Commodity Index) …… 344
鸽子归巢蜡烛图形态(Homing Pigeon candle pattern) …… 257
格雷格·莫里斯(Morris, Greg), 184, 296, 297 脚注 …… 152, 246
跟势交易(trend trading) …… 7
跟势与交易(trending vs. trading units) …… 334
推导统计学(inductive statistics) …… 14
公允价值(fair value) …… 401
共同基金(mutual funds) …… 361
  与交叉市场分析 …… 361
谷(troughs) …… 293
  之间的时间 …… 293
股票(Stocks) …… 8
  作为经济指标 …… 24
  有效期限 …… 10
  保证金水平 …… 10
  报价方式 …… 9
  时间框架 …… 10
  时机抉择 …… 11

股票市场分析(stock market analysis) …… 11—12
股票市场指标(stock market indicators) …… 362
  涨跌股数(AD)线 …… 364
    AD 背离现象 …… 365
    日与周 AD 线 …… 366
    变体 …… 366
  阿姆斯指数(TRIN) …… 371—373
    开放式阿姆斯指数 …… 373
    平滑 …… 372
    TICK …… 372
  粗细蜡烛线图 …… 375
  粗细柱状图 …… 374
  麦克莱伦摆动指数 …… 366
  麦克莱伦总和指数 …… 367
  市场平均指数,比较 …… 375
  市场广度,评估 …… 375
  新高新低指数 …… 369
  采数据样本 …… 363
  上涨股票的交易量与下跌股票的交易量 …… 370
  参见"高级技术指标"
股市周期(stock market cycles) …… 292
股指期货(stock index futures) …… 6
关键反转日(key reversal day) …… 426
管道线(返回线, Channel line, return line) …… 65
  测算意义 …… 65
国际股票市场(international stock markets) …… 6, 8
国际技术分析师联盟(International Federation of Technical Analysts, IFTA) …… 383
过滤器(filters) …… 99

H

《华尔街日报》(Wall Street Journal) …… 18, 363—364
汉弗莱·B·尼尔(Neill, Humphrey B.) …… 211
合约规定,期货市场(contract details, futures markets) …… 9

赫里克回报指数(Herrick Payoff Index,HPI)
.... 388
横向延伸趋势(sideways trend) 39
黄昏星蜡烛图形态(Evening Star candle pattern)
.... 256

J

J·M·赫斯特(Hurst,J.M.) 292
J·彼特·斯泰德迈耶(Steidlmayer, J. Peter),
    411,475 脚注 395
J·威尔斯·怀尔德(Wilder,J. Welles)
.... 319
《技术交易系统的新思路》
    (New Concepts in Technical
    Trading Systems,Wilder) 197
《交叉市场技术分析》(Intermarket Technical
    Analysis,Murphy) 347
《交易商手册》(Trader's Notebook) 179
《巨大的循环》(Great Cycles,Stoken) 303
基本分析预测(fundamental forecasting),
    与技术分析预测(technical forecasting)
    4
基准原理(principle of nominality) 297
极端位置(Extremes) 207
集中化(concentration),与多样化(diversification)
    332
计算机(computers):
    行情软件 317
    方向性运动系统 317
    与 ADX 319
    抛物线系统 319
    系统交易的长处和短处 ...... 325—326
    工具/指标 318
    用法 318
    交易工作站(TradeStation,Omega Research)
    318
技术分析(technical analysis):
    应用于时间尺度 7
    应用于交易媒介 6
    注册市场技术分析师(CMT) 382
    与基本分析协调 381
    对它的批评 12

定义 1
经济预测 7
联邦储备委员会的肯定 384
灵活性/适应性 6
资金流向分析 11
全球范围的影响 383
国际技术分析师联盟(IFTA) 383
市场技术分析师协会(MTA) 382
称谓 382
数字三的重要性 60
理论基础 2
    历史会重演 4
    市场行为包容消化一切 2
    价格以趋势方式演变 3
预言自我应验 13
情绪指标 215
在股票市场与期货市场,比较 9
技术分析清单 380
用于时机抉择 335
技术分析师(technical analyst) 8
技术分析师(technician) 8
技术分析预测(technical forecasting),
    与基本分析预测 9
技术工具(technical tools) 215
季节性周期(seasonal cycles) 308
夹心棒蜡烛图形态
    (Stick Sandwich candle pattern) 257
价格变化,与供给与需求的对比 3
价格管道(price channels) 277
价格过滤器(price filters) 88
价格跳空(price gaps) 426
    突破跳空 424
    衰竭跳空 425
    岛形反转 426
    中继跳空(测量跳空) 426
    类型 425
价格形态(price patterns) 226
    持续形态 82
    测算技术 82
    与点数图 .... 228—231
    反转形态 82
    交易量 82

作为验证信号 ·············· 133
　　参见"持续形态""反转形态"
价格预测(price forecasting) ·············· 330
价值区(Value Area) ·············· 405—407
简单移动平均线(simple moving average)
　　·············· 165
简易语言(Easy Language, Omega) ·············· 327—328
江恩合约(Gann Contract) ·············· 420
江恩扇形线(Gann fan lines) ·············· 73
交叉市场分析(intermarket analysis)
　　·············· 346—347
　债券：
　　商品和债券之间的联系 ·············· 350
　　股票和债券之间的联系 ·············· 349
　商品，与美元之间的联系 ·············· 351
　通货紧缩 ·············· 358—359
　美元与大市值股票 ·············· 353
　市场之间的相关性 ·············· 359
　交叉市场分析神经网络软件 ·············· 360
　与共同基金 ·············· 354
　程序化交易 ·············· 347
　相对力度：
　　与个别股票 ·············· 357
　　与板块 ·············· 354
　相对力度分析 ·············· 354
　股票板块与行业群体 ·············· 352
　从上到下法 ·············· 357
交叉市场分析神经网络软件
　　(intermarket neural network software)
　　·············· 360
交替原理(Variation, principle of) ·············· 275
交易(trading)：
　要素 ·············· 330
　在成功或失败阶段之后 ·············· 334
交易策略(trading tactics) ·············· 236, 329—330, 335
　应用于股票 ·············· 343
　与点数图 ·············· 236—237
　时机抉择，运用技术分析于 ·············· 335
交易复合头寸(trading multiple positions)
　　·············· 333—334
交易复合头寸(trading multiple positions)
　　·············· 333—334

交易工作站(TradeStation, Omega Research)
　　·············· 306, 327—328, 413—415
交易量(volume)：
　权衡交易量(OBV) ·············· 135
　其他途径 ·············· 136
　在线图上 ·············· 32, 76
　作为价格形态的验证信号 ·············· 133
　定义 ·············· 129
　穿越程度 ·············· 48
　头肩形反转形态 ·············· 58
　解释：
　　对所有市场 ·············· 132
　　一般规则 ·············· 131
　　与价格 ·············· 82
　　与价格形态 ·············· 133—134
　习惯数 ·············· 50—51
　作为第二位指标 ·············· 129
　与支撑水平和阻挡水平 ·············· 43
交易媒介(trading mediums)，技术分析应用于
　　·············· 6
交易区间(trading range) ·············· 40
交易商分类报告(Commitments of Traders
　　Report, COT report) ·············· 145
交易系统(trading system)：
　构建 ·············· 410
　概念设计 ·············· 410
　评估结果 ·············· 415
　资金管理 ·············· 416
　客观规则 ·············· 412
　测试代码 ·············· 412—415
　交易信号，计算机检测 ·············· 412—415
交易者图书馆(Trader's Library) ·············· 315
交易指令(trading orders)，类型 ·············· 338
交易周期(trading cycle) ·············· 300
阶梯形底部形态(Ladder Bottom candle pattern)
　　·············· 257, 263
阶梯顶部形态(Ladder Top candle pattern)
　　·············· 257, 263
杰弗里·穆尔(Moore, Geoffrey) ·············· 360
杰拉尔德·阿佩尔(Appel, Gerald) ·············· 208
金融期货(financial futures) ·············· 6
近月合约(Nearest Contract) ·············· 418

经济预测（Economic forecasting） ……… 7
矩形形态（rectangle formation） ……… 122
    相似之处/不同之处 ……… 123
    区间范围内横向波动，交易 ……… 122
    交易量形态 ……… 122
矩形形态（rectangles） ……… 23
锯齿形（zig-zags） ……… 270

K

《K氏波》（K Wave, Barker） ……… 303
开放式阿姆斯指数（Open Arms Index） ……… 373
凯尔特纳管道（Keltner channels） ……… 391
康德拉蒂耶夫波（Kondratieff Wave） ……… 301
肯尼斯·托尔（Tower, Kenneth）
    ……… 242, 243, 245
扩大形态（broadening formation） ……… 114
扩张日（outside day） ……… 74

L

《理解菲波纳奇数字》（Understanding
    Fibonacci Numbers, Dobson） ……… 284
拉尔夫·阿坎普拉（Acampora, Ralph） ……… 383
拉塞尔2000指数（Russell 2000） ……… 353, 375
蜡烛图表（candlestick charts） ……… 2446—265
    参见"日本蜡烛图"
蜡烛图形态分析（candle pattern analysis）
    ……… 250
    计算机化的 ……… 254
    持续蜡烛图形态（ ……… 253
    反转蜡烛图形态 ……… 250
蜡烛图形态过滤（filtered candle patterns）
    ……… 250
理查德·阿姆斯（Arms, Richard） ……… 370
理查德·唐迁（Donchian, Richard） ……… 179, 304
利率市场（Interest rate markets） ……… 6
连跳带跑蜡烛图形态（Kicking candle pattern）
    ……… 257, 261
连续合约（Continuous Contracts） ……… 420
    连续前移合约 ……… 420
        江恩合约 ……… 420
        最近到期合约 ……… 418
        下一到期合约 ……… 418
连续期货合约（continuous futures contracts）
    ……… 418
连续前移合约与连续合约（Constant Forward
    Contracts vs. Continuous Contracts）
    ……… 420
流产的头肩形形态（failed head and shoulders
    pattern） ……… 93
流星线蜡烛图形态（Shooting Star candle pattern）
    ……… 254
路易斯·门德尔松（Mendelsohn, Louis） ……… 360
罗伯特·雷亚（Rhea, Robert） ……… 434
罗伯特·佩尔蒂埃（Pelletier, Robert） ……… 151
罗伯特·普里克特（Prechter, Robert） ……… 267

M

M.I.T.指令 ……… 338
买入并持有策略（buy-and-hold strategy）：
    与期货 ……… 7
    与随机行走理论 ……… 12
买入限价指令（buy limit order） ……… 338
买入止损指令（buy stop order） ……… 338—339
麦克莱伦摆动指数（McClellan oscillator）
    ……… 366
麦克莱伦总和指数（Mcclellan Summation Index）
    ……… 367—368
卖出限价指令（sell limit order） ……… 338
卖出止损指令（sell stop order） ……… 339
曼宁·斯托勒（Stoller, Manning） ……… 391
密集区（congestion area） ……… 225—226
描述统计学（decriptive statistics） ……… 14
魔法交易系统公司（Wizard Trading） ……… 179
墓碑十字线（Gravestone Doji） ……… 248

N

纳斯达克综合指数（NASDAQ composite）
    ……… 361
南方三星蜡烛图形态（Three Stars in the
    South candle pattern） ……… 257
内部趋势线（Internal trendlines） ……… 74
尼克·范·奈斯（Van Nice, Nick） ……… 145

逆向思考的艺术（The Art of Contrary
　　Thinking, Neill） ······ 435
牛市陷阱（Bull trap） ······ 100
纽约股票交易所指数（New York Stock
　　Exchange Index） ······ 344

O

欧格·曼迪诺（Mandino, Og） ······ 288

P

《凭图投资者》（Visual Investor） ······ 383
抛售高潮（selling climax） ······ 74
抛物线系统（Parabolic Sysem, Welles Wilder）
　　······ 319
佩里·考夫曼（Kaufman, Perry） ······ 434
平均实际波动幅度（Average True Range） ······ 391
平台形调整（flat corrections） ······ 271
平头底部蜡烛图形态
　　（Matching Low candle pattern） ······ 257
平头顶部蜡烛图形态
　　（Matching High candle pattern） ······ 257

Q

《期货图表》（Futures Charts） ······ 145
《全国商品期货周刊》意见一致指数
　　（Consensus National Commodity
　　Futures Weekly） ······ 211
期货（futures） ······ 6
　　胀爆现象 ······ 144
　　一定的有效期限 ······ 10
　　保证金水平 ······ 10
　　标价方式 ······ 9
　　时间域 ······ 10
　　时机更为紧要 ······ 11
期货标价方式（pricing structure, futures） ······ 9
期货合约的连续图表，构建方法
　　（continuation charts for futures,
　　construction of） ······ 420
期货合约的有限期限
　　（Life span, futures contracts） ······ 10
期权的持仓量（Options, open interest in） ······ 147

奇特三川蜡烛图形态
　　（Unique Three River candle pattern）
　　······ 257
旗杆（flagpole） ······ 118
旗形（flags） ······ 426
　　构造 ······ 136
　　测算意义 ······ 82
弃婴蜡烛图形态
　　（Abandonded Baby candle pattern） ······ 257
启明星蜡烛图形态（Morning Star candle pattern）
　　······ 256
前方受阻蜡烛图形态
　　（Advanced Block candle pattern） ······ 257
悄然燕归形态（Concealing Baby Swallow
　　candle pattern） ······ 257
乔治·兰恩（Lane, George） ······ 430
切入线蜡烛图形态（In Neck Line candle pattern）
　　······ 257
蜻蜓十字线（Dragonfly Doji） ······ 249
情绪指数（sentiment indicators） ······ 11—12
区间拓展（range extension） ······ 405
区间形成与剖面图形态（range development
　　and profile patterns） ······ 403
趋势（trend） ······ 38
　　分类 ······ 41
　　定义 ······ 38
　　下降趋势 ······ 40
　　扇形原理 ······ 59
　　菲波纳奇扇形线 ······ 73
　　江恩扇形线 ······ 73
　　中等趋势 ······ 41
　　内部趋势线 ······ 74
　　主要趋势 ······ 41
　　月反转 ······ 76
　　小趋势 ······ 41
　　百分比回撤水平 ······ 69
　　价格跳空 ······ 76
　　反转日 ······ 74
　　横向延伸趋势 ······ 41
　　速度阻挡线 ······ 71
　　支撑水平和阻挡水平 ······ 43, 46
　　与时间周期 ······ 303

交易区间	40	蜡烛图形态	250
趋势线	51	过滤	254
上升趋势	41	蜡烛图技术	247
周反转	76	十字蜡烛线	248

参见"价格跳空""支撑水平和阻挡水平"
"趋势线"

趋势日(trend day) ……………… 403
趋势线(trendlines) ……………… 51
    调整 ……………………………… 61
    突破 ……………………………… 59
    管道线(返回线) ………………… 65
    确定其重要性 …………………… 60
    下降趋势线 ……………………… 57
    绘制 ……………………………… 51
    如何运用 ………………………… 53
    内部 ……………………………… 74
    测算意义 ………………………… 57
    与价格行为 ……………………… 55
    价格过滤器 ……………………… 56
    相对陡峭程度 …………………… 61
    角色互换 ………………………… 57
    细小穿越,如何处理 …………… 56
    试验性的与有效的 ……………… 53
    3点转向点数图 ………………… 226
    上升趋势线 ……………………… 57
权衡交易量(on-balance volume,OBV) …… 318

R

R·C·艾伦(Allen,R.C.) …………… 169
R·D·威科夫(Wyckoff,R.D.) …… 217
R·N·艾略特(Elliott,R.N.) ……… 267
绕线筒形态(coil),参见"对称三角形形态"
    (symmetical triangle) ………… 106
认购期权的持有量(call open interest) …… 147
认售期权/认购期权比 ……………… 147
认售期权持仓量(put option interest) …… 147
日本蜡烛图技术(Japanese candlesticks) …… 246
    基本的蜡烛线形态 ……………… 248
    蜡烛图形态分析 ………………… 250
        计算机化的 ………………… 254
        持续蜡烛图形态 …………… 253
        反转蜡烛图形态 …………… 250
        蜡烛图形态 ………………… 250
        过滤 ………………………… 254
    蜡烛图技术 ……………………… 247
    十字蜡烛线 ……………………… 248
    长实体日 ………………………… 248
    短实体日 ………………………… 248
    纺锤线 …………………………… 248
日内点数图(intraday point and figure charts),
    画法 ……………………… 217,221
日内价格图表(intraday price charts) …… 340
    市场剖面图 ……………………… 395
日内轴心价格点(intraday pivot points) …… 342
日线图(daily bar chart) ……… 27—28
    水平轴 …………………………… 32
    持仓量 …………………………… 33
    竖直轴 …………………………… 32
    交易量 …………………………… 34
《R·N·艾略特选集》
    (Major Works of R.N. Elliott) …… 435

S

SP500指数(S&P 500) …………… 313
Starc带(Starc bands) …………… 391
S·A·纳尔逊(Nelson,S.A.) ……… 18
三分之二回撤水平(two-thirds retracement)
    ……………………………………… 69
三分之一回撤水平(one-third retracement)
    ……………………………………… 69
三角旗形(pennants) ………… 115—118
    结构 ……………………………… 116
    测算技术 ………………………… 118
三角形(triangles) ………………… 272
    上升三角形 ……………………… 424
    扩大形态 ………………………… 114
    下降三角形 ……………………… 424
    旗形 ……………………………… 426
    对等运动 ………………………… 123
    最低要求 ………………………… 108
    三角旗形 ………………………… 82
    矩形形态 ………………………… 122
    对称三角形 ……………………… 106
    时间因素 ………………………… 114

楔形形态 ·················· 118
　　参见"上升三角形""下降三角形"
　　"对称三角形"
三线扩张上升蜡烛图形态(Three Outside Up
　　candle pattern) ············ 257
三线扩张下降蜡烛图形态(Three Outside
　　Down candle pattern) ········· 257
三线收缩上升蜡烛图形态(Three Inside Up
　　candle pattern) ············ 257
三线收缩下降蜡烛图形态(Three Inside
　　Down candle pattern) ········· 257
三星蜡烛图形态(Tri—Star candle pattern)
　　························· 257
三只乌鸦接力蜡烛图形态(Identical Three
　　Crows candle pattern) ········ 257
三只乌鸦蜡烛图形态(Three Black Crows
　　candle pattern) ············ 256
三重交叉方法(triple crossover method) ···· 169
三重顶和三重底(triple tops and bottoms)
　　························· 94
扇形原理(fan principle) ············ 59
商品管道线(Commodity Channel Index,CCI)
　　························· 195
商品期货委员会(Commodities Futures
　　Trading Commission,CFTC) ····· 145
商品趋势服务(Commodity Trend Service)
　　························· 145
商品市场分析(commodity market analysis)
　　························· 11
商品市场图表(commodity markets,chart of)
　　························· 8
商品信息系统公司(Commodity Systems,Inc.)
　　························· 151
商品研究局指数期货(Commodity Research
　　Bureau Futures) ············ 11
商业保值(hedging process) ·········· 6
上吊线蜡烛图形态(Hanging Man candle pattern)
　　······················ 256,258
上升趋势(uptrend) ········· 19,24,38
上升三法蜡烛图形态(Rising Three Methods
　　candle pattern) ············ 253
上升三角形(ascending triangle) ······· 424

充当底部形态 ················ 112
看涨的突破 ················· 112
测算技术 ··················· 112
交易量形态 ·················· 82
十字蜡烛线(Doji candlesticks) ········ 248
十字启明星蜡烛图形态(Morning Doji Star
　　candle pattern) ············ 256
十字星蜡烛图形态(Doji star candle pattern)
　　························· 256
十字孕线蜡烛图形态(Harami Cross candle
　　pattern) ················· 256
分析 ······················ 5
应用技术分析 ················ 335
时间尺度(time dimension),技术分析应用于
　　························· 7
时间过滤器(time filter) ············ 56
时间价格机会点(Time Price Opportunity,TPO)
　　························· 399
时间序列分析(time series analysis) ····· 14
时间周期(time cycle) ·············· 287
基本概念 ··················· 292
与图表技术 ················· 398
分类 ····················· 300
周期长度组合 ················ 297
将周期与其他技术工具相结合 ······· 314
峰 ······················ 288
周期理论 ··················· 294
主流周期 ··················· 300
埃利希周期尺 ················ 306
与四周规则 ·············· 176,295
分离周期 ··················· 306
一月晴雨表 ················· 313
康德拉蒂耶夫波 ··········· 301—303
左移和右移 ·············· 304—305
最大熵谱分析(MESA) ··········· 315
与移动平均线 ················ 136
大选年周期 ················· 314
季节性周期 ················· 308
股市周期 ··················· 313
与趋势 ···················· 303
谷 ······················ 288
斯坦·埃利希(Ehrlich,Stan) ········· 306

市场广度(market breadth)的评估 ············ 362
市场技术分析师协会(Market Technician Association,MTA) ················· 382
市场技术公司(Market Technologies Corporation)
　··· 360
市场价格(market price),作为基本面的先行指标
　··· 4
市场平均指数(market averages)的比较
　··· 362
市场剖面图(Market Profile) ········ 345,397
　　图表 ·· 345
　　　定义 ···································· 345
　　长期市场活动,跟踪 ················· 403
　　市场结构 ································ 399
　　绘制方法 ································ 397
　　　拍卖概念 ····························· 400
　　　连续讨价还价 ······················· 400
　　　价格和价值 ·························· 401
　　　短期交易者/长期交易者的角色 ····· 401
　　　时间框架和交易者行为 ············ 401
　　区间的形成于剖面图形态 ············ 403
市场之间的相关性(Intermarket correlation)
　··· 332
市价指令(market order) ············ 338,339
收市价(closing prices) ······················· 29
刷形图(histogram) ············ 193,195,396
衰竭跳空(Exhaustion gaps) ················ 76
衰竭形态(failure swing) ···················· 22
双线相交法(double crossover method) ····· 168
双重顶和双重底(double tops and bottoms)
　··· 96
　　测算技术 ································· 99
水平数算(horizontal count) ············· 225
速度线(speedlines) ·························· 71
算术刻度(arithmetic scale) ················ 31
随机行走理论(Random Walk Theory) ····· 14
　　买入并等着 ····························· 14
随机指数(Stochastic oscillator) ········ 202

T

调整浪(corrective waves) ··············· 270
　　平台形态 ································ 271
　　三角形 ···································· 272
　　锯齿形 ···································· 270
唐纳德·R·兰伯特(Lambert,Donald R.)
　··· 255
特利斯甘(Telescan) ························ 318
跳空(gaps) ····································· 76
停板日(limit days) ························ 138
同步原理(synchronicity,principle of)
　··· 294—295
统计分析师(statistical analysts) ··········· 8
头肩形(head and shoulders) ············ 426
　　持续形态 ······················ 105,123,424
　　反转形态:
　　　基本要领 ······························ 83
　　　突破颈线 ····························· 86
　　　价格目标 ····························· 88
　　　　调整 ································ 89
　　　　发现 ································ 88
　　　反扑 ··································· 87
　　　交易量 ································ 88
投资者情报指数(Investor Intelligence numbers)
　··· 215
投资者情绪指数(Investor Sentiment Readings)
　··· 215
突破的交易策略(breakouts,tactics on) ····· 335
突破跳空(breakaway gaps) ············· 424
图表分析(charting) ·························· 6
　　目的 ······································· 3
　　主观影响 ································· 9
图表分析师(chartist) ························ 8
图表绘制(chart construction) ············ 28
　　算术刻度与对数刻度 ·················· 31
　　蜡烛图表 ································· 29
　　日线图的 ································· 32
　　　期货合约持仓量 ····················· 33
　　　交易量 ···························· 33,35
　　日内图表 ································ 35
　　单线图 ···································· 28
　　点数图 ························· 9,28,217
　　现有的图标类型 ······················· 28
　　周图和月图 ····························· 35
图表形态(chart pattern) ·················· 375

索引　　　　　　　　　　　　　　　　　　　　· 449 ·

图表艺术家(art charting) …………… 8
吞没蜡烛图形态(Engulfing candle pattern)
　…………………………………… 256
托马斯·多西(Dorsey,Thomas) …… 241

U

UST 证券公司(UST Securities) ……… 242

V

V 形反转形态(V-pattern) …………… 103

W

W·D·江恩(Gann,W.D.) …………… 151
《网上交易策略》(Cybernetic Trading
　Strategies,Ruggiero) ……………… 360
外汇(foreign currencies) ……………… 6
威廉·彼特·汉密尔顿(Hamilton,William Peter)
　……………………………………… 18
威廉斯·拉里 %R(Larry Williams %R)
　…………………………………… 205
维克托·德维利尔斯(deVilliers,Victor)
　…………………………………… 217
沃尔特·布雷塞特(Bressert,Walt) …… 301
乌云盖顶蜡烛图形态(Dark Cloud Cover
　candle pattern) …………… 251,256
无期限合约(Perpetual Contract) …… 151
物极而反(nonfailure swing) …………… 22

X

下降趋势(downtrend) ………………… 425
下降三法蜡烛图形态
　(Falling Three Methods candle pattern)
　…………………………………… 254
下降三角形(descending triangles) …… 106
　　作为顶部形态 ……………………… 83
　　交易量形态 ………………………… 82
限价指令(Limit order) ………………… 338
线图(bar charts) ………………………… 35
　　与点数图的比较 …………………… 218
　　期货合约的持仓量 ………………… 33
　　交易量 …………………………… 34—35

线性加权移动平均线
　(linearly weighted moving average) …… 162
相对力度分析(relative strength analysis)
　…………………………………… 241
相对力度指数(Relative Strength Index,RSI)
　…………………………………… 197
　　研读 ……………………………… 198
相反意见理论(Contrary Opinion)
　…………………………… 211—216
　　与其他技术工具相结合 …………… 215
　　看涨一致意见指数的研读 ………… 213
　　市场对基本面消息的反应 ………… 214
　　持仓量(期货市场),重要性 ……… 214
　　剩余的买进/卖出力量 …………… 213
　　强者与弱者 ……………………… 213
相互背离想象(divergence) …………… 208
相互验证(confirmation) ………… 208,424
向上跳空并列阴阳线蜡烛图形态
　(Upside Tasuki Gap candle pattern)
　…………………………………… 257
向上跳空二只乌鸦蜡烛图形态
　(Upside Gap Two Crows candle pattern)
　…………………………………… 257
向上跳空三法蜡烛图形态
　(Upside Gap Three Methods candle pattern)
　…………………………………… 257
向下跳空并列阴阳线形态
　(Downside Tasuki Gap candle pattern)
　…………………………………… 257
向下跳空三法蜡烛图形态
　(Downside gap three) …………… 257
小墨里·鲁杰罗(Ruggiero,Murray,Jr.)
　…………………………………… 360
谐波关系(harmonic relationships,cycles)
　…………………………………… 176
谐波原理(Harmonicity,principle of) …… 294
舍曼·麦克莱伦(McClellan,Sherman)
　…………………………………… 366
新高新低指数(New High-New Low index)
　…………………………………… 369
行为金融学(Behavioral Finance) …… 16,384
需求指数(Demand Index,DI) ………… 393

Y

《以交易为生》(Trading for a Living, Elder) ·············· 369

《银行信用分析家》的《艾略特波浪附刊》
　　(Elliott Wave Supplement to the
　　Bank Credit Analyst) ·············· 267

亚历山大·埃尔德(Elder, Alexander) ·············· 369

耶尔·赫西(Hirsch, Yale) ·············· 313

《1990年代的先行指标》(Leading Indicators
　　for the 1990s, Moore) ·············· 360

一阴吞三阳或一阳吞三阴蜡烛图形态
　　(Three Line Strike candle pattern)
　　·············· 256

一月晴雨表(January Barometer) ·············· 313

移动平均线(moving average) ······ 161,163,319
　　自适应的移动平均线(AMA) ·············· 184
　　之外的选择 ·············· 184
　　应用于长期图表 ·············· 176
　　布林杰带 ·············· 172
　　　　用作价格目标 ·············· 174
　　　　与波动率 ·············· 174
　　定义 ·············· 161
　　双线相交法 ·············· 169
　　包络线 ·············· 170
　　指数平滑 ·············· 163
　　菲波纳奇数字 ·············· 176
　　4-9-18天移动平均线组合 ·············· 169
　　　　如何应用 ·············· 170
　　线性加权 ·············· 164
　　参数优化 ·············· 165
　　用作摆动指数 ·············· 178
　　与点数图 ·············· 178
　　长处/短处 ·············· 178
　　简单 ·············· 164
　　时间滞后的平滑工具 ·············· 163
　　与时间周期 ·············· 175
　　三重交叉法 ·············· 169
　　　　采用一条 ·············· 165
　　　　采用三条 ·············· 169
　　　　采用两条 ·············· 168
　　平均哪一类价格 ·············· 163

移动平均线包络带(moving average envelopes)
　　·············· 170

移动平均线相互验证/相互背离
　　(Moving Average Convergence/Divergence,
　　MACD) ·············· 178,208
　　MACD柱形图 ·············· 210

优化(Optimization) ·············· 183

优势地位软件(Vantage Point software) ······ 360

有效市场假定(Efficient market hypothesis)
　　·············· 15—16,384

预言自我应验与技术分析(self-fulfilling
　　prophecy, and technical analysis) ····· 12

圆形顶和圆形底(saucers) ·············· 102

约翰·埃勒斯(Ehlers, John) ·············· 433

约翰·布林杰(Bollinger, John) ·············· 172

约翰·布鲁克斯(Brooks, John) ·············· 383

约翰·格里利(Greeley, John) ·············· 383

约翰·赫里克(Herrick, John) ·············· 388

约瑟夫·格兰维尔(Granville, Joseph) ····· 135

月图(monthly charts) ·············· 35

月反转(monthly reversal) ·············· 76,152

月周期(monthly cycle),与移动平均线 ····· 175

孕线蜡烛图形态(Harami candle pattern) ····· 256

Z

《怎样从商品市场发财》(How to Build
　　a Fortune in Commodities, Allen) ····· 169

《怎样利用4天、9天、18天移动平均线的组合从
　　商品市场获取更多利润》(How to Use the
　　4-Day, 9-Day and 18-Day Moving Averages to
　　Earn Larger Profits from Commodities, Allen)
　　·············· 169

《周期:触发事件的神秘力量》
　　(Cycles: The Mysterious Forces That Trigger
　　Events, Dewey and Mandino) ·············· 288

《周期交易者》(Cycle Trader) ·············· 315

《自然法则——宇宙的秘密》
　　(Nature's Law-The Secret of the Universe)
　　·············· 367

《最大熵谱分析和市场周期交易法》
　　(MESA and Trading Market Cycles, Ehlers)
　　·············· 315

涨跌股数线（advance-decline line, AD line）
·· 364
　　AD 背离现象 ························· 365
　　日 AD 线与周 AD 线 ················ 366
　　AD 线的变体 ·························· 366
胀爆现象（blowoffs）····················· 144
支撑水平与阻挡水平（support and resistance）
·· 43
　　其市场心理 ···························· 46
　　阻挡水平，定义 ······················· 43
　　角色互换 ······························· 46
　　支撑水平，定义 ······················· 43
　　与交易量 ······························· 47
直角三角形（right angle triangles）···· 112
直线（lines）························ 23，43，120
止损限价指令（stop limit order）······· 338
止损指令（stop order）··················· 338
指数平滑移动平均线
　（Exponentially smoothed moving average）
·· 163
中等趋势（intermediate trend）·········· 25
中等趋势（secondary trends）············ 25
中等周期（intermediate cycle）········· 300
中继跳空（runaway gaps）················ 76
中性日（neutral day）··················· 403
周反转（weekly reversals）········ 76，152
周规则（weekly rule）···················· 176
　　4 周规则 ································ 176
　　修正 ····································· 151
　　与周期 ·································· 175
周价格管道（weekly price channel, weekly rule）
·· 178
周期（Cycles）：
　　与 4 周规则 ···························· 176
　　与移动平均线 ························· 175
周期研究基金会（Foundation for the Study
　of Cycles）························ 291，315
周图（weekly charts）··················· 149
主浪（impulse wave）···················· 267
主流周期（dominant cycles）············ 300
主流周期（primary）······················ 300
主要反转形态（major reversal patterns）····· 81

双重顶和双重底 ··························· 96
过滤器 ·· 99
头肩形 ·· 84
　　复杂头肩形 ···························· 92
　　作为调整形态 ························· 93
　　流产的头肩形 ························· 93
　　倒头肩形 ······························· 89
　　理想的形态，变体 ···················· 99
价格形态 ····································· 82
　　持续形态 ······························· 82
　　测算技术 ······························· 99
　　反转形态 ························ 82—83
　　交易量 ·································· 88
　　圆顶和圆底，长钉形顶 ············· 102
　　三重顶和三重底 ······················ 94
主要趋势（major trend）·················· 41
主要趋势（primary trends）·············· 19
注册市场技术分析师（Chartered Market
　Technician, CMT）····················· 382
专户理财（managed accounts）········· 344
捉腰带蜡烛图形态（Belt Hold candle pattern）
·· 256
资产配置（asset allocation）············ 344
资金管理（money management）······ 329—330, 416
　　资产配置 ······························ 344
　　与技术因素相结合 ··················· 338
　　分散化与集中化 ····················· 332
　　要领 ···································· 342
　　理财专户 ······························ 344
　　共同基金 ······························ 344
　　报偿—风险比率 ······················ 333
　　交易复合头寸 ························ 333
资金流向分析（flow of funds analysis）····· 12
自适应移动平均线
　（adaptive moving average, AMA）···· 184
最大熵谱分析（Maximum Entropy Spectral
　Analysis, MESA）······················ 315
28 天交易周期（28 day trading cycle）··· 304
2 日原则（2 day rule）···················· 57
2 周规则（2 week rule）·················· 176
3%穿越原则（3% penetration criterion）
·· 56—57

30 刻度线(30 line),用来产生信号 ………… 201
3 点反转点数图
 (3 box reversal point and figure chart) …… 226
  图表形态 …………………………… 228
  绘制方法 …………………………… 231
  测算技术 …………………………… 232
  趋势线 ……………………………… 231

4-9-18 天移动平均线组合
 (4-9-18 day moving average combination)
 ………………………………………… 169
  应用方法 …………………………… 170
4 周规则(4 week rule) …………………… 176
50%回撤水平(50% retracement) ………… 70
70 刻度线,用来产生信号 ………………… 201

关于译者和他的著作

丁圣元1990年毕业于北京大学,获得硕士学位,毕业后先后从事外汇交易、股票和债券投资管理、金融市场研究和金融产品设计等业务,有20年的金融市场实务经验,既是我国著名的投资思想家和金融翻译家,也是活跃在国内金融市场前沿的实践者。

1993年1月至1996年8月,他曾在《经济日报》国际版撰写"外汇走势参考"每周专栏,分析国际汇市行情,很受国内同行欢迎。

1994年,译作《期货市场技术分析》出版(约翰·墨菲著,地震出版社)。约翰·墨菲是著名美国市场技术分析大师。他因为《期货市场技术分析》的影响而两度获得美国市场技术分析师协会的年度大将。美国联储银行(the Federal Reserve)赞扬《期货市场技术分析》一书是市场技术分析领域的"圣经"。

该书中文版自首次出版以来,经过多次校勘、修订,重印20余次,常销不衰,成为国内市场技术分析领域最重要的、最受推崇的经典著作。《期货市场技术分析》的修订版《金融市场技术分析》经过译者的精心翻译、校订,2010年7月再度由地震出版社推出。

1998年,译作《日本蜡烛图技术》出版(史蒂夫·尼森著,地震出版社)。本书系美国市场技术分析家史蒂夫·尼森(Steve Nison)的技术分析名著。本书首次出版于1998年,连续12年再版,被誉为蜡烛图技术最权威的著作,在读者中间通常作为首选参考书来推荐。

本书对日本蜡烛线图分析技术进行了全面、实用的讲解。本书内容全面、条理清晰、语言平易,其图例典型、生动,覆盖了期货、债券、股票、外汇等各类市场,因此,既适合初入股票市场、期货市场的新手,也对技术分析老手有很大裨益。

史蒂夫·尼森本来在西方技术分析领域已经颇有造诣,后来对蜡烛图发生了浓厚的兴趣。多年来,他埋头探索,勤于向日本同行学习,在实际市场操作中百折不挠地广泛实践,所以最终能够修成正果,在本书中将蜡烛图技术的真谛娓娓道来。另一方面,由西方人来介绍东方的技术分析方法,而作者恰巧在西方技术分析和蜡烛线图技术上均有很高的修养,因此,本书的一个重要特色就是,恰如其分地将东、西方技术分析方法结合起来。

2000年,译作《逆向思考的艺术》出版(汉弗莱·B·尼尔著,地震出版社,2010年修订再版)。本书由两部分组成。第一编标题为"逆向思考是值得的",是作者撰写的一篇论文,对相反意见理论进行了完整和连贯的研究。第二编,是作者的一系列简短的随笔,将逆向思考方法应用于他那个时代的现实之中,意在为我们进行精彩的实例示范,启发我们将逆向思考的艺术实际应用到今天所面临的现实问题中。

汉弗莱·B·尼尔是现代逆向思考理论的创始人,他的《逆向思考的艺术》是该理论开山之作。在这部经典著作中,尼尔通过对群众心理、舆论宣传及人类行为的剖析,提出了相反意见的行为准则。他指出当公众意见趋向一致之时,往往也是其错误形成之际,从盛行的想法与意见出发,"对新闻、评论以及困扰着我们的无数预言从相反的角度进行观察与深思",领先于大众感悟到趋势的变化,择机采取相反的行动。

本书最初出版于2001年,后来市面上曾经难以找到。为了满足读者的需求,译者在2009年对全书进行了精心的修订。

2001年,著作《投资正途——大势·选股·买卖》出版(地震出版社,2008年修订再版)。本书继承并发扬了中国古典哲学思想,将之应用于实务,受到各方读者推崇。本书试图从正反两个方面来探讨系统化的投资方法。正面,介绍一套完整的技术分析操作方法,包括研究大势、选择个股、买卖决策、资金管理、投资组合管理等方面(第二章至第六章);反面,介绍投资者常见的一些错误,希望投资者通过一次一类地避免重复性的错误,少走弯路,尽早踏上投资正途(第七章至第十二章)。

市场是不确定的、动态的,未来市场具有各种可能性。成功的投资者必须从不确定性中找到属于自己的相对确定性。投资者自身也是不确定性的来源,因此,修炼健全的市场观,追求系统一致的投资战略战术,是投资者唯一可靠的选择。

研究大势,要点在于从大环境选择适合的交易时机。选择股票,要点在于选择股票由弱转强、同步转强、强者恒强的时机。

成功需要任何方面都成功,不成功则只需要一个地方出问题就够了。失败很容易,也很常见。投资者的命运就是投资者所处的趋势,这个趋势是由投资者行为模式所导致的循环过程所决定的。人类为了摆脱命运,既需要外在的自由,也需要内在的自由。从投资者常见的错误这一点来说,关键是不要被我们自己的积习、旧行为模式所奴役。

以下是从《投资正途》中摘录的捕鱼经:

捕得鱼是整张网的成功,是渔夫、渔网和鱼塘三个方面共同的成功。事前只能把整个网(投资方法的系统性)撒下,而且网上必须没有明确漏洞(投资方法的一致性),才能使得这个网眼成功。

事先渔夫必须判断池塘有没有鱼,哪里有鱼,这是可能性问题。其次渔夫要选择适当大小的渔网,适当大小的网眼,适当的撒网位置、适当的撒网时机。

将曾经捕获鱼儿的网眼从整个网上剪下来,然后认定能够获得鱼的就是这个网眼的结论,是荒唐的。

以下是从《投资正途》中摘录的种菜经:

种菜的外在条件是土壤和天气。菜农不能改变农时,只能适应农时;不能改变天气,只能适应天气;改变土壤的能力也有限,只能识别和适应土壤。

农时和天气相当于投资市场的大趋势,投资者只能识别大趋势,适应大趋势,不可能改变大趋势。土壤相当于投资市场健全的程度。决定市场是否能给投资者整体带来合理回报的是土壤,而不是个别投资者的交易技巧和能力。

种菜的内在条件包括种子和菜农的技术与勤劳两方面。种菜的正确方法是:首先看好农时,选好种子,下种;其次,当种子出芽长成菜苗后,拔掉瘦弱的小苗,留下强壮的大苗,还要从其他地里挑选合适的菜苗补栽到自己的地里,这样就要付出一定的成本。这是一个优选的过程。投资方式也类似。

2002年,著作《国债投资指要》出版(经济管理出版社)。本书比较了投资国债和储蓄存款的异同,揭示了两者应有的正常关系;研究了国债价格演变的理论依据,以及2001年到2002年国债市场的结构性调整;从交易所国债的流动性、收益性、价格波动性等几方面入手选择国债品种,再根据国债收益率曲线和基准线的对比等因素选择买卖时机。

2003年,译作《股票大作手操盘术》出版([美]杰西·利弗莫尔,经济管理出版社)。杰西·利弗莫尔是一位华尔街传奇人物,本书详细讲解了他的交易技巧和方法。他是一位数十年征战市场的实践者,写的又完全是自己的实践经验和教训,既讲解了他的实用理论,又介绍了具体做法,因此,本书具有完全不同于理论书籍的独特价值。